Leo Strauss

Gesammelte Schriften

Band 1

Die Religionskritik Spinozas
und zugehörige Schriften

Leo Strauss

Leo Strauss

Gesammelte Schriften

Herausgegeben von Heinrich Meier

Gefördert durch die
Carl Friedrich von Siemens Stiftung

Verlag J. B. Metzler
Stuttgart · Weimar

Leo Strauss

Die Religionskritik Spinozas und zugehörige Schriften

Unter Mitwirkung von Wiebke Meier
herausgegeben von Heinrich Meier

Zweite, durchgesehene und erweiterte Auflage

Verlag J. B. Metzler
Stuttgart · Weimar

Für das Frontispiz wurde ein Foto von
Margaret Faulkner verwendet.

Die Deutsche Bibliothek – CIP-Einheitsaufnahme

Strauss, Leo:
Gesammelte Schriften / Leo Strauss. Hrsg. von Heinrich
Meier. – Stuttgart ; Weimar : Metzler
ISBN 3-476-01222-0
Bd. 1. Die Religionskritik Spinozas und zugehörige Schriften /
unter Mitw. von Wiebke Meier hrsg. von Heinrich Meier. – 2., durchges.
und erw. Aufl.. – 2001
ISBN 3-476-01856-3

Gedruckt auf säure- und chlorfreiem, alterungsbeständigem Papier

ISBN 3-476-01856-3

Satz: Typomedia Satztechnik GmbH, Ostfildern
Druck und Bindung: Franz Spiegel Buch GmbH, Ulm

Printed in Germany
September/2001
Verlag J.B. Metzler Stuttgart · Weimar

Inhalt

Vorwort des Herausgebers

Die Edition der *Gesammelten Schriften* von Leo Strauss, die mit dem gegenwärtigen Band zu erscheinen beginnt, macht das Œuvre eines der großen politischen Philosophen am Ausgang des Jahrtausends neu zugänglich. Den deutschsprachigen Leser setzt die Ausgabe allererst in den Stand, einen Eindruck von der philosophischen Reichweite und der thematischen Bandbreite zu gewinnen, die dieses Œuvre auszeichnen. Denn im Unterschied etwa zu Frankreich, wo beinahe alle seine Bücher inzwischen in Übersetzungen vorliegen, blieben die Schriften von Strauss im Land seiner Herkunft fast durchweg unübersetzt, und selbst die drei auf deutsch geschriebenen Bücher *Die Religionskritik Spinozas, Philosophie und Gesetz, Hobbes' politische Wissenschaft* sind seit langem nicht mehr greifbar. Dem interessierten Leser innerhalb wie außerhalb des deutschen Sprachraums eröffnet die Edition darüber hinaus erstmals die Möglichkeit, den Denkweg von Strauss während der Jahre 1921 bis 1937 aus der Nähe und im Zusammenhang zu verfolgen. Die Bände 1 bis 3 enthalten sämtliche deutschen Veröffentlichungen sowie eine Reihe bisher unbekannter Vorträge, Manuskripte, Fragmente und Briefe aus dem Nachlaß in Erstpublikation, darunter die Dissertation über Jacobi und eine nicht abgeschlossene Arbeit in Buchstärke über die Religionskritik des Hobbes. Sie schaffen damit die Voraussetzung für jedes ernsthafte Studium des weitgespannten Œuvre von Strauss, das vom deutschen Frühwerk nicht absehen und in Strauss' Fall sowenig wie im Falle irgendeines anderen Autors von Rang auf die Kenntnis seiner Schriften in der Originalsprache verzichten kann.

Im Mittelpunkt von Band 1 der *Gesammelten Schriften* steht Strauss' Monographie *Die Religionskritik Spinozas als Grundlage seiner Bibelwissenschaft*, die in einer durchgesehenen Neuausgabe präsentiert wird. Das Buch von 1930 ist der Versuch, in Gestalt einer Interpretation des *Theologisch-politischen Traktats* und einer Genealogie der modernen Religionskritik den Streit zwischen Aufklärung und Orthodoxie einer eingehenden Überprüfung zu unterziehen. Es bildet den Auftakt zu einem Revisionsunternehmen, das die causes célèbres der Philosophiegeschichte wiederaufruft, um den Horizont zurückzugewinnen, in dem die Philosophie keine Selbstverständlichkeit ist, sondern ihr Recht gegen die politische wie die theologische Alternative begründen und behaupten muß. In diesem Sinne kann Strauss 1964 auf eine lange philosophische Erkundungsreise zurückschauend sagen, das »theologisch-politische Problem« sei seit der Zeit, in der *Die Religionskritik Spinozas* entstand, »*das* Thema« seiner Untersuchungen geblieben.[1] An die Neuedition des Spinoza-Buches schließen sich die Erstpublikation der Marginalien aus Strauss' Handexemplar und die Wiederveröffentlichung dreier Aufsätze aus den Jahren 1924, 1926 und 1932 an, die dem gleichen thematischen Umkreis zugehören: *Cohens Analyse der Bibel-Wissenschaft Spinozas*, Strauss' erste Auseinandersetzung mit der Spinoza-Kritik Hermann Cohens, dann *Zur Bibelwissenschaft Spinozas und seiner Vorläufer*, die Exposition eines Teilaspektes des Spinoza-Buches, sowie *Das Testament Spinozas*, ein Artikel, der zur 300. Wiederkehr von Spinozas Geburtstag im November 1932 erschien und bei dem es sich wahrscheinlich um die letzte Publikation handelt, die Strauss in Deutschland geschrieben und abgeschlossen hat.

Die Spitze des Bandes übernimmt in deutscher Erstübersetzung das umfangreiche Vorwort, das Strauss 1965 der amerikanischen Ausgabe seines Erstlingswerkes voranstellte. Es geht über eine Einführung zum Spinoza-Buch weit hinaus und ist ein philosophischer Essay eigenen Rechts, der wie kein anderer Aufsatz von Strauss dafür geschaffen erscheint, am Beginn seiner *Gesammelten Schriften* zu stehen. Strauss zieht darin aus der Distanz des Dreiundsechzigjährigen die Linien seiner intellektuellen Entwicklung bis zu den frühen 30er Jahren nach und gibt den Blick frei auf eine komplexe Bewegung der Selbstreflexion.[2] Wie jetzt zum Auftakt der ersten so wird später eingangs der zweiten Triade der *Gesammelten Schriften* Leo Strauss selbst das Wort erteilt. Den

---

[1]   Leo Strauss: *Hobbes' politische Wissenschaft*. Neuwied 1965, p. 7. Siehe dazu das Vorwort meiner Schrift *Die Denkbewegung von Leo Strauss. Die Geschichte der Philosophie und die Intention des Philosophen*. Stuttgart-Weimar 1996.

[2]   In einem Brief an Alexandre Kojève schreibt Strauss am 29. Mai 1962: »My present preoccupation is with my old book on Spinoza which has been translated into English and for which I am writing a new preface, intended to bridge the gulf between 1930 Germany and 1962 U. S. A. It comes as close to an autobiography as is possible within the limits of propriety.« Gershom Scholem, dem Strauss im Herbst 1962 das *Preface* ebenso zuschickte wie Kojève, schreibt am 28. November 1962 nach Chicago, er betrachte den Text als eine intel-

vierten Band, mit dem die deutschen Übertragungen der englischen Werke einsetzen, wird eine bis dahin nicht publizierte Rede über die bestimmenden Einflüsse und die fortwirkenden philosophischen Fragen der Zeit nach dem Ersten Weltkrieg eröffnen, in der Strauss zwei Jahrzehnte vor dem Vorwort zur amerikanischen Ausgabe zum erstenmal eine Art philosophischer Autobiographie skizziert. Hinter dieser doppelten Präsentation des Frühwerks und der philosophischen Anfänge durch den Autor tritt der Herausgeber bewußt zurück. Ich lege meine Interpretation in einer selbständigen Veröffentlichung unter dem Titel *Die Denkbewegung von Leo Strauss* vor. Aus ihr wird, so hoffe ich, im Verein mit dem *Dialog unter Abwesenden*, der ihr vorausging, und mit den Reflexionen *Zur Sache der Politischen Philosophie*, die ihr folgen sollen, hervorgehen, worin ich die philosophische Bedeutung von Strauss erkenne.

Ich beschränke mich auf fünf knappe Hinweise, die für den einen oder anderen Leser von Nutzen sein mögen, da sie Informationen enthalten, die dem Vorwort zur amerikanischen Ausgabe nicht zu entnehmen sind. Strauss läßt in seinem Rückblick keinen Zweifel daran, daß er die Position der Jahre 1925–1928, während deren *Die Religions-*

---

lektuelle Autobiographie, in der sich ein Abenteuer des Geistes an das andere anschließe. Einige Stadien schienen ihm aber übersprungen zu sein. Er werde sein Exemplar aufbewahren für den Fall, daß Strauss das Manuskript im letzten Moment als Apokryph erkläre und es in einem Söller oder Keller verberge, wie dies für so leicht anstößige Literatur seit jeher üblich gewesen sei. Strauss antwortet am 6. Dezember 1962: »Your letter of November 28 intrigued me somewhat. Should I understand it as an extremely polite and reserved counsel not to print my Preface? Is there anything in it which could be regarded as offensive by people who are decent and not completely stupid? Be so good as to let me know. You do say that your only criticism is that I seem to omit some stages of my autobiography. Well, I omitted in a way everything which comes after 1928, and I thought I had made this clear. As for my question addressed to you I thought I am now entitled or obliged to speak up. When studying Hobbes, I observed that what he said and did not say was a function of the heresy laws obtaining at the time of publication of his various works. But then I saw that in one of his works published at a time of considerable restriction he was more outspoken than ever before. I was baffled until I noted that this book was published when he was already very old, with one foot in the grave and I learned that this condition is conducive to courage. As for me I have had my first two heart attacks, Ergo.« (Leo Strauss Papers, Box 4, Folder 11; Box 3, Folder 11; Box 4, Folder 17, Department of Special Collections, University of Chicago Library. Siehe auch Gershom Scholem: *Briefe II. 1948–1970.* Hrsg. von Thomas Sparr. München 1995, p. 86/87 und 267.)

kritik Spinozas geschrieben worden war, in verschiedenen Hinsichten modifizierte oder einer Neubestimmung unterzog.[3] Das gilt zunächst für das Verständnis von Spinoza selbst, wozu es im Schlußsatz des Vorworts bündig heißt: »I understood Spinoza too literally because I did not read him literally enough.« (1) Eine Auslegung, die dem gewandelten Verständnis Rechnung trägt, veröffentlichte Strauss 1948 unter der Überschrift *How to Study Spinoza's Theologico-Political Treatise.*[4] Sie wurde in den vorliegenden Band nicht aufgenommen, weil sie 1952 in *Persecution and the Art of Writing* Eingang fand und einer zukünftigen Übersetzung dieses Buches vorbehalten bleiben soll. (2) Doch die Hobbes-Deutung erfuhr eine nicht weniger beachtenswerte Weiterentwicklung. Ihre einzelnen Stadien werden in Band 3 zu verfolgen sein.[5] In der Frage von Hobbes' Atheismus hat Strauss die Einschätzung, die er im Spinoza-Buch gibt, später an geeignetem Ort und in geeigneter Weise revoziert.[6] (3) Die tiefgreifendste Veränderung betrifft das Verständnis von Maimonides. Hier erreichte Strauss um das Jahr 1938 einen Durchbruch, der ihn den wirkungsmächtigen Lehrer des Judentums in einem neuen philosophischen Licht fern aller Konvention sehen ließ. Die radikale Neuinterpretation findet ihren ganz und gar nichtradikalen Ausdruck in den beiden großen Essays *The Literary Character of the Guide for the Perplexed* und *How To Begin To Study The Guide of the Perplexed*, die 1941 und 1963 publiziert wurden.[7] (4) Angesichts der verschiedenen Modifikationen und Neubestimmungen seiner früheren Auffassung verdient es um so größere Beachtung, daß Strauss in das

---

[3]   Zu einer besonders folgenreichen Neuorientierung siehe Strauss' Brief vom 23. Juni 1935 an Karl Löwith über Nietzsche (Independent Journal of Philosophy, Volume 5/6, 1988, p. 182/183).

[4]   Proceedings of the American Academy for Jewish Research, Vol. XVII, 1948, p. 69–131; wiederabgedruckt in *Persecution and the Art of Writing.* Glencoe, Ill. 1952, p. 142–201.

[5]   Das letzte Wort und der wichtigste Aufsatz von Strauss zu Hobbes ist: *On the Basis of Hobbes's Political Philosophy* (1954) in: *What Is Political Philosophy?* Glencoe, Ill. 1959, p. 170–196.

[6]   *Persecution and the Art of Writing,* Social Research, Vol. 8, No. 4, November 1941, p. 495 unter Hinweis auf *Die Religionskritik Spinozas,* p. 80; ebenso im Buch *Persecution and the Art of Writing,* p. 28.

[7]   Sie sind wiederabgedruckt in *Persecution and the Art of Writing,* p. 38–94 bzw. in *Liberalism Ancient and Modern.* New York 1968, p. 140–184. – Nähere Hinweise zur Entwicklung von Strauss' Maimonides-Deutung zwischen 1928 und 1938 gibt das *Vorwort des Herausgebers* in *Gesammelte Schriften,* Band 2, p. XVIII–XXV.

Vorwort zur amerikanischen Ausgabe von 1965 zu einer Frage von zentraler Wichtigkeit längere Passagen aufnimmt, die der Einleitung seines Buches *Philosophie und Gesetz* von 1935 entstammen[8] und die er so wörtlich wie möglich ins Englische überträgt, um dem aufmerksamen Leser zu erkennen zu geben, daß er in diesem Punkt nachdrücklich die Position bekräftigt, die er dreißig Jahre zuvor eingenommen hatte: Die Rede ist von Strauss' Auseinandersetzung mit dem neuen »Atheismus aus Redlichkeit«, der sich von dem Atheismus, »vor dem die Vergangenheit schauderte«, durch seine Moralität unterscheidet.[9] (5) In einem Brief vom 3. Oktober 1931 an Gerhard Krüger, der *Die Religionskritik Spinozas* für die Deutsche Literaturzeitung rezensierte, weist Strauss darauf hin, daß das Buch, das er als Angestellter der Akademie für die Wissenschaft des Judentums und in deren Auftrag verfaßte, unter Bedingungen der Zensur geschrieben worden war.[10] Im selben Brief gibt er Krüger zu bedenken: »Missverstehen Sie mich nur nicht dahin, als ob ich damals, als ich das Buch schrieb, gemeint hätte, angesichts des Glaubens-Charakters der beiden entgegengesetzten Positionen (Theismus und Atheismus) müsse man sich bei der Verschiedenheit der

---

[8] Hans-Georg Gadamer und Gerhard Krüger schreibt Strauss in einem Brief vom 12. Mai 1935, er habe die »formalen Mängel«, an denen das Spinoza-Buch leidet, in der Einleitung zu *Philosophie und Gesetz* »einigermassen zu reparieren versucht«.

[9] »Die neue Redlichkeit ist etwas anderes als die alte Wahrheitsliebe.« *Philosophie und Gesetz. Beiträge zum Verständnis Maimunis und seiner Vorläufer.* Berlin 1935, p. 26n.1. Vergleiche das *Vorwort zur amerikanischen Ausgabe*, p. 50, 51 und insbesondere 52/53 unten (in *Liberalism Ancient and Modern*, p. 254, 255 und 256) mit *Philosophie und Gesetz*, p. 18, 19, 20, 21, 25 und vor allem 26–28.

[10] »Die Fehler meiner Schrift sind mir nur allzu bekannt: haben Sie nur kein Mitleid, auch in der Rezension selbst nicht! Ich wäre Ihnen nur sehr dankbar, wenn Sie die eigentliche Absicht des Buches so scharf aussprechen würden, wie ich es wegen der Zensur, der ich unterstand, nicht konnte.« Krügers Besprechung erschien am 20. Dezember 1931 in der Deutschen Literaturzeitung (Heft 51, Spalten 2407–2412), und Strauss hat ihr im Vorwort zu *Hobbes' politische Wissenschaft* 1964 attestiert, daß sie »meine Absicht und mein Ergebnis klarer zum Ausdruck brachte, als ich selbst es getan hatte« (p. 8). Aus dem Briefwechsel mit Strauss' Berliner Vorgesetzten, Julius Guttmann, geht hervor, daß Guttmann eine Reihe von Änderungen bzw. Streichungen wünschte und daß sich die Publikation des Buches erheblich verzögerte, da die Akademie die Druckgenehmigung zunächst nicht erteilte. Gegenstand des Auftrags war im übrigen – wie Strauss im Vorwort von 1930 ausdrücklich festhält – die Bibelwissenschaft, nicht die Religionskritik Spinozas.

›Standpunkte‹ beruhigen. Die Tatsache, dass es die Kritik Nietzsches wenn auch nur der Intention nach gibt, war mir immer ein Beweis dafür, dass es nicht bei Verbeugungen bleiben kann.«

Die vorliegende Ausgabe folgt dem Wortlaut und der Anordnung der Originalpublikationen. Die Zitate wurden anhand der Quellen – soweit diese erreichbar waren – auf ihre Richtigkeit überprüft. Alle Texteingriffe sind in den Editorischen Hinweisen vermerkt. Im Falle der *Religionskritik Spinozas* ist die Einzelgliederung des detaillierten Inhaltsverzeichnisses, abweichend von der Erstausgabe, auch im Text selbst abgedruckt. Die Edition orientiert sich in diesem Punkt am Vorbild der amerikanischen Ausgabe, die ihrerseits einer Anregung Gerhard Krügers in seiner Besprechung von 1931 Rechnung trägt. Am Rand wird fortlaufend die Seitenzählung der Erstausgabe mitgeteilt, auf die sich auch sämtliche Querverweise innerhalb des Spinoza-Buches beziehen. Die Seitenzählung am Rand der Übersetzung des Vorworts von 1965/1968 gibt die Paginierung des amerikanischen Originals in *Liberalism Ancient and Modern* wieder.

Das Erscheinen der *Gesammelten Schriften* von Leo Strauss wurde möglich durch das freundliche Entgegenkommen und die tatkräftige Unterstützung von Kollegen, Freunden, Mitarbeitern und Verantwortlichen verschiedener Institutionen. Mein besonderer Dank gilt Joseph Cropsey, Distinguished Service Professor of Political Science Emeritus der University of Chicago. Er hat als Literary Executor von Leo Strauss nicht nur die Genehmigung für diese Ausgabe erteilt und mir uneingeschränkten Zugang zum Nachlaß von Strauss im Department of Special Collections der University of Chicago Library gewährt, sondern auch darüber hinaus von Anfang an in jeder erdenklichen Weise geholfen, den Weg zu ebnen. Jenny Strauss Clay, Professor of Classics an der University of Virginia in Charlottesville, schließe ich in diesen Dank mit ein. Sie ließ mich in zahlreiche persönliche Dokumente aus dem Besitz ihres Vaters Einblick nehmen und stellte mir die Handexemplare seiner Publikationen zur Verfügung. Rémi Brague, Professor für arabische Philosophie an der Sorbonne in Paris, erklärte sich freundlicherweise bereit, die arabischen und hebräischen Teile der Edition verantwortlich zu betreuen. Der Leiter des J. B. Metzler Verlags, Dr. Bernd Lutz, gab im Frühjahr 1986 den ersten Anstoß zu dem Unternehmen, das jetzt Früchte trägt, und hat ihm im vergangenen Jahrzehnt zu keinem Zeitpunkt seine Gunst entzogen.

München, Juni 1996   H. M.

Vorwort zur zweiten Auflage

Die zweite Ausgabe des vorliegenden Bandes ist um einen Anhang erweitert, der *Drei frühe Schriften* von Leo Strauss enthält. Die drei Artikel aus den Jahren 1925–1929, die hier erstmals wieder zugänglich gemacht werden, waren seit Jahrzehnten verschollen und sind in der Literatur über Strauss bisher unbekannt geblieben. Weder in den Leo Strauss Papers, die im Department of Special Collections der University of Chicago Library archiviert werden, noch im privaten Nachlaß, in den mir Jenny Strauss Clay in Charlottesville Einblick gewährte, fand sich ein Hinweis auf ihre Existenz. Erst Nachforschungen im Department of Manuscripts and Archives der Jewish National and University Library, bei denen ich Mitte April 1999 in Jerusalem auf handschriftliche Notizen von Gershom Scholem zu einigen Stationen in Strauss' Biographie stieß, brachten mich auf die Spur der Artikel. Die knappen Bemerkungen, die Scholem nach dem Tod von Strauss auf zwei Blättern festhielt, betreffen insbesondere Strauss' zionistische Aktivitäten während der 20er Jahre. Scholem erwähnt, daß Strauss von 1919 bis 1928/29 dem Kartell Jüdischer Verbindungen (K. J. V. bzw. K. I. V.) angehört habe, daß er 1924 an der Neugründung der jüdischen Verbindung Saronia in Frankfurt »führend beteiligt« und im Oktober 1924 Erstchargierter der Saronia gewesen sei. Scholems Aufzeichnungen nehmen darüber hinaus Bezug auf ein Referat, das Strauss im Sommerlager des K. J. V. 1924 in Forchtenberg über »Das zionistische Kulturproblem in unserem Erziehungsprogramm« hielt,[1] sowie auf die Antwort an

---

[1]   Nähere Informationen zu Strauss' Referat in Forchtenberg vom Sommer 1924 werden zu Beginn des *Anhangs*, p. 425/426 mitgeteilt. Scholem notiert zu der Rede von Strauss: »Scharfe Stellung gegen den Kulturzionismus (= Ernst Simon, Achad Haam), für politischen [Zionismus]. Radikale Formulierung des Verhältnisses von jüd. Nationalismus und jüdischer Religion. Von St.'s Kritikern z. T. *völlig* mißverstanden – als ob er zur Orthodoxie neige.« Gershom Scholems Notizen befinden sich unter der Signatur Arc. 4° 1599 / Corresp. Leo Strauss im Department of Manuscripts and Archives der Jewish National and University Library in Jerusalem.

einen Kritiker namens Weinberg und auf einen Aufsatz »im Anschluß an Freuds *Zukunft einer Illusion*«, die Strauss 1925 bzw. 1928 in Der Jüdische Student publizierte.

Die Durchsicht aller Jahrgänge dieser Zeitschrift in der Zeit von 1921 bis 1933 förderte insgesamt drei Aufsätze zutage, die Strauss in Der Jüdische Student veröffentlichte. Sie ergab außerdem, daß Strauss im Anfang 1924 neukonstituierten Präsidium des Kartells Jüdischer Verbindungen mitarbeitete, das auch die Zeitschrift in Berlin herausgab, und daß er im Juli 1925 die Redaktion einer Werbebroschüre des K.J.V. übernahm, die am 1. Oktober desselben Jahres vorliegen sollte.[2] Bei den drei Artikeln, die Strauss 1925, 1928 und 1929 in der Zeitschrift des Kartells Jüdischer Verbindungen publizierte, handelt es sich zum einen um eine durch Strauss' politische Tätigkeit im K.J.V. veranlaßte Stellungnahme, die unter der Überschrift *Bemerkung zu der Weinbergschen Kritik* auf Einwände gegen die Forchtenberger Rede erwidert und eine frühe Kritik des Kulturzionismus umreißt,[3] zum anderen um den Versuch einer grundsätzlichen Positionsbestimmung des politischen Zionismus, die die Frage der Religion ins Zentrum der Auseinandersetzung rückt und ihre Stoßrichtung bereits mit der Wahl des Titels *»Die Zukunft einer Illusion«* zu erkennen gibt.[4] Die dritte Veröffentlichung schließlich, *Zur Ideologie des politischen Zionismus* überschrieben, antwortet auf die Diskussion,[5] die die Positionsbestimmung von 1928

---

[2]   Ob diese Broschüre tatsächlich publiziert wurde, ist ungewiß. Im Central Zionist Archives der World Zionist Organization in Jerusalem ließ sich nichts über sie ermitteln (Brief vom 7. Juli 1999). Im »Protokoll der Präsidiumssitzung vom 19. Juli 1925« heißt es über den geplanten Inhalt des Heftes: »Zwei Palästina-Aufsätze mit Bildern, drei Aufsätze, die sich mit den geistigen Strömungen der Gegenwart auseinandersetzen und evtl. ein Aufsatz über das K.J.V.« Der Jüdische Student, 22. Jg., Heft 6 (August 1925), p. 182.

[3]   Scholem merkt dazu an: »Im Grunde Auseinandersetzung mit Ernst Simon. Strikt politischer Zionismus, als ›Wille zum Judenstaat‹ *gegen* allen Kulturzionismus.«

[4]   Scholem notiert: »Der Zionismus muß sich *prinzipiell atheistisch begründen*. Str. *verlangt*, wieder *gegen* Kulturzionismus, *völligen Bruch* mit der jüdischen Tradition. Radikale Wendung. Darüber heftige Auseinandersetzungen im KJV.«

[5]   Die drei Aufsätze Max Josephs, von denen im Untertitel des Artikels die Rede ist, waren in Der Jüdische Student, 25. Jg., Heft 6/7 (November 1928), p. 8–13 (*Zur atheistischen Ideologie des Zionismus*), 25. Jg., Heft 8 (Dezember 1928), p. 6–17 (*Ist die Religion wirklich eine Illusion?*) und 26. Jg., Heft 5 (Mai 1929), p. 15–22 (*Wissenschaft und Religion*) erschienen.

ausgelöst hatte und verschärft diese noch einmal. Strauss läßt sie in der Aussage kulminieren: »Der politische Zionismus ist die Organisation des Unglaubens im Judentum; er ist der Versuch, das jüdische Volk auf dem Boden des Unglaubens zu organisieren. So ordnet sich sein Kampf dem alten Kampf zwischen Glauben und Unglauben, der ›das ewige und einzige Thema aller Welt- und Menschengeschichte‹ ist, ein und unter.«

Spätestens die ausdrückliche Ein- und Unterordnung des politischen Zionismus in Rücksicht auf das eigentliche, einzige und tiefste Thema der Welt- und Menschengeschichte, das die Sentenz aus *Israel in der Wüste* benennt – ein Goethe-Wort, dem Strauss anderthalb Jahrzehnte später einen ebenso prominenten wie präzisen Ort in einem seiner bedeutendsten Aufsätze zuweisen wird[6] –, macht den spezifisch Straussschen Zugriff und den theoretischen Zusammenhang augenfällig, in dem die drei frühen Artikel stehen. Alle drei kreisen um den Streit von Orthodoxie und Aufklärung. Allen ist gemeinsam, daß sie jedem Versuch, die Kluft zwischen Glauben und Unglauben durch wohlmeinende Kompromisse zu überbrücken, entschieden entgegentreten. Alle verbindet die Skepsis gegen vermeintliche Synthesen, die geeignet sind, über den wirklichen Konflikt hinwegzutäuschen oder von ihm abzulenken. Die beiden Beiträge von 1928 und 1929 enthalten zudem eine Zurückweisung der Politischen Theologie, die an Deutlichkeit nichts zu wünschen übrig läßt und deren Relevanz über die zionistischen Debatten der Zeit weit hinausreicht.

Die drei Artikel gehören damit unzweifelhaft in den thematischen Umkreis der *Religionskritik Spinozas*, so daß nicht nur pragmatische Erwägungen, sondern inhaltliche Gründe dafür sprachen, sie Band 1 der *Gesammelten Schriften* und nicht Band 2, *Philosophie und Gesetz – Frühe Schriften*, als Anhang beizugeben. Hinzu kommt, daß der Anhang sowohl für das Verständnis der philosophischen Autobiographie, die Strauss im *Vorwort zur amerikanischen Ausgabe* von 1965 skizziert, als auch für das Spinoza-Buch selbst hilfreich und erhellend ist. Da die *Drei*

---

6   »One cannot recall too often this remark of Goethe (in the *Noten und Abhandlungen zum besseren Verständnis des West-östlichen Divans*): ›Das eigentliche, einzige und tiefste Thema der Welt- und Menschengeschichte, dem alle übrigen untergeordnet sind, bleibt der Konflikt des Unglaubens und Glaubens.‹« *The Law of Reason in the Kuzari*, Proceedings of the American Academy for Jewish Research, Vol. XIII, 1943, p. 60 n. 35; wiederabgedruckt in *Persecution and the Art of Writing*. Glencoe, Ill. 1952, p. 107 n. 35.

frühen Schriften in die Jahre 1925 bis 1928 fallen, in denen Strauss *Die Religionskritik Spinozas* schrieb, beziehungsweise ins Frühjahr 1929, als er auf Verlangen seines Vorgesetzten in der Akademie für die Wissenschaft des Judentums, Julius Guttmann, mit Änderungen des Manuskripts befaßt war, steht die philosophische Auseinandersetzung, die das Spinoza-Buch trägt, im Hintergrund der aktuellen Interventionen im zionistischen Richtungsstreit. Und umgekehrt beleuchten die drei Artikel die Position, die Strauss sich zur Zeit der Niederschrift des Spinoza-Buches erarbeitet hatte, in ihm aber aufgrund der Zensur, der er unterstand, nur eingeschränkt zum Ausdruck brachte.[7] Am 22. Mai 1929, im selben Monat, in dem *Der Jüdische Student* den Aufsatz *Zur Ideologie des politischen Zionismus* publizierte, sandte Strauss die bearbeitete Fassung des Spinoza-Manuskriptes an Guttmann. In seinem Begleitbrief weist Strauss auf die Stellen hin, an denen er Guttmanns Änderungswünschen nachgekommen war, um ihm dann in höflichen, aber bestimmten Worten zu bedeuten, daß er zu weiteren Änderungen nicht bereit sei.[8] Der sensible Punkt, der zwischen Strauss und der Akademie strittig war, ohne daß er im Brief an Guttmann beim Namen genannt würde, ist im Lichte der Artikel von 1928 und 1929 nicht schwer zu erraten. Und auch eine scheinbar eher beiläufige Bemerkung im Brief vom 22. Mai erhält durch die jetzt vorliegenden Zeugnisse ein anderes Gewicht: Nachdem Strauss unter Berufung auf sein »wissenschaftliches Gewissen«[9] weitere Eingriffe in das Manuskript des Spinoza-Buches abgelehnt und Guttmann darum gebeten hat, »den Druck

---

[7]   Siehe dazu das *Vorwort des Herausgebers*, p. XIII mit n. 10.

[8]   »Sehr verehrter Herr Professor! Zugleich mit diesem Brief überreiche ich Ihnen meine Spinoza-Arbeit, an der ich einen Teil der von Ihnen vorgeschlagenen Änderungen vorgenommen habe. Ich bin Ihrem Rat gefolgt bezüglich S. 2 f., 10 f., 36; 65, 79b, 170, 178, 184, 186, 201 ff. (cf. 198 Anm. 2), 215; was die übrigen Änderungs-Vorschläge angeht, so konnte ich ihnen darum nicht folgen, weil ich, nach ihnen mich richtend, meiner Arbeit einen meiner Überzeugung widersprechenden Charakter aufgedrückt hätte.« Der Brief an Julius Guttmann vom 22. Mai 1929 ist unter der Signatur Arc. 4° 1599 / Corresp. Leo Strauss dem Briefwechsel mit Gershom Scholem im Department of Manuscripts and Archives der Jewish National and University Library in Jerusalem beigegeben.

[9]   Strauss erläutert die Berufung auf sein »wissenschaftliches Gewissen« im folgenden Satz: »Ich bin mir bewusst, dass ich damit ein schwerwiegendes Wort gebrauche; aber ich konnte nicht vermeiden, Ihnen die ganze Schwierigkeit zu zeigen, in der ich mich seit Monaten befinde.«

der Arbeit in der nunmehrigen Fassung zu genehmigen«, setzt er in Klammern hinzu: »Es sei mir noch erlaubt, darauf hinzuweisen, dass ich dadurch, dass die Arbeit nun schon seit mehreren Jahren als druckfertig angekündigt wird, ohne zu erscheinen, nachgerade in einen etwas zweifelhaften Ruf gerate«.[10] Bei dem jungen Gelehrten, der 1925–1928 im Auftrag der Akademie für die Wissenschaft des Judentums in Berlin die *Bibelwissenschaft Spinozas* untersuchen sollte, handelte es sich um einen philosophischen Kopf, der – wie die Artikel und Berichte in der Zeitschrift des K.J.V. belegen – eine äußerst prononcierte politische Position in der zionistischen Debatte vertrat und von dem Freunde wie Feinde eine klärende Auseinandersetzung mit der *Religionskritik Spinozas* erwarteten, ein Buch, das für jene Debatte von unmittelbarem Interesse sein mußte.

Am Ende seines Briefes an Guttmann sagt Strauss, er sei »gewiss, dass sich ähnliche Divergenzen« wie im Falle der *Religionskritik Spinozas* bei seiner »weiteren Arbeit im Dienst der Akademie nicht ergeben werden. Dadurch, dass ich nunmehr ein Thema aus der Scholastik bearbeite, hinsichtlich dessen die wichtigste Aufgabe die nackte quaestio facti ist, wird ja die grundsätzliche Divergenz der Standpunkte praktisch bedeutungslos.« Diese Vorhersage sollte sich nicht bewahrheiten. Schon ein Jahr später vertraut Strauss Gerhard Krüger an, er habe bald gemerkt, daß sich das, was er zunächst »als reine ›Lernarbeit‹ begonnen« hatte, »so stumpfsinnig nicht durchführen lässt, einfach weil der Gegenstand« – Strauss spricht jetzt von »Aufklärung im Mittelalter« – »zu aufregend ist.«[11] Die Beschäftigung mit dem »Scholastiker« Gersonides, in deren Gefolge Strauss Alfarabi, Avicenna, Averroes und Maimonides als platonische politische Philosophen für sich entdeckt, zeitigt neue »Divergenzen« mit Guttman, die in *Philosophie und Gesetz* 1935 öffentlich ausgetragen werden. Vor allem aber führt sie zu einem tiefgreifenden Orientierungswandel im Denken von Strauss, zu einer Zäsur, die sein Leben verändert. Die beiden wichtigsten Probleme, die dem 1929/30 einsetzenden Orientierungswandel vorausliegen und ihn in einem gewissen Sinne vorbereiten, lassen sich den *Drei frühen*

---

[10] Strauss fährt fort: »dass ferner meine Arbeitskraft sehr dadurch geschmälert [wird (Strauss schreibt: bin)], dass ich mich immer wieder mit einer Arbeit befassen muss, die für mich heute keinen sachlichen Ertrag mehr liefert, wenn ich sie nicht ganz und gar umarbeiten würde.«

[11] Brief an Gerhard Krüger vom 26. Juni 1930. Siehe *Vorwort des Herausgebers* in *Gesammelte Schriften*, Band 2, p. XVIII n. 14.

Schriften ablesen: Die Aporie des politischen Zionismus, die Juden zu einer Nation »wie alle Nationen« machen zu wollen und gleichwohl die Identität der jüdischen Nation zu wahren. Und die Crux des »Atheismus aus Redlichkeit«, den Konflikt zwischen Unglauben und Glauben anders denn als einen letztendlich moralischen Antagonismus zu begreifen, der auf beiden Seiten in einem Willens- oder Glaubensakt seinen Grund hat.[12] Während das erste Problem sich als unlösbar herausstellte und so zu Strauss' Neuorientierung beitrug, erwies sich das zweite als eine lösbare Aufgabe für die Politische Philosophie.[13]

Rafael Weiser, Director des Department of Manuscripts and Archives, The Jewish National and University Library, und Margot Cohn danke ich für die freundliche Unterstützung, die meiner Frau und mir während unserer Arbeit im Archiv in Jerusalem zuteil wurde. Dr. Marcus Brainard, Postdoctoral Fellow der Carl Friedrich von Siemens Stiftung, war bei der Sichtung der Jahrgänge von Der Jüdische Student behilflich, die uns die Hochschule für Jüdische Studien in Heidelberg rasch und unbürokratisch auf Mikrofiches zur Verfügung stellte.

München, Juli 1999   H. M.

---

[12]   Cf. *Vorwort zur amerikanischen Ausgabe*, p. 11–13 sowie 23/24, 51 und 53 [228–230; 236/237, 255, 256] und *Philosophie und Gesetz* in *Gesammelte Schriften*, Band 2, p. 25 n. 13.

[13]   Siehe zu Strauss' Orientierungswandel im einzelnen das *Vorwort des Herausgebers* in Band 2 der *Gesammelten Schriften* (durchgesehener Nachdruck 1998), p. XV–XXVI. Die Linien des philosophischen Arguments, das Strauss' Neuorientierung ermöglichte, habe ich im Epilog *Eine theologische oder eine philosophische Politik der Freundschaft?* zur Erweiterten Neuausgabe meines Buches *Carl Schmitt, Leo Strauss und »Der Begriff des Politischen«. Zu einem Dialog unter Abwesenden*. Stuttgart–Weimar 1998, weiter auszuziehen versucht. Cf. insbesondere p. 182–190.

Leo Strauss

Die Religionskritik Spinozas als Grundlage seiner Bibelwissenschaft

Untersuchungen zu Spinozas Theologisch-politischem Traktat

(1930)

Dem Gedächtnis
Franz Rosenzweigs

Vorwort zur amerikanischen Ausgabe

(1965/1968)

Diese Studie zu Spinozas *Theologisch-politischem Traktat* wurde während der Jahre 1925–1928 in Deutschland geschrieben. Der Autor war ein junger in Deutschland geborener und aufgewachsener Jude, der sich im Bannkreis des theologisch-politischen Dilemmas fand.

Zu jener Zeit war Deutschland eine liberale Demokratie. Das Regime war als die Weimarer Republik bekannt. Im Lichte des autoritativsten politischen Dokuments des jüngeren Deutschland, Bismarcks *Gedanken und Erinnerungen*, nimmt sich die Option für Weimar als eine Option gegen Bismarck aus. In den Augen Bismarcks stand Weimar für eine Anlehnung an den Westen, wenn nicht für die innere Abhängigkeit der Deutschen von den Franzosen und vor allem von den Engländern, und für eine damit korrespondierende Abneigung gegen alles Russische. Aber Weimar war vor allem der Wohnsitz Goethes, jenes Zeitgenossen des Zusammenbruchs des Heiligen Römischen Reiches Deutscher Nation und des Sieges der Französischen Revolution und Napoleons, dessen wohlwollendes Verständnis ihn beiden Antagonisten gegenüber offen sein ließ und der sich in seinem Denken weder mit dem einen noch mit dem anderen identifizierte. Indem sie sich mit Weimar in Verbindung brachte, proklamierte die deutsche liberale Demokratie ihren moderaten, nichtradikalen Charakter: ihren Entschluß, zwischen der Hingabe an die Prinzipien von 1789 und der Hingabe an die höchste deutsche Tradition ein Gleichgewicht zu wahren.

Die Weimarer Republik war schwach. Sie hatte einen einzigen Augenblick der Stärke, wenn nicht der Größe: ihre starke Reaktion auf die Ermordung des jüdischen Außenministers Rathenau im Jahr 1922. Im großen und ganzen bot sie das traurige Schauspiel einer Gerechtigkeit ohne Schwert oder einer Gerechtigkeit, die unfähig war, das Schwert zu gebrauchen. Die Wahl des Feldmarschalls von Hindenburg in das

Präsidentenamt des Deutschen Reiches im Jahr 1925 zeigte jedem, der Augen hatte zu sehen, daß die Weimarer Republik nur eine kurze Zeit zu leben hatte: das alte Deutschland war stärker – stärker im Willen – als das neue Deutschland. Was zur Zerstörung der Weimarer Republik damals noch fehlte, war der geeignete Augenblick; dieser Augenblick sollte sich innerhalb weniger Jahre einstellen. Die Schwäche der Weimarer Republik machte ihre rasche Zerstörung gewiß. Nicht gewiß machte sie den Sieg des Nationalsozialismus. Der Sieg des Nationalsozialismus wurde in Deutschland aus demselben Grund notwendig, aus dem der Sieg des Kommunismus in Rußland notwendig geworden war: der Mann, der bei weitem den stärksten Willen oder die stärkste Zielstrebigkeit, die größte Rücksichtslosigkeit, die größte Kühnheit und die größte Macht über seine Anhängerschaft und das beste Urteil bezüglich der Stärke der verschiedenen Kräfte im unmittelbar relevanten politischen Feld hatte, war der Führer der Revolution.[1]

Halbmarxisten führen die Schwäche der Weimarer Republik auf die Macht des Monopolkapitalismus und die Wirtschaftskrise von 1929 zurück, aber es gab andere liberale Demokratien, die stark waren und blieben, obwohl sie mit denselben Schwierigkeiten zu kämpfen hatten. Es ist vernünftiger, auf die Tatsache zu verweisen, daß die Weimarer Republik durch die Niederlage Deutschlands im Ersten Weltkrieg entstanden war, obwohl diese Antwort bloß zu der weiteren Frage führt, warum es Deutschland nicht gelungen war, unter günstigeren Umständen (z. B. im Jahr 1848) eine liberale Demokratie zu werden, das heißt, warum die liberale Demokratie in Deutschland immer schwach gewesen war. Zwar war das Bismarcksche Regime, wie es von Wilhelm II. gehandhabt wurde, schon vor dem Ersten Weltkrieg und noch mehr durch den Krieg und seinen Ausgang in Mißkredit geraten und die liberale Demokratie damit einhergehend immer attraktiver geworden; aber im entscheidenden Augenblick diskreditierten die siegreichen liberalen Demokratien die liberale Demokratie in den Augen Deutschlands durch den Verrat an ihren Prinzipien im Vertrag von Versailles.

Es ist sicherer, das Niedrige im Lichte des Hohen zu verstehen zu suchen als das Hohe im Lichte des Niedrigen. Tut man das letztere, verzerrt man das Hohe notwendigerweise, während man, tut man das erstere, das Niedrige nicht der Freiheit beraubt, sich voll und ganz als

---

[1]   Beachte Leon Trotsky, *The History of the Russian Revolution*, übersetzt von Max Eastman. Ann Arbor, I, p. 329–331, III, p. 154–155.

das zu offenbaren, was es ist. Mit ihrem Namen verweist die Weimarer Republik auf die größte Epoche des deutschen Denkens und der deutschen Literatur, auf die Epoche, die sich vom letzten Drittel des achtzehnten Jahrhunderts bis zum ersten Drittel des neunzehnten Jahrhunderts erstreckte. Niemand kann sagen, daß das klassische Deutschland sich klar und deutlich zugunsten der liberalen Demokratie aussprach. Das ist ungeachtet der Tatsache wahr, daß das klassische Deutschland von Rousseau initiiert worden war. Zuallererst war Rousseau der erste moderne Kritiker des fundamentalen modernen Projekts (der Eroberung der Natur durch den Menschen um der Erleichterung der Lage des Menschen willen), der damit den Grund legte zu der für das deutsche Denken so schicksalhaften Unterscheidung zwischen Zivilisation und Kultur. Vor allem gipfelte die Radikalisierung und Vertiefung von Rousseaus Denken durch die klassische deutsche Philosophie in Hegels *Philosophie des Rechts,* der Legitimierung jener Art von konstitutioneller Monarchie, die sich auf die Anerkennung der Menschenrechte gründet und in der die Regierung in den Händen sehr gut ausgebildeter Beamter liegt, welche von einem erblichen König ernannt werden. Man hat nicht ohne Grund gesagt, daß Hegels Herrschaft über Deutschland erst an dem Tag ein Ende nahm, an dem Hitler an die Macht kam. Aber Rousseau bereitete nicht nur die Französische Revolution und die klassische deutsche Philosophie, sondern auch jene extreme Reaktion auf die Französische Revolution vor, die die deutsche Romantik darstellt. Um politisch und krude zu sprechen: »Die romantische Schule in Deutschland ... war nichts anders als die Wiedererweckung der Poesie des Mittelalters, wie sie sich ... in Kunst und Leben manifestiert hatte.«[2] Die Sehnsucht nach dem Mittelalter begann in Deutschland in demselben Augenblick, in dem das tatsächliche Mittelalter – das von einem Deutschen regierte Heilige Römische Reich – endete, von dem man damals dachte, es sei der Augenblick von Deutschlands tiefster Erniedrigung. In Deutschland, und nur dort, fiel das Ende des Mittelalters mit dem Beginn der Sehnsucht nach dem Mittelalter zusammen. Verglichen mit dem mittelalterlichen Reich, das bis 1806 nahezu ein Jahrtausend überdauert hatte, nahm sich das Reich Bismarcks (gar nicht zu reden vom Preußen Hegels) nicht nur hinsichtlich seiner Größe als ein kleines Deutschland aus. Alle tiefen deutschen Sehnsüchte – denn

226

---

[2] Heinrich Heine, *Die romantische Schule,* in: *Sämtliche Werke* (Elster), V, p. 217. Vgl. die Erörterung der Romantik in Hegels *Aesthetik.*

diejenigen nach dem Mittelalter waren nicht die einzigen und nicht einmal die tiefsten –, alle diese Sehnsüchte nach den Ursprüngen oder, negativ ausgedrückt, alles deutsche Ungenügen an der Moderne zielte auf ein drittes Reich hin, denn Deutschland sollte den Kern selbst noch von Nietzsches Europa ausmachen, das über die Erde herrschte.[3]

Die Schwäche der liberalen Demokratie in Deutschland erklärt, warum in Deutschland die Lage der einheimischen Juden prekärer war als in jedem anderen westlichen Land. Die liberale Demokratie hatte sich in den theologisch-politischen Traktaten ursprünglich weniger als das Gegenteil des mehr oder weniger aufgeklärten Despotismus des siebzehnten und achtzehnten Jahrhunderts denn als das Gegenteil des »Reiches der Finsternis«, das heißt der mittelalterlichen Gesellschaft definiert. Der liberalen Demokratie zufolge ist die universelle menschliche Moral das Band der Gesellschaft, wohingegen die Religion (die positive Religion) eine Privatangelegenheit ist; im Mittelalter war die Religion, das heißt das katholische Christentum, das Band der Gesellschaft. Das für das Mittelalter charakteristischste Unternehmen sind die Kreuzzüge; man kann von ihm sagen, daß es nicht zufällig in der Ermordung ganzer jüdischer Gemeinden gipfelte. Die deutschen Juden verdankten ihre Emanzipation der Französischen Revolution oder deren Auswirkungen. Von der Weimarer Republik wurden ihnen zum erstenmal volle politische Rechte gewährt. Auf die Weimarer Republik folgte das einzige deutsche Regime – das einzige Regime, das es jemals irgendwo gegeben hat –, welches kein anderes klares Prinzip besaß als einen mörderischen Haß auf die Juden, denn »arisch« hatte keine andere klare Bedeutung als »nichtjüdisch«. Man muß die Tatsache im Gedächtnis behalten, daß Hitler nicht aus Preußen, nicht einmal aus dem Reich Bismarcks kam.

Obgleich die deutschen Juden sich politisch in einer prekäreren Lage befanden als die Juden in jedem anderen westlichen Land, riefen sie die »Wissenschaft des Judentums« ins Leben, das historisch-kritische Studium des jüdischen Erbes durch Juden. Die Emanzipation der Juden in Deutschland fiel mit der größten Epoche des deutschen Denkens und der deutschen Dichtung zusammen, mit der Epoche, in der Deutschland das führende Land im Denken und in der Dichtung war. Man kann nicht umhin, die Periode des deutschen Judentums mit der Periode des spanischen Judentums zu vergleichen. Die größten Errungenschaften der

---

[3]   Beachte *Jenseits von Gut und Böse*, Achtes Hauptstück.

Juden während der spanischen Periode wurden teilweise dadurch ermöglicht, daß die Juden sich dem Zustrom des griechischen Denkens
öffneten, das man als nur zufällig griechisch verstand. Während der
deutschen Periode jedoch öffneten sich die Juden dem Zustrom des
deutschen Denkens, des Denkens der besonderen Nation, in deren Mitte
sie lebten – eines Denkens, das man als wesentlich deutsch verstand: die
politische Abhängigkeit war auch eine geistige Abhängigkeit. Das war
der Kern des Dilemmas des deutschen Judentums.

Drei Zitate mögen als Illustration für die prekäre Lage der Juden in
Deutschland dienen. Goethe, der größte unter den kosmopolitischen
Deutschen, ein »entschiedener Nichtchrist«, faßt die Ergebnisse einer
Unterhaltung zwischen seinem Wilhelm Meister und »dem heiteren
Friedrich« über eine neu zu gründende Gesellschaft folgendermaßen
zusammen, ohne seine Zusammenfassung mit Anführungszeichen zu
versehen: »An dieser Religion [der christlichen Religion] halten wir fest,
aber auf eine eigne Weise; wir unterrichten unsre Kinder von Jugend auf
von den großen Vorteilen, die sie uns gebracht hat; dagegen von ihrem
Urheber, von ihrem Verlauf geben wir zuletzt Kenntnis. Alsdann wird
uns der Urheber erst lieb und wert, und alle Nachricht, die sich auf ihn
bezieht, wird heilig. In diesem Sinne, den man vielleicht pedantisch
nennen mag, aber doch als folgerecht anerkennen muß, dulden wir
keinen Juden unter uns; denn wie sollten wir ihm den Anteil an der
höchsten Kultur vergönnen, deren Ursprung und Herkommen er verleugnet?«[4] Zwei Generationen später konnte Nietzsche sagen: »Ich bin
noch keinem Deutschen begegnet, der den Juden gewogen gewesen
wäre.«[5] Man könnte versuchen, Nietzsches Urteil auf die Beschränkt-
heit seines Bekanntenkreises zurückzuführen: niemand würde erwarten,
den Juden gewogene Personen unter den deutschen lutheranischen
Pfarrern zu finden, unter denen Nietzsche aufwuchs, gar nicht zu reden
von Jacob Burckhardt in Basel. Nietzsche hat seine Worte sorgfältig
gewählt; er schloß sich selbst sicherlich aus, als er das zitierte Urteil
fällte, was außerdem aus dem Kontext hervorgeht. Aber er sagt nichts
Triviales. Während sein Bekanntenkreis begrenzt – vielleicht ungewöhn-
lich begrenzt – war, war Nietzsche von ungewöhnlicher Scharfsichtig-
keit. Außerdem bedeutet ein Gewogensein gegenüber diesem oder jenem
Mann oder dieser oder jener Frau jüdischer Herkunft kein Gewogensein

---

[4]   *Wilhelm Meisters Wanderjahre*, 3. Buch, 11. Kapitel.
[5]   *Jenseits von Gut und Böse*, Nr. 251; vgl. *Morgenröte*, Nr. 205.

gegenüber Juden. Zwei Generationen später, im Jahr 1953, konnte Heidegger von »der inneren Wahrheit und Größe« des Nationalsozialismus sprechen.[6]

Im Laufe des neunzehnten Jahrhunderts waren viele Menschen im Westen zu der Vorstellung gelangt, daß viele, wenn nicht alle Leiden Probleme seien, die man als solche selbstverständlich für lösbar hielt. Solcherart hatten sie auch vom jüdischen Problem zu sprechen begonnen. Das deutsch-jüdische Problem wurde nie gelöst. Es wurde vernichtet durch die Vernichtung der deutschen Juden. Vor Hitlers Aufstieg zur Macht glaubten die meisten deutschen Juden, daß ihr Problem im Prinzip durch den Liberalismus gelöst worden sei: die deutschen Juden waren Deutsche jüdischen Glaubens, das heißt, sie waren nicht weniger deutsch als die Deutschen christlichen Glaubens oder ohne Glauben. Sie nahmen an, daß der deutsche Staat (gar nicht zu reden von der deutschen Gesellschaft oder Kultur) gegenüber der Differenz zwischen Christen und Juden oder zwischen Nichtjuden und Juden neutral war oder sein sollte. Diese Annahme wurde vom stärksten Teil Deutschlands und mithin von Deutschland nicht geteilt. Mit den Worten Herzls gesprochen: »Wer der Fremde im Lande ist, das kann die Mehrheit entscheiden; es ist eine Machtfrage.« Auf jeden Fall konnte es scheinen, daß in Ermangelung einer von beiden Parteien gleichermaßen anerkannten höheren Instanz die nichtjüdischen Deutschen der natürliche Richter über die Deutschheit der deutschen Juden waren. Infolgedessen hatte sich eine kleine Minderheit der deutschen Juden, aber eine beträchtliche Minderheit der deutsch-jüdischen Jugend, die an den Universitäten studierte, dem Zionismus zugewandt. Der Zionismus war fast niemals ganz von den traditionellen jüdischen Hoffnungen geschieden. Andererseits beabsichtigte der Zionismus niemals, eine Wiederherstellung wie jene herbeizuführen, die in den Tagen von Esra und Nehemia erreicht worden war: die Rückkehr in das Land Israel dachte man sich nicht als in der Errichtung des dritten Tempels und der Wiederherstellung des Opfergottesdienstes gipfelnd.

Die Eigentümlichkeit des Zionismus als einer modernen Bewegung

---

[6]   *Einführung in die Metaphysik*. Tübingen 1953, p. 152. Dieses Buch besteht aus einer Folge von im Jahr 1935 gehaltenen Vorlesungen, aber wie in der Vorbemerkung festgestellt wird, sind »Versehen beseitigt«. Vgl. auch die Anspielung p. 36 auf eine kürzliche »Säuberung« der deutschen Universitäten.

tritt am klarsten im streng politischen Zionismus hervor, wie er zuerst von Leon Pinsker in seiner *Autoemanzipation* und danach von Theodor Herzl im *Judenstaat* dargestellt wurde. Pinsker und Herzl gingen vom Scheitern der liberalen Lösung aus, sie fuhren aber fort, das Problem als ein lösbares Problem zu sehen, wie der Liberalismus es zu sehen begonnen hatte, das heißt, als ein bloß menschliches Problem. Sie radikalisierten dieses rein menschliche Verständnis. Das schreckliche Schicksal der Juden sollte in keiner Weise länger so verstanden werden, als habe es etwas mit einer göttlichen Strafe für die Sünden unserer Väter oder mit der providentiellen Sendung des auserwählten Volkes zu tun und sei deshalb mit der sanftmütigen Tapferkeit von Märtyrern zu ertragen. Es sollte in bloß menschlichen Kategorien verstanden werden: als konstituiere es ein rein politisches Problem, das als solches nicht gelöst werden kann, indem man an die Gerechtigkeit oder Großmut anderer Nationen appelliert, gar nicht zu reden von einem Bund aller Nationen. Entsprechend war der politische Zionismus in erster Linie mit nichts anderem als der Reinigung der Juden von tausendjähriger Erniedrigung oder mit der Zurückgewinnung der jüdischen Würde, der jüdischen Ehre oder des jüdischen Stolzes befaßt. Das Scheitern der liberalen Lösung bedeutete, daß die Juden ihre Ehre nicht wiedergewinnen konnten, indem sie sich als Individuen den Nationen assimilierten, in denen sie lebten, oder indem sie zu Bürgern wie alle anderen Bürger der liberalen Staaten wurden: die liberale Lösung brachte im besten Falle rechtliche Gleichheit, aber keine gesellschaftliche Gleichheit; als eine Forderung der Vernunft hatte sie keine Auswirkung auf die Gefühle der Nichtjuden. Um wiederum Herzl anzuführen: »Wir sind ein Volk – der Feind macht uns ohne unseren Willen dazu.« Letzten Endes ist das nichts, was zu beklagen wäre, denn »der Feind ist nötig für die höchsten Anstrengungen der Persönlichkeit«. Nur indem man die Ehre der jüdischen Nation schützte, konnte die Ehre des einzelnen Juden geschützt werden. Die wahre Lösung des jüdischen Problems macht es erforderlich, daß die Juden werden »wie alle Nationen« (I Sam.8), daß die jüdische Nation sich den Nationen der Welt assimiliert oder daß sie einen modernen, liberalen, säkularen (aber nicht notwendigerweise demokratischen) Staat errichtet. Der politische Zionismus im strengen Sinne war also die Bewegung einer Elite im Namen einer Gemeinschaft, die durch gemeinsame Abkunft und gemeinsame Erniedrigung konstituiert wird, zur Wiederherstellung ihrer Ehre durch den Erwerb von Eigenstaatlichkeit und daher eines Landes – irgendeines Landes: das

229

Land, das der streng politische Zionismus den Juden versprach, war nicht notwendig das Land Israel.

Dieses Vorhaben beinhaltete eine tiefgreifende Modifikation der traditionellen jüdischen Hoffnungen – eine Modifikation, die durch einen Bruch mit diesen Hoffnungen erreicht wurde. Als Motto seiner Streitschrift wählte Pinsker diese Worte Hillels: »Wenn ich selbst mir nicht helfe, wer denn? Und wenn nicht heute, wann denn?« Er ließ den Satz aus, der das Zentrum von Hillels Aussage bildet: »Und wenn ich nur mir selbst helfe, was bin ich?« Er sah das jüdische Volk als eine Herde ohne einen Hirten, der sie schützt und sammelt; er sehnte sich nicht nach einem Hirten, sondern nach der Verwandlung der Herde in eine Nation, die für sich selber Sorge tragen kann. Er betrachtete die jüdische Lage als eine natürliche Krankheit, die nur durch natürliche Mittel geheilt werden kann. Was der vom streng politischen Zionismus bewirkte Wandel bedeutet, sieht man am klarsten, wenn man, um zum Ursprung zurückzukehren, über diesen Satz Spinozas nachsinnt: »Wenn die Grundlagen ihrer Religion die Gemüter der Juden nicht weibisch machten, so würde ich unbedingt glauben, daß sie einmal bei gegebener Gelegenheit (denn die menschlichen Dinge sind wandelbar) ihren Staat wieder errichten werden.«

Der streng politische Zionismus wurde nur dadurch wirksam, daß er ein Bestandteil, um nicht zu sagen das Rückgrat des Zionismus insgesamt wurde, das heißt, indem er mit dem traditionellen jüdischen Denken seinen Frieden machte. Durch diese Verbindung oder Verschmelzung, brachte er die Errichtung des Staates Israel zuwege und damit jene Reinigung, die er vor allem anderen beabsichtigt hatte; er bewirkte so einen Segen für alle Juden, überall und einerlei, ob sie es zugeben oder nicht.[7] Er löste jedoch nicht das jüdische Problem. Er konnte das jüdische Problem nicht lösen wegen der Enge seiner ursprünglichen Konzeption, so vornehm sie auch sein mochte. Auf diese Enge wurde am wirksamsten durch den kulturellen Zionismus hingewiesen: dem streng politischen Zionismus fehlt, nur mit der gegenwärtigen Not und dem gegenwärtigen Entschluß befaßt, die historische Perspektive; die Gemeinschaft der Abstammung, des Blutes muß auch eine Gemeinschaft des Geistes, des nationalen Geistes sein; der jüdische Staat wird ohne eine jüdische Kultur, die ihre Wurzeln im jüdischen Erbe

---

[7] Vgl. Gerhard Scholem, *Politik der Mystik. Zu Isaac Breuers »Neuem Kusari«.* Jüdische Rundschau, Nr. 57, 1934.

hat, eine leere Hülse sein. Man hätte diesen Schritt nicht tun können, ohne zuvor das jüdische Erbe selbst als eine Kultur, das heißt als ein Produkt des nationalen Geistes, des nationalen Genius, zu interpretieren.[8] Doch die Grundlage, die autoritative Schicht des jüdischen Erbes stellt sich nicht als ein Produkt des menschlichen Geistes dar, sondern als eine göttliche Gabe, als göttliche Offenbarung. Verzerrte man die Bedeutung des Erbes, dem man treu zu sein beanspruchte, nicht vollständig, indem man es als eine Kultur wie jede andere hohe Kultur interpretierte? Der kulturelle Zionismus glaubte einen sicheren mittleren Boden zwischen der Politik (der Machtpolitik) und der göttlichen Offenbarung gefunden zu haben, zwischen dem subkulturellen und dem suprakulturellen, aber ihm fehlte die Strenge der beiden Extreme. Wenn der kulturelle Zionismus sich selbst versteht, wird er religiöser Zionismus. *230* Aber wenn der religiöse Zionismus sich selbst versteht, ist er zunächst einmal jüdischer Glaube und erst in zweiter Linie Zionismus. Er muß die Vorstellung einer menschlichen Lösung für das jüdische Problem als blasphemisch betrachten. Er kann so weit gehen und die Errichtung des Staates Israel als das wichtigste Ereignis in der jüdischen Geschichte seit der Vollendung des Talmud betrachten, aber er kann sie nicht als den Anbruch des messianischen Zeitalters, der Erlösung Israels und aller Menschen betrachten. Die Errichtung des Staates Israel ist die tiefgreifendste Modifikation der Galuth, die sich ereignet hat, aber sie ist nicht das Ende der Galuth: im religiösen Sinne, und vielleicht nicht nur im religiösen Sinne, ist der Staat Israel ein Teil der Galuth. Endliche, relative Probleme können gelöst werden; unendliche, absolute Probleme können nicht gelöst werden. Mit anderen Worten, die Menschen werden niemals eine Gesellschaft erschaffen, die frei ist von Widersprüchen. Unter jedem Gesichtspunkt sieht es so aus, als ob das jüdische Volk das auserwählte Volk sei, zumindest in dem Sinne, daß das jüdische Problem das handgreiflichste Symbol des menschlichen Problems ist, insoweit es ein soziales oder politisches Problem ist.

Zu erkennen, daß das jüdische Problem unlösbar ist, bedeutet, niemals die Wahrheit zu vergessen, die der Zionismus hinsichtlich der Grenzen des Liberalismus proklamierte. Der Liberalismus steht und fällt mit der Unterscheidung zwischen Staat und Gesellschaft oder mit der Anerkennung einer durch das Gesetz geschützten, aber für das Gesetz

---

[8]   Vgl. Yehezkel Kaufmann, *The Religion of Israel*, übersetzt und gekürzt von Moshe Greenberg. Chicago, 1960, p. 2, 233–234.

unzugänglichen Privatsphäre, wobei Einvernehmen darüber herrscht, daß vor allem die Religion als partikulare Religion der Privatsphäre zugehört. So gewiß der liberale Staat seine jüdischen Bürger nicht »diskriminieren« wird, so gewiß ist er konstitutionell nicht fähig und auch nicht willens, die »Diskriminierung« von Juden seitens einzelner oder Gruppen zu verhindern. Eine Privatsphäre in dem angegebenen Sinne anzuerkennen bedeutet, private »Diskriminierung« zuzulassen, sie zu schützen und sie so tatsächlich zu befördern. Der liberale Staat kann keine Lösung für das jüdische Problem beibringen, denn eine solche Lösung würde das gesetzliche Verbot jeder Art von »Diskriminierung« erforderlich machen, das heißt die Abschaffung der Privatsphäre, die Leugnung des Unterschieds zwischen Staat und Gesellschaft, die Zerstörung des liberalen Staates. Eine solche Zerstörung würde das jüdische Problem keineswegs lösen, wie die antijüdische Politik der UdSSR in unseren Tagen zeigt. Es ist töricht zu sagen, daß jene Politik den Prinzipien des Kommunismus widerspreche, denn es widerspricht den Prinzipien des Kommunismus, die Prinzipien des Kommunismus von der kommunistischen Bewegung zu trennen. Die UdSSR verdankt ihr Überleben der Entscheidung Stalins, nicht auf die Revolution des westlichen Proletariats zu warten, das heißt auf das, was andere für die UdSSR tun würden, sondern den Sozialismus in einem einzigen Land aufzubauen, wo sein Wort Gesetz war, unter Einsatz aller Mittel, wie bestialisch sie auch sein mochten, und diese Mittel konnten selbstverständlich Mittel einschließen, die zuvor von Hitler erfolgreich eingesetzt, um nicht zu sagen erfunden worden waren: die Ermordung von Parteimitgliedern im großen Maßstab und antijüdische Maßnahmen. Damit soll nicht geleugnet werden, daß der Kommunismus nicht zu dem geworden ist, was der Nationalsozialismus immer war, zum Gefangenen einer antijüdischen Ideologie, aber er macht von antijüdischen Maßnahmen in einer *231* prinzipienlosen Art und Weise Gebrauch, wann und wo sie als zweckdienlich erscheinen. Es soll lediglich unsere Behauptung bekräftigen, daß die vom liberalen Staat angebotene mißliche »Lösung des jüdischen Problems« der kommunistischen »Lösung« überlegen ist.

Es gibt ein jüdisches Problem, das menschlich lösbar ist[9]: das Problem des westlichen jüdischen Individuums, das oder dessen Eltern seine Verbindung mit der jüdischen Gemeinschaft in der Erwartung durchtrennten, daß es so zu einem normalen Mitglied einer rein liberalen oder

---

[9]   Maimonides, *Mischne Tora*, Hilchot Teschuba VI 3.

einer universellen menschlichen Gesellschaft würde, und das natürlicherweise verwirrt ist, wenn es keine derartige Gesellschaft findet. Die Lösung für sein Problem ist die Umkehr oder Rückkehr zur jüdischen Gemeinschaft, zu der Gemeinschaft, die durch den jüdischen Glauben und die jüdische Lebensweise aufgerichtet wird – die Teschuba (gewöhnlich mit »Reue« übersetzt) im umfassendsten Sinne. Einige unserer Zeitgenossen glauben, daß eine solche Rückkehr ganz und gar unmöglich ist, weil sie glauben, daß der jüdische Glaube ein für allemal gestürzt wurde, nicht durch eine blinde Auflehnung, sondern durch eine augenfällige Widerlegung. Obgleich sie zugeben, daß ihr tiefstes Problem durch jene Rückkehr gelöst würde, beteuern sie, daß die intellektuelle Redlichkeit es ihnen verbiete, den Intellekt zum Opfer zu bringen, um auch nur das vitalste Bedürfnis zu befriedigen. Doch sie können kaum leugnen, daß ein vitales Bedürfnis einen Menschen legitimerweise veranlaßt zu überprüfen, ob das, was eine Unmöglichkeit zu sein scheint, nicht tatsächlich nur eine sehr große Schwierigkeit ist.

Der Begründer des kulturellen Zionismus konnte unter Berufung darauf, daß Darwin die solideste Grundlage der Teleologie zerstört hatte, noch leugnen, daß das jüdische Volk eine providentielle Sendung habe.[10] Zu der Zeit und in dem Land, da die gegenwärtige Studie geschrieben wurde, wurde von jedermann mit Ausnahme Rückständiger zugegeben, daß der jüdische Glaube durch die Wissenschaft oder die Geschichte nicht widerlegt worden war. Die von Darwin und, in geringerem Maße, von Wellhausen entfachten Stürme hatten sich gelegt; man konnte der Wissenschaft und der Geschichte alles zugeben, was sie hinsichtlich des Alters der Welt, des Ursprungs des Menschen, der Unmöglichkeit von Wundern, der Unmöglichkeit der Unsterblichkeit der Seele und der Auferstehung des Leibes, des Jahwisten, des Elohisten, des dritten Jesaja und so fort zu lehren scheinen, ohne ein Jota von der Substanz des jüdischen Glaubens aufzugeben. Einige Zänkereien, besondere Gegenstände betreffend, die manchmal in widerwilligen Zugeständnissen endeten, hielten in Außenbezirken noch an, aber der Kampf um die Hauptstadt war durch die auf breiter Front erfolgte Kapitulation vor Wissenschaft und Geschichte für den ganzen Bereich, in dem Wissenschaft und Geschichte beanspruchen, zuständig zu sein oder zu werden, und durch die gleichzeitige Abwertung jenes ganzen Bereichs als religiös irrelevant entschieden worden. Er war, so versicherte man, nur

---

[10]   Achad Haam in seinem Aufsatz *External Freedom and Internal Servitude*.

durch ein Selbstmißverständnis der Religion religiös relevant geworden, wenn auch durch ein Selbstmißverständnis, das in früheren Zeiten unvermeidlich und im großen und ganzen in früheren Zeiten sogar harmlos war. Dieses Selbstmißverständnis bestand darin, daß man die Offenbarung als ein Korpus von Lehren und Regeln verstand, das solche Lehren und Regeln einschließt, die dem ungeleiteten menschlichen Verstand niemals als wahr und verbindlich hätten bekannt werden können, die der menschliche Verstand als subrational verwerfen würde, erwiesen sie sich nicht durch die Gewißheit, daß sie das Wort Gottes sind, als suprarational; Menschen, die nicht Ohrenzeugen waren, als Gott diese Lehren und Regeln verkündete, konnten jene Gewißheit nur durch eine verläßliche Tradition, die auch für die verläßliche Übermittlung der genauen Worte Gottes bürgt, und durch Wunder erlangen. Das Selbstmißverständnis wird behoben, wenn der Inhalt der Offenbarung als rational angesehen wird, was nicht notwendigerweise bedeutet, daß alles, was man bisher für offenbart hielt, rational ist. Das Bedürfnis nach äußerer Beglaubigung für die Offenbarung (Tradition und Wunder) verschwindet, wenn die innere Beglaubigung überreich wird. Die Wahrheit des traditionellen Judentums ist die Religion der Vernunft, oder die Religion der Vernunft ist säkularisiertes Judentum. Aber denselben Anspruch könnte man für das Christentum geltend machen, und wie nahe säkularisiertes Judentum und säkularisiertes Christentum einander auch kommen mögen, sie sind nicht identisch, und als rein rational sollten sie identisch sein. Vor allem, wenn die Wahrheit des Judentums die Religion der Vernunft ist, dann muß das, wovon man früher glaubte, es sei die Offenbarung des transzendenten Gottes, jetzt als das Werk der menschlichen Einbildungskraft verstanden werden, in der die menschliche Vernunft bis zu einem gewissen Grade wirksam war; was jetzt zu einer klaren und deutlichen Idee geworden ist, war ursprünglich eine verworrene Idee.[11] Was, außer Beweisen für die Existenz Gottes durch die theoretische Vernunft oder Forderungen nach seiner Existenz durch die praktische Vernunft, die immer unglaubwürdiger wurden, konnte jemanden davon abhalten, den letzten Schritt zu tun, das heißt zu behaupten, daß Gott selbst ein Produkt des menschlichen Geistes ist, im besten Falle »eine Idee der Vernunft«?

Diese und ähnliche Leugnungen oder Interpretationen verloren

---

[11]   Vgl. Spinoza, *Tractatus theologico-politicus*, praef. (sect. 7 Bruder [Numerierung in der Tauchnitz-Ausgabe von C. H. Bruder, Leipzig 1846 u. ö.]).

plötzlich alle ihre Kraft durch die einfache Beobachtung, daß sie nicht bloß ererbten Meinungen, sondern gegenwärtiger Erfahrung widersprechen. Beim ersten Hören mag man an das erinnert sein, was Leibniz gesagt hatte, als er Bayles Zweifel hinsichtlich der Offenbarung überwunden hatte: »Toutes ces difficultés invincibles, ces combats prétendus de la raison contre la foi s'évanouissent.

> Hi motus animorum atque haec discrimina tanta
> Pulveris exigui jactu compressa quiescunt.«[12]

Daß Gott sich dem Menschen offenbart, daß er zum Menschen spricht, ist nicht bloß durch Traditionen bekannt, die bis in die ferne Vergangenheit zurückreichen, und wird daher jetzt »bloß geglaubt«, sondern wird wirklich gewußt auf Grund gegenwärtiger Erfahrung, die jeder Mensch machen kann, wenn er sich ihr nicht verweigert. Diese Erfahrung ist keine Art der Selbsterfahrung, der Aktualisierung einer menschlichen Potentialität, des menschlichen Geistes, der zu seinem Eigensten gelangt, zu dem, was er sich wünscht oder wozu er eine natürliche Neigung hat, sondern von etwas Unerwünschtem, das von außen kommt, das dem Menschen widerstrebt; sie ist das einzige Bewußtsein von etwas Absolutem, das nicht wie alles andere, Rationales und Nichtrationales, in irgendeiner Weise relativiert werden kann; sie ist die Erfahrung Gottes als des Du, des Vaters und Königs aller Menschen; sie ist die Erfahrung eines unzweideutigen Befehls, der hier und jetzt an mich ergeht, im Unterschied zu allgemeinen Gesetzen oder Ideen, die immer bestreitbar sind und Ausnahmen zulassen; nur indem man sich dem erfahrenen Ruf Gottes ergibt, der dazu aufruft, ihn mit ganzem Herzen, mit ganzer Seele und mit aller Macht zu lieben, kann man dahin gelangen, den anderen Menschen als seinen Bruder zu sehen und ihn zu lieben wie sich selbst. Die absolute Erfahrung wird nicht zum Judentum zurückführen – z. B. zu den Einzelheiten dessen, was die Christen das Zeremonialgesetz nennen –, wenn sie sich nicht in der Bibel wiedererkennt und durch die Bibel läutert und wenn sie nicht mit Betrachtungen dazu verbunden wird, wie das traditionelle Judentum sich selbst versteht, und mit Meditationen über das geheimnisvolle Schicksal des jüdischen Volkes.

233

---

[12] *Théodicée*, Discours de la conformité de la foi avec la raison, sect. 3, und Vergil, *Georgica*, IV 86–87. Der Dichter spricht vom Kampf zwischen zwei rivalisierenden Königinnen um die Herrschaft über einen einzigen Bienenstock. Der Philosoph scheint an die Frage zu denken, ob die Philosophie oder die Offenbarung die Königin sein sollte.

Die Rückkehr zum Judentum erfordert heute auch die Überwindung dessen, was man das immerwährende Hindernis für den jüdischen Glauben nennen mag: der traditionellen Philosophie, die griechischen, heidnischen Ursprungs ist. Denn die achtbaren, eindrucksvollen oder bestechenden Alternativen zum Akzeptieren der Offenbarung, zur Ergebung in Gottes Willen, haben sich immer so dargestellt und stellen sich noch so dar, als seien sie auf das gegründet, was der Mensch durch sich selbst, durch seine Vernunft weiß. Die Vernunft hat in Hegels System ihre Vollendung erreicht; die wesentlichen Grenzen von Hegels System zeigen die wesentlichen Grenzen der Vernunft und damit die radikale Unangemessenheit aller rationalen Einwände gegen die Offenbarung. Mit dem letztendlichen Zusammenbruch des Rationalismus ist der immerwährende Kampf zwischen Vernunft und Offenbarung, zwischen Unglauben und Glauben, sogar auf der Ebene des menschlichen Denkens im Prinzip zugunsten der Offenbarung entschieden worden. Die Vernunft kennt nur Subjekte und Objekte, aber der lebendige und liebende Gott ist sicher unendlich viel mehr als ein Subjekt und kann niemals ein Objekt sein, etwas, das man mit Distanz oder Indifferenz ansehen kann. Die Philosophie, wie man sie bisher kannte, das alte Denken, war so weit davon entfernt, von der Erfahrung Gottes auszugehen, daß sie von dieser Erfahrung abstrahierte oder sie ausschloß; mithin war sie, wenn sie theistisch war, genötigt, auf Beweise für die Existenz Gottes als eines denkenden oder eines denkenden und wollenden Wesens zurückzugreifen. Das neue Denken spricht als uneingeschränkter Empirismus von Gott, Mensch und Welt wie sie tatsächlich erfahren werden, als Realitäten, die sich nicht aufeinander reduzieren lassen, wohingegen die ganze traditionelle Philosophie reduktionistisch war. Denn wenn sie nicht behauptete, daß die Welt und der Mensch ewig sind, das heißt den Schöpfergott leugnete, suchte sie nach der der Welt und dem Menschen vorausgehenden Realität, wie sie der Welt und dem Menschen vorausgeht und wie sie auf die Welt und den Menschen folgt, das heißt, sie suchte nach dem, was vom Menschen, vom ganzen Menschen nicht erfahren, sondern nur gefolgert oder gedacht werden kann. Der uneingeschränkte Empirismus erkennt kein solches Außerhalb oder Darüberhinaus als Realität an, sondern nur als unwirkliche Formen, Wesenheiten oder Begriffe, die niemals mehr sein können als Objekte, das heißt Objekte bloßen Denkens.[13]

---

[13] Vgl. Franz Rosenzweig, *Kleinere Schriften*. Berlin 1937, p. 354–398.

Das neue Denken war vor allem von Franz Rosenzweig ins Leben gerufen worden, der für den größten jüdischen Denker gehalten wird, den das deutsche Judentum hervorgebracht hat. Ihm wurde durch eine andere Form des neuen Denkens entgegengewirkt, der von Heidegger ins Leben gerufenen Form.[14] Es war offensichtlich, daß Heideggers neues Denken sowohl von jeder Nächstenliebe als auch von jeder Menschlichkeit weit wegführte. Andererseits konnte man nicht leugnen, daß er ein tieferes Verständnis als Rosenzweig dafür hatte, was die Einsicht oder Forderung beinhaltete, daß die traditionelle Philosophie, die auf griechischen Fundamenten beruhte, durch ein neues Denken abgelöst werden müsse. Er hätte niemals wie Rosenzweig gesagt: »Wir wissen aufs genaueste, wissen es mit dem anschaulichen Wissen der Erfahrung, was Gott, was der Mensch, was die Welt für sich genommen ›ist‹«. Noch nahm er wie Rosenzweig an, daß wir ohne weitere Umstände ein angemessenes Verständnis der griechischen Philosophie besitzen, der grundlegenden Schicht jenes alten Denkens, das überwunden werden muß: mit dem Infragestellen der traditionellen Philosophie wird das traditionelle Verständnis der Tradition fragwürdig. Allein aus diesem Grund hätte er nicht wie Rosenzweig sagen können, daß die meisten Platonischen Dialoge »langweilig« seien.[15] Diese Differenz zwischen Rosenzweig und Heidegger, über die man vieles mehr sagen könnte, war nicht ohne Zusammenhang mit ihrer Differenz hinsichtlich der Offenbarung. Zu jener Zeit brachte Heidegger sein Denken über die Offenbarung eher durch Schweigen oder durch die Tat als durch die Rede zum Ausdruck. Rosenzweigs Freund Martin Buber zitiert eine viel spätere Äußerung Heideggers, die, wie ich glaube, eine Ahnung von Heideggers Argument vermittelt – insbesondere, wenn man sie mit wohlbekannten Äußerungen Nietzsches in Verbindung bringt, dem Heidegger in dieser Sache erkennbar folgt.

»Die ›Propheten‹ dieser Religionen [sc. Judentum und Christentum]«, sagt Heidegger Buber zufolge, »sagen nicht erst das Wort des Heiligen voraus. Sie sagen sogleich vorher den Gott, auf den die Sicherheit der Rettung in die überirdische Seligkeit rechnet.«[16] Buber

234

---

[14] Zum Verhältnis zwischen Rosenzweigs und Heideggers Denken siehe Karl Löwith, *Gesammelte Abhandlungen*. Stuttgart 1960, p. 68–92.

[15] Rosenzweig, *op.cit.*, p. 380, 387.

[16] *Eclipse of God.* New York 1952, p. 97; vgl. das deutsche Original *Gottesfinsternis*. Zürich 1953, p. 87–88. Ich habe nicht versucht, die Übersetzung der deutschen Aussage Heideggers stärker anzunähern, die übrigens von Buber

kommentiert diese Aussage folgendermaßen: »Nebenbei vermerkt, ich habe nirgends in unserer Zeit ein so weitgehendes Mißverstehen der Propheten Israels auf hoher philosophischer Warte gefunden. Die Propheten Israels haben nie den Gott angesagt, auf den die Sicherheitssucht ihrer Hörer rechnete; sie sind je und je darauf ausgegangen, alle Sicherheit zu zerschlagen und im aufgerissenen Abgrund der letzten Unsicherheit den unerwünschten Gott zu verkünden, der das Wirklichwerden seiner Menschengeschöpfe, ihr Menschwerden von ihnen erheischt und alle, die in die Sicherheit ausweichen zu können vermeinen, daß der Tempel Gottes bei ihnen ist, zuschanden macht.« Heidegger spricht nicht von den »Hörern« der Propheten, sondern er meint klarerweise, daß es den Propheten selbst um Sicherheit ging.[17] Diese Behauptung wird durch die wohlbekannten Tatsachen, auf die Buber hinweist, nicht widerlegt – durch die Tatsache, mit einem Wort, daß es für die Propheten keine Zuflucht und keine Burg gibt außer Gott: die Sicherheit, die der Tempel Gottes gewährt, ist nichts, aber die Sicherheit, die Gott gewährt, ist alles. Wie Buber siebzehn Seiten zuvor in derselben Veröffentlichung sagt: »Wer Gott nur als das sittliche Ideal liebt, kann leicht dazu gelangen, an der Führung einer Welt zu verzweifeln, deren Augenschein Stunde um Stunde allen Prinzipien seiner sittlichen Idealität widerspricht.«[18] Sicherlich lehrt die Bibel, daß trotz allen gegenteiligen Anscheins die Welt von Gott geführt wird, oder um die traditionelle Wendung zu gebrauchen, daß es eine partikulare Providenz gibt, daß der Mensch von Gott beschützt wird, wenn er sein Vertrauen nicht in Fleisch und Blut, sondern in Gott allein setzt, daß er nicht völlig ausgesetzt oder preisgegeben ist, daß er nicht allein ist, daß er von einem

---

nicht ganz wörtlich zitiert wird. [Anm. d. Ü.: Die englische Wiedergabe von Bubers Heidegger-Zitat lautet: »The ›prophets‹ of these religions do not begin by foretelling the word of the Holy. They announce immediately the God upon whom the certainty of salvation in a supernatural blessedness reckons.« Wir folgen im Text der Stelle aus *Gottesfinsternis*.] Vgl. Heidegger, *Nietzsche*, II, p. 320.

[17] Hermann Cohen, *Ethik des reinen Willens*, 4. Aufl., p. 422: »Der Prophet hat gut reden: Himmel und Erde mögen vergehen; er denkt sie in seinem Felsen, den ihm Gott bildet, wohlgegründet.«

[18] *Eclipse of God*, p. 81; *Gottesfinsternis*, p. 71. Ich glaube, daß der Übersetzer einen Fehler machte, als er »Führung einer Welt« mit »Conduct of the world« übersetzte, und ich veränderte seine Übersetzung entsprechend [»guidance of a world«], aber ich weiß nicht, ob ich recht habe; aus dem Vorwort geht nicht hervor, ob Buber die Übersetzung gutgeheißen hat.

Wesen geschaffen worden ist, das, um Bubers Ausdruck zu gebrauchen,   *235*
ein Du ist. Bubers Protest wäre gerechtfertigt, wenn die biblischen
Propheten, wie Wellhausen vielleicht gehofft zu haben scheint, nur
Propheten der Unsicherheit, um nicht zu sagen eines bösen Endes
wären[19] und nicht auch Künder der messianischen Zukunft, des letztendlichen Sieges von Wahrheit und Gerechtigkeit, der schließlichen
Errettung und Sicherheit, obschon nicht notwendigerweise der schließlichen Errettung und Sicherheit aller Menschen. Mit anderen Worten, die
biblische Erfahrung ist nicht einfach unerwünscht oder dem Menschen
widerstrebend: die Gnade vervollkommnet die Natur; sie zerstört die
Natur nicht. Nicht jeder Mensch, aber jeder vornehme Mensch hat ein
Interesse an der Gerechtigkeit oder Rechtschaffenheit und daher an
jeder möglichen außermenschlichen, übermenschlichen Unterstützung
für die Gerechtigkeit oder an der Sicherheit der Gerechtigkeit. Die
Unsicherheit des Menschen und alles Menschlichen ist kein absolut in
Schrecken versetzender Abgrund, wenn das Höchste, von dem ein
Mensch weiß, absolut sicher ist. Platons Athenischer Fremder erfährt
jene Unterstützung, jene Zuflucht und Burg, wie die biblischen Propheten sie erfuhren, in der Tat nicht, aber er tut das zweitbeste: er
versucht, ihre Existenz zu beweisen. Aber für Heidegger gibt es keine
Sicherheit, kein glückliches Ende, keinen göttlichen Hirten; Hoffnung
wird durch Denken ersetzt; die Sehnsucht nach Ewigkeit, der Glaube an
irgend etwas Ewiges wird verstanden als dem »Geist der Rache«, dem
Wunsch entstammend, aus allem Vergehenden in etwas zu entfliehen,
das niemals vergeht.[20]

Die Kontroverse kann leicht zu einem Wettrennen entarten, in dem
derjenige gewinnt, der die geringste Sicherheit und den größten Schrekken anbietet, und bei dem es nicht schwer fiele zu erraten, wer der
Gewinner sein wird. Aber genauso wie eine Behauptung nicht deshalb
wahr wird, weil gezeigt wird, daß sie tröstlich ist, wird sie nicht deshalb
wahr, weil gezeigt wird, daß sie in Schrecken versetzend ist. Die ernste
Frage betrifft die Gewißheit oder das Wissen des Menschen bezüglich
der göttlichen Versprechen oder Bundesverheißungen. Sie werden durch
das gewußt, was Gott selbst in der Schrift sagt. Buber zufolge, dessen

---

[19] Vgl. die Argumentation, mit der Wellhausen seine Athetese von Amos 9,
13–15: »Rosen und Lavendel statt Blut und Eisen« rechtfertigt. *Skizzen und
Vorarbeiten* V. Berlin 1893, p. 94.
[20] *Der Satz vom Grund*, p. 142; *Was heißt Denken?*, p. 32 ff.

Glaube an die Offenbarung zugegebenermaßen »mit keinerlei ›Orthodoxie‹, verquickt ist«, ist das, was wir in der Bibel lesen, in allen Fällen,
selbst wenn über Gott gesagt wird, er habe etwas gesagt (wie zum
Beispiel und vor allem im Falle der Zehn Gebote), das, was die biblischen Autoren sagen, und was die biblischen Autoren sagen, ist niemals
mehr als ein menschlicher Ausdruck für Gottes sprachlosen Ruf oder
eine menschliche Antwort auf diesen Ruf oder ein menschengemachtes
»Bild«, eine menschliche Interpretation – sicher eine erfahrene menschliche Interpretation – dessen, was Gott »sagte«. Solche »Bilder« konstituieren nicht nur Judentum und Christentum, sondern alle Religionen. Alle derartigen »Bilder« sind »untreu und doch richtig, vergänglich wie ein Traumbild und doch in der Ewigkeit beglaubigt«.[21] Die
Erfahrung Gottes ist sicherlich nicht spezifisch jüdisch. Außerdem, kann
man sagen, daß man Gott als Schöpfer des Himmels und der Erde
erfährt, das heißt, daß man aus der Erfahrung Gottes an ihr selbst
genommen weiß, daß er der Schöpfer des Himmels und der Erde ist, oder
daß Menschen, die keine Propheten sind, Gott als ein denkendes,
wollendes und sprechendes Wesen erfahren? Ist die absolute Erfahrung
notwendig die Erfahrung eines Du?[22] Jede Behauptung über die absolute
Erfahrung, die mehr sagt, als daß das, was erfahren wird, die Präsenz
oder der Ruf ist, daß es nicht der Erfahrende ist, daß es nicht Fleisch und

236   Blut ist, daß es das ganz Andere ist, daß es der Tod oder das Nichts ist,
ist ein »Bild« oder Interpretation; daß irgendeine Interpretation die
schlichtweg wahre Interpretation ist, wird nicht gewußt, sondern »bloß
geglaubt«. Man kann nicht nachweisen, daß irgendeine besondere
Interpretation der absoluten Erfahrung die angemessenste Interpretation ist, indem man sich darauf beruft, daß sie allein mit allen anderen
Erfahrungen, zum Beispiel mit dem erfahrenen Geheimnis des jüdischen
Schicksals übereinstimme, denn das jüdische Schicksal ist nur auf Grund
einer besonderen Interpretation der absoluten Erfahrung ein Geheimnis,
oder das jüdische Schicksal ist vielmehr das Ergebnis Einer besonderen
Interpretation der absoluten Erfahrung. Gerade die Betonung der absoluten Erfahrung als Erfahrung nötigt einen zu verlangen, daß so klar

---

[21] *Gottesfinsternis*, p. 143, 159–161; *Eclipse of God*, p. 154, 173–175. Vgl.
Rosenzweig, *op. cit.*, p. 192, 530. Vgl. vor allem die gründliche Erörterung
dieses Themas durch Gershom Scholem, *Zur Kabbala und ihrer Symbolik*.
Zürich 1960, Kap. 1, 2.
[22] Vgl. *Gottesfinsternis*, p. 34 mit p. 96–97 und 117, bzw. *Eclipse of God*,
p. 39–40 mit p. 106 und 127.

wie möglich gemacht werde, was die Erfahrung an ihr selbst besagt, daß sie nicht verbogen, daß sie sorgfältig von jeder Interpretation der Erfahrung unterschieden werde, denn Interpretationen können als Versuche verdächtigt werden, das Erfahrene, welches zugegebenermaßen von außen über den Menschen kommt und unerwünscht ist, erträglich und harmlos zu machen oder die radikale Ungeschütztheit, Einsamkeit und Ausgesetztheit des Menschen zu überdecken.[23]

Indes – hätte Buber durchaus entgegnen können –, bedeutet nicht ebendieser Einwand, daß der atheistische Verdacht ebensosehr eine Möglichkeit, eine Interpretation und mithin ebensosehr »bloß geglaubt« ist wie der theistische? Und ist nicht das auf Glauben Gegründetsein, welches der Stolz der Religion ist, eine Kalamität für die Philosophie? Kann das neue Denken die Offenbarung konsistent zurückweisen oder (was dasselbe ist) an ihr vorbeigehen? Dadurch, wie er andere beurteilte, hatte Nietzsche selbst das Kriterium aufgestellt, nach dem seine Doktrin beurteilt werden muß. Indem er den »optimistischen« und den »pessimistischen« Atheismus seiner Zeit gleichermaßen attackierte, hatte er klargemacht, daß die Leugnung des biblischen Gottes die Leugnung der biblischen Moral verlangt, wie säkularisiert sie auch sei, die – so weit davon entfernt, selbstverständlich oder rational zu sein – keine andere Stütze hat als den biblischen Gott; Barmherzigkeit, Mitleid, Egalitarismus, brüderliche Liebe oder Altruismus müssen der Grausamkeit und deren Verwandten den Weg freigeben.[24] Aber Nietzsche beließ es nicht bei der »blonden Bestie«. Er verkündete »den Übermenschen«, und der Übermensch geht über den Menschen in seiner höchsten bisher bekannten Form hinaus. Was Nietzsche aus seiner Sicht von allen früheren Philosophen unterscheidet, ist die Tatsache, daß er »den historischen Sinn« besitzt,[25] das heißt das Bewußtsein, daß die menschliche Seele kein unveränderliches Wesen oder keine unveränderlichen Grenzen hat, sondern wesentlich historisch ist. Der tiefgreifendste Wandel, welchen die menschliche Seele bisher durchgemacht hat, die wichtigste Erweiterung und Vertiefung, welche sie bisher erfahren hat, ist Nietzsche zufolge der Bibel zuzuschreiben. »Diese Griechen haben viel auf dem

---

[23] Heidegger, *Sein und Zeit*, § 57. Beachte C. F. Meyers *Die Versuchung des Pescara*.
[24] Vgl. *Fröhliche Wissenschaft*, Nr. 343.
[25] *Jenseits*, Nr. 45, 224; *Götzen-Dämmerung*, Die »Vernunft« in der Philosophie, Nr. 1–2.

Gewissen – die Fälscherei war ihr eigentliches Handwerk, die ganze europäische Psychologie krankt an den griechischen *Oberflächlichkeiten*; und ohne das Bischen Judenthum usw. usw. usw.« Mithin ist der Übermensch »der römische Cäsar mit Christi Seele«.[26] Nicht nur war die biblische Moral als Wahrhaftigkeit oder intellektuelle Redlichkeit bei der Zerstörung der biblischen Theologie und der biblischen Moral am Werke; nicht nur ist sie beim Infragestellen ebendieser Redlichkeit, »*unserer* Tugend, die allein uns übrigblieb« am Werke;[27] die biblische Moral wird in der Moral des Übermenschen am Werke bleiben. Der Übermensch ist von »der Philosophie der Zukunft« untrennbar. Die Philosophie der Zukunft unterscheidet sich von der traditionellen Philosophie, die vorgab, rein theoretisch zu sein, dadurch, daß sie bewußt das Ergebnis eines Willens ist: das fundamentale Bewußtsein ist nicht rein theoretisch, sondern theoretisch und praktisch, untrennbar von einem Willensakt oder einer Entscheidung. Das fundamentale, für das neue Denken charakteristische Bewußtsein ist eine säkularisierte Version des biblischen Glaubens wie er von der christlichen Theologie interpretiert wird.[28] Was für Nietzsche gilt, gilt nicht weniger für den Autor von *Sein und Zeit*. Heidegger wünscht die letzten Relikte christlicher Theologie aus der Philosophie zu vertreiben, wie etwa die Vorstellungen der »ewigen Wahrheiten« und des »idealisierten absoluten Subjekts«. Aber das Verständnis vom Menschen, welches er dem griechischen Verständnis vom Menschen als dem vernünftigen Lebewesen gegenüberstellt, ist, wie er betont, in erster Linie das biblische Verständnis vom Menschen als im Bilde Gottes geschaffen. Entsprechend interpretiert er das menschliche Leben im Lichte des »Seins zum Tode«, der»Angst«, des »Gewissens« und der»Schuld«; in dieser wichtigsten Hinsicht ist er viel mehr Christ als Nietzsche.[29] Die Bemühungen des neuen Denkens, der Evidenz des biblischen Verständnisses vom Menschen, das heißt der biblischen Moral, zu entkommen, sind gescheitert. Und wie wir von

237

---

[26]   Brief an Overbeck vom 23. Februar 1887. Vgl. *Jenseits*, Nr. 60; *Genealogie der Moral*, I, Nr. 7, III, Nr. 23, 28 Anfang; Nietzsche, *Werke* (Schlechta), III, p. 422.
[27]   *Fröhliche Wissenschaft*, Nr. 344; *Jenseits*, Nr. 227; *Genealogie der Moral*, III, Nr. 27.
[28]   *Jenseits*, I; *Fröhliche Wissenschaft*, Nr. 347, 377. Thomas von Aquin, *Sum. Theol.* 1 q. 1. a. 4. und 2 2 q. 1. a. 1.
[29]   *Sein und Zeit*, p. 48–49, 190 Anm. 1, 229–230, 249 Anm. 1.

Nietzsche gelernt haben, verlangt die biblische Moral nach dem biblischen Gott.

Erwägungen dieser Art schienen die Streitfrage zugunsten von Rosenzweigs Verständnis des neuen Denkens oder zugunsten der uneingeschränkten Rückkehr zur biblischen Offenbarung zu entscheiden. Tatsächlich war Rosenzweigs Rückkehr nicht uneingeschränkt. Das Judentum, zu dem er zurückkehrte, war nicht identisch mit dem Judentum der Zeit vor Moses Mendelssohn. Das alte Denken hatte seit Mendelssohns Tagen, vom Mittelalter gar nicht zu reden, einige mehr oder minder wichtige Modifikationen des eingewurzelten jüdischen Denkens bewirkt. Obgleich es dem alten Denken entgegentrat, war das neue Denken gleichwohl sein Erbe. Während das klassische Werk dessen, was die jüdische mittelalterliche Philosophie genannt wird, der *Führer der Verwirrten*, in erster Linie nicht ein philosophisches Buch, sondern ein jüdisches Buch ist, ist Rosenzweigs *Stern der Erlösung* in erster Linie nicht ein jüdisches Buch, sondern ein »System der Philosophie«. Das neue Denken ist »erfahrende Philosophie«. Als solcher ist ihm leidenschaftlich an der Differenz zwischen dem gelegen, was vom heutigen Gläubigen erfahren wird oder von ihm zumindest erfahren zu werden vermag, und dem, was bloß durch die Tradition gewußt wird; diese Differenz war für das traditionelle Judentum nicht von Belang. Als erfahrende Philosophie geht es in jedem Fall vom Erfahrenen aus und nicht von den nichterfahrenen »Voraussetzungen« der Erfahrung. Zum Beispiel erfahren wir Dinge »hier« oder »dort«, an bestimmten »Orten«; wir erfahren nicht den homogenen unendlichen »Raum«, welcher die Bedingung der Möglichkeit von »Orten« sein mag. Ich erfahre einen Baum; indem ich das tue, bin ich mir nicht notwendigerweise meines »Ich« bewußt, welches die Bedingung der Möglichkeit dafür ist, daß ich irgend etwas erfahre.

Folglich muß man, wenn man von der jüdischen Erfahrung spricht, von dem ausgehen, was für das jüdische Bewußtsein primär oder autoritativ ist, und nicht von dem, was die primäre Bedingung der Möglichkeit der jüdischen Erfahrung ist: man muß von Gottes Gesetz, der Tora, ausgehen und nicht von der jüdischen Nation. Aber in diesem entscheidenden Fall geht Rosenzweig in der umgekehrten Weise vor; er geht, wie er es ausdrückt, »soziologisch« vor. Er bemerkt, daß die jüdischen Dogmatiker des Mittelalters, insbesondere Maimonides, in der ersteren Weise vorgingen: die traditionelle jüdische Dogmatik verstand die jüdische Nation im Lichte der Tora; sie schwieg über die

»Voraussetzung« des Gesetzes, nämlich über die jüdische Nation und deren Auserwähltheit. Man beginnt sich zu fragen, ob unsere mittelalterliche Philosophie und das alte Denken des Aristoteles, von dem sie Gebrauch machte, nicht »empirischer«, nicht mehr mit dem »Gegebenen« im Einklang war als ein uneingeschränkter Empirismus, der aus dem Gegensatz zur modernen konstruktivistischen Philosophie wie zum modernen wissenschaftlichen Empirismus entstand: wenn die jüdische Nation nicht die Tora hervorbrachte, sondern offenkundig durch die Tora konstituiert wird, geht die Tora, die vor der Welt geschaffen und um derentwillen die Welt geschaffen wurde, ihr vorauf. Das Dogma von der Auserwähltheit Israels wird für Rosenzweig der »wahre Zentralgedanke des Judentums«, weil er sich, wie er klarmacht, dem Judentum aus dem Blickwinkel des Christentums nähert, weil er nach einem jüdischen Analogon zur christlichen Doktrin des Christus Ausschau hält.[30] Es ist nicht notwendig zu betonen, daß sich dieselbe Veränderung ergeben hätte, wenn der Ausgangspunkt ein bloß säkularistischer Nationalismus gewesen wäre.

Rosenzweig glaubte nie, daß seine Rückkehr zum biblischen Glauben eine Rückkehr zu der Form sein könnte, in welcher sich dieser Glaube in der Vergangenheit ausgedrückt oder verstanden hatte. Was der Autor eines biblischen Wortes oder einer biblischen Geschichte oder die Kompilatoren des Kanons meinten, ist eines; wie der Text den heutigen Gläubigen berührt und mithin, was der letztere wahrhaft versteht, das heißt, sich aneignet und glaubt, ist ein anderes. Das erstere ist die Sache der Geschichte als Geschichte, die, wenn sie sich als sich selbst genügend ansieht, eine der Verfallsformen des alten Denkens darstellt; das letztere ruft, wenn es in vollem Bewußtsein praktiziert wird, nach dem neuen Denken. Da das neue Denken die rechte Art des Denkens ist, könnte es scheinen, als sei das Verständnis der Bibel, zu dem es fähig ist, allen anderen Formen prinzipiell überlegen. Auf jeden Fall stimmt Rosenzweig mit dem religiösen Liberalismus überein, was die Notwendigkeit betrifft, eine Auswahl unter den traditionellen Glaubensvorstellungen und Regeln zu treffen. Doch sein Auswahlprinzip unterscheidet sich radikal vom liberalen Prinzip.

Die Liberalen trafen eine Unterscheidung zwischen dem Wesentlichen und dem Unwesentlichen, das heißt, sie trafen eine Unterscheidung, die objektiv zu sein beanspruchte. Rosenzweigs Prinzip ist kein

---

[30] *Kleinere Schriften*, p. 31–32, 111, 281–282, 374, 379, 382, 391, 392.

Prinzip im strengen Sinne, sondern »eine Kraft«: der ganzen »Wirklichkeit des jüdischen Lebens«, selbst jenen Teilen, die niemals förmliche
Autorität erlangten (wie »bloßen« Geschichten und »bloßen« Bräu-
chen), muß man sich als dem »Stoff« nähern, von dem nur ein Teil in
»Kraft« verwandelt werden kann; nur die Erfahrung kann zeigen,
welcher Teil so verwandelt werden wird; die Auswahl kann nur »ganz
individuell« erfolgen.[31] Das heilige Gesetz, sozusagen der öffentliche
Tempel, der eine Realität war, wird solcherart zu einem Potential, einem   *239*
Steinbruch oder einem Warenlager, aus dem jedes Individuum die
Materialien zum Aufbau seiner privaten Zufluchtsstätte nimmt. Die
Gemeinschaft des heiligen Volkes wird von nun an durch die gemeinsame Abstammung seiner Mitglieder und durch den gemeinsamen
Ursprung der Materialien gewährleistet, die sie verwandeln, indem sie
sie auswählen. Diese bewußte und radikale Historisierung der Tora – die
notwendige Konsequenz aus dem angenommenen Primat des jüdischen
Volkes unter den Bedingungen des modernen »Individualismus«[32] – ist
in Rosenzweigs Auffassung vollkommen mit der Tatsache vereinbar, daß
das jüdische Volk das geschichtslose Volk ist.

Rosenzweig konnte nicht alles glauben, was seine orthodoxen jüdischen Zeitgenossen in Deutschland glaubten. Sein System der Philosophie liefert die Gründe, warum er dachte, daß sie sich trotz ihrer
Frömmigkeit im Irrtum befanden. Er hat zwei Punkte an ihnen selbst
erörtert, hinsichtlich deren er nicht mit ihnen übereinstimmte und die
von äußerster Wichtigkeit sind. Er wandte sich gegen ihre Neigung, das
Gesetz eher im Sinne von Verbot, Entsagung, Verweigerung und Zurückweisung zu verstehen als im Sinne von Befehl, Befreiung, Gewäh-
rung und Verwandlung, der entgegengesetzten Neigung. Es ist indessen
nicht unmittelbar klar, ob die orthodoxe Einfachheit oder Strenge nicht
auf einem tieferen Verständnis der Macht des Bösen im Menschen
beruht als Rosenzweigs auf den ersten Blick attraktivere Auffassung, die
einer der »Lieblingsmaterien« Mittlers in Goethes *Wahlverwandtschaf-
ten* gleicht.[33] Zweitens war Rosenzweig außerstande, alle biblischen
Wunder schlicht zu glauben. Alle biblischen Wunder konnten ihm
freilich glaubhaft werden. Wenn zum Beispiel die Geschichte von Bi-

[31] *Op. cit.*, p. 108–109, 114, 116–117, 119, 155–156.
[32] Nietzsche, *Also sprach Zarathustra*, Von tausend und Einem Ziele.
[33] Vgl. auch Kant, *Die Religion innerhalb der Grenzen der bloßen Vernunft*
(Kehrbach), p. 43.

leams sprechender Eselin aus der Tora vorgelesen wurde, war es kein
Märchen für ihn, während er dieses Wunder bei allen anderen Gelegen-
heiten bezweifeln mochte.[34] Der orthodoxe Jude würde sich wegen
seiner Zweifel als einem Versagen seinerseits Vorwürfe machen, denn
nicht er würde bestimmen, was er gemäß seiner individuellen und
temporären Fähigkeit oder Unfähigkeit zu glauben zu glauben verpflichtet ist; er würde mit Maimonides' *Abhandlung über die Auferstehung der Toten* argumentieren, daß, wenn Gott die Welt aus dem Nichts
geschaffen hat und mithin allmächtig ist, es keinerlei Grund gibt, zu
irgendeiner Zeit irgendein Wunder zu leugnen, das verbürgt ist durch
das Wort Gottes.

Erwägungen wie jene, die in den vorangegangenen Absätzen skizziert
wurden, ließen die Frage aufkommen, ob eine uneingeschränkte Rückkehr zur jüdischen Orthodoxie nicht sowohl möglich als auch notwendig war – ob sie nicht gleichzeitig die Lösung für das Problem des in
der nichtjüdischen modernen Welt verlorenen Juden und der einzige mit
schierer Konsistenz oder intellektueller Redlichkeit vereinbare Weg war.
Vage Schwierigkeiten blieben zurück wie kleine, weit entfernte Wolken
an einem schönen Sommerhimmel. Sie nahmen bald die Gestalt Spinozas an – des größten Mannes jüdischer Herkunft, der offen die Wahrheit
des Judentums geleugnet und aufgehört hatte, dem jüdischen Volk
anzugehören, ohne Christ zu werden. Es war nicht der »gottrunkene«
Philosoph, sondern der nüchterne, um nicht zu sagen hartherzige Schüler Machiavellis und der philologisch-historische Kritiker der Bibel.
Man konnte nur dann zur Orthodoxie zurückkehren, wenn Spinoza in
jeder Hinsicht Unrecht hatte.

Daß Spinoza in der entscheidenden Hinsicht Unrecht hatte, war etwa
ein Jahrzehnt früher von dem autoritativsten deutschen Juden behauptet
worden, der mehr als irgend jemand anders die Vereinigung jüdischen
Glaubens und deutscher Kultur symbolisierte: von Hermann Cohen,
dem Begründer der neukantianischen Marburger Schule. Cohen war ein
Jude von seltener Hingabe, der getreue Führer, Verteidiger und Warner
der deutschen Judenheit und gleichzeitig, um das mindeste zu sagen,
derjenige, der alle anderen deutschen Philosophieprofessoren seiner
Generation an geistiger Kraft bei weitem überragte. Es erwies sich als
notwendig, Cohens Attacke auf Spinoza zu prüfen. Die Attacke war

---

[34]   *Kleinere Schriften*, p. 154; *Briefe*. Berlin, 1935, p. 520.

durch einen besonders verblüffenden Akt seitens deutscher Juden zur Feier Spinozas veranlaßt worden.

Es gab zwei Gründe, warum die Juden jener Zeit geneigt waren, Spinoza zu feiern. Der erste ist das mutmaßliche Verdienst, das Spinoza sich um die Menschheit und nur in zweiter Linie um die Juden erwarb; der zweite ist das mutmaßliche Verdienst, das er sich um das jüdische Volk und nur in zweiter Linie um die Menschheit erwarb. Beide Gründe hatten die Juden jener Zeit veranlaßt, nicht nur die Exkommunikation informell für ungültig zu erklären, welche die jüdische Gemeinde in Amsterdam gegen Spinoza ausgesprochen hatte, sondern ihn sogar, wie Cohen es formulierte, zu kanonisieren.

Die große Empörung gegen das traditionelle Denken oder die Heraufkunft der modernen Philosophie oder Naturwissenschaft hatte sich vor Spinoza vollzogen. Man kann noch weiter gehen und sagen, daß Spinoza, weit davon entfernt, ein revolutionärer Denker zu sein, nur der Erbe der modernen Empörung wie der mittelalterlichen Tradition ist. Auf den ersten Blick mag er sehr viel mittelalterlicher erscheinen als Descartes, gar nicht zu reden von Bacon und Hobbes. Das moderne Projekt, wie es von Bacon, Descartes und Hobbes verstanden wurde, verlangt, daß der Mensch zum Herrn und Besitzer der Natur werde oder daß die Philosophie oder Wissenschaft aufhöre, wesentlich theoretisch zu sein. Spinoza versucht indessen, die traditionelle Konzeption der Kontemplation wiederherzustellen: man kann nicht daran denken, die Natur zu erobern, wenn die Natur dasselbe ist wie Gott. Doch Spinoza stellte die Würde der Spekulation auf der Grundlage der modernen Philosophie oder Wissenschaft, auf der Grundlage eines neuen Verständnisses von »Natur« wieder her. Er war so der erste große Denker, der eine Synthese vormoderner (klassisch-mittelalterlicher) und moderner Philosophie versuchte. Seine Spekulation gleicht dem Neuplatonismus; er versteht alle Dinge als von einem einzigen Wesen oder Ursprung ausgehend, nicht als von diesem Wesen oder Ursprung gemacht oder geschaffen; das Eine ist der alleinige Grund des Vielen. Doch er betrachtet diesen Prozeß nicht mehr als Abstieg oder Verfall, sondern als Aufstieg oder Entfaltung: das Ende ist höher als der Ursprung. Seinem letzten Wort über den Gegenstand zufolge ist die höchste Form der Erkenntnis, die er intuitive Erkenntnis nennt, Erkenntnis nicht der einen Substanz oder Gottes, sondern der einzelnen Dinge oder Ereignisse: Gott ist voll und ganz Gott nicht als Substanz oder auch nur in seinen ewigen Attributen, sondern in seinen nicht-ewigen Modi, sofern sie *sub specie aeternitatis* verstanden werden. Die Erkenntnis Gottes, wie sie im ersten Teil der *Ethik* dargestellt wird, ist nur allgemein oder abstrakt; nur die Erkenntnis der einzelnen Dinge oder vielmehr Ereignisse als durch Gott verursacht ist konkret.[35]

241

Spinoza scheint so mit der Art von philosophischem System den Anfang zu machen, das den grundlegenden *processus* als Fortschritt sieht: Gott ist nicht an ihm selbst das *ens perfectissimum*. In dieser äußerst wichtigen Hinsicht bereitet er den Deutschen Idealismus vor. Außerdem kehrt er, geradeso wie er zur klassischen Konzeption der *theoria* zurückkehrt, in seiner politischen Philosophie zum klassischen Republikanismus zurück. Der Titel des krönenden Kapitels des *Theologisch-politischen Traktats* ist so wörtlich als möglich Tacitus entnommen. Aber wie seine theoretische Philosophie mehr als eine Neuformulierung klassischer Doktrinen und tatsächlich eine Synthese klassischer und moderner Spekulation ist, so ist seine politische Philosophie mehr als eine Neuformulierung des klassischen Republikanismus. Die Republik, die er gutheißt, ist eine liberale Demokratie. Er war der erste Philosoph, der sowohl ein Demokrat als auch ein Liberaler war. Er war der Philosoph, der die liberale Demokratie, ein spezifisch modernes Regime, begründete. Unmittelbar und durch seinen Einfluß auf Rousseau, der Kant den entscheidenden Anstoß gab, wurde Spinoza für jene Spielart des modernen Republikanismus verantwortlich, der sich eher an der Würde eines jeden Menschen orientiert als an dessen eng gefaßtem Interesse. Spinozas politische Lehre geht von einem Naturrecht eines jeden Menschen als der Quelle aller möglichen Pflichten aus. Mithin ist sie frei von jener Strenge und jener Einfachheit, welche die klassische politische Philosophie mit dem alten Gesetz teilt – eine Strenge, der Aristoteles klassischen Ausdruck verlieh, als er sagte, daß das Gesetz das, was es nicht befiehlt, verbietet. Mithin ist Spinoza frei von der klassischen Abneigung gegenüber dem Kommerzialismus; er weist die traditionelle Forderung nach Sumptuargesetzen zurück. Allgemein gesprochen läßt seine politische Ordnung den Leidenschaften viel größere Freiheit, und dementsprechend zählt sie viel weniger auf die Macht der Vernunft als die politische Ordnung der Klassiker. Denn während für die Klassiker das Leben der Leidenschaft ein Leben wider die Natur ist, ist für Spinoza alles, was ist, natürlich. Für Spinoza gibt es keine natür-

---

[35] *Ethica*, V prop. 25 und prop. 36 schol.; vgl. *Tr. theol.-pol.*, VI sect. 23. Vgl. Goethes Brief an F. H. Jacobi vom 5. Mai 1786.

lichen Endzwecke, und mithin gibt es insonderheit keinen natürlichen Endzweck für den Menschen. Er ist daher gezwungen, eine neue Darstellung vom Endzweck des Menschen zu geben (von dem der Kontemplation gewidmeten Leben): der Endzweck des Menschen ist nicht natürlich, sondern vernünftig, er ist das Ergebnis der Findigkeit des Menschen, der vom Menschen »geformten Idee des Menschen als eines Musterbildes der menschlichen Natur«. So bereitet er entscheidend die moderne Vorstellung vom »Ideal« als einem Werk des menschlichen Geistes oder als eines menschlichen Entwurfs vor, im Unterschied zu einem Endzweck, der dem Menschen von der Natur aufgegeben ist.

Die förmliche Rezeption Spinozas fand 1785 statt, als F. H. Jacobi sein Buch *Über die Lehre des Spinoza in Briefen an den Herrn Moses Mendelssohn* veröffentlichte. Jacobi machte die Tatsache öffentlich, daß es nach Lessings Auffassung keine andere Philosophie als die Philosophie Spinozas gab. Die Philosophie von Kants großen Nachfolgern war bewußt eine Synthese der Philosophien Spinozas und Kants. Spinozas charakteristischer Beitrag zu dieser Synthese war eine neuartige Konzeption Gottes. Er zeigte so den Weg zu einer neuen Religion oder Religiosität, die eine ganz neue Art von Gesellschaft, eine neue Art von Kirche inspirieren sollte. Er wurde der alleinige Vater jener neuen Kirche, die tatsächlich universal sein sollte, und nicht bloß dem Anspruch nach wie andere Kirchen, weil ihr Fundament nicht länger irgendeine positive Offenbarung war – eine Kirche, deren Herrscher keine Priester oder Pastoren waren, sondern Philosophen und Künstler und deren Herde Kultur- und Besitzkreise waren. Es war von äußerster Wichtigkeit für jene Kirche, daß ihr Vater kein Christ, sondern ein Jude war, der formlos ein Christentum ohne Dogmen und Sakramente angenommen hatte. Der tausendjährige Antagonismus zwischen Judentum und Christentum war dabei zu verschwinden. Die neue Kirche würde Juden und Christen in Menschen verwandeln – in Menschen einer bestimmten Art: kultivierte Menschen, Menschen, die, da sie Wissenschaft und Kunst besaßen, nicht zusätzlich der Religion bedurften. Die neue Gesellschaft, durch das allen ihren Mitgliedern gemeinsame Streben nach dem Wahren, dem Guten und dem Schönen konstituiert, emanzipierte die Juden in Deutschland. Spinoza wurde zum Symbol jener Emanzipation, die nicht nur Emanzipation, sondern säkulare Erlösung sein sollte. In Spinoza, einem Denker und einem Heiligen, der sowohl Jude als auch Christ war und mithin keines von beiden, würden, so hoffte man, alle kultivierten Familien der Erde gesegnet werden. Mit

242

einem Wort, die nichtjüdische Welt, die in einem beträchtlichen Ausmaß von Spinoza geprägt wurde, war für Juden aufnahmebereit geworden, die willens waren, sich ihr zu assimilieren.

Das Feiern Spinozas war ebenso aus rein jüdischen Gründen notwendig geworden. Wie wir gesehen haben, hatte sich die Betonung von der Tora auf die jüdische Nation verlagert, und die jüdische Nation konnte man nicht als die Quelle der Tora betrachten, wenn man sie nicht als einen Organismus mit einer eigenen Seele verstand; diese Seele hatte sich ursprünglich und klassisch in der Bibel ausgedrückt, wenn auch nicht in allen Teilen der Bibel gleichermaßen. Seit den Tagen der Bibel gab es immer schon den Konflikt zwischen Prophet und Priester, zwischen dem Inspirierten und dem Nichtinspirierten, zwischen einem tiefen, unterirdischen Judentum und einem offiziellen Judentum. Das offizielle Judentum war legalistisch und mithin rationalistisch. Sein Rationalismus hatte die mächtigste Unterstützung durch den philosophischen Rationalismus fremden Ursprungs erfahren, welcher seinen vollkommenen Ausdruck in der Platonischen Konzeption Gottes als eines Demiurgen gefunden hatte, der das Universum macht, indem er zu den unwandelbaren, leblosen Ideen emporblickt. In Übereinstimmung damit behauptete das offizielle Judentum, daß Gott die Welt geschaffen habe und sie *sub ratione boni* regiere. Präzise weil er an die tief verstandene Göttlichkeit der Bibel glaubte, empörte Spinoza sich gegen diese offizielle Behauptung im Namen des absolut freien oder souveränen Gottes der Bibel – des Gottes, der sein wird, was er sein wird, der dem gnädig sein wird, welchem er gnädig sein wird, und der sich dessen erbarmen wird, wessen er sich erbarmen wird. Von demselben Geist bewegt nahm er mit Enthusiasmus die Prädestinationslehre des Paulus an. Der biblische Gott hat den Menschen in seinem Bilde geschaffen: männlich und weiblich schuf er sie. Das Männliche und das Weibliche, Form und Materie, Denken und Ausdehnung sind dann gleichermaßen Attribute Gottes; Spinoza weist sowohl den griechischen Idealismus wie den christlichen Spiritualismus zurück. Der biblische Gott formt das Licht und schafft die Finsternis, stiftet den Frieden und schafft das Böse; Spinozas Gott ist schlicht jenseits von Gut und Böse. Gottes Macht ist sein Recht, und deshalb ist die Macht eines jeden Wesens als solche dessen Recht; Spinoza hebt den Machiavellismus in theologische Höhen. Gut und Böse unterscheiden sich nur von einem bloß menschlichen Gesichtspunkt aus; theologisch ist die Unterscheidung bedeutungslos. *243*   Die bösen Leidenschaften sind nur böse mit einem Blick auf den menschlichen Nutzen; an ihnen selbst tun sie die Macht und das Recht Gottes nicht weniger kund als andere Dinge, welche wir bewundern und durch deren Kontemplation wir erfreut werden. Im Naturzustand, das heißt unabhängig von menschlicher Konvention, gibt es nichts Gerechtes und Ungerechtes, keine Pflicht und keine Schuld, und der Naturzustand verschwindet nicht einfach, wenn die bürgerliche Gesellschaft errichtet wird: Gewissensbisse sind nichts anderes als Gefühle des Mißvergnügens, die entstehen, wenn ein Plan fehlgeschlagen ist. Mithin sind keine Spuren göttlicher Gerechtigkeit zu finden außer dort, wo gerechte Männer herrschen. Alle menschlichen Handlungen sind Modi des einen Gottes, der unendlich viele Attribute besitzt, von denen ein jedes unendlich ist und von denen uns nur zwei bekannt sind, der daher ein geheimnisvoller Gott ist, dessen geheimnisvolle Liebe sich im ewigen und notwendigen Hervorbringen von Liebe und Haß, Vornehmheit und Gemeinheit, Heiligkeit und Verderbtheit offenbart und der unendlich liebenswert ist, nicht trotz, sondern wegen seiner unendlichen Macht jenseits von Gut und Böse.

Verglichen mit den phantastischen Höhenflügen der Spinoza-Enthusiasten in beiden Lagern, der Moralisten und der Immoralisten, ist Cohens Spinoza-Verständnis die Nüchternheit selbst. Um so eindrucksvoller ist seine scharfe Anklage Spinozas.[36] Er zeigt zuerst, daß Spinoza in seinem *Theologisch-politischen Traktat* von einem christlichen Gesichtspunkt aus spricht und folglich die gesamte christliche Kritik des Judentums akzeptiert, aber in seiner eigenen Kritik sogar noch weit über diese christliche Kritik hinausgeht. Er akzeptiert wider besseres Wissen die Behauptung von Jesus, daß das Judentum den Haß des Feindes befehle. Er stellt das geistliche und universalistische Christentum dem fleischlichen und partikularistischen Judentum gegenüber: der Kern des Judentums ist das Mosaische Gesetz als ein partikularistisches, um nicht zu sagen als ein Stammesgesetz, das keinem anderen Zweck dient denn der irdischen oder politischen Glückseligkeit der jüdischen Nation; die Tora lehrt keine Moral, das heißt keine universelle Moral; die Mosaische

---

[36] *Spinoza über Staat und Religion, Judentum und Christentum* in: *Hermann Cohens Jüdische Schriften* (Bruno Strauss), III, p. 290–372; *Ein ungedruckter Vortrag Hermann Cohens über Spinozas Verhältnis zum Judentum*, eingeleitet von Franz Rosenzweig, in *Festgabe zum zehnjährigen Bestehen der Akademie für die Wissenschaft des Judentums, 1919–1929*, p. 42–68. Vgl. Ernst Simon, *Zu Hermann Cohens Spinoza-Auffassung*, Monatsschrift für Geschichte und Wissenschaft des Judentums, 1935, p. 181–194.

Religion ist bloß national; Moses' Gott ist ein Stammesgott und außerdem ein körperlicher Gott. Indem Spinoza leugnet, daß der Gott Israels der Gott der ganzen Menschheit ist, hat er den Gott Israels gelästert. Er reduziert die jüdische Religion auf eine Lehre vom jüdischen Staat. Für ihn ist die Tora bloß menschlichen Ursprungs.

Cohen zeigt als nächstes, daß das Christentum, in dessen Licht Spinoza das Judentum verdammt, nicht das historische oder wirkliche Christentum, sondern ein idealisiertes Christentum ist, und mithin, daß Spinoza, während er das Christentum idealisiert, das Judentum verunglimpft. Er zeigt dann, daß Spinoza den universalistischen Charakter der Prophetie des Alten Testaments zugibt und sich so gröblich selbst widerspricht. Dieser Widerspruch beweist klar seinen Mangel an Lauterkeit.[37] Und das ist noch nicht alles. Während er die Partei des geistlichen und transpolitischen Christentums gegen das fleischliche und politische Judentum ergreift, widerspricht Spinoza diesem ganzen Argument, indem er die Partei des Staates nicht nur gegen alle Kirchen, sondern auch gegen alle Religion ergreift. »Er stellt die Religion überhaupt«, das heißt nicht bloß das Judentum, »außerhalb des Gebietes der Wahrheit.« Wie alle anderen Sophisten von der Gleichsetzung von Recht und Macht ausgehend, begreift er den Staat völlig im Sinne der Machtpolitik, das heißt geschieden von Religion und Moral, und er stellt den so begriffenen Staat über die Religion. Das bedeutet nicht, daß er den Staat vergöttert. Im Gegenteil, vor allem anderen geht es ihm um das, was er die Philosophie nennt, von welcher er annimmt, sie sei direkt oder indirekt für die große Mehrheit der Menschen gänzlich unzugänglich. Er hat keinerlei Bedenken, die radikale und unveränderliche Ungleichheit der Menschen zu bejahen, ohne sich jemals zu fragen »wie kann die Natur, wie kann Gott diesen Unterschied unter den Menschen verantworten?« Mithin ist seine Sympathie für die Demokratie suspekt. Er ist genötigt, eine ewige Schranke zwischen der Volksbildung und der Wissenschaft oder der Philosophie und damit zwischen dem Staat und der Vernunft zu errichten. Es gibt in seinem Denken keinen Platz für die Aufklärung des Volkes. Er hat kein Herz für das Volk, kein Mitgefühl. Er kann eine messianische Zukunft der Menschheit, in der alle Menschen in echter Erkenntnis Gottes vereint sein werden, nicht zugeben. Das ist der

244

---

[37] *Jüdische Schriften*, p. 293, 320, 325–326, 329–331, 343, 358, 360; *Festgabe*, p. 47–50, 57, 61–64.

Grund, warum er ganz und gar blind ist für die biblische Prophetie und mithin für den Kern des Judentums.[38]

Auf der Grundlage all dieser Tatsachen gelangte Cohen zu dem Schluß, Spinoza verdiente, weit davon entfernt, daß er verdiente, gefeiert zu werden, voll und ganz die Exkommunikation. Weit davon entfernt, die Exkommunikation für ungültig zu erklären, bestätigte Cohen sie, wobei er als Richter des höchsten Appellationsgerichtshofes auftrat. Die Gründe seines Urteilsspruchs waren nicht dieselben wie die Gründe des niedrigeren Gerichtshofes. Ihm ging es nicht um Spinozas Übertretung des Zeremonialgesetzes und seine Leugnung der Autorschaft Moses' am Pentateuch. Er verdammte Spinoza wegen seiner Untreue im schlicht menschlichen Sinne, wegen seines vollständigen Mangels an Loyalität gegenüber seinem eigenen Volk, weil er wie ein Feind der Juden handelte und den vielen Feinden der Juden so Hilfe und Beistand leistete, weil er sich wie ein gemeiner Verräter verhielt. Spinoza bleibt bis auf den heutigen Tag der Ankläger par excellence des Judentums vor einer antijüdischen Welt; der Hang seines Geistes und seines Herzens gegenüber den Juden und dem Judentum war »unnatürlich«, er beging einen »menschlich unbegreiflichen Verrat«, er war von einem »bösen Dämon« besessen.[39]

Unsere Gründe gegen Spinoza sind in einigen Rücksichten sogar noch stärker, als Cohen dachte. Man mag bezweifeln, ob Spinozas Handeln menschlich unbegreiflich oder dämonisch ist, aber man muß zugeben, daß es erstaunlich skrupellos ist. Cohen ist mit Recht verwirrt durch die Tatsache, daß »der Mittelpunkt des ganzen [theologisch-politischen] Traktates« die Herabsetzung von Moses und die Idealisierung von Jesus ist, obwohl die Absicht des Werkes darin besteht, die Freiheit des Philosophierens zu sichern. Er erklärt diese Anomalie mit Spinozas Glauben, daß die Unterdrückung der Philosophie auf das Mosaische Gesetz zurückgehe. Cohen behauptet nicht, daß Moses die Freiheit der Philosophie verfocht, aber er stellt die angemessene Frage, ob Jesus sie verfocht.[40] Warum also behandelt Spinoza Judentum und Christentum unterschiedlich? Warum ergreift er die Partei des Christentums im Konflikt zwischen Judentum und Christentum, in einem Konflikt, der für ihn als Philosophen ohne Belang ist? Cohen glaubt, daß

---

[38] *Jüdische Schriften*, p. 299, 306–309, 329, 360–362.
[39] *Ibid.*, p. 333, 361, 363–364, 368, 371; *Festgabe*, p. 59.
[40] *Ibid.*, p. 46, 47, 49–50; *Jüdische Schriften*, p. 344.

Spinoza echte Verehrung für die Lehren Jesu empfand. Nach Spinozas eigenen Aussagen zog er das geistliche Christentum dem fleischlichen Judentum vor.[41] Aber ist Spinoza ein Spiritualist? Cohen sagt, daß der Geist, wenn er auf Gott bezogen wird, nicht minder eine Metapher ist als die Hand, die Stimme oder der Mund. Er wiederholt damit bloß, was Spinoza selbst behauptet; man kann von Spinoza sagen, er habe geleugnet, daß Gott einen Geist hat. Die Frage stellt sich erneut: warum behandelt Spinoza das Christentum anders als das Judentum? Cohen kommt der Wahrheit am nächsten, wenn er sagt, daß Spinozas Beweggrund Furcht war,[42] sicherlich ein »menschlich begreiflicher« Beweggrund. Oder, um wieder vom Anfang auszugehen, Spinoza kann, wenn er die Befreiung der Philosophie in einem Buch zu erreichen versucht, das sich an Christen wendet, nur an die christlichen Vorurteile appellieren, die antijüdische Vorurteile einschließen; er bekämpft christliche Vorurteile, indem er an christliche Vorurteile appelliert; indem er an das christliche Vorurteil gegen das Judentum appelliert, fordert er die Christen auf, das wesentlich geistliche Christentum von allen fleischlichen jüdischen Relikten zu befreien (zum Beispiel vom Glauben an die Auferstehung des Leibes). Allgemein gesprochen macht er das Alte Testament wider besseres Wissen zum Sündenbock für alles, was er im wirklichen Christentum anstößig findet. Ungeachtet all dessen behauptet er, daß die Propheten so universalistisch waren wie Jesus und die Apostel oder, genauer, daß die beiden Testamente überall mit gleicher Klarheit das universelle göttliche Gesetz oder die universelle Religion der Gerechtigkeit und der Nächstenliebe lehren. Warum diese seltsame Umkehrung, dieser flagrante Widerspruch?

An diesem Punkt gelingt es Cohen nicht, Spinozas Gedanken zu folgen. Der Zweck des *Traktats* ist es, den Weg zu einer liberalen Gesellschaft zu zeigen, die auf die Anerkennung der Autorität der Bibel, das heißt des Alten Testaments für sich genommen und der beiden Testamente zusammengenommen, gegründet ist. Das Argument gipfelt im vierzehnten Kapitel, in dem er sieben Dogmen aufzählt, welche die unentbehrlichen Grundprinzipien des Glaubens, des biblischen Glaubens, darstellen – die sieben »Wurzeln«, wie die jüdischen Denker des Mittelalters sagen würden. Sie sind für den »katholischen oder univer-

---

[41] *Ibid.*, p. 317–321, 323, 337–338.
[42] *Ibid.*, p. 367; *Festgabe*, p. 56. Vgl. *Tr. theol.-pol.*, I sect. 35 und 37 mit den Titeln der *Ethica*, I und II (vgl. *Cogitata Metaphysica* II 12) und V 36 cor.

sellen Glauben« essentiell, für die Religion, die in der wohlgeordneten Republik die herrschende Religion sein wird; der Glaube an diese sieben Dogmen ist der einzige für das Heil notwendige und hinreichende Glaube. Sie leiten sich gleichermaßen aus dem Alten Testament für sich genommen und aus dem Neuen Testament für sich genommen her.[43] Sie enthalten nichts spezifisch Christliches und nichts spezifisch Jüdisches. Sie sind für Juden und für Christen gleichermaßen akzeptabel. Die liberale Gesellschaft, im Blick auf welche Spinoza den *Traktat* verfaßt hat, ist also eine Gesellschaft, in der Juden und Christen gleichermaßen Mitglieder sein können, in der Juden und Christen gleiche Mitglieder sein können. Für solch eine Gesellschaft wollte er Vorsorge treffen. Die Errichtung einer solchen Gesellschaft erforderte seiner Meinung nach die Abschaffung des Mosaischen Gesetzes, soweit es ein partikularistisches und politisches Gesetz ist, und insbesondere der Zeremonialgesetze: da Moses' Religion ein politisches Gesetz ist, läßt es sich nicht miteinander vereinbaren, seiner Religion, wie er sie verkündet hat, anzuhängen und Bürger irgendeines anderen Staates zu sein, wohingegen Jesus kein Gesetzgeber, sondern nur ein Lehrer war.[44] Das ist der Grund, warum er so ängstlich bestrebt ist zu beweisen, daß Moses' Gesetz seine verpflichtende Gewalt verlor und daß die Juden mit dem Verlust des jüdischen Staates aufhörten, das auserwählte Volk zu sein: die Juden können nicht zur gleichen Zeit Mitglieder zweier Nationen und zwei umfassenden Gesetzeswerken unterworfen sein. Spinoza betont die Abschaffung des Zeremonialgesetzes indessen nicht nur, weil diese Abschaffung seiner Meinung nach eine notwendige Bedingung für die bürgerliche Gleichheit der Juden ist, sondern auch, weil sie um ihrer selbst willen wünschenswert ist: das Zeremonialgesetz ist unendlich drückend, ja ein Fluch.[45]

Indem er für den liberalen Staat Vorsorge trifft, trifft Spinoza für ein Judentum Vorsorge, das liberal ist im Extrem. Die »assimilationistische«

246

---

[43]   *Tr. theol.-pol.*, XII 19, 24, 37; XIII 23; XIV 6, 22–29, 34–36; XX 22, 40; *Tr. pol.*, VIII 46. Vgl. besonders *Tr. theol. pol.*, XII 3, wo Spinoza die Partei der Pharisäer gegen die Saduzzäer ergreift. Der Kontrast zwischen *Tr. theol.-pol.*, XIV und Hobbes' *Leviathan*, Kap. 43 ist höchst erhellend. [A. d. Hrsg.: Im Handexemplar des Textes von 1965 hat Strauss am Rand zum vorletzten der Fußnote vorausgehenden Satz notiert: → life after death not necessary ad salutem.]

[44]   *Tr. theol.-pol.*, V 7–9.

[45]   *Ibid.*, V 13, 15, 30–31; XVII 95–102; XIX 13–17.

»Lösung des jüdischen Problems«, von der man sagen kann, Spinoza
habe sie angeregt, war von seinem Standpunkt aus wichtiger als die
»zionistische«, die er gleichfalls anregte. Die letztere könnte, wie er sie
verstand, die Erhaltung des Zeremonialgesetzes erforderlich zu machen
scheinen, wenn auch unter Verzicht auf den Geist, der es bisher beseelt
hat.[46] Die erstgenannte Anregung und der allgemeine Zweck des *Theologisch-politischen Traktats* sind offensichtlich miteinander verknüpft:
die Freiheit der Philosophie macht einen liberalen Staat erforderlich oder
scheint ihn erforderlich zu machen, und ein liberaler Staat ist ein Staat,
der nicht als solcher christlich oder jüdisch ist. Selbst Cohen spürte für
einen Augenblick, daß Spinoza nicht völlig frei von Sympathie für sein
Volk war.[47] Spinoza mag das Judentum gehaßt haben; das jüdische Volk
haßte er nicht. Was für ein schlechter Jude er auch in allen anderen
Hinsichten gewesen sein mag, er dachte an die Befreiung der Juden in der
einzigen Weise, in der er angesichts seiner Philosophie an sie denken
konnte. Aber präzise wenn dem so ist, müssen wir um so mehr die
Tatsache betonen, daß die Art, in der er seinen Vorschlag darlegt – gar
nicht zu reden von dem Vorschlag selbst – machiavellistisch ist: der
humanitäre Zweck scheint jedes Mittel zu rechtfertigen; er spielt ein
äußerst gefährliches Spiel;[48] seine Vorgehensweise ist ebensosehr jenseits
von Gut und Böse wie sein Gott.

Alles dies bedeutet jedoch nicht, daß Cohens Kritik an Spinozas
Theologisch-politischem Traktat ganz und gar überzeugend ist. Sein
politisches Denken erhebt den Anspruch, von der biblischen Prophetie
inspiriert und mithin messianisch zu sein. Im Gegensatz zu Spinoza geht
es von der radikalen Differenz zwischen Natur und Moral, Sein und
Sollen, Egoismus und reinem Willen aus. Der Staat ist wesentlich
moralisch, und die Moral kann nicht wirklich sein außer im Staat und
durch den Staat. Die Schwierigkeit, die sich in der Tatsache zeigt, daß die
Moral universell ist und der Staat immer ein besonderer, wird durch die
Erwägung überwunden, daß der Staat Teil einer universellen moralischen Ordnung ist, was sich in der Existenz eines Völkerrechts zeigt und
in der inneren Möglichkeit, die zur gleichen Zeit eine moralische

---

[46] Cohen, *Jüdische Schriften*, III, p. 333.
[47] *Ibid.*
[48] Cohen, *Kants Begründung der Ethik*, 2. Aufl., p. 490 spricht von dem
»gewagten Spiel« Kants in dessen *Religion innerhalb der Grenzen der bloßen
Vernunft*, einem Werk, das Cohen zufolge reich ist an »Zweideutigkeiten und
inneren Widersprüchen«.

Notwendigkeit ist, eines universellen Staatenbundes. Die radikale Differenz zwischen Natur und Moral läuft nicht auf einen Widerspruch
zwischen Natur und Moral hinaus: die Natur macht die Erfüllung der
moralischen Forderungen nicht unmöglich. Der moralisch geforderte
unendliche Fortschritt der Moral und insonderheit der »ewige Fortschritt« zum »ewigen Frieden«, ja jeder einzelne Schritt der Moral,
erfordert zu seiner »letzten Sicherheit« a parte post die unendliche
Dauer des Menschengeschlechts und mithin der Natur; diese unendliche
Dauer oder Ewigkeit wird durch die Idee Gottes gesichert, »welcher die
Harmonie der Naturerkenntnis und der sittlichen Erkenntnis bedeutet«,
der keine Person ist, weder lebend noch existierend, kein Geist, sondern
eine Idee, »unsere« Idee, das heißt, unsere *Hypothese* in der Bedeutung
des Begriffs, die Cohen als die Platonische betrachtet. Dies ist das   *247*
Cohensche Äquivalent für Schöpfung und Vorsehung. Ohne die »Idee
Gottes«, wie Cohen sie versteht, wird die Moral, wie er sie versteht,
grund-los. Jene Idee ist der Grund für sein Vertrauen in einen unendlichen Fortschritt oder für seinen Glauben an die Geschichte, für seinen
»Optimismus«, für seine Gewißheit bezüglich des letztendlichen Sieges
des Guten: »es gibt das Böse nicht.«

Aber ewiger Fortschritt erfordert auch ewige Spannung zwischen
dem wirklichen Staat und dem Staat, wie er sein sollte:[49] die Unmoral
und die Moral sind von gleicher Dauer. Hier scheint sich Cohen Spinoza
zuzugesellen, dessen politisches Denken auf die vorgeblich durch die
Erfahrung bewiesene Wahrheit gegründet ist, daß es Laster geben wird,
solange es Menschen geben wird, und der daher als selbstverständlich
voraussetzt, daß der Staat notwendigerweise repressiv ist oder Zwang
ausübt. Auch Cohen kann nicht gut leugnen, daß der Staat Zwang
ausüben muß, aber der Kantischen Unterscheidung zwischen Moralität
und Legalität entgegentretend, leugnet er, daß der Zwang das Prinzip des
Gesetzes sei: der Zwang bedeutet nichts anderes als das Gesetz und
braucht deshalb nicht erwähnt zu werden. Ihm ist im Hinblick auf den
Zwang ebenso unbehaglich zumute wie im Hinblick auf die Macht: der
Staat ist Gesetz, denn der Staat ist wesentlich rational, und Zwang
beginnt dort, wo die Vernunft endet. All dies folgt aus der Prämisse, daß
Moral Selbstgesetzgebung ist und daß sie nur im Staat und durch den
Staat wirklich sein kann. Eine weitere Konsequenz ist, daß Cohen die

---

[49] *Ethik*, p. 61, 64, 94, 439–458, 468–470, 606. Vgl. *Kants Begründung der
Ethik*, 2. Aufl., p. 356–357.

Strafe nicht im Sinne des Schutzes der Gesellschaft oder anderer Erwägungen, von denen man denken kann, daß sie den Kriminellen nicht als »Selbstzweck« und nur als ein Mittel betrachten, sondern im Sinne der Selbstbesserung des Kriminellen verstehen darf.[50] Cohen verdunkelt die Tatsache, daß die Selbstbesserung notwendigerweise ein freier Akt des Kriminellen ist, während dessen gewaltsame Absonderung zum Zwecke jener Selbstbesserung, an der er sich beteiligen oder nicht beteiligen mag, es nicht ist. Mit anderen Worten, alle Menschen stehen unter einer moralischen Verpflichtung, sich selbst zu bessern, aber die spezifische Differenz des verurteilten Kriminellen ist, daß er hinter Schloß und Riegel gebracht wird. Denn es versteht sich von selbst, daß Cohen die Gerechtigkeit der Todesstrafe leugnet. Mit welcher Berechtigung auch immer Spinoza eine Verurteilung wegen seiner durch Machiavelli inspirierten Hartherzigkeit verdienen mag, es ist zu befürchten, daß Cohen nicht unschuldig geblieben ist, was das entgegengesetzte Extrem anbetrifft. Da er Spinoza im Namen des Judentums angreift, mag es hier genügen, einen jüdischen Ausspruch zu zitieren: »Wäre nicht die Furcht vor der Regierung, würden die Menschen einander lebendig verschlingen.«[51]

Man mag bezweifeln, ob Cohens politische Lehre der Spinozas vom moralischen Standpunkt uneingeschränkt überlegen ist. Cohen »verwirft den Krieg«. Andererseits verwirft er nicht die Revolution, obwohl, wie er betont, Kant »Kriege den Revolutionen koordiniert« hatte. Revolutionen sind politische, aber keine legalen Akte, und mithin ist der Staat nicht schlechthin Gesetz; Revolutionen »suspendieren das positive Recht«, sind aber durch das Naturrecht gerechtfertigt. Sie ereignen sich nicht notwendigerweise ohne das Töten von Menschen; Cohen, der geschworene Feind der Todesstrafe, reflektiert nur den Tod der »revolutionären Märtyrer«, die freiwillig ihr Leben opfern, aber nicht den Tod ihrer Opfer. Kant hatte die Legitimität der Revolution mit der Begründung in Frage gestellt, daß ihre Maxime die Probe der Publizität nicht besteht, die jede redliche Maxime in seinen Augen besteht: die Vorbereitung jeder Revolution ist notwendig konspirativ oder geheim. Um diesem Argument zu begegnen, bemerkt Cohen, daß die moralische Grundlage der Revolutionen der ursprüngliche Vertrag ist, der »nur

---

[50]   Spinoza, *Tr. theol.-pol.*, I 2. Cohen, *Ethik*, p. 64, 269, 272, 285–286, 378, 384–386; *Kants Begründung der Ethik*, p. 394–406, 454. Vgl. jedoch Hegel, *Rechtsphilosophie*, §§ 94 ff.
[51]   *Pirke Abot*, III 2.

Idee« ist und daher »immer nur innerlich, also geheime Voraussetzung«. Derselbe Gedankengang würde zu der weiteren Schlußfolgerung führen, daß der ursprüngliche Vertrag, ja Cohens Theologie niemals öffentlich erwähnt, geschweige denn gelehrt werden darf. Es stimmt ganz und gar damit zusammen, daß Cohen, der kein Freund des »Irrationalen«oder der »Mystik« war, bei seiner Verteidigung des revolutionären Prinzips dazu getrieben wird, sich dem »Irrationalen« und der »Mystik« gegenüber freundlich zu zeigen.[52] Gar nicht zu reden von anderen Dingen, wäre er niemals zu dieser Kapitulation der Vernunft getrieben worden, wenn er das Gesetz der Vernunft oder das natürliche Gesetz ernstgenommen hätte, von dem man sagen kann, daß es die rechte Mitte zwischen der Hartherzigkeit und der Weichherzigkeit bezeichnet.

Obgleich er die »tiefe Ungerechtigkeit« von Cohens Urteil über Spinoza zugibt, behauptet Rosenzweig, daß Cohen in seiner Kritik des *Theologisch-politischen Traktats* der wissenschaftlichen Objektivitätspflicht redlich nachgekommen sei.[53] Diese Behauptung muß eingeschränkt werden. Da Cohen Spinoza beschuldigt, bei seiner Behandlung des Universalismus der Propheten unbillig gewesen zu sein, muß man, um gegen Spinoza Billigkeit zu üben, erwägen, ob die jüdische Tradition, mit der Spinoza unmittelbar konfrontiert war, jenen Universalismus unversehrt bewahrt hatte. Cohen versäumte es, diese Untersuchung anzustellen. Sobald man sie anstellt, bemerkt man, daß Spinoza den Universalismus der Propheten in einigen Hinsichten klarer erkannte als einige der größten traditionellen jüdischen Autoritäten. In seiner Kritik an Spinoza verschweigt Cohen die Tatsache, die er andernorts erwähnt, daß der prophetische Universalismus in späteren Zeiten aus leicht verständlichen Gründen verdunkelt worden war.[54] Cohen ist besonders empört darüber, daß Spinoza eine Bemerkung von Maimonides verwendet, um zu beweisen, daß dem Judentum zufolge Nichtjuden nicht erlöst werden können, wofern sie nicht an die Mosaische Offenbarung glauben,[55] das heißt, wofern sie nicht, wie man versucht ist zu sagen,

[52] *Kants Begründung der Ethik*, p. 309, 430, 431, 439, 446, 452, 511, 544–545, 554.

[53] *Festgabe*, p. 44 (*Kleinere Schriften*, p. 355).

[54] *Jüdische Schriften*, II, p. 265–267. Vgl. *Tr. theol.-pol.*, III 25, 33, 34 zum Beispiel mit Raschi über Jesaja 19,25, Jeremias 1,5 und Maleachi 1, 10–11 und Kimchi über Jesaja 48,17.

[55] *Festgabe*, p. 64–67; *Jüdische Schriften*, III, p. 345–351. Vgl. *Tr. theol.-pol.*, V 47–48.

Christen oder Mohammedaner sind. Genauer gesagt zitiert Spinoza eine Stelle aus dem Kodex des Maimonides, in der es heißt, daß ein Heide fromm sei und an der zukünftigen Welt teilhabe, wenn er die sieben von Noah gegebenen Gebote als von Gott in der Tora geboten befolgt, daß er aber, wenn er sie auf Grund einer Entscheidung der Vernunft befolgt, nicht zu den frommen Heiden gehöre, noch zu den weisen. Cohen beschuldigt Spinoza, eine falsche Lesart einer einzelnen Stelle des Kodex verwendet zu haben – einer Stelle, die nur Maimonides' private Meinung ausdrücke und der noch dazu durch zwei andere Stellen des Kodex widersprochen werde –, um den Universalismus des nachbiblischen Judentums zu leugnen. Er (oder die Autorität, der er sich beugt) merkt an, daß dem autoritativsten Kommentator des Kodex, Joseph Caro, zufolge die von Maimonides vorgenommene Einschränkung (nämlich, daß die Frömmigkeit die Anerkennung der Mosaischen Offenbarung erfordere) seine private Meinung sei, aber er versäumt hinzuzufügen, daß Caro hinzufügt, daß die Meinung korrekt ist. Caro hätte dies nicht gesagt, wenn Maimonides' Meinung dem Konsens des Judentums widerspräche.

249 　　Cohen (oder seine Autorität) merkt auch an, daß dem authentischsten Text des Kodex zufolge der Heide, der die sieben Noachidischen Gebote auf Grund einer Entscheidung der Vernunft befolgt, tatsächlich nicht zu den frommen Heiden gehört, sondern zu den weisen.[56] Aber er zeigt nicht, daß Spinoza jene Lesart als die authentischste Lesart kannte. Die von Spinoza verwendete Lesart ist noch immer die übliche, was sie nicht wäre, wenn sie in einem schockierenden Gegensatz zum Konsens des Judentums stünde, wie Cohen behauptet, und mithin jeden jüdischen Leser schockiert hätte.[57] Außerdem verbessert die vorgeblich beste Lesart nicht notwendigerweise das Schicksal der weisen Heiden, wenn man nicht zuerst beweist, daß das Schicksal der weisen Heiden ebenso gut ist wie das der frommen Heiden. Cohen behauptet schließlich, daß die in Frage stehende Stelle zwei anderen Stellen des Kodex widerspreche, die seiner Meinung nach nicht verlangen, daß der fromme Heide an den geoffenbarten Charakter der Tora glaubt. Es genügt zu sagen, daß die beiden Stellen darüber stillschweigen, was präzise die

---

[56] Weil er seine Autorität oder Caro falsch liest, behauptet Cohen irrtümlich, daß Caro die Lesart »sondern zu den weisen« zur korrekten Lesart erkläre.

[57] Vgl. auch Manasse ben Israel, *Conciliator*, Frankfurt 1633, zu Deut. q.2 (p. 221).

Frömmigkeit der Heiden ausmacht, und daß sie daher für die Streitfrage irrelevant sind.[58] Cohen verweist auch auf eine unterschiedliche Behandlung des Gegenstandes in Maimonides' Kommentar zur Mischna; aber dies führt bloß zu der weiteren Frage, ob jener Kommentar, der viel früher verfaßt wurde als der Kodex, die gleiche Autorität hat wie der Kodex.

Aber um zu der Hauptsache, das heißt zu der Frage zurückzukehren, ob die gewöhnliche, von Spinoza verwendete Lesart der erörterten Stelle als Maimonidische Äußerung einen Sinn ergibt: kann Maimonides gelehrt haben, wie Spinoza von ihm behauptet, daß Heiden, welche die sieben Noachidischen Gebote befolgen, weil die Vernunft so entscheidet, keine weisen Menschen sind? Die Antwort ist einfach: Maimonides muß es gelehrt haben, weil er leugnete, daß es irgendwelche rationalen Gebote gibt. Cohen hätte gegen dieses Argument Einwendungen erheben können mit der Begründung, daß Maimonides, wenn die Leugnung der Rationalität aller Gebote oder Gesetze sein letztes Wort wäre, nicht gut den Versuch hätte unternehmen können zu zeigen, daß alle oder fast alle Gebote der Tora »Gründe« haben.[59] Die Entgegnung ist offensichtlich: Maimonides zufolge dienen alle oder fast alle Gebote der Tora dem Zweck, den Götzendienst, eine irrationale Praxis, auszurotten, und sind in diesem Sinne »rational«; sie sind rational in dem Sinn, in dem nicht ein gesunder Körper, sondern eine Medizin »gesund« ist.[60] Man könnte sagen, daß Maimonides' Leugnung der Rationalität irgendeines Gesetzes in der inkriminierten Stelle selbst impliziert ist, ohne Rücksicht darauf, welche der beiden Lesarten man vorzieht; denn der Begriff, den Cohen mit »Vernunft« (*da'at*) wiedergibt, bedeutet nicht notwendigerweise Vernunft im besonderen, sondern kann Denken oder Meinung

---

[58] An einer der Stellen (Edut XI 10) sagt Maimonides, daß die frommen Götzendiener Anteil an der zukünftigen Welt haben; aber woher wissen wir, daß er mit einem frommen Götzendiener nicht einen Götzendiener meint, der dem Götzendienst auf Grund dessen abgeschworen hat (vgl. Issure Biah XIV 7), daß der Götzendienst allen Menschen durch die göttliche Offenbarung verboten ist? An der anderen Stelle (Teschuba III 5) sagt er bloß, daß die frommen Heiden Anteil an der zukünftigen Welt haben; die Fortsetzung (III 6 ff., siehe besonders 14) könnte zu zeigen scheinen, daß vom frommen Heiden erwartet wird, daß er an den offenbarten Charakter der Tora glaubt.
[59] *Jüdische Schriften*, III, p. 240.
[60] *Führer*, III 29 Schluß; Aristoteles, *Metaphysik* 1003a33 ff.

im allgemeinen bedeuten:[61] es ergibt einen Sinn, sowohl zu behaupten als auch zu leugnen, daß die Meinung die sieben Noachidischen Gebote rechtfertige.

Diese und ähnliche Erwägungen berühren die Hauptsache nicht, nämlich den Umstand, daß Cohen durchaus recht haben mag mit der Behauptung, daß Spinoza nicht vornehm handelte, als er seine Leugnung des Universalismus des traditionellen, nachprophetischen Judentums auf eine einzige Maimonidische Äußerung gründete. Mit Rosenzweigs Worten: unter der tiefen Ungerechtigkeit des Cohenschen Urteils liegt seine noch viel tiefere Berechtigung. Was Rosenzweig meinte, kann man wie folgt ausdrücken. Cohen war ein tiefgründigerer Denker als Spinoza, weil er im Unterschied zu Spinoza die philosophische Distanz zu oder Freiheit von der Tradition seines eigenen Volkes nicht als selbstverständlich voraussetzte; diese Distanz ist »unnatürlich«, sie ist nicht ursprünglich, sondern das Ergebnis einer Befreiung von der ursprünglichen Bindung, einer Entfremdung, eines Bruchs, eines Verrats; das Ursprüngliche ist die Treue und die Zuneigung und Liebe, die mit der Treue einhergehen. Echte Treue zu einer Tradition ist nicht dasselbe wie buchstabengläubiger Traditionalismus, sie ist tatsächlich unvereinbar damit. Sie besteht darin, nicht einfach die Tradition, sondern die Kontinuität der Tradition zu erhalten. Als Treue zu einer lebendigen und mithin sich wandelnden Tradition erfordert sie, daß man zwischen dem Lebendigen und dem Toten, zwischen der Flamme und der Asche, zwischen dem Gold und der Schlacke unterscheidet: der lieblose Spinoza sieht nur die Asche, nicht die Flamme; nur den Buchstaben, nicht den Geist. Er ist nicht mit der Begründung entschuldbar, daß das jüdische Denken in den ihm vorangegangenen Jahrhunderten von seiner größten Höhe herabgesunken sein mag; denn er, »auf dessen Abkunft, dessen Geist, dessen Gelehrsamkeit die Juden die größten Hoffnungen gesetzt hatten«, stand unter der Verpflichtung, das zeitgenössische Judentum und noch mehr Maimonides, gar nicht zu reden von der Schrift selbst, im Lichte des Höchsten oder, falls notwendig, besser zu verstehen, als sie sich selbst verstanden. In einer lebendigen Tradition ist das Neue nicht der Gegensatz des Alten, sondern dessen Vertiefung: man versteht das Alte in seiner Tiefe nicht, wenn man es nicht im Lichte einer solchen

250

---

[61] Vgl. *M. T. H.* Yesodei ha-Tora I 1. [A. d. Hrsg.: Im Handexemplar des Textes von 1965 hat Strauss am Rand zu dieser Stelle vermerkt: cf. Pines' Introduction to *Guide* LXXXIII.]

Vertiefung versteht; das Neue entsteht nicht durch die Zurückweisung oder Vernichtung des Alten, sondern durch seine Metamorphose oder Verwandlung. »Und es fragt sich, ob solche Verwandlung nicht die beste Art der Vernichtung ist.«[62] Dies ist in der Tat die Frage: ob die loyale und liebende Verwandlung oder Neuinterpretation des Ererbten oder das mitleidlose Verbrennen des bisher Verehrten die beste Form der Vernichtung des Veralteten, das heißt des Unwahren oder Schlechten ist. Von der Antwort auf diese Frage wird das letzte Urteil über Spinoza wie über Cohen abhängen: ist die richtige Interpretation die »idealisierende« Interpretation – die Interpretation einer Lehre im Lichte ihrer höchsten Möglichkeit, ohne Rücksicht darauf, ob jene höchste Möglichkeit dem Urheber bekannt war oder nicht – oder ist es die eigentlich historische Interpretation, die eine Lehre so versteht, wie sie von ihrem Urheber gemeint war? Ist der Konservatismus, der allgemein gesprochen die weise Maxime der Praxis ist, das heilige Gesetz der Theorie?

Es wäre nicht vernünftig, von Cohen zu fordern, daß er die idealisierende Interpretation Spinoza zugute kommen lassen sollte, der zu einem Bestandteil der modernen Tradition geworden war, auf welche Cohens Philosophie als Kulturphilosophie gegründet ist. Denn die Art von Interpretation, nach der Spinoza verlangt, ist nicht idealisierend, da seine eigene Lehre nicht idealistisch ist. Wie zuvor gezeigt wurde, zollte Cohens politische Philosophie den harten politischen Wahrheiten, die Spinoza so kraftvoll dargetan hatte, nicht genügend Aufmerksamkeit. Dementsprechend zollt er der harten Notwendigkeit nicht genügend Aufmerksamkeit, der Spinoza sich dadurch beugte, daß er in der Weise schrieb, in der er schrieb. Er verstand Spinozas Stil nicht, der freilich von seinem eigenen völlig verschieden war. Cohen schreibt manchmal wie *251* ein Kommentator über einen Kommentar zu einem bereits hoch technischen Text und mithin wie ein Mann, dessen Denken derivativ und traditionell im Extrem ist; und doch überrascht er immer wieder mit schlagend zum Ausdruck gebrachten, originellen und gewichtigen Gedanken. Sei dem wie dem sei, er geht so weit zu leugnen, daß in Spinozas Zeit die freiesten Geister genötigt waren, die Wahrheit zu verschweigen und zu verleugnen: »Man denke nur an Jean Bodin, der nicht bloß in seinem Heptaplomeres die schwersten Angriffe gegen das Christentum gerichtet, sondern zugleich die größte Verherrlichung dem Judentum

---

[62] Cohen, *Die Religion der Vernunft aus den Quellen des Judentums*, p. 205.

gewidmet hat. Es muß auffällig erscheinen, daß diese Schrift, die Leibniz und Thomasius gekannt haben, die in den weitesten Kreisen damals verbreitet war, dem Spinoza unbekannt geblieben sein sollte.« Er vergißt hier zu sagen, was er an anderer Stelle sagt: daß »Leibniz das Manuskript der Heptaplomeres vorgelegen und er der Drucklegung desselben widerraten hat«;[63] es wurde nicht vor dem neunzehnten Jahrhundert gedruckt. Wenn man erst einmal die Konsequenzen der Verfolgung in Betracht zieht, hört Spinozas Verhalten im *Theologisch-politischen Traktat* auf, das »psychologische Rätsel« zu sein, welches Cohen in ihm sah. Er fragte sich, ob jenes Verhalten nicht auf die Tatsache zurückgeführt werden könnte, daß die durch die Schrecken der Inquisition verursachten Angstgefühle der spanischen Juden endlich in Haß auf das umgeschlagen waren, um dessentwillen sie so grausam verfolgt worden waren. Eine andere Erklärung wurde von Nietzsche in seinen an Spinoza gerichteten Versen vorgeschlagen. Nachdem er Spinozas *amor dei* und seinem »selig, aus Verstand« die Ehre erwiesen hat, fährt er fort, daß unter der Liebe zu dem »Eins in Allem« ein heimliches Verlangen nach Rache fraß: *am Judengott fraß Judenhaß.* Nietzsche verstand Spinoza in seinem eigenen Bilde. Er führte seine eigene Empörung gegen den christlichen Gott auf sein christliches Gewissen zurück. Die Voraussetzung dieser Erklärung ist die Hegelsche Dialektik: jede Gestalt des Geistes geht durch ihre Antithese zugrunde, die sie notwendig hervorbringt. Spinozas Bruch mit der Tora ist die Konsequenz der *Sithrei Tora* im doppelten Sinne des Ausdrucks: der Geheimnisse der Tora und der Widersprüche der Tora. Spinoza wurde nicht von Hegelscher Dialektik bewegt, sondern vom Aristotelischen Satz vom Widerspruch.

Cohen las Spinoza auf der einen Seite nicht wörtlich genug und auf der anderen Seite viel zu wörtlich; er verstand ihn zu wörtlich, weil er ihn nicht wörtlich genug las. Deshalb fand er nicht durch die Widersprüche hindurch, an denen der *Theologisch-politische Traktat* überreich ist. Wie er bei einer Gelegenheit ausruft: »Diese Schwierigkeiten kann kein Verstand der Verständigen einsehen, geschweige überwinden.« Ein einziges Beispiel muß hier genügen. Er fragt sich, ob Spinoza sich nicht selbst widerspricht, wenn er zugibt, daß das Mosaische Gesetz ein göttliches Gesetz ist, obwohl er unter einem göttlichen Gesetz ein Gesetz versteht, welches nur auf das höchste Gut, nämlich auf die wahre Erkenntnis Gottes und die Liebe Gottes oder die intellektuelle Liebe

---

[63] *Festgabe*, p. 53; *Jüdische Schriften*, III, p. 365; vgl. II, p. 257.

Gottes zielt, und er leugnet, daß das Mosaische Gesetz auf das höchste Gut zielt. Der Widerspruch verschwindet, sobald man die Tatsache in Betracht zieht, die Cohen bemerkt, daß Spinoza zufolge ein Gesetz auch mit Blick auf seinen Ursprung göttlich genannt werden kann: das Mosaische Gesetz ist menschlich, was seinen Zweck anbetrifft, da es nur auf die politische Glückseligkeit zielt, aber es ist göttlich qua göttlich offenbart. Cohen zitiert Spinozas Erklärung: das Mosaische Gesetz »kann Gesetz Gottes oder göttliches Gesetz heißen, da wir glauben, daß es durch das prophetische Licht sanktioniert ist«. Er bemerkt dazu: »Warum aber glauben wir dies? Darauf gibt der anonyme Autor keine Antwort.« Aber glaubt die aus dem anonymen Autor, der als Christ spricht, und seinen christlichen Lesern bestehende Gemeinde es nicht als etwas Selbstverständliches, so daß die Frage, warum »wir es glauben«, sich nicht erheben muß? Spinoza hatte ursprünglich gesagt, daß das göttliche Gesetz nur auf das höchste Gut ziele; unmittelbar bevor er sagt, daß man das Mosaische Gesetz mit Blick auf seinen Ursprung im Unterschied zu seinem Ziel göttlich nennen könne, sagt er Cohen zufolge, daß das göttliche Gesetz »der Hauptsache nach im höchsten Gut besteht«: mithin, folgert Cohen, gibt Spinoza jetzt einen Nebeninhalt des göttlichen Gesetzes zu, ohne sogleich darzulegen, was jener Nebeninhalt ist, nämlich die sinnlichen Mittel, deren die sinnlichen Menschen bedürfen. Aber Spinoza sagte nicht, daß das göttliche Gesetz in dem höchsten Gut bestehe; er sagt, daß es in den Vorschriften hinsichtlich der Mittel besteht, die erforderlich sind, um das höchste Gut zu erlangen: das göttliche Gesetz besteht der Hauptsache nach in den Vorschriften hinsichtlich der nächstliegenden Mittel und in zweiter Linie in den Vorschriften hinsichtlich der entfernteren Mittel; da der »sinnliche Mensch« unfähig ist zur intellektuellen Liebe Gottes, fallen seine Bedürfnisse gänzlich aus dem göttlichen Gesetz heraus, wie es von Spinoza hier betrachtet wird. Man muß hinzufügen, daß Spinoza zufolge selbst das göttliche Gesetz im strengsten Sinne menschlichen Ursprungs ist; jedes Gesetz wird von Menschen ihnen selbst oder anderen Menschen vorgeschrieben. Cohen wirft einiges Licht auf Spinozas Lehre hinsichtlich des göttlichen Gesetzes, wenn er zu Spinozas Behauptung, daß »der höchste Lohn des göttlichen Gesetzes das Gesetz selbst ist«, diese Anmerkung macht: »Hier hat er, nur durch das Wort ›höchst‹ vermehrt, einen Satz der Mischna aus den bekannten *Sprüchen der Väter* wörtlich aufgenommen.« Cohen unterschätzt die Wichtigkeit von Spinozas Zusatz: Spinozas egoistische Moral verlangt für die Erfül-

252

lung der Gebote andere Belohnungen als die Gebote oder vielleicht zusätzliche Gebote; sie läßt keinen Raum für Märtyrertum.[64]

Rosenzweig befindet Cohen der Ungerechtigkeit gegenüber Spinoza nicht wegen mangelnder Objektivität, sondern vielmehr wegen mangelnder »Subjektivität« für schuldig, das heißt wegen »nicht genügenden Reflektierens über die Bedingungen und Grundlagen seiner eigenen Person. Er hätte seinen Angriff mit einem stärkeren Bewußtsein führen müssen, daß – zwar nicht er selbst, aber – die Zeit, die ihn, Cohen selbst, geboren und erzogen hat, nicht ohne Spinoza möglich gewesen wäre.« Die Unterscheidung zwischen Cohen selbst und seiner Zeit, die sich einer idealisierenden oder apologetischen Interpretation verdankt, ist hier unerheblich, denn, wenn Cohens Denken nichts mit dem Denken seiner Zeit zu tun gehabt hätte, wäre er Spinoza nicht dadurch begegnet, daß er über die Voraussetzungen »seiner eigenen Person« reflektierte. Cohen beschuldigt Spinoza der Blindheit gegenüber dem biblischen Prophetismus, aber dieses Phänomen, wie Cohen es verstand, wurde durch das, was er »die geschichtliche Auffassung der Bibel« nennt, ans Licht gehoben, und diese Auffassung ist nicht möglich ohne die höhere Kritik der Bibel, das heißt, ohne eine öffentliche Anstrengung, die von Spinoza in der notwendigen Allseitigkeit grundgelegt wurde. Cohen tadelt Spinoza dafür, daß er den Unterschied zwischen mythischen und historischen Elementen in der Bibel nicht beachtet, eine Unterscheidung, die, wie Cohen feststellt, unserer traditionellen Exegese fremd war; und was die doktrinalen Elemente der Bibel betrifft, so tadelt er ihn dafür, daß er nicht zwischen den weniger reifen und den reiferen biblischen Aussagen unterscheidet; er tadelt ihn für die Unreife oder Inkompetenz seiner Bibelkritik, keineswegs für seine Bibelkritik selbst: für Cohen ist die Bibelkritik eine Selbstverständlichkeit.

In ähnlicher Weise legt er dar, daß Spinoza dem rabbinischen Judentum entgegentrat, besonders dessen großer Besorgnis um das Zeremonialgesetz, und daß seine scharfe Opposition einen gewissen heilsamen Einfluß auf die Befreiung der Meinung hatte; er merkt ohne jede Mißbilligung an, daß »das moderne Judentum« sich von einem Teil des Zeremonialgesetzes befreit hat; er versäumt zuzugeben, daß das moderne Judentum eine Synthese aus dem rabbinischen Judentum und Spinoza ist. Was Spinozas Leugnung der Möglichkeit von Wundern anbelangt, gibt Cohen eine extrem kurze Zusammenfassung des Kapi-

---

[64]   *Ibid.*, p. 335–336; *Tr. theol.-pol.*, IV 17 (vgl. 9–16) und 21.

tels, welches Spinoza dem Gegenstand der Wunder widmet, ohne ein Wort zur Verteidigung der Wunder zu sagen.[65] Kurz, Cohen erörtert die Streitfrage zwischen Spinoza und der jüdischen Orthodoxie überhaupt nicht, das heißt die einzige Streitfrage, mit der Spinoza befaßt gewesen sein konnte, da es in seiner Zeit kein modernes oder liberales Judentum gab. Man kann sagen, daß Cohen in seiner Kritik an Spinoza den typischen Fehler des Konservativen begeht, der im Verheimlichen der Tatsache besteht, daß die fortdauernde und sich wandelnde Tradition, die er so sehr schätzt, niemals entstanden wäre durch den Konservatismus oder ohne die Diskontinuitäten, Revolutionen und Sakrilege, die am Anfang der geschätzten Tradition begangen und zumindest stillschweigend in ihrem Verlauf wiederholt wurden.

So viel ist gewiß: Cohens Kritik an Spinoza setzt sich nicht mit der Tatsache auseinander, daß Spinozas Kritik gegen das ganze Korpus autoritativer Lehren und Regeln gerichtet ist, die in Spinozas Zeit als Judentum bekannt waren und noch in Cohens Zeit von der jüdischen Orthodoxie aufrechterhalten wurden. Cohen hielt es für ausgemacht, daß Spinoza die Orthodoxie als solche widerlegt hatte. Wegen des Zusammenbruchs des »alten Denkens« wurde es dann notwendig, den *Theologisch-politischen Traktat* mit Blick auf die Frage zu überprüfen, ob Spinoza die Orthodoxie tatsächlich widerlegt hatte. Cohens Kritik blieb für diesen Zweck fast nur insoweit hilfreich, als sie das Vorurteil zugunsten Spinozas oder die Kanonisierung Spinozas durch die deutsche oder die jüdische Romantik zerstört hatte, gar nicht zu reden von der Kanonisierung durch den Liberalismus. Cohens Kritik hatte das zusätzliche Verdienst, daß sie hauptsächlich gegen den *Theologisch-politischen Traktat* gerichtet war. Die scheinbare Vernachlässigung der *Ethik* erwies sich aus dem folgenden Grund als richtig und somit als obligatorisch für die erneute Überprüfung von Spinozas Kritik der Orthodoxie. Die *Ethik* geht von expliziten Voraussetzungen aus, mit deren Zugeständnis man bereits implizit die Absurdität der Orthodoxie und selbst des Judentums, wie es von Cohen oder Rosenzweig verstanden wird, zugestanden hat; auf den ersten Blick scheinen diese Voraussetzungen willkürlich zu sein *254* und mithin der ganzen Frage auszuweichen. Sie sind an ihnen selbst nicht evident, aber man denkt, daß sie durch ihr vermeintliches Ergebnis evident werden: sie und nur sie sollen die klare und deutliche Darstellung von allem möglich machen; im Lichte der klaren und deutlichen

---

[65] *Jüdische Schriften*, III, p. 351; *Festgabe*, p. 50–54.

Darstellung erscheint die biblische Darstellung verworren. Die *Ethik* weicht so der entscheidenden Frage aus – der Frage, ob die klare und deutliche Darstellung als solche wahr ist und nicht bloß eine plausible Hypothese. Im *Theologisch-politischen Traktat* jedoch geht Spinoza von Voraussetzungen aus, die ihm von den Offenbarungsgläubigen zugestanden werden; er versucht, sie unter Zugrundelegung der Schrift, der von traditionellen Autoritäten formulierten Theologumena und dessen, was man den gesunden Menschenverstand nennen mag, zu widerlegen. Denn im *Traktat* wendet sich Spinoza an Menschen, die noch Gläubige sind und die er von ihren »Vorurteilen« zu befreien beabsichtigt, so daß sie beginnen können zu philosophieren: der *Traktat* ist Spinozas Einführung in die Philosophie.

Die Ergebnisse dieser Überprüfung von Spinozas Kritik kann man wie folgt zusammenfassen. Wenn die Orthodoxie für sich in Anspruch nimmt zu wissen, daß die Bibel göttlich offenbart ist, daß jedes Wort der Bibel göttlich inspiriert ist, daß Moses der Verfasser des Pentateuch war, daß die in der Bibel überlieferten Wunder sich ereignet haben und ähnliche Dinge, hat Spinoza die Orthodoxie widerlegt. Aber der Fall liegt völlig anders, wenn die Orthodoxie sich darauf beschränkt zu behaupten, daß sie die eben erwähnten Dinge glaubt, das heißt, daß diese nicht für sich in Anspruch nehmen können, die eigentümliche Verbindlichkeit des Gewußten zu besitzen. Denn alle Behauptungen der Orthodoxie beruhen auf der unwiderleglichen Voraussetzung, daß der allmächtige Gott, dessen Wille unergründlich ist, dessen Wege nicht unsere Wege sind, der beschlossen hat, in tiefer Dunkelheit zu wohnen, existieren kann. Unter dieser Voraussetzung sind Wunder und Offenbarungen im allgemeinen und sind mithin alle biblischen Wunder und Offenbarungen im besonderen möglich. Spinoza ist es nicht gelungen zu zeigen, daß dieser Voraussetzung durch irgend etwas, was wir wissen, widersprochen wird. Denn das, wovon man sagt, daß wir es wissen, zum Beispiel hinsichtlich des Alters des Sonnensystems, ist unter Zugrundelegung der Annahme festgestellt worden, daß das Sonnensystem natürlich entstanden ist; durch ein Wunder hätte es auf die in der Bibel beschriebene Weise entstehen können. Es ist nur natürlich oder menschlich unmöglich, daß der »erste« Jesaja den Namen des Gründers des Persischen Reiches gekannt haben sollte; es war nicht unmöglich für den allmächtigen Gott, ihm jenen Namen zu offenbaren. Die orthodoxe Voraussetzung kann weder durch Erfahrung noch durch den Rückgriff auf den Satz vom Widerspruch widerlegt werden. Ein indirekter Beweis dafür ist die Tatsache, daß Spinoza und seinesgleichen einen solchen Erfolg, wie sie ihn in ihrem Kampf gegen die Orthodoxie hatten, dem Gelächter und dem Spott verdankten. Mittels des Spottes versuchten sie, die Orthodoxie aus ihrer Stellung herauszulachen, aus der sie durch keine von der Schrift oder der Vernunft gelieferten Beweise zu vertreiben war. Man ist versucht zu sagen, daß der Spott der Widerlegung der orthodoxen Lehrsätze nicht folgt, sondern selbst die Widerlegung ist. Die echte Widerlegung der Orthodoxie würde den Nachweis erfordern, daß die Welt und das menschliche Leben ohne die Annahme eines geheimnisvollen Gottes vollkommen verständlich sind; es würde zumindest das Gelingen des philosophischen Systems erfordern: der Mensch muß sich theoretisch und praktisch als der Herr der Welt und der Herr seines Lebens erweisen; die bloß gegebene Welt muß durch die vom Menschen theoretisch und praktisch geschaffene Welt ersetzt werden. Spinozas *Ethik* versucht, das System zu sein, aber es gelingt nicht; die klare und deutliche Darstellung von allem, die es vorlegt, bleibt im Grunde hypothetisch. Infolgedessen ist ihr kognitiver Status von jenem der orthodoxen Darstellung nicht verschieden. Gewiß ist, daß Spinoza die Möglichkeit der Offenbarung legitimerweise nicht leugnen kann. Aber zuzugeben, daß die Offenbarung möglich ist, bedeutet zuzugeben, daß die philosophische Darstellung und die philosophische Lebensweise nicht notwendig, nicht evident die wahre Darstellung und die rechte Lebensweise sind: die Philosophie, die Suche nach evidenter und notwendiger Erkenntnis, beruht selbst auf einer nicht evidenten Entscheidung, auf einem Akt des Willens geradeso wie der Glaube. Mithin ist der Antagonismus zwischen Spinoza und dem Judentum, zwischen Unglauben und Glauben letztendlich nicht theoretisch, sondern moralisch.

Für das Verständnis jenes moralischen Antagonismus schien die jüdische Bezeichnung des Ungläubigen als Epikureer hilfreich zu sein, insbesondere, da man den Epikureismus von jedem Gesichtspunkt aus als die klassische Form der Religionskritik und als die grundlegende Schicht in der Tradition der Religionskritik bezeichnen kann. Epikureismus ist Hedonismus, und das traditionelle Judentum argwöhnt immer, daß alle theoretischen und praktischen Empörungen gegen die Tora von dem Wunsch inspiriert seien, das Joch der strengen und anspruchsvollen Pflichten abzuwerfen, so daß man sich einem Leben der Freude hingeben kann. Der Epikureismus kann nur zu einer auf Gewinn abzielenden Moral führen, während die traditionelle jüdische Moral

255

nicht auf Gewinn abzielend ist: »der Lohn für [die Erfüllung] des
Gebotes ist das Gebot.« Der Epikureismus ist so radikal auf Gewinn
abzielend, daß er sich seine theoretischen Lehren als Mittel zur Befreiung
des Geistes von den Schrecken der religiösen Furcht denkt, der Furcht
vor dem Tode und vor der natürlichen Notwendigkeit. Charakteristischerweise ist der moderne Unglauben freilich nicht mehr epi-
kureisch. Er ist nicht mehr vorsichtig oder zurückhaltend, um nicht zu
sagen feige, sondern kühn und tatkräftig. Während der Epikureismus
den religiösen »Wahn« wegen seines furchtbaren Charakters bekämpft,
bekämpft der moderne Unglauben ihn, weil er ein Wahn ist: einerlei, ob
die Religion furchtbar oder tröstlich ist, als Wahn macht sie die Menschen die wirklichen Güter, den Genuß der wirklichen Güter, vergessen
und verleitet sie so, sich um die wirklichen, »diesseitigen« Güter durch
ihre geistlichen oder weltlichen Führer, die von jenem Wahn »leben«,
betrügen zu lassen. Vom religiösen Wahn befreit, zum nüchternen
Bewußtsein seiner wirklichen Lage erwacht, von schlimmen Erfahrungen über seine Bedrohtheit durch eine karge, feindliche Natur belehrt,
erkennt der Mensch als seine einzige Rettung und Pflicht, nicht so sehr
»seinen Garten zu bebauen«, als vielmehr sich einen Garten allererst zu
verschaffen, indem er sich zum Herrn und Besitzer der Natur macht.
Aber dieses ganze Unternehmen erfordert vor allem politisches Handeln,
Revolution, einen Kampf auf Leben und Tod: der Epikureer, der sicher
und zurückgezogen leben will, muß sich in einen »Idealisten« verwandeln, der für Ehre und Wahrheit zu kämpfen und zu sterben gelernt
hat. Aber in dem Maße, wie die systematische Anstrengung zu gelingen
scheint, den Menschen von allen nichtmenschlichen Bindungen vollständig zu befreien, wächst der Zweifel, ob das Ziel nicht phantastisch
ist – ob der Mensch nicht in dem Maße kleiner und elender geworden ist,
wie die systematische Zivilisation fortschreitet.

Endlich beginnt der Glaube abzusterben, daß der Mensch, die
»Naturschranke« immer weiter zurückstoßend, zu immer größerer
Freiheit vordringen werde, daß er die Natur unterwerfen und ihr seine
Gesetze vorschreiben könne. In diesem Stadium wird der religiöse
»Wahn« verworfen, nicht weil er furchtbar, sondern weil er tröstlich ist:
die Religion ist nicht etwa ein vom Menschen aus dunklen Gründen
geschaffenes Werkzeug, um sich zu peinigen, um sich das Leben unnötigerweise zu erschweren, sondern ein aus sehr durchsichtigen Gründen beschrittener Ausweg, um der durch keinen Fortschritt der Zivilisation auszurottenden Furchtbarkeit, der Ausgesetztheit und der Hoff-

nungslosigkeit des Lebens zu entgehen. Eine neue Art von Tapferkeit, welche sich jede Flucht vor dem Grauen des Lebens in tröstlichen Wahn verbietet, welche die beredten Schilderungen »des Elends des Menschen ohne Gott« als einen Beweis mehr für die Güte ihrer Sache aufnimmt, offenbart sich am Ende als der letzte und reinste Grund für die Auflehnung gegen die Offenbarung. Diese neue Tapferkeit ist als Bereitschaft, der Preisgegebenheit des Menschen sehenden Auges standzuhalten, als Mut, die furchtbarste Wahrheit willkommen zu heißen, »Redlichkeit«, »intellektuelle Redlichkeit«. Dieser schließliche Atheismus mit gutem oder auch mit schlechtem Gewissen ist von dem Atheismus, vor dem die Vergangenheit schauderte, durch seine Gewissenhaftigkeit unterschieden. Verglichen nicht nur mit dem Epikureismus, sondern auch mit dem Unglauben des Zeitalters von Spinoza, offenbart er sich als ein Abkömmling der biblischen Moral. Dieser Atheismus, der Erbe und der Richter des Offenbarungsglaubens, des jahrhundertealten Streites zwischen Glauben und Unglauben, der kurzlebigen endlich, aber darum nicht auch zugleich folgenarmen romantischen Sehnsucht nach dem verlorengegangenen Glauben, der Orthodoxie in vielfältiger Verschlagenheit, gebildet aus Dankbarkeit, Auflehnung, Sehnsucht und Gleichgültigkeit, und in einfältiger Redlichkeit gegenüberstehend, ist seinem Anspruch nach zu einem ursprünglichen Verständnis der menschlichen Wurzeln des Gottesglaubens befähigt wie keine frühere, keine weniger vielfältig-einfältige Philosophie es je war. Das letzte Wort und die schließliche Rechtfertigung von Spinozas Kritik ist der Atheismus aus intellektueller Redlichkeit, der die Orthodoxie radikal überwindet, indem er, frei von der polemischen Bitterkeit der Aufklärung und von der zweideutigen Ehrfurcht der Romantik, sie radikal versteht. Doch wie beredt dieser Anspruch auch immer erhoben werden mag, er kann einen nicht über die Tatsache hinwegtäuschen, daß seine Grundlage ein Akt des Willens, des Glaubens ist, und daß auf Glauben gegründet zu sein, fatal ist für jede Philosophie.

Der Sieg der Orthodoxie durch die Selbstzerstörung der rationalen Philosophie war kein ungetrübter Segen, denn es war ein Sieg nicht nur der jüdischen Orthodoxie, sondern jeder Orthodoxie, und die jüdische Orthodoxie gründete ihren Anspruch auf Überlegenheit gegenüber anderen Religionen von allem Anfang an auf ihre überlegene Rationalität (Deut. 4,6). Abgesehen davon konnte man nicht umhin, für die Hierarchie der Moralen und Willen, auf die sich der schließliche Atheismus bezog, den Anspruch zu erheben, daß sie aus sich heraus wahr, theoretisch wahr sei: »der Wille zur Macht« der Starken oder der Schwachen mag der Grund für jede andere Doktrin sein; er ist nicht der Grund für *257* die Doktrin des Willens zur Macht: vom Willen zur Macht wurde gesagt, daß er eine Tatsache sei. Andere Beobachtungen und Erfahrungen bestätigten den Verdacht, daß es unweise wäre, der Vernunft Lebewohl zu sagen. Ich begann mich deshalb zu fragen, ob die Selbstzerstörung der Vernunft nicht das unvermeidliche Ergebnis des modernen Rationalismus im Unterschied zum vormodernen Rationalismus, insbesondere zum jüdisch-mittelalterlichen Rationalismus und seinem klassischen (Aristotelischen und Platonischen) Fundament war. Die gegenwärtige Studie war auf die durch ein mächtiges Vorurteil sanktionierte Prämisse gegründet, daß eine Rückkehr zur vormodernen Philosophie unmöglich sei. Der Orientierungswandel, der seinen ersten Ausdruck nicht ganz zufällig in dem am Ende dieses Bandes veröffentlichten Aufsatz fand,[66] nötigte mich, mich auf eine ganze Reihe von Studien einzulassen, in deren Verlauf ich immer mehr auf die Art und Weise aufmerksam wurde, in der heterodoxe Denker früherer Zeiten ihre Bücher schrieben. Infolgedessen lese ich den *Theologisch-politischen Traktat* jetzt anders, als ich ihn las, als ich jung war. Ich verstand Spinoza zu wörtlich, weil ich ihn nicht wörtlich genug las.

The University of Chicago   L. S.
August 1962

Aus dem Amerikanischen übersetzt von Wiebke Meier.

---

[66] *Anmerkungen zu Carl Schmitt, Der Begriff des Politischen.* [A. d. Hrsg.: Strauss hat diese Fußnote dem Text in *Liberalism Ancient and Modern* hinzugefügt, da das Buch von 1968 die englische Übersetzung der *Anmerkungen zu Carl Schmitt* nicht enthielt.]

Vorwort

Die vorliegende Arbeit sollte gemäß dem Auftrag, der dem Verfasser von der Akademie für die Wissenschaft des Judentums erteilt worden war, die Bibel-Wissenschaft Spinozas zum Gegenstand haben. Bei der Durchführung der Untersuchung verschob sich, wie von vorne herein zu erwarten war, der Schwerpunkt von der Bibel-Wissenschaft auf deren Möglichkeits-Bedingungen, die wesentlich in der Religions-Kritik liegen. Außerdem erwies sich um des Verständnisses des geschichtlichen Zusammenhangs willen, in dem die Bibel-Wissenschaft und die Religions-Kritik Spinozas stehen, die Analyse auch der bibel-wissenschaftlichen und religions-kritischen Anstrengungen einiger Zeitgenossen Spinozas als erforderlich.

Spinozas Werke werden im Folgenden, falls die von Spinoza stammenden Bezeichnungen und Zählungen nicht ausreichen, nach der von Gebhardt besorgten Ausgabe der Opera (abgekürzt: Opp.) zitiert; der Tractatus theologico-politicus (abgekürzt: Tr.) wird zitiert nach der Paginierung der ed. pr., die auch in der Gebhardtschen Ausgabe angegeben ist.

Inhaltsverzeichnis

Anhang

Einleitung

Die Religions-Kritik
Voraussetzung der Bibel-Wissenschaft

Die Bibel-Wissenschaft Spinozas ist zuvörderst eine wissenschafts-   *1*
geschichtliche Tatsache. Unbestrittenermaßen gebührt Spinoza das Verdienst, die Grundlegung der Bibel-Wissenschaft als einer »vorausset-
zungslosen« Wissenschaft vollzogen zu haben. In dem einschlägigen
Kapitel seines Tractatus theologico-politicus bestimmt er die fundamentalen Forschungs-Ziele und Forschungs-Wege der neuen Disziplin;
danach kommt er zu fundamentalen, in der weiteren Entwicklung der
Disziplin nie wieder angefochtenen Resultaten. Die Bibel-Wissenschaft
ist eingegliedert dem Ganzen der Geistes-Wissenschaft. Was nun aber
die Einsicht in die Erfordernisse der Geistes-Wissenschaft überhaupt
angeht, so steht die Leistung Spinozas weit, sehr weit hinter dem zurück,
was etwa Erasmus von Rotterdam erreicht hat. Besteht also die wissenschafts-geschichtliche Leistung des genannten Traktats in nichts Geringerem, aber auch in nichts Größerem als in der Grundlegung einer
Einzel-Wissenschaft? Mit der Bejahung dieser Frage würde man offenbar den eigentlichen Sinn der Leistung Spinozas verfehlen. Denn offenbar hat die Grundlegung der Bibel-Wissenschaft eine tiefere Bedeutung
als die Grundlegung beispielsweise der Einzel-Wissenschaften, welche
sich die Erforschung der ägyptischen oder der babylonischen Kultur zur
Aufgabe machen. Einmal vorausgesetzt, die Bibel sei ihrer Herkunft
nach ein literarisches Dokument wie jedes andere, so ist sie wie jedes
andere literarische Dokument wissenschaftlich zu behandeln, so ordnet
sie sich von vorne herein den Gegenständen der bei allen Besonderungen
prinzipiell einer und derselben Methode folgenden Geistes-Wissenschaft
ein, so haftet der Grundlegung der Bibel-Wissenschaft keine prinzipielle
Schwierigkeit mehr an. Die Begründung dieser Voraussetzung, die Kritik
an der entgegengesetzten, offenbarungs-religiösen Voraussetzung, die
Kritik an der Offenbarungs-Religion überhaupt liegt also der Grundlegung der Bibel-Wissenschaft vorauf. Zufolge dieser Bedingtheit hat die
Grundlegung der Bibel-Wissenschaft durch Spinoza eine prinzipiellere
Bedeutung als die Grundlegung einer Einzel-Wissen|schaft unter vielen: *2*
der Zusammenhang, in den sie gehört, ist die Offenbarungs-Kritik der
radikalen Aufklärung, in deren Dienst sie entsteht. Diese Kritik ist
ihrerseits nur eine Besonderung, eine besondere Stufe im geschichtlichen
Ganzen der Religions-Kritik überhaupt, die im griechischen Altertum
ihren Ursprung hat und im offenbarungs-religiösen Zeitalter sich fort-
setzt und erneuert. Um einen ersten Ansatz für das Verständnis, und
zugleich, um einen immer gegenwärtigen Maßstab für die Beurteilung
der Kritik, die im siebzehnten Jahrhundert an der Religion im all-

gemeinen und an der Offenbarungs-Religion im besonderen geübt worden ist, zu gewinnen, fangen wir daher an mit einer Abgrenzung und Zergliederung der dieser Kritik zu Grunde liegenden religions-kritischen Tradition.[1]

---

[1]   Eine erschöpfende Darstellung der Tradition ist hier, wie sich versteht, weder möglich noch notwendig; die Auswahl der im folgenden behandelten Elemente der Tradition rechtfertigt sich im Verlauf der Untersuchung.

§ 1
Die Tradition der
Religions-Kritik

Die radikale Religions-Kritik[2] ist im äußersten Fall – und dieser äußerste
Fall ist der gewöhnliche – ihrer Intention nach wissenschaftliche Kritik.
Zwar wird der Anspruch der Kritik auf Wissenschaftlichkeit noch nicht
dadurch in Frage gestellt, daß die Religion meistens nachdrücklicher
wegen ihrer Schädlichkeit oder Schlechtigkeit als wegen der Irrigkeit
ihrer Lehren bekämpft wird; auch dadurch noch nicht, daß es nicht bei
wissenschaftlicher Ablehnung bleibt, sondern zu praktischer Auflehnung
kommt; denn die Verwerfung der Religion als schädlich oder
schlecht und die praktische Auflehnung können für das Bewußtsein des
Kritikers mit wissenschaftlichen Mitteln zulänglich begründet sein. Aber
ist nicht schon die Idee einer wissenschaftlichen Religions-|Kritik absurd?
Sind nicht Wissenschaft und Religion ihrer Intention nach so
grund-verschieden, daß sie eben deshalb einander nicht widerstreiten
können? Der bei dieser Auffassung des Verhältnisses von Wissenschaft
und Religion vorausgesetzte Begriff von Wissenschaft (Wissenschaft als

3

---

[2] Religions-Kritik kann eigentlich nur heißen die ausdrückliche Kritik, die
aktuelle Bekämpfung der Religion; die bloße Indifferenz gegenüber der Religion
gilt uns auch dann, wenn sie keinen Platz für die Religion übrig läßt, noch nicht
als Religions-Kritik. Auch dann liegt noch keine Religions-Kritik vor, wenn
zwar ausdrücklich zur Religion Nein gesagt wird, dieses Nein aber nicht mehr
ausdrücken will als die »freie Entscheidung der Person«: der Unglaube ist noch
nicht Religions-Kritik. Dabei bleibe dahingestellt, ob nicht die Indifferenz und
der Unglaube, selbst die strengste Skepsis, wenn sie sich nur radikal verstehen,
notwendig zur Religions-Kritik werden. Um nun die eigentliche Religions-
Kritik auch endlich von der inner-religiösen Kritik an bestimmten Religions-
Formen zu unterscheiden, wollen wir radikale Religions-Kritik jedes Nein-
Sagen zur Religion als solcher nennen, das Anspruch darauf erhebt, für alle
Menschen (für alle »höheren Menschen«) verpflichtend zu gelten.

positive Wissenschaft) ist allerdings nicht anwendbar auf die der traditionellen Religions-Kritik zu Grunde liegende Metaphysik: in der Idee dieser Metaphysik, als der Wissenschaft auch und wesentlich von Gott, ist mitgesetzt die Möglichkeit der Kritik an den falschen Meinungen über Gott, die Idee einer wissenschaftlichen Religions-Kritik. Muß nun die Differenz zwischen der positiven Wissenschaft, von der aus keine Religions-Kritik möglich ist, und der Metaphysik, die grundsätzlich Religions-Kritik ermöglicht, grundsätzlich so bestimmt werden, wie sie Kants transzendentale Dialektik bestimmt hat: nämlich so, daß diese Differenz wesentlich im theoretischen Bewußtsein ihren Grund hat? Besteht nicht vielleicht die Differenz zwischen positiver Wissenschaft und Metaphysik darin, daß die Metaphysik von vorne herein *mehr* ist als reine Theorie? Schlägt nicht vielleicht erst dieses Mehr die Brücke zwischen Religion und Wissenschaft, derart, daß auf Grund seiner wissenschaftliche Religions-Kritik möglich wird? Mit einer Naivität, die uns immer wieder überrascht, sprechen die Religions-Kritiker früherer Zeiten von dem *Glück*, das sie ihrer Wissenschaft verdanken, das sie zuvor schon von ihrer Wissenschaft erwarten: die Befreiung von der Religion; mit diesem Glück meinen sie nicht die Seligkeit des reinen Forschens, das zwar an Resultaten, aber nicht an diesen oder jenen bestimmten Resultaten interessiert ist; sondern *sie* sind an bestimmten Resultaten interessiert; zu *ihrem* Glück gehört es, daß sie diese bestimmten »Wahrheiten« »erkennen«. Ihre Wissenschaft dient einem Zweck. Ist nicht dieser Zweck früher als die Wissenschaft? Bestimmt er nicht Anfang und Ende ihres Fragens, zeichnet er nicht selbst ihre Antworten vor? Gewiß – diese Metaphysiker begründen in ihren Systemen das Interesse, von dem ihre Wissenschaft geleitet wird, als das einzig berechtigte Interesse des Menschen, als das der Natur und der Wahrheit einzig gemässe Interesse. Aber verdankt dieses Interesse seine Wirklichkeit und Wirksamkeit der wissenschaftlichen Begründung? Ist es nicht viel einleuchtender, daß dieses Interesse ihre Wissenschaft und damit die wissenschaftliche Begründung dieses Interesses leitet? Wir brauchen nicht vorauszusetzen, daß die Frage im einen oder im anderen Sinn entschieden ist; wir müssen jedenfalls die in ihr angedeutete

4   Möglichkeit: daß die | ihrer Intention nach wissenschaftliche Religions-Kritik ihren Grund, aus dem allein sie radikal verstanden werden kann, in einem ursprünglichen Interesse des Herzens, in einem ursprünglichen *Motiv* hat, als Möglichkeit ernst nehmen. – Diese Möglichkeit ist, wenn überhaupt jemals, dann gewiß in der Philosophie *Epikurs* verwirklicht.

Die Epikureische Religions-Kritik ist eine, und zwar die wichtigste, Quelle für die Religions-Kritik des siebzehnten Jahrhunderts. Das Motiv Epikurs ist bewußt und ausdrücklich Wurzel zuerst seiner Religions-Kritik und dann seiner Wissenschaft: gäbe es keine Furcht vor wirkenden Göttern, so wäre nach der ausgesprochenen Meinung Epikurs die Wissenschaft zu einem wesentlichen Teil überflüssig. Der ursprüngliche Zweck der Wissenschaft Epikurs ist: mittels klärenden Durchsprechens die Eudaimonie hervorzubringen. Die Eudaimonie besteht nicht in dem wissenschaftlichen Forschen selbst, sondern die Wissenschaft ist nur das faktisch unentbehrliche Mittel, um sie zu erreichen.[3] Von dem konkreten Sinn der Eudaimonie her bestimmt sich die Aufgabe der Wissenschaft als Beseitigung der Götter-Furcht. Wir folgen zunächst der von Epikur selbst gegebenen Auseinanderlegung seines Motivs, die sich darstellt als Begründung desselben.

Der einzige Maßstab ist die Lust: jede Lust ist als solche ein Gut, jeder Schmerz als solcher ein Übel. Dennoch heißen wir nicht jede Lust willkommen und gehen wir nicht jedem Schmerz aus dem Weg; denn es ist besser, sich manchen Mühen zu unterziehen, um dafür um so größere Lüste zu gewinnen, und es ist zuträglicher, sich von manchen Lüsten fernzuhalten, um nicht dafür mit um so widrigeren Schmerzen zu büßen. In Anbetracht der Tatsache also, daß Lüste und Schmerzen oft miteinander untrennbar verkoppelt sind, ist, im Interesse des größten Lust-Gewinns, kluges Abwägen, ausgleichende Verrechnung der jeweiligen Lust-Chance mit der jeweiligen Schmerzen-Chance erforderlich.[4] Unter der größten Lust ist nun aber nicht der größt-mögliche Überschuß einer Lust über den ihr beigemischten Schmerz, sondern die reinste, von jedem Schmerz freie Lust zu verstehen. Die Entfernung jedes Schmerzes – dies ist die »Grenze für die Größe der Lüste.« So wird die größte Lust eindeutig begrenzt als die reinste Lust. Die Reinheit der Lust wird ins|besondere dadurch gefährdet, daß Erinnerung und Erwartung die   5 vergangenen und zukünftigen Schmerzen vergegenwärtigen; die Lust muß nicht nur gegen die Beimischung gegenwärtiger Schmerzen, sondern auch gegen das Hineinragen vergangener und zukünftiger Schmerzen gesichert sein. Sicherheit der Lust – diese Forderung ist bei Epikur nur die allgemeinere Form der Forderung nach Reinheit der Lust. Aber es leuchtet ein, daß die Lust auch dann als sichere Lust verstanden und

---

[3]   Epicur. Sent. sel. 10–13; Usener Epicurea fr. 219, 221, 227.
[4]   Diog. Laert. X § 128 ff.; fr. 442.

begehrt werden kann, wenn von der besonderen Voraussetzung: daß die größte Lust die reinste Lust ist, abgesehen, wenn die Sicherheit von ihrer Verbindung mit der Reinheit abgelöst wird. Diese Bemerkung ist für das Verständnis der Epikureischen religions-kritischen Tradition notwendig: in der von der Reinheits-Forderung ablösbaren Sicherheits-Forderung ist die Religions-Kritik Epikurs unmittelbar begründet.

Die sichersten Lüste sind die vergangenen, sie sind »hinter sicherem Pfahldamm geborgen«. Die Erinnerung erhält sie uns stets gegenwärtig und erbaut so um uns herum eine Welt, in welcher die gegenwärtigen Schmerzen nicht mehr empfunden werden; die vergangenen Schmerzen aber bekümmern Epikur nicht. Epikur erinnert sich an seine Vergangenheit nur, insofern sie erfreulich ist; es ist geradezu die Wesensbestimmung des Epikureers, daß er unfähig ist, an seiner Vergangenheit zu leiden. Die gegenwärtigen Lüste sind noch nicht ganz gesichert, sie sind noch dem Zugriff des Schicksals ausgesetzt; die zukünftigen Lüste aber sind schlechthin unsicher. So spitzt sich das Interesse an der Lust, als Interesse an der sicheren Lust, zum Interesse an den vergangenen Lüsten, zum Leben in der Erinnerung an sie zu; nicht den Jüngling, sondern den Greis, wenn er schön gelebt hat, preist Epikur glücklich. Wie die Lust, die nicht in gegenwärtiger Lust, sondern in der Erinnerung an vergangene Lüste besteht, stärker ist als der größte gegenwärtige Schmerz: so ist andererseits die Erwartung zukünftigen Schmerzes stärker als die größte gegenwärtige Lust. Aber auch die Gegenkraft der Erwartung, die Erinnerung, auf die man etwa bauen zu können glaubt, muß hier versagen. Denn nicht nur irgendein zukünftiger Schmerz wird erwartet, sondern wir meinen: ewige und unbegrenzte Übel drohten uns. Auf die Beseitigung dieser alle Lust von Grund auf zerstörenden Erwartung, auf die Beseitigung der Götter-Furcht und Todes-Furcht also, muß sich die ganze Energie Epikurs verlegen.[5] |

6   Dem vollkommenen Zustand des Menschen, der Eudaimonie, ist am meisten entgegengesetzt der Zustand des Verwirrt-Seins durch Furcht. Die Befreiung von der Furcht vollzieht sich durch Leugnung der Furchtbarkeit des vermeintlich Furchtbaren. Den Nachweis, daß es keinen Grund zur Furcht, daß es nichts Furchtbares gibt, liefert die Wissenschaft; darin besteht der Sinn der Wissenschaft: wenn uns nicht die Verdächte bezüglich der Dinge am Himmel und bezüglich des Todes

---

[5]   Diog. Laert. X § 81; fr. 435; Gnomolog. Vatican. 17; Cic. Fin. I 17, 55; Tusc. V 33, 96.

beunruhigten, so bedürften wir keiner Physik (Sent. sel. 10–13). Daß die Wissenschaft dies leisten kann, daß die Aufdeckung der Wahrheit uns Ruhe verschafft und nicht größere Unruhe – dies wird von Epikur vorausgesetzt. Die Berechtigung dieser Zuversicht, dieses Glaubens an die Abgestimmtheit des wirklichen Geschehens auf die Ruhe der Menschen, die unnötigerweise durch die Furcht vor den Dingen am Himmel und vor dem Tod gestört werde, ist die Bedingung für den Erfolg seines Unternehmens. Unableitbar aus dem Motiv ist die Überzeugung von der Wahrheit bestimmter, der Wirksamkeit des Motivs förderlicher Theoreme. Was schlägt zwischen diesen heterogenen Elementen, dem Motiv und den Theoremen, die Brücke? Erfolgt die Bestimmung des Zwecks der Wissenschaft etwa auf Grund des Ergebnisses der Wissenschaft? Wie aber kommt es zu diesen Ergebnissen? Der Verdacht ist geboten, daß das Interesse, dem die Wissenschaft dient und das doch wohl vor seiner Rechtfertigung durch die Ergebnisse wirksam ist, die Ergebnisse seinerseits beeinflußt und verfälscht; dieser Verdacht wird um so stärker, je weniger sich die Wissenschaft Epikurs als konsistent erweist. Kann man überdies – entsprechend der ganzen Anlage seiner Wissenschaft – seine Theoreme als eben *seine* Theoreme nur dann verstehen, wenn man ihre Funktion für den Zweck seiner Wissenschaft versteht, so ist es geradezu notwendig, von seinem Motiv her seine Wissenschaft zu interpretieren. Die Theoreme sind ihm nur Mittel. Seine Bedenkenlosigkeit in der Wahl der Mittel mag zu der oft gerügten »Oberflächlichkeit« seiner Lehre mit Notwendigkeit führen – die Einheit und Folgerichtigkeit seines Wollens darf man darüber nicht verkennen.

Das Wort »Mittel« sagt dabei freilich zu viel; denn es ist ja keineswegs so, daß sich Epikur die Welt bewußt im Sinn ihrer Harmonie mit seinem Interesse zurechtlügt. Vielmehr ist mit dem dominierenden Willen zur Selbstbefreiung von der Furcht die Neigung gegeben, solche Tatsachen aufzusuchen und zu bevorzugen, die der Ruhe förderlich sind, die tröstlich wirken. Nicht nur einzelne Ergeb|nisse der Wissenschaft, sondern vor allem die spezifische Wissenschaftlichkeit wird durch diese Neigung bestimmt. In Anbetracht der Wichtigkeit, die dem Zusammenhang des Epikureischen Motivs mit der ihm zugeordneten Wissenschaft für das Verständnis der Religions-Kritik des siebzehnten Jahrhunderts zukommt, muß auf die Charakteristika dieses Zusammenhangs eingegangen werden. Soll die Wissenschaft alle Verwirrung und Furcht beseitigen, so muß es zu allererst eindeutige Kriterien geben, welche die endgültige Entscheidung zum mindesten der das Prinzipielle angehenden

Fragen gestatten. Daher die Verwerfung der Dialektik, die Beschränkung der »Kanonik« auf wenige, unbedingt geltende Regeln. Daher das Drängen auf größte Einfachheit, Greifbarkeit, Deutlichkeit.[6] Die auf Grund dieser Erkenntnis-Prinzipien gefundenen Wahrheiten müssen jeder Zeit satzmäßig verfügbar sein, wenn das Wiederaufflackern der Unruhe »im Nu« erstickt werden soll; daher das Drängen auf gedächtnismäßige Einprägung der Grund-Lehren, deren man häufig bedarf, zuvor die Zusammenfassung der Grund-Lehren in knappen, zum Auswendig-Lernen bestimmten Sätzen.[7] Nun beruhigt aber nicht die Wahrheit als Wahrheit, sondern die bestimmte Wahrheit, daß kein Grund zur Furcht besteht: die Welt selbst muß so sein, daß wir uns nicht vor überraschenden, gefährlichen Vorkommnissen zu fürchten brauchen; eine beruhigende Notwendigkeit und Regelmäßigkeit muß in ihr walten. Diese Notwendigkeit darf uns nicht tyrannisieren, sie muß uns unsere Freiheit lassen; daher die berufene Lehre von der willkürlichen Seiten-Bewegung der Atome: um gegenüber der unerbittlichen Notwendigkeit des atomistischen Geschehens die Ruhe des Menschen zu sichern, um des Schutzes vor den Atomen willen.[8]

Sind so alle Lehren Epikurs als Lehren *Epikurs* wesentlich als Mittel zur Beseitigung der Furcht zu verstehen, so muß gefragt werden, ob sie wenigstens notwendige Mittel sind. Nach Epikurs ausgesprochener Meinung sind sie notwendig. Indessen deutet er selbst eine andere Möglichkeit an: »es wäre besser, der Erzählung von den Göttern zu folgen, als dem Verhängnis, von dem die Physiker reden, zu fronen; denn jene läßt die Hoffnung, daß die Götter sich durch Ehrung erbitten lassen, dieses aber hat unerbittliche Notwendigkeit.« | (Diog. Laert. X § 134). Nimmt man diesen Satz ernst, so erschließt sich die Möglichkeit, daß gerade durch den Glauben an wirkende Götter die Furcht zu beseitigen wäre; diese Götter müßten dann freilich *gute* Götter sein. Diese Feststellung machen wir nur darum, um die Unabhängigkeit des Epikur beherrschenden Motivs nicht nur von seinen konkreten Theoremen, sondern auch von der Feindschaft gegen die Religion hervortreten zu lassen. Zugleich damit wird sichtbar, daß von dem Motiv Epikurs

----

[6]   fr. 242 f. und 251. – R. Philippson, Philodem über die Frömmigkeit, Hermes 55 p. 240, Hermes 56 p. 403.

[7]   Diog. Laert. X § 35, 36, 83–85; fr. 562; Gnomolog. Vatican. 41.

[8]   Diog. Laert. X § 77 und 133 f.; fr. 281; Diels Vorsokratiker, Demokrit A 50.

untrennbar ist die Feindschaft gegen jede Position, der die Gottes-Furcht als ein den Menschen *immer beunruhigender* Faktor gilt. Und eine solche Position hat Epikur beständig vor Augen: die mächtigste Beunruhigung entstehe den Seelen der Menschen aus dem Glauben an wollende handelnde wirkende Götter (Diog. Laert. X § 81). Dieser mächtigsten Beunruhigung ist man nach Epikurs Behauptung ohne die von ihm gelehrte Theologie und Physik notwendig ausgesetzt: Epikurs ganzes wissenschaftliches Unternehmen setzt wie kein zweites die Götter-Furcht als eine ernstlich drohende Gefahr voraus.[9]

Die Geschichte der Religions-Kritik hat allen Grund, ihre besondere Aufmerksamkeit dem einzigen Denker zuzuwenden, der seine höchste Aufgabe, den erfüllenden Ausdruck seines Wollens in der Religions-Kritik sieht. Nicht durch die verführende Macht der Umstände hierzu gedrängt, sondern durch seinen Grund-Willen, der ihn auf gerader und schmaler Bahn, ohne Abwege und Umwege, zu jenem Ziel hinzwingt. In diesem Sinn verdient die Lehre Epikurs den Ruhm der Klassizität. So begreift Lukrez seinen Meister, wenn er ihm nachrühmt:

> Primum Graius homo mortalis tollere contra
> est oculos ausus primusque obsistere contra.

Um so genauer ist das Motiv dieser Bemühung zu beachten. Es kommt Epikur auf die Ruhe und Schreckenlosigkeit des Lebens an; entschlossen sagt er allem Verwirrenden und Beunruhigenden ab. Das Motiv ist derart, daß seine Wirksamkeit nicht auf die Anhänger einer Philosophen-Schule – und dies besagt in unserem Fall: auf die Wahl dieser und gerade dieser Mittel – beschränkt sein kann. Vielmehr kommt im Epikureertum ein allgemein-menschliches, das allgemeinste, in allen Wandlungen des menschlichen Bewußtseins sich | kaum verändernde Motiv für die Auflehnung gegen die Religion zum Wort.[10]

9

---

[9]   Dies hebt die antike Kritik sehr scharf hervor: quae est anus tam delira quae timeat ista, quae vos videlicet, si physica non didicissetis, timeretis, . . . ? Non pudet philosophum in eo gloriari, quod haec non timeat et quod falsa esse cognoverit? (Cic. Tusc. I 21, 48.)

*

[10]   Das Gesagte gilt ohne Einschränkung freilich nur unter der Voraussetzung, daß der Primat des Motivs in der Philosophie Epikurs feststeht. Unter dieser Voraussetzung entsteht die Frage, ob die Theoreme Epikurs aus seinem Motiv ableitbar sind, eine Frage, die mit Rücksicht auf die (von Epikur selbst angedeutete) Möglichkeit, daß man auch und gerade durch den Glauben an gute Götter zur Ruhe und Schreckenlosigkeit des Lebens gelangen könnte,

Von dem Motiv der Epikureischen Religions-Kritik ist die Epikureische Analyse der Religion streng zu unterscheiden. Es ist von vorne herein damit zu rechnen, daß das Epikureische Motiv sich Analysen anderer Herkunft zu Nutze macht, und daß andererseits die Epikureische Analyse in den Dienst einer von anderen Motiven getragenen Kritik gestellt wird. Jedoch ist zu erwarten, daß die religions-analytischen Gedanken des ursprünglichen Epikureertums in Zusammenhang stehen mit seinem System, das heißt: mit den allgemeinen Mitteln, deren sich sein Grund-Wille bedient.

10   Wenn Epikur von der Physik, dem Aufsuchen der Ursachen vor|züglich der Vorgänge am Himmel, die Befreiung von der Götter-Furcht erwartet, so sagt er damit: die *Unkenntnis der Ursachen* ist die conditio sine qua non der Götter-Furcht. Fragt man nun weiter, welches der zureichende Grund dieser Tatsache sei, so lassen uns bezüglich der Antwort Epikurs die Quellen im Stich. Angesichts der Beziehungen, die auch im Übrigen zwischen Epikur und Demokrit bestehen, und ange-

---

verneint werden muß. Dementsprechend sind die theoretische und die moralische Kritik an der Religion voneinander zu sondern, einander gegenüberzustellen. Diese Unterscheidung wird unter der umgekehrten Voraussetzung, unter Voraussetzung des Primats der Theorie, hinfällig; denn alsdann ist das Motiv – prinzipiell – ableitbar. Die Möglichkeit nämlich, daß Epikur in der Konsequenz seiner (naturalistischen) Theorie, die mit der Selbständigkeit der ἀρετή gegenüber der ἡδονή zugleich die Selbständigkeit der Theorie gegenüber der ἡδονή aufhebt, dazu gekommen sei, auf die praktische, hedonistische Abzweckung der Theorie ein so starkes Gewicht zu legen, kann nicht ausgeschlossen werden; die Erklärungen über Zweck und Notwendigkeit der Theorie müssen nicht das Programm, sie können sehr wohl das letzte Resultat, die nachträgliche Verständigung der Theorie über sich selbst sein; sie wären dann nicht der ungebrochene Ausdruck des ursprünglichen Wollens Epikurs, sondern die theoretisch begründete Postulierung des allein möglichen, allein legitimen Wollens, durch die das ursprüngliche Interesse an der Theorie um ihrer selbst willen als Schein oder als Verirrung entlarvt werden soll. Epikur also könnte sehr wohl erst in Verfolgung seines theoretischen Interesses zur Verleugnung dieses Interesses gekommen sein. Unsere Darstellung der Epikureischen Religions-Kritik ist also dahin einzuschränken, daß sie diese Kritik entsprechend der Auffassung, die ihr Urheber von ihr haben wollte, interpretiert; diese Einschränkung rechtfertigt sich als heuristische Annahme zum Zweck der Klärung des durch die Religions-Kritik des 17. Jahrhunderts aufgegebenen Problems. Einerlei ob Epikurs eigenes Wollen in der von ihm gegebenen Explikation seinen wahren Ausdruck findet oder nicht: das ausgedrückte Wollen ist in sich selbst als Motiv der Religions-Kritik verständlich und lebensfähig.

sichts des Zusammenhangs, in dem sich dann später bei Lukrez die Antwort Demokrits findet, dürfen wir ohne Bedenken vermuten, daß diese auch von Epikur angenommen worden ist: die Geschehnisse am Himmel (Blitze, Donner, Sonnen- und Mondfinsternisse u. ä.) riefen bei den Alten die Meinung hervor, Götter seien an ihnen schuld; und so wurden sie in Furcht gesetzt (Diels 55 A 75). Sextus, der diese Lehre Demokrits überliefert, interpretiert sie dahin: von dem Unerwarteten, Auffälligen aus (ἀπὸ τῶν γιγνομένων κατὰ τὸν κόσμον παραδόξων) wären die Menschen zu der Vorstellung von Göttern gelangt. So haben wir in der Tat Demokrit zu verstehen: das *Unerwartete und Auffällige*, gegen dessen Eindruck man sich durch keine Kenntnis der Ursachen zu sichern wußte, schob man den Göttern zu.

Der volle Sinn dieses Gedankens erhellt aus dem Zusammenhang, in dem er mit der Wissenschaft Demokrits und Epikurs steht. Dieser Zusammenhang wird offenbar in der Interpretation des Satzes: »Nichts wird aus Nichts; denn sonst könnte Alles aus Allem werden, keines Samens bedürfend« (Diog. Laert. X § 38), die bei Lukrez (I 153–208) vorliegt.

> quod si de nilo fierent, *subito* exorerentur
> *incerto* spatio atque *alienis* partibus anni; – – – –
> nec porro augendis rebus *spatio* foret usus,
> seminis ad coitum, si e nilo crescere possent;
> nam fierent iuvenes *subito* ex infantibu' parvis
> e terraque exorta *repente* arbusta *salirent*,
> quorum nil fieri manifestum est, omnia quando
> *paulatim crescunt*, ut par est semine *certo*
> *crescentesque genus servant*; – – –.

Durch diese Erwägung soll der Satz bewiesen werden:

> nullam rem e nilo gigni *divinitus* umquam.

Von dem Beweis des Satzes: Nichts wird aus Nichts, nimmt die Physik ihren Ausgang, um auf Grund dieses Satzes in ihrem Vollzug jeden möglichen Ansatz für den verwirrenden, furchtbaren Glauben an schaffende und waltende Götter zu zerstören. In diesem Epikureischen | Zusammenhang also steht die Konfrontierung der »mythischen« und der »wissenschaftlichen« Kategorien: der Unbestimmtheit, der Plötzlichkeit, des Springens, der Unstetigkeit, zu deren Erklärung die foeda relligio auf die Arbeit der Götter zurückgreifen muß, gegenüber der Bestimmtheit, der Allmählichkeit, dem Wachsen, der Stetigkeit des Geschehens, aus dem, als dem eigentlichen, dem allein wirklichen

Geschehen, die nur scheinbaren Unstetigkeiten und Plötzlichkeiten durch Einführung der sehr kleinen, nicht mehr sichtbaren Veränderungen »ohne Hilfe der Götter« begriffen werden. So tritt der unmittelbare Zusammenhang zwischen der Epikureischen Intention und der Wahl einer Physik vom Typus der Demokritischen hervor.

Demnach dürften wir auf die Frage nach der Herkunft der Götter-Furcht bei Demokrit-Epikur folgende Antwort voraussetzen: die frühen Menschen, und auch alle anderen Menschen, sofern ihnen die Kenntnis der wirklichen (oder möglichen) Ursachen fehlt, schieben die Schuld an den auffälligsten, wider alle Erwartung eintretenden Tatsachen Göttern zu; und so geraten sie in Furcht. Der Götter-Glaube liegt der Götter-Furcht vorauf; die Götter-Furcht ist Folge der Meinung, daß gewisse Vorkommnisse auf die Götter als ihre Urheber zurückweisen.

Indessen ist mit dem Gesagten der eigentliche Sinn des Demokritischen Gedankens nicht getroffen. Der Stoiker Kleanthes, der ihn in seiner Aufzählung der Ursprünge der Gottes-Erkenntnis verwendet, stellt ihn folgendermaßen dar: die Menschen, durch Blitze, Stürme, Schnee, Hagel, Erdbeben, Kometen und Ähnliches *erschreckt*, vermuteten, es gebe irgendeine himmlische und göttliche Kraft (Cic. N. D. II 5, 14). Zufolge dieser Darstellung ist also die Meinung Demokrits: die Furcht sei der Ursprung des Götter-Glaubens. Nicht das bloße Wahrnehmen auffälliger Natur-Erscheinungen oder ein Schluß aus ihnen, sondern die Furcht vor ihnen, die erlebte Gefährdung durch sie führt zum Götter-Glauben, zur Götter-Furcht. In Demokrit ist also der Urheber jener Lehre zu sehen, auf der, als auf ihrem Fundament, die Lehren von Hobbes, Spinoza, Hume, Holbach, Feuerbach, Bruno Bauer, Marx[11] – um mit diesen Namen eine | große, bis in die Gegenwart sich erstreckende Tradition zu charakterisieren – fußen; und die Epikureische Schule ist die ursprüngliche Trägerin dieser Tradition.

Entstammt der Götter-Glaube überhaupt oder nur der Glaube an die Furchtbarkeit der Götter der menschlichen Furcht? Die Frage, wie sich die Furcht im Götter-Glauben objektiviere, konnten sich Demokrit und Epikur deshalb nicht stellen, weil sie beide nicht das Dasein von Göttern leugneten. Über den Götter-Begriff Demokrits läßt sich, bei der Unzu-

12

---

[11] Marx' Doktor-Dissertation befaßt sich mit der »Differenz der demokritischen und epikureischen Naturphilosophie«. Marx ist sich des oben erwähnten geschichtlichen Zusammenhangs bewußt gewesen (vgl. Literar. Nachlaß ed. Mehring I 73 u. 111, auch die Bemerkungen Mehrings l.c. 49 u. 52 f.).

länglichkeit des Überlieferten, mit Gewißheit nichts aussagen. Der Grundgedanke der Epikureischen Theologie ist: daß die Götter, als glückliche und ewige Wesen, sich nicht um die Welt und um die Menschen kümmern können, daß ihnen Verehrung, nicht Furcht gebührt. Dann ist also nur der Wahn-Glaube an furchtbare Götter ein Erzeugnis der menschlichen Furcht, nicht der legitime Glaube an Götter überhaupt. Das Moment der Furchtbarkeit hat keinen Grund in diesem legitimen Glauben; es ist ausschließlich von der Furcht erzeugt. Unerhörte, außerordentliche Gefahren setzen die Menschen in solche Furcht, daß sie Furchtbarkeit den Göttern zusprechen. Die Furchtbarkeit der Götter ist Erzeugnis, Spiegelung und Steigerung außergewöhnlicher Furcht, Sorge, Unruhe der Menschen (Lucr. V 1181–1227).

Das Epikureertum, vom Interesse an der Bekämpfung der Furcht geleitet, spürt die Furcht auf dem Grund des Götter-Wahns auf; es muß seiner Intention nach auch die der Götter-Furcht voraufliegende, noch nicht auf Götter bezogene Furcht, die Furcht vor wirklichen Gefahren, bekämpfen, aber es kann nicht umhin, sie für relativ berechtigt zu halten. Welche Kraft bewirkt nun die Aufhöhung dieser gewöhnlichen, gewissermaßen berechtigten Furcht zur Götter-Furcht? Gibt es nicht ein Material, das sich besonders dazu eignet, die Götter-Furcht als gesteigerte Furcht und als Furcht vor Unwirklichem zu provozieren? Ein solches Material liefert der *Traum*, der nach Epikureischer Lehre wie andere, ihm verwandte Erscheinungen ein wertloses Abfalls-Produkt der sinnlichen Wahrnehmung ist. Vergegenwärtigen wir uns kurz das Wesentliche dieser Lehre.

Jegliche Kenntnis des Wahren geht zurück auf die sinnliche Wahrnehmung. Diese ist, wie alle wirklichen Vorgänge, ein körperlicher Vorgang. Das Sehen etwa – und mutatis mutandis die anderen Weisen der sinnlichen Wahrnehmung – kommt dadurch zustande, daß sich kleinste Stoffteilchen, die nach ihrer Funktion Bilder genannt werden, von der Oberfläche des Körpers lösen, mit | ungeheurer Geschwindigkeit in der Luft umherschwirren und, selber nicht sichtbar, das Auge treffen. Die Bilder stoßen aufeinander, verbinden sich, und so entstehen aus den Bildern wirklicher Dinge die Bilder von nicht-wirklichen Dingen. Im Schlaf können die Sinne die Bilder der wirklich vorhandenen Dinge nicht auf sich wirken lassen; daher reizen uns dann die Bilder von früher vorhanden gewesenen Dingen, gar von inzwischen verstorbenen Personen, so daß diese als nach ihrem Tod weiterlebend vorgestellt werden. Alle diese Bilder nicht-wirklicher Dinge erschrecken uns im Wachen, vor

13

allem aber im Schlaf und liefern so einen wesentlichen Teil der religiösen Vorstellungen.

Fassen wir die religions-analytischen Gedanken der Epikureischen Schule, die bei Lukrez nachweisbar sind und die auf verschiedenen Wegen dem siebzehnten Jahrhundert zugeführt werden, zusammen. Charakteristisch ist die Überzeugung, daß ein prinzipieller Gegensatz zwischen Wissenschaft und Religion bestehe: die Götter-Furcht kann nur unter der Bedingung gedeihen, daß die Kenntnis der wirklichen Ursachen fehlt. Die Götter-Furcht entsteht auf Grund des Eindrucks, den die kosmischen Vorgänge auf uns machen; vorzüglich wirken in diesem Sinn die ungewöhnlichen und auffälligen Vorgänge, die uns erschrecken und gefährden. Todes-Not, die zur Verzweiflung und Verachtung der menschlichen Kräfte führt – diese Stimmung ist der Entstehung der Religion am günstigsten. Zu den wirklichen Gefahren treten die eingebildeten, in Träumen erlebten hinzu. Von dem Druck der Religion, des Erzeugnisses der Angst und des Traums, erlöst die Wissenschaft. –

Das Fortwirken der Epikureischen Religions-Kritik im offenbarungsreligiösen Zeitalter hängt wesentlich davon ab, daß der von der Offenbarungs-Religion behauptete Gegensatz zwischen abergläubischer und echter Gottes-Furcht geleugnet oder übersehen wird: die Offenbarungs-Religion selbst wird als Aberglaube bekämpft. Trotz der Umbildung, welche die Kritik durch den Einfluß der anders gewordenen kritisierten Position, nicht nur durch die Orientierung an dieser Position, erfährt, bleibt die Epikureische Religions-Kritik auch unter den Voraussetzungen des offenbarungs-religiösen Zeitalters in ihrem Wesen unverändert. Insofern ist sie für dieses Zeitalter in seiner Besonderheit nicht bezeichnend. Der Sieg der biblischen Gottes-Furcht über die antike Götter-Furcht führte einen neuen Typus der Kritik herauf. Nunmehr sah sich nicht bloß das Epikureische Interesse zur Religions-Kritik veranlaßt, sondern jedes Interesse, sofern| es um die Offenbarung, oder zum mindesten um die Übereinstimmung mit ihr, unbekümmert war, führte zu Ketzerei, zu Leugnung oder Zweifel. Während Epikur den Kampf gegen die Religion mit den Mitteln der Theorie, aber nicht um der Theorie willen führte, so waren nunmehr auch und gerade die Vertreter der reinen Theorie, sofern sie anders lehrten als die Religion, zum (mehr oder minder versteckten) Kampf gegen die Religion gezwungen; denn dies gab es nun nicht mehr oder noch nicht wieder: daß man an der Religion vorbeileben konnte, daß man sich um sie nicht zu kümmern brauchte; auch die Männer, die der Religion ursprünglich nur gleichgültig oder ungläubig gegenüberstanden, mußten sich nunmehr auf Schritt und Tritt mit ihr auseinandersetzen. Eine durch ungefähr fünf Jahrhunderte hindurch wirksame Überlieferung des christlichen Abendlands hat diesen Typus der Religions-Kritik auf Averroës zurückgeführt.[12] Da er bei der Analyse von Spinozas Kritik an Maimuni näher zu behandeln sein wird, beschränken wir uns hier auf die Angabe derjenigen Punkte, die für die eindeutige Abgrenzung gegenüber der Epikureischen Religions-Kritik notwendig sind. Da die Eudaimonie in der Theorie gesehen wird, die Theorie aber nur Sache der wenigen Weisen ist, so bedarf es besonderer Vorkehrungen zur Leitung der vielen Unweisen im Interesse des geordneten Zusammenlebens. Dabei wird vorausgesetzt, daß das nur die äußeren Handlungen regelnde und beaufsichtigende politische Regiment unzulänglich zur Ordnung des Zusammenlebens ist.[13] Die Religion ist eine Maßnahme zur Ordnung des sozialen Lebens; sie ist bezogen auf das Leben der Menge; sie ist nicht ein spontanes, notwendiges Produkt des Lebens der Menge, sondern ein der Menge von überlegenen Geistern (Propheten) vorgeschriebenes Gesetz. Die Religion ist nicht von Natur, sondern durch Stiftung. In diesem Punkt besteht ein scharfer Gegensatz zwischen der Epikureischen und der Averroistischen Auffassung der Religion; hier dürfte die Orientierung an der | Offenbarungs-Religion, die sich selbst   15 auf das Wirken einzelner, aus der Menge hervorragender Personen zurückführt, von Einfluß gewesen sein. Erst die näheren Bestimmungen über die Art und Weise der prophetischen Leitung der Menge machen die geschichtlich tatsächliche Verbindung von Epikureischer und Averroistischer Tradition verständlich. Das für den Propheten zum Unterschied von dem Philosophen charakteristische Organ, das ihn zu seiner sozialen Funktion befähigt, ist nach Averroistischer Ansicht die Einbildungskraft, das am reinsten im Traum wirkende Vermögen. Die auf

---

[12] Was nur zu einem Teil gerechtfertigt ist; die Ausführungen im Text gelten ohne Einschränkung nur von der radikalen christlich-averroistischen Tradition. Zu vergleichen: Renan, Averroès et l'Averroïsme, 3ème éd. Paris 1866; Gauthier, La théorie d'Ibn Rochd (Averroès) sur les rapports de la religion et de la philosophie, Paris 1909; Julius Guttmann, Religion und Wissenschaft im mittelalterlichen und im modernen Denken, Berlin 1922.

[13] Der älteste Vertreter dieser Auffassung der Religion ist der Sophist Kritias (Diels Vorsokratiker B 25) – vgl. Arist. Metaph. 1074 b sowie Cic. N. D. I 42, 118.

dem Zusammenwirken von Einbildungskraft und Verstand beruhende Prophetie appelliert an die Einbildungskraft der Menge. Sie appelliert zugleich, um die zu echter Tugend nicht fähige Menge zu einem tugendmäßigen Verhalten zu bewegen, an das Streben der Menge nach sinnlichem Glück; sie verspricht Lohn und Strafe; sie lehrt, daß Gott denen zürnt, die ihm nicht gehorchen, und daß man ihn darum fürchten und sich vor Ungehorsam gegen ihn hüten müsse (vgl. Maimuni, Moreh III 28, Munk p. 214). So ist die Religion ein vorzügliches Mittel auch für die Fürsten, um ihre Völker zu zügeln und zu beherrschen. Diese Auffassung der Religion, die ihre vulgäre Zuspitzung in der Formel von den drei Betrügern fand, ist in ihrem Ursprung getragen von dem Interesse an der Theorie als der Vollkommenheit des Menschen: eben dieser Zusammenhang bestimmt noch das Denken Spinozas. In der Auffassung der mittleren Jahrhunderte rücken die Ungläubigen dieses Typus sehr nahe mit den Epikureern zusammen. Im christlichen Europa wird mehr und mehr die Kenntnis des wirklichen Averroës durch eine Averroës-Legende verdrängt; und dem legendären Averroës wird charakteristischerweise zugeschrieben, daß er als höchstes Gut die Lust hingestellt habe. Jedenfalls wirken nach der Wieder-Entdeckung der Epikureischen Philosophie durch den Humanismus, die in Gassendis Epikur-Werk ihren Höhepunkt erreicht, bei den Freidenkern des sechzehnten und siebzehnten Jahrhunderts die Averroistische und die Epikureische Tradition in derselben Richtung. –

Wenn in dieser Epoche die Lehre von der Religion als Priester- oder Fürsten-Betrug begegnet, so handelt es sich gewiß zu einem wesentlichen Teil um die Nachwirkung der Averroistischen Tradition. Indessen wurde diese religions-kritische Lehre gerade damals von einem anderen Motiv her neu belebt. Die das politische Leben tragenden Affekte der »weltlichen Ehre«, des »weltlichen Ruhms«, der sich in furchtbaren und kraftvollen Taten, nicht bloß im Leiden be|währenden Stärke sind das Zentrum, von dem aus Macchiavelli und Bruno das die Kraftlosigkeit fördernde Ideal der Christen verwerfen.[14] Diese Umwertung beseelt die Averroistische Auffassung der Prophetie als eines Erzeugnisses der

16

---

[14]   Macchiavelli, Discorsi II 2. Bruno, Spaccio della bestia trionfante Dial. II. Spinoza, Tract. theol.-pol. p. 43: . . . imo nisi fundamenta suae religionis eorum (sc. Judaeorum) animos effoeminarent, absolute crederem, eos aliquando, data occasione, ut sunt res humanae mutabiles, suum imperium iterum erecturos; . . .

Einbildungskraft; entschlossen zieht Bruno die Konsequenzen dieser Charakterisierung; er verwirft die Prophetie radikal als die gegenüber der Philosophie niedrigere, verächtliche Form der Begeistung.[15]

Von dem politischen Motiv her ergibt sich bei Macchiavelli nur die Kritik am Christentum, nicht die Verwerfung der Religion schlechthin. Er bringt die Herrschaft der Religion über ein Volk mit dessen politischer Tüchtigkeit, Freiheits-Liebe, Einfalt und Sitten-Reinheit in Verbindung und rechtfertigt sie so.[16] Dieses Urteil entstammt nicht bloßer politischer Berechnung, sondern der tiefen Sympathie mit dem Ursprünglichen, Frühen und Echten angesichts des Verfalls und der Verderbnis. Auf die freien Geister der folgenden Zeit wirkt es freilich nur durch das, was es mit der Averroistischen Auffassung gemeinsam hat. Diese Auffassung dringt bei den »Politikern« des siebzehnten Jahrhunderts durch. Zum Dogma geworden, geht sie auch in die Epikureische Bewegung des Jahrhunderts ein. Diese ist nicht von politischer Leidenschaft bestimmt, sondern von Epikureischer Feindschaft gegen die Religion. Sie macht sich die positive Umwertung, die Macchiavelli vollzogen hatte, zu polemischem Zweck zu Nutze; der Kampf gegen die Furcht wird zum Kampf gegen die von den Königen und Priestern im Interesse ihrer Herrschaft benutzte Furcht.[17]

Drei Tendenzen und Traditionen sehr verschiedener Herkunft tragen die Religions-Kritik des siebzehnten Jahrhunderts: nach Epikur, Averroës und Macchiavelli werden sie herkömmlicherweise benannt. Sie treten schon früh in so enge Verbindung, daß es schwer | wird, die allgemeine religions-kritische Bewegung des Jahrhunderts durch einen der drei Namen vorzüglich zu charakterisieren. Wir bevorzugten den Namen Epikur deshalb, weil von den drei Motiven: Ataraxie, Theorie, virtù, das erste im ursprünglichsten, nicht erst durch eine bestimmte geschichtliche Situation erzwungenen Gegensatz zur Religion steht: sein Sinn bestimmt sich ursprünglich durch den Gegensatz zur Religion. –

Wenn wir Motiv und Theorie Epikurs voneinander sondern, so berechtigt uns hierzu auch die Art und Weise, in der das Epikureertum

17

---

[15]   Bruno, Eroici furori P.I. Dial. 3.
[16]   Discorsi I 11–14.
[17]   Vgl. die ausführlichen Nachweisungen bei Meinsma, Spinoza und sein Kreis, deutsch Berlin 1909, passim; von Dunin-Borkowski, Der junge de Spinoza, Münster 1910, 475–491; Mauthner, Der Atheismus und seine Geschichte im Abendlande II passim; Meinecke, Die Idee der Staatsräson, 56 f., 104, 124, 252.

auf die neueren Jahrhunderte gewirkt hat. Von einer Erneuerung oder Wiedergeburt des Epikureertums darf man nur mit Vorbehalt sprechen. Die Wirkung Epikureischer Philosopheme kann allerdings nicht leicht überschätzt werden; sie kommt der Wirkung der Stoa mindestens gleich. Aber in den meisten Fällen handelt es sich nur um punktuelle Anknüpfung: etwa in der modernen Natur-Wissenschaft an die durch die Epikureer nur vermittelte Atomistik; oder in der modernen Staats-Lehre an die von der Sophistik begründete Auffassung. Oft täuscht die folgenreiche Identifikation des Epikureertums mit dem Hedonismus schlechthin Übereinstimmungen vor. Aber auch die echte, bewußte und ausdrückliche Wiederaufnahme des Epikureischen Motivs vollzieht sich mit wesentlichen Modifikationen. Gerade bei den um die Wieder-Entdeckkung Epikurs am meisten verdienten Männern, bei Valla und bei Gassendi, fällt auf, daß ein christliches Interesse sie bestimmt. Die Epikureische Herleitung der menschlichen Tugenden aus den animalischen Trieben wird im Sinn christlicher Tugend-Skepsis aufgegriffen und als Demütigung menschlichen Tugend-Stolzes bejaht. Epikureischer Animalismus und christlicher Pessimismus begegnen sich in der Verwerfung der Stoa; sie gehen eine Verbindung ein, deren berühmtestes Denkmal die Maximen und Reflexionen des Herzogs von La Rochefoucauld sind.[18] Im Zusammenhang mit dieser Verbindung, die als solche eine wesentliche Abwandlung des ursprünglichen Motivs bewirkt, aber nicht| nur oder auch nur hauptsächlich durch sie, wirkt das Epikureische Interesse und die Epikureische Auffassung auf die moderne Physiologie des geistigen Lebens. Diesem umfassenden Zusammenhang ordnet sich die radikale Religions-Analyse des siebzehnten Jahrhunderts als eine Teil-Bestrebung ein; sie kann freilich nur bei den Denkern durchdringen, die, nach dem Bruch mit der Religion, vor die Notwendigkeit gestellt sind, die Tatsache »Religion« zu erklären. Dabei braucht das Motiv für die Verwerfung der Religion noch keineswegs mit dem Epikureischen identisch zu sein; wie ja andererseits in Folge des Umstands, daß antike Götter-Furcht und biblische Gottes-Furcht durch eine

18

---

[18]   Valla, De voluptate I 9, I 11, III 7 ff.; Gassendi, Syntagma Epic. III cap. 1; Des Coustures, La morale d'Epicure (La Haye 1686) 6 ff., 65, 92; Freudenthal, Lorenzo Valla als Philosoph (Neue Jahrbücher f. d. klassische Altertum, 1909, 727 f. u. 735); Wilhelm Hasbach, Die allgemeinen philosophischen Grundlagen der von François Quesnay und Adam Smith begründeten politischen Ökonomie, Leipzig 1890, spricht pp. 28 ff. von der »epikureisch-reformatorischen« Auffassung der menschlichen Natur; vgl. außerdem pp. 94 ff.

große Kluft getrennt sind, Epikureisches und christliches Interesse sich verbinden konnten und so die religionskritische Tendenz des Epikureertums unwirksam machten. Nun ist freilich das allgemeine Anliegen der Aufklärungs-Epoche, in dessen Anerkennung sich Männer der verschiedensten Artung begegnen, derart, daß man sich von ihm aus doch wieder nicht nur bezüglich der Auffassung des Menschen oder der Auffassung und Analyse der Religion, sondern auch bezüglich des Motivs der Religions-Kritik auf das Epikureertum verwiesen sieht.

Bereits die antiken Epikureer hatten sich mit dem Einwand zu beschäftigen, daß ihre Bekämpfung der Götter-Furcht die Grundlage alles sozialen Lebens angreife: Aufhebung der Götter-Furcht bedeutet Aufhebung der Frömmigkeit und damit Aufhebung der Gerechtigkeit. Und schon damals hatte das Epikureertum die Antwort bereit, daß keine Macht die Schuld an furchtbareren Verbrechen trage als die Religion selber (Cic. N. D. I 2, 4; Lucr. I 74–95). Lukrez führt die Opferung der Iphigenie als Beispiel an. Seine Nachfolger in den neueren Jahrhunderten hatten es nicht schwer, anstatt auf das mythische Beispiel, auf die vor ihren Augen im Namen der Religion geschehenden Greuel hinzuweisen. So bekam das alte Epikureische Motiv: um der Ruhe der Menschen willen die Religion zu bekämpfen, im Zeitalter der Inquisition und der Religions-Kriege eine von ihm selbst her nicht voraussehbare Aktualität. Dabei darf freilich nicht außer acht gelassen werden, daß das Motiv in seinem Ursprung bei Epikur zuerst den Seelen-Frieden meint – und diese Meinung herrscht auch bei Lukrez durchaus vor –, während es in den neueren Jahrhunderten vorzüglich auf den sozialen Frieden gerichtet ist. Aber lassen sich Seelen-Friede und sozialer Friede unter den formalen Titel »Ruhe und Schreckenlosigkeit des Lebens« zusammenfassen? Dieser Titel ist gewiß nicht formaler als | die herkömmlichere Bezeichnung »Hedonismus«, die man nicht als nichts-sagend wird verwerfen wollen; er ist in unserem Zusammenhang dieser Bezeichnung vorzuziehen, weil er die für die Ermöglichung der Religions-Kritik kennzeichnende Besonderung des Hedonismus: »nicht Lust schlechthin, sondern sichere Lust« festhält. Diese Besonderung des Hedonismus nennen wir »Epikureertum«, unter diesem Wort nicht die tradierte Doktrin einer Schule, sondern die ursprüngliche Neigung des menschlichen Herzens verstehend, die in der Philosophie Epikurs nur ihren klassischen Ausdruck gefunden hat.

Es bleibt die Frage, ob das Interesse am sozialen Frieden in demselben Grad ursprünglich, aus sich verständlich ist wie das antik-Epikure-

19

ische Interesse am Seelen-Frieden. Muß das Streben der Aufklärung nach Sicherung des sozialen Friedens gegen die Gefahren, die der konfessionellen Zersplitterung Europas folgten, nicht aus dieser eigentümlichen sozialen Lage verstanden werden? Ist das Streben nach sozialem Frieden in dieser Lage nicht so selbstverständlich, daß nicht es, sondern die Lage, aus der es hervorgeht, kennzeichnend für die Religions-Kritik der Aufklärung ist? Hier müssen zwei Fälle unterschieden werden. Das Interesse am sozialen Frieden braucht nur den eingeschränkten Sinn zu haben, daß der Friede den sinnlosen Streitigkeiten zwischen den verschiedenen Religionen, Konfessionen und Sekten vorzuziehen sei; diese Art am Frieden interessierter Religions-Kritik hat ihr Fundament gewöhnlich in der ursprünglich theoretischen Kritik an den Lehren der verschiedenen offenbarungs-religiösen Richtungen, ja der Offenbarungs-Religion schlechthin. Der soziale Friede kann aber auch als ein so unbedingtes Gut erstrebt werden, daß bereits die friedensgefährlichen Äußerungen der wesentlich partikularen, nicht »allen Menschen gemeinsamen« Offenbarungs-Religion als *entscheidender* Einwand gegen die Offenbarungs-Religion gelten. Nur im ersten Fall ist die Kritik, die von der Tatsache der religiösen Verfolgung aus gegen die Offenbarungs-Religion schließt, derart akzidentiell, daß ihre Veranlassung – die besondere soziale Lage des Jahrhunderts – als ihr kennzeichnender Grund angesehen werden muß; im zweiten Fall aber ist die vom Interesse am sozialen Frieden geleitete Religions-Kritik nicht weniger ursprünglich als die Kritik Epikurs selbst. –

Diese vorläufige Kennzeichnung des Motivs der aufklärerischen Religions-Kritik soll zunächst durch die Analyse der religions-kritischen Anstrengungen einiger Vorläufer Spinozas konkretisiert werden. Da in der vorliegenden Untersuchung die Analyse der Religions-|Kritik nur zu dem Zweck unternommen wird, um die Grundlegung der Bibel-Wissenschaft verständlich zu machen, sehen wir hier als Vorläufer Spinozas nur solche Männer an, die im Vollzug ihrer Religions-Kritik sich zu bibelwissenschaftlichen Feststellungen grundsätzlicher Art veranlaßt sahen: Uriël da Costa, Isaac de La Peyrère und Thomas Hobbes. Die beiden zuerst genannten Männer haben mit Spinoza eine besondere Voraussetzung gemein, insofern sie jüdischer, und zwar marranischer Herkunft sind; bezüglich dieser Voraussetzung ist insbesondere zu fragen, ob sie für die Religions-Kritik der genannten Männer, wie neuerdings behauptet wurde, wesentlich ist.

20

§ 2
Uriël da Costa[19]

Die Kritik der Marranen am Christentum gäbe keine Rätsel auf, wenn ihre Zugehörigkeit zum Christentum in nichts anderem begründet gewesen wäre als in dem Zwang seitens der Kirche und der sich eben damals konsolidierenden iberischen Monarchien. Aber erstens hatten viele Juden den Übertritt zum Christentum aus Überzeugung vollzogen,[20] und zweitens waren die Nachkommen derer, die man mit Gewalt zum Christentum gebracht hatte, in gewiß nicht seltenen Fällen gläubige Christen: der Vater da Costas war ein guter Katholik (Gebhardt 105). Immerhin hörten auch für diese Marranen die Bindungen an die Traditionen ihrer Familien nicht gänzlich auf; diese Bindungen hielten das Gefühl der Fremdheit gegenüber der christlichen Kirche und der christlichen Gesellschaft wach; insbesondere wiesen sie auch diejenigen Marranen, die zunächst unbefangen innerhalb des christlichen Zusammenhangs lebten, wenn sie erst einmal – einerlei aus welchen Gründen – am Christentum irre geworden waren, auf das Judentum hin. Dieses Judentum war freilich nicht mehr das selbstverständliche und konkrete Judentum der Früheren; denn die Inhalte des Judentums waren, wie es gar nicht anders geschehen konnte, nach mehreren Generationen unjüdischen Lebens dem Gesichtskreis der Marranen entschwunden. Die Verbundenheit mit dem Judentum war zwar stark genug, um das unbefangene Leben innerhalb der christlichen | Welt zu erschweren; aber

---

[19] Für das Folgende ist benutzt: Die Schriften des Uriel da Costa. Mit Einleitung, Übertragung und Regesten herausgegeben von Carl Gebhardt, 1922.

[20] Unter dem Eindruck der Predigten des Vincente Ferrer und der Disputation von Tortosa.– s. Fritz Baer, Probleme der jüdisch-spanischen Geschichte (Korrespondenzblatt des Vereins zur Gründung und Erhaltung einer Akademie für die Wissenschaft des Judentums, 1925, p. 23).

sie war zu schwach, um das Leben innerhalb der jüdischen Welt zu ermöglichen.

Daß die Situation der Marranen den Zweifel sowohl am Christentum als auch am Judentum begünstigte, daß sie zum Losriß von aller Offenbarungs-Religion disponierte, kann nicht gut in Abrede gestellt werden. Aber mit dem Hinweis auf das Marranentum da Costas kommt man dem Verständnis seiner Religions-Kritik nicht wesentlich näher. Unverstanden bleiben die sachlichen Gründe, die seinen Abfall vom Christentum und seinen Übertritt zum Judentum, die sodann seinen Abfall vom Judentum motivieren. Ausschließlich auf diese Gründe nimmt da Costa Bezug. Er erwähnt seine marranische Herkunft, und er schildert seinen Weg vom Christentum über das Judentum zum Unglauben, ohne einen Zusammenhang zwischen den beiden Tatsachen anzudeuten. Damit mag er zu weit gehen; er mag einen mitwirkenden Faktor verkennen. Aber daß dieser Faktor keine wesentliche Bedingung seiner Religions-Kritik ist, wird klärlich dadurch bewiesen, daß seine Religions-Kritik in ihrem Wesentlichen nicht von der allgemein-europäischen unterschieden ist. Diese Tatsache bereits verbietet es schlechterdings, im Marranentum eine »religions-psychologische« Tatsache »von vollkommener Einmaligkeit« zu sehen,[21] wenn nicht in demselben Sinn, in dem man auch der zufälligsten persönlichen Bedingtheit »vollkommene Einmaligkeit« zusprechen darf.

Die uns ausgeführt vorliegende Religions-Kritik da Costas gliedert sich in zwei Teile: sie richtet sich gegen die jüdische Tradition und gegen die Lehre von der Unsterblichkeit der Seele. Die Kritik an der jüdischen Tradition ist im Wesen identisch mit der lebensgeschichtlich früheren Kritik am Christentum, über deren Motive da Costa in der Darstellung seines Lebens (Exemplar humanae vitae) berichtet.

Die Kritik an der jüdischen Tradition

Als Sohn eines guten Katholiken geboren, wächst da Costa im katholischen Lebens-Zusammenhang auf. Aus Furcht vor der ewigen Verdammnis strebt er nach pünktlicher Befolgung aller kirchlichen Vor-

---

[21]   Was Gebhardt l. c. XIX tut.

schriften. Herangewachsen, erfährt er die Unmöglichkeit, mittels der Beichte Sünden-Vergebung zu erlangen, und, darüber hinaus, die Unmöglichkeit, die kirchlichen Anforderungen überhaupt zu erfüllen. Da er also daran verzweifelt, auf dem durch die katholische Kirche vorgeschriebenen Weg sein Heil, seine Ruhe finden zu können, | so beginnt er 22 – von dem Verlangen beherrscht, irgendwo einen Halt zu finden – mit der Lektüre der Bücher Mosis und der Propheten. Er bemerkt, daß diesen vom Christentum als offenbart anerkannten Büchern das N. T. in einigen Punkten erheblich widerspricht; und zwar seien die Abweichungen von der Art, daß die Lehren des A. T. mit dem Urteil der Vernunft verträglicher sind als die des N. T. Ein weiteres Zeichen für die Wahrheit des A. T. ist ihm die Tatsache, daß dem A. T. Juden und Christen Glauben schenken, dem N. T. hingegen nur die Christen (106).[22] Er kommt also auf dem Weg eigener, nicht bereits durch Offenbarung geleiteter Überlegung dazu, dem Moses mehr zu glauben als der katholischen Kirche, die Offenbartheit des Mosaischen Gesetzes anzuerkennen. Mit der Offenbartheit ist die im einzelnen nicht nachprüfbare Wahrheit der Lehre gegeben. Auf dieser Stufe der Kritik sind Vernunft und Offenbarung als zwei verschiedene Instanzen anerkannt. Die Vernünftigkeit ist nur in dem Sinn Kriterium der Wahrheit, daß die Wahrheit nicht widervernünftig sein kann; denn schriebe Gott durch die von ihm dem Menschen eingepflanzte Vernunft das Gegenteil dessen vor, was er in der Schrift vorschreibt, so widerspräche er sich selbst (110). Positives Wahrheits-Kriterium ist der consensus. Spricht nun der consensus für Moses gegen Jesus, so spricht er ebenso gegen die ja nur von den Pharisäern anerkannte mündliche Lehre der jüdischen Tradition; diese Lehre wird wegen ihrer Abweichungen vom Mosaischen Gesetz verworfen (»Thesen gegen die Tradition« 1–32).[23] Wird dieses Kriterium aber radikal genommen, so spricht es auch gegen das Mosaische Gesetz   ✳ selbst. Universale Anerkennung kann nur das Gesetz finden, das allen Menschen gemeinsam und eingeboren, das mit dem Mensch-Sein selbst gegeben ist: das Gesetz der Natur, das bestimmt ist durch die recta ratio (118).

Zu dieser Radikalisierung entschließt sich da Costa nicht sofort.

---

[22] Dieses Argument ist traditionell – cf. Cusari I 10 und Albo Iqq. I 11 u. 24.

[23] Hierher gehört auch die Formulierung: Eine Schrift, die gegen sich das Zeugnis anderer *Juden* hat, verdient keinen Glauben (85).

Wenn er zunächst auf halbem Wege, d. h. bei der Anerkennung des Mosaischen Gesetzes, stehen bleibt, so hat dies seinen Grund darin, daß die Kritik an der Offenbarungs-Religion ein von jenem »rationalen« Kriterium unabhängiges, in der Offenbarungs-Religion selbst begründetes Kriterium hat. In diesem Kriterium gibt sich eine das Denken da Costas beherrschende, eben damals noch mächtige, | wenig später absterbende Neigung zu erkennen, die sich mittels der Kategorie Renaissance historisch fixieren läßt. Dem Streben der Renaissance nach Wiedergeburt des Lebens aus seinen Ursprüngen ist die Überzeugung immanent, daß der ihr gegenwärtige Zustand als Verderbnis eines ursprünglichen, vollkommenen Zustands anzusehen sei. Für sie gilt die Formel: die Wahrheit am Anfang. Dieser Glaube, den die Offenbarungs-Religion durch ihre Vorstellung von einer in der Vorzeit geschehenen, das wahre Ziel und die wahre Norm des Lebens – zum mindesten für den gegenwärtigen Weltstand – endgültig und vollkommen erschließenden Offenbarung genährt hatte, gelangt innerhalb der Offenbarungs-Religion und bezüglich ihrer zu radikalster Geltung in der Reformation: allem Späteren, als verfälschender Zutat, als Erdichtung, Lüge und Menschenwerk wird die ursprüngliche Offenbarung in ihrer Reinheit entgegengestellt; Herrschsucht und Habsucht der Priester haben die reine Lehre verderbt und besudelt. Daher ist eine der schwersten Verdächtigungen in der Polemik dieses Zeitalters der Vorwurf der Neuerung. Von dieser Skepsis gegen das Neue und *darum* Schlechte[24] ist also auch die Kritik da Costas, insonderheit seine Kritik an der jüdischen Tradition, bestimmt. Er tritt ein für die reine Gesetzes-Beobachtung, für die strenge Scheidung zwischen Göttlichem und Menschlichem, zwischen Befohlenem und aus eignem Urteil Hinzugefügten; er wendet sich gegen das, was die jüdischen Weisen »nicht ohne Hoffnung auf eigenen Vorteil« erfunden haben.

Auf dieser Stufe der Kritik, und nur auf ihr, sieht sich da Costa zur Bibel-Kritik gezwungen. Seine Bibel-Kritik hat die Aufgabe, die göttliche Offenbarung von menschlichen Entstellungen zu reinigen; sie lehrt über den Offenbarungs-Inhalt nichts Neues, nichts, was man nicht schon aus der Thorah, deren Offenbartheit Voraussetzung ist, wüßte; sie hat geradezu das vollkommene Wissen um den Offenbarungs-Inhalt zur Voraussetzung; sie verhindert lediglich, daß menschliche Hinzufügun-

---

[24] »ein neuer Gebrauch und darum nicht gut« (2. These gegen die Tradition – Gebhardt 5).

gen den klaren Offenbarungs-Inhalt trüben. Gegenstand der Kritik sind alle Bücher des Kanons außer der Thorah selbst. Die Thorah ist wahr; daher sind alle Stellen aus den übrigen kanonischen Büchern, die den Aussagen der Thorah über die gleichen Gegenstände widersprechen, die also Unwahres sagen, von Menschen hinzugefügt. Der Verdacht gegen die | Überlieferung wird zum Verdacht gegen den Text als einen überlieferten. Der Verdacht macht vorläufig noch Halt vor dem Text der Thorah (cf. 81, 85, 95). Die Unsterblichkeits-Lehre ist unwahr, weil dem Gesetz widersprechend; so werden die Bücher, innerhalb deren nach der Ansicht des Kritikers wirklich von Unsterblichkeit die Rede ist, – es handelt sich um das 1. Buch Samuel und das Buch Daniel – als pharisäische Erfindung ausgeschieden. Zur Erkenntnis der Unechtheit genügt die Vergleichung mit den Lehren der Thorah. Sogar genügt, da die Offenbarung dem Ausspruch der Vernunft nicht widerstreiten kann, der Nachweis, daß eine Stelle der Aussage der Vernunft widerstreitet, um die Unechtheit dieser Stelle zu erkennen. So leitet die Kritik am Dogma die Kritik des Textes, die Kritik hinsichtlich der Wahrheit die Kritik hinsichtlich der Echtheit.

Die Leugnung der Unsterblichkeit der Seele (da Costa und Servet)

In welchem Zusammenhang steht nun die Kritik an der Lehre von der Unsterblichkeit der Seele mit der Kritik an der jüdischen Tradition? Verwirft da Costa diese Lehre nur darum, weil sie der Lehre Moses widerstreitet? Er selbst stellt es so dar, als ob er allererst zufolge der ausschließlichen Anerkennung des Mosaischen Gesetzes zur Leugnung der Unsterblichkeit gekommen wäre: Post caeptum opus (sc. Studium der Bibel) *accidit* etiam . . .ut . . . accederem sententiae illorum, qui legis veteris praemium et poenam definiunt temporalem, et de altera vita et immortalitate animorum minime cogitant – aber er fährt unmittelbar danach fort: eo *praeter alia* nixus fundamento, quod praedicta Lex Mosis omnino taceat super his, et nihil aliud proponat observantibus et transgressoribus, quam praemium, aut poenam temporalem (108). Nicht erst die Schrift – bereits die Vernunft widerspricht der Unsterblichkeits-Lehre (66 f.). Geradezu läßt sich sagen, daß da Costa nicht um der

Schrift willen die Unsterblichkeit geleugnet, sondern vielmehr auf Grund seines ursprünglichen, vernunft-begründeten Zweifels an der Unsterblichkeit das über die Unsterblichkeit schweigende Mosaische Gesetz als mit der Vernunft übereinstimmend anerkannt habe. Hierfür spricht sein eigener Bericht, daß er damals, als er an der katholischen Kirche irre geworden war und an seinem Heil verzweifelte, die Lehren über das andere Leben in Zweifel zog, und daß er auf Grund dieser Anzweiflung zur Ruhe kam (106). Zwar braucht er damals noch nicht die Unsterblichkeit, sondern nur die ewige Verdammnis, die er sehr fürchtete (105), geleugnet zu haben; jedenfalls hat ihn die Frage des anderen Lebens als solche schon früh, schon vor seiner Hinwendung zum Judentum beschäftigt, und die Leug|nung der Unsterblichkeit ist keineswegs ein bloßer Nebenerfolg seiner Treue gegen das Mosaische Gesetz. Überdies läßt sich nachweisen, daß da Costas Kritik an der Unsterblichkeits-Lehre vollständig bedingt ist durch die Seelen-Lehre des Spaniers Michael *Servet*.[25] Ob da Costa auch die antitrinitarische Lehre Servets schon als Christ kennen lernte und ob sie von Einfluß auf seinen Abfall von der Kirche gewesen ist, läßt sich auf Grund des bis jetzt vorliegenden Materials nicht entscheiden.[26] Immerhin ist dies wahrscheinlich; so würde auch der Zusammenhang, der zwischen Servets Kritik an dem Trinitäts-Dogma und seiner Seelen-Lehre besteht, den Vorrang der Kritik da Costas an der Unsterblichkeits-Lehre vor seinem »Judaismus« bestätigen.

Servet ist zu seiner Seelen-Lehre durch seine physiologischen Studien – er ist der Entdecker des kleinen Blutkreislaufs – gekommen. Diese Lehre, die sich da Costa zu eigen macht, besagt, daß die Seele (der Lebensgeist) sich erzeugt durch die Verbindung der dem Herzen von der Lunge aus zugeführten, eingeatmeten Luft mit dem dem Herzen von der Leber aus zugeführten, feinsten, dünnsten Blut. Der Lebensgeist strebt, je feiner er wird, um so mehr in die Höhe, dem Gehirn zu, woselbst er zum seelischen Geist (spiritus animalis) verarbeitet wird. In Atem, Blut,

---

[25] Den Hinweis auf die Beziehung zwischen da Costa und Servet verdanke ich Julius Guttmann.

[26] Servet beruft sich ausdrücklich auf die jüdische (und islamische) Polemik gegen den »dreigeteilten Gott, den die Unseren eingeführt haben« (Christianismi Restitutio 1553 pp. 34–36); wenn da Costa zugunsten Mosis anführt, dieser gebe sich als »einfachen Vermittler« (simplicem internuncium) aus (106), so bedeutet dies im Zusammenhang wohl so viel wie: nicht als eingeborenen Sohn Gottes.

Lebensgeist und Seele wirkt also eine und dieselbe Kraft.[27] Ebenso wie die Seelen der Tiere pflanzen| sich die Seelen der Menschen durch Zeugung fort.[28] Hieraus folgt dann mit Notwendigkeit die Behauptung, daß die Seele sterblich ist. So lehrt auch die Schrift: Grab und Hölle sind ihr dasselbe. Zahlreiche Stellen sprechen von der Kürze und Nichtigkeit,

26

---

[27] *Servet* l.c. p. 169: In his omnibus est unius spiritus et lucis Dei energia. – p. 170: Hinc dicitur anima esse in sanguine, et anima ipsa sanguis, . . . ut docet ipse Deus genes. 9. Levit. 17 et Deut. 12. – p. 178: Ecce totam animae rationem, et quare anima omnis carnis in sanguine sit, et anima ipsa sanguis sit, ut ait Deus. Nam afflante Deo, inspirata per os et nares, in cor et cerebrum ipsius Adae, et natorum eius, illa caelestis spiritus aura, sive idealis scintilla, et spiritali illi sanguineae materiae intus essentialiter iuncta, facta est in eius visceribus anima. Gen. 2. Esa. 57, Ezech. 37 et Zacha. 12. – p. 179: . . . Idipsum probat litera Geneseos. Nam non simpliciter dicitur halitus ille Dei esse anima: sed inspirato illo halitu facta est intus anima vivens. – p. 216: Nisi haec vis, ac eliciendae et producendae animae virtus elementis inesset, non| dixisset Deus, Producant terra et aqua animalia. – *Da Costa* 65: »Die menschliche Seele also, sagen wir, ist und heißt der Lebensgeist, mit dem der Mensch lebt, welcher Lebensgeist im Blute ist, . . . Demgemäß ist die Seele des Viehs sein geisterfülltes Blut, wie das Gesetz besagt, und darin besteht und wohnt eben die Seele«. – 76: Gen. 2, 7 beweist, »daß die Tiere denselben Lebensgeist haben wie der Mensch, denn bei ihrer Schöpfung sagte Gott: *die Erde bringe hervor lebendige Wesen*, und nachher bei der Schöpfung des Menschen, der schon mit dem Lebensgeist beseelt war, den er ihnen einblies: *es wurde der Mensch ein lebendiges Wesen*, so daß er dasselbe Wort an der einen Stelle wie an der anderen gebraucht, . . .«. – 77: »Wenn Adam lebendig gewesen wäre, als Gott ihm den Lebensgeist eingab, dann könnten wir sagen, dieser Geist wäre etwas vom tierischen Geist Geschiedenes und Getrenntes, da ja Adam schon lebte. Adam aber bewegte sich nicht, bevor der Lebensgeist in ihn einging; folglich war der Lebensgeist, der in Adam einging, die tierische Seele, und eben diese tierische Seele war die vernunftbegabte Seele, und alles ist das gleiche, derart daß in dem Augenblick, da in den Menschen die tierische Seele einging, in ihm auch Vernunft und Überlegung ist, was man eben vernunftbegabte Seele nennt«. – Auf Dt. 12, 23 und Levit. 17, 14 beruft sich übrigens auch Descartes für seine Lehre von den Tierseelen; s. Gouhier, La pensée réligieuse de Descartes, 1924 p. 225.

[28] *Servet* 179: Ex semine manifeste eliciuntur animantium aliorum animae ac etiam humanae, accedenti ipsi homini divinae mentis halitu, . . . 260: Si constat brutorum animas elici ex semine, et nobis esse cum eis plurima communia, constabit quoque nostras ex semine quodammodo elici. – *Da Costa* 65: »Es ist sonnenklar, daß der Mensch durch natürliche Zeugung des einen anderen Menschen erzeugt, auf die gleiche Weise, wie ein Tier die Seele eines anderen ihm ähnlichen Tieres erzeugt . . .«. – 66: » . . . die göttliche Ordnung und Einrichtung, die kraft göttlichen Wortes mittels des Samens in jedes einzelne der Geschöpfe alle setzt: sie zeugen ihresgleichen und so erhalten sich ihre Arten und vermehren sich«.

26

vor allem aber von der radikalen Hoffnungslosigkeit des menschlichen Lebens. Servet schränkt diesen Satz ein durch die These: Christi Höllenfahrt habe die (sich in eben diesen Stellen aussprechende) Verzweiflung unmöglich gemacht; durch Christus seien die Seelen unsterblich geworden.[29] Da Costa sieht von dieser Einschränkung ab und zeigt | eben damit, daß er von einer anderen Absicht geleitet ist als sein christlicher Vorgänger.

27

Das Motiv (da Costa und Epikur)

Denn von einer Absicht, von einem ursprünglichen Interesse des Herzens, nicht nur von den auf Vernunft und Schrift begründeten Erwägungen ist seine Leugnung der Unsterblichkeit bestimmt. Wenn sein Gegner da Silva ihn »Wiedererwecker der schändlichen und schon längst begrabenen Secte Epikurs« nennt, so trifft er damit – ob er selbst dies nun weiß und meint oder nicht – nicht bloß die Lehre, sondern auch das Motiv da Costas. Dem Vorwurf da Silvas entgegnend, setzt sich da Costa ausdrücklich für die Rettung Epikurs ein, Epikurs, den er allerdings nicht aus seinen Schriften, sondern nur durch das Urteil einiger wahrheitliebender Männer und aus seiner Lehre kenne (108 f.; 174). Da Costa steht in der Epikureischen Bewegung seines Jahrhunderts, für die er durch seine Natur bestimmt war und gegen die die Einrichtungen der Religionen keinen schlechthin sichernden Schutz mehr boten.

Die Epikureische Religions-Kritik setzt voraus, daß der Mensch eine sehr starke natürliche Neigung zur Götter-Furcht und zur Todes-Furcht hat; sie will diese Gefährdung unserer Ruhe beheben. Drohte diese

---

[29]   *Servet* 235 f.: Qui ante mortem Christi mortui sunt, ad infernum ducti sunt, quasi a Deo oblivioni traditi, exceptis paucis, quos futuri Christi fides fovebat. Hinc sepulcrum vulgo dicebatur terra perditionis et oblivionis, psal. 88. Idem sacris literis erat sepulcri | et inferni nomen, ut simul ad sepulcrum, et infernum iretur . . . Ut corpus peccato animam traxit, ditionique subiecit: ita cum corporis sepulcro subicitur anima tenebris, morti et inferno. – *Da Costa* 68 f. zitiert Ps. 88, 11–13 und bemerkt: »Damit wird bestritten, daß die Toten Gott preisen und dazu auferstehen können, denn dort an ihrem Aufenthaltsort gibt es kein Leben, noch gibt es Geist in der Gruft, dem Lande der Verderbnis, dem Lande der Finsternis und des Vergessens, und bloß die Lebenden können Gott preisen . . .«.

27

Gefahr nicht, so wäre das Unternehmen Epikurs nach seiner eigenen Erklärung überflüssig. So ist auch da Costa von der Furcht vor der ewigen Verdammnis beherrscht; aus Furcht vor ihr beobachtet er alle Vorschriften der katholischen Kirche genau. Als ihm dann der von der Kirche vorgeschriebene Weg zum Heil ungangbar erscheint und er infolgedessen an seinem Heil verzweifelt, gelangt er nicht eher zur Ruhe, als bis er die herrschenden Lehren in Zweifel gezogen hat (105 f.). Die Furcht vor der ewigen Verdammnis liegt seiner Anzweiflung der ewigen Verdammnis zu Grunde; diese Anzweiflung befreit ihn von der Furcht; das Epikureische Motiv ist nicht zu verkennen. Dieses Motiv wendet sich aber nun nicht bloß gegen die Vorstellung von einem ewigen Übel, sondern auch gegen die Vorstellung von einem ewigen Gut: da Costa verwirft das | ewige Gut als »gewagten Gewinn«. Der Epikureische Wille zum *sicheren* Glück verbietet sich ein solches Wagen. Durch die Leugnung der Unsterblichkeit der Seele befreit er sich von dem, was ihn »in Wahrheit am meisten in diesem Leben beschwerte und quälte«, nämlich von der Vorstellung, »es gebe für den Menschen ein ewiges Gut und ein ewiges Übel, und je nachdem, wie er gehandelt, werde er das Gut oder das Übel genießen«. (101)

Das Epikureische Motiv wird in seinem Wesen dadurch, daß sein Funktions-Bereich verändert, insonderheit eingeschränkt wird, nicht verändert. Es wurde bereits darauf hingewiesen, daß das Interesse an der Ruhe und Schreckenlosigkeit des Lebens nicht schlechthin die Religions-Kritik verlangt: Epikur selbst gibt der Erzählung von den Göttern den Vorzug vor der Lehre der Physiker von dem unerbittlichen Verhängnis. Wird als Gottes Wesen die reine Güte verehrt, so, daß die Strafgerechtigkeit Gottes sei es ausdrücklich geleugnet wird,[30] sei es jede konkrete Bedeutung für das Leben vor Gott verliert, so ist das Epikureische Interesse nicht nur mit den religiösen Vorstellungen verträglich, so muß es vielmehr in den religiösen Vorstellungen die ihm angemessenste, der

28

---

[30] Als Grund dieser Auffassung, die ihm in der Lehre Marcions entgegentrat, erkennt der radikale Tertullian einen inkonsequenten Epikureismus: Si aliquem de Epicuri schola deum affectavit Christi nomine titulare, ut quod beatum et incorruptibile sit neque sibi neque alii molestias praestet (hanc enim sententiam ruminans Marcion removit ab illo severitates et iudiciarias vires), aut in totum immobilem et stupentem deum concepisse debuerat (et quid illi cum Christo, molesto et Judaeis per doctrinam et sibi per sensum?), aut et de ceteris motibus eum agnovisse (et quid illi cum Epicuro, nec sibi nec Christianis necessario?) adv. Marc. I 25.

Ruhe und Schreckenlosigkeit des Lebens am meisten förderliche, die am meisten, ja die einzig tröstliche und darum wahre Ansicht erkennen. Es genügt der Kampf gegen die »falsche Religion«, die Gott beleidigt, indem sie ihn »gleichsam als grausamsten Henker und schrecklichen Folterknecht den Augen der Menschen darbietet«, gegen *diese* Religion als die Quelle »schwerster Schrecken und Ängste« (120 f.). Was vom Glauben an Gott gilt, gilt ebenso vom Glauben an die Unsterblichkeit der Seele. Als Friedrich der Große in seiner Imitation du troisième livre de Lucrèce, sur les vaines terreurs de la mort, et les frayeurs d'une autre vie die Epikureischen Argumente gegen den Unsterblichkeits-Glauben aufnahm, konnte Moses Mendelssohn in seiner Rezension des Gedichts schreiben: »Kann man wohl z. B. zu unsern Zeiten noch sagen, daß der Begriff eines zukünftigen Lebens uns den Tod | schrecklich mache? daß man also, um den Tod nicht zu fürchten, dieses Vorurtheil ablegen müsse? Oder macht sich der vernünftigste Theil nicht von der Zukunft vielmehr die tröstlichsten Vorstellungen, die ihnen den Tod sogar wünschenswert machen? Wer jetzt sur les vaines terreurs de la mort schreiben will, der muß die Unsterblichkeit der Seele vielmehr behaupten«.[31] Mendelssohn zieht das Recht des Epikureischen Interesses gar nicht in Zweifel: es handelt sich ihm nur darum, welche Metaphysik, die materialistische oder die spiritualistische, diesem Interesse wahrhaft Genüge tut. Dieses Interesse ist die gemeinsame Grundlage aller Anstrengungen der Aufklärung, deren Geist man unscharf als eudämonistisch kennzeichnet; denn nicht darauf kommt es in letzter Instanz an, daß die Rücksicht auf das Glück das Prinzip ihrer Moral ist, sondern vielmehr darauf, daß diese Rücksicht nicht nur die Fragen, sondern auch die Antworten ihrer Wissenschaft beeinflußt, daß das Interesse an der Wahrheit zum Interesse an der tröstlichen Wahrheit sich beschränkt. Und als tröstliche Wahrheit wird von einem einflußreichen Flügel der Aufklärungs-Bewegung die Lehre von der Unsterblichkeit empfunden.

29

---

[31] Ges. Schriften (hsg. von G. B. Mendelssohn) IV 2 pp. 70 f. Unmittelbar vor der oben angeführten Stelle sagt Mendelssohn: » . . . Epikur, der, *so leidlich er auch in der Moral philosophiert*, dennoch in der Metaphysik der seichteste und suffisanteste unter allen Dogmatikern genannt werden kann; . . . Selbst die Gründe, die hier wider die Unsterblichkeit der Seele angeführt werden, scheinen mir so unerheblich, daß sie zwar zu den Zeiten des Lucrez, nach dem damaligen Zustande der Religion und der Weltweisheit, von einem Philosophen konnten vorgebracht werden; zu unsern Zeiten aber in der Philosophie eine so schlechte Figur machen, daß sie kaum beantwortet zu werden verdienen.«

Wenn also da Costa das Mosaische Gesetz und überhaupt das »Alte Testament« anerkennt, weil es von Unsterblichkeit der Seele nichts sagt und nichts weiß, und wenn andere Aufklärer[32] das Alte Testament eben deshalb verwerfen, so besteht unterhalb dieses Gegensatzes der Thesen eine radikalere Übereinstimmung: dasselbe Motiv liegt jener Anerkennung und dieser Verwerfung zu Grunde.

Aus dem Epikureischen Motiv allein ist also die Religions-Kritik da Costas nicht zu verstehen; ebenso wie die Kritik Epikurs selbst hat sie zu ihrer Voraussetzung die aus dem Motiv nicht ableitbare Überzeugung von der Wahrheit des Theorems: die Seele des Menschen stirbt zugleich mit dem Leib. Andererseits ist der Sinn, den das | Theorem hat, das Interesse, das an ihm genommen wird, das zu ihm hinzwingt, aus dem Theorem als solchem nicht zu verstehen: das Theorem als solches beruhigt nicht; und als beruhigend wird es von Epikur und dem Epikureer da Costa ergriffen. Von da Costa freilich nicht nur als beruhigend; sein Interesse ist bei aller Verwandtschaft mit dem Epikurs von diesem eigentümlich unterschieden.

Wenn Epikur gegen den furchtbaren Wahn des Götter-Glaubens kämpft, so meint er ursprünglich und vorzüglich die Furchtbarkeit, nicht die Wahnhaftigkeit dieses Glaubens. Er verlangt nach sicherer Lust; er findet sie in der Erinnerung an die vergangenen, nicht mehr wirklichen Lüste; denn die wirklichen, die gegenwärtigen Lüste sind wesentlich unsicher. Zwar ist die Erinnerung an die vergangenen Lüste selbst gegenwärtige Lust; aber sie ist *stets* gegenwärtig; keine Zukunft bedroht sie; sie hört nur mit dem Tod auf, mit dem auch aller Schmerz aufhört, der uns also nichts angeht. Es kommt Epikur ursprünglich und vorzüglich auf die innere Ruhe an; er ist wesentlich unabhängig von den Leiden, die ihm Dinge und Menschen bringen könnten. Nur die Götter könnten seine innere Ruhe gefährden; aber die Götter wirken nicht. Da Costa hingegen ist an den wirklichen, das heißt an den gegenwärtigen Gütern interessiert. Er bekämpft den Unsterblichkeits-Glauben nicht nur, weil er ihn »beschwert und quält«, weil er furchtbar ist, sondern ebensosehr, weil er uns über die einzig wirklichen und sicheren, über die gegenwärtigen Güter und Übel hinwegtäuscht, weil er ein Wahn ist (73 f.; 101). Daher genügt nicht die Selbst-Befreiung des Geistes; es wird notwendig, die gegenwärtigen, dem Zugriff der Dinge und Menschen

30

---

[32] Zu denen Mendelssohn natürlich nicht gehört; vgl. seinen Kommentar zu Qoheleth.

ausgesetzten Güter durch äußere Maßnahmen zu sichern. Es kommt insbesondere auf die Sicherung des äußeren, sozialen Friedens an. Die Furchtbarkeit der Religion wird nunmehr vorzüglich in ihren verhängnisvollen Folgen für den sozialen Frieden gesehen; die Religion wird als Urheberin der schwersten *Verbrechen* bekämpft. Der Ton rückt mehr und mehr von der Selbst-Befreiung des »verborgen lebenden« Einzelnen von den Ängsten der Gottes- und Todes- Furcht mittels der Erkenntnis der wahren Ursachen auf die Befreiung der Gesellschaft von ihren schlimmsten Feinden (den »Priestern«) mittels der Politik; der Kampf gegen die Religion wird zum leidenschaftlichen und erbitterten Angriff auf andere Menschen, die für den unerträglichen Zustand sozialen Unfriedens verantwortlich gemacht, als Feinde der Menschheit gebrandmarkt werden. |

31 Es ist ein Kampf nicht so sehr gegen Wahngedanken, als gegen *Feinde*, der alle Kampfes-Affekte voraussetzt und fördert; er wird mit dem Bewußtsein höchsten Rechts als Kampf für Wahrheit und Freiheit gegen Lüge und Knechtschaft geführt; er erscheint um der *Ehre* willen geboten. Derselbe da Costa, dem kein Wort gegen das Martyrium zu stark war, der die Männer, die »ihre Seele den Martyrien und dem Beil törichterweise darboten, und das Leben, das vor alters die Väter so hoch geachtet, vergeudeten«, als »Verschwender und Narren« verlachte, findet nunmehr die schönsten Worte zum Lob des ehrenhaften Tods für Wahrheit und Freiheit (115 ff.; 99). Der ursprünglich Epikureischen Intention teilt sich im Kampf nicht wenig von der Gesinnung des Gegners mit; so kommt es zu einer moralistischen Beschwerung des Epikureischen Interesses, die von diesem Interesse selbst her nicht zu rechtfertigen ist.

Der Vollzug des ursprünglich nicht gewollten, sondern von außen aufgezwungenen Kampfes gewinnt Einfluß auf die Gesinnung dessen, der kämpft. Aber bestimmt die Situation des Kämpfen-Müssens, des Verfolgt-Seins das Ziel, um das gekämpft wird? Ist der soziale Friede erst für den mit aller Welt zerfallenen, von aller Welt gehetzten da Costa ein unbedingtes Gut? Dies müßte der Fall sein, wenn seine Kritik am Mosaischen Gesetz ihrem wesentlichen Sinn nach erst die Folge der Erfahrung wäre, die er im Kampf mit seinen jüdischen Gegnern gemacht hat. Er verwirft ja wirklich erst *nach* dieser Erfahrung das Mosaische Gesetz als menschliche Erfindung: es widerstreite, indem es die natürlichen Liebes-Bande zwischen Eltern und Kindern, zwischen Brüdern und Freunden zerreiße, dem Gesetz der Natur, das die Menschen unter

einander mit gegenseitiger Liebe verbinde; gebiete es doch, um der
Religion willen den Sohn, den Bruder, den Freund zu töten oder zu
verraten; was aber dem natürlichen Gesetz widerspreche, müsse notwendig Menschen-Satzung, bloß positives Gesetz sein; während das
natürliche Gesetz die Eintracht befördere, führten die positiven Gesetze
zu Haß, Streit, Verwirrung.[33] Aber doch nicht schlechthin *auf Grund*
dieser Erfahrung. Ein wesentlicher Grund dafür, daß er vorher das
Mosaische Gesetz anerkannte, war seine Meinung, es weise den Weg
zum Genuß der gegenwärtigen Güter, es täusche uns nicht, wie die Lehre
der katholischen Kirche, über die gegenwärtigen Güter durch die Vertrö-
stung auf| ewige Güter hinweg (73 f.). Werden aber die gegenwärtigen   32
Güter als die einzigen Güter geschätzt, so muß der soziale Friede
schlechthin verlangt werden. Nur dies erfährt da Costa durch den
Kampf mit seinen jüdischen Gegnern, daß das Mosaische Gesetz die
Funktion, die er ihm zugedacht hatte, um derentwillen er es anerkannt
hatte, nicht erfüllt und nicht erfüllen kann; er gewinnt aber nicht erst aus
dem Kampf den Maßstab, an dem er das Mosaische Gesetz mißt.

Hatte er aber nicht ursprünglich für dieses Gesetz als für die reine
Lehre geeifert? Für die Echtheit seines Eifers scheint zu sprechen, daß er   *
sich gegen die mildernde Auslegung der jüdischen Tradition auf den
harten Wort-Sinn des Gebots »Auge um Auge« beruft (7). Indessen
stützt sich seine Begründung dieser »These gegen die Tradition« nicht
nur auf die einschlägigen, eindeutigen Schrift-Stellen, sondern auch auf
die eigene Überlegung des Menschen, auf die Gesetze der Völker und auf
die allgemeine Absicht der Thorah, die Verbrecher in Furcht zu setzen:
dieser Absicht geschehe nicht Genüge durch Geldstrafe, sondern nur
durch Bestrafung am Leib. So hat schon die Kritik an der jüdischen
Tradition, der Eifer für die reine Lehre das Interesse an der Sicherung des
sozialen Lebens zum Grund. Dagegen läßt sich sagen, daß da Costa doch
auch für wörtlich verstandene Gebote der Thorah eintritt, die nicht
rationaler sind als ihre traditionelle Auslegung. Aber, wie kaum ein
Zweifel daran möglich ist, daß der Horror vor der Ewigkeit, vor der
beschwerlichen und quälenden Vorstellung, »es gebe für den Menschen
ein ewiges Gut und ein ewiges Übel«, und nicht die Unterwerfung unter
die Autorität der Thorah der eigentliche Grund für da Costas Leugnung
der Unsterblichkeit war, so ist auch anzunehmen, daß dieser Horror

---

[33] Mit dem uralten Einwand, daß die Religion unentbehrliche Voraussetzung
des sozialen Lebens sei, setzt sich da Costa p. 99 auseinander.

oder, positiv gesagt, die Schätzung allein der gegenwärtigen Güter ihn vom Christentum fort zu dem »diesseitigeren« Mosaischen Gesetz führte. Die Anerkennung des Mosaischen Gesetzes begründet sich dann, der Denkneigung des Zeitalters entsprechend, als Rückwendung zur reinen Lehre; diese Denkneigung erzwingt ihrerseits Konsequenzen, die aus dem ursprünglicheren Motiv nicht verständlich gemacht werden können.

§ 3
Isaac de La Peyrère

La Peyrère hat seine Lehre dargestellt in zwei 1655 zusammen veröffentlichten Schriften: 1. Prae-Adamitae. Sive Exercitatio super versibus duodecimo, decimotertio, et decimoquarto, capitis quinti Epistolae D. Pauli ad Romanos. Quibus inducuntur Primi Homines ante Adamum conditi. 2. Systema theologicum, ex Praeadamitarum hypothesi. Pars Prima. Der Titel | und auch der Aufbau der einführenden Schrift haben   33
zu der Meinung Veranlassung gegeben, daß den La Peyrère die Auslegung der im Titel genannten Stelle des Römer-Briefs zu seiner Lehre von den vor Adam lebenden Menschen geführt habe. Und da man jene Auslegung mit vollem Recht als seltsam verwarf, da man ferner auch diese Lehre mit geringerem Recht als »bizarr und fanatisch«, als »fixe Idee« La Peyrères, als »abenteuerliche Meinung«, als »drolligen Einfall« abtat, so war die Auffassung gegeben, La Peyrère sei durch eine abstruse Auslegung zu einer abstrusen Lehre gekommen.[34] Aber schon die Vorrede zum Systema theologicum zeigt, daß das umgekehrte Verhältnis besteht: die durch die Erweiterung des ethnologischen Horizonts und durch die Schwierigkeiten der ersten Genesis-Kapitel nahegelegte Lehre von den Prae-Adamiten empfing ihre nachträgliche, wenn auch nach der Darstellung La Peyrères entscheidende Bestätigung durch die neue

---

[34] Quelques lettres inédites de I. de La Peyrère. Plaquettes Gontaudaises, No. 2. Paris Bordeaux 1878, p. 13. – Niceron, Mémoires XII, Paris 1730, p. 81. – Räss, Convertiten VII, Freiburg 1868, p. 114. – Graetz, Gesch. der Juden, X, Leipzig 1897, pp. 83 f. – Art. La Peyrère. in R. G. G. (Bertholet). – Art. Peyrère in Wetzer und Weltes Kirchenlexikon (Kerker).

Auslegung von Röm. 5, 12–14.[35] Diese Lehre selbst aber ist – »der erste,
34   denkwürdige Versuch über die An|fänge der Menschheit«.[36] So scheint
folgendes Urteil eines Anthropologen am Platz: »... le polygénisme,
habituellement regardé comme un résultat de la libre pensée, a com-
mencé par être biblique et dogmatique. La Peyrère avait attaqué le
dogme adamique au nom du respect dû au texte d'un livre sacré ...«[37]
Indessen gehört La Peyrère zu den Ersten, die ganz offen der Bibel den
Gehorsam aufkündigten. Daher empfiehlt sich die Annahme, der
Schrift-Beweis, der den La Peyrère so lächerlich gemacht hat, diene nur
zur Verbrämung einer naturalistischen und rationalistischen Lehre.[38]
Man versteht auf diese Weise wenigstens die Haupt-These La Peyrères;
man versteht aber noch nicht seine ausgedehnten, Hunderte von Seiten
füllenden theologischen Erörterungen. Eingehendere Betrachtung lehrt,
daß die Grundlage, auf der sich die Religions-Kritik und die Bibel-
Wissenschaft La Peyrères erheben und von der sie sich abheben, nicht

---

[35] Conditi orbis epocham non ducendam esse ab illo principio quod vulgo
figitur in Adamo; naturalis est suspicio, omnibus insita cognitione rerum vel
mediocriter imbutis. Videtur enim altius et a longissime retroactis seculis
petendum illud principium: tum ex antiquissimis Chaldaeorum rationibus: tum
ex vetustissimis Aegyptiorum, Aethiopum et Scytharum monumentis: tum ex
nupere detectis terrenae machinae partibus: tum et ex regionibus illis incognitis,
ad quas novissime percrebuit navigando pervenisse Batavos: et quarum homines verisimile est non fuisse ab Adamo propagatos.
Illa eadem et mihi olim inciderat suspicio; cum puer adhuc vel audirem, vel
legerem historiam Geneseos ... Sed quamvis haec animo meo insideret dubita-
tio; nihil tamen de illa audebam proferre, quod non saperet receptam opinionem de Adamo primo omnium hominum creato: donec incidi in versus,
duodecimum, decimum tertium, et decimum quartum, c. 5 Epist. D. Pauli ad
Romanos ...
Im gleichen Sinn schreibt Richard Simon an La Peyrère: »Pour moi plus je lis
votre Ouvrage, plus je suis convaincu, que vous avez d'abord imaginé ce plan
des Adamites et des Préadamites, et que vous avez ensuite cherché dans
l'Ecriture des passages pour l'établir (Lettres choisies de M. Simon, Amsterdam
1730, Tome II, lettre 1.).
[36] Gustav Frank, Geschichte der protestant. Theologie II, Leipzig 1865,
p. 75.
[37] A. de Quatrefages, L'espèce humaine, Paris 1877, pp. 21 f.
[38] »Der erweiterte geographische Blick und die nicht mehr blindlings sich
fügende Vernunft machten Isaak Peyrère ... zu einem der paradoxesten Schriftsteller seiner Zeit, der kühn es aussprach: rationalis sum et rationi conveniens
nihil a me alienum puto und nicht gehören will inter abnormes miraculorum
assertores.« Frank l. c. 67.

die naturalistische oder die rationalistische, sondern die socinianische Position ist. Das theologische System La Peyrères ist als Weiterbildung des Socinianismus zu interpretieren; es ist daher zu fragen zuerst nach dem religions-kritischen Sinn des Socinianismus und sodann nach den Gründen für die Weiterbildung desselben durch La Peyrère.

Der Socinianismus als Grundlage des »Systema theologicum«

Der religions-kritische Sinn des Socinianismus wird offenbar in seiner   *
Kritik am Mosaischen Gesetz. Die Socinianer bestreiten die Geltung dieses Gesetzes wesentlich aus zwei Gründen: erstens wegen seiner inhumanen Härte und zweitens weil ihm die Unsterblichkeits-Lehre fehlt.[38a] Diese Kritik ist von demselben Willen zur Mil|derung, zur   35
Beruhigung des Lebens getragen wie die Kritik (unter vielen Anderen) da Costas. Allerdings scheinen die Socinianer, indem sie am Unsterblichkeits-Glauben festhalten, sich weniger weit von der Offenbarungs-Religion zu entfernen; aber eben dieser ihr Glaube steht in Zusammenhang mit einem Prinzip, das, bei da Costa noch nicht wirksam, einem

---

[38a] »Vor allem suchten sie (sc. die Socinianer) zu beweisen, daß das Gesetz völlig abrogiert sei, also auch die gerichtlichen Verordnungen. Denn es fände sich da vieles, was sowohl mit der im Neuen Bunde geoffenbarten Verheißung des *ewigen Lebens* als auch mit der höchsten *Liebe*, welche im Evangelio vorgeschrieben wird, stritte. Man spürt hier schon jene eigenthümliche Polemik des viel späteren Deismus hindurch, welche wesentlich die specifisch neu-testamentliche Idee der Gnade und humanen Milde als richtenden Maaß-Stab an die Offenbarung des Alten Testaments anlegt und so die Identität der Testamente in Frage | stellt.« Diestel, Die socinianische Anschauung vom Alten   35
Testamente in ihrer geschichtlichen und theologischen Bedeutung (in: Jahr-bücher für Deutsche Theologie, VII, Gotha 1862) pp. 753 f. Diestel denkt hierbei insbesondere an Morgan (l. c. 776), über welchen zu vergleichen Lechler, Geschichte des Englischen Deismus (1841 pp. 370 ff.), dessen Auffassung der a. t. lichen Gottes-Vorstellung und des Mosaischen Gesetzes höchst auffällig mit den entsprechenden Lehren der Gnostiker und Marcions übereinstimmt. Drin-gend der Untersuchung bedürftig ist das Verhältnis der gnostischen zur Epi-kureischen Tradition. Das Verständnis dieses Verhältnisses muß, wie mir scheint, geleitet sein von der Einsicht, die der Kritik Tertullians an Marcions Gottes-Begriff zu Grunde liegt (s. Anm. 30).

fortgeschritteneren Stadium der Religions-Kritik angehört: die Socinianische Auffassung vom Menschen steht in diametralem Gegensatz zu
derjenigen, die sich in der Formulierung »das Neue, und darum
Schlechte« ausspricht.

Die christliche Religion ist nach Socinianischer Lehre der von Gott
offenbarte Weg zum ewigen Leben.[39] Die wahre Religion mußte offenbart werden, weil es eine natürliche Religion keineswegs gibt.[40] Allen
Menschen ist freilich dies gemeinsam, daß sie erkennen und gestehen,
das Gerechte müsse dem Ungerechten, das Ehrenhafte dem Schimpfli-
chen vorgezogen werden, das innere Wort Gottes, das ein Wissen *von*
Gott nicht voraussetzt.[41] Die moralische Gesinnung| ist notwendige
Bedingung für den Glauben an die im N. T. niedergelegte Offenbarung.[42] Wer von solcher Gesinnung beseelt die historischen Berichte des
N. T. mit Vernunft prüft, kann nicht an der Wirklichkeit der durch sie
überlieferten Ereignisse zweifeln, muß eben damit die in dieser Geschichte enthaltene, ja einen Teil derselben bildende Lehre des Christen-

36

---

[39] Catech. Racov. qu. 1.

[40] cum religio res naturalis nequaquam sit (alioqui non invenirentur nationes
omni prorsus religione carentes; quales nostra aetate quibusdam in locis
inventae sunt, ac nominatim in regione Bresilia . . .) . . . sed, si vera est,
patefactio sit quaedam divina . . . Fausti Socini Senensis Opp. (Biblioth. Fra-
trum Polonorum) I 273.

[41] . . . quid vere in hominibus naturaliter sit positum, quod attinet ad religionem. In omnibus enim hominibus naturaliter est aliquod justi atque injusti
discrimen, aut certe in omnibus hoc situm est, ut cognoscant et fateantur,
justum injusto anteponi debere, honestum turpi. Hoc autem nihil aliud est,
quam Dei verbum quoddam interius, cui qui obedit, ipsi Deo obedit, etiamsi
alioqui ipsum Deum non esse quidem, aut sciat aut cogitet. (l. c. 539.) – Die Lehre
vom Primat der moralischen Wahrheiten (als des inneren Wortes Gottes)
gegenüber der Gottes-Erkenntnis, sowie vom Offenbarungs-Charakter der der
Religion eigentümlichen Wahrheit ist der Kern auch der Religions-Auffassung
Spinozas; der Einfluß der Socinianer zeigt sich ferner in Spinozas Unter-
scheidung zwischen den | heils-notwendigen, darum klaren und den für das Heil
nicht notwendigen, bloß historischen Teilen der Schrift, sowie in seiner Hermeneutik (vgl. Diestel, l. c. 740 f.). In Spinozas Bibliothek befand sich des Socinia-
ners Wolzogen Schrift De scripturarum interprete (die Schrift war mir nicht
zugänglich).

36

[42] Qui igitur animo voluntateque admodum alienus est a probitate et sanc-
titate, ab hisque moribus, non potest adduci, ut credat, id esse verum, ex quo
sequeretur, illi curandum esse, ut et his et illis sese exornaret. Socinus, l. c.
276.

tums anerkennen.[43] Von der allen Menschen gemeinsamen Moral aus
führt rationale, historische Untersuchung zur Anerkennung der christlichen Offenbarung. Der eigentliche Inhalt der christlichen Offenbarung
ist die Verheißung der Unsterblichkeit; sie liefert die von der Natur
verlangte Ergänzung zu der (von Natur bekannten) Moral; sie zuerst
stellt die sonst allzu harte und strenge Tugend-Forderung auf eine ihre
Erfüllung sichernde Grundlage.[44] – Die christliche Religion ist sowohl
hinsichtlich ihrer Vorschriften als auch hinsichtlich ihrer Verheißungen
allen anderen Religionen weit überlegen; insonderheit dem Judentum.
Das Mosaische Gesetz gebietet »Auge um Auge«, das Evangelium
gebietet die Feindes-Liebe. Den Juden wurde wegen ihrer Hart|näckig-   37
keit und ihrer Neigung zum Götzendienst das Zeremonial-Gesetz aufer-
legt, das Evangelium verlangt Anbetung im Geist und in der Wahrheit.
Das Mosaische Gesetz verspricht als Lohn für die Gesetzes-Erfüllung
nur zeitliche Güter; es bleibt darin sogar hinter der Lehre der heidnischen Philosophen zurück, die verlangen, daß man die Tugend um ihrer
selbst oder um anderer geistiger Güter willen erstrebe. Sowohl dem
Mosaischen Gesetz als auch der heidnischen Philosophie ist der wahre
Lohn der Tugend, die Unsterblichkeit, unbekannt geblieben. Während
Moses, dem doch nur zeitliche Güter versprochen waren, in Wahrheit in
seinem ganzen Erden-Leben nur Arbeit und Mühsal hatte und ihm der
Einzug ins gelobte Land versagt blieb, hat Jesus das ihm verheißene, so
viel größere Gut, die Auferstehung, erlangt.[45] Die geschichtliche Tat-

---

[43] l.c. 273 und 277.
[44] perfectiora etiam quam Moses, et constantiora honesti praecepta tradidere
Philosophi, tum Stoici, tum Peripatetici ... At omnis illorum spes morte
terminabatur; vel si quam animarum post mortem felicitatem suspicarentur, et
nescio quos campos Elysios somniarent, tamen nec sibi nec aliis certam eius rei
spem facere poterant. At immortalitate patefacta, et aditu ad eam toti humano
generi aperto, omnia officii genera patuerunt, omnium firma constitit ratio, ibi
summa Dei et hominum conjunctio, ibi hominum inter ipsos necessitudo
enituit, vel potius tum demum vere constituta est; ibi proposito tanto pietatis
praemio, nihil tam durum tamque arduum esse in virtute potuit, quod praestari
ab homine aut non possit, aut non debeat. Hanc natura ad virtutis complemen-
tum desiderabat, hanc ad ejus amorem omnium hominum animis inserendum,
ad omnes ejus difficultates superandas deesse quodammodo conquerebatur,
cum quaedam (ut diximus) praeciperet virtutum officia, quae sine vitae melioris
spe suscipere, hominis videretur sibi irati et imprudentis. Johannes Crellius,
Ethica Christiana (Bibl. Fratr. Polon.), p. 444.
[45] Socin l.c. 273. – Crellius l.c. – Ludovic. Wolzogen, Comment. in Evang.
Matthaei, Proleg. in N. T. cap. II.

sache der Auferstehung Jesu ist die entscheidende Bürgschaft für die
Gewißheit der christlichen Verheißung. Der Beweis aus der Auferstehung ist zwingend: da die ersten Christen behaupteten, sie hätten die
Auferstehung gesehen, und sie dies sagten, obwohl sie sich dadurch den
schwersten Verfolgungen aussetzten, so folgt notwendig, daß entweder
Jesus wirklich auferstanden ist, oder daß die ersten Christen elendiglich
sterben wollten, um das zu bezeugen, wovon sie wußten, daß es nicht
wahr war; die zweite Möglichkeit ist wider-vernünftig, die erste ist nur
über-vernünftig; die über-vernünftige Tatsache der Auferstehung ist also
der Vernunft erwiesen.[46] Durch die so erwiesene Autorität ist nun auch
die Autorität des A. T. verbürgt. Heils-notwendig ist das A. T. allerdings
nicht; es ist für den Christen sogar völlig entbehrlich. Daher könnte auch
eine Verderbnis der a.t.lichen Schriften von keiner ernstlichen Bedeu-
tung für die Religion sein.[47] | Damit gibt Socin doch prinzipiell die
philologisch-historische Kritik am A. T. frei. La Peyrère geht, indem er
diese Kritik in Angriff nimmt, ohne Frage über die Socinianische
Doktrin hinaus; er vollendet aber damit nur die von den Socinianern
begonnene Untergrabung der Autorität des A. T., deren letzter Grund die
ausschließliche Orientierung des Religions-Begriffs an der Unsterblichkeits-Hoffnung ist.

Die socinianische Leugnung der Heils-Bedeutung des Mosaischen
Gesetzes, und eben damit des A. T. als Ganzen, meint nicht nur, daß das
Mosaische Gesetz die Verheißung des ewigen Lebens nicht enthalte. Der
Socinianismus leugnet die Voraussetzung, auf Grund deren Paulus die
heilsgeschichtliche Funktion des Mosaischen Gesetzes bestimmt. Der
Mensch ist nicht erst infolge der Sünde Adams dem leiblichen Tod

_38_

---

[46]   Socin l. c. 274 f.

[47]   ... considerandum est (disputet contra quivis) si recipiatur Novo Testamento, non posse ad ipsam religionis summam quidquam fere momenti habere,
quamcunque Veteris Testamenti depravationem, cum nihil non levis momenti
potuerit esse in Vetere Testamento, quod Novo non contineatur; nec quidquam
illius recipiendum sit quod non conveniat cum iis, quae in hoc sunt scripta.
Adeo ut utiles quidem plures ob causas sit lectio Veteris Testamenti iis, qui
Novum recipiunt, id est, hominibus Christianae religionis, sed tamen non
necessaria. Hocque ideo dictum volumus, ut eodem tempore respondeamus iis
(si tales fuerint) qui, ut auctoritatem Veteris Testamenti minuant, atque ostendant, scripta illa fuisse depravata, dicturi sint, multa in eo legi, quae nihil
_38_   prorsus cum| quibusdam conveniunt, quae in Novo Testamento leguntur.
Quandoquidem ita suo tempore et vera fuerunt et sancta. Sed postea qualitatem
mutarunt, cum mutatum est Testamentum ... Socin l. c. 271.

verfallen, sondern er ist sterblich geschaffen, weil er aus Erde gemacht ist; die Folge von Adams Sünde ist nur, daß die natürliche Sterblichkeit des Menschen den Charakter der Strafe bekam, notwendig wurde.[48] Sünde und Aufhebung der Sünde haben an dem natürlichen Zustand des Menschen nichts geändert: nicht erst die Sünde hat ihn sterblich, und die Aufhebung der Sünde hat ihn nicht unsterblich gemacht.[49] Damit der sterblich geschaffene Mensch | unsterblich werde, ist eine Veränderung seiner Natur, eine zweite Schöpfung erforderlich; diese Veränderung ist die Erfüllung der durch die Auferstehung Jesu verbürgten Verheißung. So ist der Weg, der von der Sterblichkeit zur Unsterblichkeit führt, wesentlich unabhängig von dem Vorgang, der von der Sünde zur Erlösung von der Sünde führt. Die Verbindung der beiden Linien stellt sich für Socin dadurch her, daß Reue und Umkehr als Bedingung für »Beides«, für Sünden-Vergebung und ewiges Leben, verlangt sind. La Peyrère macht die Verbindung zwingender, indem er in der Weise der Manichäer behauptet, daß alle Menschen darum der Sünde verfallen sind, weil die Materie, aus der sie gebildet sind, dem Verderben preis-

39

---

[48] *Socin:* cum jam homo natura mortalis esset, ob delictum illud suae naturali mortalitati a Deo relictus est, quodque *naturale* erat, id in delinquentis *poenam,* prorsus necessarium est factum. Quare qui ex ipso nascuntur, eadem conditione omnes nasci oportuit: nihil enim illi ademtum fuit, quod naturaliter haberet, vel habiturus esset (I 541). – Per peccatum inquit Paulus Rom 5, 12, mors in mundo intravit: id est, moriendi necessitas, sive mors aeterna, non autem mortalis conditio, sive ipsa mors naturalis, . . . (II 261). – *La Peyrère:* Mors naturalis hominum, creatur ex natura ipsa mortali hominum: nec causatur ex condemnatione mortis decretae in Adamum, quae mors legalis est (Systema theologicum, ex Prae-Adamitarum hypothesi. Pars Prima. 1655. I 3). – Neque vero condemnatio mortis vibrata in Adamum, et in omnes homines in Adamo; quicquam addidit morti naturali, qua Adamus et homines omnes, lege creationis et formationis suae, mori debuerunt; praeter condemnationem ipsam, quae mysterio et spiritu constitit (l. c. V 3).

[49] *Socin:* Nam si peccatum . . . immortalitatem naturalem homini abstulisset, Jesus Christus qui peccatum abstulit, ejusque propriam vim omnem ac poenas illi proprie constitutas delevit, mortalitatem quoque naturalem abstulisset ac delevisset: quod tamen non fecit (I 537). – *La Peyrère:* Peccatum certe Adami nihil addidit naturae hominum peccattici, praeter merum reatum, qui mystice intelligi debuit (Syst. theol. V 3). – Restituit ergo Christus homines in quem locum acceperat illos Adamus. In locum scilicet peccati non imputati ex lege. Et evaserunt homines, post legem extinctam in Christo, illud ipsum quod erant ante legem latam in Adamo . . . ille homo naturalis . . ., qui non in morte Christi extinctus est: Sed qui virtute resurrectionis ejus extinguetur olim . . . Quo tempore et novissima inimica destruetur mors (l. c. V 6).

gegeben ist; so haben Sünde und Tod denselben Grund.[50] Die so verstandene Sünde kann nun aber offenbar nicht die Sünde Adams sein: denn diese ist aufgehoben, ohne daß der Tod, mit dem jene durch ihren Grund unzertrennlich verbunden ist, aufgehoben wäre. | Die Sünde Adams, die Übertretung des an ihn ergangenen Verbots, ist als peccatum legale von dem »allen Menschen eingeborenen« peccatum naturale unterschieden; die gesetzliche Sünde wird angerechnet, die natürliche nicht: der natürlichen Sünde *folgt* der natürliche Tod, die gesetzliche Sünde wird durch den gesetzlichen Tod *gerächt*.[51] Die gesetzliche Sünde hat an der sündigen Natur der Menschen nichts geändert; sie hat nur eine mystische Schuld hinzugefügt. Die mystische Schuld ist durch den Sühne-Tod Christi mystisch getilgt; es bleibt nunmehr noch, was von der Schöpfung an war und bis zum Ende der Welt sein wird: die natürliche Sünde und der ihr folgende natürliche Tod. Christus hat also durch seinen Tod die Menschen wieder in denselben Zustand gebracht, in

40

---

[50] *Socin:* Homo quia est ex terra factus, natura sua mortalis et corruptioni subjectus; et, *ex accidente*, quia divinum praeceptum violavit, morti aeternae obnoxius est: ita ut, quod ad immortalitatem attinet, nihil illi cum Deo commune sit, et *insuper*, ob peccata sua, hostis illius evasit. Necesse est igitur, quo cum Deo in gratiam redeat, et in spem vitae immortalis venire possit, ut Deus omnia ei peccata remittere, et *immutata ejus natura*, e mortis servitute eum vindicare velit. Jam vero Deus, pro pura bonitate et misericordia sua, *utrumque* praestare decrevit, dummodo hominem, antea patratorum peccatorum poeniteat, et is in posterum, non ad terrenam et carnalem, sed ad caelestem et spiritualem normam, vitam suam conformet (I 281). – Est quidem in hominibus, nullo prorsus excepto, ad peccandum (ut sic loquar) possibilitas, quia nimirum Deus voluntatem liberam et ad bonum et ad malum dedit (I 541). – *La Peyrère:* non desunt qui asseverent, homines nunquam morituros si Adamus nunquam peccavisset. Quasi vero immortalitas, quae vita aeterna est, et quam sola perficere potuit recreatio; quae secunda creatio est; utpote penes quam solam immortalitatis potestas degat: comparari potuerit hominibus, vi et virtute creationis primae, quae natura sua corruptioni et morti obnoxia est (Syst. theol. I 3). – Debuit Adamus mori naturaliter, et causa pure naturali, ex quo materia corruptibili et mortali compactus est . . . Mors naturalis Adami, peccatum naturale Adami, et vitium ipsum corruptionis, ex materia ejus corruptibili innatum, consequuta est (l. c.).

[51] Peccatum ante legem non imputatum, vocare liceat Naturale: quatenus a nulla prohibitione legis pependit, sed a puris et pravis naturae humanae appetitionibus ortum habuit. Peccatum post legem imputatum, vocare detur Legale: quatenus a mera legis transgressione originem duxit. Mortem rursus concedatur dicere illam Naturalem, quae ex mea hypothesi peccatum naturale consequuta est. Mortem vero illam Legalem, quae peccatum legale ulta est. Syst. theol. I 1.

welchem sich Adam vor der Sünde befand; erst bei seiner Wiederkunft am Ende der Zeiten werden die natürliche Sünde und der natürliche Tod ausgerottet werden.[52] Welchen Sinn hat aber dann die ganze »mystische« Geschichte von der Sünde Adams bis zum Sühne-Tod Christi? Man versteht die Heils-Geschichte nicht – meint La Peyrère –, wenn man von der Sünde Adams, statt vom Sühne-Tod Christi ausgeht: die Sünde Adams wurde den Menschen nur darum angerechnet, damit ihnen der Tod Christi angerechnet werden könne; die mystische Erlösung der Menschheit durch den Tod Christi ist die Vorbereitung der Menschheit für ihre wirkliche Erlösung am Ende der Zeiten, für die zweite Schöpfung, durch welche den in der ersten Schöpfung aus unreiner, der Verderbnis und dem Tod preisgegebener Materie gebildeten Menschen der Zugang zum ewigen Leben erschlossen wird; das letzte Ziel des an Adam ergangenen Verbots ist die Erhebung der Menschen zur Unsterblichkeit; die Übertretung dieses Gesetzes, die Anrechnung der Übertretung für alle Menschen, die Aufhebung des Gesetzes und der Anrechnung durch| den Sühne-Tod Christi ist die parabolische, mystische   *41* Darstellung der am Ende der Tage wirklichen Erhebung der Menschen von der Sterblichkeit zur Unsterblichkeit.[53] Gegen die so verstandene Ökonomie des Heils läßt sich nicht sagen, was sich gegen die Ökonomie des Heils, wie sie gewöhnlich verstanden wird, sagen läßt: daß sie hart

---

[52] Crucifixus est cum Christo vetus Adam, et vetus homo legalis noster: sed vivit adhuc in nobis vetus ille homo naturalis, vere noster, qui non in morte Christi extinctus est: Sed qui virtute resurrectionis ejus extinguetur olim, cum nos plena sanctificatione Deus induerit: quae resurrectio, et recreatio nostra perfecta et plena futura est. Syst. theol. V 6.
[53] Divina lex (sc. Adamo data) naturam hominum mutare constituit. Syst. theol. I 1. – Creditur vulgo; imputatum fuisse Christum mortuum hominibus, quia eisdem imputatus fuerat Adamus peccator. Frustra sunt qui illud putant. Imo e contra; imputatus fuit Adamus peccator hominibus, ut eisdem imputaretur Christus mortuus. Non enim referri debuit Christus ad Adamum; sed vice versa, referri debuit Adamus ad Christum. Tendunt scilicet omnia ad finem suum propter quem sunt omnia. Mysteriorum vero omnium finis fuit Christus . . . Neque alia de causa peccatum Adami imputatum fuit hominibus, quam ut mors Christi quae hominum peccata procuraret, et recreationem eorundem faceret, imputata illis foret. l. c. V 2. – Naturam produxit creator Deus. Legem tulit recreator, vel secundus creator Deus idem. l. c. V 5. – Paradiso autem ejecti sunt, et vita aeterna interdicti, mortales et mortui ex peccato Adami homines; mystice et parabolice: ut beneficio mortis et resurrectionis Christi, pateret eisdem aditus ad Paradisum eundem; et vita aeterna fruerentur, non mystice et parabolice, sed vere et reapse, quibus datum foret electis. l. c. V 7.

und grausam sei.[54] La Peyrère kann die von Socin verworfene Erbsünden-Lehre getrost wieder aufnehmen, da er die Erbsünde als die nur
mystische Anrechnung der nur mystischen Schuld zum Zweck der nur
mystischen Erlösung, zuletzt zum Zweck der wirklichen Erlösung der
Menschheit von der Sterblichkeit zur Unsterblichkeit betrachtet. Seine
Auffassung ist nicht weniger »mild« als die Socins; von demselben
Motiv geleitet wie diese, beseitigt sie formal die Unklarheit in der
Bestimmung des Verhältnisses von Tod und Sünde, von Unsterblichkeit
und Erlösung, die Socin nicht beheben konnte.

Die Weiterbildung des Socinianismus

a) Im Sinn des Naturalismus

Zu dieser Fortbildung der Lehre Socins ist La Peyrère nicht durch die
inneren Schwierigkeiten dieser Lehre veranlaßt worden, sondern durch
zwei andere, von einander sehr verschiedene Gründe, von denen der an
erster Stelle zu behandelnde allerdings bereits in den Voraussetzungen
des Socinianismus wirksam ist. Da die Unsterblichkeits-Hoffnung das
bewegende Prinzip des Socinianismus ist, so ist | die Tatsache sehr
auffällig, daß Socin mit solcher Entschiedenheit behauptet: der Mensch
ist sterblich geschaffen, daß er auf die so naheliegende, seinem Interesse
so entgegenkommende Lösung: der Mensch (die Seele) ist unsterblich
geschaffen, verzichtet. Mit der Leugnung ursprünglicher Unsterblichkeit
steht die Leugnung ursprünglicher Vollkommenheit, Gerechtigkeit, Gottes-Erkenntnis des Menschen im engsten Zusammenhang. Die polemische Rücksicht auf die Erbsünden-Lehre ist als Grund dieser Leugnungen leicht anzugeben; es fragt sich aber, was dieser Rücksicht ursprünglich zu Grunde liegt. »Der Lehre von der ursprünglichen
Vollkommenheit des Menschen setzen die Socinianer mit gesundem
Gefühl und beginnender anthropologischer Einsicht bereits die Mensch-

42

---

[54] *Imputatio ergo peccati Adamici quae nos duxit ad finem illum; salutem
hominum, non perditionem fecit. Benignitatis igitur et misericordiae plena fuit,
non feritatis et crudelitatis, ratio illa divinae legis, qua hominibus vel insciis,
imo neque dum natis, noxa Adami imputata est. Imputatum etenim fuit Adami
peccatum hominibus insciis, ut illis etiam insciis acquireretur justitia Christi:
quae salus est Domini.* l. c. V 6.

heit in den Windeln gegenüber, unerfahren, im Guten wie im Bösen
ungeübt, und doch zur Herrschaft über die Erde bestimmt. Sie zeigen
nicht nur den Nonsens im orientalischen Bilde einer ursprünglichen
endlosen Lebensdauer der Menschen, sondern auch den Nonsens im
Dogma von einer anerschaffenen Gerechtigkeit derselben: sittliche Vollkommenheit kann nur erworben werden.«[55] Die beginnende anthropo-
logische Einsicht, von der Dilthey spricht, hat ihren Grund oder ihre
Veranlassung in der Erweiterung des anthropologischen Horizonts
durch die Entdeckungen des fünfzehnten und sechzehnten Jahrhunderts.
Durch Verweisung auf diese Entdeckungen begründet Socin die Leugnung natürlicher, nicht erst durch Offenbarung erworbener Religion:
religio res naturalis nequaquam (est), alioqui non invenirentur nationes
omni prorsus religione carentes; quales *nostra aetate* quibusdam in locis
inventae sunt, ac nominatim in regione Bresilia; und an anderer Stelle:
non singuli tantum alioqui homines, sed integri populi *hodie* inveni-
untur, qui nullum, penitus sensum, aut suspicionem Divinitatis alicujus
habent.[56] Durch diese Entdeckungen wurde nun aber nicht nur die
traditionelle Vorstellung von der Menschen-Natur, von dem allen Menschen Gemeinsamen, sondern auch die traditionelle Stellung zur biblischen Welt erschüttert: es wurden Menschen entdeckt, für welche die
Heils-Geschichte schon darum nichts bedeuten kann, weil sie nicht von
Adam abstammen. Die Entdeckungen der neueren Völker (und zugleich
entsprechende Überlieferungen aus dem Altertum) führen den La Pey-
rère zu der| Annahme, es gebe »Prae-Adamiten«, Menschen, die lange   *43*
vor Adam gelebt haben, und von denen der größte Teil der heute
lebenden Menschen abstammt, nämlich alle Völker außer dem jüdischen
Volk.
   Also nicht nur der neue, an der Mathematik orientierte Erkenntnis-
Begriff, sondern auch und gerade die Ergebnisse solcher im strengsten
Sinn empirischen Wissenschaften wie der Geographie und der Ethno-
logie konnten von sich aus zur Religions-Kritik führen. Die *Ausbreitung
der empirischen Kenntnisse* als solche begründet die Veränderung in der
Stellung zur biblischen Welt. Die Erweiterung des anthropologischen
Horizonts ist eine Tatsache, die sich Jedem aufdrängt, die Jedem zugäng-

---

[55]   Dilthey, Ges. Schr. II 141.
[56]   l.c. I 273 und 538. Die Nachfolger Socins weichen hierin von Socin ab,
indem sie der kirchlichen Anschauung Konzessionen machen; vgl. Diestel l.c.
772 f.

lich ist, einerlei, welche ursprüngliche Auffassung vom Menschen er hat oder welches Motiv ihn bestimmt. Denn wie groß auch die Differenzen hinsichtlich der ursprünglichen Auffassung vom Menschen sein mögen: das »allen Menschen Gemeinsame« genügt, um Tatsachen von der Art der hier in Rede stehenden mit hinlänglicher Bestimmtheit aufzufassen. Auch solche Tatsachen sind freilich, wie alle Tatsachen, jenseits der durch das »allen Menschen Gemeinsame« festgelegten Bestimmtheits-Grenze interpretierbar. Auf welche ursprüngliche Auffassung vom Menschen trifft nun die Erweiterung des anthropologischen Horizonts im Fall von Socin und La Peyrère?

Die Behauptung der ursprünglichen Vollkommenheit des Menschen besagt in dem Zusammenhang, gegen den Socin und, ihm folgend, La Peyrère sich wenden, daß die ursprüngliche Vollkommenheit nunmehr verloren und nur durch göttliche Gnade wiederherzustellen ist: die Erlösung wird nicht von der eigenen Kraft des Menschen erwartet. Demgegenüber bedeutet Socins Behauptung der ursprünglichen Unvollkommenheit des Menschen, daß die Vollkommenheit, zuvörderst die sittliche Vollkommenheit, »nur erworben werden kann« durch eigene Leistung des Menschen. Die sittliche Leistung des Menschen ist nicht direktionslos: die Direktiven sind ihm »eingeboren«. Es kommt also gänzlich darauf an, was der ursprünglich unvollkommene, »im Guten wie im Bösen ungeübte« Mensch aus dem ihm von der Natur mitgegebenen Samen des Guten macht; es kommt an auf die Kultur der Natur. Das Korrelat des Satzes, daß der Mensch ursprünglich unvollkommen ist, ist der Glaube, daß es wesentlich auf die eigene Leistung des Menschen (im Sinn von: auf die Kultur der Natur) ankommt. Dies wird von dem durchaus offenbarungs-gläubigen Socin allerdings nur in Bezug auf die sittliche | Arbeit des Individuums behauptet. In der Lehre des La Peyrère aber wird der umfassende Sinn sichtbar, den die Kritik an der Voraussetzung der Erbsünden-Lehre, an dem Satz von der ursprünglichen Vollkommenheit des Menschen, hat. Adam ist in dem Sinn vollkommen geschaffen worden, daß er Alles, was dem Menschen als Menschen von Natur aus zukommt, erhielt: die Samen der Künste und Wissenschaften wurden bei seiner Schöpfung in ihn gelegt; ihr Wachstum und ihre Blüte bedarf der Arbeit, der Kultur, langer Zeit, allmählichen Fortschreitens.[57] Der spezifischen Gesinnung der neueren Jahr-

44

---

[57] Ponamus certe Mundum cum Adamo conditum: at non ideo sequeretur, scientias, artes, et disciplinas omnes, cum Adamo itidem conditas. Erant

hunderte, der Gesinnung der Methode, der Kultur – wobei nie vergessen werden darf, daß »Kultur« bedeutet: Kultur der Natur – ist die Richtung auf die Zukunft, die Verlegung der Vollkommenheit in die Zukunft, die Leugnung der verlorenen und nicht durch menschliche Leistung wiederzuerlangenden Vollkommenheit wesentlich. Diese Gesinnung ist der Lebens-Boden für Socins Kritik an der Erbsünden-Lehre und für La Peyrères Umdeutung derselben, in der Socins Kritik aufgehoben ist.

Die Lehre Socins sollte darum ein ausgezeichnetes Thema für die geschichtliche Betrachtung sein, weil sich in ihr die naturalistische Anthropologie vor der Ausbildung einer naturalistischen Kosmologie wirksam zeigt. Da es für den ausgebildeten Naturalismus wesentlich ist, daß er seine Anthropologie als Teil oder Annex seiner Physik versteht und entwickelt, so ist es immer sehr schwierig zu unterscheiden, was in der naturalistischen Anthropologie auf ursprünglicher anthropologischer Einsicht beruht und was allererst Konsequenz des naturalistischen, deduktiv fortschreitenden Systems ist.[58] Diese Schwierigkeit besteht also für die Analyse des Socinianismus nicht; ist doch seine »Argumentation negativ bedingt durch die Abwesenheit . . . eines Begriffs von der ausnahmslosen Macht und Geltung der Naturgesetze.«[59] Es genügt hier daran zu erinnern, daß er| weder die biblischen Wunder noch die Freiheit des Willens anzweifelt. Bei La Peyrère hingegen zeigt sich bereits der Einfluß der inzwischen (seit dem Zeitalter Socins) erblühten *neuen Natur-Wissenschaft*. Die Erweiterung des anthropologischen Horizonts war bereits für Socins Lehre Voraussetzung; nicht *dieser* Fortschritt ist der entscheidende Grund für die konsequent naturalistische Umbildung des Socinianismus durch La Peyrère. Das theologische System des La Peyrère ist vielmehr zu verstehen als ein Versuch, die Heils-Geschichte mit der inzwischen neu begründeten Wissenschaft zu vereinbaren. Dieses Ziel erreicht er, indem er das »Natürliche« und das »Mystische« scharf voneinander trennt und verschiedenen, sich niemals schneiden-

45

---

quidem in principio, et ante rerum principium, summae scientiarum omnium rationes et causae in Deo: sed illarum semina tantum jacta fuere in Adamo, quo tempore formatus est: quae non nisi cogitatione et ratiocinio, cultura et tempore, ex Adami potentia educi potuerunt . . . Adamus, quatenus homo . . . non potuit nisi paulatim, et successione temporis, scientias, artes et disciplinas apisci . . . Syst. theol. IV 1.

[58] Dies gilt insbesondere von der deterministischen Lehre des modernen Naturalismus.

[59] Dilthey l. c. 132.

den Ebenen zuweist.[60] So wird der Konflikt zwischen Offenbarungs-Religion und Wissenschaft radikal beseitigt. Dem dient vor allem die Unterscheidung von natürlicher Sünde, die aus einem natürlichen Grund entspringt und natürliche Folgen hat, und gesetzlicher Sünde, deren Folge die »mystische« Anrechnung ist. Ausführlich wird gezeigt, daß die natürliche Misere der menschlichen Natur in natürlichen Ursachen begründet ist: Kriege entstehen infolge der Gier nach Beute oder nach Rache oder nach Herrschaft; Krankheiten infolge von Verderbnis der Luft oder des Körpers selbst. Für die Wahrheit dieses Satzes gibt es so viele Zeugen, wie es *Staatsmänner und Ärzte* gibt. Und andererseits haben die Sünden wider das Gesetz durchaus keine schlimmen natürlichen Folgen. So ist Adam selbst in den ganzen 930 Jahren seines Lebens, so weit wir wissen, kein einziges Mal krank gewesen; dem Brudermörder Kain ist es ausgezeichnet ergangen; Frauen werden durch Untreue keineswegs häßlicher. Die Anrechnung der Vergehen Anderer – zum Unterschied von den natürlichen Folgen eigener Vergehen – gibt es nur bei den Juristen als Fiktion und bei den Theologen als Mysterium; aber es steht fest, daß derartige Fiktionen und Mysterien auf die Natur nicht den mindesten Einfluß haben.[61] Der Zusammenhang des natür-|lichen Geschehens wird nicht durch »mystische« Eingriffe unterbrochen. Die innere Verbindung zwischen der Ausbreitung der empirischen Kenntnisse und der wachsenden Penetranz des Natur-Begriffs (Natur gegenüber der Über-Natur) ist zum mindesten plausibel.

La Peyrère schreitet von hier aus fort zur Leugnung der Wunder, die kaum dadurch verhüllt wird, daß sie als Wegdeutung der Wunder auftritt. Gegen die traditionelle Auffassung der biblischen Wunder wird eingewandt, daß sie in zu generellem Sinn verstehe, was in speziellerem Sinn verstanden werden müsse.[62] So ist Adam der Stammvater nicht aller Menschen, sondern nur der Juden. Die Finsternis bei dem Tod

46

---

[60] Non ergo is sum qui putem imputationem peccati Adamici labefactavisse naturam hominum: neque rursus illis assentior qui nihil concedunt imputationibus. Suum sibi locum relinquo naturalibus, et mysticis. Naturalia naturaliter accipienda existimo: mystica mystice intelligenda censeo. Syst. theol. I 2.

[61] Imputatio ex alieno delicto, mera est juris fictio extra Theologos: apud Theologos mera est ratio mysterii. – Constat ergo, neque fictiones juris, neque rationes mysterii, vel hilum naturae officere potuisse . . . Syst.| theol. I 2. – Facilius autem vim mysterii illius concipiet, quicunque intellexerit rationes fictionum juris, quae juris fuere mysteria . . . Syst. theol. V 1.

[62] Erratur, quoties generalius accipitur quod specialius debuit intelligi. Syst. theol. IV 3.

46

Christi bedeckte nicht die ganze Erde, sondern das ganze Land, d. i. Palästina. Das Hiskia-Wunder hat sich nur an der Sonnen-Uhr des Ahas, nicht an der Sonne selbst zugetragen. Bei Gibeon blieb nicht die Sonne stehen, sondern das Abendrot dauerte ungewöhnlich lange; der Tag der Schlacht bei Gibeon war der längste, der je da war – in Gibeon, aber nicht auf der ganzen Erde, z. B. nicht in den Polar-Gegenden, woselbst es monate-lange Tage gibt.[63] Diese Interpretation hat Sinn nur unter der Voraussetzung der Wahrheit der Schrift; sie will diese Voraussetzung gegenüber dem Einspruch der Vernunft aufrechterhalten[64], bzw. unter dieser Voraussetzung dem Spruch der Vernunft Geltung verschaffen. Daß sie von La Peyrère im Ernst nicht anerkannt wird, daß also die rationalistische Wegdeutung des Wunders nur die Verbrämung der Leugnung des Wunders ist, zeigt seine Bibel-Kritik. Die Bibel-Kritik zeigt dies nur; sie begründet nicht etwa allererst selbst die Anzweiflung der Autorität der Schrift. Der Kritik an der Überlieferung geht die Kritik am Überlieferten voraus: La Peyrère bezweifelt die Überlieferung des Fünf-buchs erst deshalb, bereits deshalb, weil die Gegner aus der Tatsache, daß dieses Buch von Adam als von dem ersten Menschen spricht, folgern, daß auf Adam oder auf Adams Nachfahren die Erfindungen aller Wissenschaften und Künste zurückzuführen seien – während doch die Überlieferungen der | ältesten Völker beweisen, daß es längst vor Adam Menschen mit wissenschaftlicher Kultur gegeben hat.[65]   47

Die Lehre des La Peyrère faßt sich in den Satz zusammen, daß es Menschen vor Adam gegeben hat. Um seinen Satz gegenüber der

---

[63]   Syst. theol. IV 3 ff.

[64]   Nam et verbum Dei verum est: et ratio Matheseos vera est. Syst. theol. IV 5.

[65]   Solent omnes qui libris Mosaicis scrupulose addicti sunt, inventiones scientiarum, artium, disciplinarum, et rerum omnium, vel ad Adamum, vel ad Adami referre posteros. Ratione illa tantum, quia nullus homo prior Adamo legitur apud Mosem. Hoc illi autumant, argumento eodem quo putant, anti-quissima omnia, tum naturalis, tum humanae historiae, monumenta, libris sacris, praecipue vero Mosaicis, contineri. Syst. theol. IV 1. (Mit diesem Passus wird die bibel-kritische Untersuchung eingeleitet.) – . . . erat instituti nostri ostendere: utrum Chaldaei et Aegyptii, disciplinas et artes illas omnes potuerint consequi intra illud tempus quod numeratur, ab Adamo, usque vel ad Ab-rahamum Chaldaeum, vel ad Mosem Aegyptium. Certe, si res haec bona mente, et bona fide peragitur, nemo erit qui non censeat tempus illud angustissimum, vel ad minimarum et trivialium artium deprehendenda experimenta; ne dicam scientiarum altissimarum, qualia fuere Astronomiae, Astrologiae, et Magiae, curiosa observata, expendenda et demonstranda. Syst. theol. III 11.

Autorität der Schrift aufrechtzuerhalten, bedient sich La Peyrère der
beiden hier möglichen Wege: er beweist aus der Schrift, daß es Menschen
vor Adam gegeben hat, und er bezweifelt die Autorität der Schrift.
Genauer: er beweist aus einer Stelle des Römer-Briefs, daß es Menschen
vor Adam gegeben hat, und er bezweifelt die Autorität der Bücher des
A. T. Wir bemerken hierin das Nachwirken der Socinianischen Auffas-
sung vom Verhältnis der beiden Testamente. Auf Grund des Motivs
Socins verliert übrigens das Mosaische Gesetz seine heils-geschichtliche
Notwendigkeit; La Peyrères Schrift-Beweis für die Lehre von den Prae-
Adamiten impliziert die ausdrückliche Elimination des Mosaischen
Gesetzes aus der Heils-Geschichte, so, daß der philologisch-historischen
Kritik am Fünfbuch (und also auch an den übrigen Büchern des A. T.)
nichts mehr entgegensteht.[66]

Röm. 5, 13 spricht Paulus von einem Gesetz, bis zu dem die Sünde
zwar in der Welt war, aber nicht angerechnet wurde. Nach der gewöhnlichen Auffassung ist mit der Zeit bis zum Gesetz die Zeitspanne
zwischen Adam und Moses gemeint; in dieser Zeit sei die Sünde zwar in
der Welt gewesen, aber nicht angerechnet worden; die Anrechnung der
Sünde habe mit dem Mosaischen Gesetz begonnen. La Peyrère findet,
48   daß diese Auffassung dem, was der Apostel | sagen wollte, direkt
widerstreitet. Denn die Herrschaft des Todes hängt ab von der Herrschaft der Sünde als angerechneter Sünde: der Tod ist der Sünde Sold; die
Herrschaft der angerechneten Sünde von der Herrschaft des Gesetzes:
die Sünde wurde nicht angerechnet, bevor es das Gesetz gab; nun
beginnt aber mit Adam die Herrschaft des Todes; also, wie zudem alle
Erzählungen der Genesis beweisen, beginnt mit Adam die Herrschaft des
Gesetzes. Das dem Adam gegebene Gesetz war das Verbot, von den
Früchten des Baumes der Erkenntnis des Guten und Bösen zu essen.
Durch dieses Verbots Übertretung kam die Sünde in die Welt und mit ihr
der Tod. Die Funktion dieses Verbots besteht ausschließlich darin, die an
seine Übertretung geknüpften Folgen hervorzurufen: die mystische
Sünde des Sünder-Menschen Adam ist die Bedingung für den mystischen
Sühne-Tod des Gott-Menschen Christus, für die mystische Darstellung
der wirklichen Erlösung am Ende der Zeiten. Das Adamitische Gesetz –
und es allein – hat daher universale heils-geschichtliche Bedeutung; es ist

---

[66] Eliminabimus ergo hinc legem Mosaicam, cui nullus erat locus in negotio
peccati originalis, et Adamici . . . Et certe Mosaica lex Judaeis tantum lata et
promulgata fuerat, neque vero caeteris hominibus. Syst. theol. I 1.

das »Gesetz der Gesetze«, wohl unterschieden von dem Gesetz der
Natur, als auch von den bürgerlichen Gesetzen der Heiden wie der
Juden. Eine solche Funktion kann das Mosaische Gesetz seiner Natur
nach nicht erfüllen; denn es richtet sich allein an die Juden: an keiner
Stelle der Schrift wird den Heiden die Übertretung der Mosaischen
Gesetze angerechnet. Die partikulare Geltung dieses Gesetzes enthüllt
die Schrift selbst. Beispielsweise beweist Gen. 26, 4 f., daß längst vor
Moses den Juden Vorschriften gegeben waren, daß also das Gesetz
Mosis nicht das erste Gesetz war. Das Mosaische Gesetz enthält u. a. die
Gesetze, die allen göttlichen und menschlichen Gesetzen gemeinsam
sind, die unmittelbar hervorgehen aus dem Natur-Recht; diesem ursprünglichen Recht gegenüber ist das Mosaische Gesetz nur eine Besonderung unter vielen: es hatte sein besonderes Recht bei dem besonderen Volk der Juden, und auch bei diesen nur zu einer besonderen
Zeit, zwischen anderen Gesetzen vor ihm und nach ihm; es enthält
besondere Bestimmungen über Opfer und Priester, die vor Moses keine
Geltung hatten und von Christus abrogiert worden sind.[67] Da also das
Gesetz, von dem | Röm. 5, 13 spricht, das an Adam ergangene Verbot ist,   49
und es übrigens nach den Worten des Apostels eine Zeit »bis zu dem
Gesetz« gibt, in der die Sünde zwar in der Welt war, aber nicht
angerechnet wurde, so muß angenommen werden, daß es Menschen vor
Adam gegeben hat. Diese durch die angegebene Schrift-Stelle geforderte
Annahme steht in keinem Widerspruch zum christlichen Glauben; sie ist
vielmehr geeignet, die Schrift mit sich selbst und mit der Wissenschaft
der Alten und der Modernen in Einklang zu bringen. In den Erzählungen
der ersten Genesis-Kapitel ist überall das Vorhanden-Sein noch anderer
Menschen als der Kinder Adams vorausgesetzt; die Zeit von Adams
Erschaffung bis zur Blüte der hoch entwickelten Wissenschaft der
Chaldäer und Ägypter ist viel zu kurz, als daß in ihr allein die Entwick-
lung dieser Wissenschaft, die bereits über Erfahrungen aus viel größeren
Zeitspannen verfügte, möglich gewesen wäre; endlich kann die von

---

[67] Lex sane Mosaica jus suum, illudque praecipuum, habuit apud Judaeos; sed
suum successive tempus, distinctum ab aliis et primis legibus Judaicis. Qualis
mos est apud omnes populos, quorum posteriores leges priores antiquant. Imo
proprie, constitit lex Mosaica in caeremoniis peculiaribus; in peculiari ratione
sacrificiorum; et in peculiari jure Sacerdotii. Quae non erant in usu ante
Mosem; et a Christo abrogata sunt. Exerc. II.

Columbus entdeckte amerikanische Bevölkerung unmöglich von Adam abstammen.[68]

Der Schrift-Beweis für die Lehre von den Prae-Adamiten aus Röm. 5, 13 (und aus den Erzählungen der ersten Genesis-Kapitel) genügt offenbar nicht, um die entgegengesetzte, schrift-begründete Lehre der Kirchen zu widerlegen. Die Autorität der Schrift, vielmehr des A.T., muß erschüttert werden. Den Weg hierzu bahnt die Unterscheidung zwischen den heils-notwendigen und den nicht heils-notwendigen Elementen der Schrift, die La Peyrère von den Socinianern übernimmt: das Heils-Notwendige ist klar – Unklarheiten finden sich nur unter dem, was zum Heil nicht notwendig ist.[69] Dies | versteht La Peyrère so: quae ad salutem nostram unice spectant, paucis constant. Et in illis tantum curae, tantum diligentiae, et tantum lucis adhibuit Spiritus sanctus, quantum captui humano convenit. Pluribus mandata sunt quae de aliis tractant. Et de illis aperiam, quod omnes sentiunt, quodque plerique mussant dicere. Tanta scilicet incuria, et caligine tanta scripta fuisse; ut nihil plerumque intricatius, nihil obscurius legi possit.[70] Welches sind nun aber die Gründe für die Dunkelheit des bei weitem größten Teils der Schrift? »Gott hat gesagt, daß er im Nebel wohnen werde« (1 Reg. 8, 12): daher die dunkle und rätselhafte Rede Gottes in seinen Offenbarungen. (Hinter dieser »Begründung« dürfte die traditionelle Averroistische Kritik an

---

[68] Opinione, ut saepe fit, et vulgato magis consensu, quam exquisita veritate credi videtur, Adamum fuisse primum omnium hominum qui in luminis oras prodierunt. Illud enim neque dicunt usquam, neque intelligunt sacrae et canonicae paginae. Imo e contra, colligitur ex iisdem, quod probare in promptu erit; alios homines Adamum antecessisse. Adde, quod ex positione hac, quae statuit primos homines ante Adamum creatos, clarior multo apparet historia Geneseos. Conciliatur eadem cum se ipsa. Conciliatur item miris modis cum monumentis omnibus prophanis, sive antiquis sive recentioribus; Chaldaeis puta, Aegyptiis, Scythis et Sinensibus. Conciliatur vetustissima rerum creatio, quae exponitur capite primo Geneseos, cum hominibus Mexicanis quos non ita diu Columbus penetravit. Conciliatur eadem cum hominibus illis Australibus et Septentrionalibus, qui nondum cogniti sunt. Quos omnes . . . probabile est creatos fuisse cum terra ipsa in terris omnibus, neque ab Adamo propagatos. Exerc. VIII.

[69] Etsi difficultates quaedam in ea (sc. Scriptura) occurrant: Est tamen Scriptura Sacra, *praesertim novi foederis*, facilis et per|spicua, in iis, quae ad salutem prorsus sunt necessaria. Catech. Racov. qu. 36.

[70] Syst. theol. IV 1.

der prophetischen Erkenntnis stecken.)[71] Durch die schriftliche Fixierung ist, nach dem Willen Gottes, die Dunkelheit noch vergrößert worden. Als dritter Grund kommt die Tatsache hinzu, daß uns nicht die Quellen-Schriften vorliegen. Mit folgenden Argumenten wird der Abschrift-Charakter der einzelnen Bücher der Schrift erwiesen: a) Die Bücher Josua, Könige und Chronik sind Abschriften; Jos. 10, 13 wird das »Buch des Gerechten«, in den Büchern der Könige und der Chronik werden an verschiedenen Stellen die Bücher Nathans und Gads, die Chroniken der Könige von Israel und der Könige von Juda und dergleichen als Quellen zitiert. b) Das Fünfbuch ist nicht von Moses verfaßt; denn: 1. Mosis Tod wird in ihm erzählt; 2. heißt es im Deuteronomium mehrfach »jenseits des Jordan«, wo Moses hätte sagen müssen »diesseits des Jordan«; 3. wird Num. 21, 14 das »Buch der Kriege des Herrn« als Quelle zitiert; 4. Dt. 3, 14 wird gesagt »bis zu diesem Tag«, woraus hervorgeht, daß die Stelle sehr lange Zeit nach Moses geschrieben worden ist; der Verfasser des Buchs will damit »den Grund für jenen Namen (sc. Weiler Jairs) von Moses bis zu seiner eigenen Zeit herabführen«; 5. Dt. 3,11 wird als Beweisstück für den Sieg Israels über den König von Basan auf das eiserne Bett des Königs, das noch in Rabbath zu sehen sei, hingewiesen: Quorsum, inquam, opus erat, Judaeos alio mittere, ut lectum Gigantis viderent; qui Gigantem | ipsum, coram, in *51* terra sua, viderant, vicerant, et campis Basan ipsis prostratum vulgo mensi erant? 6. Dt. 2, 12 wird die Vertreibung der Idumäer vom Berg Seïr durch Israel erwähnt; wie aus Dt. 2, 4 f., Ps. 108, 10 f. und 1 Chr. 18, 12 ff. hervorgeht, hat die Unterwerfung Edoms durch Israel erst unter David stattgefunden; also muß diese Stelle des Deuteronomiums erst nach der Zeit Davids geschrieben worden sein. Daß das Fünfbuch so, wie es uns vorliegt, nicht die Urschrift ist, ergibt sich außerdem aus den sehr zahlreichen Verstümmelungen, Wiederholungen, Auslassungen und anderen Verdunkelungen des Textes. Unvollständig etwa ist die Geschichte von Lemech (Gen. 4, 23), da von dem Kind, das getötet zu haben Lemech sich rühmt, nirgends etwas erzählt wird. Verstümmelt ist die Erzählung von der Beschneidung des Sohnes Mosis (Ex. 4, 24 ff.). An falscher Stelle steht Gen. 20, der Bericht über die Wanderung Abrahams

---

[71] . . . inusitatae illae et insolentes coelestium species, quas divinis scriptoribus oblatas legimus; inusitatis et insolentibus loquendi formulis descriptae et expressae. Ludos dicas fere omnes schematis enthei, quos nobiscum balbutiens Deus, miris modis fecerit hominibus. l. c.

zu Abimelech, dem König von Gerar; denn es ist nicht wahrscheinlich, daß Abimelech nach der alten Sara, der es (Gen. 18, 11) nicht mehr ging nach der Weiber Weise, Verlangen trug. Dasselbe gilt von Gen. 26; es ist nicht glaublich, daß der König Abimelech – war es derselbe wie bei Sara oder ein anderer? – die Rebekka, die damals schon alt war, »wegen ihrer Schönheit« begehrte. Diese und die sehr zahlreichen sonstigen Dunkelheiten des Texts sind nur durch die Annahme aufzuhellen, daß das Fünfbuch aus verschiedenen Quellen-Schriften kompiliert worden ist.[72] Aus der Einsicht in den Abschrift-Charakter der Schrift erwächst die Aufgabe, das Abschriftliche in ihr von der durch die Abschrift hindurchschimmernden Urschrift zu scheiden. Die größten Möglichkeiten für diese Scheidung bestehen da, wo der Verfasser der Abschrift offen gesteht, aus welchen Büchern er sein Buch zusammengestellt hat. Dabei hält auch La Peyrère an der Auffassung fest, daß die Urschrift vernunftgemäßer als die Abschrift, daß sich Urschrift zu Abschrift wie Göttliches zu Menschlichem verhalte, daß demgemäß unsere Vernunft, dieses Teilchen des Geistes Gottes, die Urschrift als solche zu erkennen vermag.[73] |

52   Über die Urschrift des Fünfbuchs stellt La Peyrère folgende Hypothese auf: Moses hat den Auszug der Juden aus Ägypten, die Gesetzgebung am Sinai und den vierzigjährigen Aufenthalt in der Wüste in seinen Tagebüchern erzählt; aus diesen Tagebüchern ist wahrscheinlich lange Zeit nach seinem Tod das Num. 21, 14 erwähnte »Buch der Kriege Gottes« zusammengeschmolzen worden; aus diesem endlich ist ein Teil des uns heute vorliegenden Fünfbuchs hervorgegangen. Moses hat ferner die Geschichte der Juden von der Schöpfung Adams bis zu seinem Zeitalter herab dargestellt; die ältere Geschichte war ihm aus schriftlichen oder mündlichen Überlieferungen seines Volks bekannt. Dabei hat er nur das, was sich auf die Juden bezog, eingehender behandelt, das

---

[72]   Syst. theol. IV 1.

[73]   Sed quis tam acri judicio erit, ut divinum autographum, ab humano apographo, separare queat? ... Atqui sane non ita difficulter secernere erit apographum ex autographo; ubi auctor apographi se ipsum prodit, et ingenue fatetur, ex quibus libris librum suum composuerit. Difficultas in eo est, nosse in apographo, quae sunt excipientis; et quae autographi, a quo ille hausit qui excepit ... Quidni ratio nostra, ubi ponderi|bus et modulis suis utitur; divino praecipue adjuta auxilio; divina ab humanis excernere poterit? Tum si pater Isaac coecus distinxit vocem Jacob, a manibus Esau: Quidni mens nostra coelesti lumine irradiata, distinguere poterit vocem Dei, a manibus hominum? Syst. theol. IV 2.

52

Übrige, und auch die älteste Geschichte der Juden selbst, kurz abgetan. Die Verfasser der Abschriften sind darin noch weitergegangen. So erklärt sich z. B. die Tatsache, daß die Welt-Schöpfung im ersten Kapitel der Genesis so sehr kurz erledigt wird.[74]

Klarheit kommt also der Schrift schon deshalb nicht zu, weil »Gott im Nebel wohnen will«. Diese primäre Unklarheit wird durch die weitgehende Unechtheit der uns vorliegenden Schrift noch gesteigert. Ist die Schrift – auch die Urschrift selbst – unklar, so können wir jedenfalls aus ihr die Wahrheit nicht eindeutig erkennen; es ist also insonderheit unmöglich, über die Früh-Geschichte der Menschheit aus ihr Klarheit zu erlangen.[75] Klar ist nur das, was sich auf unser Heil bezieht, was heilsnotwendig ist. Heils-notwendig ist allein die Verheißung der Erhöhung des sterblichen Menschen zur Unsterblichkeit; diese ist durch das N. T. gesichert; die Unklarheit und Unechtheit des A. T. ist daher, wie schon Socin lehrte, von keiner Bedeutung. –

Wenn Paulus Röm. 5, 13 von der Zeit »bis zum Gesetz« spricht, | also zwischen der Zeit vor dem Gesetz und der Zeit des Gesetzes unterscheidet, so versteht ihn La Peyrère dahin, daß er unterscheide zwischen dem prae-adamitischen Zeitalter, während dessen Sünde und Tod zwar in der Welt waren, aber nicht »herrschten«, nicht »lebten«, und dem post-adamitischen, dem Zeitalter der *Herrschaft* von Sünde und Tod. Der prae-adamitische Stand war der Stand der Natur. In ihm war der Tod nur eine Privation; in der Zeit zwischen Adam und Christus ist er etwas Positives, Lebendes, Herrschendes.[76] La Peyrère führt einen Prae-Adamiten, der die Lage der Menschen in beiden Zeitaltern gesehen hat, redend ein. Der Ton der Rede zeigt, daß es sich dabei um eine polemische

---

[74] Syst. theol. IV 1 und 2.

[75] Quae obscura sunt in sacris, quas manibus versamus, paginis, elucidare; confusa in illis et turbata digerere; omissa revocare; manca et mutila restituere; pugnantia conciliare; perspicuitati meae (si qua mihi est) non conceditur: tum neque plenam, ex illarum lectione, de origine Mundi notitiam habere; neque historiae sacrae seriem totam callere; neque Prophetias clare intelligere; neque vim mysteriorum efficacem perfecte cognoscere. Syst. theol. IV 2.

[76] Patet ex praedictis, Apostolum posuisse hoc loci duo tempora. Unum, quo peccatum et mors primitus intraverunt in mundum, et pervaserunt in omnes homines: quo peccatum primitus imputari, mors regnare coepit. Alterum, quo quidem peccatum et mors erant in mundo, sed non imputabantur, non regnabant: nullo jure pervaserant in omnes homines; non vivebant. Peccatum tunc temporis erat mortuum; mors erat mortua, et nullus erat sepulchri aculeus. Exerc. XII.

Konfrontation des christlichen Ideals mit dem naturalistischen handelt. Im Natur-Stand[77] herrschte die recta ratio allein. Gott kannte man nur zufolge des natürlichen Triebs, der sich nur bei Einem schaffenden Prinzip beruhigt. Man kannte nur das Gesetz der Natur und die Gesetze der Menschen, aber kein Gesetz Gottes: Deus legislator mihi ignotus erat. Wohl gab es Sünde, und Scham über die Sünde als über eine des Menschen unwürdige Handlung, bzw. Strafe für die Sünde durch die regierende Gewalt: aber keine Sünde wider Gott. Darum keine »Anrechnung« der Sünde, keinen durch die Sünde in die Welt gekommenen zwiefachen Tod. Zwar starben die Menschen; aber sie starben nicht des Todes; sie starben naturaliter, aber nicht noch außerdem spiritaliter. Das sittliche Leben des Natur-Stands war dasjenige des Sokrates und des Cato.[78] Zieht man hierzu die | Stelle heran, an der La Peyrère die Schwierigkeiten seiner Lehre von der mystischen Anrechnung zugleich zugibt und leugnet, indem er voll Hohns auf die Schwierigkeiten der kirchlichen Anrechnungs-Lehre verweist,[79] so, daß er seine Lehre als

54

---

[77] Natur-Stand heißt hier so viel wie Stand der sich selbst überlassenen, vielleicht zu voller Ausbildung gelangten Vernunft; übrigens erklärt die polemische Absicht der Rede auch den äußerlichen Widerspruch zu der von La Peyrère sonst deutlich und nachdrücklich vertretenen Lehre von der ursprünglichen Unvollkommenheit des Menschen.

[78] O vos! dicet ille (sc. Prae-Adamita, qui viderit utriusque status homines: et sub statu naturae creatos, et sub statu legis positos), sub statu legis constituti: vos ego alloquor. Attendite et videte; quae differentia fuerit inter me creatum ante legem, et vos a lege sive post legem progenitos. Vivebam ego quondam sub statu illo naturae, qui a vestris praesentitus, sed neque dum cognitus fuit . . . Haec ita mecum gerebantur sub | statu naturae, ante legem et Adamum. Vobis autem sub statu legis constitutis; et ab Adamo, vel post Adamum genitis, res aliter longe se habuit. Peccatum enim illud quod mihi erat simpliciter et naturaliter peccatum, sub natura, ante legem et Adamum: peccatum idem illud a lege et Adamo, vobis coepit esse imputatum et duplex. Peccatum quod mihi erat mortuum, quod non originem acceparat, quod non vivebat: quod cum patrabam, vivebam: sive quod perinde est, propter quod non moriebar morte, sub natura, ante legem et Adamum: peccatum idem illud, a lege et Adamo, originem accepit, intravit in mundum, et vixit in vobis. Mors quae mihi naturaliter tantum contingebat, sub natura, ante legem, ante transgressionem legis, vel ante peccatum Adami: mors eadem illa, a lege et peccato Adami, coepit regnare in vos, et imputationis causa vobis infligi. Mors mihi erat simplex ante legem et Adamum: mors vobis fuit duplex, ex quo coepit esse regnans, a lege et Adamo, propter peccatum Adami. Exerc. XVIII.

[79] At inquies. Quomodo censeri et cogitari potest, homines illos qui Adamum praecessisse intelligendi sunt, peccavisse ad similitudinem transgressionis

54

Persiflierung der kirchlichen Lehre zu verstehen scheint, behält man das Ganze seines Naturalismus, seine Leugnung der Wunder, seine Kritik an der Schrift im Auge, so gewinnt man den Eindruck, daß es ihm nicht auf die *Vereinbarung* des Naturalismus mit der Heils-Geschichte, sondern nur auf einen »gewissen *Ausgleich* mit den Formen kirchlicher Dogmatik«[80] anzukommen scheint; ja eigentlich nur auf die Verhüllung seines Unglaubens durch Formulierungen, die sich der kirchlichen Terminologie mit beruhigender Umständlichkeit bedienen. Der Grund dieser Umständlichkeit wäre leicht anzugeben: La Peyrère war nicht zum Märtyrer geschaffen. Als ihm die Inquisition gefährlich wurde, widerrief er nicht bloß seinen Calvinismus, an dem ihm nicht viel lag, sondern auch seine »Prae-Adamiten«, von denen er | sagt, daß er sie mehr geliebt habe als seine Augen. In seiner an den Papst Alexander VII. gerichteten Deprecatio (vom Jahr 1658) spricht er als gläubiger Katholik. Seine Zeitgenossen nahmen mit Grund seinen Protestantismus so wenig ernst wie seinen Katholizismus: »La Peyrère était le meilleur homme du monde, le plus doux et qui tranquillement croyait fort peu de chose.« Die übrigen Berichte sagen nichts anderes aus.[81] Es ist also sehr fraglich, ob und inwieweit sein »theologisches System« ernst gemeint ist, ob mehr von ihm ernst gemeint ist als der hie und da durchschimmernde Naturalismus. Freilich ist der Naturalismus La Peyrères, der durch die Hoffnung auf dereinstige Erlösung, auf die dereinstige Erhebung des Natürlichen zum Über-Natürlichen, des sterblichen Menschen zur Unsterblichkeit begrenzt und bestimmt ist, der eben durch diese Hoffnung seine Herkunft aus dem Socinianismus verrät, von dem Naturalismus schlechthin charakteristisch unterschieden.

55

Adami; et mortem ex transgressione illa retro regnavisse in illos? Satisfaciam huic quomodo, per alias quaestiones factas in quomodo. Et solverit illam qui unam harum solvet. Quaero e contra. Quomodo per transgressionem illam Adami, per peccatum illud originale, censetur et cogitatur natura omnis corrupta, et labefactata omnis creatio? Quomodo censentur et cogitantur peccavisse, non dicam Infantes, sed neque dum etiam nati homines in peccato Adami? . . . Quaero itidem. Quomodo censetur et cogitatur peccatum Adami imputatum Gentilibus illis hominibus, qui nati sunt ab Adamo, sive post Adamum? . . . Exerc. XXI.

[80]   Carl Siegfried, Spinoza als Kritiker und als Ausleger des Alten Testaments, Naumburg 1867, p. 7.

[81]   Vgl. Plaquettes Gontaudaises No. 2. pp. 8 f.

b) Im Sinn der jüdischen Messias-Hoffnung

Die Erlösungs-Hoffnung modifiziert sich nun bei La Peyrère dahin, daß sie die *zeitliche Erlösung der Juden* mitmeint: außer der neuen Natur-Wissenschaft veranlaßt das starke Interesse an der Wiederherstellung des jüdischen Reichs den La Peyrère zur Umbildung des Socinianismus im Sinn seines »theologischen Systems«. Geradezu muß es als möglich hingestellt werden, daß La Peyrère aus dem Interesse an der zeitlichen Wiederherstellung der Juden die christliche Erlösungs-Hoffnung so, wie sie von den Socinianern verstanden wurde, wie sie seinem aufgeklärten Bewußtsein am meisten entsprach und auch mit dem fortgeschritteneren Naturalismus seines Zeitalters vereinbar war, aufnahm.

Der sterblich geschaffene Mensch kann erst durch die neue, zweite Schöpfung unsterblich werden; nicht allen Menschen schenkt Gott die Unsterblichkeit, sondern nur den Erwählten. Die Erwählung ist ewig in Gott, »ehe der Welt Grund gelegt war«; ihr Gleichnis ist die mystische Erwählung, durch die Gott zuerst einzelne Menschen und Völker erwählt, damit sich von ihnen aus, als von der Quelle des Heils, die Erwählung auf die übrigen Erwählten ergieße. So hat Gott zuerst die Juden erwählt, sie dann, da der im Fleisch, als Jude, unter ihnen erschienene Christus von ihnen verurteilt und gekreuzigt wurde, verworfen und die nicht-erwählten Völker angenommen, um am Ende der Zeiten, wann Christus im Geiste kommen wird, beide, Juden und Heiden, mit dem ewigen Leben zu krönen. | Am Ende der mystischen Erwählung, durch die zuerst die Juden erwählt und die Heiden vernachlässigt, und dann die Heiden erwählt und die Juden vernachlässigt wurden, wird die ewige Erwählung Gottes wirksam, wirklich.[82] Der im Geiste kommende Christus wird nun aber den Juden nicht nur das geistliche, sondern auch das zeitliche Heil bringen. Die Juden erwarteten, da Jesus im Fleische kam, den Messias, der ihr Reich wiederherstellen sollte; aber Jesus zerstörte ihr Reich; die Juden begriffen nicht den geistlichen, mystischen Sinn dieser Zerstörung, und sie konnten ihn nicht begreifen: sie wußten nicht, was sie taten, und so wurde ihnen vergeben; sie konnten nicht an den im Fleische gekommenen Jesus glauben. Wann er aber im Geiste kommen wird, stellt er ihr Reich wieder her und überzeugt sie von seiner Messianität. Wie ihre Väter ohne Wissen und Willen ihren Bruder Joseph zur Erhaltung ihres Lebens nach

* 56

---

[82]   Syst. theol. I 9 und 10.

Ägypten verkauft haben: ebenso haben sie an Jesus, der sich am Ende der Zeiten als Christus der Juden offenbaren wird, gehandelt; er wird als der von den Juden erwartete Messias ihr Reich wiederherstellen; er wird aus ihren Gebeinen als ihr Rächer und König erstehen, sie, die unter alle Völker verstreut sind, versammeln, ihre Feinde angreifen, triumphieren, den Berg Zion besteigen und dort vor Gott Sieges-Zeichen aufrichten.

Die Wiederherstellung des jüdischen Reichs sollte das Thema des zweiten Teils des Systema theologicum sein; dieser zweite Teil ist niemals veröffentlicht, vermutlich als Manuskript vernichtet worden. Wir ziehen daher zur Ergänzung das bereits 1643 erschienene Buch La Peyrères »Du Rappel des Juifs«, das übrigens die Lehre von den Prae-Adamiten noch nicht enthält, heran. Davon ausgehend, daß Jesus Christus als der geistliche Messias vorzüglich der Juden gekommen sei, verlangt La Peyrère von den Juden die Bekehrung zu Christus. Diese übrigens ernst gemeinte Forderung versteht unter Christentum die »Foy intellectuelle et universelle«, welche die Menschheit um ein und dasselbe apostolische Symbol, um ein und dasselbe Gebet des Herrn, um ein und dasselbe Gesetz der zwei Tafeln schart. Die Juden sind für das Christentum nur dann zu gewinnen, wenn man sie davon überzeugt, daß das Joch Christi *leichter* ist als das Joch des Gesetzes. Wenn nun die Christen, beladen mit dem ganzen Wust der Dogmen und der Artikel, vor die Juden treten, so werden diese ihnen mit Recht entgegnen, daß dieser Wust eine| viel größere und schwerere Last sei als das Gesetz. Zudem ist der Christus-Glaube der Dogmen und der Artikel gar nicht der wahre, apostolische, als welcher er nur sehr Weniges und sehr Einfaches sagt. Und wie unter Berufung auf die evangelische Einfalt und Einfachheit die dogmatischen Vielfältigkeiten und Streitigkeiten verworfen werden, ebenso unter Berufung auf das evangelische Liebes-Gebot der kirchliche Fanatismus. Diese beiden der gesamten Aufklärung gemeinsamen Argumente verwendet La Peyrère vorzüglich im Interesse der Juden.[83] Er behauptet als Bedingung für die geistliche Erlösung der Juden ihr Bekenntnis zu Christus, d.h. die Anerkennung der allgemeinen, vernünftigen Religion. Er verlangt die geistliche Erlösung als Vorbedingung der zeitlichen. Er zeigt, daß die Erwählung der Juden eben so sehr zeitlich wie geistlich gemeint ist: die Schrift erzählt von den Siegen Israels, von der Kraft seiner Männer, von der Schönheit seiner Weiber, von der Fruchtbarkeit seines Landes, von der Pracht seiner Hauptstadt usw. Zugleich mit der

57

---

[83] Du Rappel des Juifs pp. 166–212 und 304 ff.

geistlichen Verwerfung trat die zeitliche ein. Seitdem sind die Juden über die ganze Erde zerstreut; sie haben ihre Könige und Fürsten, sie haben selbst den Namen eines Volks verloren. Denn wie sie keine legitime Gesellschaft bilden, so gibt es unter ihnen auch keine legitime Macht. Dergestalt, daß die Juden seit dieser Zeit ohne Verteidigung und ohne Schutz sind. Ohne Mut und ohne Ehre, sind sie den Beleidigungen aller Nationen der Erde ausgesetzt. Dieser zeitlichen Verwerfung wird die zeitliche Wiederherstellung unter einem zeitlichen König folgen. Die Juden werden vor Verfolgungen nach Frankreich, der »Terre de Franchise«, fliehen, dort zum Christentum übertreten und von dort aus zur Eroberung des Heiligen Landes aufbrechen.[84] Während La Peyrère im »Rappel« auf den König von Frankreich – dessen Lilien-Wappen ihn an die Lilie des Hohen Liedes erinnert – seine Hoffnung setzt, spricht er in der »Deprecatio« die Erwartung aus, daß der Papst Alexander VII. das Heilswerk, zu dessen Vollbringung er von Gott sichtlich berufen sei, durch Einbeziehung auch der Juden in den Frieden der Christenheit krönen werde.[85] So hat La Peyrères Hoffnung auf die zeitliche Erlösung der Juden einen konkreten politischen, insonderheit kirchen-|politischen Sinn. Berücksichtigt man, daß der nicht weniger ungläubige Hobbes ebenfalls das Bekenntnis zu Christus als Bedingung für die Aufnahme in das Reich Gottes hinstellte, hierzu durch rein politische Erwägungen, durch die Rücksicht auf die noch ungebrochene soziale Macht des christlichen Bewußtseins veranlaßt, so wird man die Annahme für erlaubt halten, daß auch La Peyrère sein ganzes »theologisches System«, soweit es nicht offene oder versteckte Angriffe auf die kirchliche Lehre enthält, im Interesse der politischen Wiederherstellung der Juden geschrieben hat, daß alle Akkomodationen an die kirchliche Lehre nicht nur in privater Vorsicht, sondern auch und gerade in der Rücksicht auf die konkreten politischen und kirchen-politischen Bedingungen der politischen Wiederherstellung der Juden begründet sind. Lehnt man diese Annahme ab, so muß man bei der Feststellung stehen bleiben, daß La Peyrère die socinianisch verstandene Erlösungs-Hoffnung mit der Hoffnung auf irdische Erlösung, so wie sie in der jüdischen Messias-Erwartung lebte, verknüpft hat.

58

---

[84]   Rappel, l. II.
[85]   Deprecatio Isaaci Peyrerii ad Sanctissimum Patrem nostrum Pontificem optimum maximum Papam Alexandrum VII. super libro edito, cui titulus est: Prae-Adamitae etc. 1658.

Man hat schon zu Lebzeiten La Peyrères versucht, sein auffälliges Interesse an der zeitlichen Wiederherstellung der Juden aus seiner marranischen Abkunft zu erklären. Richard Simon schrieb ihm selbst, daß Jona Salvador – ein italienischer Jude, mit dem er über ihn gesprochen habe – »ne peut pas s'imaginer qu'après toutes les louanges que vous avez données à la Nation Juive à la fin de vos Préadamites, vous ne soyez de la race de quelque Marane; et ce qui le confirme dans cette pensée, c'est qu'on lui a dit à l'Hôtel de Condé,[86] que vous êtes de Bordeaux où il croit qu'il y a plusieurs Juifs qui cachent leur Religion in petto«.[87] Die Begründung scheint Simon nicht überzeugt zu haben; jedenfalls sagt er in einer nach dem Tod des La Peyrère über diesen erteilten Auskunft, daß er einer Hugenotten-Familie aus Bordeaux entstamme, ohne übrigens die Vermutung des Jona Salvador zu erwähnen.[88] Indessen steht fest, daß Simon über den früheren Lebens-Abschnitt des La Peyrère schlecht unterrichtet war: er weiß nichts davon, daß dieser seine Schrift »Du Rappel des Juifs« vollendet und bereits im Jahr 1643 veröffentlicht hat. Ein zeitgenössisches Epigramm, das seine Gleichgültigkeit gegenüber den Religionen und dem Religions-Wechsel verspottet, nennt| ihn »ce bon Israëlite«.[89] Wichtiger ist das direkte Zeugnis, auf das sich bereits der von Richard Simon erwähnte Jona Salvador berief, der dem Systema theologicum angehängte Aufruf, dessen Überschrift lautet: Synagogis Judaeorum universis, quotquot sunt per totum Terrarum orbem sparsae. Er beginnt folgendermaßen: Natio sancta et electa! filii Adam, qui fuit filius Dei: atque adeo et ipsi filii Dei. Salutem vestram vobis precatur, nescio quis: atque *utinam ex Vobis unus.* Magna sunt quae de vobis dixi in Tractatu hoc; ubi egi de Electione vestra. Multo majora sunt quae de vobis dicam in sequenti; ubi agam de Restauratione vestra. Quam futuram esse certo scio. Et, si quid Deus agit secretis cogitationibus apud nos, quam *brevi* futuram spero et confido. Eripiet Deus caligantem nubem illam, quae nostros et vestros, Christianorum et Judaeorum oculos hebetat. Videbitis Judaei secundum Prophetam vestrum, Jesum eundem nostrum quem Patres vestri transfixerunt, venientem vobis et nobis in nubibus . . . Vos sperabatis in eum

59

---

[86] La Peyrère stand im Dienst des Prinzen von Condé.
[87] Lettres choisies de M. Simon. Vol. II lettre II.
[88] Lettres choisies II, lettre IV. (Danach ist die Anmerkung Graetz', Geschichte der Juden X 84, zu korrigieren.)
[89] Plaquettes Gontaudaises, No. 2, p. 34.

qui restituturus erat regnum Israel. At Jesus in carne evertebat regnum Israel; ut in locum Israel substitueret gentilem. Mysterio, vobis et seculis ipsis incognito. Quocirca, neque credidistis in Jesum, neque potuistis credere in illum . . . Quin et Jesus idem ille a vobis crucifixus, se vobis de coelo exeret. Et qui regnum vestrum evertit, cum venit in carne: regnum ille idem vestrum vobis restituet, cum veniet in spiritu. Stabitis attoniti ad tantum miraculum. Sed nolite commoveri. Auctius et melius vobis erit, quam Patribus vestris; qui fratrem suum Josephum quem vendiderant, non noverant: a quo tamen et victum, et vitam accipiebant. Accedet ultro ad vos Jesus ille, qui Christus et Messias vester est; dicetque vobis, quae dicebat Joseph fratribus suis: Misit me Deus ante vos in vivificationem . . . – Und dann fährt der Zeitgenosse des Sabbatai Zwi fort: Neque vero illud tantum; restituet vobis regnum vestrum Deus, per spiritum Jesu et Christi sui, Messiae vestri. Sed etiam exorietur *(si non exortus est)* vestris ex ossibus et fratribus, ultor et Rex vester: qui virtute Dei, et spiritu Christi fretus; gentes vobis inimicas conteret, vosque in manu forti et brachio extento, patriae vestrae et Terrae sanctae restituet: ut illam, In Aeternum, Confidenter, Et Soli, habitetis. Quod vobis authentice promissum fuit. Quod expressim notavi in hac parte mei Systematis. Quodque expressius demonstrandum mihi erit in sequenti. Gestiunt mihi praecordia, quoties recordor Regem illum vestrum: Pulchrum | prae filiis hominum . . . Salit mihi cor, et nescio quod insolitum gaudium pertentat tacitum meum pectus; quoties imago subit futuri illius reditus vestri: quo exciti omnes ex omnibus Terrarum omnium partibus, in quas dispersi estis, confluetis ad dulcem illam patriam vestram possidendam, pro qua tam diu est quod imo de pectore suspiria ducitis . . . Totus exulto, quoties reputo semitas omnes undique ferventes in reditu illo vestro . . . Sed ad coelos ipsos meditatione evehor; quoties in animum induco meum, reditum illum vestrum, et restaurationem illam vestram, Plenitudinem fore gentium . . . Quo tempore, inquam, laudabunt Dominum omnes gentes cum populo ejus . . . Die Schluß-Worte: Hoc mihi certe cum Vobis commune est: quod vitam duco erraticam; . . . At, si vivo vitam vestram; moriar morte vestra: et moriar morte Justorum; quae vestra est. Vos autem sospitet Deus. Vivite felices in spe vestra: quae fortitudo vestra est. Durate! et Vosmet rebus servate secundis. – Wir meinen, daß der Ton dieses Aufrufs die Vermutung Salvadors zur Gewißheit macht. Es ist nicht anzunehmen, daß ein Juden-Bekehrer so geschrieben hätte. Und La Peyrère, um dessen Christentum es nach dem Urteil aller derer, die ihn gekannt haben, mehr schlecht als recht stand, in der Rolle eines Juden-Bekehrers? Aber andererseits – welches Interesse konnte er am Judentum haben, er, der das Mosaische Gesetz als abrogiert verwirft, der, den Socinianern folgend, den wesentlichen Inhalt der Religion in der Unsterblichkeits-Hoffnung sieht und schon darum wenig geneigt sein kann, dem Judentum den Vorzug vor dem Christentum zuzuerkennen? Wenn er nun Jahrzehnte hindurch in dem Gedanken an die Wieder-Aufrichtung des jüdischen Reichs lebt,[90] so scheint uns diese Tatsache nur unter der Voraussetzung verständlich zu sein, daß La Peyrère Marrane war, daß seine Messias-Erwartung in der Liebe des Marranen zu seinem Stamm – nicht: zu seinem überlieferten Glauben – begründet ist.

Zum Schluß sei noch angegeben, wie mit der Lehre von den Prae-Adamiten die Lehre von der Erwählung der Juden zusammenhängt. | In der Genesis wird die Schöpfung des Menschen zweimal erzählt, einmal im ersten, das andere Mal im zweiten Kapitel. Die Menschen der »ersten Schöpfung« sind die Heiden, geschaffen durch das Wort Gottes; die Söhne der »zweiten Schöpfung«, die Nachkommen des von Gott nicht durch sein Wort geschaffenen, sondern mit seiner Hand gebildeten Adam, sind die Juden. Offenbar meint La Peyrère, daß die Schöpfung Adams zum Unterschied von der Schöpfung, die im ersten Genesis-Kapitel erzählt wird, ein Gleichnis der »zweiten Schöpfung« am Ende der Zeiten sei.[91]

61

---

[90] Du Rappel des Juifs ist 1643, das Systema theologicum 1655, die Deprecatio 1658 erschienen. Seine letzten Lebensjahre – er starb 1676 – verbrachte er bei den Oratorianern in Paris; in dieser Zeit verkehrte Richard Simon mit ihm, der (l. c.) folgendermaßen berichtet: »*Toute son application* dans sa rétraite étoit de lire le Texte seul de l'Ecriture, pour fortifier de certaines visions qu'il avoit sur la venüe d'un nouveau Messie qui devoit rétablir la nation Juive dans Jerusalem.«

[91] Creaverat nempe Deus gentiles primo, et primae creationis homines. Formavit deinceps Judaeos, promissionis et secundae creationis filios. Syst. theol. II 10. Es folgt dann unmittelbar im selben Kapitel die oben im Text wiedergegebene Interpretation der beiden Berichte von der Schöpfung des Menschen. – Dieselbe Interpretation findet sich wieder bei dem englischen Deisten Blount, der auch – ebenso wie La Peyrère im Syst. theol. IV 4–6 – die Wunder des Stillstands der Sonne, des Zurückgehens des Schattens, der vierzigjährigen Kleider und Schuhe in der Wüste kritisch behandelt; vgl. Lechler 123. So repräsentiert La Peyrère den Fortschritt vom Socinianismus zum Englischen Deismus.

§ 4
Thomas Hobbes

Die bisherige Analyse hat an folgende drei Momente der modernen Religions-Kritik herangeführt: 1. das genuin-Epikureische Interesse am Seelen-Frieden (an der »Windstille der Seele«) tritt zurück gegenüber dem Interesse am sozialen Frieden; 2. daher wird die Religion nicht mehr wesentlich nur wegen ihrer beunruhigenden Wirkung, sondern wesentlich auch wegen des illusionären Charakters der von ihr erregten Hoffnungen verworfen; 3. die Gesinnung der eigenen Leistung des Menschen, der Arbeit, der Kultur, des Fortschritts widersetzt sich dem Glauben an die ursprüngliche Vollkommenheit des Menschen, in letzter Konsequenz: dem Interesse an Offenbarung und dem Glauben an sie. Der Zusammenhang der ersten zwei Momente mit dem dritten ist von uns bisher nicht ausdrücklich behandelt worden; und zwar darum nicht, weil jene nur bei da Costa, dieses nur bei La Peyrère aufzuweisen war. Hobbes, unvergleichlich radikaler als die beiden bisher betrachteten Kritiker, hat den vermißten Zusammenhang hergestellt und ans Licht gebracht: seine Philosophie ist die klassische Selbst-Verständigung des positivistischen Geistes, die mit ihr gegebene Religions-Kritik der klassische Ausdruck der positivistischen Stellung zur Religion. Daher konnte er auch – was weder da Costa noch La Peyrère konnte – eine ausgeführte Analyse der Religion geben. Denn die Analyse der Religion, die Erklärung der | Religion aus der menschlichen Natur ist die Vollendung der Religions-Kritik; diese Erklärung wird um so schärfer als Aufgabe begriffen, je radikaler der Bruch mit der Religion vollzogen wird. Sieht sich der Kritiker in radikalstem Gegensatz zur Religion, so kann er sich eben nicht damit begnügen, die Lehren der Religion direkt zu widerlegen, so, daß Religion und Religions-Kritik als grundsätzlich derselben Ebene angehörig erscheinen, so muß er den Ursprung enthüllen, aus dem der von Grund auf verworfene Zusammenhang der falschen Meinungen der Religion stammt. Bei Hobbes gewinnt also die Religions-Kritik wieder die ganze Ursprünglichkeit, die ganze Breite und Tiefe, die sie bei Epikur und bei Lukrez hatte: er versteht wieder und neu Wissenschaft und Religion als von Grund auf gegensätzlich.

Sind Wissenschaft und Religion von Grund auf gegensätzlich, so sind Wissenschaft und Religions-Kritik identisch. Eine solche Identität besteht aber für Epikur letzten Endes nicht; für ihn ist vielmehr die Wissenschaft so wenig identisch mit der Religions-Kritik, daß sie nur Mittel für diese ist, und zwar, wie er selbst wenigstens andeutet, wie die spätere Entwicklung der Philosophie mit aller Deutlichkeit zeigt, durchaus kein unentbehrliches, kein unersetzliches Mittel. Was ferner den Zweck angeht, für den die Wissenschaft Mittel sein soll, so zwingt die Anthropologie Epikurs zu der Auffassung, daß Wissenschaft und Religion demselben Zweck dienen: der Lust, der größten Lust; Wissenschaft und Religion verhalten sich daher so zueinander, daß die Wissenschaft zu dem einzigen Lebens-Ziel des Menschen wirklich hinführt, während die Religion ein untaugliches Mittel ist. Diese Auffassung des Verhältnisses von Religion und Wissenschaft tritt bei Epikur bezeichnenderweise nicht hervor; denn er bekämpft die Religion ursprünglich nicht, weil sie als Weg zum Glück versagt, sondern, weil sie so sehr versagt, daß sie zur Quelle der schwersten Beunruhigung wird. Jedenfalls besteht bei Epikur zwischen Wissenschaft und Religion kein Gegensatz der *Gesinnung*. Dagegen sieht sich das Motiv des Hobbes als Gesinnung der Wissenschaft im Gegensatz zur Gesinnung der Prediger und der Propheten. Dabei bleibt aber die vordergründigere Unterschieds-Bestimmung: die Wissenschaft leistet, was die Religion zwar leisten will, aber nicht leisten kann, in Kraft. Es muß gefragt werden, wie die beiden, offenbar ganz verschiedenen Dimensionen angehörenden Kennzeichnungen der Religion miteinander zu vereinbaren sind. |

Sach-angemessener als die äußere Dreiteilung der Elementa philosophiae in Lehre vom Körper, Lehre vom Menschen und Lehre vom Bürger ist die innere Gliederung in Lehre vom natürlichen und Lehre vom politischen Körper. Der Schnitt geht mitten durch De Homine hindurch.[92] Die innere Gliederung der Elementa ist orientiert an dem

---

[92] De Hom. Ep. ded.: Contigit autem sectioni huic, ut duae partes ex quibus constat sint inter se dissimillimae. Est enim altera difficillima, altera facillima; altera demonstrationibus, altera experientia constans; altera a paucis, altera ab omnibus intelligi potest. Itaque conjunguntur quasi ad Praecipitium. Sed necessarium erat, ita scilicet postulante totius operis methodo. Homo enim non

ontischen Unterschied von Natur und Kunst,[93] und an dem methodischen Unterschied von Beweis (Deduktion) und Erfahrung (Erfahrung vom Menschen, vor allem Erfahrung eines Jeden von sich selbst);[94] sie hat ihren tiefsten Grund im Unterschied des *Zwecks* der Physik und der Politik: die Physik orientiert sich am Glück, die Anthropologie (philosophia moralis et civilis) am Unglück des Menschen;[95] das größte Unglück ist der gewaltsame Tod, das Glück besteht in unbegrenzter Steigerung der Macht über| Dinge und Menschen. Furcht vor gewaltsamem Tod und Streben nach Herrschaft über die Dinge – wesentlich diese beiden Willens-Bestimmungen erkennt Hobbes als berechtigt an. So ist die Unterscheidung zwischen dem Zweck der Physik und dem der Anthropologie (Politik) begründet durch die Rücksicht auf die fundamentale Zweiheit der legitimen Zwecke des Menschen; sie ist daher so tief in Hobbes' Auffassung des Menschen begründet, daß der Verzicht auf sie zugunsten des eindimensionalen »Fortganges vom Allgemeinsten zum Besondersten«, zu der Hobbes sich später ent-

64

---

modo *Corpus naturale* est, sed etiam civitatis id est (ut ita loquar) *Corporis Politici* pars. Quamobrem considerandus erat tum ut homo, tum ut civis; id est, ultima Physicae cum principiis Politicae conjungenda erant, difficillima cum facillimis.

[93] Lev. Introd.: Nature (the Art whereby God hath made and governes the World) is by the Art of man, as in many other things, so in this also imitated, that it can make an Artificial Animal ... by Art is created that great Leviathan called a Commonwealth, or State, (in latine Civitas) which is but an Artificial Man; ...

[94] De Corp. VI 7: Philosophia civilis, morali ita adhaeret ut tamen distrahi ab ea possit; cognoscuntur enim causae motuum animorum non modo ratiocinatione, sed etiam uniuscujusque suos ipsius motus proprios observantis experientia. – De Cive praef. ad lect.: ... Itaque factum est, ut quae ordine ultima esset (sc. Sectio de Cive), tempore tamen prior prodierit; *praesertim* cum eam, principiis propriis, experientia cognitis, innixam, praecedentibus indigere non viderem.

[95] De Corp. I 7: Harum ... omnium utilitatum (sc. der Errungenschaften der Technik) causa est philosophia (sc. Physik und Geometrie). Moralis vero et civilis philosophiae utilitas non tam ex commodis quae ab ea cognita quam ex calamitatibus quas ab ejus ignoratione habemus, aestimanda est. Calamitates autem omnes quae humana industria evitari possunt a bello oriuntur, praecipue vero a bello civili; hinc enim caedes, solitudo, inopiaque rerum omnium derivatur. – Die Unbekümmertheit in der Übertreibung – calamitates *omnes*: H. spricht, als ob es keine Krankheiten und keine Medizin gäbe – verrät die Vorherrschaft des Interesses an der Vermeidung des *gewaltsamen Tods*.

schlossen hat,[96] das Ganze seiner Philosophie nur formal verändern kann. Jeder dieser beiden Wissenschaften (zuletzt: jeder der beiden fundamentalen, legitimen Willens-Bestimmungen) entspricht ein eigentümlicher Sinn von »Illusion«, eine eigentümliche Richtung der Religions-Kritik. Da die Unterscheidung zwischen Physik und Anthropologie auf die Auffassung vom Menschen selbst zurückverweist, so ist in der Anthropologie die Begründung für den Zweck, den Geist sowohl der Anthropologie als auch der Physik zu suchen.

Der Geist der Physik (Technik) und die Religion

Wenn man von allen Einkleidungen in traditionelle Formeln und von allen Unausgeglichenheiten der Darstellung absieht, so stößt man auf folgende, für Hobbes charakteristische Ordnung der Ziele menschlichen Begehrens: Genuß, Geltung, Macht, Sicherheit. Der Genuß (der sinnliche, fleischliche Genuß) geht auf in der Gegenwart; er endet in Sattheit oder gar in Ekel. Die drei höheren Stufen des Begehrens werden konstituiert durch die Erwartung, den Vorausblick in die Zukunft; fundiert sind sie im Streben nach Genuß. Im Begehren ist die Lust (der lusterregende Gegenstand, das Gut) erwartet, die im Genuß gegenwärtig ist. Nun muß, wer irgendeinen Genuß von der Zukunft erwartet, die Mittel suchen, um sich ihn zu verschaffen; die Gesamtheit der hierzu dienenden Mittel, über die ein Mensch verfügt, heißt seine Macht. Da im Kampf zweier Menschen um dasselbe Gut das Übergewicht der Macht des Einen über die Macht des Anderen entscheidet, so heißt Macht schlechthin dieses | Übergewicht; die Anerkennung dieses Übergewichts durch Andere heißt Ehre. Das Streben nach Macht und das Streben nach Ehre (Geltung) verselbständigen sich gegenüber dem sie fundierenden Streben

65

---

[96] Tönnies, Thomas Hobbes. Leben und Lehre. 3. verm. Aufl., Stuttgart 1925, p. 117. Eine Zwischenstufe wird repräsentiert durch die Klassifikation der Wissenschaften auf der Tabelle, die dem 9. Kapitel des englischen »Leviathan« beigegeben ist. – Tönnies sieht ebenso wie Dilthey (Ges. Schr. II. 375 ff.) im Begriff der einen, universalen, vom Abstrakten zum Konkreten fortschreitenden Wissenschaft das Wissenschafts-Ideal des Hobbes wie des Positivismus überhaupt. Orientiert man sich aber vorzüglich an diesem *Ideal*, so muß man die wesentlichen *Antriebe* gerade der Religions-Kritik verkennen.

nach Genuß; jene stehen höher als dieses, weil sie unbegrenzt sind, weil sie dauernde, nicht in Sattheit und Ekel endende Lust ermöglichen, weil sie aus stärkerer Vitalität, aus heftigerem Lebens-Drang stammen. Das Glück, die dauernde Lust, das größte Gut besteht nicht im Aufhören des Begehrens, im Angelangt-Sein an einem letzten Ziel – dergleichen gibt es nicht; denn Leben ist dauernde Bewegung, dauerndes Begehren –, sondern im möglichst ungehemmten Fortschreiten von Macht zu Macht, zu immer größerer Macht, von Ehre zu Ehre, zu immer größerer Ehre.[97] Im Hinblick auf das Glück, die dauernde, unablässig wachsende Lust geurteilt, kommt es auf den Genuß des jeweils begehrten Gegenstands gar nicht mehr an, sondern nur auf das Erreichen des Gegenstands, als eines Mittels der Macht oder der Macht-Anerkennung; der Zweck wird zum Mittel, das Mittel zum Zweck.

Diese Umkehrung des natürlichen Verhältnisses findet aber nur im Streben nach Geltung, hingegen im Streben nach Macht nicht schlechthin statt. Die Rücksicht auf die Dauer, der Vorausblick auf lange Sicht, die Vorsorge für die Zukunft, die das Werk der Vernunft ist, rechtfertigt den dauernden Fortgang von einer Begierde zur anderen, vom Erreichen eines Begehrten zum Erreichen des folgenden aus der Tatsache, daß der Mensch nicht nach einmaligem, augenblicklichem Genuß, sondern nach Sicherung seines Genusses für die Zukunft strebt. Das unablässige Streben nach Macht ist nicht – nicht nur – in Unzufriedenheit mit mäßiger Macht, in vernunftloser Begierde begründet, sondern darin, daß man seine gegenwärtige Macht (seine gegenwärtigen Mittel, um sich Genuß, möglichst dauernden Genuß zu sichern) nur durch Hinzu-Erwerben | neuer Macht erhalten kann.[98] Die Vernunft, der Vorausblick

---

[97] De Hom. XI 15: De jucundis quorum est satietas, quales sunt voluptates carnis, quia jucunditas eorum fastidio compensatur, et nimis nota sunt, et eorum aliqua faetent, nihil dicam ... Bonorum autem maximum est, ad fines semper ulteriores minime impedita progressio. Ipsa cupiti Fruitio tunc cum fruimur appetitus est, nimirum motus animi fruentis per partes rei qua fruitur. Nam vita motus est perpetuus, qui cum recta progredi non potest convertitur in motum circularem. – Ferner: Elements of Law natural and politic P. I, VII 5–7, VIII 2–5, IX 15 und 21, X 3.
[98] Lev. XI: I put for a generall inclination of all mankind, a perpetuall and restlesse desire of power after power, that ceaseth onely in death. And the cause of this, is not always that a man hopes fore a more intensive delight, than he has already attained to; or that he cannot be content with a moderate power: but because he cannot assure the power and means to live well, which he hath present, without the acquisition of more.

auf die Zukunft, rechtfertigt also das Streben nach Macht, Besitz, Gewinn, Reichtum aus dem ihm zu Grunde liegenden Streben nach sinnlichem Genuß. Sie rechtfertigt nicht, sondern sie entrechtet das Streben nach Geltung, Ehre, Ruhm – kurz und in Hobbes' Sinn gesagt: die Eitelkeit; denn diese hat es mit Lächerlichkeiten, mit Tand zu tun; sie kümmert sich um jedes Wort, jedes Lächeln, jede Meinung, um jedes Zeichen der Geringschätzung; die Güter, um die es ihr geht, sind nicht sinnliche, sondern geistige Güter – was mindestens den Nebensinn hat: illusionäre Güter.[99]

Das legitime Streben nach Genuß ist aufgehoben im Streben nach Macht; verworfen wird das Streben nach Geltung. Aus dem Streben nach Macht versteht sich die Philosophie (genauer: die Physik in ihrem Unterschied von der Anthropologie): Scientia propter potentiam. Ihr Zweck ist die Kultur, die Kultur der Natur.[100] Was die Natur dem Menschen ohne sein Zutun zum Genuß darbietet, reicht nur zu einem kümmerlichen Leben; damit das Leben bequemer werde, ist menschliche Anstrengung, die Regelung der ungeregelten Natur, erforderlich. | Die Kultur trägt nicht eine der Natur fremde Ordnung in die Natur hinein, sondern sie folgt den Spuren der Natur; sie tut regelmäßig, was die Natur hie und da, verstreut tut; die Kultur ist wesentlich Methode, nur Methode. – Die Wissenschaft ist um der Macht willen da; d. h. sie leistet die Beschaffung der Mittel für die Bequemlichkeiten des Lebens; sie fragt nach den Mitteln und nur nach ihnen; sie fragt nur nach den wirkenden

67

---

[99] De Cive I 2: Quicquid autem videtur Bonum, jucundum est, pertinetque ad organa, vel ad animum. Animi autem voluptas omnis, vel *gloria* est, (sive bene opinari de se ipso) vel ad gloriam ultimo refertur; caetera *sensualia* sunt, vel ad sensuale conducentia, quae omnia *commodorum* nomine comprehendi possunt. – l. c. 5: Cumque animi voluptas omnisque alacritas in eo sita sit, quod quis habeat, quibuscum conferens se possit magnifice sentire de se ipso; impossibile est quin odium et contemtum mutuum ostendant aliquando vel risu, vel verbis, vel gestu, vel aliquo signo; . . . – Vgl. Lev. XIII.

[100] De Corp. I 6: Finis autem seu scopus Philosophiae est, ut praevisis effectibus uti possimus ad *commoda* nostra, vel ut effectibus animo conceptis per corporum ad corpora applicationem, effectus similes quatenus humana vis et rerum Materia patietur ad vitae humanae usus, industria hominum producantur. – l. c. 7: Quanta autem sit Philosophiae utilitas imprimis vero Physicae et Geometricae tum optime intelligemus, cum praecipua humani generis, quae nunc sunt commoda, enumeraverimus, et institutiones eorum qui eis fruantur cum eorum institutionibus qui eis carent contulerimus; . . .

Ursachen;[101] denn wer über die eine bestimmte Wirkung hervorru-
fenden Ursachen verfügt, der kann sich diese Wirkung verschaffen. Der
Mensch ist, zum Unterschied vom Tier, imstande, Kausal-Verhältnisse
zu beobachten; weil er diese Fähigkeit hat, kann er für die Zukunft
sorgen, wie auch andererseits den Menschen die Sorge um die Zukunft
zur Erforschung der Ursachen treibt.[102] Die Wissenschaft, deren Zweck
die Kultur ist, besteht in der Kultur des dem Menschen natürlichen
Triebs, nach den Ursachen zu suchen, in dem methodischen Suchen nach
den Ursachen;[103] das | unmethodische Suchen nach den Ursachen er-
zeugt die Religion.[104] So haben Wissenschaft und Religion dieselbe
Wurzel; beide setzen das Fungieren der Kausalitäts-Kategorie voraus.
Diese Gemeinsamkeit, die der Sache nach auch in der Epikureischen
Religions-Auffassung anerkannt ist, kommt bei Hobbes darum zu kla-
rerem Ausdruck, weil für ihn der Gegensatz zwischen Wissenschaft und

---

[101] De Corp. I 2: Philosophia est effectuum sive phaenomenῶν ex conceptis
eorum causis *seu* generationibus, et rursus generationum quae esse possunt, ex
cognitis effectibus per rectam ratiocinationem acquisita cognitio.

[102] Lev. XII: it is peculiar to the nature of man, to be inquisitive into the causes
of the events they see, some more, some lesse; but all men, so much, as to be
curious in the search of the causes of their own good and evill fortune . . .
whereas there is no other felicity of beasts, but the enjoying of their quotidian
food, ease and lusts; as having little, or no foresight of the time to come, for
want of observation, and memory of the order, consequence, and dependance
of the things they see; man observed how one event hath been produced by
another; and remembreth in them antecedence and consequence; and when he
cannot assure himself to the true causes of things (for the causes of good and
evill fortune for the most part are invisible), he supposes causes of them, either
such as his own fancy suggesteth; or trusteth to the authority of other men, such
as he thinks to be his friends, and wiser than himselfe.

[103] Dies ergibt sich aus der Konfrontation der Definition der Philosophie (De
Corp. I 2, s. o. Anm. [101] und der in der vorigen Anmerkung zitierten Leviathan-
Stelle mit de Corp. I 1: Versari mihi inter homines videtur hodie Philosophia,
quem admodum frumentum et vinum fuisse in rerum natura narratur priscis
temporibus. Erant enim ab initio rerum vites et spicae sparsim per agros, sed
satio nulla . . . Similiter, Philosophia, id est, Ratio naturalis, in omni homine
innata est; unusquisque enim aliquo usque ratiocinatur, et in rebus aliquibus;
verum ubi longa rationum serie opus est, propter rectae methodi, quasi sationis
defectum deviant plerique et evagantur.

[104] In Lev. XII wird die Religion aus dem Suchen nach den Ursachen abgeleitet;
danach heißt es: the solicitude whereof (sc. Glück und Unglück), both inclines
to fear, and hinders them from the search of the causes of other things; and
thereby gives occasion of feigning of as many gods, as there be men that feign
them.

Religion primär nicht ein inhaltlicher, sondern ein methodischer Gegensatz, vielmehr der Gegensatz von Methode (Auf dem Weg bleiben) und Abirren ist; er bekämpft nicht die Religion, sondern das unmethodische Suchen nach den Ursachen; die Religion ist nur mitgemeint; seine Religions-Kritik ist nicht der Zweck, sondern nur der Neben-Ertrag der Konstituierung der Wissenschaft. Dies muß hervorgehoben werden, weil seine Religions-Analyse mit der Epikureischen in wesentlichen Punkten übereinstimmt.

Die Philosophie, die Tendenz auf kausale Betrachtung, ist in jedem Menschen eingeboren; ein Jeder denkt bis irgendwohin und bezüglich irgendwelcher Dinge nach; aber da die richtige Methode fehlt, irren die meisten ab. Das Suchen nach den Ursachen wird willkürlich eingeschränkt auf die Frage nach den Ursachen unseres Glücks oder Unglücks. Die Sorge um Glück oder Unglück wird durch die Erweiterung des Horizonts, die aus dem Suchen nach den Ursachen folgt, zu dauernder Angst gesteigert; die Angst aber lenkt von der Erforschung der wahren Ursachen ab. Die Ablenkung von den wahren auf scheinbare Ursachen ist schon in der Frage nach den Ursachen des Glücks oder Unglücks begründet; diese Frage zielt nicht auf die Ursachen eines Ereignisses als solchen, sondern sie bringt die Begleit-Umstände eines glücklichen oder unglücklichen Ereignisses mit der Glücklichkeit oder Unglücklichkeit in Verbindung; sie zielt nicht auf die wirkliche Verknüpfung der Tatsachen unter sich, sondern auf die ihnen äußerliche Beziehung zu unserem Glück oder Unglück; sie stellt nicht fest, um vorauszusehen, sondern sie sucht einen Schuldigen, um ihn im Fall des Unglücks anzuklagen; sie stammt nicht aus tätiger Voraussicht, sondern aus untätiger Erwartung. Nun ist es in den meisten Fällen nicht einmal möglich, eine scheinbare Ursache für das Glück oder Unglück unter den wahrgenommenen Dingen zu finden; | daher supponieren die Menschen, 69 die mangels richtiger Methode durch das Wissen um die Kausiertheit aller Dinge in dauernde Angst gestürzt werden, als Ursachen des Glücks oder Unglücks unsichtbare Mächte, Götter: die Götter sind ursprünglich von menschlicher Angst erzeugt.[105]

Die Wissenschaft ist Kultur der eingeborenen, natürlichen Vernunft; die von der Natur unmittelbar dargebotene Erkenntnis, Wahrnehmung und Erinnerung, wird, eben *weil* sie von der Natur unmittelbar darge-

---

[105] Lev. XII und XI vers. fin.

boten wird, aus der Wissenschaft ausgeschieden.[106] Damit selbstverständlich zugleich die Einbildung, die nur ein Nachklingen der Wahrnehmung ist, insbesondere der Traum. Der Traum liefert das Material der Götter-Vorstellung; aus ihm stammt die positive Ergänzung zu dem Negativum »unsichtbare Mächte«. So wie die Menschen und andere Körper im Traum oder im Spiegel erscheinen, so werden die Seelen vorgestellt als wirkliche, aber überfeine Körper; sie heißen als solche »Geister«; die Götter sind Geister.[107] Hobbes lehrt nicht viel anders als Lukrez; um so auffälliger ist der Gegensatz bezüglich des Zusammenhangs, in dem die Lehre bei Jedem von ihnen steht: für den Sensualisten ist die Traum-Kritik zentral, für Hobbes ist sie mitgegeben mit der Kritik an der sinnlichen Wahrnehmung. Wenn man nun auch mit Recht sagen kann, daß der Kritik des Hobbes an der sinnlichen Wahrnehmung die Kritik am Traum zu Grunde liegt, daß er die Kritik am Traum darum, weil die sinnliche Wahrnehmung nicht exakt vom Traum unterscheidbar ist, auf die sinnliche Wahrnehmung ausdehnt,[108] so hat er es dabei doch nicht wie die Epikureer auf den mit der Wirklichkeit kontrastierenden, furchtbaren Inhalt der Träume, sondern auf den Traum-, den Wahn-Charakter als solchen abgesehen.[109]

Der Zweck der Wissenschaft ist die Macht über die Natur; die| Wissenschaft ist wesentlich Methode. So ist der Sinn der Religions-Kritik: Verwerfung des unmethodischen Suchens nach den Ursachen, das zur Ansetzung illusionärer Ursachen führt. Die Religion liegt abseits vom Wege; sie verkennt die wahren Ursachen; sie kann daher dem Glück des Menschen nicht dienen. Was die Religion nicht kann, aber will (nämlich dem Glück des Menschen dienen), leistet die Wissenschaft; die Religion ist ein Versuch mit untauglichen Mitteln. –

70

---

[106] De Corp. I 2: . . . sensionem atque memoriam rerum, quae communes homini sunt cum omnibus animantibus, etsi cognitiones sint, tamen quia datae sunt statim a natura, non ratiocinando acquisitae, non esse Philosophiam.

[107] El. P. I, III; De Corp. XXV 7, 9; Lev. II, XII.

[108] Ebenso wie Descartes; vgl. Hobbes, Objectiones ad Cartesii Meditationes Obj. I.

[109] An der Beseitigung der Geister-Furcht liegt ihm nicht wegen der Beruhigung des Geistes, sondern nur wegen der Befriedung des einfachen Volks, das durch die Weissagungen angeblicher Propheten (Inspirierter) am Gehorsam irre gemacht wird. (Lev. II vers. fin.)

Der Geist des Staats (der Moral) und die Religion

Das Streben nach Geltung und nach Macht wird bevorzugt vor dem Streben nach sinnlichem Genuß,[110] das Streben nach Macht vor dem Streben nach Geltung.[111] Die Begründung ist: der Mensch strebt nicht bloß nach augenblicklichem Genuß, sondern nach Sicherung des Genusses für die Zukunft; daraus ergibt sich die Verwerfung des Aufgehens im gegenwärtigen Genuß und des Strebens nach Geltung, als welches zwar in der Richtung auf die Zukunft lebt, sich aber von der natürlichen Bezogenheit auf die sinnlichen Güter ablöst und daher nur auf »geistige Freuden«, auf Possen aus ist. Bei radikalster Betrachtung verliert nun die Unterscheidung zwischen Macht-Streben und Geltungs-Streben ihre Wichtigkeit; diese Betrachtung hebt das größere Recht des Macht-Strebens – im doppelten Sinn von »aufheben« – auf. Es gibt kein höchstes Gut, kein letztes Ziel des Begehrens; denn Leben ist Begehren. Wohl aber gibt es ein *erstes* Gut, eine conditio sine qua non aller Güter: das nackte Leben. Entsprechend ein *erstes* Übel: den Tod, »den schrecklichen Feind der Natur«, insbesondere den martervollen, gewaltsamen Tod.[112] Er ist als solches das *größte* Übel.[113] Es gibt kein größß|tes Gut,   *71*

---

[110] El. P. I, X 3: »Es müssen also die Menschen, deren Ziel irgendein sinnliches Vergnügen ist und die sich gewöhnlich mit Bequemlichkeit, Nahrung und den Be- und Entlastungen ihres Leibes befassen, infolgedessen weniger Wert auf die Vorstellungen legen, die solche Ziele nicht vor Augen haben, wie z.B. die Vorstellung von Ehre und Ruhm, die, wie ich vorher gesagt habe, sich auf die Zukunft beziehen . . . Dies nennen die Menschen Dummheit, und sie entsteht aus dem Verlangen nach sinnlichem oder leiblichem Genuß. Und man kann wohl annehmen, daß dieser Affekt von der groben Beschaffenheit und Bewegungsträgheit der Lebensgeister in der Gegend des Herzens herrührt.« (Zitiert nach der von Tönnies herausgegebenen Übersetzung – Klassiker der Politik, XIII, Berlin 1926.)
[111] Siehe Anm. [98] und [99].
[112] De Hom. XI 6: Bonorum autem primum est sua cuique conservatio. Natura enim comparatum est ut cupiant omnes sibi bene esse. Cujus ut capaces esse possint, necesse est cupiant vitam, sanitatem, ut utriusque quantum fieri potest securitatem futuri temporis. Contra vero| malorum omnium primum mors,   *71* praesertim cum cruciatu; nam tantae possunt esse vitae aegritudines, ut nisi earum finis propinquus praevideatur, faciant mortem inter bona numerari.
[113] De Cive I 7: Fertur enim unusquisque ad appetitionem ejus quod sibi bonum, et ad fugam ejus quod sibi malum est, maxime autem maximi malorum naturalium, quae est mors; . . . Ep. ded.: . . . qua quisque mortem violentam tanquam summum naturae malum studet evitare. – Vgl. El. P. I, XIV 6.

sondern nur ein größtes Übel – auf diese Formel läßt sich die Anthropologie des Hobbes bringen. Da nur das Üble, nicht das Gute begrenzt ist, so ist die für die Leitung des Lebens notwendige Bestimmung des Lebens-Ziels orientiert an dem Übel. Die Leitung des Lebens vollzieht sich als Vorausblick auf das Übel, auf das größte Übel, als Vorsorge wider es. Die Erwartung zukünftigen Übels heißt Furcht; Furcht ist nicht nur Erschrecken und Flucht, sondern auch Mißtrauen, Verdacht, Vorsicht, Vorsorge, daß man nicht fürchte.[114] Nun ist nicht der Tod als solcher zu vermeiden, sondern nur der gewaltsame Tod, der ja auch das größte Übel schlechthin ist – denn das Leben kann so elend sein, daß der Tod unter die Güter gezählt wird. Auf die Sicherung des Lebens, als auf die Verteidigung gegen die anderen Menschen, kommt es in letzter Linie an; die Rücksicht auf die Verteidigung ist die radikalste, der Lage des Menschen wahrhaft angemessene Betrachtung; sie ist die Quelle der Unterscheidung von (sittlich) gut und (sittlich) schlecht; die Furcht vor dem Tod, als Furcht vor der Tötung, ist die Quelle alles Rechts, des natürlichen Rechts erste Grundlage.[115]

Radikalster Betrachtung hält das Streben nach Geltung und das Streben nach Macht nicht stand. Dieses sowohl wie jenes erstrebt Ungleichheit: Herrschaft über Andere, bzw. Hervorragen vor Anderen. Zuletzt aber zeigt sich, daß alle Menschen einander gleich sind; denn Alle können einander, ein Jeder Jedem das Größte antun: der Bau des menschlichen Körpers ist so gebrechlich, daß auch der Schwächste den Stärksten leicht töten kann; daher gibt es keinen Grund dafür, daß einer, seinen Kräften vertrauend, glaubt, er sei den Anderen von Natur überlegen. Dieser Glaube beruht auf leerer Ruhmsucht und falscher Schätzung der Kräfte. Der Lage des Menschen angemessen, vernünftig, auf richtiger | Schätzung der Kräfte beruhend ist der Wille, den Anderen dasselbe zu erlauben, was man sich erlaubt, die Anerkennung der Gleichheit. Dieser Wille bezeichnet den Bescheidenen, der entgegengesetzte Wille den Übermütigen.[116]

In der radikalen Betrachtung bleibt der Vorzug des Macht-Strebens vor dem Geltungs-Streben anerkannt. Aus Furcht vor gewaltsamem

72

---

[114] De Cive I 2 n.

[115] De Cive I 7: Juris naturalis fundamentum primum est, ut quisque vitam et membra sua quantum potest tueatur. Dies wird daraus abgeleitet, daß der Tod als allergrößtes natürliches Übel gefürchtet wird.

[116] De Cive I 3–4. Die Dreiheit: gloria, commoda (lucrum), defensio kehrt im gleichen Sinn im entsprechenden Teil des Leviathan (XIII in princ.) wieder.

Tod, aus Liebe zur Sicherheit suchen die Menschen den Frieden, die Sozietät. Um dies klarzustellen, betrachtet Hobbes die etwa sonst noch vorhandenen Tendenzen, die den Menschen zum Frieden, zur Sozietät bringen könnten. Dabei wird die grundsätzliche Zweiteilung der anscheinenden Güter in sinnliche und geistige Güter vorgenommen. Nun zeigt sich, daß das Geltungs-Streben den Menschen wesentlich isoliert; denn wenn Alle Ruhm und Ehre haben, hat keiner Ruhm und Ehre; wer gelten will, darf der Hilfe der Anderen in dem, worin er gelten will, nichts verdanken. Was aber die Macht – zu verstehen: die Mittel, um sich Genüsse zu verschaffen und zu sichern, die Macht über die Dinge also – angeht, so kann sie durch gegenseitige Hilfe vermehrt werden; indessen hat, wer herrscht, mehr Vorteil, als wer teilt; so wird das Streben nach Macht über Dinge von sich aus zum Streben nach Macht über Menschen.[117] Auch das Macht-Streben führt, ebenso wie das Geltungs-Streben, indem es sich als ein Streben bekundet, für sich mehr zu verlangen, als man Anderen zugesteht, zu Krieg und dauernder Gefahr; aber daß Hobbes auch jetzt noch des Übels Wurzel im Geltungs-Streben sieht, zeigt er deutlich genug, wenn er der richtigen Schätzung der Kräfte, der Vernunft, dem Willen zur Sicherheit, der Furcht vor gewaltsamem Tod die inanis gloria et falsa virium aestimatio entgegenstellt.[118]

Die falsche Schätzung ist *Über*schätzung; die Unterschätzung | der eigenen Kräfte wird nicht in Betracht gezogen. Der Grund ist offenbar: der Mensch, der seine Kräfte unterschätzt, der Demütige oder Armselige,[119] ist ungefährlich. Und die Menschen werden von der Staats-Lehre des Hobbes nur im Hinblick auf ihre Gefährlichkeit betrachtet; die dem Frieden günstigen Neigungen des Menschen (z. B. Liebe zu sinnlichem Genuß und Liebe zur Wissenschaft) werden in der fundamentalen Analyse des Natur-Zustandes als schwach und unwirksam vorausge-

73

---

[117] De Cive I 2.
[118] Dem widerspricht nicht, daß Hobbes (an weniger zentraler Stelle) umgekehrt das Geltungs-Streben auf das Macht-Streben zurückführt: ... Lev. VIII: ... Desire of power, of riches, of knowledge and of honour. All which may be reduced to the first, that is desire of power. For riches, knowledge and honour are but severall sorts of power. Das natürliche, El. P. I, VIII 3–5, klar dargelegte Verhältnis von Macht und Geltung wird hierdurch nicht berührt, übrigens auch im Leviathan, wie die Reihenfolge im 10. Kapitel zeigt, anerkannt.
[119] El. P. I, IX 2.

setzt.[120] Damit ist gesagt, daß die Staats-*Lehre* des Hobbes von demselben Motiv bestimmt ist, das er als den einzigen Grund dauernder Staaten anerkennt: von Furcht und Mißtrauen gegen die (anderen) Menschen.[121] Der Zweck des Staats ist Friede und Sicherheit; dasselbe – und nicht reine Theorie – bezweckt auch die Staats-Lehre des Hobbes: auch in der »Vorrede an die Leser« zu der am meisten theoretischen Fassung der Staats-Lehre, zu De Cive, bekundet er, daß er sie pacis studio geschrieben habe.

Die Anthropologie (philosophia moralis et civilis) hat einen anderen Zweck als die Physik: diese dient der Herrschaft des Menschen über die Dinge, jene dem Frieden. Nun ist ohne Frieden keine Wissenschaft, keine Kultur möglich; der Zweck der Anthropologie ist dringlicher als der der Physik. Ja noch mehr: der Zweck der Physik ist allererst vom Zweck der Anthropologie aus klar zu bestimmen; denn das Streben nach Herrschaft über die Dinge (nach | den commoda hujus vitae) hat sein Maß nicht in sich selbst; es wird von sich aus Streben nach Herrschaft über die Menschen, führt so zu Haß und Streit, zum Krieg Aller gegen Alle, den es nicht beenden kann, hebt sich also selbst auf; begrenzt und in dieser Begrenztheit legitimiert wird es erst durch die radikalste Betrachtung, durch den Hinblick auf die Gebrechlichkeit des menschlichen Körpers, durch die Furcht vor gewaltsamem Tod, durch das Verlangen nach Sicherheit. Erst so ergibt sich die eindeutige Unterscheidung zwischen

74

---

[120] De Cive III 32: Sunt igitur leges naturales summa Philosophiae moralis: cujus praecepta hoc loco (sc. im Zusammenhang der Staats-Lehre) ea tantum tradidi, quae pertinent ad conservationem nostram, *contra pericula quae a discordia oriuntur.* Sunt autem alia praecepta naturae rationalis, ex quibus aliae nascuntur virtutes (sc. temperantia und fortitudo). Dieselbe Unterscheidung zwischen der sozialen Tugend der Gerechtigkeit und den übrigen Kardinal-Tugenden in De Hom. XIII 9.

[121] Damit hat die Frage, ob Hobbes in seinem privaten Verkehr furchtsam und argwöhnisch war, die Tönnies in vermeintlicher Bestreitung eines Urteils Diltheys verneint, wenig zu tun; Dilthey hat sein Urteil *so* wohl nicht gemeint. Welche Rolle die Sorge um die persönliche Sicherheit im Leben des Hobbes spielte, bezeugt überdies Tönnies selbst; und diese Sorge ist nach der eigenen Explikation des Hobbes mit Furcht und Mißtrauen identisch. (Vgl. Tönnies l. c. 71 und Dilthey, Ges. Schr. II, 462.) – Daß sich die unbedingte Vorherrschaft des Sicherheits-Motivs in der Staats-Begründung übrigens nicht aus den Zeit-Verhältnissen erklären läßt, zeigt der Vergleich mit der Staats-Lehre Spinozas, die es mehr und eher auf Freiheit als auf Sicherheit abgesehen hat.

Gut und Schlecht.[122] Damit zugleich die eigentliche Richtung der Religions-Kritik: die Religion wird als Erzeugnis der Eitelkeit, des Geltungs-Strebens, der Überschätzung der eigenen Kraft, der Neigung zu guter Meinung über sich selbst verworfen. Wenn Hobbes so lehrt, so rezipiert er nicht äußerlich die herkömmliche Polemik gegen die geld- und ehrsüchtigen Priester. Viel eher wäre anzunehmen, daß der Gegensatz gloriatio–modestia als letzter, moral-begründender Gegensatz die säkularisierte Form des Gegensatzes superbia–humilitas ist. Ist die Wurzel des Schlechten die gloriatio, so wird die religiöse Illusion in letztem Betracht nicht als Illusion in dem durch den Geist der Physik bestimmten Sinn, als Versuch mit untauglichen Mitteln, bekämpft, sondern wegen ihrer Herkunft aus der gloriatio. Vom Geist der Physik aus geurteilt, haben Physik und Religion doch wenigstens dieselbe Wurzel, sie unterscheiden sich nur wie Methode und Fehlen der Methode; erst für den Geist der Anthropologie, der der Geist des Friedens und des Staats ist, sind Vernunft und Religion im Ersten und im Letzten einander entgegengesetzt.

Hobbes unterscheidet von dem »natürlichen Samen der Religion« (Angst und Traum) die »Kultur«, welche die Religion bei den Heiden und dann durch die Offenbarung erfahren hat. Die Kultur der Religion hat den Zweck, die Menschen zu Gehorsam, Frieden, | Liebe, bürgerlicher Gesellschaft zu erziehen. Was die Heiden angeht, so war ihre Religion ein Teil ihrer Politik. Die heidnischen Staatengründer und Gesetzgeber erreichten durch entsprechende Einrichtungen, daß das Volk nie an Empörung dachte, vielmehr mit Festen und Brot zufrieden war. Die mächtigen Römer duldeten in ihrer Stadt jede Religion, nur nicht die der Juden, da diese es für unerlaubt hielten, einem sterblichen König zu gehorchen. Die hier auf die Juden zurückgeführte Meinung wird von Hobbes als aufrührerisch bekämpft[123]: niemals ist der Gehor-

75

---

[122] Der größeren Deutlichkeit halber stellen wir den zentralen Gedankengang des Hobbes in folgendem Schema dar:

    a) Bonorum primum: Leben — malorum primum: Tod (gewaltsamer Tod).
    b) Bonorum maximum: ungehemmtes Fortschreiten zu immer weiteren Zielen — malorum maximum: Tod.
    c) Begehren — Fürchten.
    d) Ungleichheit — Gleichheit.
    e) Glück — Recht.
    f) Dünkel — Bescheidenheit.
    g) Offenbarung — Vernunft.

[123] El. P. II, VI – VIII; De Cive XII 2; Lev. XXIX und XLII.

sam gegen die Obrigkeit Sünde, vielmehr ist jede Auflehnung gegen die Obrigkeit Sünde. Die Offenbarung, der zweite Weg der Kultur der natürlichen, in Angst und Traum gründenden Religion, macht die Politik zu einem Teil der Religion; sie kehrt also – so verstehen wir Hobbes – das natürliche Verhältnis, das im Heidentum verwirklicht war, um.[124] Indessen deutet er mit dieser Formel bereits an, auf welche Weise er die dem Frieden von der Offenbarungs-Religion her drohende Gefahr beheben will: die Politik ein Teil der Religion; die Religion kann und darf niemals der Politik widersprechen; die Unterscheidung zweier Gewalten, einer weltlichen und einer geistlichen, ist absurd. Diese Unterscheidung, die von den Heiden grundsätzlich vermieden und erst von den Juden eingeführt wurde, hat ihren Grund in dem Geister-Glauben, der zum Bestand der natürlichen Religion gehört; sie besagt, daß es in den Reichen der christlichen Könige ein anderes Reich, ein Reich von in der Finsternis spazierenden Geistern oder Gespenstern gebe; sie führt zu der Absurdität, daß jeder Bürger zwei Gewalten gehorchen muß. So droht die Auflösung des Staats, da ein Teil der Bürgerschaft der weltlichen Autorität, die sichtbarer ist und in hellerem Licht steht, ein anderer Teil der geistlichen Autorität, zu deren Gunsten die größte Furcht, die Furcht vor Geistern und vor ewigen Strafen, spricht, folgt. Erst wenn es gelungen ist, die Geister-Furcht zu bannen, ist der Friede, der Gehorsam der Bürger gegen den Staat gesichert. Dieser Aufgabe stellt sich nicht bloß die natürliche Neigung der Menschen zum Geister-Glauben entgegen. Wenn die Menschen durch ihr ungeleitetes Fragen nach den Ursachen in direktionslose Verwirrtheit, in Angst geraten sind, so setzen sie nicht bloß die ihnen von ihrer Einbildung nahegelegten Ursachen an, sondern so lassen sie sich auch | und gerade, leichtgläubig wie sie sind, von denen, die sie für überlegen halten, Ursachen suggerieren. Es gibt zwei Arten der Verrücktheit: die eine, die aus geschwächter Vitalität stammt, der Exceß der Selbst-Unterschätzung, disponiert zu grundlosen Ängsten; die andere, die aus allzu heftiger Begierde stammt, ist der Exceß der Selbst-Überschätzung. Zur Verrücktheit der zweiten Art tendiert jede große Selbst-Schätzung, insbesondere der Glaube an die eigene Inspiriertheit. Dieser Glaube mißbraucht den Glauben des einfachen Volks an Geister; der »Geist«, auf den die Inspirierten Anspruch erheben, ist nichts anderes als ihre gloriatio. Wer sagt, er spreche auf Grund von Inspiration, der sagt damit, er empfinde ein brennendes

76

---

[124] Lev. XII.

Verlangen zu sprechen oder eine starke Meinung von sich selbst, für die er keinen natürlichen oder hinreichenden Grund angeben kann.[125] Die gloriatio ist der Grund der Prophetie, des Offenbarungs-Anspruchs; nun ist, wie oben gezeigt wurde, nach der Moral-Lehre des Hobbes die gloriatio die Wurzel alles Schlechten; also entstammt die Kritik an der Offenbarung dem zentralen Motiv des Hobbes. Von hier aus ist es nicht schwer, das innere Band zwischen den beiden von uns unterschiedenen Elementen seiner Religions-Kritik zu erkennen. Die Vernunft ist allen Menschen gemeinsam, in allen Menschen dieselbe und gleich; der Unterschied zwischen den Menschen besteht nur im Unterschied bezüglich der methodischen Ausbildung dieser gemeinsamen, gleichen Anlage.[126] Die Methode erkennt, indem sie die natürliche Gleichheit faktisch beseitigt, diese Gleichheit an; indes die Prophetie als gloriatio diese Gleichheit schlechterdings verleugnet. Die Vernunft ist Bescheidenheit – in diese Formel ist der Geist der Hobbesschen Philosophie zusammenzufassen. –

Die theoretische Kritik und Hobbes' Stellung zur Religion überhaupt

»Die wahre, das heißt: genaue, Philosophie verwirft nicht nur die Schminke der Redekunst, sondern auch fast jeden Schmuck ausdrücklich; die ersten Grundlagen aller Wissenschaft sind nicht nur nicht blendend, sondern sogar unansehnlich, trocken und beinahe häßlich.« (De Corp. I 1.) In diesem Geist kämpft Hobbes gegen die »allzu leichtfertige Betrachtung der menschlichen Natur«, auf Grund deren die meisten Staats-Philosophen voraussetzen, daß der Mensch ein ζῷον πολιτικόν, daß der Ursprung des Staats das gegenseitige Wohlwollen sei (De Cive I 2); das Prinzip, von dem *er* | ausgeht, ist wahrlich »nicht blendend, sondern beinahe häßlich«: die gegenseitige Furcht. Um die Staats-Lehre auf unfehlbare Vernunft-Regeln zurückzuführen – um sie also in den Rang der wahren, das heißt: genauen Philosophie zu erheben   77

---

[125] Lev. II, VIII, XII, XXIX, XXXII.
[126] De Corp. I 7 in Verbindung mit I 1; Lev. XIII. Im gleichen Sinn Descartes Discours I.

–»muß man solche Prinzipien zu Grunde legen, denen die Begierde nicht
mißtraut und die sie nicht zu verrücken sucht« (El. Ep. ded.). Die
Wahrheit, d. h. Genauigkeit der Staats-Lehre wird mit Rücksicht auf den
gefährlichen Feind des Staats, der bekämpft, überzeugt werden soll,
definiert. Hobbes' Horror vor der Redekunst, vor der beschönigenden
Phrase hat also ohne Frage einen besonderen, seinem Motiv entstam-
menden Grund. Neben diesem freilich, von ihm ablösbar, den allgemeinen, mit der philosophischen Intention als solcher gegebenen.
Nachdem er davon gesprochen hat, daß die Grundlagen aller Wissenschaft nicht blendend, sondern beinahe häßlich sind, fährt er fort:
Attamen cum sint aliqui certe, quanquam pauci, quos in omni re veritas
et rationum firmitudo ipsa *per se* delectat, paucis illis operam hanc
navandam esse censui (De Corp. I 1). Dem widerspricht nur scheinbar
die bald darauf folgende Bemerkung: ut quis de rerum dubiarum
difficultate superata, vel de abditissimarum veritatum detectione, apud
se tacitus gaudeat et triumphet, tantae operae quanta Philosophiae
impendenda est, pretium esse non judico (De Corp. I 6); denn hier
spricht der Philosoph von der universalen Funktion der Philosophie,
nicht von dem spezifischen Interesse, das die wenigen Philosophen, die
es überhaupt gibt, zu und in ihrer Forschung bewegt. Von sich selbst sagt
er, daß er sich um die Philosophie animi causa bekümmert habe; »und
ganz platonisch gedenkt er der unendlichen Lust, die der Verkehr der
Seele mit dem herrlichen Kosmos in sich berge«.[127] Wenn er, der in der
Theorie die höchste Lust gekannt hat, seine Anthropologie nicht in der
Analyse und Verherrlichung der Theorie gipfeln läßt, so hat dies seinen
Grund in der Funktion der Anthropologie, die zur Berücksichtigung
ausschließlich dessen, was in den meisten Menschen wirksam ist,
zwingt.[128] Daher | ermöglicht die Orientierung an der Anthropologie

78

---

[127] Tönnies 68, woselbst mehrere Äußerungen dieser Art zusammengestellt
sind.
[128] De Hom. XI 8: Sapientia, Utile. Nam praesidium in se habet nonnullum.
Etiam Appetibile est per se, id est, Jucundum . . . Divitiarum quam Sapientiae
cupido major. Vulgo enim non quaeritur haec nisi propter illas. Et illas si
habent, etiam hanc habere videri volunt. Non enim qui sapiens est (ut dixere
Stoici) dives est; sed contra, qui dives est sapiens dicendus est. Das ist natürlich
78   nicht, wie Dilthey (Ges. Schr. II, | 294) meint, Polemik gegen die Stoa, sondern
ironische Anerkennung der vulgären, mächtigen Schätzungs-Weise, die nur als
solche ernst genommen wird.

und anthropologisch legitimierten Physik nur ein einseitiges Verständnis
seiner Religions-Kritik. Ablösbar von der moralischen (von einem Interesse des Herzens diktierten) Kritik ist die in sich verständliche, selbstän-
dige theoretische Kritik.

Die Frage, in welchen Grenzen die Theorie des Hobbes (außer seiner
Anthropologie) von jenem Interesse bestimmt ist, kann hier nicht behan-
delt werden;[129] ebensowenig der theoretische Zusammenhang, der die
theoretische Religions-Kritik trägt, als solcher. Es genüge die Erwäh-
nung des unmittelbar hierher Gehörenden. Aus der Beschränkung der
Philosophie auf die Erforschung der wirkenden Ursachen ergibt sich der
Ausschluß der Theologie: Gott ist nicht erzeugt (De Corp. I 8). Der
Regreß von Ursache zu Ursache, jede tiefere Erforschung der natürlichen
Ursachen macht den Menschen geneigt zu glauben, es gebe eine erste
und ewige Ursache; diese nennen sie Gott. Eine Vorstellung (idea) von
Gott ist unmöglich; denn wir können nichts vorstellen, was wir nicht
zuvor sinnlich wahrgenommen haben, bzw. was nicht aus sinnlich
wahrgenommenen Elementen zusammengesetzt ist. Die Erkenntnis des
Unendlichen ist dem endlichen Frager unzugänglich.[130] Es gibt nur eine
Ahnung, keine Erkenntnis Gottes. – Die Kritik an der traditionellen
Gottes-Vorstellung richtet sich gegen den Begriff des Geistes, der unkörperlichen Substanz. Alles, was unabhängig von unserem Vorstellen
ist, erfüllt irgendeinen Teil des Raums, ist also, wenn auch noch so fein
und unsichtbar, Körper. Nun erscheinen uns wie die sinnlichen Qualitä-
ten der Dinge, so auch die Geister im Traum nicht weniger als im
Wachen; sie sind also keine äußeren, an sich seienden Dinge, sondern
Phantasmen des Geistes.[131] – Hobbes behauptet nicht geradezu die
Unmöglichkeit von Wundern; aber er läßt die Leugnung des Wunders
deutlich durchblicken. Ein Ding wird bewundert, wenn es selten ist und
zugleich nicht aus natürlichen Ursachen erklärt werden kann. Daher
glauben die Menschen, je unerfahrener | und der natürlichen Ursachen   79
unkundiger sie sind, um so leichter an Wunder. Zum Wesen des Wunders
gehört ferner, daß es zu dem Zweck geschehen ist, den Glauben zu
bewirken oder zu bestärken. So heißt es Markus 6, 5, daß Jesus in seiner

---

[129] Hierüber eine wichtige, leider fragmentarische, aus dem Nachlaß veröffentlichte Bemerkung Diltheys in dessen Ges. Schr. II, 376*.
[130] De Corp. XXVI 1; Lev. XI und XII; Object. ad Cart. Medit. V.
[131] El. P. I, XI 4–5; De Corp. V 4, VII 2, VIII 1; Lev. XXXIV, App. c. 3; cf.
Tönnies 124 f.

Vaterstadt keine Wunder tun konnte wegen der Ungläubigkeit seiner
Landsleute; die Ausleger, die hier »nicht konnte« als »nicht wollte«
verstehen, tun dies ohne ein Beispiel in der griechischen Sprache;
vielmehr ist zu verstehen: er konnte nicht, weil er zur Bekehrung nur der
Erwählten geschickt war. Beachtet man, welches Gewicht Hobbes darauf legt, daß die Unwissenden und Unerfahrenen zum Wunder-Glauben
am meisten geneigt sind, so ist klar, wen er unter den »Erwählten«
versteht. Er wirft dann, nachdem er die Wunder Mosis aufgezählt hat,
die die ägyptischen Zauberer nachahmen konnten, die Frage auf, ob
Worte die Kraft haben, Wirkungen hervorzurufen; Worte wirken nur auf
die, die sie verstehen; wenn also ein Stab als Schlange oder Blut als
Wasser erscheint oder sonst ein Wunder durch Zauber (!) geschehen zu
sein scheint, so wird, wenn es nicht geschieht zur Erbauung des Volkes
Gottes, weder der Stab noch das Wasser noch sonst etwas bezaubert mit
Ausnahme des Zuschauers, und das ganze Wunder des Zauberers
besteht darin, daß ein Betrüger einen Menschen täuscht – was kein
Wunder ist. Denn die Menschen, zumal die der natürlichen Ursachen
und der menschlichen Ränke unkundigen, sind sehr leicht zu täuschen.
Wenn sich zwei Männer verabreden, daß der eine sich lahm stellt und
der andere ihn durch Zauber heilt, so können sie viele täuschen; aber
wenn sich viele verabreden, daß einer sich lahm stellt, ein anderer ihn
heilt und die übrigen Zeugnis ablegen, so werden sie noch viele mehr
täuschen. Damit ist bewiesen, daß Wunder kein Kriterium für Offenbarung sind, was überdies die Schrift selbst lehrt (Deut. 18); Kriterium für
die Wahrheit einer Religion und demgemäß für ihre Wunder ist der Wille
der Regierung; ein Privatmann hat immer die Freiheit – denn Gedanken
sind frei –, die als Wunder ausgegebenen Handlungen in seinem Herzen
zu glauben oder nicht zu glauben; kommt es aber zum Bekenntnis des
Glaubens, so muß sich die private Vernunft der öffentlichen, d. i. dem
Willen der Regierung, unterordnen. (Lev. XXXVII.)

Nimmt man zu diesen und ähnlichen Äußerungen die Definition
hinzu: die Furcht vor unsichtbaren Mächten, einerlei ob sie erdichtet
oder auf Grund von Erzählungen vorgestellt sind, heißt, wenn öffentlich
erlaubt, Religion, wenn nicht erlaubt, Aberglaube, so scheint | über die
Stellung Hobbes' zur Religion kein Zweifel möglich zu sein. Indessen
heißt es in der zitierten Definition (Lev. VI) weiter: Wenn die vorgestellte
Macht in Wirklichkeit so ist, wie sie vorgestellt wird, so heißt die Furcht
vor ihr »wahre Religion«. An der Aufrichtigkeit dieses Zusatzes kann
man zweifeln; denn in jedem Fall bestimmt ja der Wille der Regierung,

und nur er, welche Religion gültig ist.[132] Aber unabhängig von diesem durch die Rücksicht auf den Frieden diktierten Religions-Begriff ist die von Hobbes vorgenommene Unterscheidung zwischen der in Angst und Traum gründenden Religion (= Aberglaube) und der Religion, deren Quelle die von der Sorge um Glück und Unglück nicht beeinflußte Betrachtung und Erforschung des Universums ist, der Ahnung von Gott (Lev. XI f.). Auf die Ahnung von Gott und die mit ihr verbundene Neigung, in der unanzweifelbaren Macht-Überlegenheit des Universums über den Menschen ein Rechts-Verhältnis zu sehen,[133] dürfte sich reduzieren, was Hobbes in seinem Herzen als »wahre Religion« anerkannt hat; dieses Minimum freilich wird man behaupten müssen. Ein Atheist im theoretischen Sinne des Wortes ist Hobbes nicht gewesen. Indessen ist seine »wahre Religion« nur ein Rand-Phänomen, das auf sein Denken und Fühlen keinen wichtigen Einfluß hat. Der positive Geist, für den die Vernunft selbst Bescheidenheit ist, bescheidet sich mit dem, was dem endlichen Geist wahrhaft zugänglich ist; nur *diese* Welt ist ihm nicht stumm; ins Unendliche, Ewige schweift er nicht. Vom Agnostizismus des Hobbes zum Atheismus ist nur ein Schritt, den dieser Philosoph selbst allerdings nicht getan hat. Übrigens ist seine ausgedehnte und eindringliche Beschäftigung mit theologischen Gegenständen nicht aus dem, was von Jahrtausende alten Gewohnheiten des Denkens und Fühlens in ihm übrig geblieben war, sondern ausschließlich aus der Notwendigkeit, die ungläubige Position gegenüber dem herrschenden Glauben durchzusetzen, zu verstehen; sie ist in jedem Betracht Akkomodation – in bezeichnendem Unterschied von der Religions-Theorie Spinozas, der viel weniger radikal als Hobbes mit der unmittelbar voraufgehenden Tradition gebrochen hat.[134] Während Spinoza, hierin ganz der Averroistischen Tradition zugehörend, ja die Tendenz dieser Tradition auf die Spitze treibend, die Religion als notwendiges Mittel für den Bestand des Staats anerkennen muß, gibt es in der Staats-Lehre | des Hobbes keinen Ansatz-Punkt für eine derartige Rechtfertigung der Religion. Daß Wissenschaft und Religion (Schrift) wesensverschieden, daß die Verbindung von Wissenschaft und Religion (Schrift) für beide verderblich sei, lehrt Hobbes ebenso wie Spinoza;[135]

81

---

[132] F. A. Lange, Geschichte des Materialismus I 376 (Reclam).
[133] De Hom. XII 5; De Cive XV 5 ff.; Lev. XXXI.
[134] Siehe das Kapitel E. dieser Untersuchung.
[135] De Corp. Ep. ded.; De Hom. XIV 13; Lev. VIII und XII.

aber jener geht über diesen hinaus, indem er glaubt, die Staats-Ge-
sinnung aller Untertanen in der Vernunft allein, ohne Beanspruchung
der Offenbarung, verankern zu können. Nach Spinoza wird das Gebot
der Nächsten-Liebe willens-bestimmend für die Menge erst als »offenbart«; nach Hobbes hingegen ist dieses Gebot den Menschen bereits
dadurch von Gott zulänglich vorgeschrieben, daß er sie als vernünftige
Wesen geschaffen hat: der Unterschied zwischen den Weisen und der
Menge bleibt außer Betracht; *weil* dieser Unterschied außer Betracht
bleibt, besteht keine Notwendigkeit, auf die Religion zu rekurrieren. –

Bibel-Kritik

Hobbes' Stellung zur Schrift ist durch die Überzeugung bestimmt, daß
jeder Konflikt sowohl zwischen Wissenschaft und Religion als auch
zwischen Staat und Religion ausgeschlossen wäre, wenn sich die Geistlichen streng an die Lehre der Schrift hielten. Denn erstens ist »die
Schrift von den Propheten und Aposteln geschrieben, nicht um Philosophie, sondern um Frömmigkeit zu lehren« (Lev. VIII); und zweitens
gebietet die Schrift unbedingt den Gehorsam gegen die weltliche Obrigkeit. So sind Philosophie (Wissenschaft) und Staat gegen jede Appellation an die Schrift gesichert, gegenüber der Schrift schlechthin selbständig. Aber diese Sicherung reicht nicht zu: Hobbes sieht sich gezwungen,
die Autorität der Schrift selbst anzuzweifeln und von der Autorität des
Staats abhängig zu machen. Nachdem er die Grundlagen des weltlichen
Staats aus rein natürlichen Prinzipien abgeleitet hat, behandelt er, damit
die Erörterung über Natur und Rechte des christlichen Staats einleitend,
das besondere Prinzip, das für diese Erörterung maßgebend ist: die
Offenbarung, die Schrift. »And to that end, I shall speak in the next
Chapter, of the Books, Writers, Scope and Authority of the Bible.«
(Lev. XXXII.) Zunächst wird festgestellt, daß man Gott, dem König der
Könige, unbedingt, auch wider das Gebot des irdischen Königs, gehorchen müsse; nicht der Gehorsam gegen Gott stehe in Frage, sondern:
wann und was Gott gesprochen habe; da Menschen, die keine über-
natürliche Offenbarung haben, hierüber nichts wissen können, müssen
82   sie gemäß jener natürlichen Vernunft, | welche sie dazu veranlaßt, um
des Friedens willen der legitimen Gewalt zu gehorchen, diejenigen

Bücher als offenbart anerkennen, die von der legitimen Gewalt als solche vorgeschrieben werden. An diese Feststellung schließt Hobbes die Untersuchung über die Verfasser der verschiedenen Bücher der Schrift an. Der nicht ausgesprochene Zweck dieser Untersuchung ist nicht zu verkennen: es soll gezeigt werden, daß die Autorität der Schrift nicht in der Schrift selbst, sondern ausschließlich in dem Befehl der weltlichen Gewalt begründet, von diesem Befehl abhängig ist.

Das Fünfbuch ist nicht von Moses verfaßt. Denn Deut. 34, 6 heißt es, daß kein Mensch bis auf den heutigen Tag das Grab Mosis kenne; »bis auf den heutigen Tag« = bis zu dem Tag, da diese Worte geschrieben wurden; diese Worte sind also nach Mosis Tode geschrieben worden; denn es wäre eine wunderliche Interpretation, wenn man sagte, Moses spräche, wiewohl durch Prophetie, über sein eigenes Grab, daß es nicht gefunden wäre bis zu diesem Tag, an dem er doch noch lebte. Nun könnte man meinen, nur das letzte Kapitel sei von einem anderen Mann als von Moses geschrieben; dagegen spricht Gen. 12, 6: »und der Kanaaniter war damals im Lande«; diese Stelle entstammt einer Zeit, in der der Kanaaniter nicht im Lande war, also nicht der Zeit Mosis. Ferner zitiert Num. 21, 14 der Schreiber ein älteres Buch, das Buch der Kriege des Herrn, in dem die Taten Mosis aufgezeichnet waren; dies kann doch Moses selbst nicht geschrieben haben. Moses hat nur die Teile des Fünfbuchs verfaßt, als deren Verfasser er ausdrücklich bezeichnet wird, d. i. das deuteronomische Gesetzbuch (Dt. 11–27); nur dieses Buch galt den Juden vor dem Exil als Wort Gottes; Moses übergab es den Priestern und Ältesten Israels zur Aufbewahrung in der Lade und zur periodischen Vorlesung; es ging später verloren und wurde lange Zeit danach durch Hilkia wiedergefunden und dem König Josia zugesandt, der den Bund zwischen Gott und dem Volk erneuerte (Quellen: Dt. 31, 9 und 26; 2 Reg. 22, 8 und 23, 1–3). – Die häufige Verwendung der Phrase »bis zu diesem Tag« und die Zitierung von Quellen-Schriften in den historischen Büchern des A. T. beweist, daß auch diese lange Zeit nach den Ereignissen, über die sie berichten, geschrieben sind. – Hiob war, wie Ez. 14, 14 und Jac. 5, 11 zeigen, eine geschichtliche Person; aber das Buch Hiob ist kein Geschichts-Werk, sondern ein Moral-Traktat; hierfür spricht auch, daß es zum größten Teil in Versen abgefaßt ist und Verse nicht der übliche Stil von Leidenden oder Tröstenden, sondern | viel eher 83 von moralisierenden Philosophen sind. – Die Psalmen sind größtenteils von David geschrieben, Ps. 137 und 126 nach der Rückkehr aus der Gefangenschaft, Ps. 79 zur Zeit des Antiochus, woraus klar wird, daß der Psalter in der uns vorliegenden Form nach der Rückkehr der Juden aus Babylon zusammengestellt ist. – Da das Buch der Proverbien Sprüche nicht nur Salomos, sondern auch des Agur und der Mutter des Königs Lemuël enthält, so ist wahrscheinlich, daß ein nach diesen drei Personen lebender Mann das Buch zusammengestellt hat. – Prediger und Hohes Lied sind, mit Ausnahme der Überschriften, von Salomo. – Von den Propheten sind die ältesten Zephanja, Jona, Amos, Hosea, Jesaja und Micha; das Buch Jonas ist kein Verzeichnis seiner Prophetien, sondern eine geschichtliche Erzählung über seine Verstocktheit, so daß es sehr unwahrscheinlich ist, daß er selbst es geschrieben habe. – Hobbes faßt sein Urteil über die Entstehung der Schrift Alten Testaments dahin zusammen, daß sie nach der Rückkehr der Juden aus der babylonischen Gefangenschaft und vor der Zeit des Ptolemaeus Philadelphus, der sie ins Griechische übersetzen ließ, in ihre heutige Form gebracht worden ist. Wenn man 2 Esra 14, 21, 22, 45 Glauben schenken will, so hat Esra den Kanon zusammengestellt. (Lev. XXXIII; De Cive XVI 12.)

Diese bibel-kritischen Feststellungen stimmen in der Hauptsache mit den entsprechenden Thesen La Peyrères und Spinozas überein; ein wichtiger Unterschied ist, daß sie nicht wie diese durch die Idee einer Bibel-Wissenschaft bestimmt sind. Hobbes ist viel weniger als Spinoza an eigentlicher Bibel-*Wissenschaft* interessiert; der politische Gesichtspunkt herrscht durchaus vor; indem er der Schlüssel zum Schrift-Verständnis wird, bahnt er allerdings seinerseits die moderne Bibel-Wissenschaft in ihrer materialen Eigentümlichkeit an. Hobbes politische Interpretation der biblischen Geschichte ist, wie sich versteht, durch seine besondere Auffassung des Politischen vorgezeichnet. Es ist bezeichnend, daß er seine Darstellung mit Adam und Abraham beginnen läßt, während Spinoza mit dem Volk Israel anfängt; Hobbes achtet deshalb auf die Eigenart des vormosaischen Herrschafts-Verhältnisses, weil für ihn der Unterschied zwischen der durch Staats-Vertrag entstandenen civitas instituva und dem patrimonialen Staat von prinzipieller Bedeutung ist; diese Bedeutung ist begründet in der – von Spinoza preisgegebenen – zentralen Stellung des Staats-Vertrags. (De Cive XVI, Lev. XL.) |

Die Religions-Kritik
Spinozas

Die Frage, die wir an die Religions-Kritik überhaupt und insbesondere   *84*
an die Religions-Kritik Spinozas richten, scheint durch die bisherige
Erörterung als unangemessen erwiesen zu sein. An den Beispielen des
Gottes-Glaubens und des Unsterblichkeits-Glaubens wurde deutlich,
daß Religion und Religions-Kritik grundsätzlich von demselben Motiv
getragen sein können. Wenn dem aber so ist, so ist der Grund, der den
von diesem Motiv bewegten Menschen zur Religions-Kritik, anstatt zu
der von demselben Motiv her ebenso möglichen Religion, treibt, der
eigentliche Grund also der Religions-Kritik, doch wohl in der Theorie,
jedenfalls nicht in dem Motiv zu suchen. Stellen wir die Frage all-
gemeiner: kann sich das Epikureische Motiv – um bei diesem Beispiel,
das mehr ist als bloßes Beispiel, zu bleiben – nicht unter Voraussetzung
jeder Theorie Genüge tun? Nach der Auffassung Epikurs selbst sind
allerdings nicht alle Theorien für seinen Zweck gleich geeignet; es folgen
aufeinander, geordnet nach abnehmender Verwendbarkeit für seinen
Zweck: Theologie und Physik Epikurs; die Erzählung von wirkenden
Göttern; der Determinismus der Physiker. Die an letzter Stelle genannte
Lehre erscheint Epikur als schlechthin unverträglich mit seinem Motiv.
Nun kann man in der Tat nicht leugnen, daß der strenge Determinismus
der mechanistischen Physik, die den Menschen und seine Welt als letzte,
fast kraftlose Hervorbringung außermenschlicher, dem Menschen mit
der Härte der Gleichgültigkeit bald helfender, bald schadender Verket-
tungen ansieht, dem Bedürfnis nach Beruhigung und Trost sehr wenig
entgegenkommt; die meisten Männer, die sich dieser Lehre zum Zweck
der Religions-Kritik bedienen, die mittels dieser Lehre zur Popularisie-
rung der Religions-Kritik sehr viel beigetragen haben, verdeckten sich
und Anderen deren Trostlosigkeit durch pantheistische Floskeln, wenn
sie nicht gar, völlig in Haß und Empörung gegen die Religion befangen,
zu jeder Reflexion über die Konsequenzen ihrer Lehre für das mensch-|
liche Selbst-Gefühl unfähig waren. So müßten wir also wenigstens von   *85*
der mechanistischen Physik behaupten, daß sie der Reichweite des
Epikureischen Motivs entzogen ist. Indessen braucht man sie nur mit der
Lehre der orthodoxen Araber zu vergleichen, die alle innere Kausal-
Ordnung, damit alle Voraussehbarkeit des Geschehens leugnet, als
alleinigen Grund des Seins und Geschehens die momentan, willkürlich
hervorbrechende göttliche Schöpfer-Macht behauptet, um zu erkennen,
wie sehr auch die Lehre der Physiker vom unerbittlichen Verhängnis,
gemessen an dem wirklichen Extrem beunruhigender Theorie, beruhigen kann. Aber gerade die Orientierung an diesem Extrem, durch

welche die Berücksichtigung des Motivs allen Boden zu verlieren
scheint, stellt in radikalerer Form den Gegensatz wieder her, den Epikur
und Lukrez gemeint hatten: den Gegensatz zwischen wissenschaftlicher,
vom Prinzip der Stetigkeit geleiteter, darum beruhigender und mythisch-
religiöser, auf das willkürliche Wirken göttlicher Mächte zurückgrei-
fender, darum beunruhigender Welt-Betrachtung; sie rechtfertigt damit
wieder die Frage, von der wir ausgingen: ob die mit der Religions-Kritik
verbundene Theorie, die den Charakter der Metaphysik hat, in einer
Dialektik des theoretischen Bewußtseins oder in einem ursprünglichen
Interesse des Herzens begründet ist. Diese Frage war zweideutig gemacht worden durch die Tatsache, daß nicht wenige religiöse Positionen
dem Epikureischen Motiv nicht nur faktisch Genüge tun, sondern auch
Genüge tun wollen; diese Tatsache verliert ihr Gewicht, sofern die
Positionen der genannten Art als unradikal aus dem Bezirk radikaler
Reflexion auszuschließen sind.

Um diesen Ausschluß zu rechtfertigen, genügt die Überlegung, die
soeben angestellt wurde, keineswegs. Die Entscheidung über seine Berechtigung, damit die Beantwortung der Frage nach der Möglichkeits-
Bedingung der radikalen Religions-Kritik überhaupt kann nur auf
Grund konkreter Untersuchung der Religions-Kritik *in ihrem Vollzug*
erwartet werden. Es genügt nicht die einseitige Orientierung an der
Position des Angreifers; denn die Religions-Kritik ist ein Hinausgreifen
über diese Position: im Sinn dieses Hinausgreifens muß die angegriffene
Position mitgesehen werden. Mehr noch: es muß beobachtet werden,
welche Voraussetzungen in der Aus-einander-setzung ins Spiel treten,
sich in ihr voneinander auf beiden Seiten abheben. In dieser Blick-
richtung treten wir an die Religions-Kritik Spinozas, so wie sie vor allem
im Tractatus theologico-politicus entwickelt ist, heran. |

86   Spinoza richtet sich in dem genannten Traktat ausdrücklich gegen
zwei verschiedene, ja einander entgegengesetzte offenbarungsreligiöse
Positionen: gegen die »Skeptiker, welche die Gewißheit der Vernunft
leugnen«, die Unterordnung der Vernunft unter die Schrift verlangen,
und gegen die »Dogmatiker«, welche umgekehrt die Schrift zur Magd
der Vernunft machen. Beide Positionen werden historisch identifiziert:
als Urheber des »Dogmatismus« innerhalb des Judentums gilt Maimuni,
der »skeptischen« Ansicht folgt nach Spinozas Behauptung »der größte
Teil« der Juden, der sich eben dadurch von seinem Lehrer Maimuni
entfernt (Tr. 166 f.). Die Einschränkung der Rücksicht auf den Gegensatz innerhalb des Judentums, die ihren Grund hat in der Erinnerung an

den höchst folgenreichen Streit für und wider Maimuni zu Beginn des 13. Jahrhunderts, ist aus der Jugend-Geschichte Spinozas leicht zu verstehen;[136] der inner-jüdische Gegensatz repräsentiert aber nur vorläufig und nur zur Erleichterung der Untersuchung den allgemein-europäischen Gegensatz. Dies zeigt sich deutlich schon darin, daß Spinoza im Zusammenhang der eben angeführten Darlegung die Erbsünden- Lehre als zu der »skeptischen« Position hinzugehörig behandelt (Tr. 168). Überhaupt richtet sich der theologisch-politische Traktat unmittelbarer als gegen die jüdische Orthodoxie gegen die christliche;[137] für »den größten Teil« der Juden ist daher einzusetzen die Orthodoxie überhaupt. Die christliche Orthodoxie, gegen die sich Spinoza unmittelbar wendet, ist insbesondere die Calvinische Orthodoxie; die letzten Voraussetzungen der Kritik an der Orthodoxie treten erst hervor, wenn die radikale Position, die der orthodoxen zu Grunde liegt, die Position Calvins, als das durch die Situation vorgezeichnete Ziel der Kritik begriffen wird. Es ergibt sich dann folgende Disposition für die Analyse der von Spinoza im Traktat vollzogenen Kritik:

> A) die Kritik an der Orthodoxie;
> B) die Kritik an Maimuni;
> C) die Kritik an Calvin. |

---

[136] Spinoza zitiert als Quelle die Sammlung der Briefe Maimunis, die er, wie er »*sich erinnert*«, »einst gelesen« hat. Tr. 167n.

[137] . . . causas, quae me ad scribendum impulerunt, docebo. Miratus saepe fui, quod homines, qui se *Christianam* religionem profiteri iactant, . . . Tr. praef. 3f.

A
Die Kritik an der Orthodoxie

Der Traktat wendet sich *gegen* die Theologen; er wendet sich aber nicht *an* sie, sondern an die »Klügeren«, deren Verstand von den Vorurteilen der Theologen zu befreien ist (ep. 30), an die, »welche freier philosophieren würden, wenn nicht *dies eine* im Weg stände, daß sie glauben: die Vernunft müsse der Theologie Magd-Dienste leisten« (Tr. praef. 8). Die Position, gegen die sich der Traktat vorzüglich wendet, ist also, gemäß der vorhin angeführten Unterscheidung Spinozas, die »skeptische«, die Orthodoxie.

Um den Sinn der an der Orthodoxie geübten Kritik zu ermitteln, gehen wir aus von Spinozas Erklärung über die Zwecke, die er mit der Abfassung des Traktats verfolgte. Er schreibt im Jahr 1665 an Heinrich Oldenburg (ep. 30): Compono jam tractatum de meo circa scripturam sensu; ad id vero faciendum me movent, 1. Praejudicia theologorum; scio enim, ea maxime impedire, quo minus homines animum ad philosophiam applicare possint: ea igitur patefacere atque amoliri a mentibus prudentiorum satago. 2. Opinio, quam vulgus de me habet, qui me atheismi insimulare non cessat: eam quoque averruncare, quoad fieri potest, cogor. 3. Libertas philosophandi dicendique quae sentimus; quam asserere omnibus modis cupio, quaeque hic ob nimiam concionatorum authoritatem et petulantiam utcunque supprimitur. Über den zweiten Zweck ist zu sagen, daß er Spinoza zu zahlreichen Abschwächungen und Verdunklungen seines Gegensatzes zur Offenbarungs-Religion veranlaßt; im Ganzen besteht die Verteidigung gegen die Nachrede des Atheismus darin, daß die offizielle Lehre der Theologen, von der aus seine Lehre als Atheismus erscheint, als Aberglaube entlarvt wird; so führt sich der zweite Zweck wesentlich auf den ersten zurück. Es bleiben also zwei verschiedene Zwecke, zwei Zwecke von sehr verschiedenem Gewicht. Der dritte Zweck meint die Freiheit des Redens, die Freiheit in der Öffentlichkeit: der Philosoph fordert die

Freiheit, das von ihm als wahr Erkannte öffentlich annehmen und das von ihm als falsch Erkannte öffentlich verwerfen zu dürfen. Die Begründung| dieser Forderung setzt die Kritik an den Vorurteilen der Theologen voraus; so ist also die Verwirklichung des ersten Zwecks Voraussetzung für die Verwirklichung des dritten Zwecks. Der erste Zweck ist aber nicht nur hinsichtlich der Verwirklichung früher, er ist auch an sich radikaler als der dritte: es ist Spinoza nicht nur um die Freiheit der öffentlichen Mitteilung bereits gefundener Wahrheiten, sondern um die Befreiung der in den Vorurteilen der Theologen befangenen Menschen von diesen Vorurteilen, um die Befreiung zur Philosophie zu tun. Dies also ist der erste und der höchste Zweck, um dessentwillen Spinoza den Traktat geschrieben hat.

Die Kritik an den Vorurteilen der Theologen ist keine der Philosophie äußerliche, nachträgliche Anwendung von Ergebnissen der Philosophie auf die Kritik falscher Meinungen, zufälliger Irrtümer – es sei nicht seine Gewohnheit, die Irrtümer Anderer aufzudecken, versichert Spinoza selbst (ep. 2) –, sondern das notwendige Prolegomenon zur Philosophie: erst wenn die Vorurteile der Theologen ihre Macht über die Köpfe verloren haben, ist das Feld für die Philosophie frei. Die Befreiung *zur* Philosophie liegt dem Stand philosophischer Freiheit vorauf; und wenn Philosophieren nur als freies Philosophieren möglich ist, so ist die Befreiung zur Philosophie noch nicht eigentlich Philosophie, sondern Propädeutik zur Philosophie. Als solche verlangt sie eine eigentümliche, dem vor-philosophischen Standpunkt in seiner Eigentümlichkeit angemessene Methode.

Über die Notwendigkeit einer derartigen Einführung und Hinführung hatte Spinoza seine Erfahrungen. In dasselbe Jahr, in dem er die Arbeit am Traktat beginnt, fällt sein Briefwechsel mit Willem van Blyenbergh, der ihm diese Notwendigkeit, wohl nicht als erster, demonstrierte. Die Entwicklung dieses Briefwechsels führt genau an den Punkt, an dem die Auseinandersetzungen des Traktats notwendig werden. Blyenbergh hatte sich an Spinoza mit der Frage gewandt, wie mit der All-Ursächlichkeit Gottes die sittliche Freiheit des Menschen zu vereinbaren sei: wenn Gott, wie Ursache alles Seins und Geschehens, so auch Ursache aller menschlichen Willens-Regungen ist, so scheint daraus entweder zu folgen, daß es nichts Schlechtes im menschlichen Willen gibt, oder, daß Gott selbst auch das Schlechte in ihm unmittelbar wirkt (ep. 18). Spinoza antwortet: die Beurteilung eines Dings als unvollkommen, einer Handlung als schlecht setzt die Messung an einer Norm voraus; im

Denken Gottes, das die Einzel-Dinge nicht vermittelst der Allgemein-Begriffe erkennt, sondern sie, wie sie in sich selbst sind, ohne ver-gleichende| Abstraktion betrachtet, hat daher die Beurteilung eines Dings als unvollkommen, einer Handlung als schlecht keinen Platz. Wenn die Schrift dennoch von Geboten und Verboten Gottes spricht, so redet sie auf menschliche Weise, um sich dem Volk verständlich zu machen: mit Rücksicht auf die geringe Fassungskraft der Menge haben die Propheten den Zusammenhang von Ursachen und Wirkungen als Zusammenhang von Gesetzen und Vergeltungs-Maßnahmen hingestellt (ep. 19). Nunmehr sieht sich Blyenbergh veranlaßt, *bevor* er auf die sachlichen Schwierigkeiten eingeht, *zuerst die allgemeinen Regeln*, nach denen sich sein Philosophieren richtet, zu formulieren. Diese Regeln sind 1. der klare und deutliche Begriff seines Verstandes, 2. das offenbarte Wort Gottes. Sollte es sich nach langer Prüfung herausstellen, daß die natürliche Erkenntnis der Schrift zu widerstreiten scheint, so hat die Schrift bei ihm so viel Autorität, daß ihm seine eigenen klaren Begriffe eher verdächtig sind als jenes Buch; denn er »will fest glauben, daß jenes Wort das Wort Gottes ist«, was er hier nur voraussetzt, da der Beweis nicht am Platz oder zu lang wäre, *und* er ist sich ferner »verdächtig, ob er sich nicht durch dauernden Irrtum einer besseren (sc. vollkommene Erkenntnis ermöglichenden) Lage beraubt hat«. Er gibt zu, daß er, nur seiner natürlichen Erkenntnis folgend, viele Darlegungen Spinozas aner-kennen müßte, daß ihn aber sein Glaube an die Schrift zu anderer Meinung zwingt (ep. 20). Auf Grund dieses Briefes erkennt Spinoza, daß er und Blyenbergh »über die *ersten Prinzipien selbst*« gegensätzlicher Ansicht sind. Das erste Prinzip Spinozas ist: omnino in eo, quod mihi intellectus monstrat, acquiesco sine ulla suspicione, me ea in re decep-tum esse (ep. 21); das grundsätzliche Vertrauen zu dem, was er einsieht. Dieses Vertrauen ist »erstes Prinzip«, Bedingung alles Philosophierens, aller sachlichen Argumentation voraufliegend. Ehe das Philosophieren einsetzen kann, muß also der das Selbst-Vertrauen der Vernunft in Frage stellende Offenbarungs-Glaube selbst in Frage gestellt werden. In diesem Sinn ist die Kritik an der Offenbarungs-Religion nicht die Leistung, sondern die Voraussetzung der freien Wissenschaft.

1. Die Kritik auf Grund der Schrift

Wer aber soll diese Kritik üben, wenn nicht der Philosoph? Zuerst der Schrift-Erklärer. Die Gegner berufen sich wider die Vernunft auf die Schrift; sie verlangen die Unterwerfung der erbsündlich verderbten Vernunft unter die Schrift. Der Anspruch der Gegner ist seinem Sinn nach an der Schrift, und nur an der Schrift zu messen. Spinoza nimmt diesen Anspruch auf; er beruft sich für | seine Kritik an der Orthodoxie   90 auf die Schrift; er legt die Lehre, daß die Schrift eine über-vernünftige Offenbarung enthalte, seiner Kritik zu Grunde. Er argumentiert so: der Rückgang auf den unverfälschten, den Wort-Sinn der Schrift ist dem eigenen Sinn der übernatürlichen Offenbarung nach notwendig; denn was können wir über Dinge, welche die Grenzen unseres Verstandes überschreiten, von uns selbst aus wissen? Jede menschliche Auslegung ist als solche falsche, verfälschende Auslegung: Erdichtung, welche sich an die Stelle des reinen Gottes-Worts setzen will.[138] Spinozas Kritik will insofern nichts anderes leisten als die Wiederherstellung der echten Autorität der Schrift;[139] sie will damit die Schrift-Autorität auf ihren eigentlichen Bereich beschränken und so die Philosophie von der Schrift-Autorität unabhängig machen.

Von vornherein vermengt sich mit dieser ersten, von Spinoza in ihrem Sinn und ihrer Notwendigkeit klar erkannten Aufgabe die ganz anders geartete: festzustellen, was die Schrift eigentlich lehrt, um die Lehre der Schrift an der sachlichen Wahrheit zu messen und so zu einem Urteil über die Wahrheit der Schrift zu kommen.[140] Die Vermengung

---

[138] quid de rebus, limites nostri intellectus excedentibus dicere possumus, praeter id, quod ex ipsis prophetis ore, vel scripto nobis traditur? Tr. 2. – ipsa (sc. Scriptura), quae humanis figmentis minime indiget, . . . humana commenta pro divinis documentis haberi . . . Tr. praef. 5. – . . . quod tota eius (sc. Scripturae) rerumque spiritualium cognitio ab ipsa sola, et non ab iis, quae lumine naturali cognoscimus, peti debeat. Tr. praef. 6.

[139] Spinoza sagt in dem vorhin schon benutzten Antwort-Schreiben an Blyen-bergh (ep. 21): Video . . . nullam demonstrationem, licet pro demonstrationis legibus solidissimam, apud te valere, nisi conveniat cum ea *explicatione*, quam vel ipse, vel alii theologi, tibi haud ignoti, sacrae Scripturae *tribuunt*.

[140] Verum quidem est Scripturam per Scripturam explicandam esse, quam diu de solo orationum sensu et mente prophetarum laboramus; sed postquam verum sensum eruimus, necessario iudicio et ratione utendum, ut ipsi assensum praebeamus. Tr. 167 f.

wird dadurch ermöglicht, daß beide Aufgaben den Rückgang auf den unverfälschten Sinn der Schrift verlangen.[141] Daraus ergeben sich viele scheinbare Widersprüche im Traktat. An der Auflösung dieser Widersprüche im Einzelnen ist nicht viel gelegen; das Verständnis des Ganzen der Religions-Kritik Spinozas | aber verlangt die grundsätzliche Sonderung der Kritik *auf Grund* der Offenbarungs-Urkunde und der Kritik *an* der Offenbarungs-Urkunde. Die Kritik *auf Grund* der Schrift ist von der Vorstellung geleitet, daß die »*alte* Religion« die vollkommene Religion ist: darum Rückgang auf die Schrift; die Kritik *an* der Schrift will den Gegner auf die offenbaren »Vorurteile eines *alten* Volkes« festlegen, wobei »alt« den Sinn von barbarisch, unkultiviert hat: darum Rückgang auf die Schrift.[142] Im ersten Fall ist die einzige Norm die Schrift; im zweiten Fall ist die einzige Norm die Vernunft.

Der durch den Zweck vorgezeichnete Boden der Kritik ist zuerst die Schrift, der Wort-Sinn der Schrift. Unter der Voraussetzung, daß die Schrift Offenbarungs-Charakter hat, ist Gegenstand der Kritik die Behauptung: die Schrift ist überall, in jeder Hinsicht wahr und göttlich.[143] Hat zuletzt allein die Schrift über Wahrheit oder Unwahrheit zu entscheiden, muß sich die Vernunft der Schrift unterwerfen, kann also die Vernunft nicht richten und schlichten, so muß die Lehre der Schrift einstimmig sein; andernfalls würde man in demselben Atemzug dasselbe bejahen und verneinen. Die Behauptung, daß die Schrift überall wahr und göttlich ist, zwingt also, als zu ihrer Konsequenz, zu der Behauptung, daß die Schrift sich nirgends widerspricht; diese Konsequenz hat die orthodoxe Hermeneutik gezogen.[144] Das orthodoxe Postulat hat keinen Grund in der Schrift; denn erstens sagt die Schrift nichts davon,

---

[141] Ihn verlangt auch die eigentliche Bibel-Wissenschaft, die, ohne jede religions-kritische Absicht, feststellen will, was die Bibel sagt; sie gehört als solche nicht hierher.

[142] Non ergo mirum, quod *antiquae* religionis nihil manserit praeter eius externum cultum . . .: Tr. praef. 4. – Qui autem . . . rationem et philosophiam theologiae ancillam facit, is *antiqui* vulgi praeiudicia tamquam res divinas tenetur admittere et iisdem mentem occupare et obcaecare . . . Tr. 166.

[143] plerique tanquam fundamentum supponunt . . . ipsam (sc. Scripturam) ubique veracem, et divinam esse; id nempe ipsum, quod ex eiusdem intellectione, et severo examine demum deberet constare: et quod ex ipsa, quae humanis figmentis minime indiget, longe melius edoceremur, in primo limine pro regula ipsius interpretationis statuunt. Tr. praef. 5.

[144] Spinoza orientiert sich an der Lehre des R. Jehuda Alpakhar; vgl. Tr. c. XV. (1. Hälfte.)

daß sich in ihr keine Widersprüche finden, und zweitens finden sich
tatsächlich sehr viele Widersprüche in ihr. Spinoza bevorzugt als Beispiel: Samuel leugnet, Jeremia behauptet, daß Gott seine Beschlüsse
bereue: Utraque sententia universalis est et utrique contraria; quod una
directe affirmat, id altera directe negat. Adeoque ipse (sc. R. Jehuda
Alpakhar, der Repräsentant der Orthodoxie) ex ipsius regula, hoc ipsum
tan|quam verum amplecti et simul tanquam falsum rejicere tenetur   92
(Tr. 170). Die Widersprüche können nicht durch allegorische Auslegung
behoben werden; denn der Wort-Sinn der Schrift darf gerade, weil die
Schrift über-vernünftige Lehren mitteilt, nicht angetastet werden. Das
Ergebnis: die Schrift kann nicht *überall* wahr und göttlich sein, sondern
nur in dem, was sie überall *einstimmig* lehrt.[145] Die Schrift lehrt
einstimmig, überall: daß die Menschen schon allein durch den Gehorsam gegen das göttliche Gebot der Nächsten-Liebe, der sich in Werken
der Gerechtigkeit und der Liebe bekundet, selig werden. Diese Lehre ist
wahrhaft über-vernünftig; so war ihre Offenbarung für das Heil der
Menschen notwendig. Von dieser Lehre aus ist das Ganze der Schrift,
sind alle ihre Widersprüche prinzipiell zu verstehen: um die Menschen
zum Heil zu führen, hat Gott ihnen den Heils-Weg offenbart, und zwar
so offenbart, wie es die Fassungskraft der in der Offenbarung direkt
oder indirekt Angeredeten verlangte. Gott begründet seine Offenbarung
Jedem auf die ihm verständliche Weise; es kommt daher für den Leser
der Schrift nicht auf die variierende Begründung, sondern auf den immer
identischen Zweck an. Dieser Zweck ist die *Frömmigkeit*, die Erfüllung
des göttlichen Gebots der Gerechtigkeit und Liebe aus Gehorsam gegen
Gott.

Die Schrift ist Grundlage der Frömmigkeit, *nur* der Frömmigkeit; sie
ist nicht Grundlage der nicht auf Frömmigkeit, sondern allein auf
Wahrheit gerichteten Philosophie. So sind (auf die Schrift gegründete)
Theologie und Philosophie hinsichtlich ihres Ziels und ihrer Grundlage
gänzlich verschieden, so verschieden, daß kein Übergang von der einen
zur andern möglich ist. Vollends ist es absurd, wenn die Theologen, die
kein anderes Ziel kennen dürfen als die Erziehung zur Gerechtigkeit und

---

[145] Quid autem Deus sit, et qua ratione res omnes videat iisque provideat, haec
et similia Scriptura ex professo et tanquam aeternam doctrinam non docet. Sed
contra *prophetas* ipsos *circa haec non convenisse* iam supra ostendimus;
adeoque de similibus nihil tanquam doctrinam spiritus sancti statuendum,
tametsi lumine naturali optime determinari possit. Tr. 88 f.

Liebe, die Philosophen mit Haß und Zorn verfolgen. So wird auf Grund der Schrift, im Sinn der Schrift die Philosophie von der Bevormundung durch die Theologie befreit, das die Philosophie gefährdende Vorurteil: die Philosophie müsse der Theologie Magd-Dienste leisten, beseitigt.[146] |

93   Soviel über den Nerv der von Spinoza auf Grund der Schrift an der Orthodoxie geübten Kritik. Nunmehr ist nach den Voraussetzungen zu fragen, die in der ersten Disposition derselben nicht hervortreten. Die erste Voraussetzung ist die *Gleichwertigkeit von A. T. und N. T.* Die jüdische Orthodoxie kann sich wider Spinoza auf das Gesetz Moses berufen, dessen Verpflichtungs-Kraft durch Spinozas Restriktion der Religion auf »Frömmigkeit« in offenbar schrift-widriger Weise aufgehoben wird; entsprechend die christliche Orthodoxie auf das »Wort vom Kreuz«.[147] Gelten nun aber die Schriften des A. T. und die Schriften des N. T. als grundsätzlich gleichwertig, so rückt der Ton auf das beiden Schriften-Sammlungen Gemeinsame; das, worin sie divergieren – Gesetz und »Wort vom Kreuz« –, gehört in den Bereich der für den eigentlichen Zweck der Schrift gleichgültigen, grundsätzlich variierenden Begründung, als welche sich der Fassungskraft der jeweils Angeredeten anpaßt: die eine und selbe Religion wurde vor der Ankunft Christi von den Propheten kraft des Bundes am Sinai und nach der Ankunft Christi von den Aposteln kraft des Leidens Christi verkündet (Tr. 149). Dagegen kann man sagen, daß zwar wider die Geltung des Mosaischen Gesetzes, wider die jüdische Orthodoxie leicht zu argumentieren ist, wenn das N. T., welches das Mosaische Gesetz abrogiert, als Autorität anerkannt wird, daß aber doch die christliche Orthodoxie sich gerade auf Grund dieser Anerkennung gegen die Gleichstellung von A. T. und N. T., durch

---

[146] Tr. c. XIII–XIV passim; vgl. vor allem die Zusammenfassung am Ende von c. XIV, das mit folgenden Worten schließt: (lector) sibi | persuasum habeat, nos non eo scripsisse animo, ut *nova* introduceremus, *sed ut depravata corrigeremus*, quae tandem aliquando correcta videre speramus.

[147] So sagt Joh. Musaeus, Tractat. theol.-pol . . . ad veritatis lancem examinatus, Jenae 1674, nachdem er eine Reihe von Stellen, die vom Kreuz sprechen, angeführt hat: Unde merito miramur, Auctorem provocare tam audacter ad Scripturam, eique tribuere, quod vel religionem totam, vel illius fundamentum totum constituat in obedientia erga Deum: cum contrarium nullibi non Scriptura doceat. Et fundamentum quidem religionis constituit ex conceptis verbis in Christo Jesu, non in obedientia erga Deum (§ 51). Die von Musaeus in diesem Zusammenhang angeführten Stellen kommen, bezeichnenderweise, im ganzen Traktat überhaupt nicht vor.

93

welche das »Wort vom Kreuz« zu Gunsten der neutralen Gehorsams-Forderung entthront wird, verwahren kann und muß. Indessen hat gerade die christliche (protestantische) Orthodoxie, gegen die sich der Traktat zunächst wendet, die völlige Identität der Lehre in A. T. und N. T., die völlige Übereinstimmung von Propheten und | Aposteln behauptet.[148] Sie verstand diese Übereinstimmung freilich so, daß sich das »Wort vom Kreuz« bereits im A. T. finde; dagegen konnte Spinoza leicht durch Rückgang auf den unverfälschten Wort-Sinn der Schrift argumentieren. Die orthodox-protestantische Lehre von der völligen Übereinstimmung der Propheten und der Apostel ist aber nur die sehr vermittelte Konsequenz einer Auffassung, die ihren Grund in dem »Wort vom Kreuz« hat; die Zurückstellung des »Wortes vom Kreuz« hinter das, was dem A. T. und dem N. T. gemeinsam ist, hätte der protestantischen Orthodoxie auf keine Weise aufgezwungen werden können. In der Tat hat Spinozas Voraussetzung mit der etwa gleichlautenden orthodox-protestantischen These wenig zu tun; diese Voraussetzung ist nur eine Besonderung des rationalistischen Prinzips, daß der *consensus* Wahrheits-Kriterium sei. Dieses Prinzip wird von Spinoza zur Ermittlung der *in* der Schrift enthaltenen Wahrheit angewandt; er versteht es in dem Sinn, daß die Menschen nur insofern überhaupt übereinstimmen können, als sie von der Vernunft geleitet sind (cf. Eth. IV 35). Dabei bleibt zunächst die Schwierigkeit, daß die übereinstimmende Lehre der ganzen Schrift übervernünftig ist; die volle Aufklärung dieser Schwierigkeit ist erst nach der Interpretation der Religions-Analyse Spinozas möglich; übrigens führt bereits die Kritik auf Grund der Schrift zu dem Ergebnis, daß das, worin die *ganze* Schrift übereinstimmt, die vernünftige Moral ist.

Mit der Voraussetzung, daß A. T. und N. T. gleichwertig sind, kommt Spinoza daher nicht an die orthodox-protestantische (erst recht nicht an die orthodox-jüdische) Position heran. Das Prinzip, auf das, als auf das eigentümlich christliche Prinzip, er sich wider die Orthodoxie beruft, ist vielmehr das *geistliche Verständnis* der Schrift: Christiani omnia, quae Judaei carnaliter, spiritualiter interpretati sunt (ep. 75); denn Christen sind eben diejenigen, deren Geiste Gottes Wort eingeschrieben ist, die also nicht wie die Juden es nötig haben, für das auf Tafeln geschriebene Gesetz zu kämpfen (Tr. 145). Er verlangt von seinen christlichen Gegnern als von Christen, daß sie aufhören, »den Buchstaben anzubeten

---

[148] Diestel l. c. 716 ff.

und um ihn so sehr besorgt zu sein« (Tr. 148): heils-notwendig ist nicht
die Kenntnis Christi nach dem Fleische, sondern die Kenntnis Christi
nach dem Geiste, die Kenntnis also der ewigen Weisheit Gottes, die sich
in allen Dingen, vorzüglich im menschlichen Verstand, am vor|züglich-
sten in dem Christus Jesus offenbart; die kirchlichen Dogmen sind nicht
nur unverständlich, sondern sogar absurd; die Auferstehung ist nur
geistlich zu verstehen.[149] Die Forderung geistlichen Schrift-Verständnisses widerspricht nicht dem energischen Drängen auf den Wort-Sinn; sie
widerspricht ihm wenigstens dann nicht, wenn der Wort-Sinn selbst
buchstäbliches, sinnliches, fleischliches Verständnis ausschließt. Dies
gilt, wie Spinoza (ep. 75) meint, von der zentralen Stelle 1 Cor 15, aus
der sich das Recht auf geistliches, allegorisches Verständnis der Auferstehung zwingend begründen lasse. Die Lehre, die sich dem geistlichen
Verständnis der Schrift erschließt, ist nun aber nicht die über-vernünftige
Verkündigung des Gehorsams gegen Gott als des Wegs zum Heil,
sondern die Lehre der Vernunft selbst; der Geist, der die Schrift geistlich
versteht, den geistlichen Sinn der Schrift erfaßt, ist die Vernunft. Weit
entfernt, daß die Schrift die erbsündliche Verderbtheit der menschlichen
Vernunft behauptet, muß auf Grund der Schrift vielmehr gesagt werden,
daß das durch Propheten und Apostel dem ganzen Menschen-Geschlecht offenbarte göttliche Gesetz kein anderes ist als das Gesetz, das
auch von der Vernunft des Menschen gelehrt wird (Tr. praef. 6). Von hier
aus erscheint geradezu, in zugespitztester Formulierung, die der Offenbarungs-Religion eigentümliche, von der Gehorsams-Gesinnung vorausgesetzte Gottes-Auffassung als schrift-widrige, den Geist wenigstens der
gehaltvollsten Teile der Schrift auslöschende *Neuerung*.[150] Die Untersuchung der Schrift führt also nicht nur, indem sie die Schrift als
Autorität nur der Frömmigkeit erweist, zur Befreiung der Philosophie
von theologischer Bevormundung, sondern sogar zur Bekräftigung der
philosophischen Wahrheit durch die Schrift.

Die philosophische Wahrheit wird nicht durch die Schrift als Ganzes,

---

[149] epp. 73, 75, 78; Tr. 7, 56 f., 144 ff.

[150] dico . . . me de Deo, et natura sententiam fovere longe diversam ab ea,
quam *Neoterici* Christiani defendere solent. Deum enim rerum omnium causam
immanentem, ut ajunt, non vero transeuntem statuo. Omnia, inquam, in Deo
esse, et in Deo moveri cum *Paulo* affirmo, et forte etiam cum omnibus *antiquis*
philosophis, licet alio modo; et auderem etiam dicere, cum *antiquis* omnibus
Hebraeis, quantum ex quibusdam traditionibus, tametsi multis modis adultera-
tis, conjicere licet. ep. 73. Vgl. auch ep. 21.

sondern nur durch die philosophischen Teile der Schrift bekräftigt. Von diesem *Teil* der Schrift aus, der sich strenger, geistlicher, angemessener Exegese erschließt, wird der Rest als nur »auf| menschliche Weise gesprochen« verstanden und abgetan. Nun muß die Kritik an der Orthodoxie, sofern sie sich zunächst auf dem Boden der Schrift vollzieht, auf die übereinstimmende Lehre der *ganzen* Schrift zurückgehen; sie muß also hinter die Differenz zwischen dem philosophischen und dem unphilosophischen, der Fassungskraft der Menge angepaßten Teil der Schrift zurückgehen. Nach Spinozas Behauptung liegt dieser Differenzierung als gemeinsame Lehre aller Teile der Schrift die Forderung, Gott durch Werke der Gerechtigkeit und der Liebe zu gehorchen, vorauf (Tr. 164). Indessen gehört zu den Grundlagen des Gehorsams die »Erkenntnis«, daß Gott als »höchst gerecht und barmherzig« existiert, d. h. eine »Erkenntnis«, die nicht der Wahrheit, sondern der Fassungskraft der Menge angemessen ist, die – was hier wesentlicher ist – der eigentlichen Meinung des philosophischen Teils der Schrift widerstreitet.[151] Das, worauf es der Schrift als Ganzem ankommt, kann daher *nur* der tätige Gehorsam gegen Gott sein, der sich *nur* in Werken der Gerechtigkeit und der Liebe äußert; der Gehorsam kann auf die entgegengesetztesten Weisen: philosophisch oder vulgär begründet werden; aber nicht auf die Begründung, sondern auf das Tun kommt es an; die der Schrift zum Unterschied von der Philosophie eigentümliche, also dem unphilosophischen Teil der Schrift eigentümliche, aber im Sinn des Schrift-Ganzen selbst nicht verpflichtende Begründung schließt die Idee eines gerechten und barmherzigen Gottes in sich; diese Idee darf man sich interpretieren, wie man will, – also z. B. als nur vulgär –, sofern man mit der Interpretation nicht den Zweck verfolgt, ungerechtes und liebloses Verhalten zu ermöglichen und zu rechtfertigen (Tr. 164); auf den tätigen Gehorsam *allein* kommt es der Schrift an.

Spinoza kommt zu diesem Ergebnis zuerst dadurch, daß er A. T. und N. T. als gleichwertig behandelt; auf Grund dieser Voraussetzung wird

96

---

[151] Attamen nec ille (sc. Paulus) etiam aperte loqui vult, sed, ut ipse ait, cap. 3 v. 5 et cap. 6 v. 19 ejusdem epist. (sc. ad Rom.), humano more loquitur, quod expresse dicit, cum Deum justum vocat, et sine dubio etiam propter carnis imbecillitatem Deo misericordiam, gratiam, iram, etc. *affingit*, et ingenio plebis, sive (ut ipse etiam ait cap. 3 v. 1. 2 epist. 1 ad Corinth.) hominum carnalium sua verba accomodat (Tr. 51). Damit ist zu vergleichen die erste der Grund-Lehren der Schrift: Deum, hoc est, ens supremum, summe iustum et misericordem, sive verae vitae exemplar existere (Tr. 163).

*97 das spezifisch Jüdische und das spezifisch Christliche, das in jedem Betracht Positive der Schrift auf ein Minimum | reduziert; diese Voraussetzung aber ist sowohl gegenüber dem Judentum als auch gegenüber dem Christentum willkürlich. Erkennt nun Spinoza gegenüber den Christen den Vorrang des N. T. an – was er an zahlreichen Stellen des Traktats tut –, so kann er sich nur vermittelst »geistlichen« Schrift-Verständnisses vor dem Positiv-Christlichen retten; das geistliche Schrift-Verständnis aber muß Verständnis des Wort-Sinns, der Wort-Sinn selbst darf nicht buchstäblich, er muß geistlich gemeint sein; dabei genügt schon der Nachweis, daß es *innerhalb* der Schrift Stellen gibt, deren Wort-Sinn geistlich ist. Denn diese Teile *widersprechen* dann der positiv-christlichen Lehre, so daß *die* Lehre der Schrift nicht mehr in dem Positiv-Christlichen, freilich auch nicht in dem Philosophischen, sondern in der neutralen Forderung des tätigen, einerlei ob glaubenden oder einsichtig wissenden, Gehorsams zu sehen ist. Spinozas Kritik an der Orthodoxie auf Grund der Schrift hängt also davon ab, daß die Paulinische Lehre der Lehre der übrigen Apostel widerspricht;[152] sie hängt zuvor ab von seiner Auslegung der Paulinischen Lehre selbst. Daß diese Auslegung der aufrichtigen Meinung Spinozas entspricht, wird niemand, der seine Schriften kennt, bezweifeln; die Überzeugung, daß er Paulus verstehe – während er doch über die Schrift als Ganzes sagt: plane et sine ambagibus profiteor, me S. Scripturam non intelligere (ep. 21) – und mit ihm im Einklang sei, ist das Pathos seiner Appellation an die Schrift. Von der Angemessenheit seiner Paulus-Exegese hängt das Recht seiner auf Grund der Schrift, also auf dem Boden der Orthodoxie an der Orthodoxie geübten Kritik ab.

Der Kern dieser Kritik ist der Gedanke: die Schrift lehrt *nichts* über die Punkte, über die sie sich *widersprechend* äußert; worüber aber die Schrift *nichts* lehrt, darüber kann die Vernunft *Alles* lehren, was sie vor sich verantworten kann. Die Schrift lehrt widersprechend über all die Theologeme, über die zwischen der Offenbarungs-Religion und der Philosophie Streit ist; die Schrift kann, vielmehr – da Gott kann, was er will – die Schrift will uns also nichts sagen über Gottes Wesen; das Wissen über Gottes Wesen ist – da Gott gemäß seiner Güte offenbart, was der Mensch für den Weg zum Heil braucht – nicht heils-notwendig: 98 die Spekulation über Gottes Wesen ist damit von theologischer Be|vor-

---

[152] Über diesen Widerspruch äußert sich Spinoza im Traktat in c. XI in fine, außerdem in epp. 75 und 78.

mundung befreit. Entsprechendes gilt von der kosmologischen Forschung. Der philosophische Teil der Schrift – in diesem Fall rekurriert
Spinoza nicht auf Paulus, sondern auf das Prediger-Buch des »Philosophen« Salomo[153] – lehrt, daß die Natur eine feste und unabänderliche
Ordnung innehält, daß es also keine Wunder gibt; also ist die Wunder-
Behauptung nicht Lehre *der* Schrift, also ist sie nicht heils-notwendig:
das Suchen nach den natürlichen Ursachen hat keine Schranke.

Verläßt nun aber Spinoza nicht schon durch seine Behauptung, daß
es Widersprüche in der Schrift gibt, den Boden, den er mit seinem
Gegner gemeinsam hat, auf dem er also die Befreiung zur Philosophie
zunächst versuchen muß? Leugnet er nicht schon damit die Autorität der
Schrift? Er verlangt mit Rücksicht darauf, daß die Schrift offenbart sei,
die schlechthinnige Anerkennung des Wort-Sinns der Schrift, den Verzicht auf jede eigenmächtige Deutung; erst dann kann er nachweisen,
daß sich die Schrift widerspricht. Folgt aber nicht schon aus der
Offenbartheit, damit der Wahrheit der Schrift, daß die Schrift sich *nicht*
widerspricht, daß also eine der einander widersprechenden Äußerungen
allegorisch zu interpretieren ist? Spinoza könnte nun ruhig zugeben, daß
die Widersprüche nur scheinbar sind; er brauchte nur zu urgieren, daß
jede allegorische Auslegung Verfälschung des reinen Gottes-Worts ist; er
könnte sich mit der Behauptung begnügen, daß die Lehre der Schrift
über die Punkte, über die sie sich an verschiedenen Stellen verschieden
äußert, jedenfalls dunkel ist, also, wenn die Schrift die zulängliche
Leitung für den Weg zum Heil sein soll, nicht heilsnotwendig sein kann.
Was würde er aber damit erreichen? Nur die Widerlegung der orthodoxen Dogmatik; er würde die Orthodoxie von ihrem Boden aus daran
erinnern, daß die Schrift nicht theoretische Diskussionen, sondern tätige
Frömmigkeit fordert. Sofern er aber selbst die Schrift als Autorität
erkennt, müßte er sich selbst genau so wie der Orthodoxie die Spekula-   *
tion verbieten: ist doch der tätige Gehorsam das Eine, was not tut; sein
eigentliches Ziel: die | Befreiung zur Philosophie kann also Spinoza auf   99
Grund der Schrift nicht erreichen.

Wenn die Schrift sich widerspricht, so gibt es keine schriftbegründete

---

[153] Tr. 81. – Es zeigt sich hier übrigens der konkrete Sinn, den für Spinoza die
Gleichwertigkeit von A. T. und N. T. hat: Salomo und Paulus lehren in gleicher
Weise philosophisch (vgl. Tr. 52–54). Mit dem Vorrang des N. T. vor dem A. T.
hingegen meint er den Vorrang des Christus Jesus vor dem Gesetzgeber Moses
und den Vorrang der Apostel vor den Propheten.   *

Dogmatik – ganz gewiß; aber ebensowenig eine freie philosophische Forschung. Daß die Schrift über ein Theologem – etwa darüber, ob und in welchem Sinn Gott »frei« ist – nicht einstimmig lehrt, dies besagt, die Anerkennung der Schrift-Autorität vorausgesetzt, nicht mehr, als daß dieses Theologem ein Mysterium ist, das Gott den Menschen nicht enthüllt hat, nicht enthüllen wollte. Dann kann der Theologe der Schrift keine eindeutige Antwort entnehmen, um sie dem Philosophen entgegenzuhalten; ebensowenig darf der Philosoph sich erkühnen, in sträflichem Hochmut die Grenze zu überschreiten, die Gott selbst menschlichem Vordringen gesteckt hat.

Die Befreiung der philosophischen Forschung erzwingt Spinoza erst dadurch, daß er die sich widersprechenden Äußerungen der Schrift als unverbindliche, der Fassungskraft des jeweils Angeredeten angepaßte Begründung des verbindlichen Moral-Gesetzes *interpretiert*. Diese Interpretation ist nicht in der gleichen Weise schrift-begründet wie der Nachweis des Widerspruchs selbst; daher kann Spinoza den Orthodoxen, der ihm erwidert: es widerstreitet der Wahrhaftigkeit, der Güte, der Allmacht Gottes, die Propheten in ihren falschen Meinungen zu belassen,[154] nicht aus der Schrift widerlegen. Die Frage: ist es Gott anständig, und wenn ja, in welchen Grenzen, sich den falschen Meinungen der Menschen in seiner Offenbarung an sie anzupassen, muß von der Vernunft entschieden sein, bevor auf Grund der Schrift argumentiert wird.

Aber gesetzt auch, der Orthodoxe gebe Spinoza die genannte Voraussetzung zu, so wäre ihm damit noch nicht eingeräumt, daß die Schrift im Spekulativen sich prinzipiell widerspricht, im Praktischen dagegen einstimmig lehrt. Die Divergenz zwischen der rationalen Moral und den Vorschriften der Berg-Predigt gibt Spinoza selbst zu, indem er sich bemüht, sie wegzudeuten; er behauptet, daß diese Vorschriften dem Sinn ihres Sprechers nach nur für machtlose, in einem verderbten, bald untergehenden Staat lebende Menschen gelten (Tr. 89). Ohne diese gewaltsame Auslegung würde es Spinoza | nicht gelingen, überhaupt irgendeine unwidersprochen durch die ganze Schrift hindurchgehende, auch nur für das Praktische zureichende Lehre festzustellen. Er verfährt

---

[154] Deus enim, ut prima et immutabilis veritas est, ita nec opiniones falsas Prophetis inspirare, nec in praeiudiciis et opinionibus falsis eos relinquere, per suam immutabilem veritatem, potuit. Musaeus l. c. § 73. Ähnlich Blyenbergh in ep. 20.

also selbst gar nicht anders als die gläubigen Ausleger, die, um die Einstimmigkeit der Schrift zu retten, den Wort-Sinn »verfälschen«. Seine Auslegung der Berg-Predigt ist mindestens so gewaltsam wie die orthodoxe Auslegung der Paulinischen Auferstehungs-Lehre, welche Auslegung das ganze Gebäude der von Spinoza auf Grund der Schrift vollzogenen Kritik zum Einsturz bringt. Damit ist an den entscheidenden Beispielen gezeigt, wie gering die Überzeugungs-Kraft dieser Kritik auch dann ist, wenn man Spinoza eine keineswegs selbstverständliche, aus der Schrift nicht begründbare Voraussetzung zugesteht.

Endlich und hauptsächlich setzt die Kritik auf Grund der Schrift voraus, daß der Sinn der Schrift, auf Grund dessen die Orthodoxie zu widerlegen sei, der Wort-Sinn, d.h. derjenige Sinn sein müsse, welcher dem gläubigen und dem ungläubigen Leser in gleicher Weise zugänglich ist. Diese Voraussetzung ist gegenüber einem Gegner, der behauptet, echtes Schrift-Verständnis sei nur auf Grund des Glaubens möglich, eine petitio principii. –

2. Die Kritik auf Grund der Vernunft (Kritik an der Schrift)

a) Die Kritik am Wunder

Wenn das Philosophieren das Selbst-Vertrauen der Vernunft, die Bereitschaft, sich »ohne jeden Verdacht« bei dem zu beruhigen, was man klar und deutlich einsieht, zur Voraussetzung hat, so ist die Religions-Kritik zu gliedern in vor-philosophische, zur Philosophie befreiende und in philosophische, die philosophische Freiheit voraussetzende Kritik. Die vor-philosophische Kritik hat die Aufgabe, das Selbst-Vertrauen der Vernunft zu erwecken oder wiederzuerwecken; da das Selbst-Vertrauen der Vernunft durch das Vorurteil, die Vernunft müsse sich der Schrift unterwerfen, erschüttert ist, so ist es die Aufgabe der vor-philosophischen Kritik, eben dieses Vorurteil zu beseitigen. Sie ist *zuerst* Kritik auf Grund der Schrift; als solche hat sie zu zeigen, daß die Schrift ihrem eigenen Sinn nach das Philosophieren nicht beschränkt: der radikal vollzogene Rückgang auf das reine Gottes-Wort, die unbedingte Unterwerfung unter die Schrift führt die Befreiung von der Schrift herbei. Aber sie ist *nicht nur* Kritik auf Grund der Schrift. Sie hat nicht nur die

Möglichkeit, zu zeigen, daß die Autorität der Schrift das Selbst-Vertrauen der Vernunft nicht erschüttert; sie kann außerdem die Autorität
der Schrift erschüttern. Diese zweite Aufgabe fällt dann und nur dann in
den Zuständigkeits-Bereich schon der philosophischen Kritik, wenn sie
101   die Konstitution der Philosophie voraussetzt; | aber dann nicht, wenn
sich in ihrer Erfüllung die Konstitution der Philosophie, die Befreiung
zur Philosophie vollzieht.

Da nur *der* Mensch beginnen kann, frei zu philosophieren, der den
Mut hat, seinem eignen Urteil zu trauen, zu welchen Ergebnissen es ihn
auch führen mag, so ist *die* Kritik wahrhaft vor-philosophisch, die weiter
nichts will und tut als: ermutigen. Diese Kritik ist nichts anderes als das
Erwecken der schlafenden Vernunft, als das Erwecken zur Vernunft, als
die Aufmunterung: sapere aude! Sie fordert den, der seine Vernunft
wider-vernünftiger Offenbarung unterwerfen zu müssen glaubt, dazu
auf, sich doch nur einmal klarzumachen, was er eigentlich tut. Denn es
läßt sich nicht klar machen, was er tut; sein Tun ist in sich selbst
verworren; die Klärung zeigt die Absurdität seines Tuns. Denn – so
lautet das zentrale Argument Spinozas, das nach dem Gesagten mehr ist
als ein bloßes Argument – wir unterwerfen uns wider-vernünftiger
Offenbarung entweder *ohne* vernünftigen Grund, und dann handeln wir
töricht und urteilslos, oder *mit* vernünftigem Grund, und dann widersprechen wir uns selbst, indem wir in einem Atemzug die Vernunft
anerkennen und verwerfen; die Unterwerfung der Vernunft unter Wider-
Vernünftiges ist also schlechthin sinnlos.[155]

Die Disjunktion »ohne Vernunft – mit Vernunft«, auf der Spinozas
zentrales, bezeichnenderweise in *einem* Satz beschlossenes Argument
aufgebaut ist, wäre vollständig nur dann, wenn die Unterwerfung unter
die Offenbarung ihren Grund im Menschen – in seiner Vernunft oder in
seiner Unvernunft – haben müßte. Die protestantischen Gegner Spinozas
setzen aber voraus, daß die echte Anerkennung der Offenbarungs-
Autorität auf dem »inneren Zeugnis des heiligen Geistes« beruht, also
ihren Grund nicht im Menschen, sondern in Gott hat. Daher werden sie

---

[155] Quod si ratio, quamvis reclamet Scripturae, tamen plane submittenda est,
quaeso, an id cum vel sine ratione ut caeci facere debemus? Si hoc, stulte sane
et sine iudicio agimus; si illud, ex solo igitur rationis imperio Scripturam
amplectimur, quam igitur, si eidem repugnaret, non amplecteremur. Tr. 168. –
At interim eos absolute excusare non possumus, quandoquidem rationem in
auxilium vocare volunt ad eandem repellendam, et certa ratione eandem
incertam reddere conantur. Tr. 173.

von Spinozas erwähntem Argument nicht erreicht. Allerdings erkennen sie neben dem gottgewirkten Glauben auch noch den durch menschliche Überlegung gestützten, jenem an Gewißheit freilich unendlich nachstehenden »menschlichen Glauben« an. Nach den Bestimmungen Calvins haben| indessen die menschlichen Überlegungen Wert erst *auf*   102 *Grund* der gott-gewirkten Gewißheit, als dann zwar »sehr geeignete«, aber doch eben nur »sekundäre Stützmittel für unsere Schwäche«; sie genügen zur Widerlegung der Argumente gegen die Offenbartheit der Schrift; sie genügen nicht dazu, um den Ungläubigen die Offenbartheit der Schrift zu beweisen.[156] Da die menschlichen Argumente jedenfalls sekundär sind, da für die Gewißheit der Offenbarung an ihnen *nichts* gelegen ist, so würde Spinoza auch durch deren vollständige Widerlegung nicht zum Ziel seiner Kritik gelangen.

Spinoza rechnet mit dem zentralen Einwand, daß die Anerkennung der Vernunft nur in der Auseinandersetzung mit den Ungläubigen notwendig sei, nicht aber für die Begründung des durch das »innere Zeugnis des heiligen Geistes« gewirkten Glaubens selbst. Er sagt dawider, daß der heilige Geist, von dem die Schrift spricht, nicht über Gegenstände der Spekulation, sondern nur über die guten Werke Zeugnis gebe: der heilige Geist ist keine Quelle theoretischer Einsicht.[157]

---

[156] Haec nisi certitudo (sc. testimonium Spiritus) adsit quolibet humano iudicio et superior et validior, frustra Scripturae auctoritas ... argumentis munietur ... siquidem, nisi hoc iacto fundamento, suspensa semper manet. Sicuti contra, ubi semel communi sorte exemptam religiose ac pro dignitate amplexi sumus, quae ad eius certitudinem animis nostris inserendam et infigendam non adeo valebant, tunc aptissima sunt adminicula. Calvin Inst. christ. rel. I 8, 1. – ... Aliae sunt nec paucae nec invalidae rationes, quibus sua Scripturae dignitas ac maiestas non modo asseratur piis pectoribus, sed adversus calumniatorum technas egregie vindicetur: sed quae non satis per se valeant ad firmam illi fidem comparandam, donec eius reverentiam caelestis Pater, suo illic numine patefacto, omni controversia eximit ... quae vero ad eam confirmandam humana exstant testimonia, sic inania non erunt, si praecipuum illud et summum, velut secundaria nostrae imbecillitatis adminicula, subsequantur. Sed inepte faciunt qui probari volunt infidelibus, Scripturam esse verbum Dei: quod, nisi fide, cognosci nequit. l. c. I 8, 13.

[157] Imo dum student mathematicis demonstrationibus Theologiae veritatem et authoritatem ostendere, et rationi et lumini naturali authoritatem adimere, nihil aliud faciunt quam ipsam Theologiam sub rationis imperium trahere, et plane videntur supponere, Theologiae authoritatem nullum habere splendorem, nisi lumine naturali rationis illustretur. Et, si contra iactant se interno Spiritus Sancti testimonio omnino acquiescere, et nulla alia de causa rationem in auxilium

103 Dieses Argument trifft nur diejenigen Theologen, für | welche der Glaube nicht unvereinbar ist mit der Spekulation. Von allgemeinerer Geltung aber ist das folgende Argument: das übernatürliche Licht, das die Göttlichkeit der Schrift verbürgt und das Verständnis der Schrift erschließt, soll nur den Gläubigen gegeben sein; Propheten und Apostel aber wenden sich nicht nur an die Gläubigen, sondern zumeist an Ungläubige.[158] Nur ein anderer Ausdruck dafür ist die ebenfalls bibelwissenschaftlich begründete Feststellung: die Propheten bedurften zur Bekräftigung der ihnen zuteil gewordenen Offenbarung eines *Zeichens*; das heißt: die Offenbarung wird bekräftigt durch das Eintreten eines vorausgesagten Ereignisses. Freilich nicht durch das so verstandene Zeichen allein; denn es kann unter Umständen auch ein Ereignis eintreten, das von einem falschen Propheten vorausgesagt ist. Das Gesetz Mosis verlangt daher von dem Propheten außer dem Zeichen dies, daß seine Lehre mit der als göttlich anerkannten Lehre völlig übereinstimmt. Dem Zeichen ist es wesentlich, daß es imstande ist, die Phantasie der Menschen so zu beschäftigen, daß sie zur Bewunderung und damit zur Frömmigkeit, insbesondere zur Anerkennung des Zeichen gebenden Propheten veranlaßt werden.[159] Da die Propheten sich meistens an Ungläubige wenden, so wird also von der Schrift vorausgesetzt, daß das Zeichen ein, für sich allein freilich nicht zureichendes, Mittel ist, um Ungläubige zu überzeugen, daß die Entscheidung in dem Kampf zwischen Glaube und Unglaube gefällt wird durch das Eintreten des vom Glauben vorausgesagten, geglaubten Ereignisses: die Kluft zwischen

---

vocare, quam propter infideles, ad eosdem scilicet convincendos, nil tamen fidei eorum dictis habendum, . . . Ex praecedente enim capite (sc. XIV) evidentissime sequitur, Spiritum Sanctum non nisi de bonis operibus testimonium dare; . . .
103 De veritate | autem et certitudine rerum, quae solius sunt speculationis, nullus Spiritus testimonium dat, praeter rationem . . . Tr. 173 f.

[158] . . . quod (ut omnes, ni fallor, fatentur) hoc lumen supranaturale donum sit divinum fidelibus tantum concessum. At prophetae et apostoli non fidelibus tantum, sed maxime infidelibus et impiis praedicare solebant, quique adeo apti erant ad mentem prophetarum et apostolorum intelligendam. Tr. 98.

[159] Tr. 16–18, 76 f., 172. – Tr. 18 heißt es: signa non nisi ad prophetae persuadendum dabantur, Tr. 172 dagegen: verum prophetam a falso dignosci ex doctrina et miraculo simul. Der Widerspruch ist offensichtlich; in unserem Zusammenhang interessiert nur die an der späteren Stelle von Spinoza vertretene Auffassung: das Zeichen als »objektives« Kriterium der Offenbartheit (hac tantum de causa Scripturae, hoc est ipsis prophetis, credere tenemur, nimirum propter doctrinam *signis confirmatam*. Tr. 172).

Glaube und Unglaube wird überbrückt durch die sinnliche Wahr-
nehmung des vom Glauben vorausgesagten, nunmehr eingetretenen |
Ereignisses. Spinoza sagt nicht nur nicht, sondern leugnet ausdrücklich   *104*
(Tr. 64), daß die Schrift den historischen Glauben an die in der Vorzeit
geschehenen Zeichen und Wunder fordert oder ihn gar als verdienstlich
hinstellt. Aber mag auch die Kluft zwischen Glaube und Unglaube
hinsichtlich der Verdienstlichkeit, der Gerechtigkeit in aller Ewigkeit
unüberbrückt bleiben: das geschehene Wunder, das erfüllte Zeichen
können beide, der Gläubige und der Ungläubige, *sehen*, der Gläubige,
der es sehen *will*, und der Ungläubige, der es sehen *muß*. Auf diesem
Sehen, Sehen-Müssen beruht die von der Schrift vorausgesetzte Beweiskraft des Zeichens; auf diese Voraussetzung der Schrift rekurriert Spinoza, um die Lehre von der Selbst-Gewißheit der Schrift, von der Selbst-
Bezeugung Gottes in seinem Wort zu widerlegen.

Durch die Feststellung, daß die Propheten sich auch und gerade an
die Ungläubigen wenden, daß es ihnen gelingt, die Ungläubigen zu
überzeugen, ist nachgewiesen, daß es einen dem Glauben und dem
Unglauben gemeinsamen Boden gibt. Durch die weitere Feststellung,
daß die Zeichen notwendige, wenn auch nicht hinreichende, Kennzeichen prophetischer Offenbarung sind, ist der gemeinsame Boden als
solcher aufgewiesen: dieser Boden ist die »*bloße Erfahrung*«.[160] Diese
grundsätzliche Kennzeichnung ist bei Spinoza von vornherein mitbestimmt durch den Aufblick zur philosophischen Erkenntnis, an deren
Maß gemessen das Erfahrungs-Wissen von vornherein verworfen wird.
Durch diese Verwerfung ist zugleich die Offenbarungs-Religion, als auf
Erfahrung begründet, in Bausch und Bogen verworfen. Orientiert man
sich daher von vornherein an der Verwerfung der Offenbarungs-Gewiß-
heit als Erfahrungs-Gewißheit, so wird jede eingehende Analyse der
Religions-Kritik Spinozas überflüssig. Spinoza begnügt sich nun aber

---

[160] si quis doctrinam aliquam integram nationem, ne dicam, universum genus
humanum docere, et ab omnibus in omnibus intelligi vult, is rem suam *sola
experientia* confirmare tenetur, rationesque suas, et rerum docendarum definitiones ad captum plebis, quae maximam humani generis partem componit,
maxime accomodare, non autem eas concatenare, neque definitiones, prout ad
rationes melius concatenandum inserviunt, tradere; . . .: Cum itaque tota Scriptura in usum integrae nationis prius, et tandem universi humani generis revelata
fuerit, necessario ea, quae in ipsa continentur, ad captum plebis maxime
accomodari debuerunt, *et sola experientia* comprobari. Tr. 63.

keineswegs mit der summarischen Verwerfung der Offenbarungs-Ge-
wißheit; er liefert eine ein|gehende Kritik an der Offenbarungs-Religion,
ohne Zuhilfenahme der grundsätzlichen Beurteilung der Erfahrungs-
Gewißheit, auf dem Boden der Erfahrung. Diese Kritik muß in sich
selbst, in ihrem Sinn, ihrem Recht und ihrer Tragweite, verstanden
werden.

Die Offenbarungs-Religion ist auf Erfahrung begründete, *positive*
Religion; die ihr zugeordnete Kritik daher positive Kritik. Diese Kritik
wendet sich auf dem Boden der Erfahrung gegen den Versuch, die
Offenbarung durch Erfahrung zu begründen; und zwar sowohl gegen
die besondere Erfahrungs-Begründung der besonderen, biblischen Offenbarung, als auch auf Grund einer Selbst-Verständigung des Erfah-
rungs-Bewußtseins, das sich eben durch diese Selbst-Verständigung als
positives Bewußtsein konstituiert, gegen die Erfahrungs-Begründung
von Offenbarung überhaupt, damit aber, da die Offenbarung im Sinn
der Schrift auf Erfahrung begründet ist, gegen die Offenbarungs-Religion selbst überhaupt.

Die der Schrift eigentümliche Begründungs-Weise ist die bloße Erfahrung; das besagt nicht nur: die prophetische Autorität wird durch
Zeichen-Erfahrung bekräftigt, mitbekräftigt, sondern allgemein: die
Schrift gründet alle ihre Lehren, ihre Lehre von Gott, von der Schöpfung
und von der Vorsehung, bloß auf Erfahrung.[161] Um die Heiden davon zu
überzeugen, daß die von ihnen angebeteten sichtbaren Götter (Sonne,
Mond, Elemente) kraftlos und unbeständig seien und unter der Herrschaft eines unsichtbaren Gottes stünden, erzählten die Juden ihre
Wunder. Die Schrift begründet also ihre Theologeme durch *Wunder:* aus
Wundern sollen Existenz und Wesen Gottes, und folglich die Vorsehung
Gottes am klarsten erkannt werden. Der auf Wunder-Erfahrung begründeten biblischen Theologie stellt Spinoza seine auf die Erkenntnis
der festen und unabänderlichen Ordnung der Natur begründete Theologie entgegen; er will beweisen: nos ex miraculis nec essentiam nec
existentiam, et consequenter nec providentiam Dei posse cognoscere,
sed haec omnia longe melius percipi ex fixo et immutabili naturae ordine

---

[161] Quae Scriptura docere vult, quae solam speculationem spectant, haec
potissimum sunt; nempe dari Deum sive ens, quod omnia fecit et summa
sapientia dirigit et sustentat et quod hominum summam habet curam, nempe
eorum, qui pie et honeste vivant, reliquos autem multis suppliciis punit et a
bonis segregat. Atque haec Scriptura sola experientia comprobat, nempe iis,
quas narrat, historiis . . . Tr. 63.

(Tr. 68). Es handelt sich dabei also um denselben Gegensatz, der uns schon in der Konfrontierung der religiösen und der wissenschaftlichen | Welt-Ansicht bei Lukrez entgegentrat: die Welt als Werk spontaner, plötzlicher hervorbrechender, unstetig wirkender Willenskräfte, daher vom Menschen nicht zu übersehen, beängstigend und verwirrend, und die Welt als feste und unabänderliche, ewig gleiche Ordnung, daher vom Menschen grundsätzlich zu übersehen, beruhigend.

106

Die erste Aufgabe für Spinozas Kritik ist also die Untersuchung der Beweiskraft des Wunders: kann aus Wundern Gott erkannt werden? ist eine auf Wunder begründete Theologie überhaupt möglich? Die Beantwortung dieser Frage setzt die Fixierung des biblischen Wunder-Begriffs voraus. In diesem Begriff sind nach Spinoza folgende Momente gedacht:

1. Gott und Natur sind zwei von einander der Zahl nach unterschiedene Mächte; so lange Gott handelt, handelt die Natur nicht, und umgekehrt, obwohl Gott die Natur in bestimmter Weise determiniert oder gar geschaffen hat.

2. Die beiden Mächte, Gott und Natur, stehen in der Beziehung zueinander, daß Gott eine Art Herrscher-Macht über die Natur hat, daß »die Macht der Natur von Gott gleichsam unterworfen ist«.

3. Die Wunder beweisen daher in höherem Grad als die natürliche Ordnung Gottes Existenz, Macht und Vorsehung; »Wunder« und »Werke Gottes« sind dasselbe; wenigstens sind die Wunder vorzüglicher die Werke Gottes.

4. Die Wunder-Behauptung bezweckt ursprünglich den Beweis, daß die Menschen, vorzüglich die Juden, die Zweck-Ursache der ganzen Schöpfung sind. (Tr. 67.)

Der historischen Kennzeichnung dieses Wunder-Begriffs als biblisch widerspricht nun aber, daß Spinoza in demselben Zusammenhang, in dem er diesen Wunder-Begriff expliziert, ausdrücklich lehrt: die Schrift versteht unter Gottes Handeln nichts anderes als die Ordnung der Natur, die aus ewigen Gesetzen notwendig folgt. Zum Beweis hierfür gibt er folgende Gründe an: 1. einige wunderbare, in der Schrift berichtete Vorkommnisse lassen sich, unter Berücksichtigung zufällig in der Schrift selbst erzählter Umstände, natürlich erklären, woraus dann in Anbetracht dessen, daß die Schrift nur zufällig Umstände der Ereignisse angibt, auf alle Wunder geschlossen werden kann; 2. die Schrift bezeichnet natürliche Tatsachen als Werke Gottes; 3. die Schrift bedient sich parabolischer Ausdrücke; 4. die Schrift lehrt »an einigen Stellen über die

Natur allgemein, daß sie eine feste und unabänderliche Ordnung
wahrt«;| 5. die Schrift lehrt nirgends ausdrücklich, daß irgend etwas
geschieht, was den Gesetzen der Natur widerstreitet (Tr. 68, 75–77,
81–82). Die vier ersten Argumente beweisen offenbar zu wenig: das erste
und das dritte Argument beweisen nur, daß viele traditionell als Wunder
interpretierte Ereignisse im Sinn der Schrift selbst nicht als Wunder
anzusehen sind; das zweite Argument beweist nur, daß die Schrift *auch*
das natürliche Geschehen als Wirken Gottes bezeichnet; das vierte
Argument stützt sich bezeichnenderweise hauptsächlich auf das Prediger-Buch des »Philosophen« Salomo, also auf den philosophischen
Teil der Schrift, und von diesem Teil kann im Sinn Spinozas nicht auf die
Lehre des »vulgären« Teils der Schrift geschlossen werden. Das fünfte
Argument beweist mehr als die vier vorangehenden; aber es beweist
doch auch nur, daß die Schrift den *traditionellen* Wunder-Begriff, der die
Ausbildung des Begriffs der Natur, bzw. der Natur-Gesetzlichkeit vor-
aussetzt, nicht kennt; es beweist nicht, daß, wenn einmal der Begriff der
Natur ausgebildet ist, die biblischen Berichte nicht im Sinn des traditionellen Wunder-Begriffs interpretiert werden müssen. Wie wenig aber
Spinoza sich bezüglich dieser auf Grund der Schrift argumentierenden
Wunder-Kritik sicher fühlt, zeigt seine Bemerkung (Tr. 77), daß diejenigen Stellen der Schrift, die etwa unzweifelhaft Wunder, als wider-
natürliche oder über-natürliche Vorkommnisse, berichten, von ver-
ruchten Menschen zu dem heiligen Buch zugefügt sein müssen; diese
Bemerkung widerstreitet schnurstracks seinem Auslegungs-Prinzip, daß
die sachliche Wahrheit nicht zur Richtschnur der Auslegung gemacht
werden dürfe; mit ihr fällt er auf die Stufe der Bibel-Kritik da Costas
zurück, welche die der Vernunft widerstreitenden Teile der Schrift als
späte Zusätze, Fälschungen ausscheidet. Aber ganz abgesehen davon,
daß die auf Grund der Schrift argumentierende Wunder-Kritik dem
Prinzip Spinozas direkt widerstreitet: Spinoza sagt ausdrücklich, daß der
von ihm zu Beginn seiner Wunder-Kritik explizierte Wunder-Begriff
»von den *ersten* Juden seinen Ursprung genommen habe« (Tr. 67),
womit füglich nur die biblischen Lehrer gemeint sein können; nichts
anderes meint er, wenn er, ebenfalls im Zusammenhang seiner Wunder-
Kritik, sagt (Tr. 73 f.), fast alle Propheten hätten nur eine sehr unklare
Vorstellung von der göttlichen Vorsehung gehabt.

Wichtig bleibt die Feststellung, daß der traditionelle Wunder-Begriff
nicht unmittelbar der Schrift entnommen werden kann. Von dem Boden
dieses Wunder-Begriffs aus wendet sich die Spinoza zeitgenössische

Apologetik gegen den von ihm explizierten Wunder-Be|griff.[162] Der   108
traditionelle Wunder-Begriff setzt die Ausbildung des Natur-Begriffs, die
Konstitution der Philosophie voraus. Daher kann Spinoza ihn von
vornherein auf einem anderen Boden bekämpfen als die Wunder-Auffassung der Schrift; die Unzulänglichkeit der »bloßen Erfahrung« ist ihm
gleichsam von vornherein zugestanden; der gemeinsame Boden ist nunmehr die *Vernunft.*

Die Offenbarungs-Religion interpretiert die in der Schrift niedergelegte Offenbarung mit mehr oder minder ausdrücklicher, aber immer
wirksamer Rücksicht auf die unabhängig von der Offenbarung vor-
handene Philosophie, welche das Werk der sich selbst überlassenen
menschlichen Vernunft ist, entweder als vernünftig oder als wider-
vernünftig oder als über-vernünftig. Die Interpretation der Offenbarung
als vernünftig ist Sache der »Dogmatiker«; zunächst haben wir es mit
den »Skeptikern« zu tun, welche die Unterwerfung der Vernunft unter
die sei es widervernünftige, sei es über-vernünftige Offenbarung verlangen. Die Interpretation der Offenbarung als wider-vernünftig ist
möglich nur dann, wenn es einen von der Vernunft, vom Menschen
unabhängigen Grund der Offenbarungs-Autorität gibt; andernfalls –
und dieser andere Fall wird durch den Rückgang auf die der Schrift
eigentümliche Begründungs-Weise als der wirkliche erwiesen – tritt das
zentrale Argument Spinozas in Kraft, demzufolge die vernünftige Begründung wider-vernünftiger Offenbarung sinnlos ist. Dieses Argument
ist kraftlos gegenüber der vernünftigen Begründung *über*-vernünftiger
Offenbarung; und um über-vernünftige, nicht um widervernünftige
Offenbarung handelt es sich für die Orthodoxie.[163] Da|mit erkennt sie   109

---

[162] Batalerius, Vindiciae miraculorum, Amstelodami 1674, § 28: fateor item,
nescire me, quibus in oris illud vulgus inveniatur, quod supra dixit existimare,
ex nulla re clarius existentiam Dei probari posse quam ex miraculis, . . . – Cf.
Regner a Mansvelt, Adversus anonymum theologico-politicum, Amstelodami
1674, cap. XI.

[163] Quamvis enim in rebus ad Religionem spectantibus, lusciosa et corrupta
ratio sibi relicta, nihil boni vel praestet, vel possit, . . . quod Ethnicorum
exemplo satis patet; . . . tamen cum lumen lumini non sit contrarium, nec
verum vero, sintque fidei Mysteria super rationem, non contra veram rationem,
non debet simpliciter recta ratio a Theologicis exulare, aut cum illa ψευδονύμῳ
Philosophia confundi, de qua Col. 2, 8. *Maresius*, Collegium Theologicum,
Groningae 1645, loc. I § 15. – . . . fides et philosophia non in hoc differunt,
quod haec veritatem, illa obedientiam et pietatem, pro fine habeat, ut rursum

prinzipiell das Recht der Vernunft an. Spinoza hat also ihr gegenüber von vornherein die Möglichkeit, auf dem Boden der Vernunft den Bau seiner Philosophie zu errichten, unter der selbstverständlichen Voraussetzung, daß er seine Philosophie wirklich nach dem Diktat der Vernunft aufbaut. Durch seine Philosophie wird nun die Möglichkeit der Offenbarung ausgeschlossen. Die Leugnung der Offenbarung ist die Konsequenz des in der Ethica entwickelten Systems, jede andere Kritik an der Offenbarungs-Religion daneben, so scheint es, oberflächlich, überflüssig, verwirrend. Gewiß war dies Spinozas Überzeugung; *er* wurde nicht im strengen Aufbau seines Systems durch Dogmen oder Schrift-Verse verwirrt; wohl aber die Anderen, auch die »Klügeren«, an deren Befreiung zur Philosophie ihm lag. Er mußte also zunächst, ehe er mit dem Vortrag *seiner* Philosophie, die für ihn natürlich *die* Philosophie war, beginnen konnte, auf dem Boden der Vernunft zwar, aber noch nicht auf dem Boden der zur Philosophie, das heißt: zu *seiner* Philosophie methodisch ausgebildeten Vernunft, kurz: auf dem Boden des *gesunden Menschen-Verstands* die Schrift-Autorität erschüttern.

Die Überzeugung, daß es eine der Vernunft übergeordnete Offenbarung gebe, hat nach Spinoza den Charakter des *Vorurteils*. Die Befreiung des Geistes vom Vorurteil vollzieht sich als freie, das heißt als *vorurteilslose Prüfung* des Vorurteils.[164] So ist also die Freiheit vom Vorurteil Voraussetzung für die Befreiung vom Vorurteil? Zwischen der Freiheit, die Voraussetzung, und der Freiheit, die Ergebnis der Kritik ist, besteht der Unterschied, daß jene leer und offen ist: sie schließt nicht einmal aus, daß der Inhalt der theologischen Vorurteile der Prüfung standhält. Aber geprüft sind die »Vorurteile« nicht mehr Vorurteile. Voraussetzung der freien Prüfung ist also nicht die Verwerfung der Offenbarung, sondern die | Absage an das ungeprüft Übernommene. Die vorurteils-lose Prüfung des Vorurteils ist in *dem* Sinn »voraussetzungslos«, daß ihre

110

---

109   ineptit Auctor (sc. Spinoza), sed in hoc conveniunt, quod utraque sit virtus intellectualis, verum enun|cians affirmando et negando; differunt autem in eo, quod fides enunciat verum, a prima veritate revelante supernaturaliter patefactum . . . *Musaeus* l. c. § 67.

[164] . . . plerique tanquam fundamentum *supponunt* . . . ipsam (sc. Scripturam) ubique veracem et divinam esse; id nempe ipsum, quod ex eiusdem intellectione et *severo examine demum* deberet constare, . . . *in primo limine* pro regula ipsius interpretationis statuunt . . . sedulo statui, Scripturam de novo integro et *libero animo examinare*, et nihil de eadem affirmare nihilque tanquam eius doctrinam admittere, quod ab eadem clarissime non edocerer (Tr. praef. 5).

Voraussetzung: der Wille, die Vernunft zu gebrauchen, gegenüber einem Gegner, der das Recht der Vernunft anerkennt, der Rechtfertigung nicht bedarf.

Der Gegner, der die Vernunft grundsätzlich anerkennt, hat eine andere Wunder-Auffassung als die, welche Spinoza in der Schrift findet. Mit der Behauptung des Nebeneinanders von Natur und Wunder meint er nicht, daß die Natur gleichsam erst nachträglich von Gott unterworfen ist; sondern nach seiner Lehre ist die Natur selbst nur kraft des Willens Gottes; nicht bloß das Wunder, sondern auch das natürliche Geschehen offenbart Gottes Macht. Gott hat in vollkommener Weisheit und in vollkommener Freiheit die natürliche Ordnung gesetzt; daher kann er – und nur er – diese Ordnung außer Kraft setzen oder aufheben. Das Geschaffene hat seinen letzten Grund in der Macht des Schöpfers; aber die Macht des Schöpfers erschöpft sich in der Schöpfung nicht; könnte Gott nicht Wunder tun, so wäre er nicht frei und allmächtig. Wunder sind also Vorkommnisse, die nicht auf die von Gott der Natur eingesetzten Kräfte, sondern auf Gottes unmittelbares, sich nicht der von ihm gesetzten Natur als Mittel bedienendes Wirken zurückgehen: Gott handelt im Wunder wider die natürliche Ordnung oder außerhalb ihrer (contra vel praeter naturam). Sind daher Wunder wirklich, ist ferner erkennbar, daß die dann als Wunder zu charakterisierenden Vorkommnisse aus keiner endlichen Ursache hervorgegangen sein können, so kann aus der Tatsache der Wunder Gottes Existenz direkt erschlossen werden. Die zufolge von Gottes Freiheit und Allmacht *möglichen* Wunder werden *wirklich* im Zusammenhang der »besonderen Vorsehung«; die Wunder sind ein Mittel, um die Menschen auf die Heils-Wahrheiten aufmerksam zu machen, um den Heils-Wahrheiten bei den Menschen Eingang zu verschaffen; so bestätigen sie denn ihrerseits die Wahrheit der offenbarten Religion. Auch und gerade um dieses Zwecks willen müssen sie als Wunder *erkennbar* sein; es *gibt* aber Tatsachen – wie Erweckung von Toten, die Spaltung des Meeres, das Josua-Wunder –, die offenbar übernatürlich sind.[165] |

---

[165] Batalerius l. c. § 20 und 28. – Regner a Mansvelt l. c. – Musaeus l. c. § 78–79. – Quenstedt, Theologia didactico-polemica sive Systema theol. Wittebergae 1685 p. 535. – Buddeus Theses Theologicae de Atheismo et Superstitione, Jenae 1717, cap. III § V und cap. VII § V. – Buddeus, | Institut. theol. dogm., Lips. 1724, lib. II cap. I, § 28 und 30. Cf. Hunzinger, Das Wunder, Leipzig 1912, pp. 10–14. – Unter den jüdischen Theologen vertritt diese Wunder-Auffassung u. a. der Gaon Saadja, Emunoth wedeoth III (Slucki p. 62):

111　　　Welche Differenz nun auch zwischen dieser und der biblischen Wunder-Auffassung besteht – gemeinsam sind beiden Auffassungen die zwei entscheidenden Momente: 1. die Voraussetzung, daß Gott eine Art Herrscher-Macht über die Welt, die Natur hat, daß er in die Welt, die Natur mit mehr als königlicher Freiheit handelnd eingreifen kann, wie und wann er will;[166] 2. die Behauptung, daß das Wunder an sich selbst, auch ohne vorherigen Glauben, Beweiskraft hat. Diese Gemeinsamkeit rechtfertigt es, daß Spinoza sich mit einer summarischen, auf die Differenz-Punkte kaum Rücksicht nehmenden Kritik begnügt. Ebensowenig ist es ihm zu verargen, daß er ohne Einschränkung behauptet, die Wunder seien das Fundament der Offenbarungs-Religion. Denn außerdem, daß in zentralen Stellen der Schrift das Wunder als das die Ungläubigen erst und gerade überzeugende Beweismittel auftritt, wird ihm von seinen gläubigen Zeitgenossen gegen seine Wunder-Kritik eingewandt, daß allein die Wunder die Offenbarung zu bekräftigen vermöchten.[167] Und erst auf diesen Einwand entgegnet Spinoza, das

112　　Ergebnis seiner Kritik | zusammenfassend, die Gewißheit der Offenbarung könne nur durch die innere Wahrheit der offenbarten Lehre, nicht aber durch Wunder, das heißt durch Unwissenheit begründet werden; die Unwissenheit sei das Fundament des Aberglaubens (ep. 73) – wobei daran zu denken ist, daß Spinoza im ganzen Traktat unter »Aberglaube«

Für die Unterwerfung der Elemente und die Verwandlung der Wesenheiten sind die Menschen zu schwach; derartige durch einen Menschen geschehene Handlungen beweisen daher die Gottgesandtheit dieses Menschen.

[166] Das rechte Verständnis und die gerechte Beurteilung der Kritik Spinozas (und der Aufklärung überhaupt) wird unmöglich gemacht sowohl durch die »selbstverständliche«, in den Vorurteilen des siebzehnten Jahrhunderts befangene Verwerfung des traditionellen Wunder-Begriffs, als auch durch die modernere Umdeutung des Wunder-Begriffs, durch welche absichtlich oder unabsichtlich die Tatsache vertuscht wird, daß der genuine Sinn des Wunders eine reale Einwirkung Gottes auf körperliche Dinge meint; diesen den biblischen Wunder-Berichten und der traditionellen Auffassung geläufigen Sinn von »Wunder« bringt *Pascal* sehr deutlich zum Ausdruck, wenn er sagt: Les miracles prouvent le pouvoir que Dieu a sur les coeurs, par celui qu'il exerce sur les corps (Pensées éd. Giraud, Paris 1924, nr. 851; vgl. nr. 805, 806, 808).

[167] Oldenburg an Spinoza: multis tollere videris miraculorum auctoritatem et valorem, quibus *solis* divinae revelationis certitudinem adstrui posse, *omnibus fere* Christianis est persuasum (ep. 71). – Batalerius (l. c. § 3): *vulgo* dicimus, multa miracula facta esse ad Christianae religionis confirmationem; quae et Apostoli et Evangelistae omnes, aliique infiniti, nobis commendarunt pro evidentibus, ac solidis, et *solis, fere dicam*, ejus documentis.

immer die traditionelle Offenbarungs-Religion mitversteht. Um zusammenzufassen: wenn Spinoza sagt, die Wunder seien das Fundament der Offenbarungs-Religion, wenn er genauer sagt, die Menge glaube, Gottes Existenz aus nichts klarer beweisen zu können als aus den Wundern, so erreicht er damit die von ihm bekämpfte Position durchaus.[168]

Soll aus Wundern etwas bewiesen werden, so muß das Wunder als Wunder für die ungläubige Vernunft erkennbar sein. Die Vernunft muß feststellen können, daß ein bestimmtes Vorkommnis nicht von natürlichen Ursachen hervorgebracht sein kann. Das heißt: die Grenzen, innerhalb deren die Macht der Natur eingeschlossen ist, müssen bekannt sein. Wie können diese Grenzen bekannt werden? Jedenfalls nicht dadurch, daß der Versuch, die natürlichen Ursachen eines Vorkommnisses aufzudecken, scheitert; denn damit ist höchstens soviel bewiesen, daß die uns bekannten, die uns *bisher* bekannten Natur-Gesetze zur Erklärung nicht ausreichen; und es sind uns nicht, bisher nicht, alle Natur-Gesetze bekannt. Man kann also daraus, daß man die natürliche Ursache eines Vorkommnisses nicht finden kann, überhaupt nichts schließen. Vielmehr kann daraus | jedenfalls die Über-Natürlichkeit der gesuchten Ursache nicht geschlossen werden. Es läßt sich aus einer bestimmten Wirkung höchstens auf eine Ursache schließen, deren Macht größer als die der Wirkung ist, nicht aber auf eine Ursache mit unendlicher Macht. Dabei kann das Vorkommnis, das als Wunder angestaunt wird, durchaus die Wirkung vieler, an Macht geringer, zu einer Gesamt-Wirkung sich vereinigender Ursachen sein (Tr. 71 f., ep.

113

---

[168] Man vergleiche noch von Tessen-Wesierski, Die Grundlagen des Wunder-Begriffes nach Thomas von Aquin, Paderborn 1899, p. 132: »Da nun Gott durch seinen direkten Eingriff in die geschöpfliche Natur sein Wesen in außergewöhnlicherer Weise offenbart, als durch die gewöhnliche, natur-gesetzliche Unterstützung, Leitung und Erhaltung der geschöpflichen Dinge und ihrer Kräfte, so kann er auch aus diesem außergewöhnlichen Wirken von den *vernünftigen* Geschöpfen besser erkannt werden. Diese *bessere, reinere und klarere* Erkenntnis Gottes ist daher auch der *eigentliche Zweck* seiner supra-naturalen Thätigkeit.« (Von mir gesperrt.) – Auch Calvin, der übrigens den Wunder-Beweis nur als menschliche, sekundäre, für sich allein wesentlich unwirksame Begründung gelten läßt, findet, daß Gott sich als *Schöpfer* der Sonne, des herrlichsten Geschöpfes, dadurch zu erkennen gebe, daß er vor der Erschaffung der Sonne die Pflanzen geschaffen und gedeihen lassen habe; in dem selben Zusammenhang verweist er auf das Josua- und das Hiskia-Wunder (Inst. I 16, 2). – Buddeus, Theses theologicae cap. III § 5: Cum enim non modo christianae religionis veritas, sed et numinis existentia *valide* ex iis (sc. miraculis) demonstrari queat, . . .

75). Ein Beweis, daß ein Wunder vorliegt, ist für die Vernunft also niemals zu führen. Sogar wird die Vernunft, der nichts von einem übernatürlichen Wirken Gottes bekannt ist, wohl aber zahlreiche natürliche Kausal-Zusammenhänge bekannt sind, in jedem Fall eher einen unbekannten natürlichen Zusammenhang als ein Wunder annehmen. Auch die Wieder-Belebung eines bereits in Verwesung übergegangenen Leichnams – auf dieses Beispiel beruft sich noch die heutige katholische Theologie[169] – wäre für Spinoza nie etwas anderes als ein *Problem.* Aus seiner Einsicht in die »menschliche Schwäche« folgt für ihn gerade *nicht* die Bereitschaft, Wunder anzunehmen, sondern vielmehr die Zurückhaltung des Urteils.[170]

Voraussetzung für den traditionellen Wunder-Begriff ist die Möglichkeit abgeschlossener, endgültiger Urteile über das, was der Natur möglich ist. Diese Möglichkeit scheint Spinoza prinzipiell zu verwerfen. Indessen trägt er kein Bedenken, mit Rücksicht auf einige in der Schrift berichteten Vorkommnisse zu behaupten, daß sich apodiktisch beweisen lasse, sie widerstritten den Gesetzen der Natur oder hätten aus ihnen nicht folgen können (Tr. 77). Es gibt also doch – bei aller Unabgeschlossenheit, ja bei aller Wandelbarkeit der naturwissenschaftlichen Forschungs-Ergebnisse – gewisse fundamentale Feststellungen über die Natur, die keinem konkreten Zweifel unterliegen, die von allem weiteren Fortschritt der Wissen|schaft unberührt bleiben. Jedenfalls nimmt Spinoza dies an; er muß also die Folgerung ziehen, daß bestimmte in der Schrift berichtete Ereignisse wider die natürliche Ordnung oder außerhalb ihrer sind, also als Wunder zu erkennen sind.[171] Die Kritik an der

*114

---

[169] Z.B. Hettinger-Weber, Fundamentaltheologie, Freiburg (Breisgau), 1913 p. 212.

[170] Spinoza an Oldenburg (ep. 75): Humanam imbecillitatem tecum agnosco. Sed te contra rogare mihi liceat, an nos homunciones tantam naturae cognitionem habeamus, ut determinare possimus, quousque eius vis et potentia se extendat et quid eius vim superet? Quod quia nemo sine arrogantia praesumere potest, licet ergo absque iactantia miracula per causas naturales, quantum fieri potest, explicare, et quae explicare non possumus, nec etiam demonstrare, quod absurda sint, satius erit iudicium de iis suspendere . . . – Spinoza an Burgh (ep. 76): . . . nec turpiter confunde illa, quae *nobis incognita, vel nondum reperta* sunt, cum iis, quae absurda esse demonstrantur, . . .

[171] Daß er daraus – auf Grund prinzipieller Leugnung der Möglichkeit des Wunders – die Folgerung zieht: also sind diese Ereignisse nicht wirklich, sondern nur in der Einbildung geschehen, kann hier außer Betracht bleiben. Vgl. S. 174 ff. und 204 f.

Erkennbarkeit des Wunders als Wunder hat also eine Lücke; diese Lücke ist ausgefüllt in folgender Erwägung: Reichen die uns bekannten natürlichen Ursachen zur Erklärung eines als Wunder bezeichneten Vorkommnisses nicht aus, so läßt sich hieraus gar nichts schließen; vielmehr ist dann das Urteil zu suspendieren. Wunder geschehen nicht in der Gegenwart; wenigstens nicht für den Juden und den Protestanten. Nach dem Urteil *aller* Offenbarungs-Gläubigen sind die in der Schrift berichteten Ungewöhnlichkeiten wirklich geschehen. Aber sie sind uns bekannt nur als *berichtet.* Man weiß einiges über die Art, in der die Menschen auch über Dinge, die zweifellos geschehen sind, berichten; ihre Vormeinungen, ihre Affekte, ihre Interessen beeinflussen ihre Erzählung. Diese Faktoren müssen bei der Interpretation von Wunder-Berichten berücksichtigt werden, damit man zu einer scharfen Trennung des der Erzählung zu Grunde liegenden Tatbestandes von den in dem Tatbestand nicht begründeten, den Bericht beeinflussenden Vorurteilen gelange (Tr. 77 f.). Die biblischen Wunder geben uns also schon darum keine Veranlassung, die uns bisher bekannten natürlichen Ursachen, und nun gar die natürlichen Ursachen überhaupt für unzureichend zu ihrer Erklärung zu halten, weil noch nicht einmal feststeht, inwieweit sie wirklich und inwieweit sie nur in der Einbildung geschehen sind.

Ist damit gesagt oder gemeint, daß erst historische Kritik die Kritik   ✳
an der Erkennbarkeit und damit an der Beweiskraft des Wunders zwingend macht? Ja und nein. Nein, insofern es nicht dazu notwendig ist, die historische Zuverlässigkeit der Wunder-Berichte *im einzelnen* durch philologisch-historische Kritik zu prüfen; denn dann bliebe die Möglichkeit, daß Wunder als solche erkennbar seien und darum Beweiskraft hätten, grundsätzlich offen. Diese Möglichkeit wird verschlossen durch die *grundsätzliche* historische Reflexion, die von aller philologisch-historischen Einzel-Kritik unabhängig ist: daß die Schrift enthält (angepaßt ist an) »die Vorurteile eines *alten* Volkes« (Tr. 166), daß der Wunder-Begriff »seinen Ursprung | genommen zu haben scheint von den   *115* *ersten* Juden« (Tr. 67). Die Tatsache, daß Wunder nicht in der Gegenwart geschehen – welche Tatsache innerhalb der Offenbarungs-Religion ohne Zwang aus theologischen und heils-ökonomischen Gründen verständlich gemacht werden kann –, wird auf Grund der lebendigen Erfahrung vom Fortschritt der Natur-Erkenntnis dahin interpretiert, daß Wunder darum in der Gegenwart nicht geschehen können, weil sie *als* Wunder der gegenwärtigen genauen Beobachtung und der gegenwärtigen exakten Analyse nicht standhalten würden; sie wird interpretiert

auf Grund der lebendigen Erfahrung vom Fortschritt der Natur-Erkenntnis, von der aus das Unverstandene als *bisher* Unverstandenes,
noch nicht Verstandenes erscheint; dieser Erfahrung tritt keine lebendige
Erfahrung von Wundern entgegen. Die Wunder-Erfahrung erweist sich
als gebunden an das Zeitalter, da es exakte Forschung noch nicht gab, an
das Zeitalter der »Unwissenheit«, der »Barbarei«, dessen Vorstellungen
beherrscht sind von der Phantasie und den Affekten, nicht von klarer
und deutlicher Einsicht und vernünftigem Planen. Auf Grund dieser
Verständigung über sich selbst, dieses seines *wesentlich historischen*
Selbst-Bewußtseins wird der positive Geist, vor aller sekundären, unab-
schließbaren, die Frage grundsätzlich offen lassenden philologisch-
historischen Kritik an den Wunder-Berichten, unerreichbar für alle
Wunder-Berichte, damit für alle Wunder-Erfahrung: er meint, daß so
nüchtern und streng, wie er die Geschehnisse beobachtet und analysiert,
die Propheten und die Apostel die Geschehnisse, von denen als von
Wundern sie berichten, nicht beobachtet und analysiert haben.

Es wurde bisher nur hervorgehoben, daß (nach Spinozas Interpretation) die Erfahrung für die biblischen Lehrer darum der angemessene
Argumentations-Boden ist, weil vorzüglich Ungläubige überzeugt werden sollen. Nunmehr ist zu beachten, daß die von den biblischen Lehrern
zu überzeugenden Ungläubigen, Unkundige, *Ungeschulte* sind, zur
Menge gehören. Die der Schrift eigentümliche Argumentations-Weise ist
nicht wissenschaftlich, sondern *vulgär*. Für das vulgäre Denken ist ein
Ding erkannt, wenn es bekannt, gewöhnlich, daher nicht verwunderlich
ist; die vulgäre Erklärung geht daher so vor, daß sie das wegen seiner
Ungewöhnlichkeit auffallende Ding als einem durch Gewohnheit ver-
trauten, daher nicht verwunderlichen Ding ähnlich erinnert. In dieser
unmethodischen Denk- und Erklärungs-Weise wurzelt die biblische
Wunder-Vorstellung, der gemäß also als Wunder jedes Faktum zu
116   bezeichnen ist, für welches es keine | Analogie in den durch Gewohnheit
bekannten Fakten gibt. Diese vulgäre Wunder-Auffassung ist die der
Alten.[172] Die historische Kennzeichnung hat den Doppel-Sinn: alt als

---

[172] quoniam miracula ad captum vulgi facta fuerunt, quod quidem principia
rerum naturalium plane ignorabat, certum est, *antiquos* id pro miraculo
habuisse, quod explicare non poterant eo modo, quo vulgus res naturales
explicare solet, recurrendo scilicet ad memoriam, ut alterius rei similis, quam
sine admiratione imaginari solet, recordetur; tum enim vulgus rem aliquam se
satis intelligere existimat, cum ipsam non admiratur. Antiqui itaque et omnes
fere in hoc usque tempus nullam praeter hanc normam miraculi habuerunt.

ursprünglich, echt, rein, daher Norm für die in der Offenbarungs-
Urkunde ihren einzigen Grund anerkennende Offenbarungs-Religion,
und alt als ursprünglich, primitiv, roh, ungebildet, darum von dem
gebildeten wissenschaftlichen Bewußtsein zu verwerfen.

Diese historische Kennzeichnung und damit die Kritik wird bestärkt
und bestätigt dadurch, daß den biblischen Wundern die Wunder der
Heiden zur Seite gestellt werden (Tr. 82). Entweder kompromittierte die
Unwahrscheinlichkeit, die gegen die heidnischen Wunder geltend gemacht wird, auch die biblischen; oder, wenn man die Wirklichkeit der
heidnischen »Wunder« als Werke von Zauberern oder Dämonen anerkannte, so verbreiterte man nur die Angriffs-Fläche; die Skepsis gegen
die Wirklichkeit von Zauberei, Hexen-Wesen, Teufeln und Engeln –
diese Skepsis ist nachgerade so selbstverständlich geworden, daß sie
eben deshalb als Signatur des modernen Bewußtseins angesprochen
werden darf – steigerte die Skepsis gegen das Wunder. Denn von solchen
»wunderbaren« Wesen sprachen Schrift und Tradition ungefähr ebenso   ✳
wie von Wundern; war es nicht ein Einwand gegen die Wunder-
Erfahrung, daß es auch »Erfahrung« von Hexen gab? Fand hier die
Skepsis ein|mal Eingang, so war das Ende ihrer Wirksamkeit gar nicht   *117*
abzusehen. Die Autorität der Schrift war vor aller philologisch-historischen Kritik, aber auch vor aller Metaphysik, durch die Konstitution des
positiven Geistes, durch die Entzauberung der Welt und das Selbst-
Bewußtsein des entzaubernden Geistes erschüttert.

Wir haben, um den Charakter der bei Spinoza in ihrem Kern bereits
vorliegenden positiven Wunder-Kritik hervortreten zu lassen, ihren
Zusammenhang über die von Spinoza selbst in extenso entwickelten
Elemente hinaus in Betracht gezogen. Es muß bemerkt werden, daß diese
Kritik bei Spinoza die Leugnung der Möglichkeit des Wunders, die
Überzeugung, die Unmöglichkeit des Wunders zwingend beweisen zu

---

Tr. 70. – *Tempore Josuae* Hebraei ... cum vulgo credebant, solem motu, ut
vocant, diurno moveri, terram autem quiescere, et huic praeconceptae opinioni
miraculum, quod iis contigit, cum contra quinque illos reges pugnarent,
adaptaverunt; non enim simpliciter narraverunt, diem illum solito longiorem
fuisse, sed solem et lunam stetisse, sive a suo motu cessavisse, quod ipsis etiam
tum temporis non parum inservire poterat ad ethnicos, qui solem adorabant,
convincendum et ipsa experientia comprobandum, solem sub alterius numinis
imperio esse, ex cuius nutu ordinem suum naturalem mutare tenetur. Tr. 78. –
Vgl. die Zusammenfassung der bibel-wissenschaftlichen Ergebnisse, die den
Nachweis für den unwissenschaftlichen, vulgären Charakter der Bibel er-
bringen, am Anfang des 13. Kapitels des Traktats.

können, als Rückhalt hat. Sie ist aber auf diesen ihren metaphysischen Rückhalt nicht angewiesen.[173] Für sich genommen und verstanden, beweist sie nicht und kann sie nicht beweisen die Unmöglichkeit des Wunders; sie beweist nur, daß das Wunder als solches für die wahrhaft ungläubige, den Glauben nicht offen voraussetzende oder heimlich einschmuggelnde, Vernunft nicht erkennbar ist. Die ungläubige, im Vollzug wissenschaftlicher Forschung lebende Vernunft erweist sich als unerreichbar für Wunder. Die Wunder-Behauptung wird, als die Grenzen strenger, kontrollierbarer Erfahrung überschreitend, als zu viel behauptend verworfen; genau genommen, kann sie erst darum verworfen werden, weil ihre Bezogenheit auf eine zu streng kontrollierender Erfahrung nicht fähige Bewußtseins-Stufe durchschaut wird. Nicht also schon die gradlinig fortschreitende positive Methodik, sondern erst die Reflexion des positiven Geistes auf sich selbst, die Erkenntnis seiner selbst als fortgeschritten gegenüber der ihm vorangehenden Bewußtseins-Stufe – welche Erkenntnis sich zunächst in der rohen Antithese von Aberglaube, Vorurteil, Unwissenheit, Barbarei, Finsternis einerseits und Vernunft, Freiheit, Bildung, Aufklärung andererseits ausdrückt – schafft eine für den Wunder-Beweis unerreichbare Position. –

b) Die Kritik an den Lehren der Schrift

Spinozas auf dem Boden der Vernunft sich vollziehende freie Prüfung der Schrift, die als solche, auch wenn sie zur Anerkennung der Schrift-Autorität führen würde, Kritik an der Schrift ist, läßt| sich gliedern in Kritik an der der Schrift eigentümlichen Begründungs-Weise (Wunder-Kritik) und Kritik an der auf diese Weise begründeten Lehre der Schrift. Die Wunder-Kritik ist daher ihrer Intention nach die radikalere Kritik; als Kritik an der Begründung schließt sie die Kritik am Begründeten, an der Lehre der Schrift, in sich: die durch Wunder begründete Lehre ist unbegründet. Nun wurde gezeigt, daß die positive Wunder-Kritik erst schlüssig wird durch den Nachweis, daß die Schrift vulgär sei; also ist die Wunder-Kritik selbst ein Teil der Kritik an der Lehre der Schrift. Das Verhältnis der Kritik am Wunder und der Kritik an der Lehre der Schrift muß also genauer bestimmt werden. Innerhalb der durch die positive

---

[173] Der vollständige Zusammenhang der positiven Kritik wird erst von Hume (Enquiry X), der den Notwendigkeits-Anspruch der im Sinn Spinozas verstandenen Wissenschaft zum Wahrscheinlichkeits-Anspruch der positiven Wissenschaft konkretisiert, entwickelt.

Wunder-Kritik abgesteckten Grenzen genügt für den Nachweis, daß die Schrift vulgär sei, die Berücksichtigung derjenigen Berichte der Schrift, welche auf die Natur bezügliche Angaben enthalten. Als exemplarisch behandelt Spinoza den Bericht über das Josua-Wunder, der das vulgäre Vorurteil, daß die Sonne sich um die Erde drehe, die Erde aber ruhe, zur Voraussetzung hat. Durch diese Feststellung wird die das vulgäre Vorurteil voraussetzende Erfahrung als vulgäre Erfahrung, als bloße, d. h. unmethodische, unkontrollierte Erfahrung verdächtigt. Zu dieser Verdächtigung genügt also die Messung derjenigen Berichte der Schrift, welche auf die Natur bezügliche Angaben enthalten, an der auf methodischer Erfahrung beruhenden natur-wissenschaftlichen Einsicht; von der Berücksichtigung der theologischen Lehren der Schrift kann dabei ganz abgesehen werden. Die Unterscheidung ist nicht willkürlich. Spinoza analysiert den Bericht über das Josua-Wunder in derselben Absicht als exemplarisch an zwei Stellen des Traktats, zuerst im Zusammenhang des allgemeinen Nachweises, daß die Propheten über keine mehr als vulgäre Einsicht in spekulativen Dingen verfügt haben (Tr. 21 f.), also im Zusammenhang der Kritik an der Lehre der Schrift, und dann im Zusammenhang der Wunder-Kritik (Tr. 78). An der zweiten Stelle wird der genannte Bericht ausdrücklich als einziges Beispiel dafür angeführt, daß und wie Vorurteile die Berichte der Schrift bestimmen; und es ist nicht zufällig, daß das einzige Beispiel, das Spinoza im Zusammenhang der Wunder-Kritik diesbezüglich behandelt, einen Widerspruch zwischen Natur-Wissenschaft und Schrift bezeugt; an der ersten Stelle vollends wird die zuerst entwickelte Kritik an der natur-wissenschaftlichen (und mathematischen) Einsicht der biblischen Lehrer klar und ausdrücklich von der darauf folgenden Kritik an den theologischen Lehren der Schrift | unterschieden.[174] Für die positive Wunder-Kritik genügt also die Kritik allein an den natur-wissenschaftlichen Meinungen der Schrift; die positive Wunder-Kritik erschüttert dann ihrerseits die theologische Lehre der Schrift: soll doch gerade durch Wunder bewiesen werden, daß Gott der *Herr* der Welt ist. Aus »Wundern« läßt sich nichts, also auch und gerade nicht das zentrale biblische Theologem beweisen. Damit ist aber nicht gesagt, daß die auf Wunder

---

[174] Nec tantum hujusmodi res (sc. natur-wissenschaftliche und mathematische), sed etiam alias majoris momenti Prophetae . . . ignoraverunt; nihil enim singulare de divinis attributis docuerunt, sed admodum vulgares de Deo habuerunt opiniones . . . Tr. 23.

begründete Lehre falsch, daß sie nicht auf andere Weise einwandfrei zu begründen sei; die unmittelbare Kritik an der theologischen Lehre der Schrift ist daher nicht überflüssig.

Spinozas Behauptung: die Meinungen der Propheten über *Gott* seien sehr vulgär gewesen, meint die Anthropomorphismen und Anthropopathismen der Schrift (Tr. 23–28). Sofern es in dem jetzigen Zusammenhang nur auf diejenige Kritik ankommt, welche die Konstitution der Philosophie, d. h. das System der Ethica noch nicht voraussetzt, ist dieses erste Argument dahin zu verstehen, daß es an der *traditionellen* Theologie die Meinungen der Propheten über Gott mißt, daß es also den Widerspruch zwischen der theologischen Tradition, die sich auf die Schrift beruft, und der Schrift selbst aufdeckt. Der Nachweis dieses Widerspruchs hat in dem Zusammenhang der Kritik an der Schrift den umgekehrten Sinn wie in dem bereits behandelten Zusammenhang der Kritik auf Grund der Schrift: dort stellt Spinoza diejenigen Elemente der Schrift heraus, die er vor den entgegengesetzten Meinungen der Tradition bevorzugt, die er unmittelbar der Tradition entgegenstellen kann, die »alte Religion«; hier liegt ihm an der Festlegung der »Vorurteile eines alten Volkes«, zu denen sich die zeitgenössische Orthodoxie keinesfalls bekennen kann. Spinozas Verfahren ist schon darum nicht widerspruchsvoll, weil es eben beides, »reine Lehre« *und* »Vorurteile«, in der Schrift gibt – ganz abgesehen davon, daß er in jedem Fall auf einer anderen Ebene argumentiert. Das zweite Argument der Kritik an der Lehre der Schrift besagt: die Meinungen der verschiedenen Propheten über Gott widersprechen einander (l. c.). Allgemein ist also die Behauptung dieser Kritik: es gibt überhaupt keine Lehre der Offenbarungs-Religion über Gott, welche die Spekulation über Gott bevor|munden könnte, weil es keine einstimmige Lehre der Offenbarungs-Religion gibt; Schrift und Tradition widersprechen einander, die verschiedenen Propheten widersprechen einander.

Es widersprechen einander endlich und vor allem die verschiedenen Offenbarungs-Religionen. Die Juden berufen sich auf eine Tradition, die angeblich auf die Propheten selbst zurückgeht; die Katholiken berufen sich auf die Autorität des Papstes; die jüdische Tradition wird geleugnet von den *ältesten* Sekten der Juden, die Autorität des Papstes von den *ältesten* Christen; daher sind beide Autoritäten fragwürdig.[175] Die

---

[175] Attamen quandoquidem nec de hac traditione, nec de pontificis auctoritate possumus esse certi, nihil etiam certi super his fundare possumus; hanc *enim*

Argumente, die für die Wahrheit der Offenbarungs-Religion sprechen, sprechen immer und sollen immer sprechen für die Wahrheit *einer* Offenbarungs-Religion; folglich sprechen sie in Wahrheit für keine; denn sie sprechen nie bloß für eine. Der consensus einer unzähligen Menge von Menschen, die ununterbrochene Tradition, die große Anzahl von Märtyrern sprechen für die katholische Kirche? Alles dies spricht ebenso sehr und eher noch für das Judentum. Die Tatsache, daß ungelehrte und geringe Männer fast den ganzen Erdkreis zum christlichen Glauben bekehrt haben, spricht für die katholische Kirche? Sie spricht für *alle* Christen, das heißt aber, da die Christenheit zerspalten ist in zahlreiche, einander mit größter Erbitterung bekämpfende Konfessionen und Sekten, für keinen. Sind nicht Argumente das letzte Wort, sondern der Glaube, so gilt dasselbe erst recht: jede Offenbarungs-Religion hält *ihren* Glauben für den einzig wahren, und zwar jede mit demselben Recht, nämlich ohne Begründung. Welche Instanz soll den Widerspruch schlichten? Die Schrift? Aber auf die Schrift berufen sich, ohne sich gegenseitig überzeugen zu können, so viele und so entgegengesetzte Sekten, die sich gegenseitig als Feinde Gottes verfolgen (Tr. 159; ep. 76). Die Offenbarungs-Religion ist wesentlich partikular; jede Offenbarungs-Religion hält geradezu das, worin sie sich von den anderen unterscheidet, für das Wichtigste. Die einzelnen Offenbarungs-Religionen selbst stellen einander in Frage, sie selbst widerlegen einander; die Vernunft braucht sie also gar nicht einzeln zu widerlegen. Der Vernunft tritt nicht *eine* Offenbarung mit majestätischer Gewalt entgegen, sondern eine Anzahl theologischer Systeme, jedes von seinen | Anhängern als das einzig wahre geglaubt und mit horizontlosem Eifer gegen alle anderen verteidigt.   *121*

Aber was gegen den Glauben spricht, spricht ebenso gegen die Vernunft. Der Einwand, den Spinoza in dem schon angeführten Brief an den Konvertiten Albert Burgh (ep. 76) gegen die katholische Kirche, gegen alle Kirchen erhebt, ist nur die Erwiderung auf den Einwand Burghs gegen die Philosophie Spinozas, gegen alle Philosophien: jeder Philosoph beruft sich auf die Vernunft, und keiner kann den anderen überzeugen (ep. 67).[176] Gibt es in der Philosophie nicht ebenso viele

---

antiquissimi Christianorum, illam autem antiquissimae Judaeorum sectae negaverunt (Tr. 91).

[176] Burgh: Dices, mea Philosophia rationi rectae congrua est, caeterae eidem repugnant: sed omnes reliqui philosophi praeter tuos discipulos a te dissentiunt, ac eodem jure idem, quod tu de tua, ipsi de se, suaque Philosophia praedicant,

Sekten, die einander nicht überzeugen können, wie in der Offenbarungs-Religion? Gewiß – die Philosophen haben den Willen, einander zu überzeugen; sie haben grundsätzlich die Möglichkeit dazu, da sie an das »allen Menschen Gemeinsame« und nur an es appellieren; tatsächlich aber überzeugen sie einander nicht. Wenn der Widerstreit der Offenbarungs-Religionen einen Einwand gegen die Offenbarungs-Religion darstellt, so stellt die »Anarchie der Systeme« einen ebenso zwingenden Einwand gegen die System-Philosophie dar. Ein Recht zu diesem Einwand hat nur die positive Wissenschaft, die nicht, wie die System-Philosophie, nur dem Anspruch nach, sondern tatsächlich alle überzeugt, die überhaupt der Wissenschaft zugänglich sind. Nur sofern Spinoza entschlossen ist, im Geist der positiven Wissenschaft, als strenge Wissenschaft sein System aufzubauen, und er sich so der wissenschaftlichen Kontrolle unterwirft, kann er diesen Einwand mit größerem Recht erheben als seine offenbarungs-religiösen Gegner. Dieser Einwand liegt also wesentlich der Konstitution seiner Philosophie vorauf, was sich auch darin zeigt, daß er der ganzen radikalen Aufklärung gemeinsam ist. Spinoza verschärft ihn auf der Ebene der positiven Kritik nur dadurch, daß er nicht bei dem Widerspruch der einzelnen Offenbarungs-Religionen stehen bleibt – der Nachweis dieses Widerspruchs spielt im Traktat nur eine sehr untergeordnete | Rolle –, sondern den Widerspruch zwischen den einzelnen Propheten, den Widerspruch in der Schrift selbst aufdeckt. –

c) Die philologisch-historische Kritik

Die positive Kritik, als Kritik an der durch Wunder begründeten übervernünftigen Lehre, ist unabhängig von der philologisch-historischen Kritik. Sowohl die Kritik an der Begründung (Wunder-Kritik) als auch die Kritik am Begründeten (Nachweis der Widersprüche zwischen den Lehren der verschiedenen Propheten und zwischen Schrift und traditioneller Theologie) ist unabhängig davon, ob etwa Mose der Verfasser des Fünfbuchs ist, oder ob der Text der Schrift unverderbt und unverfälscht

----

teque, sicut tu illos, falsitatis errorisque arguunt. – Spinoza: dices, te in interno Spiritus Dei testimonio acquiescere, reliquos autem a scelestorum Spirituum Principe circumduci, ac decipi; sed omnes qui extra Ecclesiam Romanam sunt eodem jure id, quod tu de tua, ipsi de sua praedicant. – Calvin (Inst. I 5, 12): Rude et indoctum vulgus omitto. Sed inter Philosophos, qui ratione et doctrina penetrare in caelum conati sunt, quam pudenda est varietas?

in unsere Hände gekommen ist, oder ob das Gegenteil der Fall ist. Es ist
also nicht zufällig, daß Spinoza die philologisch-historische Kritik erst
(in c. VIII–X) nach der Kritik an der Lehre der Schrift (c. II) und nach der
Wunder-Kritik (c. VI) bringt.

Die Kritik an der Lehre der Schrift braucht durch die philologisch-
historische Kritik nicht ergänzt zu werden; ihr Ziel ist der Nachweis, daß
es keine Lehre *der* Schrift, weil es keine einstimmige Lehre der Schrift
gibt; daher ist sie in sich abgeschlossen: entweder ist der Widerspruch
nachgewiesen oder er ist nicht nachgewiesen; dieser Nachweis hat
keinen Wahrscheinlichkeits-Charakter, so, daß er durch eine Argumentation von anderer Seite her verstärkt oder erschüttert werden
könnte. Anders steht es mit der Wunder-Kritik. Spinozas Kritik an der
Beweis-Kraft des Wunders, an der Erkennbarkeit des Wunders als
Wunder ist lückenhaft: diese Kritik setzt voraus, daß uns die Grenzen
der Natur nicht bekannt sind, indes doch Spinoza selbst zugeben muß,
daß manche in der Schrift berichteten Ereignisse aus den natürlichen
Möglichkeiten nicht begriffen werden können. Der formale Widerspruch macht zwar die formale Schlüssigkeit, nicht aber den Sinn dieser
Kritik fragwürdig: der Geist der Prüfung, der Geist der genauen Beobachtung und der strengen Analyse, an die faktische Begrenztheit unserer
Natur-Erkenntnis erinnernd, warnt vor dem leichtfertigen Schluß von
der derzeitigen Unmöglichkeit, einen Vorgang natürlich zu erklären, auf
die schlechthinnige Unmöglichkeit; er gelangt damit zugleich zum Bewußtsein seiner selbst, seiner wesentlichen Differenz von dem vulgären
Geist, der es mit Beobachtung und Analyse nicht so genau nimmt wie er
selbst, der auf bloße, unmethodische, unkontrollierte Erfahrung seine
Behauptungen stützt, der nicht gewissenhaft zwischen Erfahrenem und
Eingebildetem unterscheidet, von dem Geist also, den er in den Wunder-
Berichten der Schrift zu erkennen glaubt. | Also: zwar sind die Wunder   *123*
formal als solche erkennbar; aber die Wunder, um die der Streit geht,
sind uns bekannt nur als berichtet, berichtet von unwissenschaftlichen
Geistern, die ihre »Wunder« taten oder erzählten, um ein wissen-
schaftlicher Kultur bares Volk zu leiten; daher ist es sehr zweifelhaft, ob
sie wirklich geschehen sind. Dieser Beweis hat nur Wahrscheinlichkeits-
Charakter; als solcher kann er durch eine Argumentation von anderer
Seite her verstärkt oder erschüttert werden. Die Wunder sind uns
bekannt nur als berichtet. Wer berichtet die Wunder? Augenzeugen oder
Männer eines sehr viel späteren Zeitalters? Autoritative Personen, deren
Wort Gewicht hat, oder unbedeutende, vielleicht ganz unbekannte

Schriftsteller, deren Glaubwürdigkeit angesichts so schwer glaublicher Dinge höchst gering ist?

Die Frage so gestellt, leuchtet ein, warum die Orthodoxie, die jüdische und die christliche, mit so großem Nachdruck darauf bestanden hat, daß Mose der Verfasser des Fünfbuchs sei; es wird verständlich, daß die Anzweiflung der mosaischen Herkunft des Fünfbuchs, des Grundstocks des Offenbarungs-Schrifttums, für identisch galt mit der Anzweiflung seiner Offenbartheit.[177] Es ging dabei aber nicht nur um die Rettung der Wunder, sondern zuvor und zugleich um die Rettung der Offenbarung selbst. Die hierhergehörige Kritik Spinozas ist in ihren Einzelheiten in dem Kapitel über seine Bibel-Wissenschaft zu behandeln; hier fragen wir nur nach dem Grundsätzlichen der Kritik, die in dem Nachweis gipfelt, daß Mose nicht der Verfasser des Fünfbuchs sei, daß der Text der Schrift nicht unverderbt und unverfälscht in unsere Hände gekommen sei.

Wenn Spinoza einwendet (Tr. c. VIII), daß weder die Mosaische Herkunft des Fünfbuchs noch die Inspiriertheit des Wortlauts noch die Unverderbtheit des Textes auf Grund der Schrift und im Sinn der Schrift behauptet werden könne, so verkennt er doch die innere Notwendigkeit, die von der Schrift selbst zu jenen von ihm bekämpften »Vorurteilen« führt. Die vom Mosaischen Gesetz beanspruchte Geltung ist davon abhängig, daß es von Mose auf göttlichen Befehl dem Volk als Befehl übermittelt worden ist; die Mosaische Herkunft des eigentlichen Gesetzes muß also fest|stehen. Nun ist ferner die Offenbarung am Sinai gar nicht zu trennen von der ihr voraufgehenden wunderbaren Befreiung Israels aus der ägyptischen Knechtschaft sowie von der dieser vorauf und zu Grunde liegenden Erzväter-Geschichte; die historischen Teile des Fünfbuchs müssen also dieselbe Wahrheit und Gewißheit beanspruchen wie die rein gesetzlichen Teile. Insbesondere werden zahlreiche Ereignisse der mosaischen und nachmosaischen Zeit als Erfüllungen von Verheißungen und Weissagungen aus der Erzväter-Zeit dargestellt; ist aber das Fünfbuch in allen seinen Teilen erst das Werk einer viel späteren Zeit, in der die verheißenen und geweissagten Ereignisse schon eingetreten waren, so sind die »Verheißungen« und »Weissagungen«, auf

---

[177] So heißt es in dem von Stolle überlieferten Bericht (Freudenthal Lebensgeschichte 222): Spinoza sei, »weil man ihn beschuldiget, daß er die Bücher Mosis, *als ein Menschlich Buch, so Moses nie gemacht*, verworfen habe, excommuniciert worden«.

denen doch der »Erfüllungs«-Charakter der Ereignisse beruht, zum mindesten: auf Grund deren er sichtig wird, Fälschungen. Wäre es nun prinzipiell möglich, einzelne Stellen des Fünfbuchs als Interpolationen aus späterer Zeit zu betrachten, so wären auch und gerade die konkreten Weissagungen dem Verdacht ausgesetzt, daß sie erst später, ex eventu entstanden seien. Daraus also, daß nicht nur die Wahrheit, sondern auch die Wahrhaftigkeit[178] der Schrift davon abhängt, daß die angeblichen Weissagungen auch in Wirklichkeit Weissagungen sind, verstehen wir unmittelbar die Notwendigkeit und den Sinn der Behauptung, daß der Schrift-Text rein und unverfälscht von der Offenbarung auf uns gekommen ist.

Unter diesen Umständen bedeutet der Nachweis, daß das Fünfbuch auf Esra, »einen Mann bloß von mäßigem Verstand«[179] (oder gar auf einen gänzlich unbekannten, darum keinesfalls autoritativen Autor), wesentlich zurückzuführen ist, eine vernichtende Kritik an dem Geltungs-Anspruch des Mosaischen Gesetzes. Aber was beweist Spinoza eigentlich? Doch nicht mehr, als daß es nicht *menschen*-möglich ist, daß Mose das Fünfbuch geschrieben habe und daß der Text eines Buches ohne jede Verderbnis an irgendeiner Stelle viele | Jahrhunderte hindurch überliefert werde. Dies leugnen die Gegner nicht nur nicht, sondern erkennen sie geradezu an, indem sie behaupten, daß Gott die Schrift verbal inspiriert und sie durch seine Vorsehung unverderbt erhalten habe.[180] Die philologisch-historische Kritik kann also das Prinzip der Verbal-Inspiration (und ebenso die Lehre, daß Mose der Verfasser des Fünfbuchs sei) auf dem Weg direkter Argumentation nicht erschüttern; denn unter der Voraussetzung, daß die Schrift offenbart ist, liegt es näher, ein unergründbares Geheimnis, denn eine Verderbnis des Textes als Grund für die Dunkelheit einer Stelle anzunehmen; unter Voraussetzung des Interesses an Offenbarung sind Auslegungen, die dem

125

---

[178] Spinoza »scheut sich nicht, diese Leute (sc. die Pharisäer) zu verdächtigen, als ob sie die Voraussagen ihrer Propheten etwas nach den geschehenen Ereignissen hin umgebogen hätten, um so besser einen Schein fester Voraussagen zu erhalten«. So hat sich Spinoza, einer zeitgenössischen Nachricht zufolge, im Gespräch geäußert; die Nachricht hat Carl Gebhardt ermittelt; vgl. dessen Inedita Spinozana (Sitzungsber. der Heidelberger Akademie der Wiss. Philos.-histor. Klasse. Jahrgang 1916. 13. Abhdl.) p. 11.

[179] So äußerte sich Spinoza im Gespräch; s. Gebhardt l. c.

[180] ... Biblia, ut ut sunt, tanquam epistulam Dei, e caelo hominibus missam considerant ... Tr. 144. – At plerique ... statuunt Deum singulari quadam providentia omnia Biblia incorrupta servasse. Tr. 121.

»Unbefangenen«, d. h. dem Ungläubigen, Außen-Stehenden als gekün-
stelt und willkürlich erscheinen, sinnvoller als der Zweifel an der
Offenbarung mit seinen unabsehbaren Folgen für das Leben des Menschen. Die Bedeutung der philologisch-historischen Kritik besteht daher
nur darin, daß sie den Schwerpunkt der Diskussion auf sehr entlegene,
wenngleich notwendige Konsequenzen verschiebt. Was hat es etwa mit
dem Zentrum der Offenbarungs-Religion zu tun, daß die Stadt, die erst
in der Richter-Zeit den Namen Dan erhielt, schon in der Genesis Dan
genannt wird (cf. Tr. 107)? So wird die Entscheidung der allerwichtig-
sten Frage von Bagatellen abhängig gemacht: die Allmacht, die Weisheit,
die Unergründlichkeit Gottes muß man zu Hilfe rufen, um nicht zugestehen zu müssen, daß der Schrift-Text an irgendeiner Stelle irgendwie
verderbt sei. Von hier aus ist leicht zu verstehen, wieso der Spott eine so
große Rolle in der Religions-Kritik der Aufklärung spielen konnte und
mußte: die Aufklärung mußte die Orthodoxie aus einer Stellung »her-
auslachen« (Lessing), aus der sie sie mit keinen anderen Mitteln vertreiben konnte. Denn die Behauptung, daß Gott allmächtig sei, ist nicht
zu widerlegen; aber der Kontrast zwischen der Allmacht Gottes und der
Verwendung seiner Allmacht dazu, um Mose den Namen einer Stadt
oder eines Berges zu inspirieren, den die Stadt oder der Berg erst lange
Zeit nach Moses Tod haben wird, ist komisch. Die Behauptung, daß
Gottes Weisheit unergründlich sei, ist nicht zu widerlegen; aber der
Kontrast zwischen der unergründlichen Weisheit Gottes und der Dun-
kelheit von Schrift-Versen, die durch das, menschlich geurteilt, | nahelie-
gende, einwandfreie, ja notwendige Zugeständnis, daß der Text verderbt
sei, ihre Rätsel verlieren, ist komisch. Die Behauptung, daß Gott Wunder
tun könne und getan habe, ist nicht zu widerlegen; aber die Ähnlichkeit
zwischen den phantastischen Heldentaten des Simson und der phantastischen Himmelfahrt des Elia mit den phantastischen Streichen des rasen-
den Roland oder der Geschichte des Perseus, die Ovid erzählt, wirkt
komisch.[181] –

---

[181] Scio, me olim in libro quodam legisse, virum, cui nomen erat Orlandus
furiosus, monstrum quoddam alatum in aëre agitare solere et quascunque
volebat regiones supervolare, eum ingentem numerum hominum et gigantum
solum trucidare, et alia huiusmodi phantasmata, quae ratione intellectus plane
imperceptibilia sunt. Huic autem consimilem historiam in Ovidio de Perseo
legeram, et aliam denique in libris Judicum et Regum de Samsone, qui solus et
inermis millia hominum trucidavit, et de Elia, qui per aëra volitabat et tandem
igneis equis et curru coelum petiit. Hae, inquam, consimiles plane historiae

3. Voraussetzung und Grenze der Kritik an der Orthodoxie

Die Kritik an der Orthodoxie ist Kritik an dem »Vorurteil«, daß die Vernunft sich der in der Schrift niedergelegten über-vernünftigen Offenbarung unterwerfen müsse; sie hat die Aufgabe, die in diesem Vorurteil befangenen Menschen zur Philosophie zu befreien; daher kann sie die Konstitution der Philosophie, d. h. der Philosophie Spinozas, nicht voraussetzen. Sie ist zuerst Kritik auf Grund der Schrift, sodann Kritik an der Schrift. Im zweiten Fall ist ihr Boden die Erfahrung, die erfahrende Vernunft, die methodische Erfahrung der positiven Wissenschaft; wir bezeichnen die auf diesem Boden operierende Kritik als *positive* Kritik, um sie von der metaphysischen Kritik, welche die Konstitution des in der Ethica entwickelten Systems voraussetzt, zu unterscheiden.

Voraussetzung der Kritik an der Orthodoxie ist die Festlegung des Gegners auf den Wort-Sinn der Schrift. Erst danach ist der Nachweis zu führen, daß die Schrift vulgär ist – und von diesem Nachweis hängt die Wunder-Kritik ab! –, daß die Schrift sich widerspricht, daß der Schrift-Text verderbt oder verfälscht ist, daß Mose nicht der Verfasser des Fünfbuchs ist. Da die Gegner aber den bloßen Wort-Sinn der Schrift nicht als Autorität anerkennen, so beruht die gesamte Kritik Spinozas an der Orthodoxie, sofern sie diese *widerlegen* will, auf einer petitio principii. |

Anders steht es, wenn und sofern die Orthodoxie den Anspruch erhebt, den Ungläubigen auf *seinem* Boden von der Offenbartheit der Schrift überzeugen zu können. Als vorzüglichstes Mittel für diesen Zweck fungiert der Wunder-Beweis. Diesen Angriff auf seine Position vermag der positive, sich in den Grenzen ungläubiger Erfahrung haltende, seiner selbst bewußte Geist überlegen abzuwehren. Die positive Kritik ist legitim nur als *defensive* Kritik.

Was hat aber die Selbst-Beschränkung des positiven Geistes auf das, was genauer Beobachtung und strenger Analyse zugänglich ist, zu bedeuten? Ist sie nicht das Werk menschlichen *Trotzes*, krampfhaften Sich-Verschließens? Ist nicht die Unempfänglichkeit für die Forderung

127

---

sunt; attamen longe dissimile iudicium de unaquaque facimus; nempe primum non nisi nugas scribere voluisse, secundum autem res politicas, tertium denique sacras; hocque nulla alia de causa nobis persuademus, quam propter opiniones, quas de earum scriptoribus habemus. Tr. 96.

und die Gnade, für das Gesetz und den Segen *gewollt*? Die defensive Haltung gegenüber der (wirklichen oder angeblichen) Offenbarung ist also nicht gerade selbstverständlich; sie wird durch den Offenbarungs-Glauben fort und fort in Frage gestellt. Leugnet der positive Geist, daß er sich aus Trotz der Offenbarung verschließt, so muß er bekennen, daß er die Offenbarung nicht erfährt. Gesteht er damit nicht zu, daß ihm ein Organ fehlt, daß er blind ist? Den Vorwurf kann er dem Gläubigen nicht zurückgeben: denn der Gläubige sieht alles, was der Ungläubige sieht, sieht es *auch* ganz so wie dieser, und er sieht überdies *mehr*. Spricht aber nicht in aller Welt mit Recht die Vorvermutung eher für den Sehenden als für den Blinden, für den Mehr-Sehenden als für den Weniger-Sehenden? Soll nun der Ungläubige gegenüber der Offenbarung als »religiös unbegabt« resignieren, wie der Unmusikalische als solcher gegenüber der Musik? Damit würde er bereits die Offenbarung aner-kennen. Eine bloß defensive Kritik gegenüber der Offenbarung ist also überhaupt nicht möglich. Die Reserve gegenüber der Offenbarung ist Mißtrauen, Verdacht gegen die Offenbarung. Eine Begründung dieses Verdachts stellt die positive Kritik bereit: sie weist hin auf den Zusammenhang, den Kontrast zwischen der zentralen Behauptung der Offenbarungs-Religion und den zwar peripherischen, aber notwendigen Behauptungen, daß die Schrift verbal inspiriert sei, daß Mose das Fünfbuch verfaßt habe, daß der Text der Schrift unverderbt und unverfälscht in unsere Hände gelangt sei, daß die in der Schrift berichteten Wunder wirklich geschehen seien. Diese Kritik hat Aussicht auf Erfolg nicht als direkte Argumentation, sondern nur kraft des Spotts, der den Argumenten erst die Würze und die Durchschlagskraft verleiht. Die Vernunft muß »Geist« werden, um ihre mehr als königliche Freiheit, ihre durch nichts *128* zu | erschütternde Souveränität tätig erfahren zu können. Im Anlauf des Lachens und des Spotts überspringt sie die Schranken, die sie nicht zu überwinden vermöchte, wenn sie im wuchtigen Gleichschritt des Argumentierens gegen sie heranrückte. Aber alles Selbst-Bewußtsein der Aufklärung kann nicht darüber hinwegtäuschen, daß diese ihr eigentümliche, geschichtlich so wirksame Kritik das Zentrum der Offenbarungs-Religion nicht erreicht, sondern nur *Kritik von den Konsequenzen her* ist und daher fragwürdig ist. |

B
Die Kritik an Maimuni

1. Der Gegensatz zwischen Spinoza und Maimuni

a) Nach der Auffassung Spinozas

Im Anschluß an Spinozas Unterscheidung zwischen der »skeptischen« und der »dogmatischen« Auffassung des Verhältnisses von Vernunft und Schrift (Tr. 166 f.) gliederten wir seine Religions-Kritik in Kritik an der Orthodoxie und Kritik an Maimuni. Da Spinoza den Traktat nicht gemäß dieser Gliederung aufgebaut hat, vielmehr fast in jedem Kapitel des religions-kritischen Teils sich ohne klare und genaue Sonderung zugleich mit der Orthodoxie und Maimuni auseinandersetzt, muß die historisch-kritische Interpretation diese Sonderung nachholen; entzieht sie sich dieser Aufgabe, so kommt sie nicht hinaus über ein leeres Noch-einmal-Sagen dessen, was Spinoza gewiß besser gesagt hat. Der äußere Aufbau des Traktats kann für die Interpretation schon darum nicht verbindlich sein, weil er durch die beiden Neben-Zwecke, die Spinoza nächst dem ersten und höchsten Zweck mit der Niederschrift des Traktats verfolgte (Verteidigung gegen den Vorwurf des Atheismus und Sicherung der Freiheit öffentlicher Meinungs-Äußerung), mitbestimmt ist; die Interpretation muß, dem Richtungs-Sinn des ersten und höchsten Zwecks des Traktats folgend, die je kritisierte Position, so wie sie von sich selbst her sich zeigt, mitsehend, die Problematik der Religions-Kritik Spinozas als eines Versuchs, die in der Offenbarungs-Religion befangenen »Klügeren« zur Philosophie zu befreien, aufklären.

Um dieser Befreiung willen soll das »Vorurteil«, daß sich die Vernunft der in der Schrift niedergelegten über- oder wider-vernünftigen Offenbarung unterwerfen müsse, beseitigt werden. Die Aufgabe ist gegenüber der »dogmatischen« Theologie, die nicht die Vernunft der Schrift, sondern die Schrift der Vernunft unterwirft, anders zu bestimmen. Die allgemeinste Bestimmung der Aufgabe des Traktats lautet: radikale *Trennung* der Philosophie (Vernunft) von der Theologie (Schrift). Da der »Dogmatiker« als Sinn der Schrift nur den auf die rationale Wahrheit hin ausgelegten Wort-Sinn der Schrift anerkennt, ist

130 ihm gegenüber von vorn|herein Argumentation auf dem Boden der Schrift nicht möglich. Der durch den Charakter der kritisierten Position vorgezeichnete Boden der Kritik ist also im Fall Maimunis die Vernunft. Auf dem Boden der Vernunft ist die *Vereinbarkeit* von Vernunft und Offenbarung in Frage zu stellen. Damit ist die Aufgabe dieser Kritik noch nicht vollständig bestimmt. Maimuni behauptet nicht nur die Vereinbarkeit von Vernunft und Offenbarung, sondern zuvor die Heils-*Notwendigkeit* der Offenbarung, die Insuffizienz der Vernunft zur Leitung des Lebens auf die beatitudo hin. Diese beiden Bestimmungen werden durch die Erklärung vereinigt, daß nur diejenige Erfüllung des seinem Inhalt nach rationalen, für alle Menschen geltenden Gesetzes (der sieben Noachidischen Vorschriften) fromm ist, »Anteil an der zukünftigen Welt« verschafft, welche in der Gesinnung des Gehorsams gegen Gottes offenbarten Willen geschieht (Tr. 65 f.).[182] So jedenfalls faßt Spinoza die Position Maimunis auf. Es ist zu fragen, ob und in welchen Grenzen diese Auffassung gegenüber der Position Maimunis, so wie diese sich von sich selbst her zeigt, aufrechtzuerhalten ist. Zugleich ist festzustellen, worin die eigentliche und letzte Differenz zwischen Spinoza und Maimuni besteht.

Maimuni grenzt seine Position klar nach zwei entgegengesetzten Seiten ab: gegenüber der Orthodoxie wahrt er das Recht der Vernunft, gegenüber der Philosophie macht er auf die Grenze der Vernunft aufmerksam. Unter Orthodoxie ist zunächst zu verstehen der Standpunkt derjenigen Rabbinen, welche sich nur auf die (biblische und thalmudische) Autorität berufen, ohne sich um die philosophische Begründung ihrer Lehren zu bemühen. Maimunis Urteil über diese »vulgären«

---

*   [182] Der Sinn der von Spinoza (Tr. 65) als Beleg benutzten Stelle (Hil'choth melachim VIII 11) wird zwar gemildert, aber nicht wesentlich geändert, wenn die Lesart der ed. pr. zu Grunde gelegt wird. Auf den Unterschied der Lesarten macht aufmerksam Joël, Spinozas theologisch-politischer Traktat auf seine Quellen geprüft, Breslau 1870, 55 f. Joël beruft sich ferner auf den Keseph Mischneh, der die von Spinoza angeführte Äußerung als eigene Meinung Maimunis, d. h. als nicht traditionell kennzeichnet; er vergißt aber zu bemerken, daß dieser Kommentator fortfährt: »sie (sc. die eigene Meinung Maimunis) ist richtig«.

Theologen ist nicht weniger hart als die entsprechenden Urteile Spinozas; er macht ihnen zum Vorwurf: sie hielten infolge ihrer Dummheit und Unwissenheit, nämlich indem sie die allegorisch oder analogisch gemeinten Aussagen der Pro|pheten wörtlich auffaßten, das Unmöglichste für möglich; sie befaßten sich nur mit der äußeren Schale der an einigen Stellen des Thalmuds und der Midraschim angedeuteten »Geheimnisse der Thorah« und bemerkten nicht, daß unter ihr ein Kern verborgen sei. Dieser Orthodoxie gegenüber wahrt Maimuni das Recht der Vernunft durch das hermeneutische Prinzip: alle Schrift-Stellen, deren Wort-Sinn der rationalen Einsicht widerstreitet, sind allegorisch auszulegen.[183] Unter der von Maimuni bekämpften Orthodoxie ist zweitens zu verstehen die Philosophie der orthodoxen Araber, die auch einige Juden beeinflußt hat, der sogenannte Kalâm. Dem Kalâm gegenüber wahrt Maimuni das Recht der Vernunft wesentlich durch zwei Prinzipien: 1. das Seiende richtet sich nicht nach den Meinungen, sondern die richtigen Meinungen sind die, welche sich nach dem Seienden richten; die Wissenschaft hat sich zu orientieren nicht an dem, was sein *könnte*, sondern an dem, was wirklich, sichtbar, offenbar ist; 2. erst auf Grund gediegener Erforschung des Seienden, wie es wirklich ist, auf Grund also der Aristotelischen Physik ist die Theologie möglich. Von hier aus ergibt sich zugleich mit der Abgrenzung gegen den Kalâm die Abgrenzung gegen die Philosophie. Die kennzeichnende Behauptung der Philosophen ist die Lehre von der Welt-Ewigkeit. Ihr gegenüber will Maimuni die Lehre des Glaubens, daß Gott die Welt frei geschaffen hat, die Propheten frei begnadet und alle Menschen frei richtet, verteidigen. In diesem Beweis-Ziel weiß er sich einig mit dem Kalâm; aber was der Kalâm unter faktischer, freilich ungeklärter Voraussetzung seines Beweis-Ziels, ferner in flagrantem Widerspruch mit der wirklichen, sichtbaren Ordnung der Welt beweisen wollte, will Maimuni auf dem Boden gediegener Wissenschaft beweisen. Die Wissenschaft führt heran an die vollständige Disjunktion: Welt-Schöpfung oder Welt-Ewigkeit; sie kann nicht entscheiden, welches Disjunktions-Glied die Wahrheit ist; die Frage: Welt-Schöpfung oder Welt-Ewigkeit ist eine Grenze der Vernunft; diese Grenze ist gegenüber der Philosophie als solche aufzuzeigen. Nun folgt sowohl unter der Voraussetzung der Welt-Ewigkeit – dies hat

---

[183] Moreh nebuchim I Introd. (6–8, 15); 71 (332–335); II 25 (195 f.); 27 (205–206); 32 (260); III 51 (435). (Die in Klammern stehenden Ziffern bezeichnen die Seiten der Munkschen Übersetzung.)

Aristoteles gezeigt –, als auch unter der Voraussetzung der Welt-Schöpfung, daß Gott existiert, daß er Einer und unkörperlich ist. Diese drei
132   fundamen|talen Theologeme sind also streng beweisbar. Der Kalâm
aber, der diese Theologeme auf die Lehre von der Welt-Schöpfung
stützen wollte, macht sie, weil die Welt-Schöpfung nicht streng beweisbar ist, gerade fragwürdig; im Gegensatz zum Kalâm will Maimuni
zuerst angesichts dessen, daß die Welt-Schöpfung nicht streng beweisbar
ist, die drei fundamentalen Theologeme gegen jeden Zweifel sichern,
und erst dann die Frage, deren sichere Beantwortung nicht in der Macht
philosophischen Denkens liegt (Welt-Schöpfung oder Welt-Ewigkeit),
behandeln. Für die Lehre von der Welt-Schöpfung, gegen die Lehre von
der Welt-Ewigkeit spricht ihm erstens, daß jene auf Grund prophetischer
Offenbarung überliefert ist, und zweitens die sachliche Wahrscheinlichkeit.[184] –

b) Als Gegensatz hinsichtlich der zentralen theologischen Voraussetzung

Der Explikation Maimunis zufolge lauten die ersten beiden metaphysischen Voraussetzungen des Kalâm: 1. alle Körper sind aus Atomen
zusammengesetzt, die Atome sind die Substanz der Körper; 2. das Leere
existiert.[185] Die auffällige Übereinstimmung dieser Metaphysik mit der
Epikureischen erleichtert die Orientierung über den Sinn der Kalâm-Kritik Maimunis. Der Atomismus von Epikur und Lukrez ist ein
Moment des Zusammenhangs, der konstituiert wird durch die Absicht,
den Geist von den Schrecken der Religion zu befreien. »Diesen Schrekken des Geistes und dieses Dunkel können nicht die Strahlen der Sonne,
die leuchtenden Geschosse des Tages, zerstreuen, sondern nur die Anschauung und Ergründung der Natur.« Das Prinzip dieser Natur-Wissenschaft ist der Satz: daß niemals, auch durch das Wirken der Götter
nicht, Etwas aus Nichts geschaffen werden könne. Der Satz wird
folgendermaßen bewiesen: könnte Etwas aus Nichts werden, so könnte
Alles aus Allem werden, keines Samens bedürfend; nichts brauchte seine
Ordnung, die bestimmte und stetige Weise seines Hervorgehens innezuhalten; daß aber das Wirkliche eine bestimmte und stetige Ordnung hat,

---

[184] Moreh I 71; 73; II 16. – Die Frage, ob Maimunis Kalâm-Interpretation sachangemessen ist, kann und braucht hier nicht beantwortet zu werden.
[185] Moreh I 73.

ist offenbar. Da es nun im Bereich des Offenbaren, Sinnenfälligen nicht
nur bestimmte, stetige Ordnung, sondern auch Unbestimmtheiten und
Unstetigkeiten gibt, so muß der offenbaren Ordnung eine jenseits der
Sichtbarkeits-Grenze anzusetzende Ordnung, der Atomismus, als die
eigentliche Ordnung, substruiert werden, wenn anders das Wirken
göttlicher Mächte radikal ausge|schlossen werden soll.[186] Im extremsten   *133*
Gegensatz zur Epikureischen Metaphysik ist die Metaphysik des Kalâm
die Folge des Glaubens an die souveräne Macht des Alles in jedem
Augenblick aus dem Nichts erschaffenden Gottes; dem Kalâm, nach
dessen Lehre die Atome von Gott in jedem Augenblick nach souveräner
Willkür aus dem Nichts erschaffen oder nicht erschaffen werden können, ist der Atomismus das Korrelat grundsätzlicher Leugnung der
offenbaren Ordnung der Natur als eines inneren, stetigen Zusammenhangs. Beide Atomismen leugnen die Gediegenheit der offenbaren Ordnung; der Epikurs, um den Glauben an wirkende Götter auszurotten,
der des Kalâm auf Grund des Glaubens an den wirkenden Gott; beide
entfernen sich in entgegengesetzter Absicht von der offenbaren Ordnung. Zwischen diesen sich berührenden Extremen steht die Aristotelische Wissenschaft: sie beharrt auf dem Boden der offenbaren Ordnung.
Im ausdrücklichen Anschluß an diese Wissenschaft beruft sich Maimuni
wider den Kalâm auf die offenbare Ordnung; auf ihrem Boden will er
beweisen, daß die Welt aus Nichts erschaffen ist. Um dies tun zu können,
muß er den göttlichen Schöpfer-Willen als ordnenden, vernünftigen
Willen verstehen. Die Problematik seiner Metaphysik konzentriert sich
daher in der Problematik des Verhältnisses von Vernunft (Verstand) und
Willen in Gott.

Auf dem Boden der offenbaren Ordnung, auf dem Maimuni die
Welt-Schöpfung als möglich, ja als wahrscheinlich erweisen will, gelangt
die von ihm als unvereinbar mit dem Judentum verworfene und bekämpfte Philosophie (der arabischen Aristoteliker) zu dem entgegengesetzten Ergebnis, zur Lehre von der Welt-Ewigkeit. So vollzieht sich die
Auseinandersetzung zwischen Glauben und Unglauben auf dem Boden
der Aristotelischen Wissenschaft. Insofern darf also von vorne herein –
ob auch weiterhin, bleibt hier offen – die Differenz zwischen der
teleologischen Metaphysik des 12. Jahrhunderts und der mechanischen
des 17. Jahrhunderts außer Betracht bleiben. Spinoza würde bereits,
wenn er die Lehre Ibn Roschds sich zu eigen machte, die von Maimuni

---

[186] Lucr. I 140 ff.

gezogene Grenze überschreiten. Spinoza lehrt wie die arabischen Philosophen die Welt-Ewigkeit im Gegensatz zu der offenbarungs-religiösen Lehre von der Welt-Schöpfung. Daß jene Philosophen sich für offenbarungs-gläubig ausgaben und hielten und sogar offenbarungs-gläubig waren, braucht hier nicht zu interessieren, wo nur der Gegensatz Spinozas zur| Offenbarungs-Religion, so wie Maimuni sie versteht, untersucht werden soll. Die erste Formulierung für diesen Gegensatz lautet also: Lehre von der Welt-Ewigkeit – Lehre von der Welt-Schöpfung.

Mit der Lehre von der Welt-Ewigkeit ist die Leugnung des Wunders gegeben, mit der Lehre von der Welt-Schöpfung die Möglichkeit des Wunders zugestanden.[187] Spinoza begründet seine Leugnung der Möglichkeit des Wunders im Zusammenhang des Traktats vermittelst des Satzes: Dei voluntas, et Dei intellectus in se revera unum et idem sunt; nec distinguuntur, nisi respectu nostrarum cogitationum, quas de Dei intellectu formamus (Tr. 48). Aus diesem Satz folgt, daß Gott alles, was er erkennt, will, daß also der Unterschied zwischen Möglichem und Wirklichem keine Seins-Bedeutung hat: es gibt kein Mögliches außer, neben dem Wirklichen; das Wirkliche ist notwendig so, wie es ist; die Regeln des wirklichen Geschehens sind notwendige Gesetze, ewige Wahrheiten; die Veränderung der Natur, die Aufhebung eines Natur-Gesetzes, das Wunder ist eine Absurdität (Tr. 68 f.). Man hat den Satz, daß Verstand und Wille in Gott eines und dasselbe sind, bei Maimuni nachweisen zu können und daher – gewiß im Sinn Spinozas selbst, der nicht ohne Absicht gerade im Traktat eine an traditionelle Lehren anklingende Formel für seine zentrale Behauptung gewählt hat – eine fundamentale Übereinstimmung zwischen Spinoza und Maimuni feststellen zu dürfen geglaubt.[188] Wäre man hierzu berechtigt, so wäre Spinozas Lehre nicht trotz, sondern wegen der in ihr enthaltenen Leugnung des Wunders und der Schöpfung als die folgerichtige Weiterbildung der Theologie Maimunis, die als vollkommenste Stufe der jüdischen Theologie überhaupt gilt, anzusehen.

Maimuni folgert aus der schlechthinnigen Einheit und Einfachheit Gottes, daß positive Attribute Gottes unmöglich sind: jedes positive Attribut würde eine Vielheit in Gott setzen. Daher ist es insbesondere nicht möglich, Gott in eigentlichem Sinn Verstand und Willen zuzuspre-

---

[187] Moreh II 25 (197 f.).
[188] Joël l. c. 47 f.

chen, von Gottes Wesen seinen Verstand und seinen Willen zu unterscheiden; aus diesem Grund verliert die Unterscheidung von Verstand und Willen in Gott ihr Recht in eigentlicher Rede. Würde nun Spinoza diese Identitäts-Behauptung dem Sinn und nicht nur dem Wortlaut nach annehmen, so müßte er die Identität des Denkens und der Ausdehnung im gleichen Sinn be|haupten wie die Identität von Verstand und Willen.   *135* Und selbst damit hätte er eine echte Übereinstimmung noch nicht erreicht. Für Maimuni meint jener Satz eine Wirklichkeit, die höher ist als alles menschliche Begreifen: weil Gott schlechthin einfach ist, kann nichts, nichts Positives von ihm ausgesagt werden; sein Wesen ist unaussagbar, unbegreiflich; wir erfassen nur das Daß, nicht das Was Gottes – sofern mit dem Was mehr ausgesagt werden soll als mit dem Daß.[189] So ist insonderheit die Folgerung: daß Gottes Verstand und Gottes Wille nicht von Gottes Wesen und also nicht voneinander unterscheidbar sind, menschlichem Begreifen unzugänglich; wir verstehen Verstand und Willen nur als wohl unterschieden. Spinoza aber erhebt den Anspruch, die Identität von Verstand und Willen zu verstehen, wie denn ja zufolge seiner Lehre die Identität von Verstand und Willen ebenso wie für Gott auch für den Menschen gilt; während für Maimuni der Identitäts-Satz gerade darum unbegreiflich sein muß, weil er die uns von uns her allein bekannte, allein verständliche Zweiheit bezüglich Gottes negiert. Spinozas Identitäts-Satz bringt nicht die Opposition gegen die positiven Attribute, sondern ausschließlich die Opposition gegen den vom Verstand unterschiedenen Willen zum Ausdruck.

Spinoza kann nur darum aus dem Identitäts-Satz Folgerungen für das Verständnis des Geschaffenen ziehen, weil ihm dieser Satz begreiflich ist, nicht bloß die Grenze alles Begreifens bezeichnet. Maimuni hingegen sieht sich durch das Verständnis des Geschaffenen gezwungen, in uneigentlicher Rede dem unbegreiflichen Schöpfer mit Rücksicht auf das Geschaffene in unterschiedlichem Sinn Verstand und Willen zuzusprechen. Denn die Analyse des »Geschaffenen« liefert den Wahrscheinlichkeits-Beweis für die Welt-Schöpfung; die Welt-Schöpfung kann aber nur dann behauptet werden, wenn zwischen Verstand und Willen in Gott unterschieden wird. Eines der »Philosophen«-Argumente gegen das Schöpfertum Gottes lautet: wenn ein Agens einmal handelt, ein andermal nicht handelt, so hat dies seinen Grund darin, daß das eine Mal Reize wirksam, bzw. Hindernisse nicht vorhanden, das andere Mal

---

[189] Moreh I 51 (183 f.); 53 (213 f.); 58 (241 f.).

Reize nicht wirksam, bzw. Hindernisse vorhanden sind, Reize oder Hindernisse, die den Willen einmal zum Handeln, ein andermal zum Nicht-Handeln bestimmen, die also den Willen verändern; nun wird Gott durch keine Reize angetrieben und durch keine Hindernisse ge|-hemmt; also ist es nicht möglich, daß er das eine Mal handelt, das andere Mal nicht handelt; vielmehr, er, der reine Wirklichkeit ist, handelt notwendig immer. Maimuni erwidert: es gibt in der Tat keine Reize oder Hindernisse, die Gott einmal zum Handeln, ein andermal zum Nicht-Handeln bestimmen; wohl aber bestimmt sich sein Wille spontan das eine Mal so, das andere Mal anders; es ist dem Willen eigentümlich, zu wollen und nicht zu wollen, das eine Mal zu wollen, das andere Mal nicht zu wollen. Weil das Wesen des Willens Spontaneität ist, kann Gott das eine Mal handeln wollen und also handeln, das andere Mal nicht handeln wollen und also nicht handeln; es ist keine Unvollkommenheit, sondern das Wesen des Willens, daß er will und nicht will. Ganz anders verhält es sich offenbar mit dem Verstand: das Nicht-Verstehen ist offenbar unvollkommener als das Verstehen; Gott kann nicht einmal wissen, das andere Mal nicht wissen.[190] So wird also mit Rücksicht auf die Welt-Schöpfung der Wille in seiner Eigentümlichkeit Gott zugesprochen und damit, der Sache nach, zwischen Verstand und Willen in Gott unterschieden. Davon, daß der Satz: in Gott sind Verstand und Wille eines und dasselbe, von Maimuni ebenso wie von Spinoza behauptet werde, kann also keine Rede sein. Geradezu muß, angesichts des unmittelbaren Zusammenhangs zwischen Schöpfungs-Behauptung und Attribuierung des in seiner Eigentümlichkeit verstandenen Willens an Gott, gesagt werden, daß eben dies der Gegensatz zwischen Maimuni und Spinoza ist: Identifikation des Verstandes und des Willens Gottes – Unterscheidung zwischen Verstand und Willen Gottes.

Man könnte nun meinen, daß der »Widerspruch« zwischen Maimunis Leugnung aller positiven Attribute Gottes und seiner Attribuierung des Willens an Gott Spinoza ein Recht zu seiner »Weiterbildung« des Identitäts-Satzes gebe. In Wahrheit liegt aber gar kein Widerspruch vor. Die Leugnung der positiven Attribute ist zu verstehen aus der Behauptung, daß Gottes Wesen unbegreiflich ist: die nur in uneigentlicher Rede mögliche, in ihr aber notwendige Attribuierung des Willens ist gerade das vorzüglichste Mittel, auf die Unbegreiflichkeit Gottes

[190] Moreh II 14 (119); 18 (141 f.); III 20 (153).

hinzudeuten. Derselbe Beweis, der das Wollend-Sein Gottes feststellt, stellt zugleich die Unbegreiflichkeit Gottes fest.

Die bisher gewonnene Bestimmung des Gegensatzes zwischen Maimuni und Spinoza reicht zu, um den Gegensatz innerhalb des | Dogmatischen verständlich zu machen. Der Zusammenhang zwischen der Beurteilung des Wunders als möglich oder als unmöglich und der zentralen theologischen Voraussetzung wurde bereits erwähnt. Spinoza schließt ferner aus der Identität des Verstandes und des Willens in Gott, daß die Offenbarung eines *Gesetzes* unmöglich sei: ein Gesetz ist als solches übertretbar; wenn nun Gott alles, was er kennt, auch will, so ist menschliches Handeln wider Gottes Willen, das ja doch von dem allwissenden Gott erkannt würde, unmöglich; also ist ein von Gott offenbartes Gesetz unmöglich. Maimuni hingegen sieht sich – an der Unmöglichkeit, in eigentlicher Rede Gott Verstand oder Willen zu attribuieren, durchaus festhaltend – durch die Tatsache des offenbarten Gesetzes zu der in uneigentlicher Rede notwendigen Unterscheidung von Verstand und Willen in Gott gezwungen: »die ganze heilige Gesetzgebung, was sie befiehlt und was sie verbietet, ruht auf diesem Fundament: daß das Vorher-Wissen Gottes die mögliche Sache nicht aus ihrer Natur herausführt« (sc. sie nicht wirklich macht); nicht alles, was möglich ist, was Gott erkennt, will er zugleich, macht er zugleich wirklich; insbesondere ruft Gottes Wissen um die möglichen menschlichen Handlungen diese nicht zur Wirklichkeit hervor, nicht die seinem Willen entsprechenden, nicht die seinem Willen widersprechenden.[191] Aus der zentralen theologischen Voraussetzung ergibt sich, daß Sünde als Sünde wider Gott nach Spinozas Urteil unmöglich, nach Maimunis Urteil möglich ist. Diese Folge wiederum ist unmittelbar die Möglichkeits-Bedingung für die grundsätzliche Toleranz, bzw. für die Verfolgung der Feinde, Hasser, Widersacher Gottes; Maimuni hält ausdrücklich daran fest, daß es »mit erhobener Hand« vollzogene, unentschuldbare Auflehnung wider die Thorah, Lästerung Gottes gibt, während Spinoza meint, daß selbst der Teufel nicht, und gerade er, als das hervorragendste aller verstand-begabten Geschöpfe nicht, sich gegen Gott auflehnen könne.[192]

Für die Kritik an der Prophetologie Maimunis verwendet Spinoza zwar nicht ausdrücklich den Satz von der Identität des Verstandes und

137

---

[191] Tr. 48 f. – Moreh III 20 (150–154).
[192] Moreh III 41 (330–332); I 36 (137 f.). – Tr. pol. II 6.

des Willens in Gott; die von ihm ausdrücklich geübte Kritik setzt aber diejenige, welche aus diesem Satz folgt, voraus. Nur ein freier, unergründlicher Gott kann sich wahrhaft offenbaren; der Offenbarung ist es wesentlich, daß sie freies Geschenk Gottes | ist, nicht durch menschliche Begabung und Schulung erzwungen werden kann. Die Philosophen des Islam, auf deren Boden Maimuni tritt, erkannten zwar die Offenbarung an, und sie faßten deren natürliche Voraussetzungen so auf, daß Maimuni ihnen hierbei folgen konnte – an diese, Maimuni mit den Philosophen gemeinsame Auffassung knüpft dann Spinozas Kritik an –; aber Maimuni muß doch im Namen »unserer Thorah und unserer Religion« den »einen« Vorbehalt machen, daß dem Mann, der ganz so, wie die Philosophen annehmen, zur Prophetie begabt und geschult ist, durch den wunderbar eingreifenden Willen Gottes die Prophetie vorenthalten werden kann. Weil Gott mit unergründlicher Freiheit handelt, ist partikulare Offenbarung möglich. Spinoza aber muß auf Grund seiner zentralen theologischen Voraussetzung die Möglichkeit partikularer Offenbarung leugnen.[193]

Wenn Gottes Wesen vermittelst des natürlichen Lichts adäquat erkennbar ist, so verliert die partikulare Offenbarung ihre Dringlichkeit, wenn nicht gar überhaupt ihren Sinn; denn dann gibt es eine »allen Menschen gemeinsame«, zulängliche Gottes-Erkenntnis, die durch Offenbarung nicht vervollständigt oder übertroffen werden kann, die nicht durch Offenbarung verbürgt zu werden braucht. Ist aber Gottes Wesen verborgen, unergründlich, alle menschliche Erkenntnis von Gott fragmentarisch und sporadisch, so kann und muß es echtes Interesse an Offenbarung geben; wenn uns durch die uns umgebende Welt und unser Aufgehen in ihr Gott verborgen ist, wenn es mit unserer direkten Gottes-Erkenntnis so bestellt ist, als ob wir in einer tief-dunklen Nacht hin und wieder einen Blitz aufleuchten sähen, wenn es daher verschiedene Stufen dieses Sehens geben kann, vom fast dauernden Leben im Licht bis zu völliger Blindheit, die höchste Stufe allein von *dem* Propheten Mose erreicht ist, die Gottes-Erkenntnis aller anderen Menschen weit, wenn auch mehr oder weniger weit hinter seiner zurückbleibt: so ist die Unterwerfung unter die unübertreffliche, die Erkenntnis aller anderen Menschen übertreffende Lehre Moses geboten. Wenn Gott ein verborge-

---

[193] Moreh II 32 (262 f.). Tr. 1. – Maimuni macht noch den weiteren Vorbehalt, daß die Prophetie Moses wesens-verschieden von derjenigen der übrigen Propheten ist; cf. Moreh II 35 und 39, sowie Jesode hathorah VII 6.

ner Gott ist, dann ist die Theologie nicht Wissenschaft wie die anderen, methodischen, durchsichtigen Wissenschaften: ihr Gegenstand ist nicht immer, ununterbrochen dem Blick zugänglich, sondern bald zeigt er | sich, bald entzieht er sich dem Blick; dann ist die einzig gemäße Art, von Gott zu sprechen, die Rede in Gleichnissen und Rätseln.[194] So ist also das Interesse an der Thorah als der Urkunde der Offenbarung, zugleich die Art und Weise ihrer Auslegung (die Allegorese) in der zentralen theologischen Voraussetzung Maimunis begründet, ebenso wie es in der zentralen theologischen Voraussetzung Spinozas begründet ist, daß er eine Theologie more geometrico aufbauen kann, die sich selbst durchaus genügt, unbekümmert ist um die Lehren Anderer, insbesondere um die Meinungen der biblischen Lehrer, völlig klar und deutlich ist, und daß er keinen Grund für Rätsel- und Gleichnis-Rede sieht, daher keine derartige Rede duldet, keinen anderen Sinn als den Wort-Sinn anerkennt. –

139

c) Als Gegensatz hinsichtlich der Auffassung des Menschen

Aus dem Gegensatz hinsichtlich der zentralen theologischen Voraussetzung folgt notwendig die gegensätzliche Stellung zur Offenbarung. Ist die zentrale Voraussetzung aber die *erste* Voraussetzung?

*

Aus Spinozas theologischer Voraussetzung folgt unmittelbar die Entscheidung über die angeblich wirkliche Offenbarung: Offenbarung ist nicht wirklich, weil sie nicht möglich ist; Maimuni hingegen bedarf zur Begründung der Offenbarung, außer der Begründung der Möglichkeit und der Dringlichkeit von Offenbarung überhaupt, noch der historischen Begründung der bestimmten, Mosaischen Offenbarung. Die historische Begründung ist als solche historischer Kritik ausgesetzt; daher kann Spinoza unabhängig noch von der Leugnung der Möglichkeit von Offenbarung überhaupt an der angeblich wirklichen Offenbarung historische Kritik üben. Die historische Kritik hat gegenüber Maimuni wesentlich denselben Sinn und dieselbe Grenze wie gegenüber der Orthodoxie. Wenn Spinoza im Anschluß an eine Andeutung Ibn Esras beweist, daß Mose die Thorah nicht geschrieben haben könne, so spricht er an Maimuni vorbei; denn »wer sagt: die Thorah ist nicht von Gott; wer auch nur bezüglich eines Verses, auch nur bezüglich eines Buchstabens sagt: Mose hat ihn von sich selbst aus gesagt – der leugnet

---

[194] Moreh I Introd. (10 ff.).

die Thorah«.[195] Die Bibel-Kritik trifft die Position Maimunis grundsätzlich darum nicht, weil sie immer nur feststellen kann, was *menschen-*
möglich oder -unmöglich ist, der Gegner aber die göttliche Herkunft der
Schrift voraussetzt. Sofern allerdings diese Voraussetzung durch Rück-

140   gang auf die glaubwürdige Tradition historisch | begründet wird,[196] ist
Traditions-Kritik grundsätzlich möglich. Spinoza übt an der jüdischen
Tradition als solcher – zum Unterschied von dem durch diese Tradition
Tradierten – nur beiläufig Kritik; er erinnert eigentlich nur an die
sadduzäische Polemik gegen die Pharisäer (Tr. 91). Seine grundsätzliche
Kritik an der jüdischen Tradition ist enthalten in dem Argument gegen
die römisch-katholische Kirche, das er in seiner Antwort an Burgh (ep.
76) vorbringt; er fragt Burgh, ob er glaube – gesetzt auch, daß alle von
ihm angeführten Gründe für die römische Kirche und nur für sie
sprächen –, die Autorität der Kirche *mathematisch* beweisen zu können.
Keine historische Begründung tut dem Gewißheits-Anspruch Genüge,
den Spinoza erhebt; also auch keine historische Widerlegung. Es kommt
also wesentlich nur auf die philosophische Kritik an, die nicht nur, wie
die historische Kritik, höchstens den *Glauben* an die Offenbarung, d. h.
an eine bestimmte Offenbarung untergräbt, sondern auch diesen Glauben gänzlich entwurzelt, indem sie das *Interesse* an Offenbarung entwurzelt.

Ist nicht aber vielmehr der Glaube an Offenbarung die Wurzel des
Interesses an Offenbarung? Gründet nicht das Interesse an Offenbarung
in dem allererst durch Offenbarung erschlossenen Wissen um die Ver-
borgenheit Gottes? Oder hat das Interesse an Offenbarung einen früheren Grund? Die Grundlage der Theorie Maimunis ist die Aristotelische Physik, die Analyse der wirklichen Welt-Ordnung; die strenge
Wissenschaft führt an die Frage Welt-Schöpfung oder Welt-Ewigkeit
heran; die Lösung dieser Frage geht über ihre Kraft: der ungeleitete
menschliche Verstand befindet sich hinsichtlich der zentralen Frage, von
deren Entscheidung nach Maimunis unmißverständlicher Erklärung
Sein oder Nicht-Sein der Offenbarungs-Religion abhängt, prinzipiell in
der Gefahr des Irrtums. Wahrhaft zugänglich ist dem Menschen nur
seine Welt, die sublunarische Welt; weiter als bis zu ihrer Erkenntnis ist
auch Aristoteles, *der* Philosoph, nicht gekommen.[197] Angesichts dieser

---

[195] Maimuni Hil'choth th'schubah III 8.
[196] Maimuni verwirft die Wunder-Begründung grundsätzlich; s. Jesode VIII.
[197] Moreh II 22 (179); 24 (194).

Begrenztheit aller menschlichen Überlegung verlangt Maimuni Vorsicht und Verdacht gegenüber der Neigung des menschlichen Denkens, verweist er auf die durch die Prophetie Moses begründete Tradition des Judentums.[198] Also ist *dem Aufbau der Wissen|schaft Maimunis zufolge*   141 das Interesse an Offenbarung in der Tat früher als der Glaube an Offenbarung: die auf dem Boden der Aristotelischen Wissenschaft, grundsätzlich *vor* Einführung der zentralen theologischen Voraussetzung gewonnene Einsicht in die Insuffizienz des menschlichen Verstandes motiviert die Hinwendung zur Offenbarung; diese Einsicht macht den Menschen geneigt zur Annahme der Offenbarung. Die Differenz zwischen Maimuni und der »Philosophie«, damit aber auch die Differenz zwischen Maimuni und Spinoza, zeigt sich *zuerst* in der Behauptung, daß der menschliche Verstand insuffizient zur Lösung des zentralen Problems sei; in der Überzeugung von der Insuffizienz des menschlichen Verstandes ist das Interesse an Offenbarung begründet; das Interesse an Offenbarung ist früher als der Glaube an Offenbarung.

Dies leuchtet ja auch unabhängig von der bisherigen, am Aufbau der Wissenschaft Maimunis orientierten Begründung ein. Wenn an die Offenbarung geglaubt wird, ohne daß dieser Glaube von dem Interesse an Offenbarung getragen ist, so ist der Offenbarungs-Glaube ein Stück Wissen neben anderem Wissen, aus dem sich übrigens die wichtigsten Konsequenzen für das Wissen ergeben mögen, ja ergeben müssen – z.B. durch Rückschluß von der Offenbarungs-Tatsache auf die Attribute Gottes –, so bedeutet die Offenbarung für den Philosophen in Wahrheit nichts, nichts mehr als jedes andere Faktum, das als solches nur *Gegenstand* ist. Diesem Sachverhalt wird Spinoza gerecht, wenn er dem Traktat, dessen grundlegender Teil der Kritik an der Offenbarungs-Religion gewidmet ist, in der Vorrede zu dieser Schrift eine Kritik des Interesses an Offenbarung, der Insuffizienz-Behauptung vorausschickt, dabei dieser radikalsten Kritik die Kritik des Offenbarungs-Glaubens und des Offenbarungs-Materials ein- und unter-ordnend.

Da für Maimuni ebenso wie für Spinoza in der Gottes-Erkenntnis die durch die menschliche Natur vorgezeichnete menschliche Vollkommenheit schlechthin besteht, so besagt die Behauptung: der menschliche Verstand ist insuffizient zur Beantwortung der zentralen theologischen Frage, nichts anderes als: das Können des Menschen reicht nicht zu, um

---

[198] Moreh II 23 (182).

das Leben auf sein Ziel, die beatitudo, hinzuleiten. Spinozas Antwort auf die Frage: reicht das dem Menschen als Menschen zukommende Können zur Leitung des Lebens zu oder nicht? ist der Antwort Maimunis kontradiktorisch entgegengesetzt: nihil enim lumen naturale exigit, quod ipsum lumen non attingit, sed id *tantum*, quod nobis clarissime indicare potest, bonum, sive | medium ad nostram beatitudinem esse. Wesentlich aus diesem Grund leugnet Spinoza, daß die Erfüllung des Mosaischen Gesetzes ein notwendiges Mittel zum Erreichen der beatitudo sei; verlangt doch dieses Gesetz die Erfüllung von »Zeremonien, d.i. Handlungen, die in sich indifferent sind und durch bloße Satzung gut genannt werden« (Tr. 48). Selbst Maimuni, der sich übrigens die größte Mühe gibt, die Rationalität des Mosaischen Gesetzes darzutun, gibt zu, daß die Einzel-Bestimmungen dieses Gesetzes nur kraft Satzung Geltung haben; bezüglich einzelner Opfer-Vorschriften etwa meint er, man werde für sie niemals einen Grund ausfindig machen können.[199] Da nun Maimuni das Mosaische Gesetz als *das* göttliche, *den* Weg zur beatitudo vorzeichnende Gesetz ansieht, so rechtfertigt sich Spinozas Auffassung: At Judaei contra plane sentiunt; statuunt enim veras opiniones, veramque vivendi rationem *nihil prodesse ad beatitudinem*, quamdiu homines eas ex solo lumine naturali amplectuntur, et non ut documenta Mosi prophetice revelata: hoc enim Maimonides cap. 8. Regum lege 11. aperte his verbis audet affirmare (folgt Zitat aus Maimuni – Tr. 65). Der ganze Aufbau der Wissenschaft Maimunis bestätigt Spinozas Urteil: die Offenbarung verbürgt ihm mit unanzweifelbarer Gewißheit mehr, als der Verstand von sich aus verbürgen kann; der Verstand ist angewiesen auf Offenbarung, er verlangt nach der durch Offenbarung dargebotenen Lösung. Den Gegensatz zwischen Maimuni und Spinoza bestimmen wir also nunmehr durch die Formel: Insuffizienz des Menschen – Suffizienz des Menschen. Man kann einwenden, daß der Glaube an die Insuffizienz des Menschen, das Mißtrauen gegen die menschliche Überlegung für Maimuni wahrlich nicht kennzeichnend sei. Dieser Einwand zieht seine Kraft aus der Vergleichung der Position Maimunis mit anderen innerhalb der Offenbarungs-Religion wirklichen und möglichen Positionen. Aber diese Betrachtungs-Weise ist unangemessen, wenn nach dem kennzeichnenden Unterschied zwischen Spinoza, als dem Leugner der Offenbarungs-Religion, und Maimuni, als dem Anhänger der Offenbarungs-Religion, gefragt wird.

---

[199] Moreh III 26 (207–210); 49 (411).

Die von Spinoza bekämpfte Vereinbarung von Vernunft und Schrift setzt die Insuffizienz des Menschen, die Insuffizienz des menschlichen Verstandes zu vollkommener Gottes-Erkenntnis voraus. Was für Maimuni gilt, ist, weil es prinzipiell für die offenbarungs-|religiöse Position gilt, überall da nachweisbar, wo sich die offenbarungs-religiöse Position dem Anspruch auf Leitung des Lebens seitens der zur Philosophie ausgebildeten selbständigen menschlichen Überlegung gegenübergestellt sieht. Reicht selbständige menschliche Überlegung, allgemein: reicht das dem Menschen als Menschen innewohnende Können zur Leitung des Lebens zu, so ist eben damit die Offenbarung entthront, so gibt es vielleicht noch den Glauben an Offenbarung, aber bestimmt nicht mehr das Interesse an Offenbarung. Von der Zulänglichkeit des menschlichen Könnens zur Leitung des Lebens überzeugt, wendet sich Spinoza nicht nur gegen das Christentum und seine Lehre von der erbsündlichen Verderbtheit des Menschen, sondern auch gegen Maimuni und überhaupt gegen das Judentum, sofern von diesem das Interesse an übermenschlicher Leitung des menschlichen Lebens genährt oder auch nur geduldet wird. –

d) Als Gegensatz hinsichtlich der Stellung zum jüdischen Lebenszusammenhang

Die bisher gewonnenen Bestimmungen des Gegensatzes zwischen Maimuni und Spinoza reichen nicht zu. Die Entgegensetzung der zentralen Theologeme wird dadurch in Frage gestellt, daß nicht das zentrale Theologem, sondern die Insuffizienz-Behauptung das erste Wort Maimunis ist, das ihn von den »Philosophen« kennzeichnend unterscheidet: im Zusammenhang der Wissenschaft Maimunis ist die Insuffizienz-Behauptung früher als das zentrale Theologem. Sollte nun Spinozas Suffizienz-Behauptung der echte Gegensatz der Insuffizienz-Behauptung Maimunis sein, so müßte jene Behauptung im Zusammenhang der Wissenschaft Spinozas früher sein als sein zentrales Theologem. Dies ist aber nicht der Fall. Es ist schon darum gar nicht möglich, weil es für Spinoza eine der Theologie voraufliegende Physik, an deren Grenze zugleich mit der theologischen Problematik die Insuffizienz des menschlichen Verstandes aufleuchtet, gar nicht gibt. Dennoch ist die Gegenüberstellung Insuffizienz–Suffizienz wenigstens als vorläufige Kennzeichnung des vor-wissenschaftlichen Gegensatzes dienlich und berechtigt. Es wird sich zeigen, daß diese zweite Bestimmung der Wurzel des

143

Gegensatzes näher kommt als die erste, die sich auf den dogmatischen Gegensatz beschränkt. Die Beschränkung auf das Dogmatische aber verbietet sich wegen der Tragweite der von Spinoza an Maimuni geübten Kritik.

Maimuni sieht die unveräußerliche Grundlage der offenbarungs-religiösen Position, genauer und eigentlicher: des Judentums, in der Lehre, daß die Welt geschaffen, nicht ewig sei. Zur Begründung beruft er sich nicht ohne weiteres auf die Schrift-Stellen, deren | Wort-Sinn die Welt-Schöpfung lehrt; denn diese Stellen, meint er, wären noch leichter im Sinn der Lehre von der Welt-Ewigkeit zu interpretieren als die nicht weniger zahlreichen, Gott Körperlichkeit zusprechenden Schrift-Stellen, die er schon zuvor interpretiert hat, im Sinn der Lehre von der Un-körperlichkeit Gottes. Zwei Gründe veranlassen ihn dazu, am Wort-Sinn der von Schöpfung sprechenden Schrift-Stellen festzuhalten: erstens ist die Welt-Ewigkeit nicht bewiesen, während die Unkörperlichkeit Gottes bewiesen ist; und zweitens: »Die Welt-Ewigkeit im Sinn des Aristoteles behaupten, d. h. als eine Notwendigkeit, so, daß sich die Natur überhaupt nicht verändere und kein Ding seinen gewöhnlichen Lauf verlasse – das hieße, die Thorah von Grund auf zerstören, alle Wunder Lügen strafen und alles, worauf die Thorah hoffen und wovor sie fürchten macht, für nichtig erklären.«[200] Die Nebeneinander-Stellung der beiden Gründe scheint dem zweiten jedes Gewicht zu nehmen; denn gesetzt, daß Aristoteles die Welt-Ewigkeit bewiesen hätte, würde Maimuni sich dann durch den zweiten Grund haben beirren lassen? In Wahrheit gehören die beiden Gründe aufs engste zusammen: Maimuni behauptet nicht bloß die Unbewiesenheit, sondern vielmehr die Unbe-weisbarkeit der Welt-Ewigkeit.[201] Der Widerspruch der beiden Be-gründungen wird also ausgeschlossen; dabei bleibt freilich das grund-sätzliche Verhältnis zwischen den beiden Begründungs-Weisen, zwi-schen der philosophischen Begründung und dem Rückschluß auf die Voraussetzungen des Judentums, ungeklärt. Das Verhältnis wird klar, wenn man annimmt, daß auch der Rückschluß auf die Voraussetzungen des Judentums den Charakter wissenschaftlicher Begründung hat: was für die erste Begründung die Tatsache der wirklichen Welt-Ordnung ist, das ist für die zweite Begründung die Tatsache der Thorah. Die zweite Begründung involviert deshalb keine μετάβασις εἰς ἄλλο γένος, weil

144

[200] Moreh II 25 (195–197).
[201] Moreh II 16 (129); 17 (137); 22 (179 f.); 23 (185 f.).

auch sie sich an einer Tatsache orientiert. Die Tatsache der Thorah –
damit ist gemeint die Tatsache der Offenbartheit der Thorah. Wenngleich diese Tatsache nicht so sinnenfällig ist wie die wirkliche Welt-
Ordnung, so ist sie doch durch historische Überlieferung und Überlegung einwandfrei zu begründen. Der Gedanken-Zusammenhang Maimunis läßt sich also als Zusammenhang wissenschaftlicher Begründung
auffassen: die wissenschaftliche Vernunft zeigt zuerst die Grenze ihrer
selbst auf (Kritik | der philosophischen Beweise für die Welt-Ewigkeit);   *145*
sie zeigt dann die Möglichkeit von Offenbarung auf; sie zeigt endlich
durch historische Begründung, daß dem Judentum eine wirkliche Offenbarung zu Grunde liegt, und damit, daß die Seins-Bedingungen dieser
Offenbarung wirklich sind.

Der Rückschluß von der Offenbarungs-Tatsache führt auf die Möglichkeits-Bedingung der Offenbarung; diese Bedingung ist aber vollständig ausgedrückt in denjenigen Theologemen, welche auch von den
»Philosophen« anerkannt werden: Einheit und Unkörperlichkeit Gottes;[202] wie schon der Umstand zeigt, daß Maimuni seine Prophetologie
den »Philosophen« entlehnt, setzt die Offenbarungs-Tatsache als solche
nach Maimunis Ansicht die Welt-Schöpfung nicht voraus. Nicht der
Rückschluß von der Offenbarungs-Tatsache also beweist die Welt-
Schöpfung, sondern der Rückschluß von den – die Offenbarungs-
Periode begleitenden – Wundern, allgemein: von dem in der Schrift
überall postulierten, die Wunder einschließenden, in den Wundern sich
am sichtbarsten zeigenden Vorsehungs-Zusammenhang. Nicht die Offenbarung wird durch Wunder verbürgt, sondern die Schöpfung wird
durch Wunder bezeugt. Das Lehrgebäude Maimunis setzt also, sofern es
mehr enthält als die Grundlegung mittels der Physik, den Beweis der drei
Fundamental-Theologeme (Existenz, Einheit und Unkörperlichkeit Gottes), die Kritik an den Beweisen für die Welt-Ewigkeit, sofern es die
Lehre von der Welt-Schöpfung streng, und nicht nur als wahrscheinlich,
begründet, die Wirklichkeit der Wunder voraus. Das heißt: der für
Maimuni wichtigste Teil seines Lehrgebäudes ist der bereits besprochenen, überlegenen Kritik Spinozas an der Erkennbarkeit des Wunders
ausgesetzt. Die Kraft dieser Kritik ist der seiner selbst bewußte Geist der
energisch fortschreitenden Natur-Wissenschaft. Darum ist das Lehrgebäude Maimunis unter den Voraussetzungen des 12. Jahrhunderts wis-
senschaftlicherweise möglich: insofern nämlich, als die Natur-Wissen-

---

[202] Moreh III 45 (351 f.).

schaft des 12. Jahrhunderts den Charakter einer wesentlich abgeschlossenen Wissenschaft hat, als diese Wissenschaft nicht in einem Horizont unbegrenzter, zukünftiger Fragen und Lösungen lebt. Maimuni kann gegenüber den Philosophen seines Zeitalters vertreten, was sich gegenüber Spinoza nicht mehr vertreten läßt.

146   Genau genommen, ist der Rückschluß von der Tatsache der Wunder beweisend nur *gegen* die Lehre von der Welt-Ewigkeit als | gegen die Lehre von der Ewigkeit der wirklichen Ordnung der Welt, nicht *für* die biblische Lehre von der Welt-Schöpfung. Maimuni bemerkt ausdrücklich, auch aus der Platonischen Lehre, daß Gott die Welt aus der ihm koäternen Materie nach seinem Willen gestalte, folge die Möglichkeit des Wunders. Er entscheidet sich trotzdem für die Schöpfung aus Nichts gegen die Platonische Lehre, weil diese nicht bewiesen sei.[203] Das besagt: der Wort-Sinn der Schrift gilt so lange als verpflichtende Wahrheit, als sein Gegenteil nicht bewiesen ist. Die Schrift wird als wahr anerkannt auf Grund der Voraussetzung, daß sie offenbart ist; diese Voraussetzung wird begründet durch historischen Beweis. In dem Augenblick, da mit der »freien Prüfung« dieser Voraussetzung begonnen wird, entbrennt der Kampf auf der ganzen, unübersehbar breiten Front; eine unübersehbare Fülle von Instanzen und Gegen-Instanzen beginnt sich zu häufen. Was soll in der Zeit bis zur Erledigung der Frage geschehen? Wie soll in dieser Zeit bis zum Abschluß der Untersuchung der Jude leben? Darf er auch nur plädieren, geschweige denn eifern für den Bestand des Judentums, wenn dieses seinen Rechts-Titel kraft einer Überlieferung hat, deren Zuverlässigkeit in einer unübersehbar ausgedehnten, vielleicht nie abzuschließenden historischen Untersuchung zu prüfen ist? Die Beweis-Last dem Bestreiter der Zuverlässigkeit dieser Überlieferung aufbürden, die Abwehr der Angriffe für genügend halten – das hieße zugeben, daß man die eigene Position nicht kraft positiver historischer Begründung einnimmt, das Vorrecht der bisher herrschenden Meinung als solcher behaupten, eine petitio principii begehen. Aber auch wenn durch die zwingendsten historischen Überlegungen die Tatsächlichkeit des zentralen, geschichts-bildenden Ereignisses am Sinai abschließend festgestellt ist, so steht damit noch lange nicht der Offenbarungs-Charakter dieses Ereignisses fest. Unter den Voraussetzungen des positiven Geistes ist die Tatsächlichkeit der Offenbarung als solcher ebensowenig zu erweisen wie die Tatsächlichkeit eines anderen Wunders als solchen.

---

[203] Moreh II 25 (197–198).

Auch hier also gilt, daß Maimuni, was er gegenüber den Philosophen seines Zeitalters vertreten kann, gegenüber Spinoza nicht mehr vertreten kann.

Bei dieser Feststellung stehen bleiben, heißt nun aber die Grundlage der Position Maimunis, die von der in der Zeit zwischen Maimuni und Spinoza erfolgten Veränderung nicht berührt wird,| und damit die *147* eigentliche Problematik der Religions-Kritik Spinozas verkennen. Der Rückschluß auf die Grundlagen der Thorah ist nur formal vergleichbar mit dem Aufstieg von der wirklichen Ordnung der Welt zur ersten Ursache; was formal erst durch einen Rückschluß eingeführt wird, ist in Wahrheit ursprünglich vertraut, durch das Leben jedes Tags bestätigt. Keine Interpretation des »Moreh Nebuchim« darf außer acht lassen, daß dieses Buch sich nicht an ungläubige Philosophen, auch nicht an andersgläubige Philosophen, sondern ausschließlich an gläubige Juden wendet, freilich insbesondere an solche gläubigen Juden, die durch ihre philosophische Bildung in Zweifel und Verwirrung, in Widerstreit zwischen ihren auf Grund der Tradition übernommenen Ansichten und ihren philosophischen Einsichten geraten sind. Die Voraussetzung der Gläubigkeit wird ausdrücklich gemacht: die der philosophischen Erkenntnis notwendig voraufgehende Stufe der Bildung ist das durch Tun bekräftigte Hören auf die Thorah; die Kenntnis der Glaubens-Wahrheiten auf Grund von Überlieferung geht notwendig dem Beweis dieser Wahrheiten, d. i. der Philosophie, vorauf. Maimuni stellt damit nicht ein kraft souveränen Philosophierens gewonnenes pädagogisches Programm auf; er selbst hat diesen Rat an die Jüngeren in seinem Leben befolgt; auch er war als Jude erzogen, ehe er sich der Philosophie zuwandte. Als Jude, mit Juden geboren, lebend und sterbend, als jüdischer Lehrer von Juden hat er philosophiert; seine Argumentation vollzieht er *im* jüdischen Lebens-Zusammenhang und *für* ihn: er verteidigt den durch die »Philosophen« bedrohten jüdischen Lebens-Zusammenhang, soweit er bedroht ist; er klärt ihn mittels der Philosophie auf, soweit er aufzuklären ist; er erhebt ihn mittels der Philosophie wieder zu seiner ursprünglichen Höhe, soweit er von ihr infolge der Ungunst der Zeiten herabgesunken ist.[204] Maimunis Philosophieren

---

[204] Moreh I Einl. (7 f.); 71 (332–335); II 25 (198); III 54 (459). – Vgl. den   *
Aufsatz von Franz Rosenzweig »Apologetisches Denken«, wieder abgedruckt in: Zweistromland.

vollzieht sich in grundsätzlicher und stetiger *Orientierung am Judentum.*

Auch Spinoza wurde als Jude geboren und erzogen. Wie immer es mit der Triftigkeit der Kritik steht, mittels deren er seinen Abfall vom Judentum rechtfertigt: ihr Ergebnis, mindestens ihr Ergebnis, ist die grundsätzliche und stetige *Distanz* zum Judentum. Die aktuelle Distanz 148 zum Judentum schafft eine ganz neue Situation | für die Kritik. Spinoza hat es nun nicht mehr nötig, seinen Abfall vor dem Forum des Judentums zu rechtfertigen; er verlangt umgekehrt die Rechtfertigung des Judentums vor dem Forum der Vernunft, der Menschheit. Er wälzt die Beweis-Last von sich ab und bürdet sie dem Gegner auf. Die Rechtfertigung, die Spinoza fordern kann, ist nicht nur Verteidigung: die beste Verteidigung des Judentums bliebe kraftlos; gefordert ist die positive Begründung des Judentums auf einem Boden außerhalb des Judentums, und zwar vor einem Richter, der vielleicht ohne Haß, gewiß ohne Liebe, mit unerbittlicher Strenge die vorgebrachten Argumente *»freien Geistes«* prüft. Die Orientierung am Judentum stellt sich ihm dar als Befangenheit im *Vorurteil,* die jüdische Erziehung, die er selbst genossen hat, als Getränkt-Werden mit Vorurteilen, die Distanz zum Judentum als *Freiheit vom Vorurteil.*

Wenn in der Polemik der vorhergehenden Epoche, zum Teil in der Polemik Spinozas selbst noch, der Vorwurf der Neuerung die schwerste Verdächtigung des Gegners war, so wird nunmehr das ius primi occupantis geleugnet: es gibt keine aus der Hergebrachtheit, aus der allgemeinen Anerkanntheit sich herleitenden Rechte für Lehren und Einrichtungen. Mit allen Vorurteilen wird reiner Tisch gemacht. Je radikaler der Zweifel, um so größer die Sicherheit, daß man aus den Vorurteilen herauskommt. Der Vorwurf der Neuerung, des Abfalls, der Eigenmächtigkeit hat seine Schrecken endgültig verloren.

So wird der freie Geist frei; er wird das, was er ist; er bringt seine Möglichkeit zur Wirklichkeit; er setzt sich voraus, wie der Glaube sich voraussetzt. Wenn der Glaube den Unglauben nicht niederhalten kann, so kann der Unglaube den Glauben nicht niederwerfen. Auf welchem Boden soll sich die Kritik vollziehen, wenn Glaube und Unglaube keinen Boden gemeinsam haben? Religions-Kritik so, wie Spinoza sie anstrebt, radikale Religions-Kritik, Widerlegung der Religion ist nur dann möglich, wenn Glaube und Unglaube einen gemeinsamen Boden haben; anderenfalls spricht die Kritik an der kritisierten Position immer vorbei. –

2. Die Kritik Spinozas

a) Als Kritik auf dem Boden der Wissenschaft Maimunis

Die Kritik Spinozas an Maimuni wird erst dadurch überhaupt möglich, daß Maimuni auf den Boden der Wissenschaft herübertritt, auf diesem Boden den Bau seiner Lehre zu errichten versucht. Da diese Lehre sich als *Vereinbarung* von Vernunft und Offenbarung darstellt, so besteht die erste Möglichkeit der Kritik in dem Nachweis, daß Vernunft und Offenbarung – Vernunft und Offenbarung so verstanden, wie Maimuni sie versteht – unvereinbar sind. | Diese erste Kritik stellt die Voraus-   *149* setzungen Maimunis überhaupt nicht in Frage; sie bezweifelt lediglich die innere Haltbarkeit seiner Position. Es gilt zunächst, diese erste Kritik zu isolieren.

Maimuni vereinbart Vernunft und Offenbarung am radikalsten dadurch, daß er den kennzeichnenden Zweck der Thorah, des göttlichen Gesetzes, mit dem Zweck der Philosophie identifiziert. Der kennzeichnende Unterschied des göttlichen Gesetzes von den menschlichen Gesetzen ist, daß diese nur der Vollkommenheit des Körpers dienen, jenes sowohl die Vollkommenheit des Körpers als auch die Vollkommenheit der Seele zum Zweck hat. Die Vollkommenheit der Seele besteht in der Vollkommenheit der erkennenden Vernunft; denn die erkennende Vernunft ist dem Menschen als solchem eigentümlich; sie kommt ihm zu, unabhängig von allen Beziehungen zu außerhalb seiner Vorhandenem; die vollkommene Erkenntnis des Seienden in seiner wirklichen Ordnung, die Erkenntnis des Seienden als erschaffen, die so vermittelte Erkenntnis Gottes als des Schöpfers ist Voraussetzung und Element der totalen Beziehung des Menschen zu Gott, die also durch die Eigentümlichkeit des Menschen als seine eigentliche Vollkommenheit vorgezeichnet ist. Die Vollkommenheit des Körpers besteht in der Gesundheit; die um ihretwillen notwendigen Mittel kann sich der als Einzelner lebende Mensch nicht verschaffen; um des Wohlergehens seines Körpers willen sucht der Mensch das Zusammenleben mit anderen Menschen; das Zusammenleben setzt die Verhinderung gewaltsamer Handlungen und die innere Sittigung der Zusammenlebenden voraus. Die eigentliche Vollkommenheit des Menschen, die Vollkommenheit der erkennenden Vernunft, ist dagegen ihrem Wesen nach asozial; sie besteht wesentlich nicht kraft des Zusammenlebens und für das Zusammenleben, zum Unterschied von der moralischen Vollkommenheit. Die Thorah, das

göttliche Gesetz, hat also folgende drei Zwecke: 1. die Verhinderung von
Gewalttat, die äußere Ordnung des Zusammenlebens; 2. die Sittigung;
3. die Vervollkommnung des Erkennens.[205]

150   Wesentlich ebenso wie Maimuni über die Zwecke der Thorah lehrt
Spinoza über die legitimen Ziele menschlichen Begehrens.[206] | Ihrer sind
drei: 1. die Dinge durch ihre ersten Ursachen verstehen; 2. die Leidenschaften zähmen oder die Haltung der Tugend erwerben; 3. sicher und
bei gesundem Körper leben. In der Vollkommenheit unseres Verstehens
besteht unsere eigentliche Vollkommenheit; das Verstehen verweist von
sich aus auf die Gottes-Erkenntnis und die Gottes-Liebe als auf das letzte
Ziel aller menschlichen Handlungen; die Bestimmung der Mittel, welche
um dieses Zieles willen erforderlich sind, ist die Aufgabe des göttlichen
Gesetzes. Die Unterscheidung zwischen Verstehen und Tugend fällt bei
strenger Betrachtung dahin: im Weisen sind Verstehen und Tugend
identisch; sie ist am Platz nur mit Rücksicht auf die Menge, insofern die
Menge auch ohne Verstehen dazu gebracht werden kann, die Leidenschaften zu zähmen; so begriffen, ist aber die Tugend nicht mehr als die
Sittigkeit im Sinn Maimunis, moralische, soziale Vollkommenheit. Das
soziale Leben ist begründet wesentlich in der Sorge um Sicherheit und
Gesundheit, deren Mittel nicht von dem Können des Menschen als
Menschen, d.h. des Menschen als Einzelnen, abhängen, während die
eigentliche Vollkommenheit des Menschen wesentlich nur auf diejenigen
Mittel angewiesen ist, welche dem Menschen als Einzelnen zukom-
men.[207]

Maimuni und Spinoza haben also dieselbe Auffassung vom eigentümlichen *Zweck* des göttlichen Gesetzes.[208] Spinoza folgert aus dieser
Auffassung, daß das göttliche Gesetz, das der höchsten, asozialen
Vollkommenheit des Menschen dient, auf die Sozietät keinen Bezug hat,
in zwiefachem Sinn keinen Bezug hat. Erstens: es wendet sich nicht an
Sozietäten, sondern an den Einzelnen als Einzelnen; dies heißt aber: an
jeden Einzelnen als Einzelnen, an jeden Menschen als Menschen; also

---

[205] Moreh II 40 (310 f.); III 27; 28; 31 (248); 51 (437 ff.); 54 (460 ff.).
[206] Diese Übereinstimmung hat bereits Joël l.c. 44 ff. nachgewiesen; für die
obige Darstellung sind die Nachweisungen Joëls benutzt und, wo es notwendig
war, ergänzt und berichtigt worden.
[207] Tr. 32 f.; 45 f. Cf. Eth. IV 28; V 25, 38, 40.
[208] Die Divergenz ihrer Ansichten bezüglich des *Ursprungs* des göttlichen
Gesetzes (nach Maimuni ist es wesentlich offenbart, nach Spinoza wesentlich
nicht offenbart) bleibt in diesem Zusammenhang außer Betracht.

nicht nur an einige Menschen, an eine bestimmte Gruppe, wie dies offenbar das sich nur an die Juden richtende Mosaische Gesetz tut. Zweitens: es wendet sich an jeden Menschen als einzelnen Menschen, einerlei ob er unter Menschen oder als Einsiedler lebt; offenbar ist nun aber der größte Teil der im Mosaischen Gesetz enthaltenen Vorschriften nicht von den Einzelnen, sondern nur von der ganzen Sozietät auszuführen. So folgert Spinoza aus| der ihm mit Maimuni gemeinsamen Auffassung des göttlichen Gesetzes: das Mosaische Gesetz ist nicht göttliches Gesetz.[209]

151

In dieser Argumentation ist nur die Kritik an dem partikularen Geltungs-Anspruch des Mosaischen Gesetzes auch und gerade von Spinoza selbst aus wirklich triftig. Dieser Einwand ist leicht durch den Hinweis auf die universale Funktion des partikular-jüdischen Gesetzes: Erziehung der Menschheit zur wahren Gottes-Verehrung durch Israel[210] zurückzuweisen. Höchst auffällig aber, weil der eigenen Intention Spinozas direkt widerstreitend, ist die Kritik an dem sozialen Bezug des Mosaischen Gesetzes. Die Realisierung des höchsten Zwecks des Menschen (der Gottes-Erkenntnis) ist an die Realisierung des niederen (der Sicherheit des Lebens), also an das durch Gesetze geregelte Zusammenleben mit Anderen gebunden (Tr. 59). Nun sind mit Rücksicht auf den Zweck, auf den letzten Zweck die Mittel zu bestimmen; also durch die Rücksicht auf die Gottes-Erkenntnis auch die Normen für das staatliche Leben (Tr. 46). Aus dem Fundierungs-Verhältnis zwischen der Realisierung des höheren und der des niederen Zwecks folgert auch Maimuni, daß das göttliche Gesetz die dem Zweck des menschlichen Gesetzes dienenden Mittel mit Rücksicht auf den Zweck des göttlichen Gesetzes bestimmen muß.[211] Wie ist es dann aber zu verstehen, daß Spinoza göttliches und menschliches Gesetz auseinanderreißt: per humanam (legem) intelligo rationem vivendi, quae ad tutandam vitam, et rempu-

---

[209] In superiore Capite ostendimus, legem divinam, quae homines vere beatos reddit, et veram vitam docet, omnibus esse hominibus *universalem*; imo eam ex humana natura ita deduximus, ut ipsa humanae menti innata, et quasi inscripta existimanda sit. Cum autem caeremoniae, eae saltem, quae habentur in vetere Testamento, *Hebraeis tantum* institutae, et eorum imperio ita accomodatae fuerint, ut maxima ex parte ab universa *societate*, non autem ab *unoquoque* exerceri potuerint, certum est, eas ad legem divinam non pertinere, adeoque nec etiam ad beatitudinem et virtutem aliquid facere; . . . Tr. 55. Cf. Tr. 47.

[210] Moreh III 41 (333).

[211] Moreh III 27 (211 f.).

blicam *tantum* inservit; per divinam autem, quae *solum* summum bonum, hoc est, Dei veram cognitionem, et amorem spectat (Tr. 45)?[212] |

152 Spinozas Kritik am Gesetz ist in diesem Teil des Traktats Kritik am Zeremonial-Gesetz, an der Heils-Bedeutung des Zeremonial-Gesetzes. Es handelt sich für ihn darum, ob die Zeremonien in einer *unmittelbaren* Beziehung zu dem höchsten Lebens-Ziel, zur Gottes-Liebe, stehen, woran auch Maimuni festgehalten hatte.[213] Den politischen (also für die beatitudo nur mittelbaren) Wert der Zeremonien bestreitet Spinoza nicht nur nicht, sondern behauptet er polemisch mit dem größten Nachdruck (Tr. 59 ff.). In diesem Zusammenhang, und nur in ihm, müssen lex divina und lex humana in Gegensatz treten. Vor die Frage nach der unmittelbaren Heils-Bedeutung der Zeremonien gestellt, macht sich Spinoza die christliche Beurteilung des Mosaischen Gesetzes als Ganzen gegenüber dem »neuen Gesetz« (bzw. dem Neuen Testament) als Ganzem zu eigen. Die christliche Abgrenzung des A. T. vom N. T. (bzw. des alten Gesetzes vom neuen Gesetz) hebt prinzipiell dieselben Charaktere heraus, die auch für die Abgrenzung der lex humana von der lex divina entscheidend sind (es regle äußere Handlungen; es zwinge durch Furcht vor Strafe; es verspreche sinnliche Güter).[214] Von hier aus übernimmt Spinoza die christliche Auffassung des Verhältnisses von lex divina und lex humana, die sich mit seiner eigenen Auffassung des Verhältnisses von beatitudo und Staat keineswegs vereinbaren läßt.

Die Auseinandersetzung zwischen Spinoza und Maimuni scheint sich also auf die Frage nach der Rubrizierung des Zeremonial-Gesetzes zuzuspitzen; beziehungsweise – da die politische Interpretation des Zeremonial-Gesetzes mit den fundamentalen Bestimmungen Maimunis

---

*

212 Damit ist unvereinbar Tr. 46: Media igitur, quae hic finis omnium humanarum actionum ... exigit, jussa Dei vocari possunt ... atque adeo ratio vivendi, quae hunc finem spectat, lex Divina optime vocatur. Quaenam autem
152 haec Media sint, et quaenam ratio vivendi, quam hic | finis exigit, et quomodo hunc optimae *rei publicae* fundamenta sequantur, et ratio vivendi inter homines, ad universalem Ethicam pertinet.

213 Cf. u. a. Moreh III 44. Indessen kommt die Moreh III 52 vorgenommene Unterscheidung zwischen den vom Gesetz vorgeschriebenen *Handlungen*, deren Ziel die Gottes-*Furcht* sei, und den vom Gesetz gelehrten *Meinungen*, deren Ziel die Gottes-*Liebe* sei, Spinozas Interpretation des Zeremonial-Gesetzes recht nahe.

214 Thomas Aqu. S. th. II 1 qu. 91. art. 4 und 5; qu. 95. art. 1; qu. 99; qu. 107. Calvin Inst. IV 20; I 5; II 11. – cf. Tr. 34, 45, 51, 56.

über das göttliche Gesetz nicht in Widerspruch steht – auf die Frage nach
dem politischen Wert dieses Gesetzes. Dazwischen tritt die Frage nach
seiner faktischen Geltung; das geltende Recht wird aber nach Spinozas
Ansicht von den obersten Gewalten des jeweiligen Staats mit absoluter
Machtvollkommenheit bestimmt. Nun unterscheidet er allerdings zwi-
schen dem faktischen Staat und | dem besten Staat; und es bleibt zu-   *153*
nächst die Möglichkeit offen, daß das als politisch interpretierte Mosaische Gesetz die Verfassung des besten Staates enthält, zumal Spinoza
grundsätzlich erklärt, daß seine philosophische Theorie des Staats nichts
enthalte, was nicht die Politiker längst gesehen hätten (Tr. pol. I 3–4),
und er unter den durch ihre Klugheit ausgezeichneten Politikern Moses
besonders zu schätzen vorgibt. Die Vorbildlichkeit des Mosaischen
Gesetzes war nun gerade die Behauptung der Calvinischen Orthodoxie,
mit der sich Spinoza im Traktat auseinandersetzen muß. Spinoza hat
also in dieser Auseinandersetzung im Grunde noch einmal seinen Losriß
vom Judentum zu rechtfertigen.[215] In der Ablehnung der genannten
Behauptung zeigt er sich völlig durch die Rücksicht auf die nieder-
ländischen (bzw. allgemein-europäischen) Verhältnisse, auf die Ansprüche der christlichen Kirchen und die hieraus erwachsenden Gefahren für den Frieden bestimmt. Keine Macht auf Erden schien weniger
als die Religion zur Erfüllung des elementaren Friedens-Bedürfnisses
imstande. So würde auf die verschiedene soziale und politische Struktur
des 12. und 17. Jahrhunderts die Differenz zwischen Maimuni und
Spinoza in der Beurteilung des Mosaischen Gesetzes unmittelbar zurückführen. Aber ehe Spinoza überhaupt zu den die Niederlande und
ganz Europa bewegenden politischen Nöten und damit zum souveränen,
von Schrift und Tradition durchaus unabhängigen weltlichen Staat den
Zugang finden konnte, und zwar so, daß er von hier aus entscheidende
Einwendungen gegen den Wert des Mosaischen Gesetzes zu erheben
imstande war, mußte er sich zuerst vom Judentum getrennt haben. Dabei
spielte die Leugnung der Heils-Bedeutung des Zeremonial-Gesetzes und
damit zugleich die politische Interpretation desselben die entscheidende

---

[215] Gebhardt in der Einleitung zu seiner Übersetzung des Traktats (Lpz. 1922)
XVII: Spinoza »sucht nachzuweisen, daß aus der priesterlichen Unabhängigkeit
und selbst aus der Institution der Prophetie das größte Unheil für den Staat die
unausbleibliche Folge gewesen sei. In diesem Punkte ist Spinozas Auseinandersetzung mit dem Judentum mit dem innersten Zwecke des Traktates völlig
eins«.

Rolle.[216] Diese Interpretation war zunächst nicht von politischem Interesse getragen, sondern kaum anders gemeint als die libertinische Zusammenstellung von Priester und König. Was hat es aber mit der Leugnung der unmittelbaren Heils-Bedeutung der Zeremonien auf sich? |

154   Der Sinn der lex divina wird von Spinoza (ebenso wie von Maimuni) ohne Rücksicht auf den besonderen Charakter des Mosaischen Gesetzes auf Grund einer allgemeinen Reflexion über das Wesen des Menschen bestimmt. Von dem so festgestellten Ziel her sind die zu ihm führenden Wege, der Inhalt der lex divina, zu bestimmen. Gesetzt, daß mehrere verschiedene Mittel dasselbe leisten, daß keines dieser verschiedenen Mittel durch den Zweck in höherem Grad gerechtfertigt ist als die anderen, so ist die Wahl des Mittels der Willkür des Einzelnen, der Rücksicht auf die besonderen, vom Gesetz nicht festgelegten Umstände überlassen. Es besteht also von der rationalen Einsicht in die lex divina aus keine Veranlassung, die vom Mosaischen Gesetz anbefohlenen besonderen Mittel vor anderen gleichwertigen Mitteln zu bevorzugen. Es besteht andererseits auch kein Grund, diese anderen Mittel vor den traditionellen zu bevorzugen. Den Ausschlag gibt daher die Stellung zur Offenbarung, zur jüdischen Tradition. Nun ist Spinozas Stellungnahme durch die grundsätzliche Distanz zum Judentum bestimmt. Also ist auf diese Distanz (auf die »Freiheit vom Vorurteil«) die Verwerfung des Mosaischen Gesetzes zurückzuführen. Spinoza mag immer versuchen, diese Distanz zu rechtfertigen, indem er die Unmöglichkeit von Offenbarung erweist oder indem er die Wirklichkeit der Mosaischen Offenbarung verdächtigt: hier kommt es lediglich darauf an, daß sein Versuch, die Unvereinbarkeit der beiden, nach Maimunis Lehre im göttlichen Gesetz, in der Thorah, vereinigten Elemente zu erweisen, der Kritik von seiner eigenen Lehre her nicht standhält; dieser Versuch erweist sich für die historische Reflexion als einer Zwischen-Stufe angehörig, auf der Spinoza sich von dem sozialen Zusammenhang der jüdischen Gemeinde schon abgelöst, aber noch nicht den Anschluß an den weltlichen, liberalen Staat gefunden hatte. Ist aber der ausschließende Gegensatz von lex divina und lex humana nicht erwiesen, so ist niemals aus der Schrift die Nur-Menschlichkeit des Mosaischen Gesetzes zu erweisen; denn Spinoza kann nur in nicht zu rechtfertigender, von ihm selbst nicht dauernd aufrecht erhaltener[217] Übertreibung behaupten, daß der letzte

---

[216] Vgl. den Bericht bei Lucas in: Freudenthal Lebensgeschichte 7.
[217] Cf. Tr. 145, 151 f., 157.

Zweck der lex divina nicht auch im Mosaischen Gesetz offenbart werde. Die Vereinbarkeit aber von lex divina und lex humana folgt notwendig aus der Beziehung, die zwischen beatitudo und Staat besteht.

Entsprechend ist zu urteilen über Spinozas Versuch, die Unver|ein- 155 barkeit von Philosophie und Theologie daraus zu beweisen, daß die asoziale Philosophie Sache der wenigen Weisen, die soziale Offenbarungs-Religion Sache der vielen Unweisen ist; auch dieser Versuch gehört in den Zusammenhang der Kritik an Maimuni. Die Vorschriften des Mosaischen Gesetzes übermitteln nach Maimunis Lehre zwei Klassen von Glaubens-Sätzen: erstens die fundamentalsten Wahrheiten als solche; zweitens Sätze, die im Interesse der Ordnung des menschlichen Zusammenlebens geglaubt werden müssen.[218] Ähnlich unterscheidet Spinoza zwischen wahren und frommen Dogmen (Tr. 162). Verlangt die beatitudo das Zusammenleben, damit den Staat und damit die allgemeine Anerkennung derartiger frommen Dogmen, so ist die übergreifende Einheit einer lex divina, die sowohl die fundamentalen Wahrheiten als auch die nur frommen Dogmen mitteilt, zuzugestehen. Denn nur die wenigen Weisen werden unmittelbar durch ihre Einsicht in die fundamentalen Wahrheiten zu sozial förderlichem Verhalten veranlaßt; die Menge der Unweisen bedarf besonderer Erziehungs-Mittel: des Glaubens an die Strafgerechtigkeit und Barmherzigkeit Gottes. Kommen aber die fundamentalen Wahrheiten für die Menge überhaupt in Frage? Spinoza antwortet, zunächst in direktem Gegensatz zu Maimuni, mit Nein. Er beruft sich auf die Unmöglichkeit eines nicht in eigener Einsicht (in Beweisen) begründeten Wissens über intellegibilia.[219] Diese Begründung steht der Auffassung Maimunis, der durchblicken läßt, daß das der Menge zugängliche und für sie hinreichende Wissen von Gott gar keine Erkenntnis-Bedeutung hat,[220] nicht fern. Allerdings erkennt Maimuni

---

[218] Moreh III 28.

[219] Quod si quis dicat, non esse quidem opus Dei attributa intelligere, at omnino simpliciter, absque demonstratione credere, is sane nugabitur: Nam res invisibiles, et quae solius mentis sunt objecta, nullis aliis oculis videri possunt, quam per demonstrationes; qui itaque eas non habent, nihil harum rerum plane vident; atque adeo quicquid de similibus auditum referunt, non magis eorum mentem tangit, sive indicat, quam verba Psittaci, vel automati, quae sine mente, et sensu loquuntur. Tr. 156.

[220] Dies zeigt die Konfrontierung von Moreh I 35 (131 f.): die Fernhaltung der positiven Attribute braucht der Menge nicht mitgeteilt zu werden, mit I 60 (263–266): wer Gott positive Attribute zuspricht, hat nicht etwa nur unvollkommene, sondern überhaupt keine Gottes-Erkenntnis.

als Zwischen-Stufe zwischen dem automatenhaften, verständnislosen Reden und dem echten philosophischen Verstehen aus den Gründen ein Verstehen der fundamentalen Wahrheiten für sich genommen an, das freilich auf das Vertrauen zu | den das wahre Wissen besitzenden Weisen angewiesen bleibt.[221] Ein derartiges Verhältnis der Menge zu den Weisen hält Spinoza für utopisch: die Menge würde die Philosophen, die auf die geistliche Autorität Anspruch erhöben, mehr verlachen als verehren (Tr. 100). Diese Kritik ist orientiert an dem Typus des von der Menge zurückgezogen, »vorsichtig« lebenden Philosophen, während Maimunis keineswegs utopische Forderung den philosophisch erleuchteten Rabbinen, der sich für die Leitung der Menge verantwortlich weiß und das Vertrauen der Menge genießt, vor Augen hat; auch diese Kritik hat ihre Wurzel bereits in der Distanz zum Judentum als solcher. Übrigens verlangt Spinoza selbst von der Menge die Anerkennung gewisser Fundamental-Lehren, die offenbar verstanden sein müssen, wenn sie ihre Funktion für die Frömmigkeit erfüllen sollen. Zu diesen pia dogmata, die nicht um ihrer Wahrheit, sondern um ihrer Funktion für die Frömmigkeit willen geglaubt werden müssen, gehören einige Sätze, die rein ihrem Aussage-Gehalt nach mit den von Spinoza selbst anerkannten Wahrheiten übereinstimmen (z. B. Einheit, Einzigkeit, absolutes Wissen, absolutes Recht Gottes).[222] Damit wird der Sache nach die von Maimuni postulierte Zwischen-Stufe zwischen totaler Verständnislosigkeit (bzw. Unwissenheit) und echtem philosophischem Wissen eingeräumt. Die Differenz zeigt sich erst darin, daß von Maimuni die Anerkennung der fundamentalsten Wahrheiten (Existenz, Einheit, Einzigkeit, Unkörperlichkeit, Wissen, Macht und Ewigkeit Gottes) um ihrer selbst willen, in ausdrücklichem Unterschied von der Anerkennung der sozial förderlichen Glaubens-Sätze (Strafgerechtigkeit und Barmherzigkeit Gottes), gefordert wird. Die Anerkennung *einer* Wahrheit soll alle Menschen – die Weisen und die Unweisen – vereinigen. Denn die Anerkennung der Unwahrheit ist Götzendienst, ist *Sünde*. Die Irrgläubigen sind *unentschuldbar*; denn wenn sie selbst unfähig zu selbständigem Nachdenken sind, so können sie sich doch von den Weisen leiten lassen.[223]

Spinozas Kritik am Gesetz ist Kritik an der Sünde als Sünde wider

---

[221] Moreh I 50 (180); 33 (117); 35 (132 f.).
[222] Tr. 163 f.; 151.
[223] Moreh I 35 (131 f.); 36; III 28 (214).

Gott. Gibt es ein unabhängig von aller menschlichen Satzung, allen Menschen schlechthin gebotenes Gesetz, in dessen Übertretung sie schuldig werden? Gibt es ein Handeln des Menschen wider den | Willen Gottes? *Dies* bedeutet für Spinoza die Frage bezüglich der lex divina, und die so verstandene Frage verneint er. Mag er auch noch so sehr mit Maimuni in der Zweck-Bestimmung der lex divina übereinstimmen – für ihn verhält es sich doch nur so, daß die von dem höchsten Lebens-Ziel des Menschen her geforderten Mittel jussa Dei genannt werden *können* (Tr. 46), also nur uneigentlicherweise so genannt werden: denn es ist widersinnig, Gott als Gesetzgeber anzusehen (Tr. 48–51). An der Kritik an der Gesetzgeberschaft Gottes also hängt die Kritik an der Vereinbarkeit von Philosophie und Theologie, von Wahrheit und Frömmigkeit in *einem* Lehr-Zusammenhang der Offenbarung. Der Versuch, unmittelbar einen Widerspruch zwischen den nach Maimunis Lehre im Mosaischen Gesetz vereinigten Elementen nachzuweisen, ist auch hier gescheitert.

Dasselbe gilt von Spinozas Kritik an der Prophetologie Maimunis. Auch diese Lehre setzt die Vereinbarkeit zweier heterogener Elemente voraus. Maimuni muß aus verschiedenen Gründen zwischen äußerem und innerem, wörtlichem und eigentlichem Sinn der Schrift unterscheiden.[224] Er muß daher den Akt des prophetischen Erfassens in der Weise vorstellig machen, daß das Zusammen-Bestehen von innerer Wahrheit und bildlichem Ausdruck verständlich wird. So lehrt er denn, daß im Akt prophetischen Erfassens Einbildungskraft und Verstand zusammenwirken, daß die notwendige Voraussetzung für Prophetie höchste Vollkommenheit zugleich des Verstandes und der Einbildungskraft des Propheten ist.[225] Spinoza hingegen leugnet, unter Berufung auf das einstimmige Zeugnis von Erfahrung und Vernunft, die Möglichkeit eines derartigen Zusammen-Bestehens von Verstand und Einbildungskraft, nämlich des Zusammen-Bestehens beider in ihrer Vollkommen-

---

[224] Der tiefste Grund ist: über Gott ist in eigentlicher Rede nichts auszusagen, nur dies auszusagen, daß er unbegreiflich ist; der zweite Grund: wäre der Wort-Sinn der wahre Sinn der Schrift, so wären viele Behauptungen der Schrift wahrheits-widrig, was der Offenbartheit der Schrift widerstritte; der dritte Grund: das göttliche Gesetz erfüllt seine beiden Funktionen zugleich, indem es durch seinen äußeren Sinn das menschliche Zusammenleben regelt, durch seinen inneren Sinn die fundamentalsten Wahrheiten mitteilt. Moreh I Introd. (7–19).
[225] Moreh II 32 (261 f.).

heit: je stärker die Kraft des Verstehens, desto unwirksamer die Einbildungskraft, und umgekehrt (Tr. 15). Maimuni leugnet nicht, daß,

wenn die Ein|bildungskraft den Verstand beeinflußt, sie diesen stört und
hemmt; aber er behauptet, daß es außer dem verderblichen Einfluß der
Einbildungskraft auf den Verstand den höchst förderlichen Einfluß des
Verstandes auf die Einbildungskraft gebe: wenn der Mensch *ganz*
beherrscht ist von dem Verlangen nach Erkenntnis, so beschäftigt sich
auch seine Einbildungskraft Tag und Nacht mit dem, was Gegenstand
des Erkennens ist; weit entfernt also, daß das Mitwirken der Einbildungskraft die Würde und die Kraft der Prophetie schmälert, oder ihr
gar jede Erkenntnis-Bedeutung nimmt, verbürgt es vielmehr die totale
Erfaßtheit des Propheten durch den »tätigen Verstand«, der die Bedingung aller menschlichen Erkenntnis ist.[226] Spinozas Kritik setzt also den
Nachweis voraus, daß es nicht außer dem Einfluß der Einbildungskraft
auf den Verstand den Einfluß des Verstandes auf die Einbildungskraft
gibt; dieser Nachweis ist enthalten in der Kritik an der u. a. von
Maimuni vertretenen Auffassung der Einbildungskraft, welche Kritik
die Konsequenz von Descartes Grundlegung der Wissenschaft ist (s. u.
S. 169 ff.).

Zwar hat die Kritik an der Prophetologie vor der Kritik an der Lehre
vom göttlichen Gesetz den unbestreitbaren Vorzug, daß sie mit Spinozas
eigener Lehre unmittelbar gegeben ist, – während diese der Kritik von
Spinozas eigener Lehre her nicht standhält. Aber auch für sie gilt
dasselbe, was sich ergibt, wenn man die Kritik an der Lehre vom
göttlichen Gesetz bis auf ihre Wurzel zurückverfolgt: sie setzt die
Konstitution der Philosophie Spinozas voraus; der Versuch, unmittelbar
einen inneren Widerspruch in der Lehre Maimunis nachzuweisen, ist
gescheitert. Dieser Versuch mußte gemacht werden, wenn der Gegner
möglichst auf seinem eigenen Boden ad absurdum geführt werden
sollte.

Nun ließe sich gerade bezüglich der Kritik an der Prophetologie
sagen – und Entsprechendes ließe sich bezüglich aller anderen Teile der
Kritik an Maimuni sagen –: es genügt bereits der Nachweis, daß die
Meinungen der verschiedenen Propheten über Gott einander widersprechen und daß diese Meinungen sehr vulgär sind; denn mit diesem
Nachweis ist – unabhängig von aller Kritik am Begriff der Erkenntnis
und der Einbildungskraft – festgestellt, daß die Reden der Propheten

---

[226] Moreh II 36 (281–284).

keine Erkenntnis-Bedeutung haben. Mit anderen Worten: als Boden der Kritik scheint unmittelbar gegeben zu sein nicht nur die Philosophie Maimunis, sondern auch die Schrift. Aber | Spinozas Kritik an Maimuni   *159* auf dem Boden der Schrift setzt voraus, daß der Wort-Sinn der wahre Sinn der Schrift ist; diese Voraussetzung wird jedoch von Maimuni grundsätzlich geleugnet, weil sie zu Konsequenzen führen würde, die der Offenbartheit der Schrift widerstreiten. Ehe also gegen Maimuni auf Grund der Schrift argumentiert werden kann, muß seine Hermeneutik erschüttert sein. In seiner ausdrücklichen und zusammenhängenden Kritik an der Hermeneutik Maimunis (Tr. 99–102) argumentiert Spinoza zum Teil auf Grund von Ergebnissen seiner Bibel-Wissenschaft; diese Argumentation setzt die Kritik an der Hermeneutik Maimunis schon voraus, ist also zirkelhaft; wir gehen auf sie daher nicht näher ein; wir sehen ferner ab von dem Argument, welches aus der Unmöglichkeit, daß die Menge sich nach den Weisungen der Philosophen richte, schließt, also, wie gezeigt worden ist, die Distanz zum Judentum schon voraussetzt; dann bleiben noch zwei Argumente übrig, die genauere Betrachtung verlangen.

Zuerst macht sich gegen das Auslegungs-Prinzip Maimunis geltend die (durch Reformation und Humanismus geschärfte) Einsicht in den Eigen-Sinn und Eigen-Wert des Schrift-Worts, das man stehen lassen müsse, das man nicht drehen und deuteln, eigenmächtig und willkürlich interpretieren dürfe. Spinoza vermißt in Maimunis Exegese die erforderliche Vorsicht und Besonnenheit, die Distanz gegenüber den eigenen, vorgefaßten Meinungen; er staunt über die Bedenkenlosigkeit, mit der Maimuni die offenbarsten Gegen-Instanzen negiert, über die Zügellosigkeit, mit der er die Schrift seinen vorgefaßten Meinungen anpaßt. Seine wissenschaftliche Gesinnung verbietet ihm die allegorische Auslegung der Schrift. Die wissenschaftliche, »vorurteilslose« Stellung zur Schrift, auf die er Anspruch erhebt und kraft deren er die Möglichkeit hat, die Schrift zu verwerfen, ist aber selbst nicht so sehr Voraussetzung, als Folge der radikalen Kritik an der Offenbarungs-Religion. Während Maimunis Schrift-Auslegung auch in ihren größten Gewagtheiten – und gerade in ihnen –, durch die der ursprüngliche Sinn der Schrift um ganz und gar schrift-fremder Philosopheme willen preisgegeben zu sein scheint oder tatsächlich preisgegeben ist, doch von dem Interesse *an* der Schrift geleitet ist, das seine Wurzel in dem *in* der Schrift vom Menschen, vom Juden geforderten Verhalten hat, setzt Spinozas wissenschaftliche Stellung zur Schrift das Fehlen jeglichen Interesses an

der Schrift, jeder Angewiesenheit auf die Schrift, die Freiheit vom
Vorurteil, d. h. die Distanz zum Judentum, voraus. |

160   Das zweite Argument gegen Maimunis Hermeneutik, das wir hier zu
betrachten haben, besagt: läßt sich der wahre Sinn einer Schrift-Stelle
erst durch die Auslegung der Stelle auf die sachliche Wahrheit hin
ermitteln, so muß die sachliche Wahrheit unzweifelhaft feststehen.[227]
Spinoza verflacht diesen zentralen Einwand durch die Bemerkung, die er
ihm hinzufügt, daß die sachliche Wahrheit hinsichtlich der in der Schrift
erwähnten Gegenstände mittels des natürlichen Lichts niemals festzustellen sei. Diese Bemerkung hat nicht viel zu besagen; denn für Spinoza
bedeutet die Tatsache, daß »fast alles, was sich in der Schrift findet, nicht
aus den durch das natürliche Licht bekannten Tatsachen abgeleitet
werden kann«, nichts anderes als, daß der größte Teil der Schrift
unzweifelhaft der sachlichen Wahrheit widerstreitet – womit aber das
Feststehen, die Verfügbarkeit der sachlichen Wahrheit anerkannt ist. Der
in Rede stehende Einwand hat einen durch die Erklärung Spinozas fast
ganz verdeckten Sinn, denselben Sinn wie die Kritik an der Erkennbarkeit des Wunders. Dies ist so zu verstehen: Maimunis Auslegung der
Schrift auf die sachliche Wahrheit hin ist wesentlich Auslegung auf die
Lehre des Aristoteles hin. Denn Aristoteles ist *der* Philosoph. Zwar ist er
nicht unfehlbar – in Mathematik und Astronomie etwa sind seine
Forschungen überholt; er hat nur die sublunarische Welt in ihrer Wahrheit erkannt[228] – dennoch umspannt seine Forschung im Wesentlichen
den Bereich dessen, was der Vernunft überhaupt zugänglich ist. Nur
unter der Voraussetzung einer derartigen Abgeschlossenheit der Wissenschaft ist das Auslegungs-Prinzip Maimunis durchführbar. Solange die
Vernunft nicht im Besitz der Wahrheit ist, solange sie zweifeln kann und
also muß, solange hat sie, die unvollkommene, keine Möglichkeit, die
(vorausgesetzte) vollkommene Wahrheit der Schrift zu erschließen; sie
zöge die Schrift in ihre eigene Ungewißheit und Unvollkommenheit
hinein. Nur mit einer vollkommenen und abgeschlossenen Wissenschaft
ist die Offenbarung in eins zu setzen; es ist unmöglich, diesen Versuch

---

[227] ... adeoque de vero sensu Scripturae, quantumvis claro, non poterit (sc.
Maimonides) esse certus, quamdiu de rei veritate dubitare poterit, aut quamdiu
de eadem ipsi non constet. Nam quamdiu de rei veritate non constat, tamdiu
nescimus, an res cum ratione conveniat, an vero eidem repugnet; et consequenter etiam tamdiu nescimus, an literalis sensus verus sit an falsus. Tr. 100.
[228] Moreh II 19; 22 (179); 24 (193 f.).

angesichts der mit einem unendlichen Fortschritt, also mit wesentlicher Unvollkommenheit| und Unabgeschlossenheit in jedem konkreten Sta- ✻ 161 dium rechnenden neuen Wissenschaft zu unternehmen. Der Typus von Theorie, den Maimuni vor Augen hat, versagt sich der Gleichsetzung mit der Offenbarung weniger als der Spinoza gegenwärtige Typus; und zwar ganz abgesehen von den Differenzen in den gegenständlichen Behauptungen. Die Heraufkunft der positiven, in dem unbegrenzten Horizont künftiger Aufgaben und Entdeckungen lebenden Wissenschaft macht das Auslegungs-Prinzip Maimunis unmöglich. Es ergäbe sich nunmehr die absurde Konsequenz, daß etwa der Schöpfungs-Bericht nach dem jeweiligen Stand der Geologie, der Paläontologie und der anderen einschlägigen Disziplinen interpretiert werden müßte.

Auch die Kritik an der Hermeneutik also ist nicht unmittelbar Kritik auf dem Boden Maimunis; sie setzt die Konstitution der neuen, unabgeschlossenen Wissenschaft voraus; wenn sie nicht gar die wissenschaftliche Reserve in der Schrift-Auslegung als eine Selbstverständlichkeit verlangt, damit die Distanz zum Judentum schon voraussetzt. Daher wird mindestens die Konstitution der neuen Wissenschaft vorausgesetzt auch in der Kritik auf Grund der Schrift, die ja allererst auf Grund der Kritik an der Hermeneutik möglich ist. Die Kritik an der Hermeneutik ist ein Teil derjenigen Kritik, welche die innere Unhaltbarkeit der Position Maimunis, die Unvereinbarkeit der von Maimuni als vereinbar gedachten Elemente (Philosophie und Offenbarung) auf dem Boden Maimunis aufzeigen will; diese Kritik wird, wie nunmehr an allen ihren Teilen gezeigt ist, erst dadurch möglich, daß Spinoza schon seinen Begriff von Philosophie oder gar seine Kritik an der Gesetzgeberschaft Gottes oder seine Distanz zum Judentum voraussetzt. Daher ist die Kritik Spinozas an Maimuni in ihrer Wurzel nicht zu verstehen als Bemühung um die Trennung von Philosophie und Theologie: über diese Trennung verlohnt kein Wort, wenn unter »Philosophie« auch nur hinsichtlich der Methode das verstanden wird, was Spinoza darunter versteht. –

b) Als Kritik auf dem Boden der modernen Metaphysik

Die Kritik Spinozas an Maimuni vollzieht sich auf vier verschiedenen Argumentations-Ebenen: 1. auf dem Boden der Wissenschaft Maimunis als Kritik an der inneren Haltbarkeit dieser Wissenschaft; 2. auf dem Boden des Wort-Sinns der Schrift als Kritik an dem Offenbarungs-

Begriff Maimunis; 3. auf dem Boden der Historie als Kritik an der Offenbartheit der Thorah; 4. auf dem Boden der Philosophie als Kritik an der Möglichkeit von Offenbarung über|haupt. Die Kritik auf dem Boden der Wissenschaft Maimunis, erst recht die Kritik auf Grund der Schrift ist als unhaltbar auszuscheiden. Was die historische Kritik angeht, so ist sie gegenüber Maimuni nur als Kritik an der jüdischen Tradition über die Offenbartheit der Thorah möglich; aber, wie schon erwähnt wurde, Spinoza übt an der jüdischen Tradition nur beiläufig Kritik; die Kritik an der jüdischen Tradition ist, von ihm aus gesehen, nur von geringer Wichtigkeit. So liegt der Schwerpunkt der Kritik in der philosophischen Kritik an der Möglichkeit von Offenbarung überhaupt. Diese Kritik ist keinen grundsätzlichen Bedenken ausgesetzt, da Maimuni den Bau seiner Lehre auf dem Boden der Wissenschaft zu errichten versucht.

Die Frage: ist Offenbarung überhaupt möglich? ist der Sache nach nicht die erste Frage innerhalb der philosophischen Kritik, welche Kritik im Hinblick auf ihr schließliches und vollständiges Ergebnis als Beantwortung jener Frage verstanden werden kann; jene Frage tritt vor allem dann nicht als erste Frage hervor, wenn die Position Maimunis mitgesehen wird. Das Fundament dieser Position ist die Analyse der wirklichen Ordnung der Welt; die Frage nach der Offenbarung wird notwendig erst angesichts der Grenz-Frage Welt-Schöpfung – Welt-Ewigkeit.

Daher ist, nach Ausscheidung der drei anderen Stufen der Kritik, auf der Ebene der philosophischen Kritik die nächste Frage: ist überhaupt der Aufstieg von der Analyse der wirklichen Welt-Ordnung zur Theologie und zur Offenbarung möglich? Diese Frage, von Spinoza am klarsten behandelt in der Kritik an der Erkennbarkeit des Wunders, ist das zentrale Thema der positiven Kritik, die sich von der metaphysischen Kritik zunächst dadurch unterscheidet, daß die metaphysische Kritik die Rechtmäßigkeit des Ausgangs von der Analyse der wirklichen Welt-Ordnung anzweifelt, insofern radikaler zu sein scheint als die positive Kritik. Da die positive Kritik bereits in der Analyse der Kritik an der Orthodoxie behandelt worden ist, beschränken wir uns hier auf die Untersuchung der metaphysischen Kritik. Der wesentliche Unterschied dieser beiden Arten der Kritik wird deutlich an dem deutlichen Unterschied der beiden Behauptungen, die Spinoza, um die Erkennbarkeit des Wunders zu bestreiten, vorbringt: 1. kein vernünftiger Grund rät, der Natur eine begrenzte Macht und Kraft zuzuweisen; 2. die Macht der

Natur ist unendlich, es geschieht nichts, was nicht aus den Gesetzen der Natur folgt (Tr. 69 u. 76). Die zweite Be|hauptung setzt, wie aus allen   *163* von Spinoza angeführten Begründungen hervorgeht, die Metaphysik Spinozas voraus; die erste Behauptung ist von dieser Metaphysik, von jeder Metaphysik unabhängig; sie ist ausschließlich in der Einsicht begründet, daß uns nicht alle Natur-Gesetze bekannt sind; sie steht diesseits der beiden einander entgegengesetzten »dogmatischen« Behauptungen: »die Macht der Natur ist endlich«, »die Macht der Natur ist unendlich«. Nun kann man freilich daran zweifeln, ob die positive Wissenschaft, als in einem unbegrenzten Horizont des Fragens und Suchens lebende Wissenschaft, überhaupt entstanden wäre, ohne die Führung durch den Unendlichkeits-Begriff der modernen Metaphysik; aber auf Grund der Entwicklung, die in Kants Antinomien-Kritik ihren ersten Abschluß fand, kann man nicht daran zweifeln, daß die Offenheit der positiven Wissenschaft in sich selbst unabhängig ist von der »dogmatischen« Unendlichkeits-Behauptung. Ja, wenn anders diese Behauptung wirklich »dogmatisch« ist, so ist die positive Wissenschaft nicht nur unabhängig von ihr, sondern sogar, sobald die positive Wissenschaft zu hinreichender Klarheit über sich selbst herangereift ist, unverträglich mit ihr. Der positive Geist und der Geist der modernen Metaphysik stehen nun, trotz ihrer schließlichen Gegensätzlichkeit, nicht nur in dem Verhältnis, daß die materialen Behauptungen der modernen Metaphysik für die positive Wissenschaft förderlicher sind als die materialen Behauptungen der Metaphysik der früheren Epoche, sondern sie sind ursprünglicher dadurch verknüpft, daß die positive Gesinnung der Grund der modernen Metaphysik selbst ist. Auch die moderne Metaphysik entsteht und steht im Kampf gegen das Vorurteil.

a) Der Begriff des Vorurteils und die moderne Metaphysik

Das Wort »Vorurteil« ist der angemessenste Ausdruck für das große Wollen der Aufklärung, für den Willen zu freier, unbefangener Prüfung; »Vorurteil« ist das eindeutige polemische Korrelat des allzu vieldeutigen Worts »Freiheit«. Es ist wahr, die Aufklärung hat die Vorurteile, die sie bekämpfte, durch andere Vorurteile ersetzt; sie hat sich nicht einmal wahrhaft von den Vorurteilen befreit, zu deren Zerstörung sie auszog. Aber dies heißt doch nur: die Aufklärung ist viel zu wenig »Aufklärung« gewesen; es ist nicht nur darum kein radikaler Einwand gegen das Wollen der Aufklärung, weil es im Sinn dieses Wollens vorgebracht wird, sondern vor allem darum, weil dasselbe Geschick jedes Zeitalter trifft; jedes Zeitalter kann nur auf Grund *seiner* Erfahrungen urteilen und urteilt daher, ausdrücklich oder nicht, über die zukünftigen Erfahrungen, und damit über die vergangenen Erfah|rungen, die erst auf Grund zukünftiger Erfahrungen verständlich werden, vorab. Aber weil jedes Zeitalter seine Erfahrungen hat und grundsätzlich die Möglichkeit hat, in seinen Urteilen sich streng an seine Erfahrungen zu halten oder das Gegenteil zu tun, darum hat die Mahnung zur Vorurteilslosigkeit einen klaren Sinn. Die Eigentümlichkeit des Aufklärungs-Zeitalters besteht zunächst darin, daß es diese Mahnung mit unvergeßlicher Eindringlichkeit ausgesprochen hat.

In dem Willen zur Wissenschaft, zum Sehen mit eigenen Augen, zu unbedingter Unterwerfung des Urteils unter das Sehen und Einsehen ist der Kampf gegen das Vorurteil begründet. Dieser Kampf bedarf keiner Rechtfertigung gegenüber der Neigung zur Bequemlichkeit. Weil die Aufklärung ihren Kampf gegen das Vorurteil als Kampf gegen die Bequemlichkeit und Trägheit verstand und führte, verkannte sie die Unselbstverständlichkeit ihres Kampfes. Das Recht und zugleich die Fragwürdigkeit der Kategorie »Vorurteil« wird erst und nur dann sichtig, wenn die Offenbarungs-Religion mitgesehen wird. Niemand leugnet, daß die offenbarungs-religiösen Traditionen manche Vorurteile im vulgären Sinn des Worts mitgeschleppt haben; aber diese unbestreitbare Tatsache ist äußerlich oder allenfalls symptomatisch. Wesentlich ist, daß die Offenbarungs- Religion sich radikalerweise auf eine Tatsache beruft, die *vor* allem menschlichen Urteil liegt: auf die Offenbarung Gottes, des Königs der Welt. Mag dem Urteil der späteren Geschlechter ein noch so breiter Raum gewährt sein, so daß sie sich an das vergangene Ereignis mehr oder weniger nahe heranbringen können – zuletzt gilt, dem Sinn der Offenbarung nach, wie geschrieben steht: »nicht mit unseren Vätern hat der Herr diesen Bund geschlossen, sondern mit uns, die wir hier an dieser Stelle heute alle leben«. Die Gegenwärtigkeit der Offenbarung ist von der Gegenwärtigkeit der Erfahrung, in welcher der positive Geist lebt, dadurch unterschieden, daß die Erfahrung unmittelbare Erfahrung ist und sein will, dem Erfahrenen möglichst nahe sein will, daß das unmittelbare Hören der Offenbarung aber den Willen zur Unmittelbarkeit, zur Nähe auslöscht, den Willen zur Ungegenwärtigkeit, zur Mittelbarkeit hervorruft. Die, welche die Offenbarung wirklich hören, können sie nicht unmittelbar hören *wollen*: »Sie sagten zu Mose: sprich du mit uns, und wir wollen hören; nicht spreche mit uns Gott, damit wir nicht sterben«; sie können nicht, um mit eigenen Augen zu sehen, möglichst nahe herantreten *wollen*, sondern: »es sah das | Volk, da bebten sie und blieben von ferne stehen«. Wenn im wirklichen Hören der Offenbarung der Wille zum mittelbaren Hören der Offenbarung begründet ist, dann ist in dem wirklichen Hören der gegenwärtigen Offenbarung die offenbarungs-religiöse Tradition, der Gehorsam gegen die Tradition und die Treue zu ihr begründet; und alle Kritik am Vorurteil, erst recht alle Kritik an der »Starrheit« der Tradition vom Boden des »Erlebnisses« aus, reicht an den Ernst und die Tiefe des im unmittelbaren Hören begründeten *Willens* zur Mittelbarkeit nicht heran.[229] |

165

[229] Der Wille zur Mittelbarkeit des Hörens, und nicht erst die tatsächliche Mittelbarkeit des Hörens ist das Element der Offenbarungs-Religion. In seiner Polemik gegen die Versuche, die Schrift von dem »religiösen Erlebnis« der Propheten aus zu verstehen, verfehlt Friedrich Gogarten seinerseits die Sachlage, indem er überhaupt leugnet, daß (im Sinn der Schrift) Gott unmittelbar von dem Menschen gehört werde. Er meint: »Man wird vielleicht auf die alttestamentlichen Propheten . . . verweisen, um zu zeigen, daß es auch ein Wort gibt, das Gott dem Menschen unmittelbar sagt. Aber das scheint mir ein Mißverständnis zu sein. Denn bei den Propheten ist es ganz klar, daß sie Gottes Wort nur hören in ihrer strengen Gebundenheit an ihr Volk, und das heißt bei ihnen ja wirklich nicht an eine nationale Idee, sondern an den Nächsten. Es heißt doch, alles vergessen, was die Propheten sagen, sie in dem, was sie sagen, nicht ernst nehmen, wenn man nicht sieht, daß diese Männer kein individuelles, oder, wie wir dafür auch gerne sagen, rein religiöses Verhältnis zu Gott gehabt haben, und daß sie gerade als Propheten in der engsten Gebundenheit an ihr Volk und die strengste Verantwortlichkeit ihm gegenüber das Gotteswort hören und sprechen.« (Gogarten, Theologische Tradition und theologische Arbeit, Leipzig 1927, p. 12 n. 2.) Hier ist nur dies richtig, und dies freilich sehr einschränkung richtig, daß es den Propheten nicht auf ihr »Erlebnis« *ankommt*, sondern auf ihre Forderungen und Ankündigungen; daß angemessenes Verständnis der Propheten zunächst nur von dem aus möglich ist, was sie fordern und ankündigen; daß also die Frage nach dem »Erlebnis« der Propheten nur auf Grund radikalen Mißverständnisses – oder radikaler Kritik möglich ist. Dieser wesentlichen Einsicht handelt aber Gogarten selbst zuwider mit seiner ganz und gar »metaphysischen« Aussage, daß auch die Propheten Gott nicht unmittelbar hören. Nachdem Gogarten sich auf die Ebene des eigentlich Gleichgültigen begeben hat, darf und muß ihm auf dieser Ebene entgegengehalten werden, daß die Propheten, ob sie gleich »Gottes Wort nur hören in ihrer strengen Gebundenheit an ihr Volk«, sich doch (den Aussagen der Schrift zufolge) Gottes Wort nicht *von* ihrem Volk, sondern unmittelbar von Gott sagen lassen. Das Bestreben, den existentiell gleichgültigen, darum aber nicht weniger faktischen Unterschied zwischen Propheten und Nicht-Propheten

166   Wenn die Propheten ihr Volk zur Rechenschaft ziehen, so werfen sie ihm nicht bloß diese oder jene einzelnen Frevel vor, sondern so erkennen sie die Wurzel und den Sinn aller seiner einzelnen Frevel darin, daß es seinen Gott verlassen hat. Wegen seines *Abfalls* stellen sie es zur Rede. Einstmals, in der Vorzeit, war es treu; nun ist es abgefallen; dereinst wird Gott es in seinen ursprünglichen Stand wieder einsetzen. Das Natürliche, Ursprüngliche, Anfängliche ist die *Treue*; der Rechenschaft bedürftig, aber freilich nicht fähig, ist der Abfall.

Kommt es für den Menschen vor Gott auf Treue, auf Vertrauen und auf Gehorsam an, so vorzüglich darauf: dann zu vertrauen, wenn alle menschlichen Auskünfte versagen; dann zu gehorchen, wenn man nicht einsieht. So begründet Abraham ibn Daud, der Vorläufer Maimunis, den Vorzug der menschlichem Begreifen nicht zugänglichen Offenbarungs-Gebote vor den Vernunft-Geboten; vorbildlich ist der Gehorsam Abrahams, der sich hingab, auf Gottes Befehl seinen Sohn als Opfer darzubringen, obwohl ihm doch Gott verheißen hatte, daß dieser Sohn sein Erbe sein werde; obwohl also, wenn Abraham sich hätte klug machen wollen, ihm der Befehl Gottes hätte absurd erscheinen müssen.[230]

Die Gesinnung des Gehorsams setzt, sofern sie das Forschen zuläßt, dem Forschen nicht von außen her Schranken, sondern sie durchdringt das Forschen selbst. Am Anfang ist die Offenbarung. Die Forschung ist nichts anderes als die Aneignung und Erhellung der Offenbarung; als solche hat sie Grenzen. An den Grenzen wird der an jedem Punkt lebendige Gehorsam ohne Hülle sichtbar; der Gehorsam tritt nicht am Ende des Forschens als letzte Auskunft auf, sondern er ist ursprünglicher als alles Forschen.

Von Abfall kann nur dann gesprochen werden, wenn ursprünglich Treue ist. Die Vollkommenheit des Ursprungs ist die Möglichkeits-Bedingung der Sünde. Wenn die Sünde wirklich, die Vergebung der Sünde und die Wiedereinsetzung in den ursprünglichen Stand zukünftig ist, dann gibt es ein Leiden an der gegenwärtigen Vergangenheit und ein Hoffen auf die Zukunft.

Den positiven Geist, der sich wider die Offenbarungs-Religion auf-

---

einzuebnen, das Bestehen dieses Unterschieds zu leugnen, ist symptomatisch für eine Position, von der aus auch nicht mehr akzidentiell das Wunder im eigentlichen Sinn behauptet werden kann.
[230] Emunah ramah in fine.

lehnt, kennzeichnet gerade dies, daß er, der Zukunft zugewandt, auf sie nicht bloß hoffend, sie vielmehr aus eigener Kraft aufbauend, an der Vergangenheit nicht leidet; er kann an keiner Vergangenheit | leiden, weil er keine ursprüngliche Vollkommenheit durch Abfall verloren, sondern gerade durch eigene Anstrengung sich aus der ursprünglichen Unvollkommenheit, Barbarei und Roheit herausgearbeitet hat. Was sich von innen her als Treue, als Gehorsam versteht, das erscheint ihm als Dumpfheit, als Befangenheit in Vorurteilen; die »Auflehnung« nennt er »Befreiung«, das »Abtrünnig-Sein«: »Freiheit«. Dem Gegensatz-Paar Vorurteil–Freiheit entspricht streng, widerspricht streng das Gegensatz-Paar Gehorsam–Abfall.

Aus der Gesinnung des Gehorsams kann der Abfall niemals hervorgehen; jeder Abfall setzt die Fähigkeit und Bereitschaft zu ihm, die Freiheit, die Schrift eben so zu verwerfen, »wie wir den Koran und den Talmud verwerfen«, also sich selbst voraus. Einen stetigen Übergang gibt es nicht. Der Abfall ist als solcher nicht zu rechtfertigen; daher kommt es nicht darauf an, welche Gründe Spinoza im Einzelnen zur Rechtfertigung seines Abfalls anführt. Die ganze Kritik ist vielmehr enthalten in der Frage: ist der sogenannte Abfall in Wahrheit ein solcher? ist das Vorgegebene nicht vielmehr Vorurteil?

Im Hinblick auf den radikalen Sinn der Offenbarungs-Religion muß gesagt werden: es gibt *das* Vorurteil schlechthin. Daher gibt es auch *die* Freiheit schlechthin, den Abfall von der Offenbarung. Daher hat der Kampf der Aufklärung gegen das Vorurteil einen schlechthinnigen Sinn. Daher können das Zeitalter der Herrschaft des Vorurteils und das Zeitalter der Freiheit einander entgegentreten. Dem Zeitalter der Freiheit ist es wesentlich, daß es das Zeitalter der Herrschaft des Vorurteils voraussetzt. »Vorurteil« ist eine historische Kategorie. Eben hierdurch unterscheidet sich der Kampf der Aufklärung gegen das Vorurteil von dem Kampf gegen den Schein und die Meinung, mit dem die Philosophie ihren weltgeschichtlichen Weg begonnen hat.

Das bisher Gesagte gilt von dem positiven Begriff von »Vorurteil«, aus dem der metaphysische Begriff von »Vorurteil« entspringt, und von dem er sich entfernt. Der eigentümliche Sinn des metaphysischen Begriffs spricht sich am stärksten, einfachsten, klassisch aus in dem Entschluß Descartes', an allem zu zweifeln, um sich so mit einem Mal von allen Vorurteilen zu befreien. Einmal im Leben müsse man an allem zweifeln, wenn man sich von *allen* Vorurteilen befreien wolle – so fordert Descartes. Einmal im Leben – wenn dann der neue, schlechthin erste und schlechthin endgültige Anfang gefunden, wenn von ihm aus in schlechthin sicheren Schritten das Reich der | Wahrheit durchmessen, wenn der Bau der Wissenschaft auf schlechthin gediegenem Fundament errichtet ist, so gibt es für den Zweifel keinen Platz mehr. Man fängt an, um zu Ende zu kommen. Zu Ende gekommen ist man, wenn grundsätzlich alle Fragen, wenn alle grundsätzlichen Fragen beantwortet sind. So wird die Philosophie als abgeschlossene Wissenschaft intendiert, während sich die positive, offene Wissenschaft begründet.

Descartes' Metaphysik steht mit dem positiven Geist nicht nur dadurch in Zusammenhang, daß seine Meditationes de prima philosophia unter ausdrücklichem Ausschluß alles dessen, »was sich auf den Glauben bezieht oder auf die Führung des Lebens«, die Absicht verfolgen, »endlich einmal etwas Festes und Bleibendes in den Wissenschaften zu stabilieren«, sondern auch durch die Tendenz, in der sie sich gerade in der Behandlung des metaphysischen Problems ihrer eigenen Absicht nach von der scholastischen Metaphysik unterscheidet. Diese Tendenz ist ein wesentliches Moment der Kritik Spinozas an Maimuni. Zur Rede gestellt, weshalb er von dem Weg des Thomas von Aquino und des Aristoteles abweiche, gibt Descartes an erster Stelle folgende beiden Gründe an: 1. die Existenz Gottes ist viel evidenter als die Existenz irgendwelcher sinnlichen Dinge; 2. durch die Folge der Ursachen kann ich nur zur Erkenntnis der Unvollkommenheit meines Verstandes kommen, aber aus dieser Erkenntnis folgt nichts über die Existenz Gottes; daher: Erkenntnis der Existenz Gottes ist nicht möglich auf Grund der Analyse der wirklichen Welt-Ordnung – dieses Ergebnis der positiven Kritik ist also Voraussetzung für Descartes' Begründung derjenigen Metaphysik, welche die positive Erforschung der natürlichen Ursachen unbeschränkt freigibt, für die Ersetzung des traditionellen Aufstiegs von der Physik zur Theologie durch den Abstieg von der Theologie zur Physik –, sondern auf Grund der Erkenntnis meiner selbst, und zwar, indem ich bezüglich meiner selbst nicht so sehr frage, von welcher Ursache ich in der Vergangenheit hervorgebracht worden bin, als vielmehr, von welcher Ursache ich in der *Gegenwart* erhalten werde.[231] Das

---

[231] Primo itaque, non desumpsi meum argumentum ex eo quod viderem in sensibilibus esse ordinem sive successionem quandam causarum efficientium; tum quia Deum existere multo evidentius esse putavi, quam ullas res sensibiles; tum etiam quia per istam causarum successionem non videbar alio posse devenire, quam ad imperfectionem intellectus mei agnos|cendam, quod nempe

Fun|dament der Metaphysik soll sein das, was gegenwärtig ist, was
gegenwärtig zugänglich ist, was als gegenwärtig zugänglich ist: die
»Befreiung von jeder Folge von Ursachen« und die »Befreiung von allen
Vorurteilen« hat dieselbe, positive Intention zum Grund.

In diesem Sinn baut Spinoza sein System auf: dieses System beginnt
nicht mit der Analyse der wirklichen Welt-Ordnung, sondern mit dem
ganz und gar Unanzweifelbaren, d. h. mit »gewissen einfachsten Begriffen«, mit denen das, was sich auf die Natur Gottes bezieht, verknüpft
wird. So wird bewiesen, daß Gott notwendig existiert, überall ist, daß
alles, was ist, seinen Seins- und Erkenntnis-Grund in Gott hat;[232] so
wird bewiesen, daß die Dinge auf keine andere Weise und in keiner
anderen Ordnung von Gott hervorgebracht werden konnten, als sie
hervorgebracht worden sind. Daher ist jede Argumentation vom Boden
der Analyse der wirklichen Welt-Ordnung aus Spinoza gegenüber
grundsätzlich unmöglich. –

β) Die Kritik an der Prophetie

Mit Descartes' radikalem Zweifel, durch den die endgültige Befreiung
von allen Vorurteilen, die endgültige Begründung der Wissenschaft
erreicht werden soll, ist der Erkenntnis-Begriff gesetzt, aus dem Spinozas
Kritik an der Prophetologie Maimunis folgt. Es wurde schon erwähnt,
daß die hierbei entscheidende Voraussetzung dieser Prophetologie die
Auffassung der Einbildungskraft ist. Maimuni setzt die Aristotelische
Abgrenzung (de anima Γ 3) voraus, derzufolge sich das Verhältnis der

---

non possim comprehendere quomodo infinitae tales causae sibi mutuo ab
aeterno ita successerint, ut nulla fuerit prima. Nam certe, ex eo quod istud non
possim comprehendere, non sequitur aliquam primam esse debere, ut neque ex
eo quod non possim etiam comprehendere infinitas divisiones in quantitate
finita, sequitur aliquam dari ultimam, ita ut ulterius dividi non possit; sed
tantum sequitur intellectum meum, qui est finitus, non capere infinitum. Itaque
malui uti pro fundamento meae rationis existentia mei ipsius, quae a nulla
causarum serie dependet, mihique tam nota est ut nihil notius esse possit; et de
me non tam quaesivi a qua causa *olim* essem productus, quam a qua tempore
praesenti conserver, *ut ita me ab omni causarum successione liberarem*. Descartes, Meditationes, Primae Responsiones (ed. pr. pp. 139 f.). – Cf. Spinoza
Tr. 16: Et proh dolor! res eo iam pervenit, ut, qui aperte fatentur, se Dei ideam
non habere et Deum non nisi per res creatas (quarum causas ignorant)
cognoscere, non erubescant philosophos atheismi accusare.
[232] Cf. Tr. adnot. VI., woselbst Spinoza auf seine Darstellung der Lehre
Descartes' verweist.

Einbildungskraft zur sinnlichen Wahrnehmung und zum Verstand fol-
gendermaßen bestimmt: erstens | ist die Einbildungskraft dem sinnlichen
Wahrnehmen und dem Intelligieren insofern unterlegen, als diese Er-
kenntnis-Weisen grundsätzlich in der Wahrheit sind, die Einbildungskraft hingegen meistens trügerisch ist; zweitens ist die Einbildungskraft
der sinnlichen Wahrnehmung insofern überlegen, als sie unabhängig von
ihr funktionieren kann, zum Beispiel im Schlaf. Die Einbildungskraft ist
also wesentlich von der sinnlichen Wahrnehmung unterschieden; daher
ist die Kritik an der Einbildungskraft in keiner Weise Kritik an der
sinnlichen Wahrnehmung. Maimunis Kritik an der sinnlichen Erkenntnis wendet sich ausschließlich gegen die sinnliche Auffassung des Unsinnlichen, gegen die Auffassung des Unkörperlichen als Körperliches
oder Körper-Verhaftetes; diese falsche Auffassung aber ist Sache nicht
der sinnlichen Wahrnehmung, sondern der Einbildungskraft.[233] Weil
nun ferner die Einbildungskraft unabhängig vom sinnlichen Wahrnehmen funktionieren kann, darum besteht die Möglichkeit, daß die
Einbildungskraft vom Verstand her in den Dienst des Erfassens des
Unsinnlichen gezwungen wird; darum ist Prophetie möglich.

Spinozas Kritik an dieser Prophetologie folgt aus dem mit Descartes'
radikalem Zweifel gesetzten Erkenntnis-Begriff. Der radikale Zweifel
richtet sich ebensosehr gegen das, was nicht völlig sicher und unanzwei-
felbar ist, wie gegen das offenbar Falsche. In erster Linie verfällt dem
Verdacht und damit der Verwerfung alles, was im Vertrauen auf die
Sinne als wahr angenommen worden ist. Hierbei gilt als entscheidender
Verdachts-Grund, daß grundsätzlich alles, was uns im Wachen sinnlich
begegnet, uns ebenso im Traum begegnet sein könnte. Alles sinnlich
Begegnende könnte ebensogut das Werk der Einbildungskraft sein. Mit
anderen Worten: die gesuchte unanzweifelbare Erkenntnis muß jenseits
der Differenz von Wachen und Traum, von sinnlicher Wahrnehmung
und Einbildungskraft stehen. Diesem höchsten Anspruch genügt allein
die Erkenntnis von mathematischer Gewißheit. Von diesem Anspruch
aus geurteilt, verliert der Unterschied zwischen sinnlicher Wahrnehmung und Einbildungskraft sein Gewicht. Für unseren Zusammenhang
ist es nebensächlich, daß sich nun auch noch gegen die Sicherheit der
mathematischen Erkenntnis die Furcht vor dem Deus deceptor richtet,
und daß, um diesem radikalsten Verdacht zu begegnen, als | funda-
mentale Tatsache das cogito, sum aufgedeckt wird. Durch diese Er-

---

[233] Moreh I 26 (88 ff.); 49 (176 f.); 51 (182). Cf. Milloth hahigajon VIII.

wägungen wird die Bewertung der Einbildungskraft nicht mehr verändert. Auch nach der Entdeckung des necessario sum und des sum res cogitans bleibt bestehen: fieri posse ut omnes istae imagines, et generaliter quaecumque ad corporis naturam referuntur, nihil sint praeter insomnia.[234] Zwar wird durch die Gewißheit über die Existenz und die Güte Gottes das prinzipielle Recht der sinnlichen Wahrnehmung, die prinzipielle Differenz von Wachen und Traum verbürgt; die Bestimmung der wahren Erkenntnis als in ihrem Wert dadurch nicht antastbar, daß sie im Traum stattfindet, bleibt aber erhalten: nam certe, quamvis somniarem, si quid intellectui meo sit evidens, illud omnino est verum.[235]

Spinoza zieht die Konsequenz: er unterscheidet in seiner Einteilung der Erkenntnis-Arten gar nicht mehr zwischen sinnlicher Wahrnehmung und Einbildungskraft. Die niedrigste Erkenntnis-Stufe: opinio vel imaginatio ist grundsätzlich dem Irrtum ausgesetzt, indes die rationale und die intuitive Erkenntnis in der Wahrheit sind (Eth. II 40 schol. 2). Dies bedeutet zunächst eine Entwertung mehr der sinnlichen Wahrnehmung als der Einbildungskraft. Indem so aber zugleich der Unterschied zwischen sinnlicher Wahrnehmung und Einbildungskraft seine Wichtigkeit verliert, so kann ein legitimes Zusammen-Wirken von Einbildungskraft und Verstand in einem Akt des Erfassens so wenig mehr zugestanden werden, wie bereits unter den Voraussetzungen Maimunis ein Zusammenwirken von sinnlicher Wahrnehmung und Verstand in der Erkenntnis des unkörperlichen Seins denkbar erscheint. Einbildungskraft und Verstand schließen einander aus; um so mehr ist die bei den Propheten nachweisbare (und auch von Maimuni behauptete) gesteigerte Wirksamkeit der Einbildungskraft ein untrügliches Zeichen dafür, daß sie zu reinem Intelligieren besonders wenig geeignet waren (Tr. 15).

Nun bleibt es nicht einmal dabei, daß sinnliche Wahrnehmung und Einbildungskraft zusammen verworfen werden, so, daß der Unterschied zwischen ihnen in letztem Betracht gleichgültig wird; sondern sofern die nicht wegzuleugnende Differenz zwischen Wahrnehmung und Einbildung, als die Differenz zwischen *Wachen* und *Traum*, berücksichtigt wird, so geschieht dies im Sinn der *schlechthinnigen* Bevorzugung des Wachens vor dem Traum. Ob und inwieweit diese Bevorzugung nicht bereits ein wesentliches | Motiv des Cartesischen Zweifels-Ansatzes ist,   *172*

---

[234] Medit. ed. pr. pp. 22 f.
[235] l. c. 86 f.

kann hier nicht untersucht werden. Für Spinoza jedenfalls ist es selbstverständlich – so selbstverständlich, daß er es nur nebenbei erwähnt –,
daß die Traum-Vorstellung schlechthin bedeutungslos ist. Hingegen ist
für die von ihm bekämpfte Position die Wertschätzung des Traums, als
in bestimmter Hinsicht dem Wachen überlegen, charakteristisch.[236] Für
Spinoza ergibt sich daher, daß das prophetische Erfassen, seinem Er-
kenntnis-Wert nach, der sinnlichen Wahrnehmung unterlegen oder
höchstens gleichwertig ist.

Zwischen der Kritik des Abtrünnigen Spinoza und der Lehre des
gläubigen Juden Maimuni steht die Neubegründung der Wissenschaft
durch den Katholiken Descartes. Damit ist gemeint, daß aus den
Voraussetzungen Descartes' die radikale Religions-Kritik Spinozas nicht
unmittelbar folgt. Dennoch aber ist zu sagen, daß, wenn einmal die
Position Maimunis, die ihr eigentümliche Vereinbarung von Glauben
und Wissen, als Ausgangs-Position anerkannt ist, die Aneignung des
Cartesianismus zur Religions-Kritik führen muß. Am klarsten zeigt sich
dies an Spinozas Kritik der Prophetologie Maimunis. Indem Maimuni

173   nicht, wie die christlichen Theologen,[237] | einen Wesens-Unterschied
zwischen natürlichem und auf besonderen Gnaden-Gaben beruhendem

---

[236] Tr. 3–6; vor allem p. 6 die »deutliche Bestätigung« durch Num. 12, 6–7;
p. 4: . . . in somnis, tempore scilicet, quo imaginatio maxime naturaliter apta
est, ad res, quae non sunt, imaginandum. – Die Prophetologie Maimunis (und
der »Philosophen« seines Zeitalters) fußt auf der traditionellen Lehre vom
Wahrtraum; vgl. z. B. Averrois Paraphrasis zu Aristoteles de somniis (Venetia-
ner Ausgabe von 1560, Vol. VII, p. 169): Dicamus igitur quod istarum compre-
hensionum quaedam dicuntur somnia, et quaedam divinationes, et quaedam
prophetiae. Et quidam homines negant ista, et dicunt ea contingere casu. Sed
negare ea est negare sensata. Et maxime negare vera somnia. Nullus enim homo
est, qui non viderit somnium, quod non enunciaverit ei aliquod futurum . . .
sermo de istis omnibus idem est, et sermo de quiditate somnii sufficiet: quia esse
eorum non differunt nisi secundum magis et minus, sed tantum differunt
secundum nomina propter hoc quod vulgus dicit. Dicunt enim quod somnia
sunt ab Angelis; et divinationes a Daemonibus; et prophetiae a Deo, aut cum
medio, aut sine medio. Et Aristoteles non fuit locutus nisi tantum de somniis.
Wissenschaftliche Einsichten im Traum sind nicht möglich (p. 171). – Auffällig
ist übrigens die Übereinstimmung zwischen Spinoza ep. 17 mit Arist. de divin.
464 a 27 ff.

*   [237] Thomas Aqu., S. th. III qu. 172, art. 1; Calvin, In harmoniam ex Matthaeo,
Marco et Luca compositam Commentarii (ed. Tholuck) I 51, sowie Kommentar
zu Daniel 2, 2; 2, 4; 4, 4 f.; Maresius, Videntes Sive dissertatio theologica de
prophetia et prophetis, Groningae 1659 passim (ausdrückliche Polemik gegen
Maimunis Prophetologie: II 13).

Traum usw. statuiert, sondern die Prophetie in ihrer Möglichkeit aus dem, was dem Menschen als Menschen zukommt, versteht, bindet er seine Prophetologie so eng an seine Auffassung des Menschen, insbesondere an die Aristotelische Auffassung der sinnlichen Wahrnehmung und der Einbildungskraft, daß sie mit dieser steht und fällt. Spinoza konnte daher leichter an die jüdische Theologie als an die christliche, leichter an Maimuni als an Descartes anknüpfen, um mit den Mitteln der Wissenschaft Descartes' die von Maimuni versuchte Vereinbarung von Wissen und Glauben zu vereiteln.[238] –

γ) Die Kritik am Wunder

Für Descartes besteht wenigstens die Möglichkeit, die Wissenschaften und das auf Glaube und Lebens-Führung Bezügliche scharf von einander zu scheiden. Für Maimuni und für Spinoza besteht diese Möglichkeit darum nicht, weil nach ihrer Auffassung das eine Lebens-Ziel des Menschen die Gottes-Liebe ist, Voraussetzung und Element der Gottes-Liebe aber die Wissenschaft, die wissenschaftlich begründete Gottes-Erkenntnis ist.[239] Daß von dieser zentralen | Übereinstimmung zwischen   *174*

---

[238] Das Verhältnis Spinozas zu Maimuni einerseits, zu Descartes andererseits behandeln *Joël*, Zur Genesis der Lehre Spinozas (Breslau 1871) und *Roth*, Spinoza, Descartes and Maimonides (Oxford 1924); Roth überschätzt die geistesgeschichtliche Bedeutung der biographisch gewiß wichtigen Beziehung Spinozas zu Maimuni, indem er nicht hinreichend berücksichtigt, daß die Lehren, hinsichtlich deren Spinoza mit Maimuni gegen Descartes (und den Kalâm) übereinstimmt, großenteils nur Lehren nur Maimunis, sondern Gemeingut der »Philosophen« sind; die Übereinstimmung Spinozas mit Ibn Roschd ist gewiß sachlich erheblicher als die mit Maimuni. Mit dieser Einschränkung sind natürlich auch unsere Darlegungen zu verstehen, die sich dadurch rechtfertigen, daß sie das Verhältnis Spinozas zu Maimuni nicht im Hinblick auf dessen allgemeine philosophie-geschichtliche Bedeutung, sondern als Element der Religions-Kritik Spinozas betrachten. Vgl. übrigens die ausführliche Kritik des Roth'schen Buches durch Tj. de Boer, Maimonides en Spinoza (Mededeelingen der Koninglijke Akademie van Wetenschappen, Afdeeling Letterkunde Deel 63, Serie A No. 2) Amsterdam 1927.
[239] Dem widerspricht nicht, daß Maimuni die Unzulänglichkeit der wissenschaftlichen Gottes-Erkenntnis behauptet; denn damit behauptet er nicht die Selbständigkeit des Glaubens neben der Wissenschaft, es sei denn für die »Menge«. Übrigens darf nicht vergessen werden, daß Maimunis Theologie ihren ursprünglichen Boden im jüdischen Lebens-Zusammenhang hat, daß die

Maimuni und Spinoza aus die Religions-Kritik Spinozas, sofern sie mehr ist als positive Kritik, tiefer zu verstehen ist als vom Boden der Wissenschaft Descartes' aus, leuchtet ein, wenn man die Wunder-Kritik Spinozas in ihrem Zusammenhang mit der Wunder-Lehre Maimunis betrachtet. Hierzu bedarf es keiner vollständigen Berücksichtigung der Wunder-Lehre Maimunis,[240] sondern nur der Nachweisung derjenigen Tendenzen in ihr, deren Radikalisierung zur Wunder-Kritik Spinozas führt.

Wir haben gesehen (s. S. 145), welche Bedeutung Maimuni dem Wunder zumißt: der Rückschluß von den biblischen Wundern auf ihre Möglichkeits-Bedingung ist ein wesentliches Argument für die Welt-Schöpfung, gegen die Welt-Ewigkeit. Mit der Tatsächlichkeit der Schöpfung ist die Möglichkeit des Wunders gesetzt. Zu dem Drängen auf die Statuierung der Möglichkeit des Wunders scheint die in Maimunis Interpretation der biblischen Wunder-Berichte wirksame Tendenz nach Abschwächung und Einschränkung schlecht zu passen. Wieso verursachen einem Theologen, dem es mit der Schöpfungs-Behauptung ernst ist, der sich für die Möglichkeit des Wunders voll Eifers einsetzt, die wirklichen Wunder Unbehagen? Ist am Ende gerade in der Schöpfungs-Behauptung der Widerstand gegen die Wunder begründet?

Das Erschaffen-Sein der Welt ist Bedingung der Wunder. So können die Wunder dem Erschaffen-Sein der Welt nicht widerstreiten. Wenngleich das Erschaffen-Sein der Welt nicht streng erweisbar ist, so erfaßt doch die Analyse diejenigen Charaktere der Welt, welche deren Erschaffen-Sein wahrscheinlich machen. Durch diese Charaktere, welche auf das Erschaffen-Sein der Welt hinweisen, sind Möglichkeit und Grenze des Wunders vorgezeichnet. Erstens liegt in der Welt selbst nicht der Grund, daß sie so ist, wie sie ist; sie könnte auch anders sein, als sie ist; sie ist so, wie sie ist, kraft der Determination durch den Willen eines Wollenden, der als solcher auch anders wollen kann: das Wunder ist also möglich. Zweitens zeigt die tatsächliche Ordnung der Welt, die offen-

---

wissenschaftliche Begründung durchaus sekundär ist; aber an dieser Stelle handelt es sich uns nur um die Position, die Maimuni selbst der Kritik Spinozas aussetzt und sofern er sie ihr aussetzt; vgl. o. S. 147 f.

[240] Eine vollständige Darstellung gibt Jacob Kramer, Das Problem des Wunders im Zusammenhang mit dem der Providenz bei den jüdischen Religionsphilosophen von Saadia bis Maimuni. Diss. Straßburg 1903. Kramer führt auch, wie übrigens schon Joël l. c., Belege an für die Übereinstimmung zwischen Maimuni und Spinoza in der Auffassung der biblischen Wunder-Berichte.

bare Harmonie des Ganzen, daß der sie determinierende Grund ver- 175
nünf|tiger Wille sein muß: Gott wird also durch Wunder die Ordnung
der Welt, die er in seiner Weisheit gesetzt hat, nicht zerstören. Die
Wunder sind »Veränderungen der Natur«, d.h. Veränderungen der
Naturen, der je bestimmten Natur, z.B. des Wassers in Blut, des Stabs in
eine Schlange. Diese Veränderungen gefährden die Harmonie des Ganzen darum nicht, sie sind dem großen Zug der Welt-Ordnung darum
ungefährlich, weil Gott sie vor der Schöpfung vorgesehen hat, vor allem
aber, weil sie nur vorübergehende, nicht dauernde Veränderungen sind,
weil sie nur selten, nicht häufig geschehen.[241]

Die Wunder-Lehre Maimunis setzt die Unterscheidung zwischen dem
Dauernden und Vorübergehenden, zwischen dem immer und dem selten
Geschehenden, zwischen dem immer und meistens Geschehenden als
eine ontisch relevante Unterscheidung voraus. Wird diese Unterscheidung in Frage gestellt, wird die Ordnung der Welt auch und gerade mit
Rücksicht auf das selten, außer der Regel Geschehende bestimmt, so fällt
die Möglichkeit dahin, im Sinn Maimunis von Wundern zu sprechen.
Mag es nur selten und nur vorübergehenderweise geschehen, daß Wasser
sich in Blut verwandelt: sofern es geschieht, gehört es in demselben Sinn
zur Ordnung der Welt wie das, was immer geschieht und dauert; so
kommt der Regel: daß Wasser sich nicht in Blut verwandelt, eine nur
vorläufige Bedeutung zu gegenüber dem das Regelmäßige und das
Seltene umgreifenden, schlechthin allgemeinen Gesetz. Unter Voraussetzung des modernen Natur-Begriffs ist also das Wunder, als außer der
Regel Geschehendes, nur mehr »mit Rücksicht auf die Unvollkommenheit unseres Verstandes« von dem Regelmäßigen unterschieden; ist
damit eine, wie Maimuni sagt, nur »in einigen Besonderheiten«, selten
und vorübergehend stattfindende Veränderung der Natur genau so
katastrophal für die natürliche Ordnung wie der Sturz der Sterne.

Wie sehr diese Kritik im Sinn Maimunis selbst berechtigt ist, erhellt
daraus, daß Maimuni die Tendenz hat, Veränderungen des immer
Geschehenden zu leugnen. Dabei tritt die Abhängigkeit seiner Wunder-
Lehre von bestimmten kosmologischen Voraussetzungen hervor: diese
Lehre setzt die qualitative Verschiedenheit von Himmel und Erde vor-

---

[241] Moreh II 19 (148–161); 27; 28 (209 f.); 29 (224 ff.).   *

176   aus.[242] An diese Voraussetzungen bindet Maimuni den | Wunder-Begriff, um die Wunder-Behauptung als wissenschaftlich mögliche Behauptung aufrecht zu erhalten. So setzt er diesen Begriff der Kritik von einem fortgeschritteneren Stand der Natur-Kenntnis her aus.[243] Er definiert das Wunder als Veränderung der Natur, und er leugnet Veränderungen am immer Geschehenden. In dem Augenblick, da der Natur-Begriff sich so modifiziert, daß die Unterscheidung von Immer und In der Regel (Meistens) ihre Bedeutung verliert, ja schon in dem Augenblick, da die Unterscheidung zwischen Himmel und Erde ihre Bedeutung verliert, muß die Leugnung der Wunder am Himmel zur Leugnung der Wunder überhaupt werden. Wenn sich auf dem Weg von Maimuni zu Spinoza die Stellung zum Wunder verändert, so geschieht dies nicht erst zufolge der Veränderung der Stellung zur Offenbarung, sondern schon zufolge der Veränderung der Stellung zur Aristotelischen Physik. Es bedurfte nicht

---

[242] Es lohnt, die Interpretation, die Ps. 148,6 in dem gleichen Zusammenhang
176   bei Maimuni und bei Spinoza erfährt, unter diesem Ge|sichtspunkt zu vergleichen. Spinoza bezieht die Stelle auf die Ewigkeit und Unveränderlichkeit der Natur; Maimuni gebraucht ähnlich lautende Worte; wie sie gemeint sind, zeigen Ibn Esras und David Qimchis Kommentare zur Stelle, die unter denselben kosmologischen Voraussetzungen geschrieben sind wie Maimunis entsprechende Äußerungen. Ibn Esra: Sie verändern sich niemals, denn sie sind nicht aus den vier Elementen zusammengesetzt. Qimchi: Sie sind nicht wie diejenigen Geschöpfe, bei welchen die Individuen zugrunde gehen und die Art sich erhält, sondern ihre Individuen erhalten sich wie die Art. Als Subjekt des Unveränderlich-Seins betrachten diese Exegeten also – übrigens im strengen Anschluß an den Psalm – nicht die Natur, sondern den Himmel. So lehrt ferner Qoh 3, 14 nach Spinoza die Unmöglichkeit von Wundern, weil die Unveränderlichkeit der natürlichen Ordnung, nach Maimuni die ewige Dauer der einmal geschaffenen Welt; Maimuni fügt, wie um die Interpretation Spinozas auszuschließen, den Schluß des Verses hinzu, der eine Anspielung auf die Wunder enthalte (Moreh II 28 u. Tr. 81). Zu der von Spinoza l.c. im gleichen Sinn herangezogenen Stelle Qoh 1, 9, vgl. Ibn Esra zur Stelle, der die Unveränderlichkeit auch hier auf den Himmel und auf die Gattungen und Arten einschränkt. Ferner gehört hierher der Versuch Maimunis, das Josua-Wunder wegen der vorausgesetzten Unveränderlichkeit der Himmels-Vorgänge wegzuinterpretieren (Moreh II 35; ebenso Gerschuni zu Jos. 10, 12).
[243] Dies tut auch der in seiner Wunder-Lehre sonst viel radikalere Thomas Aqu., wenn er das Hiskia-Wunder (das Rückwärts-Laufen der Sonne) für ein größeres Wunder hält als die Teilung des Meeres oder die Toten-Erweckung (S. c. G. III 101). Soweit ich sehe, hat die neuere katholische Doktrin diesen Satz fallen lassen.

erst der modernen Natur-Wissenschaft, um die Skepsis gegenüber dem
Wunder hervorzurufen. Derselbe Grund, der Mai|muni zur grundsätz-   *177*
lichen Verwerfung der Kalâm-Philosophie veranlaßt, bestimmt ihn zur
Abschwächung und Einschränkung der Wunder-Behauptung: die Rücksicht auf die wirkliche Ordnung der Welt; derselbe Grund führt unter
der Voraussetzung des modernen Natur-Begriffs zur Wunder-Kritik
Spinozas.

Dem Wunder ist es wesentlich, daß es ohne menschliches Zutun am
Außer-Menschlichen für die Menschen, um der Menschen willen geschieht. Maimuni leugnet, daß der Zweck der Wunder die Beglaubigung
der Propheten sei; denn »wer auf Grund von Wundern glaubt, in dessen
Herzen bleibt Bedenken«; sondern die größten Wunder, die Moses, die
sich dem Wesen, nicht nur dem Grad nach von denen der übrigen
Propheten unterschieden, seien »gemäß der Not«, mit Rücksicht auf
Notlagen Israels geschehen.[244] Die Wunder-Behauptung schließt also
die allgemeinere Behauptung in sich, daß Gott sich um Menschen, um
das Ergehen von Menschen kümmere; Möglichkeits-Bedingung der
Wunder ist nicht nur die Schöpfung, sondern unmittelbarer die Vorsehung. Die jüdische Auffassung von der Vorsehung, von der Maimuni
ausgeht, besagt, daß alles, was dem Menschen an Gutem oder Schlim-
mem widerfährt, ihm gerechterweise, als Lohn oder als Strafe, widerfährt.[245] Dem nie aufhörenden, immer gleichen Vorsehungs-Zusammenhang sind die Wunder, die nur selten, nur in einigen Besonderheiten
geschehen, nicht andauern, eingeordnet; sie sind durch ihren Wunder-
Charakter von dem allgemeinen Vorsehungs-Zusammenhang unterschieden, aber sie setzen ihn voraus, weil sie voraussetzen, daß Gott sich
überhaupt um die Menschen kümmert, sie nicht dem Zufall überläßt.

Maimuni erklärt die Behauptung: jedem Menschen widerfährt das,
was er nach seinen Werken verdient, durch die nähere Bestimmung, daß
die göttliche Vorsehung der Emanation des göttlichen Intellekts folge,
daß gemäß der Teilhabe des menschlichen Intellekts am göttlichen der
Mensch an der Vorsehung teilhabe. Die Vorsehung wacht nicht in
gleicher Weise über alle Menschen; sie beschützt die Einzelnen je nach
ihrer Vollkommenheit, nach dem Grad ihrer Gottes-Erkenntnis und
Gottes-Liebe.[246] So wird der Lohn der Tugend zur Folge der Tugend, die

---

[244] Jesode hathorah VIII 1; Moreh II 35.
[245] Moreh III 17 (125).
[246] Moreh III 17 (130 u. 135); 18.

Strafe des Lasters zur Folge des Lasters. Maimuni löst die Schwierigkeit,
die bleibt, daß der | Gerechte leidet und der Schlechte im Glück lebt, in
seiner Interpretation des Buches Hiob auf: das Glück, um das es dem
Hiob geht, ist das Glück, das im Besitz der äußeren Güter (Reichtum,
Kinder, Gesundheit) besteht; darum leidet er: er leidet unter dem Verlust
dieser Güter; Hiob ist, wie aus der Schrift klar hervorgeht, vor der
Offenbarung am Schluß, durch die er zu wahrer Gottes-Erkenntnis
gelangt, nicht weise, sondern nur moralisch vollkommen. Der Gerechte
leidet – das heißt: der moralisch Vollkommene leidet unter dem Verlust
der äußeren Güter. Aber die moralische Vollkommenheit ist nicht die
eigentliche Vollkommenheit des Menschen; sie existiert nur im Zusammenleben, kraft des Zusammenlebens; sie macht daher nicht unerreichbar für äußere Widerfahrnisse. Dem Menschen ganz eigen ist die
Vollkommenheit der Erkenntnis, die sich in der Gottes-Erkenntnis
erfüllt, die das einzige Verlangen des Menschen sein kann und soll, sein
muß, um ihn unerreichbar für alle äußeren Widerfahrnisse zu machen.[247] Maimuni behauptet ausdrücklich, daß die Vorsehung über das
Wohlergehen der Frommen, über alle ihre Schritte wache; er ist weit
davon entfernt, zu behaupten, daß die höchste Vollkommenheit des
Menschen gleichgültig *sei* für sein äußeres Schicksal; aber er behauptet,
daß diese Vollkommenheit gegen das äußere Schicksal gleichgültig
mache. Wenn aber das *Interesse* an allem Äußeren abstirbt, dann auch
das Interesse an aller äußeren Hilfe, damit aber das Interesse am
Wunder.

Das einzige, jedes andere Interesse aufsaugende oder entwertende
Interesse des Menschen soll das Verlangen nach der Nähe Gottes sein. In
den »inneren Hof des Hauses Gottes« gelangt man nur durch wissenschaftliche Gottes-Erkenntnis, die ihrerseits auf der Physik fußt. So ist
also die Theorie nur ein Mittel, aber unerläßliches, wichtigstes, nächstes
Mittel, um die beatitudo zu erreichen. Die äußerste Grenze der Theorie
ist die Erkenntnis Gottes als des Schöpfers, die Erkenntnis der Unergründlichkeit Gottes aus der Unergründlichkeit des Erschaffenen. Die
Betrachtung des Erschaffenen führt nun unmittelbar zu einer Herabminderung des Interesses am Wunder, an der Beeinflussung der Welt-
Ordnung zugunsten des Menschen. Maimuni findet – nicht anders als
Spinoza –, daß angesichts der Winzigkeit des Menschen gegenüber dem
Universum der Anspruch des Menschen, der Zweck der Welt | zu sein,

---

[247] Moreh III 22; 23; 51; 54.

dahinfalle. So verstehen wir Maimunis Streben nach Abschwächung und Einschränkung der biblischen Wunder-Berichte: sein Geist, gewohnt, den freien Schöpfer-Willen Gottes in den großartigen, ewig gleichen Ordnungen des Welt-Ganzen anzuschauen, hatte kein spontanes Interesse an unmittelbaren Wirkungen Gottes von der Art der Wunder.

Das Verhältnis der Schöpfungs-Behauptung zur Wunder-Behauptung wird beleuchtet durch folgende aufklärerische Argumentation[248]: die Welt ist, als von Gott erschaffen, vollkommen; die vollkommene Welt würde durch Veränderungen ihrer Ordnung, durch Wunder, notwendig unvollkommener; dies kann Gott aber nicht wollen. So wird aus der Erschaffenheit der Welt die Unmöglichkeit des Wunders gefolgert. Aber mit der Erschaffenheit ist die Möglichkeit des Wunders zweifellos gesetzt; wird die Möglichkeit des Wunders geleugnet, dann auch die Erschaffenheit der Welt. Die Argumentation gegen die Möglichkeit des Wunders von der Schöpfungs-Behauptung aus ist also formal nicht haltbar. Maimuni schreibt dem Verfasser des Prediger-Buchs keinen Widerspruch zu, wenn er in einem und demselben Vers dieses Buches (3, 14) die Leugnung von Veränderungen der Welt-Ordnung – der Zweck jeder Veränderung wäre die Vervollkommnung, die Welt ist aber vollkommen, weil erschaffen – und eine Rechtfertigung der Wunder findet.[249] Daß hier kein Widerspruch vorliegt, wird deutlich, wenn die Interpretation Maimunis sinngemäß ausgeführt wird: die Welt wird nicht, auch im Kleinsten nicht, darum verändert, weil sie unvollkommen wäre; denn die Welt ist vollkommen, weil erschaffen; Gott verändert die Natur nicht um der Natur willen,[250] sondern um der Menschen willen.[251] Damit ist aber gesagt: von der Schöpfungs-Behauptung, mit der formal freilich die Möglichkeit des Wunders gesetzt ist, von dieser Behauptung als einer theoretischen, in der | Analyse der Welt begründeten Behauptung, führt unmittelbar kein Weg zur Wunder-Behaup-

180

---

[248] Die Argumentation findet sich angedeutet bei Spinoza Tr. 69, ausgeführt bei   *
Voltaire, Dictionnaire philosophique portatif, art. »Miracle.«
[249] Moreh II 28 (209 f.).
[250] Was die erwähnte aufklärerische Argumentation voraussetzt; cf. Spinoza: alias enim (sc. mit der Wunder-Behauptung), quid aliud statuitur, quam quod Deus naturam adeo impotentem creaverit, ejusque leges et regulas adeo steriles statuerit, ut saepe de novo ei subvenire cogatur, si eam conservatam vult, . . . (Tr. 69).
[251] Nach Maimuni sind die Wunder gemeint mit den Worten in Qoh 3, 14: »und Gott hat es gemacht, damit man ihn fürchte«.

tung, zur Behauptung wirklicher Wunder; geradezu versperrt die der Schöpfungs-Behauptung, als einer theoretischen Behauptung, immanente Tendenz, wenn sie ihrem eigenen Sinn nach radikalisiert wird, den Weg zur Wunder-Behauptung. Der Theoretiker, der in der Betrachtung des Welt-Ganzen sein Ziel oder die letzte Etappe vor seinem Ziel sieht, verwirft den Anspruch des Menschen, der Zweck der Welt zu sein, als unsinnig; er kann nicht wollen, daß um der Menschen willen in das natürliche Geschehen eingegriffen werde; es erscheint ihm kleinlich, das Interesse »nur« des Menschen gegenüber dem Universum zu behaupten; so verliert das Interesse am Wunder seinen Boden. Der als Schluß unhaltbare Schluß von der Schöpfung aus gegen das Wunder hat seinen Grund in dem wirklichen Gegensatz der Interessen, die der theoretischen Schöpfungs-Behauptung einerseits, der Wunder-Behauptung andererseits zugrunde liegen.

Die Wunder-Behauptung wird dadurch nicht widerlegt, daß das Interesse am Wunder abstirbt. Zur Widerlegung der Wunder-Behauptung bedarf es der Widerlegung der Schöpfungs-Behauptung. Für Spinoza folgt diese Widerlegung aus seinem System. Früher als das System, als die im System begründete metaphysische Kritik ist die positive Kritik, die auf der Ebene der von Maimuni versuchten Begründung verbleibt. Die positive Kritik hat nicht die Möglichkeit, die Schöpfungs-Behauptung zu widerlegen; sie prüft nur die Begründung dieser Behauptung; aber indem sie die Begründung zu leicht befindet, gewinnt sie das Recht, die ihr als wissenschaftliche Behauptung entgegengestellte Schöpfungs-Behauptung als unbegründete Behauptung, als voreilige Hypothese zu verwerfen. Diese Kritik ist wissenschaftliche Kritik, grundsätzlich nicht fragwürdig, weil die kritisierte Behauptung wissenschaftlich begründete Behauptung sein will. –

c) Die Grenze dieser Kritik

Spinoza kann in seiner Auseinandersetzung mit Maimuni auf seinem Boden, auf dem Boden der Wissenschaft, kämpfen; er braucht diesen Boden selbst nicht erst zu erobern. Ist aber die Kritik Spinozas an Maimuni in Wahrheit gar nicht Religions-Kritik, sondern philosophische Kritik an der scholastischen Philosophie, so erscheint die Kennzeichnung der Religions-Kritik, die sich an Spinozas Maimuni-Kritik orientiert, als grundsätzlich verfehlt. Daran ändert die Tatsache nichts, daß Maimuni auf dem Boden der Wissenschaft seine Position nicht von

unten auf begründet, sondern seine vor|gegebene Position nur verteidigt;   *181*
denn die Vor-Gegebenheit kann als Schon-Begründetheit verstanden und
die vorausgesetzte Begründung als wissenschaftliche Begründung, als
historischer Beweis für die Offenbarung auseinandergelegt werden. Nun
glaubten wir freilich annehmen zu dürfen, daß die Schon-Begründetheit
einen radikaleren Sinn hat; aber dieser radikalere Sinn wird von Maimuni selbst nicht aufgeklärt.

Die im theologisch-politischen Traktat ausgeführte Kritik richtet sich
weniger gegen die »dogmatische« Position Maimunis als gegen die
»skeptische« Position der Orthodoxie, und zwar weniger gegen die
jüdische als gegen die christlich-reformierte Orthodoxie. Diese Orthodoxie versteht die Schon-Begründetheit ihrer Position mittels der Lehre
vom »inneren Zeugnis des heiligen Geistes«. Untersucht man Spinozas
Kritik an dieser Lehre, so zeigt sich, daß diese Kritik formal auf einer
petitio principii beruht. Dennoch hat die Kritik Spinozas an der Orthodoxie große Möglichkeiten, nicht nur als defensive Kritik an den
wissenschaftlichen Begründungen der orthodoxen Position, sondern
auch als aggressive Kritik von den Konsequenzen der orthodoxen
Position her. Das grundsätzliche Recht dieser Kritik darf trotz ihrer
formalen Anfechtbarkeit vorausgesetzt werden, weil auch dieser Gegner
das Recht der Wissenschaft grundsätzlich anerkennt. Eben darum aber
konnte die eigentliche Problematik der Religions-Kritik Spinozas bisher
noch nicht hervortreten. Diese Problematik wird erst dann sichtbar,
wenn die radikale Religions-Kritik vor eine gläubige Position von
vergleichbarer Radikalität gebracht wird. Als solche haben wir die
Position *Calvins* anzusehen. Spinoza hat diese Position höchstwahr-
scheinlich unmittelbar gekannt;[252] jedenfalls ist sie, als die Grundlage
der von ihm bekämpften orthodoxen Position, das durch die Situation
vorgezeichnete Ziel der Kritik. |

---

[252] Eine spanische Übersetzung von Calvins Institutio Christianae Religionis
befand sich in Spinozas Bibliothek (s. Freudenthal Lebensgeschichte 160).

C

Die Kritik an Calvin

1. Die Position Calvins unerreichbar für Spinozas Kritik

Calvins theologisches Hauptwerk beginnt mit einer Auseinandersetzung darüber, was Gott-Erkennen sei. Dabei wird der Inhalt der Gottes-Erkenntnis, fürs erste: Gott der Schöpfer, Erhalter und Lenker der Welt, der allmächtige Herr, gerechte Richter und barmherzige Vater der Menschen, die biblische Gottes-Vorstellung also, gar nicht zur Diskussion gestellt, sondern als wahr vorausgesetzt. Die Kenntnis des so verstandenen Gottes sei dem Menschen-Herzen eingepflanzt, und außerdem leuchte sie dem Menschen aus dem Welt-Gebäude und dessen beständiger Leitung entgegen. Wenn die Menschen diese Gottes-Vorstellung zurückweisen, so ist dies, wie vor allem die »schändliche Mannigfaltigkeit der Philosophien«, für Calvin ein Zeichen dafür, daß die natürliche Gottes-Erkenntnis leicht verdunkelt werden kann, daß die menschliche Erkenntnis *nicht zureicht*, um den wahren Gott zu erkennen. Der Mensch bedarf demnach einer besseren Stütze als des natürlichen Lichts: des Wortes Gottes, als des Zeugnisses Gottes über sich selbst, das in der Heiligen Schrift Alten und Neuen Testaments dargeboten wird. Von der Autorität der Heiligen Schrift überzeugt den Menschen das innere Zeugnis des heiligen Geistes. Der nämliche Geist, der durch den Mund der Propheten gesprochen hat, besiegelt, in uns wirkend, die Wahrheit der Schrift. Vom Geist erleuchtet, glauben wir, von Gott sei die Schrift, mit einem Glauben, der jeden Beweis überflüssig macht, ja der nicht durch Beweise gestützt werden kann, wenn anders die göttliche Autorität nicht auf menschliches Zeugnis gestützt werden darf – wiewohl auch menschliche Überlegungen sehr geeignete Stützen sind, um zu beweisen, daß die Heilige Schrift alle Bücher der Welt überragt. Die lebendige Einheit von Schrift und Geist überzeugt nun von der Wahrheit jener, von Spinoza bekämpften, Gottes-Vorstellung (Inst. I 3–8).

Calvin läßt es nicht dabei bewenden, daß der menschliche Verstand zur Erkenntnis des wahren Gottes unzulänglich sei und darum der Leitung durch Offenbarung bedürfe; er bleibt mit seiner Skepsis | nicht *183* auf dem Boden der Theorie. Das Recht der Theorie als solcher wird von ihm bestritten. Er lehnt es ab, zu untersuchen: quid sit Deus; und zwar nicht, gleich Maimuni, gleich Thomas, darum, weil die Erkenntnis der essentia Dei die Fähigkeit des menschlichen Verstandes überschreitet, sondern darum, weil solche »kalten Spekulationen« dem Menschen *nicht frommen.* Es gibt Wichtigeres; es gibt nur Eines, was not tut. Kenntnis Gottes ist nicht das Wissen, durch das wir erfassen, daß es irgend einen Gott gibt, sondern das Wissen, das der Ehre Gottes dient. Gottes-Erkenntnis ist nicht da, wo keine Frömmigkeit ist. Daß eine Gottes-Erkenntnis nichts wert sei, die sich mit bloßen Einsichten begnügt, die nicht in radikaler Bestimmtheit des Lebens durch Gott besteht, ja daß es eine solche Erkenntnis in Wahrheit gar nicht geben könne, davon ist auch Spinoza überzeugt. Aber die radikale Bestimmtheit des Lebens durch Gott im Sinn des amor Dei intellectualis gründet in Theorie, indes die pietas im Sinn Calvins, Calvins Theologie selbst, jeder theoretischen Begründung enträt, entraten will. Calvin will über Gott nichts aussagen, was nicht dazu dient, daß wir lernen, an Gott zu hangen, Gott zu fürchten, Gott zu vertrauen, Gott zu gehorchen. Die Auffassung von Frömmigkeit, die sich in dieser Zweck-Bestimmung der Theologie ausspricht, setzt eine bestimmte Gottes-Vorstellung voraus: wie könnte man dem Deus Spinozas gehorchen und vertrauen! Andererseits entscheidet darüber, was über Gott zu denken, zu sagen, zu lehren ist, die Funktion dieser Gedanken, Reden, Lehren für die Frömmigkeit, die *utilitas* derselben. Es wird nicht zugegeben, daß zuerst einmal festzustellen sei: was Gott ist, zum mindesten: wie Gott sich zum Menschen verhält, was er vom Menschen fordert; zuerst – das heißt: vor dem Vollzug des frommen Lebens; sondern, wie das gesamte Leben des Menschen, so wird auch die Theorie von vornherein als Ganzes unter das Urteil Gottes, unter die Frage: ob sie Gott gehorche, gestellt. Die voraussetzungslose, vorurteilslose Theorie, die zuerst prüfen, mit Vorsicht und Verdacht prüfen will, wird als in Wahrheit höchst voraussetzungsvoll erkannt: sie setzt an die Stelle der Gottes-Furcht, die der Weisheit Anfang ist, den Ungehorsam. Denn Gott hat dem Menschen in der Heiligen Schrift alles das offenbart, dessen er zu seiner Frömmigkeit bedarf: non longa nec laboriosa demonstratione opus esse ad eruenda, quae illustrandae asserendaeque divinae maiestati serviunt, testimonia (Inst. I 5, 9). Es ist freche Neugier, Ungehorsam, Undankbarkeit, Trotz, Blindheit, jedenfalls: *Schuld*, | wenn der Mensch sich um die Offenbarung nicht kümmert, wenn er mit seinem eigenen Urteil die Selbst-Bezeugung Gottes zu richten sich vermißt (I, 5, 15; 6, 2).

Erste Voraussetzung der Religions-Kritik Spinozas ist, daß er sich in jedem Fall bei dem beruhigt, was ihm der Verstand zeigt, ohne jeden Verdacht, daß er sich dabei getäuscht habe (ep. 21). Allen konkreten Einwänden gegen die Lehren der Offenbarungs-Religion liegt das Vertrauen zu der eigenen Überlegung, der Glaube an den Menschen und an die Vernunft als an seine allerhöchste Kraft, die Fähigkeit und Bereitschaft, sich bei den Kräften des Menschen zu beruhigen, als oberste Bedingung vorauf.[253] Gegen diese Bereitschaft wendet sich die radikale Kritik Calvins. Korrelativ zur Gottes-Erkenntnis verhält sich die Selbst-Erkenntnis des Menschen; die eine ist nicht möglich ohne die andere. Das typische Hindernis für die Selbst-Erkenntnis ist die Neigung des Menschen, sich selbst zu schmeicheln, seine mehr als blinde Selbst-Liebe, die ihn allzu leicht überredet, in ihm sei nichts, was verdiente, gehaßt zu werden. Aus dieser natürlichen Neigung stammt die Überzeugung des größten Teils der Menschen: hominem sibi abunde sufficere ad bene beateque vivendum (Inst. II, 1, 2). Die Menschen neigen dazu, sich bei ihren Gaben zu beruhigen, in sich selbst auszuruhen, mit sich zufrieden zu sein; mit sich zufrieden sein kann aber nur der Mensch, der sich selbst nicht kennt, dessen Gewissen nicht geschärft genug ist, der nicht, durch den Hinblick auf Gottes Majestät in seinem Gewissen erschüttert, in äußerster Verwirrung am Boden liegt (I 1; II 1). Die Unfähigkeit und Unbereitschaft zu radikaler Erschütterung des Gewissens erkennt Calvin auf dem Grunde des Selbstvertrauens, des Glaubens an die Suffizienz des Menschen, der die Voraussetzung für die Uninteressiertheit an Offenbarung ist.

Spinoza beruft sich für seine Theologie auf das »natürliche Licht«, wie Calvin sich für seine Theologie auf die durch das »innere Zeugnis des heiligen Geistes« verbürgte und erschlossene Schrift beruft. Der

---

[253] Si enim in ipsa (sc. Scriptura) inveniremus aliquid, quod lumini naturali esset contrarium, eadem *libertate*, qua Alcoranum et Thalmud refellimus, illam refellere possemus. Cog. met. II c. 8 § 5.

Gegensatz wird nicht dadurch überbrückt, daß doch auch Calvin durch die Tat das natürliche Licht anerkennt; denn – ganz abgesehen davon, daß im Sinn Spinozas die Wissenschaft sich erst durch den Bruch mit den Erfassungs-Weisen, die dem alltäglichen | Leben eigentümlich sind, kon- 185 stituiert – der Gegensatz zwischen Glauben und Unglauben bleibt in der Verwendung der Vernunft durch Glauben und Unglauben erhalten; die gläubige Verwendung der Vernunft ist von der ungläubigen durch dieselbe Kluft getrennt, die Glauben und Unglauben überhaupt trennt. Überhaupt ist es eine petitio principii, wenn der Kritiker davon ausgeht, daß er die Lehren von Menschen kritisiere, daß das ihm mit dem Gegner gemeinsame Mensch-Sein, das »allen Menschen Gemeinsame« der einzig mögliche Boden der Kritik sei.[254] Erst recht kann der Kritiker sich nicht auf die Schrift berufen; denn die Schrift darf von der Gnaden-Wirkung des »heiligen Geistes«, ohne die es kein echtes Verständnis der Schrift gibt, nicht losgerissen werden;[255] das Schrift-Prinzip Spinozas setzt aber diesen Losriß voraus.

Ohne die Möglichkeit, sich zu verständigen oder auch nur zu dulden, stehen sich die Positionen Calvins und Spinozas gegenüber. Diese Positionen sind nicht Verteidigungs-Stellungen, die zwar kraft eines fundamentalen Zirkels unangreifbar, aber eben darum zum Angriff untüchtig wären; sondern der leidenschaftliche Glaube an das Recht und die Wahrheit seiner Sache zwingt jeden der beiden Gegner, wie dies nicht anders sein kann, zum Angriff: der gegnerischen Position wird *jedes* Recht bestritten. Noch beruhigt man sich nicht bei der säuberlichen Scheidung von Religion und Theorie; sondern auf der einen Ebene der einen, ewigen Wahrheit kämpfen Offenbarungs-Religion und Theorie den Kampf auf Leben und Tod.

Als die zentrale religions-kritische Leistung Spinozas zeichneten wir die Kritik an der Erkennbarkeit des Wunders aus. Die Grenze dieser Kritik tritt hervor angesichts der Wunder-Lehre Calvins. Spinoza erreicht tatsächlich nur die scholastische Wunder-Lehre, welche die Wunder von dem natürlichen Geschehen grundsätzlich unterscheidet, damit den seinem Ursprung nach theoretischen Natur-Begriff voraussetzt. Calvin jedoch begreift vom Wunder her das sogenannte Natürliche   *

---

[254] Sed quia eos retinet aliquis pudor ne suas blasphemias audeant in caelum evomere, quo liberius insaniant, se *nobiscum litigare fingunt* (Inst. I 17, 2).
[255] Mortua est igitur litera, et suos lectores necat lex Domini, ubi et a Christi gratia divellitur, et intacto corde, auribus tantum insonat. Inst. I 9.

selbst als Wunder. Zwar leugnet er nicht, daß den verschiedenen Dingen je ein eigentümliches Sein schöpfungsmäßig eingelegt ist; aber nur um so strenger hält er daran | fest, daß sie darum nicht minder Werkzeuge sind, mit denen Gott nach Gutdünken schaltet. Das sogenannte wunderbare Wirken Gottes ist nicht wunderbarer, nicht unmittelbarer als sein gewöhnliches Wirken: Quum Jonam voluit in mare proiici, ventum turbini excitando emisit. Dicent qui non putant Deum mundi gubernacula tenere, hoc fuisse praeter communem usum. Atqui inde colligo, nullum umquam ventum oriri vel surgere, nisi speciali iussu Dei.[256] So wird nun freilich die Sonder-Stellung des Wunders aufgehoben, der Unterschied zwischen Wunder und Natur auf den Unterschied zwischen ungewöhnlichem und gewöhnlichem, unvertrautem und vertrautem Wirken Gottes zurückgeführt und dadurch nivelliert; aber es ist auch nicht der geringste Verdacht erlaubt, als ob es sich hier um eine Einschränkung oder Abschwächung mit Rücksicht auf theoretische Schwierigkeiten handle; denn solche Schwierigkeit *kann* es für Calvin gar nicht geben. Seine großartig unbedenkliche Wunder-Lehre, die nichts anderes ist als seine Vorsehungs-Lehre, ist keine theoretische Behauptung; ihr ist es wesentlich, daß sie aus »fleischlicher« Gesinnung gar nicht verstanden werden kann, – und aus »fleischlicher« Gesinnung stammen die theoretisch gemeinten Vorsehungs-Lehren. Sie ist nur auf Grund des Glaubens verständlich, und auf Grund des Glaubens ist sie notwendig; sie ist wahr, da sie der Ehre Gottes gerecht wird und, damit zugleich, dem sie bedenkenden Menschen aus ihr »die beste und süßeste Frucht« erwächst.[257] Die so zu verstehende Wahrheit – wahr ist, was Gott von sich selbst in seinem Wort bezeugt, was Gottes Ehre dient, was dem Menschen Frucht bringt – duldet nicht eine andere Wahrheit neben sich (eine theoretische neben der religiösen).[258] *Jede* andere Betrachtung der Welt wird als »fleischlich« verworfen; jede aus »fleischlicher« Welt-Betrachtung erwachsene Kritik von vornherein bedeutungslos. |

---

[256] Inst. I 16, 7; unter den biblischen Beleg-Stellen, die Calvin verwendet, befindet sich auch, ebenso wie bei Spinoza Tr. 75 in demselben Zusammenhang, Ps. 104, 4.

[257] Inst. I 16, 3; 17, 6.

[258] Wenn Calvin (Inst. I 17, 6) dem christlichen Herzen die Möglichkeit einräumt, neben der Beziehung aller Dinge auf die Vorsehung auch die unteren Ursachen an ihrem Ort anzuschauen, so ist damit natürlich nicht eine relative Anerkennung der Physik gemeint, sondern, wie aus I 17, 9 hervorgeht, die Mahnung, nicht nur Gott, sondern auch den Menschen *dankbar* zu sein.

Ist so die (mit der Vorsehungs-Behauptung identische) Wunder-   *187*
Behauptung im Glauben begründet, nur aus dem Glauben verständlich,
so kann der Glaube selbst nicht auf Wunder begründet sein. Die geist-
gewirkte Gewißheit über die Autorität der Schrift bedarf keiner menschlichen Überlegung zur Stütze; und der Beweis aus Wundern ist ein
Beweis auf Grund menschlicher Überlegung! Er hat Wert überhaupt nur
auf Grund der geistgewirkten Gewißheit; auf Grund dieser Gewißheit ist
er allerdings eine »sehr geeignete Stütze«. Jedenfalls steht gerade
deshalb, weil der Glaube nicht auf Wunder, sondern umgekehrt die
Wunder-Behauptung auf dem Glauben begründet ist, und der Glaubens-
Gehorsam alle theoretischen Bedenken von vornherein, als aus fleischlicher Gesinnung, aus Ungehorsam stammend, entwertet, unerschütter-
lich fest: Gott kann in schrankenloser Freiheit und Macht die von ihm
geschaffenen Dinge als Werkzeuge verwenden, wie er will; er konnte vor
der Erschaffung der Sonne – also ohne das scheinbar notwendige
Sonnen-Licht – die Pflanzen gedeihen lassen; er konnte auf Josuas Bitte
hin die Sonne stillstehen lassen.[259]

Der Streit, der im 17. und 18. Jahrhundert um die Wunder geführt
wird, setzt die klare und deutliche Unterscheidung zwischen Wunder
und Natur voraus. Daraus folgt, daß die Wunder-Kritik insbesondere
Spinozas den Wunder-Begriff Calvins gar nicht erreicht. Denn nach der
Lehre Calvins sind die Wunder nicht hinsichtlich ihres Seins und Ge-
wirkt-Werdens von dem natürlichen Geschehen unterschieden, sind sie
nicht mehr, eigentlicher, unmittelbarer Werke Gottes als die Natur. Sogar
hinsichtlich des menschlichen Erkennens, der Klarheit und Deutlichkeit,
in der sie das Wirken Gottes bezeugen, sind die Wunder von nicht-
wunderbarem Geschehen nicht unterschieden. Unmittelbar nach der
angeführten Interpretation des Josua-Wunders sagt Calvin: Nihil magis
naturale est quam ver hiemi, veri aestatem, aestati autumnum vicissim
succedere. Atqui in hac serie tanta perspicitur ac tam *inaequalis diver-*   *
sitas, ut facile appareat singulos annos, menses et dies nova et speciali
Dei providentia temperari (Inst. I 16, 2). Also: das Wirken Gottes zeigt
sich unverhüllt, unzweideutig nicht nur in den Wundern, sondern
überhaupt in jeder offenbaren Ungleichheit, Unregelmäßigkeit, Unstetigkeit, welche an der offenbaren Ordnung hervortritt, an ihr sich
abhebt. |

Gottes Wirken ist leichter zu erkennen vom Unstetigen her als vom   *188*

---

[259] Inst. I 8, 1; 16, 2.

Stetigen her. Wir stoßen hier wieder auf den radikalen Gegensatz der Orientierung, der uns zuerst, von der anderen Seite her gesehen, bei Lukrez[260] entgegentrat, den wir dann an der gegensätzlichen Verwendung des Atomismus im Epikureertum und im Kalâm[261] beobachten konnten. Unter Berufung auf die offenbare Ordnung der Welt bekämpfen die Epikureer die Erzählung von wirkenden Göttern; aber weil auch Unregelmäßigkeit, Unstetigkeit, Unordnung in dem zunächst Gegebenen offenbar ist, können die Epikureer zu ihrem Ziel nur dadurch gelangen, daß sie die offenbaren Unstetigkeiten auf unoffenbare Stetigkeiten zurückführen; sie müssen sich um ihres Zieles willen von der offenbaren Ordnung entfernen; sie erheben jedoch den Anspruch, daß sie sich im Sinn der offenbaren *Ordnung* von der *offenbaren* Ordnung entfernen; sie stützen sich zuerst auf die offenbare Ordnung. Demgegenüber bemerken wir bei Calvin das Vorherrschen der Orientierung an der offenbaren »inaequalis diversitas«, welche das momentane Wirken des lebendigen Gottes unverhüllter bezeugt als die nicht weniger offenbare Ordnung und Regelmäßigkeit.

Es handelt sich bei dem in Rede stehenden Gegensatz nicht um den Gegensatz zwischen einer »rationalistischen« und einer »irrationalistischen« *Philosophie*, sondern um den Gegensatz zwischen ungläubiger und gläubiger Weise, die Welt zu erfahren. Dafür spricht, daß Calvin seine Lehre vom Wirken Gottes grundsätzlich nicht als theoretische Behauptung, sondern als Aussage des Glaubens meint. Dagegen scheint zu sprechen, daß der gläubige Jude Maimuni sich wider den Kalâm auf die offenbare Ordnung der Welt beruft. Diese Berufung richtet sich jedoch vorzüglich wider die bestimmte Doktrin, mittels deren der Kalâm sich von der offenbaren Ordnung entfernt, die offenbare Ordnung in absurder Weise leugnet; nicht aber wider die Intention des Kalâm. Maimuni hat dasselbe Beweis-Ziel wie der Kalâm: die Schöpfung der Welt durch den souverän wollenden Gott; den stärksten Beweis dafür, daß Gott als Wille wirkt, sieht auch er in der offenbaren »inaequalis diversitas«, | er insbesondere in der offenbaren Verschiedenheit der

---

[260] Auch Lukrez erwähnt den Wechsel der Jahreszeiten zum Beweis für seine zentrale Behauptung; er beruft sich natürlich nur auf die offenbare Regelmäßigkeit der Jahreszeiten und ihrer Hervorbringungen (I 168 ff.). Vgl. o. S. 10 f., 105 f. und 132.

[261] Über die Verwandtschaft zwischen den Positionen des Kalâm und Calvins vgl. Guttmann, l. c. 10 f. und 16.

Sphären-Bewegungen.[262] Dieser Beweis ist in seinem eigentlichen Sinn nicht als wissenschaftliche Begründung zu verstehen. Darauf deutet schon Maimunis ausdrückliche Erklärung hin, daß dieser Beweis nur ein Wahrscheinlichkeits-Beweis sei; es wird klarer, wenn man die Position Maimunis in ihrer Totalität berücksichtigt: Maimunis Wissenschaft dient dem Zweck, die vorgegebene, durch Überlieferung übermittelte, ursprünglich offenbarte Lehre zu verteidigen; die Orientierung an der Offenbarung ist in ihrer Wurzel aber nicht bloß Orientierung an einer durch historischen Beweis sichergestellten Tatsache. Der positive Sinn, den die Vor-Gegebenheit der Offenbarung hat, wird von Maimuni nicht aufgeklärt; in dieser Hinsicht besteht eine wesentliche Differenz zwischen Maimuni und Calvin. Die Differenzen zwischen diesen beiden offenbarungs-religiösen Positionen, gegen welche sich Spinozas Kritik wendet, müssen berücksichtigt werden, wenn diese Kritik verstanden werden soll; die Rücksicht auf diese Differenzen muß aber geleitet sein durch den Vor-Blick auf die fundamentale Gemeinsamkeit, angesichts deren der fundamentale Sinn der Religions-Kritik allererst hervortritt. Diese Gemeinsamkeit erschließt sich uns, wenn wir Spinozas kritischem, auf die Offenbarungs-Religion gerichteten Blick folgen, wenn wir mit Spinoza mitsehen. Er sieht das Kennzeichen der biblischen Vorsehungs-Lehre darin, daß sie »nur aus dem *unähnlichen* Stand der menschlichen Verhältnisse und dem *ungleichen* Geschick der Menschen Gottes Vorsehung« erkennen lasse (Tr. 74). Von dieser Kennzeichnung aus ist klar zu bestimmen, worin die Positionen Maimunis und Calvins übereinstimmen und worin sie sich unterscheiden; diese Kennzeichnung meint zweierlei: 1. die Religion orientiert sich vorzüglich an dem Menschen und seinem Schicksal, sie intendiert nur, was dem Menschen nützt; sie orientiert sich nicht, wie die Wissenschaft, an der Ordnung der ganzen Natur (cf. Tr. 185); in der Verwerfung des anthropozentrischen Aspekts zugunsten des kosmozentrischen stimmt Spinoza mit Maimuni überein; diese Verwerfung ist gegeben mit der grundsätzlichen Anerkennung der Theorie, vielmehr derjenigen Theorie, welche für Maimuni und Spinoza mit der Theorie schlechthin identisch ist; in der entgegengesetzten Stellung zur Theorie haben alle weiteren Differenzen zwischen Maimuni und Calvin ihre Wurzel; 2. die Religion orientiert sich vorzüglich nicht an dem Identischen, | Gleichen, Ähnlichen, sondern am Ungleichen und Unähnlichen; in dieser Orientierung stimmen Maimuni und Calvin

*

190

---

[262] Moreh II 19 (147; 161 ff.).

überein, so, daß in ihr ein Merkmal der von Spinoza bekämpften Offenbarungs-Religion überhaupt gesehen werden darf.

2. Die Illusion der Kritik

Calvin behauptet nicht, daß er aus der »inaequalis diversitas« die Vorsehung Gottes dem Ungläubigen beweisen könne; er sagt nur, daß er kraft seines Glaubens sich vorzüglich am Rätselhaften des Welt-Laufs orientiert, daß er kraft seines Glaubens in der Rätselhaftigkeit des Welt-Laufs ein stärkeres, fruchtbareres Zeugnis für das Wirken des lebendigen Gottes erkennt als in der Regelmäßigkeit und Übersichtlichkeit des Welt-Laufs.[263] So ist also auch durch Erklärung etwa der Unregelmäßigkeiten der Jahreszeiten, durch Zurückführung des Verschiedenen auf Identisches, des Ungleichen auf Gleiches die Position Calvins nicht zu widerlegen. Diese Position ist für Spinoza unangreifbar zufolge ihrer letzten Voraussetzung, zufolge der grundsätzlichen Verwerfung der Theorie. – Leugnet man nun aber das Vorhanden-Sein eines der Offenbarungs-Religion und der Philosophie Spinozas gemeinsamen Bodens, auf dem sich die Kritik Spinozas vollziehen könnte, stellt man damit den Sinn der Religions-Kritik Spinozas überhaupt in Frage, so muß man die Illusion, die sich Spinoza über seine Kritik macht, verständlich machen. Durch die Aufklärung der Bedingungen dieser Illusion wird der ursprüngliche Gegensatz zwischen Spinoza und Calvin deutlicher werden.

Spinoza hatte nicht das Bewußtsein, daß er sich gegen Gott auflehnte, indem er über Gott nach dem Spruch seiner Vernunft urteilte. Das im Gegensatz zu der angeblichen Offenbarung sogenannte eigene Urteil, der Spruch der Vernunft, ist identisch mit der unmittelbaren Selbst-Mitteilung Gottes, die aller mittelbaren Offenbarung – gesetzt, diese wäre überhaupt möglich – weit überlegen ist: Gottes Offenbarung

---

[263] Exclamat David infantes adhuc pendentes a matrum uberibus satis facundos esse ad celebrandam Dei gloriam: quia scilicet statim ab utero egressi, coelesti cura paratam sibi alimoniam inveniunt. Est quidem hoc verum in genere, modo ne oculos et sensus nostros fugiat quod palam experientia demonstrat, aliis matribus plenas esse mammas et uberes, aliis fere aridas, prout liberalius hunc Deus alere vult, parcius vero alium. Inst. I 16, 3.

mittels des natürlichen Lichts ist in sich suffizient, klar, unanzweifelbar, allen Menschen gemeinsam, in jeder Hinsicht unübertreffbar. Die offenbarungs-gläubigen Gegner haben| diese, die allein mögliche Selbst-Mitteilung Gottes, sein in uns redendes Wort nie erfahren.[264] Die Behauptung, der menschliche Verstand sei insuffizient zur vollkommenen Theorie, darum sei Vorsicht und Verdacht ihm gegenüber geboten, wird als skeptisch verworfen (Tr. 166). Die Skepsis aber ist nichts anderes als der Kleinmut des Verstandes. Der Kleinmut (abiectio) ist seinerseits eine Steigerung der Demut (humilitas) und mit dieser nahe verwandt; Spinoza verwirft beide Affekte als Formen der Traurigkeit. Der Demut stellt er entgegen die Ruhe in sich selbst als die Freude, die daraus entsteht, daß der Mensch sich selbst und seine Macht zu handeln betrachtet.[265] Spinoza fühlt sich sicher gegenüber dem hier sich aufdrängenden Einwand: er gebe nicht Gott, sondern dem Menschen die Ehre; er räume dem Menschen die Möglichkeit ein, aus eigenen Kräften gerecht zu werden, und lasse so einen Zwang auf Gott seitens des Menschen zu. In seinem Glauben, daß er mit der eigentlichen Lehre der Offenbarungs-Religion in Einklang sei, konnte ihn nichts mehr bestärken als die Tatsache, daß er sich von seinen eigenen Voraussetzungen aus zu der den freieren Geistern am meisten verhaßten Lehre: dem Dogma der Prädestination in seiner schroffsten und härtesten Form hingezwungen sah. Er hatte kein Interesse an der infralapsarischen Milderung des decretum horribile; die Einwendungen der Arminianer gingen ihn nichts an. Alles, was der Mensch tut, was er aus den sogenannten eigenen Kräften tut, tut die durch des Menschen Kräfte wirkende Kraft Gottes. Von Gottes Beschluß, nicht von des Menschen Werken hängt des Menschen Gerechtigkeit und Ungerechtigkeit ab. Gott erbarmt sich, wessen er will, und verhärtet, wen er will; die Menschen sind in der Hand Gottes, wie der Lehm in der Hand des Töpfers, der aus derselben Masse ein Gefäß macht zu Ehren und das andere zu Unehren.[266] Spinoza mochte glauben, daß er noch viel weniger als Calvin (und Paulus) Gott von den Werken des Menschen abhängig mache. Ist doch nach seiner Lehre die Erwählung und Verdammnis völlig unabhängig von dem Verdienst und der Schuld des Menschen. Calvin sieht den offenbaren, »uns näheren« Grund für die

---

[264] ep. 73; ep. 76; Tr. 1 ff.; 6 f.; 144; 172.
[265] Eth. III aff. deff. 25, 26, 28, 29.
[266] Cog. met. II 8 § 3; Tr. 51; Tr. adnot. 34; Tr. pol. II 22; ep. 75.

Verdammnis in der verderbten Natur des Menschengeschlechts; auf ihn allein sei zu achten; er fordert, daß man absehe von dem verborgenen und ganz unbegreiflichen Grund in Gottes Willen (Inst. III 23, 8). Spinoza | muß darin, daß der Mensch nun doch, wenn auch nur in *einer* Hinsicht, zum Urheber seiner Verdammnis gemacht wird, eine Inkonsequenz, eine Willkür sehen. Er *muß* glauben, daß er der konsequente Vollender der Prädestinations-Lehre ist, daß erst er die Werkgerechtigkeit radikal ausrottet. Nach seiner Lehre ist alles ausschließlich in jeder Hinsicht von Gott bestimmt, während der Gegner dem Menschen zwar nur die Fähigkeit zum Bösen zuerkennt, aber eben damit Menschen-Werk als wesentlichen Grund anerkennt. So wird es verständlich, wie Spinoza in der Liebe zum Schicksal, in dem amor Dei intellectualis die schrankenloseste, die vollkommenste Anerkennung der Ehre Gottes, die radikale Beseitigung der »pharisäischen« Werkgerechtigkeit erblicken konnte. Man verkennt das Spinoza eigentümliche Pathos von Grund auf, wenn man es von seiner »Mystik« statt von seiner Sympathie für die Prädestinations-Lehre aus zu verstehen sucht. Angesichts dieser tiefen Übereinstimmung mit einer der radikalsten offenbarungs-religiösen Positionen ist der tiefere Gegensatz deutlich erkennbar; Spinoza reißt das Interesse an der gloria Dei los von der Tatsache, mit der es in unaufhebbarer Korrelation steht, von dem Bewußtsein der menschlichen Sündhaftigkeit: ex ignorantiae, vanitatis, inopiae, infirmitatis, pravitatis denique et corruptionis propriae sensu recognoscimus, non alibi quam in Domino sitam esse veram sapientiae lucem, solidam virtutem... atque adeo *malis nostris* ad consideranda Dei bona excitamur: nec ante ad illum aspirare possumus, quam coeperimus nobis ipsis displicere (Inst. I 1, 1). Das menschliche Korrelat der Majestät Gottes ist für Spinoza nicht die Sündhaftigkeit, sondern die Vergänglichkeit und Teilhaftigkeit des Menschen. Erst in der Leugnung der Sünde kommt Spinozas Gegensatz zur Offenbarungs-Religion zu unzweideutigem Ausdruck.

Spinoza bleibt nicht bei der Leugnung der Sündhaftigkeit des Menschen stehen. Ist Alles ausschließlich in jeder Hinsicht von Gott bestimmt, (und so der »sündige« Mensch nicht schuld an seiner »Sünde«), so scheint Gott der Urheber auch der »Sünde« sein zu müssen. Dieser Schwierigkeit entgeht Spinoza, indem er die Positivität der Sünde überhaupt leugnet: diejenige Handlung oder Gesinnung, die im Hinblick auf die durch die Natur des Menschen vorgezeichnete Vollkommenheit in den Gedanken des Menschen als Sünde erscheint, ist ihrem wirklichen

Sein nach genau so ein Werk der Macht Gottes, genau so vollkommen wie alles, was ist. Und so muß denn Spinoza, der in einem früheren Brief an Oldenburg | (ep. 75) versucht hatte, sich die Paulinische Rede von der Unentschuldbarkeit des Menschen zu eigen zu machen, sobald ihm Oldenburg scharf zusetzt, zugeben: possunt quippe homines excusabiles esse (ep. 78). Aber dieser Ausdruck ist viel zu schwach für Spinozas eigentliche Meinung, der zufolge Jeder und Jedes zu Jedem natürliches *Recht* hat: der natürliche Zustand kennt kein Gesetz und keine Sünde. Das natürliche Streben des Menschen, sein Selbst-Erhaltungs-Streben, seine Eigen-Liebe wird bedingungslos anerkannt und bejaht (Tr. XVI). Aus der Eigen-Liebe entspringt das Streben, sich möglichst nur das Erfreuliche vorzustellen und sich von dem Unerfreulichen abzuwenden. Die menschliche Natur lehnt sich gegen die Traurigkeit, die daraus entspringt, daß der Mensch seine Ohnmacht oder Schwäche betrachtet, das heißt: gegen die Demut auf; daher ist die Demut ein sehr seltener Affekt.[267] Ein merkwürdiges Geständnis im Munde Spinozas, der sich sonst nicht genug tun kann, die Vulgarität der religiösen Affekte zu behaupten – ein Geständnis, dessen Bedeutung wahrlich nicht dadurch gemindert wird, daß es in polemischer Absicht geschieht. Eine merkwürdige Bestätigung für Calvins Kritik des Glaubens an die Suffizienz des Menschen: das Selbst-Erhaltungs-Streben, die Eigen-Liebe des Menschen lehnt sich gegen die Betrachtung der menschlichen Ohnmacht und Schwäche auf. Aber gerade die entschlossene Herleitung aller menschlichen Tatsachen aus dem Egoismus gibt Spinoza die für sein Bewußtsein stärkste Handhabe der Religions-Kritik und liefert ihm zugleich den Schlüssel zur Religions-Analyse. Das Selbst-Erhaltungs-Streben treibt zuerst die Leidenschaften hervor, in die es sich verrennt, in denen es sich selbst aufhebt: die Leidenschaften gefährden unser Sein; aus der Situation, in der das Selbst-Erhaltungs-Streben sich in das Streben nach sinnlichem Glück, nach zeitlichen Gütern verloren hat, stammt die Religion; als vorzüglicher Beweis hierfür dient das Gebet (Tr. pr. 5). Der Mensch, der seinen wahren Nutzen sucht, muß, da »ein Krüppel den anderen nicht tragen kann«, die unsicheren, vergänglichen Güter fahren lassen, und, um seiner Selbst-Erhaltung willen, nach der Vereinigung mit dem einzigen sicheren, unvergänglichen Gut streben: er muß Gott lieben; wer aber Gott liebt, kann nicht danach streben, daß Gott ihn

---

[267] Eth. III 11–15; 53–55; aff. deff. 26 und 29.

wiederliebt; denn er würde damit wünschen, daß Gott nicht Gott wäre,
er würde damit seiner eigenen Intention zuwider | handeln.[268] So schlägt
die zu Ende gedachte und zu Ende gelebte Selbst-Liebe in die selbstloseste Gottes-Liebe um; so erzwingt gerade die radikal verstandene
Selbst-Liebe den radikalen Losriß von aller Rücksicht auf den menschlichen Nutzen, in welcher Rücksicht die Religion nach Spinozas Behauptung stecken bleibt.[269]

Es ist gewiß nicht bedeutungslos, es ist gewiß mehr als ein Zeichen
von »Vorsicht«, daß Spinoza sich so oft auf das Wort beruft, das den
Menschen in seinem Verhältnis zu Gott mit dem Lehm in der Hand des
Töpfers vergleicht. Aber von dieser Tatsache aus ist die Religions-Kritik
Spinozas nicht zu verstehen: es gibt keinen stetigen Übergang von der
Schrift, vom Geist der Schrift zur Leugnung der Sünde. Spinoza versteht
die Abhängigkeit des Menschen von Gott von vornherein so, daß aus ihr
die Leugnung der Sünde unmittelbar folgt; er versteht sie also von
vornherein unbiblisch. Aber – biblisch oder unbiblisch: Spinoza ist
überzeugt, die Leugnung der Sünde und die diese Leugnung erzwingen-
den Theologeme mit wissenschaftlichen Mitteln streng begründen zu
können. Durch Calvins radikale Anzweiflung der Theorie wird der
Boden dieser Kritik erschüttert. Auch wenn alle Begründungen Spinozas
zwingend wären, so wäre damit gar nichts bewiesen; so wäre damit nur
bewiesen, daß man auf dem Boden der ungläubigen Wissenschaft zu den
Ergebnissen Spinozas kommen muß; wäre damit aber dieser Boden
selbst gerechtfertigt? So hat Friedrich Heinrich Jacobi gefragt und damit
die Spinoza-Interpretation oder, was dasselbe ist, die Spinoza-Kritik auf
die ihr angemessene Ebene gebracht. –

3. Die prinzipielle Möglichkeit und die faktische Unzulänglichkeit der systematischen Kritik

Die Kritik dieser Art ist jedoch unmittelbar nicht überzeugend. Die
Kennzeichnung der Wissenschaft Spinozas als ungläubig, die ohne
Zweifel berechtigt ist, ist ebenso wenig selbstverständlich wie diese

---

[268] Tr. br. II 5; Tr. de int. em. in princ.; Eth. V 19.
[269] Religioni, humanum tantum utile intendenti, . . . Tr. 185.

Wissenschaft selbst. Spinoza kann Calvins Anzweiflung der Theorie deshalb ignorieren, weil diese Anzweiflung auf Grund unbewiesener Voraussetzungen geschieht. Außerdem wird das Erkenntnis-Prinzip Calvins auf seiner eigenen Ebene durch die großen Differenzen zwischen denen, die sich ebenfalls auf »Geist und Schrift« berufen, in Frage gestellt. Spinoza kann unbeirrt durch den Einspruch seitens des Glaubens seinen Weg beginnen. Er will aber mehr; er will den Gegner widerlegen. Er muß dies wollen; er muß zum Angriff übergehen, weil die defensive Kritik an der Offen|barungs-Religion dem zweiten Angriff der Offenbarungs-Religion sofort erliegt. *195*

Die offenbarungs-religiösen Positionen, gegen welche Spinozas Kritik sich wendet, setzen voraus, daß Gott unergründlicher Wille ist, daß Gott ein verborgener Gott ist, der nur fragmentarisch und sporadisch, nur, sofern er sich offenbart, nur, wann und wie er will, erkannt wird; der aus demselben Grund ein furchtbarer Gott ist, allem Epikureertum von Grund auf verhaßt. Wie ist diese Voraussetzung angreifbar?

Die *positive* Kritik kann nicht *mehr* beweisen als, daß der Aufstieg von der Welt, ihrer offenbaren Ordnung oder ihren offenbaren Rätseln oder von den Wundern zu Gott auf einem ungerechtfertigten, voreiligen Abschluß der Forschung beruht; sie kann, darüber hinaus, die Relativität der Wunder-Berichte, allgemein: des Verständnisses des außermenschlichen Geschehens vom menschlichen Willens-Leben her, auf den vor-wissenschaftlichen, »primitiven« Stand der Menschheit wahrscheinlich machen; sie kann den Sinn dafür schärfen, wie unangemessen die Wunder-Berichte dem sind, worauf es der Offenbarungs-Religion zuerst und zuletzt ankommt. Durch diese kritischen Anstrengungen und andere von grundsätzlich demselben Charakter wird jedoch die tiefste Voraussetzung der Offenbarungs-Religion höchstens unwahrscheinlich gemacht. Ist aber diese Voraussetzung nicht schon der Intention nach »unwahrscheinlich«, so daß jede Bemühung um den Nachweis ihrer Unwahrscheinlichkeit vergeblich ist?[270]

---

[270] . . . et quamvis *experientia* in dies reclamaret et infinitis exemplis ostenderet, commoda atque incommoda piis aeque ac impiis promiscue evenire, non ideo ab inveterato praeiudicio destiterunt. Facilius enim iis fuit, hoc inter alia incognita, quorum usum ignorabant, ponere et sic praesentem suum et innatum statum ignorantiae retinere, quam totam illam fabricam destruere et novam excogitare. Unde pro certo statuerunt, deorum iudicia humanum captum longissime superare: quae sane unica fuisset causa, ut veritas humanum genus in aeternum lateret, nisi *mathesis* . . . aliam veritatis normam hominibus osten-

Die nächste Stufe der Kritik ist die Kritik auf Grund des *Satzes vom*
196 *Widerspruch.* Ganz abgesehen davon, daß sich | diese Kritik oft über
feinere Unterscheidungen der Theologen hinwegsetzt und sie so die
Widersprüche oft mehr behauptet als beweist, ist sie grundsätzlich
verfehlt: hat es irgendetwas zu besagen, daß die Menschen nicht ein-
zusehen vermögen, etwa wie mit der Allwissenheit Gottes die Freiheit
des Menschen zu vereinbaren ist? Ist es, wenn Gott unergründlich ist,
nicht notwendig, daß sich die menschlichen Aussagen über Gott widersprechen? sind überhaupt andere als analogische Aussagen über Gott
möglich? beruht also nicht die Behauptung: zwei Aussagen über Gott
widersprechen einander, auf einem geistlosen »Verständnis« dieser Aus-
*   sagen? So lange nicht nachgewiesen ist, daß Gott nicht unergründlich ist,
so lange versagt der Satz vom Widerspruch als Werkzeug der Kritik. Wie
läßt sich aber nachweisen, daß Gott nicht unergründlich ist? Fragen wir
vielmehr, was mit diesem Nachweis geleistet wäre. Es bliebe dann immer
noch die Antwort möglich – und nicht nur möglich –, daß *dieser* Gott,
der ergründliche Gott, nicht der Gott des Glaubens ist, daß *dieser* Gott
der Gott des Aristoteles, nicht der Gott Abrahams ist. Auf dieser Stufe
der Kritik läßt sich der Gegensatz nicht überbrücken, bleiben die
Einwendungen der offenbarungs-religiösen Gegner in Kraft. Der Nachweis, daß »Gott« nicht unergründlich ist, reicht nicht zu – denn was
heißt hier »Gott«? Auch der innere Widerspruch im Begriff eines
unergründlichen Gottes – aber wie sollte sich hier ein Widerspruch
nachweisen lassen! – besagte nichts. Notwendig vielmehr wäre der
Nachweis, daß für einen unergründlichen Gott kein Platz im All des
Seienden ist. Das heißt: die Möglichkeit der Kritik an der Offenbarungs-
*   Religion hängt an der Möglichkeit des *Systems*.
Gewiß – auch das System Spinozas beruht auf dem Satz vom
Widerspruch; zum mindesten besteht es gemäß diesem Satz. Aber nicht
hierin gründet seine religions-kritische Kraft, sondern vielmehr in seiner
Abgeschlossenheit. Es bietet seiner Absicht nach eine Garantie dafür,
daß nichts, was ist, in ihm nicht seinen Ort habe. Wenn es mit ihm seine
Richtigkeit hat, so gibt es nicht mehr die Möglichkeit des Vorbei-

---

disset. Eth. I. app. – Vgl. ferner Leibniz Discours de la conformité de la foy avec
la raison § 3: ... Que si l'objection n'est point demonstrative, elle ne peut
former qu'un argument vraisemblable, qui n'a point de force contre la Foy,
puisqu'on convient que les Mystères de la Religion sont contraires aux appa-
rences.

Sprechens, in dem Sinn, daß etwa die Offenbarungs-Religion mit ihrem Gott etwas ganz anderes meine als der Systematiker mit seinem Gott; denn wenn jene etwas anderes meint, so ist dieses andere dem System eingeordnet, von dem letzten Seins-Grund abhängig.

Notwendig wird die Religions-Kritik von der Verteidigung zum Angriff, von der positiven Kritik zur systematischen Kritik weiter|-getrieben. Die systematische Kritik allein hat die Möglichkeit, jedes Vorbei-Sprechen grundsätzlich auszuschließen. Hat Spinoza diese Möglichkeit verwirklicht? Wie wenig er die Position, die er widerlegen will, auch nur sieht, zeigt sein Einwand gegen die Lehre vom »inneren Zeugnis des heiligen Geistes«: der heilige Geist lege nur über die guten Werke, nicht über Gegenstände der Spekulation Zeugnis ab (Tr. 173 f.). Als ob Calvin irgendeinen Zweifel darüber gelassen hätte, daß das »innere Zeugnis des heiligen Geistes« nicht nur nicht über Gegenstände der Spekulation Zeugnis ablegt, sondern sogar die spekulative Haltung als solche unmöglich macht. Entsprechendes gilt von Spinozas Kritik an der Orthodoxie und an Maimuni. Spinoza ist davon überzeugt, die Offenbarungs-Religion, das sie bewegende Interesse, das Interesse an Offenbarung, die Furcht vor dem Zorn Gottes, das Gebet usw. aus den Affekten, die den Aberglauben hervorbringen, erklären zu können. Ganz in der Weise der Epikureischen Tradition leitet er die zentralen Tatsachen der Religion, die ihm nur als Offenbarungs-Religion zum Gegenstand der Kritik wird, aus Furcht und Traum (Einbildungskraft) her, das Interesse an Offenbarung aus der Furcht, den Offenbarungs-Inhalt aus der Einbildungskraft. Nun wird überall in dem offenbarungs-religiösen Schrifttum zwischen echter und abergläubischer Furcht vor Gott, zwischen Gottes-Furcht und knechtischer Gesinnung, zwischen Gottes-Furcht und profaner Furcht oder ähnlich unterschieden.[271] Diese Unterscheidung mag unhaltbar oder unwichtig sein; aber es wäre dann doch die erste Aufgabe einer angemessenen Kritik, die Unhaltbarkeit oder Unwichtigkeit dieser Unterscheidung darzutun. Spinoza hat diesen Nachweis nie geführt. Dies ist kein zufälliges Versäumnis, sondern Anzeichen für die sachliche Unmöglichkeit, das einmal in seinem Sinn verstandene offenbarungs-religiöse Interesse dem Aberglauben einzuordnen. Spinozas Geständnis, er begreife die Schrift nicht, ist in stren-

---

[271] Unter den jüdischen Theologen vgl. Bachja Choboth III 3; Abr. ibn Daud Emunah ramah (ed. Weil) p. 100; Maimuni Moreh I 5 (47 f.), III 24 (192 ff.), III 52; Jesode hathorah II 2; Albo Iqq. III 32.

gerem Sinn wahr, als er es wohl gemeint hat. Er versteht nur die
Alternative: Freiheit als Selbst-Bestimmung – Gehorsam als Furcht vor
Strafe (Tr. 45); weil die Zeremonien ein Mittel sind, um zum Gehorsam
zu erziehen, können sie unter seinen Voraussetzungen nur das leibliche
Wohlergehen bezwecken (Tr. 62); für ihn ist der Wille zur Mittelbarkeit
198   des Hörens| nichts anderes als die Folge der mittels eines raffinierten
Betrugs dem Volk suggerierten Furcht (Tr. 191–193). Daß er die von ihm
»widerlegte« Offenbarungs-Religion nicht versteht, dies wird zu einem
gewichtigen Indizium gegen das System, aus dem seine Religions-Kritik
und Religions-Auffassung folgt.

Spinozas Unvermögen, die Offenbarungs-Religion rein aufzufassen,
ist oft genug festgestellt worden; jeder unbefangene Leser des Traktats
wird es feststellen. Wir stellen es hier nur darum fest, um auf Grund
dieser Feststellung weiterfragen zu können. Der innere Zusammenhang,
in dem Spinozas Beurteilung der Offenbarungs-Religion, insbesondere
des biblischen Judentums mit seinem System steht, verbietet es schlechthin, daß man diese Beurteilung aus einer »Tendenz« im vulgären Sinn
des Worts erklärt, mögen auch noch so viele einzelne Äußerungen im
Traktat nachweislich »tendenziös« sein. Soll die Rede von einer tenden-
ziösen Beurteilung der Offenbarungs-Religion im allgemeinen, des Judentums im besonderen einen mehr als äußerlichen und vulgären Sinn
haben, so kann sie nur die Tendenz, das *Motiv* des ganzen Systems
meinen. So hat Hermann Cohen seine Spinoza-Kritik verstanden. Wenn
er Spinozas Verhalten zum Judentum, zu dem seine Beurteilung des
Judentums gehört, einen »menschlich unbegreiflichen Verrat« nennt,[272]
so meint er damit nicht eine nur »psychologisch« relevante Entgleisung,
so sieht er dabei durchaus »von allen Nebenumständen« ab und glaubt
er, »im Fundament des Geistes selbst die Erklärung finden« zu können.[273] Den Geist Spinozas erkennt Cohen in der Gleichsetzung des
Schlechten mit sonstigen »Unvollkommenheiten« (dem Lächerlichen
und Absurden – cf. Tr. 177), in der Leugnung der Sünde, der Verantwortlichkeit, der Verantwortlichkeit für die Zukunft der Menschheit; er
kennzeichnet diesen Geist als »Pantheismus« oder auch als »Mystik«.
Was ist aber »Mystik«? Mystiker sind die, welche »von der Transzendenz Gottes nicht befriedigt werden«. So hat sich Spinoza selbst
gesehen, etwa indem er den Scholastikern vorwirft, sie erkennten Gott

---

[272] Jüdische Schriften, III 361.
[273] l. c. 368.

nur vom Erschaffenen her, während er auf eine adäquate, unmittelbare Gottes-Erkenntnis sich berufen zu können glaubt. In welcher Weise versteht sich aber dieses Verlangen nach der »Nähe Gottes«, wie sich das der Kritik Spinozas zu Grunde liegende Motiv in unrechtmäßiger, | Nähe mit Eins-Sein verwechselnder Verwendung des biblischen Ausdrucks benennen mag, im Gegensatz zum Geist des Judentums, des Gesetzes? Der »fleischlichen« Gesinnung der *Furcht* stellt Spinoza die »geistliche« Gesinnung der *Liebe* entgegen; er versteht nur den ausschließlichen Gegensatz Furcht–Liebe; er versteht nicht die Gottes-Furcht, die Voraussetzung und Element der Gottes-Liebe ist. Sein Kampf gegen das Judentum ist Kampf gegen die Gottes-Furcht. So groß die Differenz zwischen den Gnostikern, Marcion, den Socinianern, den englischen Deisten untereinander, so groß die Differenzen zwischen allen diesen Richtungen und Spinoza sein mögen – eines ist ihnen allen gemeinsam: die Auflehnung wider den eifervollen, zürnenden Gott der Schrift im Namen des Gottes der Liebe. Mit dieser wahrhaft weltgeschichtlichen Opposition gegen das Judentum, die sich teils innerhalb des Christentums, teils an seinen Grenzen regt, begegnet sich Spinozas Religions-Kritik, die nicht zufällig, obwohl oder weil sie sich vorzüglich gegen offenbarungsgläubige Christen wendet, zur Kritik am Judentum wird. Die Gesinnung, die sich in dieser Opposition gegen den biblischen Geist ausspricht, ist schon von Tertullian, der innerhalb des Christentums und für das Christentum das »Alte Testament« verteidigte, in seiner Kritik an Marcion als epikureisch gekennzeichnet worden. –

199

*

*

4. Das Motiv dieser Kritik

Sowohl die Epikureische Religions-Kritik, als auch die mit dem Christentum mehr oder weniger eng verknüpfte Opposition gegen die jüdische Gottes-Auffassung haben dies gemeinsam, daß sie absichtlich oder nur in der Wirkung die Beruhigung und Tröstung des Menschen, die Sicherung und Milderung des Lebens fördern. Das Interesse an der Sicherung und Milderung des Lebens darf als das kennzeichnende Interesse der Aufklärung überhaupt angesprochen werden. Nichts mußte der Bewegung, welche auf allen Wegen die Sicherung und Milderung des Lebens anstrebte, welche auf allen Wegen die »Verfolgung«

bekämpfte – zuerst nur die religiöse Verfolgung, in letzter Konsequenz jede Form der Verfolgung, ja jede Beeinträchtigung der Freiheit öffentlicher Meinungs-Äußerung – mehr verhaßt sein als der Gedanke an einen furchtbaren Gott, in welchem Gedanken die Strenge des Geistes und Herzens, die Gesinnung des Deuteronomiums, ihre tiefste Rechtfertigung findet.[274] Ganz unzu|treffend ist daher das Urteil: »In *allem* bisherigen Atheismus (im weitesten Sinne) der Materialisten, Positivisten usw. galt das Dasein eines Gottes an sich für *erwünscht*, aber entweder nicht *nachweisbar* oder sonst direkt oder indirekt nicht erfaßbar oder aus dem Weltlauf widerlegbar.«[275] Genau das Gegenteil ist richtig. Aller bisherige Atheismus – der »weiteste Sinn« des Wortes, der nicht an der formalisierten Idee eines Gottes überhaupt, sondern an der konkreten biblischen Gottes-Auffassung orientiert ist, ist im 17. Jahrhundert geläufig – hielt das Dasein des biblischen Gottes zwar *auch* für »widerlegbar«, aber *zuvor* für »unerwünscht«.[276] Im Hinblick auf diese

---

[274] Auf die Bestimmungen des Deuteronomiums beruft sich Calvin für die von ihm verantwortete Hinrichtung des Servet: Hic nobis non obtruditur hominum authoritas, sed Deum audimus loquentem, et quid Ecclesiae suae in perpetuum mandet, non obscure intelligimus. Non| frustra humanos omnes affectus excutit, quibus molliri corda solent: paternum amorem, quicquid est inter fratres, propinquos, et amicos benevolentiae facessere iubet: maritos revocat a thori blanditiis: denique homines propemodum natura sua exuit, nequid obstaculi sanctum eorum zelum moretur. Cur tam implacabilis exigitur severitas, nisi ut sciamus non haberi suum Deo honorem, nisi quae illi debetur pietas, humanis omnibus officiis praefertur: et quoties asserenda est eius gloria, propemodum ex memoria nostra deletur mutua inter nos humanitas? (Als Beleg führt Calvin Deut. 12, 13 ff. an). Calvin, Defensio orthodoxae fidei de sacra trinitate, contra prodigiosos errores Michaelis Serveti Hispani: Ubi ostenditur haereticos iure gladii coercendos esse . . . 1554, p. 30.

[275] Max Scheler, Mensch und Geschichte (Neue Rundschau, Jahrgang 1926, p. 473). Die Sperrungen stammen von Scheler.

[276] Eben dadurch sind der Atheismus vor Nietzsche und der Atheismus Nietzsches unterschieden, daß Nietzsche wußte, der »Tod Gottes« bedeute den Untergang einer Sonne, und nicht, wie Scheler meint, dadurch, daß erst der Atheismus Nietzsches eine Auflehnung gegen Gott, ein moralischer Protest gegen Gott sei. Innerhalb des traditionellen Atheismus ist *ein* Unterschied am wichtigsten: während das antike Epikureertum sich gegen die Religion vorzüglich als gegen eine furchtbare Illusion, gegen die Furchtbarkeit der Illusion wendet, überwiegt in der modernen Entwicklung der Kampf gegen das nur illusionäre Glück im Interesse des wirklichen Glücks. Hierher gehört insbesondere Feuerbach. Dieser »will nur, daß sie (die Menschen) über den himmlischen Tauben nicht die irdischen| aus den Augen und Händen verlieren, und

Tradition, im Vorblick auf die spätere Entwicklung der Religions-Kritik muß nunmehr das eigentümliche Motiv der Religions-Kritik Spinozas genauer bestimmt werden.

In der Religions-Kritik Spinozas treffen sich zwei Traditionen, die beide in ihrem Kampf gegen die Religion überhaupt oder gegen die Offenbarungs-Religion oder gegen das Judentum insbesondere die Furcht meinen. Der Furcht stellt die eine Tradition die Liebe, die andere das Glück entgegen. Wie sich die beiden Traditionen verbinden können, zeigt die Kritik da Costas: das Glück wird herge|stellt durch Befolgung *201* des göttlichen Gebots, des natürlichen Gesetzes der Menschen-Liebe. Von der Kritik der vulgären Aufklärung, die als Hintergrund und als Moment der Kritik Spinozas durchaus anerkannt werden muß, hebt sich diese auf den ersten Blick durch das sie kennzeichnende Vorherrschen der wissenschaftlichen Intention ab. Dasselbe gilt auch von der Kritik des Hobbes, der sich um die Begründung der neuen Wissenschaft gewiß keine geringeren Verdienste erworben hat als Spinoza. Die Religions-Auffassung dieser beiden Philosophen stimmt in dem überein, was sie beide aus der Epikureischen Tradition übernehmen konnten; die Differenz zwischen ihren Auffassungen von der Religion hat ihren Grund in dem tiefen Gegensatz, der ausführlicher in der Darstellung der Staats-Lehre Spinozas behandelt werden wird. Hier ist nur das Allgemeinste festzuhalten. Hobbes verwirft den beatitudo-Begriff der antiken Ethiker, setzt an seine Stelle die Aussicht auf den unendlichen Fortschritt von Begierde zu Begierde, von Macht zu Macht und begründet von diesem Glücks-Begriff aus die positive Wissenschaft als Grundlage der Technik. Spinoza steht schon darum dem ursprünglichen Epikureertum unvergleichlich näher, weil er an dem antiken beatitudo-Begriff festhält, die

---

eine mäßige, aber *wirkliche* Glückseligkeit einer maßlosen, aber *eingebildeten* Seligkeit vorziehen.« (»Über meine Gedanken über Tod und Unsterblichkeit.«) Ähnlich auch Heine und die Sozialisten. Die Entwicklung innerhalb des Atheismus stellt sich für Feuerbach folgendermaßen dar: » . . . während sonst der Atheismus nur eine Sache der Höfe, des Luxus und des Witzes, der Eitelkeit, Üppigkeit, Oberflächlichkeit und Frivolität war, ist jetzt der Atheismus die Sache der Arbeiter, der geistigen sowohl als der leiblichen, und eben damit eine Sache des Ernstes, der Gründlichkeit, der Notwendigkeit, der schlichten Wahrhaftigkeit und Menschlichkeit geworden; . . .« (l.c.) So wichtig dieser sei es so, sei es anders interpretierte Unterschied übrigens ist – gemeinsam ist dem großen Zug der traditionellen Religions-Kritik die Überzeugung, daß durch die Zerstörung der Religion das Glück der Menschen wachse; zuvor der Wille zum Glück.

Wissenschaft als Mittel der beatitudo, eines abgeschlossenen Zustands, versteht. Damit ist gesagt, daß der Wissenschafts-Begriff Spinozas grundverschieden ist von dem Wissenschafts-Begriff des Hobbes: das Interesse an immer größerer Macht des Menschen über die Natur fordert nicht nur nicht, sondern verbietet den Abschluß der Wissenschaft, d. h. der Beobachtung und Analyse der natürlichen Kausal-Zusammenhänge; es schließt zugleich jedes Interesse an »metaphysischen« Fragen aus. Hingegen verlangt das Interesse Spinozas, weil die beatitudo die unbedingte Sicherheit über | bestimmte »Wahrheiten« voraussetzt, die Abgeschlossenheit, die Endgültigkeit der Erkenntnis wenigstens dieser zentralen »Wahrheiten«. Spinoza fordert ausdrücklich die Ausrichtung aller Wissenschaften auf *einen* Zweck, auf die menschliche Vollkommenheit, auf die beatitudo; alles, was in den Wissenschaften uns nicht unserem Ziel näher bringt, ist als unnütz zu verwerfen (Tr. de int. em. in princ.). Der beatitudo-Begriff Spinozas kann mit gleichem Recht als stoisch und als epikureisch rekognosziert werden. Sieht man ab von den allerdings ganz verschiedenen Begründungen, so zeigt sich eine tiefe Übereinstimmung zwischen der konkreten beatitudo-Vorstellung Epikurs und derjenigen der Stoa.[277] Was nun aber den Gegensatz hinsichtlich der Begründung angeht (Lust oder Selbst-Erhaltung), so ist er bereits vor Spinoza durch Telesio[278] und durch Hobbes überbrückt; in Spinozas eigener Ethik sind Lust (Freude) und Selbst-Erhaltung überhaupt nicht zu trennen – so wenig zu trennen, wie bereits bei Epikur selbst ἡδονή und ὑγίεια zu trennen sind.[279] Das beatitudo-Ideal derjenigen nach-aristotelischen griechischen Schulen, für welche die beatitudo nicht so sehr im wissenschaftlichen Forschen besteht, als die Wissenschaft zum Mittel verlangt, ist auch für Spinoza bestimmend.

　　Das »wahre Gut«, welches das Ziel der Wissenschaft Spinozas ist, ist der ewige Genuß andauernder und höchster Freude.[280] Dieses Ziel

202 (margin)

---

[277] Cic. Fin. I 18, 62 sagt der Epikureer Torquatus: Igitur neque stultorum quisquam beatus neque sapientium non beatus, multoque hoc melius nos veriusque quam Stoici (nämlich wegen der besseren Begründung).

[278] Dilthey II 362, 422, 434.

[279] Hierüber vgl. V. Brochard, La théorie du plaisir d'après Epicure, Journal des Savants, 1904, pp. 205 ff.

[280] . . . constitui tandem inquirere, an aliquid daretur, quod verum bonum, et sui communicabile esset, et a quo solo, rejectis caeteris omnibus, animus afficeretur; imo an aliquid daretur, quo invento, et acquisito, continua, ac summa in aeternum fruerer laetitia. Tr. de int. em. (Opp. post.) 357.

verlangt sichere, beruhigende Erkenntnisse. Mit allem Nachdruck unter-
streichen wir das Urteil von Dunin-Borkowskis: Spinoza »*mußte* aber
zum Frieden gelangen. Diese ungestillte Sehnsucht erwuchs aus einem
Grundzug seines Wesens. Wie andere ihr Glück im Suchen und in
ruheloser Aufregung finden, so dachte er sich das seinige in ruhigem
Besitz und gesättigter Erkenntnis. Sein Geistesleben war, sobald er sich
auf sich selbst besann, von dem einen | Axiom beherrscht: Jene Erkennt-   *203*
nis ist die einzig wahre, welche jede Möglichkeit einer seelischen Beunruhigung logisch ausschließt«.[281] Dieses »Axiom« für sich allein genügt
zur Begründung der Religions-Kritik. Spinoza verlangt Erkenntnisse, die
beruhigen, weil sie unbedingt sicher sind, weil ein Zweifel an ihnen
überhaupt nicht möglich ist; er verlangt allerdings nicht – und dies
unterscheidet ihn kennzeichnend vom ursprünglichen Epikureertum –
Erkenntnisse, die beruhigen, weil sie trösten. Jede Rücksicht auf den
»menschlichen Nutzen« verwirft er: der »wahre Nutzen« des Menschen
besteht in der zweckfreien Betrachtung der »ganzen Natur«; die uner-
bittliche Notwendigkeit des Geschehens, vor der Epikur zurückschreckte, wird ohne Bedingung bejaht. Der amor fati begründet nun die
Spinoza eigentümliche Stellung zur Religion: die Religion wird ursprünglich nicht wegen ihres Furcht-Charakters verworfen – dieser
Charakter ist nur noch Indizium –, sondern als Erzeugnis des Wün-
schens, der Ohnmacht, die unfähig dazu ist, dem Glück zu gebieten, das
Schicksal zu lieben. Die Liebe zum Schicksal setzt freilich die unbedingte
Sicherheit darüber voraus, daß eine notwendige Verkettung der Ursachen besteht, daß in der unendlichen Reihe der Ursachen der notwendige Grund alles Seins, der in intellektualer Liebe geliebt werden
kann, wirkt; darum ist die Liebe zum Schicksal das letzte, aber nicht
auch zugleich das erste Wort Spinozas. –

5. Recht und Bedingung der positiven Kritik

Spinozas Kritik an der Offenbarungs-Religion, deren grundsätzliche
Problematik in der Konfrontation derselben mit der Position Calvins am
deutlichsten hervortritt, ist nicht unmittelbar – oder vielleicht nur zu

---

[281] Der junge Despinoza 249.

unmittelbar – daraus zu verstehen, daß sie der Furcht die Liebe entgegenstellt. Der im Traktat gewiß beabsichtigte Anklang an die traditionelle Polemik gegen die jüdische Gottes-Auffassung verdeckt den eigentümlichen Sinn, den die »Liebe« bei Spinoza hat. Die Religions-Kritik
Spinozas gehört einer anderen Ordnung an als diese und die ihr verwandte Tradition. Seine Auffassung des Judentums bleibt auf alle Fälle
symptomatisch für sein Unvermögen, das Judentum insbesondere, die
Offenbarungs-Religion im allgemeinen rein aufzufassen; sie wird daher
zu einem Indizium für die Grenze des Systems. Von hier aus muß gefragt
werden, was denn nun eigentlich Spinozas Kritik bedeutet, wenn seine
systematische Kritik nicht erfüllt, was sie leisten sollte.

Die zentrale Voraussetzung der Offenbarungs-Religion: Gott ist
204 unergründlicher Wille, kann nur durch die systematische, nicht | durch
die positive Kritik widerlegt werden (s. o. S. 195 f.). Die positive Kritik
stößt auf diese zentrale Voraussetzung vor allem in ihrer Bestreitung der
Wunder, die auf Grund dieser Voraussetzung behauptet werden. Die
Wunder-Kritik ist der zentrale, wichtigste Teil der positiven Kritik.
Worum geht es in diesem Streit um die Wunder?

Das Ergebnis der Wunder-Kritik Spinozas ist der Satz: Wunder gibt
es nur mit Rücksicht auf die Meinungen der Menschen (Tr. 69 f.).
Diesem Satz steht gegenüber der Gegen-Satz: Wunder gibt es nicht nur
mit Rücksicht auf die Meinungen der Menschen, sie konstituieren sich
nicht erst für menschliche Auffassung, sondern sie kommen vor als
Wunder, sie finden sich vor als Wunder, sie sind »an sich« Wunder.[282]
Doch dies könnte so verstanden werden, als ob die Wunder zwar
unabhängig vom Menschen, das heißt ohne menschliches Zutun, aber
wesentlich *am* Menschen, an der Seele des Menschen geschähen. Gegenstand der Wunder-Kritik sind jedoch nicht die so verstandenen Wunder,
die Heils-Wunder, sondern die Wunder als Wirkungen Gottes auf die
Körper-Welt und innerhalb ihrer. Wird das Wunder geleugnet, so wird
die Beziehung Gottes zur Körper-Welt, zur Natur, die souveräne
Herrsch-Gewalt Gottes über die Natur verdächtig. Dagegen erheben
sich nicht vorzüglich theoretische Bedenken; sondern die tatsächliche

---

[282] Regner a Mansvelt l. c.: (nomen miraculi) *praecipue* respicit rerum naturas
et iis conformem a Deo constitutum ordinem, praeter quem Deus agit in
miraculis, *secundario* vero hominis opinionem formatam vel formandam ex et
secundum illum ordinem natura cognitum. – Musaeus l. c. § 78: . . . Miracula . . ., quae Scriptura commemorat talia sunt, ut illa *revera, non ex opinione
hominum*, contra vel supra naturam sint, . . .

Wirksamkeit Gottes in und über dem natürlichen Geschehen ist Bedingung dafür, daß der existierende Mensch sich wahrhaft in Gottes Hand wissen kann. Die Gesinnung des Vertrauens auf Gott, des Gehorsams gegen Gott erfährt in jedem Welt-Vorgang (nicht nur in den Bewegungen des menschlichen Herzens) das Wirken Gottes; sie hat also keinen Grund, »Wunder« von der »Natur« zu unterscheiden; sie braucht dem wissenschaftlichen Geist die Konzession dieser Unterscheidung nicht zu machen. Jedenfalls braucht sie sich in der Behauptung und im Lobpreis des göttlichen Waltens nicht nach dem zu richten, was dem ungläubigen Verstand als möglich erscheint. Sie scheut sich nicht, die durch die Autorität der Schrift verbürgten Wirkungen Gottes, die von der gewöhnlichen Weise seines Wirkens so sehr | abweichen, mit der ganzen Kraft   *205* des ungebrochenen, nicht erst der Sehnsucht nach dem Glauben sein Dasein verdankenden Glaubens zu behaupten. Die Wunder-Behauptung wird nun in ihrem Wesen dadurch gar nicht berührt, daß sie nachträglich vermittelst des wissenschaftlichen Natur-Begriffs expliziert wird. Daher ist der Kampf gegen die Möglichkeit von Wirkungen Gottes, die nicht »natürlich« sind, ein Kampf gegen das Zentrum der Offenbarungs-Religion.

Die positive Kritik weist nicht nur nach, daß Wunder für den ungläubigen Verstand nicht erkennbar sind; sie durchschaut zugleich vermöge des Selbst-Bewußtseins des positiven Geistes die Relativität der Wunder-Berichte auf den »vulgären«, vor-wissenschaftlichen Stand der Menschheit. Wird aber damit die Wunder-Behauptung nicht gründlicher erledigt als durch den sterilen Nachweis, daß Wunder nicht möglich sind? Überblickt man das schließliche Ergebnis aller der Anstrengungen, welche die Religions-Kritik im 17. und 18. Jahrhundert gemacht hat, so kann man sich in der Tat der Einsicht nicht verschließen, daß die auf den ersten Blick so unansehnliche positive Wunder-Kritik, die doch nur die Erkennbarkeit des Wunders in Frage stellt, bleibendere Bedeutung hat als der auf den ersten Blick so anziehende Versuch der aufklärerischen Metaphysik, die Unmöglichkeit des Wunders zu beweisen. Die positive Kritik stellt fest, daß dem positiven, genau beobachtenden und streng analysierenden Geist Wunder nicht zugänglich sind; zuvor, daß diesem Geist Wunder zugänglich sein müßten, wenn anders sie zweifelsfrei festgestellt werden sollten. Aber werden Wunder ihrem eigenen Sinn nach »festgestellt«? Werden Wunder nicht erwartet, erbetet? Im Sinn Spinozas ist dagegen zu sagen, daß nach dem Zeugnis der Schrift die Wunder auch von denen erfahren wurden, welche sie nicht vertrauend, glaubend erwarteten. Diese ungläubigen »Zuschauer« werden jedoch nicht durch das bloße Sehen der Wunder-Tatsachen überzeugt, sondern

*   durch ein voraussetzungs-volles Sehen; sie sehen, nachdem sie – gewiß nicht glaubend, sondern zweifelnd – darauf gewartet haben, ob das angekündigte Ereignis eintritt, durch welches die Frage entschieden werden soll, ob »Jahve oder Baal« der Gott ist. Kann der Mensch, der den Sinn dieser Frage verstanden hat, überhaupt »feststellen« *wollen*? Nicht weniger, als die Wunder-Behauptung durch den positiven Geist in Frage gestellt wird, wird also die positive Wunder-Kritik durch den Geist, der glaubend oder zweifelnd auf Wunder wartet, in Frage gestellt.

206   Die Waffe, | die der positive Geist in der Einsicht gefunden zu haben glaubt, daß die Wunder-Behauptung relativ ist auf den vor-wissenschaftlichen Stand der Menschheit, wird ihm dadurch entwunden, daß diese Tatsache die entgegengesetzte Interpretation gestattet: ist der Wille zum »Feststellen«, der sich nur völlig durchgesetzt zu haben braucht, damit Wunder-Erfahrung nicht möglich ist, etwa eine Selbstverständlichkeit? gelangt der Mensch nicht erst dann zu seiner wichtigsten und dringlichsten Einsicht, wenn er aus der Ruhe des feststellenden Erkennens aufgescheucht ist, wenn er in der Erregtheit sich befindet, in der allein Wunder überhaupt zu erfahren sind? Die positive Wunder-Kritik, die in ihren Grundlagen bereits bei Spinoza nachweisbar ist, hat in ihrer Entwicklung die Wunder-Behauptung zwar immer unwahrscheinlicher gemacht; aber diese Entwicklung scheint darum nichts zu bedeuten, weil Unwahrscheinlichkeit das Wesen des Wunders ausmacht und der Grad-Unterschied zwischen mehr oder weniger unwahrscheinlich daher auf die Aussichten der Wunder-Kritik keinen Einfluß haben kann. Dennoch besteht die Tatsache, daß im Verlauf der letzten drei Jahrhunderte die Wunder- Behauptung auch unter den Gläubigen immer mehr an Boden verloren hat. Zu dieser Entwicklung hat die *Gesinnung* erheblich beigetragen, die sich in Spinozas Analyse der Offenbarungs-Religion am deutlichsten ausspricht. |

D
Die Analyse
der Offenbarungs-Religion

Die Lehren der Ethica verhalten sich nach Spinozas Auffassung zu den Lehren der Offenbarungs-Religion wie Wahrheiten zu Irrtümern, wie die Wahrheiten über Gott, die Welt und den Menschen zu den typischen Irrtümern über Gott, die Welt und den Menschen. Die Irrtümer der Offenbarungs-Religion stehen in einem inneren Zusammenhang; sie folgen allesamt aus einem Grund-Irrtum. Sie sind Vorurteile; die Menschen sind an sie durch die Gewohnheit gebunden; die Gewohnheit ist begründet in einer ursprünglichen Neigung der menschlichen Natur. Das Grund-Vorurteil der Menschen, von dem alle anderen Irrtümer der Offenbarungs-Religion abhängen, ist die Annahme, daß alle Dinge, sogar Gott selbst, wie die Menschen nach Zwecken handelten. Diese Annahme folgt mit Notwendigkeit aus dem Zusammenwirken zweier Voraussetzungen: erstens der Unkenntnis der wirklichen Ursachen, zweitens des Wissens der Menschen um ihren Selbst-Erhaltungs-Trieb.

Die Menschen finden in sich und außer sich zahlreiche, ihrer Selbst-Erhaltung dienende Mittel; so neigen sie dazu, alle natürlichen Dinge als Mittel zu ihrem Nutzen anzusehen; so glauben sie, da sie diese Mittel fertig vorfinden und da sie von den Mitteln, die sie sich selber bereiten, auf die vorgefundenen schließen, ein Anderer habe sie bereitet. Aus der Auffassung der Dinge als *Mittel* erwächst die Auffassung, daß es Schöpfung und Vorsehung gebe. Der Vorsehungs-Glaube wird nun durch die tägliche Erfahrung widerlegt. Da schließen sich die dem Aberglauben verfallenen Menschen gegen die Wahrheit durch die Behauptung ab: die Urteile der Götter übersteigen durchaus die menschliche Fassungs-Kraft (Eth. I. app.). Sein furchtbares Gewicht erhält der Vorsehungs-Glaube freilich erst dadurch, daß das Interesse des Men-

schen sich an ihn klammert, ihn gebraucht und belebt. Mit der Unkenntnis der Ursachen ist also keineswegs eine nur negative Bedingung
gemeint. Der Geist des Menschen ist, sofern er sich im Stand der
Unwissenheit befindet, sofern er die wahren Ursachen nicht kennt, nicht
aller Vorstellun|gen bar; der Mensch betrachtet dann die Dinge vielmehr
gemäß der Ordnung, in der sie ihm zufällig entgegentreten. Diese Weise
des Anschauens – der Terminus für sie ist »imaginatio« – ist im
günstigsten Fall einstimmige sinnliche Wahrnehmung, die von einem für
das praktische Leben ausreichenden Wahrscheinlichkeits-Charakter ist,
aber – wegen ihrer radikalen Ungewißheit und Untotalität – aus dem
Bereich der echten, d. h. absolut gewissen und totalen Erkenntnis ausgeschlossen werden muß. Die imaginatio ist ein Inbegriff zufälliger und
isolierter »Bilder« unseres – wachen oder träumenden – Geistes, die den
Einwirkungen körperlicher Dinge auf unseren Körper entsprechen.[283]

Üben die Einwirkungen, die der Körper des Menschen von außen her
erfährt, und denen die sach-unangemessenen Vorstellungen des Geistes
entsprechen, einen fördernden oder hemmenden Einfluß auf die Selbst-
Erhaltungs-Kraft des Körpers aus, so entstehen aus ihnen, oder entsprechend aus den sach-unangemessenen Vorstellungen, die Affekte. Zwischen den sach-unangemessenen Vorstellungen und den Affekten besteht ein strenges Korrelations-Verhältnis: aus sach-unangemessenen
Vorstellungen können nur Affekte, und Affekte können nur aus sach-
unangemessenen Vorstellungen hervorgehen. So ist der konkrete Zusammenhang des imaginativ-affektiven Lebens, der nur sehr unzulänglich durch die beiden, von Spinoza im Anhang zum ersten Buch der
Ethica angegebenen Voraussetzungen bestimmt wird,[284] der Lebens-
Boden der Offenbarungs-Religion.[285]

Die Abwertung des imaginativ-affektiven Lebens geschieht nun nicht
bloß mit Rücksicht auf die Falschheit, auf den geringen Wahrheits-
Gehalt der sach-unangemessenen Vorstellungen, sondern auch und
gerade mit Rücksicht auf die Schädlichkeit und Gefährlichkeit der
Affekte für die Selbst-Erhaltung. Die Harmonie zwischen dem Erfassen

---

[283] Eth. II 29 u. schol.; 40 schol. 2; 41. – Tr. de int. em. Opp. II 10–12; 22;
32.
[284] Übrigens will Spinoza selbst an dieser Stelle nur zum Zweck der Beseitigung
der Vorurteile auf die Entstehungs-Gründe derselben eingehen: verum haec ab
humanae mentis natura deducere, non est huius loci. Satis *hic* erit, si pro
fundamento id capiam, quod apud omnes debet esse in confesso; . . .
[285] ep. 54 vers. fin.; Eth. III def. 3; post. 1; affect. gener. def.; IV 8.

der sachlichen Wahrheit und der Selbst-Erhaltung des Menschen ist
dabei zu Grunde gelegt. Zufolge dieser Voraussetzung | ist mit dem   *209*
Verwerfungs-Urteil bezüglich des Wahrheits-Gehalts der Religion zugleich über ihren Lebens-Wert entschieden. Es ist nicht möglich, Spinozas Religions-Kritik so, wie Spinoza selbst sie auffaßt, ihrem vollen Sinn
nach zu verstehen, wenn man sich nur an die freilich unbestreitbare
Tatsache hält, daß Spinoza in den Lehren der Religion theoretische
Irrtümer, nachweisbar falsche Behauptungen sieht.

Die beiden einander entgegengesetzten Möglichkeiten des Menschen: Theorie und Offenbarungs-Religion (sapientia und superstitio)
sind in der Natur des Menschen, in dem einen und einzigen Grund-Trieb
des Menschen: dem Streben, in seinem Sein zu beharren, begründet. Der
Mensch, wesentlich ein Teilchen der Natur, durch die Gesetze der Natur
allseitig bestimmt, ist den mannigfachen Einwirkungen der ihn, d. h.
seinen Körper, affizierenden Körper ausgesetzt. Auf die ihn umgebenden
Körper, auf seine zufällige Umgebung verweist ihn sein Selbst-Erhaltungs-Streben. Er liebt, was sein Sein erhält, was seine Macht vermehrt
oder fördert; er haßt, was sein Sein gefährdet, was seine Macht verrin-
gert oder einschränkt. In der Gliederung und im Zusammenhang der
Affekte ist es begründet, daß die Menschen die natürliche Neigung
haben, dreierlei als höchstes Gut zu schätzen: Reichtum, Ehren und
Sinnenlust. Das Streben nach diesen Gütern ist notwendig, aber es ist
eine notwendige Sackgasse: das Selbst-Erhaltungs-Streben, das die Affekte der Habgier, des Ehrgeizes, der Wollust hervortreibt, das sich in
diese Affekte verrennt, hebt sich in ihnen auf; der von diesen Affekten
beherrschte Mensch erhält nicht, sondern gefährdet sein Sein. Die
Erfahrung lehrt den einen und den anderen Menschen (aber jedenfalls
nur wenige), daß jene vermeintlich sicheren Güter in Wahrheit sichere
Übel sind; sie gefährden unser Sein; ihr Genuß und das Streben nach
ihnen zwingt uns, ein gar elendes Leben zu führen, setzt uns Lebens-
Gefahren aus, beschleunigt unseren Tod. Die Gefährlichkeit der genannten Güter ist zuletzt in ihrer Vergänglichkeit begründet; sie sind der
extreme Fall der vergänglichen Güter überhaupt. Da wir nämlich
schwach und hinfällig sind, müssen wir, um zu existieren, uns durch ein
außerhalb unser Seiendes stärken, indem wir uns mit ihm vereinigen; wir
müssen ein außerhalb unser Seiendes »lieben«. Zu dieser Stärkung
können die vergänglichen Güter nichts beitragen, da sie selbst hinfällig
sind, und ein Krüppel den anderen nicht tragen kann; wir müssen daher
um unserer Selbst-Erhaltung willen ein Unvergängliches lieben (Tr. |

210 brev. II 5). Voraussetzung und Element unserer Liebe zum Unvergänglichen, die in unserer existentiellen Angewiesenheit auf das Unvergängliche begründet ist, ist die Erkenntnis des Unvergänglichen. Da nun aber das Vergängliche in einem strengen Abhängigkeits-Verhältnis zum Unvergänglichen steht, und daher die Erkenntnis des Vergänglichen auf die Erkenntnis des Unvergänglichen von sich aus verweist, so spitzt sich auf das Erkennen überhaupt das ursprüngliche Interesse des Menschen an der Erhaltung seines Seins zu. Das radikal verstandene Selbst-Erhaltungs-Streben wird zum Interesse an der Theorie.

Diese Bestimmungen, die vorzüglich der anagogischen, an das gemeine Bewußtsein anknüpfenden Meditation, mit der der Tr. de int. em. beginnt, entnommen sind, geben von der Intention Spinozas insofern ein irreführendes Bild, als sie die Auffassung nahelegen, Spinoza meine mit der Erhaltung des Seins die Erhaltung des Lebens, des zeitlichen Existierens. Er meint dies freilich auch (Eth. IV 20 schol.), aber er meint es nur mit. Daß es ihm letzten Endes nicht darauf ankommt, zeigt die Tatsache, daß der sein Interesse an der Erhaltung seines Seins wahrhaft verstehende Mensch nach Spinozas Meinung nicht von dem Denken an den Tod erregt wird. Das Interesse an der Erhaltung des Seins ist Interesse an der Selbst-Bestimmung. Ich erhalte mein Sein, ich beharre in meinem Sein, sofern ich ausschließlich (bzw. im Wesentlichen ausschließlich) durch mein Sein bestimmt bin, sofern ich tätig bin; mein Sein ist gefährdet, nur sofern ich von außen her bestimmt bin, sofern ich leide; ich bin vergänglich, nur sofern ich leide. So ist es dem Tätigen in uns wesentlich, daß es unvergänglich, daß es ewig ist; dieses Ewige, Tätige ist der Geist. Das seine ursprüngliche Intention radikal begreifende und ihr entschlossen folgende Leben nimmt sich aus den Affekten zurück und wird zum reinen Verstehen; es geht den Weg vom Vergänglich-Teilhaften zum Unvergänglich-Ganzen, vom Zeitlichen zum Ewigen, vom Fleischlichen zum Geistlichen, vom Leiden zum Handeln, von der Ohnmacht zur Tüchtigkeit und Stärke, von der Knechtschaft zur Freiheit. Durch diese Gegensatz-Paare ist Spinozas Auffassung des Verhältnisses von Theorie und Offenbarungs-Religion vollständig bestimmt. Die Theorie, Sache der wenigen Freien und Starken, lebt dem Ewigen und im Ewigen; zur Theorie führt das dem Menschen innewohnende Können, und nur dieses. Die Offenbarungs-Religion, Sache der vielen Knechte und Ohn-

211 mächtigen, lebt dem Zeitlichen und im Zeitlichen; in der | dem Menschen wesentlichen Unzulänglichkeit des Könnens hinsichtlich des Zeitlichen ist sie begründet: Si homines res omnes suas certo consilio regere possent, vel si fortuna ipsis prospera semper foret, nulla superstitione tenerentur. Zwar kann menschliche Leitung und Wachsamkeit zur Erreichung der legitimen zeitlichen Güter – Sicherheit und Gesundheit – viel beitragen; jedenfalls aber sind menschlichem Planen Grenzen gesetzt: die Menschen können schlechterdings nicht alle ihre Angelegenheiten nach sicherem Plan leiten (Tr. praef. 1, Tr. 32 f.).[286] Der Starke und Freie, in erkennender Liebe dem Schicksal aufgeschlossen, versucht, nach Kräften dem Glück zu gebieten und seine Handlungen nach dem sicheren Plan der Vernunft zu leiten (Eth. IV 47 schol.); und er weiß in jedem Fall, also auch in Lagen, in denen seine Kräfte versagen, in denen er keinen Plan heranbringen kann, wie ein Mann sein Schicksal zu tragen, zu lieben. Hingegen ist es Sache derer, die, von ihrer Leidenschaft geknechtet, dahinleben, sowohl öfter und leichter in ausweglose Engen zu geraten, als auch besonders dann zum Aberglauben (= Offenbarungs-Religion) ihre Zuflucht zu nehmen.

Die Offenbarungs-Religion ist ein Erzeugnis des imaginativ-affektiven Lebens. Die imaginatio und die Affekte wirken dabei in der Weise zusammen, daß nur auf der Grundlage imaginativen Betrachtens die Affekte gedeihen können, daß andererseits die Funktion des Imaginativen im religiösen Zusammenhang von den Affekten, die diesen Zusammenhang tragen, abhängt.[287]

Dem Geist des Menschen wohnt, da das Streben, in seinem Sein zu beharren, das Wesen des Menschen ausmacht, das Streben inne, sich möglichst das vorzustellen, was seine Macht vermehrt oder fördert; andererseits wendet er sich spontan von dem ab, was seine Macht verringert oder einschränkt. Dies besagt: der Mensch neigt von Natur zum Wünschen. So ist das Voraussagen der Propheten im Grunde nichts anderes als ein Wünschen. Daran interessiert, sich seine Macht vorzustellen, neigt der Mensch dazu, Jedem seine Taten | zu erzählen, die   *212* Kräfte seines Körpers und seines Geistes zu zeigen; daher auch die

---

[286] Der Terminus consilium bezeichnet die der Wahl vorangehende Überlegung über die Mittel zu dem vorher feststehenden Zweck; man berät sich nur hinsichtlich solcher Angelegenheiten, deren Ausgang ungewiß ist. (cf. Arist. Eth. Nic. III 3; Thomas S. th. II 1 qu. 14.) So ist bereits durch den ersten Satz des Traktats eindeutig bestimmt, in welchem Bereich menschlichen Seins die Religion zu Hause ist.

[287] Dem Folgenden liegt Tr. praef. 1 zugrunde; die zur Ergänzung benutzten Stellen aus dem Traktat selbst und aus den übrigen Schriften Spinozas werden im Text zitiert.

Neigung, Sachen nicht so zu erzählen, wie sie in Wahrheit sind, sondern so, wie man sie wünscht; daher das Streben, sich von den Anderen zu unterscheiden, über etwas zu verfügen, was den Anderen fehlt. So erklärt sich das Interesse an Erwählung, das Interesse der Juden an ihrer Erwählung; denn Erwählung ist jedenfalls Hervorragen des Einen vor

* dem Anderen; wer erwählt sein will, will hervorragen. Hierher gehört ferner die Neigung, Geschichten von nicht alltäglichen Dingen zu erzählen, welche die Menschen verblüffen und zum Staunen hinreißen; daher die Geringschätzung dessen, was allen Menschen gemeinsam ist: so verachtet die Menge das allen Menschen gemeinsame natürliche Licht und zieht ihm die Rasereien der Einbildungskraft vor. Das Interesse am Ungewöhnlichen vergegenständlicht sich, indem das Ungewöhnliche, das in irgendeiner Hinsicht Hervorragende, das Erstaunliche, das Unbekannte, das Unerkannte auf Gott bezogen wird.[288]

Die von ihrem elementaren und einzigen Streben vorangetriebenen, in maßloser Begehrlichkeit und Eitelkeit vorstürmenden Menschen verstehen es natürlich nicht zu planen. Vor lauter Selbst-Sicherheit, Prahlhaftigkeit und Geschwollenheit glauben sie, es geschehe ihnen ein Unrecht, wenn ihnen jemand einen Rat geben will. Ein solches Verhalten kann freilich nur im Glück gedeihen. Was werden die so gearteten Menschen tun, wenn sie ins Unglück geraten? Sie werden glauben!

Der Glaube ist, was seinen Wahrheits-Gehalt anlangt, nichts anderes als das Meinen oder Imaginieren. Im Bereich des imaginativen Vorstellens erweist sich die einstimmige sinnliche Wahrnehmung als relativ berechtigt; mag sie auch ungewiß und untotal sein: immerhin hält sie eine gewisse Ordnung ein, immerhin hat sie eine gewisse Konsistenz. Dem Glauben aber ist es wesentlich, Glaube *an alles Beliebige* zu sein. Unter Glauben, zum Unterschied vom Wissen, wird verstanden: Leichtgläubigkeit, Unfähigkeit und Unbereitschaft zu strenger Prüfung. Aber das Glauben ist mehr als bloßer Leichtsinn: es hat eine bestimmte *Funktion.* Die Menschen können es nicht vermeiden, daß sie oft in ausweglose Engen geraten; dann sind sie unentschieden, werden hierhin

213 und dorthin| getrieben und sind infolgedessen sehr geneigt, alles Beliebige zu glauben. *Das Glauben beginnt, wo das Planen aufhört; das Glauben ersetzt das Planen.* Die gefährdeten, in ausweglose Lagen

---

[288] Tr. 1, 9 f., 13 f., 19, 30, 67; Eth. III 12–13; 53–55 corr. 1. schol.; IV 57 schol.; ep. 52 und 54. – Omne humanum genus est avidum nimis auricularum – heißt es in verwandtem Zusammenhang auch bei Lukrez (IV 593 f.).

geratenen Menschen sind im höchsten Grad an dem Ausgang interessiert; unentschieden bezüglich des Ausgangs, den kein sicherer Plan
beherrscht, können sie nur unbeständige Freude empfinden auf Grund
der Vorstellung eines günstigen Ausgangs und wiederum nur unbeständige Traurigkeit auf Grund der Vorstellung eines ungünstigen Ausgangs: elendiglich schwanken sie zwischen Hoffnung und Furcht. Das
Glauben ist nicht ein uninteressiertes Vermuten, sondern ein Hoffen
oder ein Fürchten. Der freie und starke Mensch glaubt nicht, weil er
nicht hofft und nicht fürchtet; er liebt das Schicksal, er erfreut sich an der
Betrachtung; die Betrachtung ist das gewisse Gut, in dessen Besitz er
ewige Freude genießt. Aber die törichte Menge, die nicht nur überhaupt,
sondern ohne jedes Maß nach ungewissen Gütern strebt, muß glauben,
muß hoffen und fürchten. Die Menschen neigen von Natur mehr zur
Hoffnung als zur Furcht (Eth. III 50 schol.). Ihre Lage muß also schon
sehr bedenklich sein oder zum wenigsten ihnen sehr bedenklich erscheinen, ehe sie überhaupt zu fürchten anfangen. Wenn sie wider ihre
natürliche Neigung in Furcht gebracht sind, wenn in der affektiven Lage
das Moment der Furcht über das von ihr untrennbare Moment der
Hoffnung überwiegt, und sich also die Furcht der Verzweiflung nähert,
dann entsteht die Religion.

Gerät der Mensch in Lagen, aus denen er sich nicht retten zu können
glaubt, so folgt er – nicht wissend, wohin er sich wenden soll – jedem,
auch dem albernsten und verkehrtesten Rat, so glaubt er Jedem Jedes.
Seine Selbst-Sicherheit und sein Dünkel – diese im Glück hervor-
tretenden Affekte – sind im tiefsten erschüttert. Seine Verzweiflung
gelangt zu ihrem Höhepunkt, wenn ihm in solchen Lagen Unvertrautes
begegnet. Das ihm dann begegnende Vertraute sieht er, je nachdem, ob
es ihn an ein früheres erfreuliches oder trauriges Ereignis erinnert, als
gutes oder schlimmes Vorzeichen an; es läßt ihn also unter Umständen
hoffen; das Unvertraute aber bewirkt ausschließlich eine Steigerung
seiner Furcht: er hält es für ein Wunder, das den Zorn der Götter oder
des höchsten Wesens anzeigt. Das Unvertraute, das Ungewöhnliche, das
Ungewohnte, als das Fremde, befremdet; dieses Befremden wird in den
bereits fürchtenden Menschen zur Gottes-Furcht; Gott wird dabei vorgestellt als ein König, der fürchterlich wird, wenn man ihn beleidigt (cf.
Eth. I | app.; II 3 schol.; Tr. 79). Der Mensch versucht, den Zorn Gottes   *214*
durch Opfer und Gelübde zu besänftigen; er erfleht mit Gelübden und
weibischen Tränen Gottes Hilfe. Gebet, Gelübde, Opfer sind Maßnahmen zur Besänftigung des göttlichen Zorns, also illusionäre Maß-

nahmen zur Behebung einer illusionären Gefahr. Was hat es mit diesen
Illusionen auf sich? Sie stehen im Dienst des Begehrens, des Selbst-
Erhaltungs-Strebens. Die Menschen glauben zufolge ihres maßlosen
Begehrens. Begehrt man Unerreichbares – und unerreichbar, jedenfalls
ungewiß ist die Rettung aus ausweglosen Schwierigkeiten –, so gerät
man in Verzweiflung; der Verzweiflung entgeht man, indem man betet
und indem man die dem Wünschen entgegenstehende vernünftige Überlegung als blind und eitel verwirft. Darum also hält die Menge die
Rasereien der Einbildungskraft (lies: die Prophetie) für Antworten
Gottes: nämlich weil diese Offenbarungen dem Wünschen Raum geben;
darum also glaubt sie, daß Gott sich abwendet von dem Weisen und
seine Beschlüsse nicht dem Geist der Menschen, sondern den Einge-
weiden der Tiere (nicht dem Geist der Menschen, sondern dem Buchstaben der Schrift, Papier und Tinte – Tr. 145) eingeschrieben habe, oder
daß Toren, Narren und Vögel sie durch göttlichen Anhauch oder
Antrieb voraussagen; daran verzweifelnd, daß sie sich durch ihre eigene
Kraft retten, daß sie durch ihre eigene Kraft das Gewünschte erreichen
können, am eigenen Können überhaupt verzweifelnd, verwerfen die
Menschen die Vernunft und ergreifen sie die »Offenbarung«. Das
Glauben ist also im Grunde nichts anderes als ein Wünschen, als ein
Hoffen auf Ungewisses oder gar Unerreichbares – freilich ein durch alle
Qualen des Fürchtens und Verzweifelns verschärftes und gesteigertes
Wünschen und Hoffen.

So ist das Interesse an Offenbarung, der Verdacht gegen die Vernunft
geklärt und gerichtet: dieses Interesse und der ihm entsprechende Verdacht sind das Erzeugnis des zwischen Selbst-Sicherheit und Nieder-
geschlagenheit hin und her schwankenden, völlig von dem ihm wider-
fahrenden Glück oder Unglück abhängigen, des inneren Gleichgewichts
völlig entbehrenden Affekt-Systems. Wie verschieden dieses auch auf
Glück und Unglück reagiert: in keiner Lage ist es imstande, besonnen zu
planen; stets verschmäht es die Vernunft. Am stärksten von allen
Affekten wirkt die Furcht.[289] Ist| der Mensch in Gefahr geraten und
dabei seiner Schwäche und Ohnmacht ansichtig geworden, hat sich gar
infolge des Entgegentretens eines Unvertrauten seine (natürliche) Furcht
zur Furcht vor dem Zorn Gottes gesteigert, so glaubt er Anderen mehr
als sich selbst, als seiner eigenen vernünftigen Überlegung, so sieht er in

215

---

[289] . . . (superstitio) non ex ratione, sed ex solo affectu, *eoque efficacissimo*
oritur. (Tr. praef. 2.)

jedem Gebrauch der Vernunft Zeichen der Anmaßung und des Hochmuts, so verachtet er die menschliche Vernunft und erkennt er in Träumen und Rasereien der Einbildungskraft Offenbarungen.

Spinozas Analyse führt also die Religion auf die beiden, in der ganzen Epikureischen Tradition immer wieder hervorgehobenen Grund-Tatsachen: erstens auf die *Furcht*, zweitens auf den *Traum* (oder dem Traum verwandte Tatsachen) zurück. Dabei nimmt er wesentliche Veränderungen an dem traditionellen Schema vor. Der Traum erscheint nicht so sehr als Quelle der Furcht, denn als Quelle der Hoffnung: der in seiner Selbst- Sicherheit erschütterte, fürchtende Mensch ergreift den Traum (als Offenbarung), weil er nur vermittelst seiner an das Ziel seiner Wünsche zu gelangen hoffen kann. Wesentlich ist ferner, daß in Spinozas Religions-Analyse Furcht und Traum von *seiner* totalen Auffassung des Menschen her verstanden werden, daß ferner die Religion als Offenbarungs-Religion, die Überzeugung von der Unzulänglichkeit der menschlichen Vernunft zur Leitung des Lebens und von der Angewiesenheit des Menschen auf Offenbarung der eigentliche Gegenstand seiner Analyse ist.[290] ✳

Die Menge der von ihren Leidenschaften geknechteten und eben darum glaubenden Unweisen fällt den Leidenschaften Einiger: der Macht- und Ruhmsucht der Könige und Priester zum Opfer. Diese »tyrannisieren den Geist der Einfältigen, indem sie ihnen als ewige Orakel eine Welt falscher Gedanken darbieten«, indem sie ihre Erdichtungen als Zeugnisse Gottes ausgeben (Tr. praef.; Freudenthal, Lebensgeschichte p. 19). Genau genommen, erdichten sie weniger, | als daß sie sich die *natürlichen* Erzeugnisse der abergläubischen Furcht zunutze machen (omnes homines *natura* superstitioni esse obnoxios). Aus Spinozas Darstellung geht nicht eindeutig hervor, ob nach seiner Ansicht sie selbst – wie die Menge – dem Aberglauben verfallen sind oder ob sie nur *216*

---

[290] Die Übereinstimmung zwischen Spinoza und dem Epikureertum hinsichtlich der Religions-Analyse, ebenso wie die Grenze dieser Übereinstimmung werden offenbar, wenn man das im Text Ausgeführte mit folgenden Versen des Lukrez (V 1236–1240) vergleicht:
denique sub pedibus tellus cum tota vacillat,
concussaeque cadunt urbes dubiaeque minantur,
quid mirum, si *se temnunt* mortalia saecla
atque potestatis magnas mirasque relinquunt
in rebus viris divum, quae cuncta gubernent?

ihre Worte um ihres Zwecks willen den abergläubischen Vorstellungen der Menge anpassen.

Obwohl die von macht- und ruhmsüchtigen Königen und Priestern mittels des Aberglaubens (der Offenbarungs-Religion) beherrschten Vielen und ihre Beherrscher selbst von dem Hochziel menschlicher Vollkommenheit, dem das Schicksal liebenden, die ewige Ordnung der Natur betrachtenden, starken und freien Menschen, gar weit entfernt sind, so bringt doch die Tatsache, daß die Menge vermittelst ihrer Affekte zu leiten ist und daß es menschenkundige Männer gibt, die sich auf die Leitung der Menge verstehen und sich damit – aus welchen Gründen immer – befassen, mehr Nutzen als Schaden. Denn die Menge ist nicht zu bändigen, wenn sie nicht fürchtet. So haben denn die an sich, d. h. im letzten Betracht, schädlichen Affekte der Demut, der Reue, der Furcht und der Hoffnung einen relativen Wert. Sind nun gar die (unweisen) Führer der Menge von den Affekten des Mitleids und des Wohlwollens bestimmt, so verrichten sie, indem sie die Menge leiten, ein überaus nützliches und geradezu unentbehrliches Werk (cf. Eth. IV 50 schol.; 54 schol.; Tr. pol. I 5). Von hier aus wird eine relative Anerkennung der Religion möglich. Obwohl für radikale Betrachtung die unüberbrückbare Gegensätzlichkeit der Weisen und Unweisen erhalten bleibt, so wird doch, mit Rücksicht auf die Erfordernisse des menschlichen Zusammenlebens, innerhalb der Klasse der Unweisen zwischen den »Abergläubischen« und den »Frommen« unterschieden; sogar rükken unter diesem sekundären Gesichtspunkt Theorie und »Religion« gegenüber dem »Aberglauben« zusammen. Die nähere Bestimmung der so verstandenen »Religion« ist erst möglich auf Grund des Erweises der Notwendigkeit der »Religion«, den die Analyse der Staats-Lehre Spinozas erbringt. |

E

Der Staat und die soziale Funktion der Religion

Freiheit als Unabhängigkeit von allen äußeren Widerfahrnissen, Selbst-Bestimmung, Leben in zweckfreier Betrachtung, Liebe zum Schicksal, Freiheit von den Vorurteilen (die ja allesamt aus der Unfreiheit entspringen), *und* politische Freiheit im Sinn des Liberalismus und der Demokratie – besteht da ein notwendiger Zusammenhang? Für Spinoza ist die Zusammengehörigkeit von innerer Freiheit des Einzelnen und äußerer Freiheit der Gesellschaft und in der Gesellschaft so gewiß, wie das entsprechende, offenbare Bündnis von geistlicher und politischer Autorität.[291] Und so ist es möglich, von seinem Ethos aus, das ein politisches Ethos in sich birgt, seine Staats-Auffassung zu erhellen. Geht man aber diesen direkten Weg, so verkennt man den Charakter seiner Staats-*Lehre*, die als Lehre, als Theorie, die eigentliche und unentbehrliche Vermittlung darstellt zwischen der Theorie und dem Staat. Denn die Lehre vom Staat ist begründet in der Lehre vom Natur-Recht, und diese wiederum in dem Satz von der Identität des Verstandes und des Willens in Gott, welcher Satz der von Spinoza im Traktat bevorzugte Ausdruck für seinen innersten Gedanken ist. Zum tieferen Verständnis des sehr vermittelten Zusammenhangs von Staats-Lehre und Staats-Ethos ist allerdings nicht von den staats-theoretischen Abschnitten des

---

[291] Verum enimvero si regiminis Monarchici summum sit arcanum, ejusque omnino intersit, homines deceptos habere, et metum, quo retineri debent, specioso Religionis nomine adumbrare, ut pro servitio, tamquam pro salute pugnent, . . .; nihil contra in libera republica excogitari, nec infelicius tentari potest, . . . (Tr. praef. 3.)

Traktats, sondern von der strengeren und klareren Grundlegung, die im Tractatus politicus vorliegt, auszugehen.

Die radikalere Absicht des Tr. pol. zeigt sich schon darin, daß er mit einem bedeutenden Kapitel eingeleitet wird, in welchem Spinoza das Programm seiner Staats-Lehre entwickelt. Dieses Kapitel fußt auf zwei Vorlagen sehr verschiedener Herkunft: auf der Vor|rede zum dritten Buch der Ethica und auf dem 15. Kapitel von Macchiavellis Principe. Die Abgrenzung von Tr. pol. I gegen die beiden Vorlagen gibt die Möglichkeit, die eigentümliche Stimmung der Staats-Lehre Spinozas zu erkennen.

218

1. Der »Realismus« der Staats-Lehre Spinozas

Die Vergleichung von Eth. III praef. mit Tr. pol. I lehrt, daß Spinoza das erste dieser beiden Stücke mit Rücksicht auf den anderen Zusammenhang überarbeitet hat: die Thesen von Eth. III praef. sollen nunmehr zur Einführung in die Staats-Lehre dienen. In beiden Stücken werden mit wörtlichen Übereinstimmungen die gleichen Thesen aufgestellt: 1. die menschlichen Affekte sind nicht willkürliche Verschuldungen, Laster, die eben so gut nicht sein könnten, sondern sie sind notwendig nach den allgemeinen Natur-Gesetzen; 2. sie sind daher nicht zu verabscheuen oder zu beweinen, sondern zu verstehen. Angesichts dieser wesentlichen Übereinstimmung tritt der Unterschied in der Richtung und im Ton der in den beiden Stücken geübten Polemik um so schärfer hervor. Die Vorrede zu dem über »Ursprung und Natur der Affekte« handelnden dritten Buch der Ethica wendet sich zuerst gegen diejenigen, die den Menschen in der Natur als einen Staat im Staate anzusehen scheinen, indem sie ihm eine von der allgemeinen Natur-Gesetzlichkeit freie Macht über seine Handlungen zusprechen; die Vorrede wendet sich dann gegen die Stoiker und gegen Descartes, bei denen man, unbeschadet ihrer übrigen Verdienste, eine ausreichende Lehre von den Affekten ebenfalls nicht finde. Der Ton gegenüber dem Gegner ist kühl und scharf; er wird respektvoll, wenn auf die Stoiker und auf Descartes die Rede kommt. Der Ton ist der Ton des um Erkenntnis bemühten Philosophen einerseits gegenüber einem Typus von Moralisten, der nicht begriffen hat, was Erkennen eigentlich ist, andererseits gegenüber zu

bekämpfenden, aber zu respektierenden, wahrhaft philosophischen Vor-
läufern. Im Tr. pol. hat sich der Ton in auffälliger Weise verschärft. Hier
wendet sich Spinoza gegen die Philosophen schlechthin. Leicht sind in
ihnen die bereits in Eth. III praef. befehdeten moralisierenden Philosophen wiederzuerkennen. Aber Spinoza sieht hier nicht mit der feinen
Verachtung des Erkennenden über sie hinweg, sondern er geht mit dem
massiven Hohn des Mannes der Wirklichkeit wider sie vor. Nicht die
Behauptung der Willens-Freiheit macht er ihnen eigentlich zum Vorwurf, sondern mangelnden Sinn für das, was wirklich ist. Nicht als ein
Philosoph gegen andere wendet er sich, sondern, sich gleichsam seines
Philosophentums schämend und sich seiner entäußernd, spielt er gegen |
die Philosophen die Politiker aus: die Politiker, diese sehr scharfsinnigen,   *219*
schlauen oder verschlagenen Männer, die dafür gelten, daß sie die
Menschen mehr hintergehen als betreuen, da sie sich auf die Künste
verstehen, mit denen man der menschlichen Schlechtigkeit zuvorkommt,
die allerdings nicht weise sind, dafür aber, statt zu wünschen oder zu
träumen, erkennen, was ist und was Macht hat. So spricht sich eine
Stimmung aus, die – zum Teil unter dem unmittelbaren Einfluß Spinozas
– im neunzehnten Jahrhundert gegenüber den »Ideologen« und »Idealisten« zur Herrschaft gelangte; und schon hier ist der eigentümliche
Sinn erkennbar, durch den sich diese Stimmung von der scheinbar
verwandten des eigentlichen Politikers unterscheidet und dem sie ihren
Sieg in der kommenden Zeit verdankt: der Widerwille gegen die Utopie
ist sich bewußt, auf einer strengeren intellektuellen Zucht, auf einer
tieferen Wahrhaftigkeit zu beruhen.[292] Der Gegensatz zur Utopie ist so
im Grunde nichts anderes als der Gegensatz zur Religion. Denn auch die

---

[292] Eth.: *Plerique*, qui de affectibus et hominum vivendi ratione scripse-runt, ... non communi naturae po-tentiae, sed nescio cui naturae huma-nae vitio tribuunt, quam propterea flent, rident, contemnunt, vel, *quod plerumque fit, detestantur*; et qui hu-manae mentis impotentiam eloquenti-us vel argutius carpere novit, veluti divinus habetur.

Tr. pol.: Affectus, quibus conflicta-mur, concipiunt *philosophi* veluti vi-tia, in quae homines sua culpa labun-tur, quos propterea ridere, flere, car-pere vel (*qui sanctiores videri volunt*) *detestari solent.* sic ergo se rem divi-nam facere et sapientiae culmen attin-gere credunt, quando humanam na-turam, quae *nullibi* est, multis modis laudare et eam, quae *revera* est, dictis lacessere norunt. Homines namque *non ut sunt, sed ut eosdem esse vel-lent,* concipiunt.

Religion wurde ja als im Wünschen wurzelnd verworfen.[293] Nicht wünschen, sondern erkennen, was ist; nicht auf das Glück warten, sondern dem Glück gebieten; nicht Ansprüche an das Schicksal stellen, sondern das Schicksal lieben: also auch keine Ansprüche an die Menschen, an die anderen Menschen stellen.

Eine *realistische* Staats-Lehre soll begründet werden. Nur um die Begründung, um die strenge Deduktion dessen, was der menschenkundige Scharfsinn der Staatsmänner ausgedacht hat, aus den letzten Tatsachen der menschlichen Natur soll es sich handeln.| Der Staats-Theoretiker lernt von dem Politiker; die Staats-Lehre rechtfertigt die ihren eigenen Gesetzen folgende, von der Theorie unabhängige Politik. Damit beschreibt Spinoza das tatsächlich von ihm angewandte Verfahren: seine Analysen der politischen Tatsachen sind zu einem Teil an bestehenden Einrichtungen verschiedener Staaten, zu einem anderen Teil an den politischen Erörterungen des »höchst scharfsinnigen« Macchiavelli[294] (und anderer politici) orientiert. Selbst das realistische Programm Spinozas ist unter dem Eindruck der von ihm hoch geschätzten und sein Staats-Denken bestimmenden Kunst des Florentiners, ja unter dem direkten Einfluß des in Principe XV entwickelten Programms entstanden: offenbar hat gerade die Entgegensetzung des Eingebildeten und des Tatsächlichen, des Lebens, wie es ist, und des Lebens, wie es sein sollte, die Gleichsetzung der moralischen Forderungen mit dem Unwirklichen, also der Beachtung nicht Würdigen Eindruck auf ihn gemacht. Was hat diese »Abhängigkeit« nun aber zu bedeuten?

Vergleicht man die programmatischen Kapitel der beiden Staats-Denker, so stößt man sofort auf die auffällige Tatsache, daß der Ton Spinozas um vieles schärfer ist als der Ton Macchiavellis. Dieser setzt seine Worte kalt und klar, ganz ohne jene Bitterkeit, mit der er etwa gegen die Kirche spricht. Sein Gegenstand ist ihm zu ernst, als daß er sich mit den Gebilden einer wirklichkeits-fernen Phantasie befassen kann; so stößt er sie kräftig beiseite. Sie gehen ihn nichts an. Indem er seinen Leser vor ihnen warnt, zeigt er, daß er mit einem Leser rechnet, dem er über stärkere oder schwächere Skrupel erst hinweghelfen muß, daß er das Bewußtsein hat, der Lehrer seines Lesers zu sein. Jene Utopien gehen ihn nichts an, aber sie gehen – noch, vorläufig – seinen Leser, den Politiker,

[293] Der Zusammenhang der Utopie mit der Religion geht überdies aus Tr. pol. I 5 hervor.
[294] Tr. pol. V 7.

an. Spinoza hingegen ist von vornherein überzeugt, daß die Utopien für den Politiker überhaupt nicht existieren, daß sie also seinen Leser, sofern er Politiker ist, nichts angehen. Und dennoch kümmert er sich um sie? Und dennoch bekämpft er sie viel heftiger, als dies Macchiavelli tut? In der Tat, denn sie gehen *ihn* an. Er spricht nicht, wie sein Vorgänger, von ihrer Gefährlichkeit oder Schädlichkeit für die Praxis, er sieht nur ihre Lächerlichkeit – und darin die Schmach der Philosophie. Er bekämpft die Utopien also nicht so sehr im Interesse der Politik als im Interesse der Philosophie. Was besagt unter diesen Umständen aber der politische Realismus? |

Die Wahrheit ist, daß es sich letzten Endes um *politischen* Realismus gar nicht handelt; höchstens handelt es sich um die Verschärfung eines in den letzten Voraussetzungen Spinozas begründeten unpolitischen Realismus, einer aus unpolitischen Motiven vollzogenen Bejahung des Wirklichen zufolge nachträglicher *Rücksicht* auf die Politik. Die Situation, in der sich Spinoza in seiner Staats-Lehre befindet, ist nur aus jenem Grund-Charakter seiner Philosophie zu verstehen, den man mit Dilthey als »Zweiseitigkeit«, mit Cohen als »Zweideutigkeit« bezeichnen kann. So kommt er zu einer zwiespältigen Beurteilung der *Affekte*: er kann in ihnen die humana *impotentia* sehen, er kann in ihnen ebenso wohl die communis naturae *potentia*, die naturae necessitas et *virtus* sehen. (Eth. III praef.) Die zweite Möglichkeit, für die sich Spinoza an der zitierten Stelle der Ethica schon unmißverständlich genug einsetzt, wird in Tr. pol. I noch rücksichtsloser realisiert. Offenbar ist die Hinwendung zum Staats-Problem der Grund für die rücksichtslose Realisierung dieser selbst nicht aus dem Interesse am Staat stammenden Möglichkeit. Die ernsthafte, nicht utopistische Begründung des Staates muß von der tatsächlichen Herrschaft der Affekte als der zwar unbequemen, aber nicht wegzuredenden und wegzuträumenden Grund-Tatsache ausgehen; der Politiker würde auf Sand bauen, der etwa auf Treu und Glauben bei den Menschen rechnete; er würde sich den eigenen Untergang bereiten – so könnte Spinoza mit Macchiavelli sagen. Aber von der Anerkennung der tatsächlichen Herrschaft der Affekte ist ein weiter Schritt zur Bejahung der Affekte; es ist etwas anderes, angesichts der unverbesserlichen Torheit und Schlechtigkeit der Menschen zu *resignieren*, und diese Torheit in ihrem positiven Sein, in der sie erzeugenden natürlichen Notwendigkeit zu *bejahen*. Und andererseits: hätte die Bejahung der Affekte einen politischen Sinn, so müßte für die Affekte der Staat begründet, nicht aber dem Staatsmann die Aufgabe vindiziert werden, den Affekten zuvorzukommen. Etwa so wie Macchiavelli, der die höchste virtù und zugleich die Quelle der virtù aller übrigen Menschen in der virtù des Staatengründers und des Gesetzgebers erkennt, unter der virtù des Staatsmanns, die er bewundert, dessen Schlechtigkeit mitversteht, mitbejaht. Für Spinoza aber steht fest, daß der übersteile Weg der virtus der Menge und den Politikern verschlossen ist; vor dem beim Wort genommenen »Principe« schreckt er zurück. (Tr. pol. V 7.) Er ist also von einer Bejahung der Affekte, die gefährlichen natürlich einbegriffen, als positiver | Grundlage des Staats viel weiter entfernt als Macchiavelli und dennoch – oder deshalb – ist seine Bejahung der Affekte viel prinzipieller. Sie erfolgt *vor* aller Rücksicht auf die Politik, und sie ist in ihrem Grund indifferent gegenüber dieser Rücksicht. Die Möglichkeit, die für Spinoza auf Grund seiner letzten Voraussetzung besteht: auch in dem affekt-beherrschten, knechtischen, des vir fortis selber unwürdigen Leben der Menge die virtus der Natur (= Gottes) zu sehen und sich an ihrer Betrachtung zu freuen, ist identisch mit dem Realismus seiner Staats-Lehre. Die innere Zwiespältigkeit seiner Stellung: daß er etwas für Andere bejaht, was er für sich verwirft, damit: daß er aus der Distanz des Betrachtenden die politische Welt aufbaut, ihre Bildungs-Kräfte zwar bejahend, in der Weise des amor fati sie »liebend«, aber sie aus dem eigenen Lebens-Raum verweisend – ist offenbar. Die staatsmännische Kälte, auf die Spinoza gegenüber den Philosophen Anspruch erhebt, ist nicht urwüchsiges Erzeugnis politischen Lebens, politischen Interesses, politischer Verantwortlichkeit, sondern zuletzt nichts anderes als jenes reine Verstehen, in dem der Mensch am Unvergänglich-Ganzen bewußt teil hat. Sein Interesse am Staat ist vermittelt durch sein Interesse an der Theorie. Seine Staats-Lehre setzt voraus, daß die Theorie das Eine ist, was not tut – wenn auch nur als einziges *Mittel* zum Erreichen des vollkommenen Glücks. Denn mit dieser Voraussetzung ist die Kluft zwischen dem Weisen und der Menge gegeben, und die Staats-Lehre befaßt sich nicht mit dem Weisen, sondern mit der Menge. Die durch das Interesse an der Theorie aufgerissene Kluft zwischen dem Weisen und der Menge macht den Weisen wesentlich zum Zuschauer des Lebens der Menge; dem Weisen wird die Menge zum Gegenstand der Theorie. –

2. Die Lehre vom Natur-Recht und die Kritik an der Theokratie

Aus der Distanz zur Menge ist Spinozas Staats-Lehre, ist insbesondere seine Natur-Rechts-Lehre zu verstehen; sie ist also von der Lehre des *Hobbes*, mit der zusammen sie gewöhnlich genannt wird, toto coelo verschieden. Dieser Sachverhalt läßt sich nur bei oberflächlicher Be-   *
trachtung: wenn man Spinoza nicht als ihn selbst, sondern als Zeit-genossen sieht, oder wenn man sich nicht an den Motiven, sondern an den Dogmen orientiert, verkennen. Während Spinozas Staats-Lehre auf der Anerkennung der tranquillitas animi als legitimen Lebens-Ziels beruht, involviert Hobbes' Lehre vom Menschen und also auch seine Lehre vom Staat die prinzipielle Verwerfung jenes summum bonum der »alten Moral-Philosophie«, das dem Wesen des (gegenwärtigen) Lebens widerstreite| (Lev. XI). Zwar sehen beide Philosophen das Wesen des   *223*
Menschen in der Selbst-Erhaltung; aber sie meinen mit dem gleichen Wort sehr Verschiedenes. Die wahrhaft verstandene »Selbst-Erhaltung« zwingt nach Spinoza zur Theorie, nach Hobbes zur Sicherung der Zukunft, zum Frieden, zum Staat. Daher ist der wesentliche Inhalt der Moral-Lehre des Hobbes die Friedens-Gesinnung; daher ist seine Lehre vom Natur-Recht mit seiner Moral-Lehre wesentlich identisch.[295]
Ebenso ist es in der letzten Voraussetzung Spinozas begründet, daß seine Lehre vom Natur-Recht in keiner unmittelbaren Verbindung mit seiner Moral-Lehre steht: er muß darauf verzichten, den übersteilen Weg zu *seinem* Lebens-Ziel der Menge zuzutrauen und zuzumuten (Tr. 176; Tr. pol. I 5). Da für das Verständnis der Staats-Lehre Spinozas Alles davon abhängt, daß sie nicht mit derjenigen des Hobbes, von der sie in den Formulierungen beeinflußt ist, konfundiert wird, so müssen die Grund-lagen der beiden Staats-Lehren einander gegenübergestellt werden.

Hobbes geht aus von der Lage der Menschen im staatlosen Zustand. Er hat kein positives Interesse an diesem Zustand, dem Natur-Zustand. Er malt ihn an die Wand, um seinen Zeitgenossen zu zeigen, was ihnen der Staat, der diesen Namen verdient, der absolut souveräne Staat, leistet und nützt. Im Hinblick auf die Erfahrung vom Natur-Zustand,

---

[295] Lex (sc. naturalis) ergo eo ipso, quod praecipit media ad pacem, praecipit bonos mores, sive virtutes. Vocatur ergo moralis. (De Cive III 31.) Vgl. Tönnies, Hobbes 197 f.

wie sie in jedem Bürger-Krieg zu machen ist, wird die Möglichkeit des Natur-Zustandes radikal durchdacht, damit dann angesichts dieser Möglichkeit und in ihr, d. h. in den echten menschlichen Notwendigkeiten, welche den Natur-Zustand zum Krieg Aller gegen Alle machen, der Staat begründet werden könne. Hobbes' Schilderung des Natur-Zustandes ist eine leidenschaftliche und verschlagene Polemik; sie entstammt dem Interesse am Frieden, das selbst mit dem Interesse an der Selbst-Erhaltung, als dem Interesse primär an der Erhaltung des nackten Lebens, gegeben ist. Aus der Lage der staatlos lebenden Menschen, aus der verstandenen Erfahrung dieser Menschen wird von Hobbes das Natur-Recht bestimmt. Als Quelle alles *Rechts* deckt es sich nicht mit dem tatsächlichen Verhalten der Menschen, insbesondere nicht mit dem tatsächlichen Verhalten der staatlos lebenden Menschen; denn dieses Verhalten ist zu einem guten Teil vernunft-widrig. | Das Natur-Recht aber ist das vernunft-gemäße Verhalten des Menschen im Natur-Zustand.[296] Das Charakteristikum des Natur-Zustands ist nun, daß aus dem vernünftigen Verhalten – nicht nur aus dem vernunft-widrigen Verhalten – in diesem Zustand der Krieg Aller gegen Alle hervorgeht. Denn da einem Jeden seine Erhaltung das erste Gut, das erste aller Übel aber der Tod, vorzüglich der gewaltsame Tod ist (De Hom. XI 6; De Cive ep. ded.), so sind die Menschen nicht zu tadeln, wenn sie sich, unter so vielen Gefahren, wie sie einem Jeden drohen – infolge der natürlichen Begierden Aller, infolge des natürlichen Strebens jeweils Mehrerer nach dem Besitz eines Dings, der nicht geteilt werden kann –, vorsehen. »Es ist also nicht widersinnig und nicht anfechtbar und nicht wider die richtige Vernunft, wenn sich einer alle Mühe gibt, um Körper und Glieder gegen Tod und Schmerzen zu verteidigen und zu erhalten. Was aber nicht gegen die richtige Vernunft ist, von dem sagen Alle, es sei gerechterweise und mit Recht getan. Denn mit dem Wort »Recht« wird nichts Anderes bezeichnet als die Freiheit, die ein Jeder hat, die natürlichen Fähigkeiten gemäß der richtigen Vernunft zu gebrauchen. Daher ist des Natur-Rechts erste Grundlage, daß Jeder sein Leben und seine Glieder nach Kräften schützt.« (De Cive I 7.) Das vernünftige Verhalten im Natur-Zustand, das heißt: das Natur-Recht, ist der Schutz des Lebens

224

---

[296] Elements P. I, XIV 11 und 13. De Cive I 4 und 12. – Man trifft also den Nerv der Hobbes'schen Lehre nicht, wenn man – im Einklang freilich mit mancher seiner Äußerungen – den Natur-Zustand durch die Herrschaft des Affekts, den bürgerlichen Zustand durch die Herrschaft der Vernunft definiert.

und der Glieder. Hobbes verkündet nicht mit dem Pathos eines Kallikles das Herrschafts-Recht des Stärkeren – gibt es doch für ihn in letzter Instanz keinen »Stärkeren«; denn wesentlich kann Jeder Jeden töten, ist *also* Jeder Jedem gleich –; sondern er versteht, wie es den Menschen im staatlosen Zustand zumute ist. Man beachte die vorsichtigen, ausschließlich negativen Begründungen des Natur-Rechts als verständlichen und unumgänglichen Anspruchs eines Jeden darauf, sich seiner Haut zu wehren: es ist nicht zu tadeln, es ist nicht widersinnig, nicht anfechtbar, nicht gegen die richtige Vernunft. Hobbes meint das Verhalten nicht nur einer ihn nichts angehenden Menge, sondern auch sich selbst: cavere sibi adeo vituperandum non est, ut aliter velle facere non possimus (l. c.). Daß es in letzter Analyse keinen Unterschied macht: ob Verteidigung oder Angriff – denn wenn | man dem Gegner, dem Konkurrenten nicht   225 zuvorkommt, ist man selbst verloren – ändert nichts an der grundsätzlichen Auffassung des Natur-Zustands und des in ihm gründenden Natur-Rechts.[297]

Ganz anders steht es bei Spinoza. Erstens: Er geht umgekehrt vom Natur-Recht aus und definiert durch das Natur-Recht den Natur-Zustand. Zweitens: Er bestimmt das Natur-Recht nicht vom Menschen her, sondern er wendet einen anderswoher gewonnenen Begriff vom Natur-Recht nachträglich auf den Menschen an.

Ein jedes Individuum – nicht nur jedes menschliche, sondern schlechthin jedes Individuum[298] – hat so viel natürliches Recht, wie es Macht hat. Denn die Macht, durch welche die Individuen existieren und wirken, ist ihnen nicht eigen, folgt nicht aus ihrem Wesen, sondern ist die ewige Macht Gottes selbst. In Gott, der ursprünglichen und einzigen Quelle aller Macht und alles Rechts, sind Macht und Recht dasselbe; und da alle natürlichen Dinge zu der bestimmten Weise ihres Existierens und Wirkens durch Gott determiniert sind, da in ihrer Macht die ewige Macht Gottes wirkt, so ist auch in ihnen Macht und Recht dasselbe: *Hinc* igitur, quod scilicet rerum naturalium potentia, qua existunt et

---

[297] And from this diffidence of one another, there is no way for any man to secure himself, so *reasonable*, as anticipation; that is, by force, or wiles, to master the persons of all men he can, so long, till he see no other power great enough to endanger him: *and this is no more than his own conservation requireth, and is generally allowed.* Lev. XIII.

[298] nec hic ullam agnoscimus differentiam inter homines et reliqua naturae individua. Tr. 175 f.

operantur, ipsissima Dei sit potentia, facile intelligimus, quid ius naturae sit (Tr. pol. II 3; Tr. 175 f.). Da es nun das oberste Gesetz der Natur ist, daß jedes Ding, soviel an ihm liegt, in seinem Zustand zu beharren strebt, ohne etwas Anderes als sich selbst zu berücksichtigen, so hat jedes Individuum, insonderheit jeder Mensch, indem es die Macht hat, das Recht, ohne Rücksicht auf Andere die Erhaltung seiner selbst zu bewerkstelligen. Nicht also unmittelbar aus der Lage des Menschen, aus den Notwendigkeiten des Menschen als Menschen leitet Spinoza das Natur-Recht des Menschen her, sondern von Gott.

Nun scheint aber die Kluft zwischen dem metaphysischen Natur-Recht des Spinoza und dem positiven Natur-Recht des Hobbes durch die auch von Spinoza – wiewohl auf dem genau umgekehrten Weg wie von Hobbes – vollzogene Verbindung von Natur-Recht | und Selbst-Erhaltungs-Trieb überbrückt. Indessen ist eine so rasche Verständigung bei so verschiedenen, ja entgegengesetzten Ausgangs-Punkten gar nicht möglich.

Aus dem metaphysischen Satz: Jus Dei nihil aliud est, quam ipsa Dei potentia, folgt nämlich des weiteren, daß die Menschen, welche die wahre Vernunft nicht kennen, sondern von den Affekten geknechtet sind, Recht zu allem dem haben, wozu ihnen die Affekte raten. Mit der allgemeinen Bestimmung: daß die Bewerkstelligung der Selbst-Erhaltung mit allen Mitteln ohne jede Rücksicht auf Andere das natürliche Recht des Menschen sei, ist die eigentliche Voraussetzung von Spinozas Staats-Lehre noch gar nicht erreicht. Es gibt zwei Wege des menschlichen Strebens nach Selbst-Erhaltung: den Weg der affekt-geleiteten Menge und den Weg des vernunft-geleiteten Weisen. Beide Wege haben das gleiche natürliche Recht. Die Politik freilich darf, wenn anders sie nicht von utopischen Voraussetzungen ausgehen will, nur den ersten Weg in Betracht ziehen: der Menge und den Politikern ist der Weg der Vernunft für alle Ewigkeit verschlossen. Diese Tatsache wird nicht so sehr mit Resignation festgestellt, als vielmehr als ius naturae gerechtfertigt, bejaht, »geliebt« – nicht aber: verstanden. Hobbes hatte sein Natur-Recht aus der Lage des Menschen, aus den elementaren Notwendigkeiten des Menschen als unanfechtbar verstanden. Für Spinoza besteht diese Möglichkeit nicht; denn er bestimmt das Natur-Recht von Gott, von der Ordnung und den Gesetzen der ganzen Natur her. Das Natur-Recht der Affekte, damit die natur-rechtlich begründete Herrschaft von Streit, Haß, Zorn usw. ist widersinnig mit Rücksicht auf die Gesetze *unserer* Natur, nicht widersinnig mit Rücksicht auf die Gesetze der

ganzen Natur.[299] Alle Disharmonien des menschlichen Bereichs – alles Lächerliche, Widersinnige oder Schlechte – lösen sich in der Harmonie des Universums auf. Aber im Zusammenhang des Menschlichen – dies gibt Spinoza eben damit zu – ist der Krieg Aller gegen Alle, ist das | Natur-Recht nicht zu rechtfertigen.[300] Dem gegenüber erinnere man sich   227
an die beinahe umständliche Art, in der Hobbes bei der Begründung des Natur-Rechts, das eben gerade unter menschlichem Aspekt »nicht widersinnig, nicht anfechtbar, nicht gegen die richtige Vernunft« ist, an unser *Verständnis* appelliert. So ist das Natur-Recht im Sinn des Hobbes wirklich geeignet, Recht und Staat zu begründen; es selbst ist ein Rechts-Begriff. Wenn er lehrt, daß im Natur-Zustand die Begriffe von Recht und Unrecht, Gerechtigkeit und Ungerechtigkeit keinen Platz haben (Lev. XIII; De Cive I 10 n, III 4 n), so sagt er damit nichts Anderes, als daß *auf Grund* des Natur-Rechts, als eines verständlichen Anspruchs, Jeder nach eigenem Ermessen alle Mittel zur Erhaltung seines Lebens anwenden kann, daß Jeder *rechtmäßigerweise* Jedem Alles antun kann: der Wert-Unterschied zwischen einer Schädigung des Anderen »gemäß der richtigen Vernunft«, d. h. zur Verteidigung, und einer solchen Schädigung aus »leerer Ruhmsucht und falscher Einschätzung der Kräfte«, der Wert-Unterschied also zwischen der Wurzel des Rechts und der Wurzel des Unrechts wird durch die natur-rechtlich begründete Befugnis, Jedem Jedes anzutun, nicht aufgehoben, sondern vielmehr gesetzt (De Cive I 4).[301] Hingegen gibt Spinozas Natur-Rechts-Lehre unmittelbar keine Handhabe zur Begründung des Rechts als Recht; denn man darf nie vergessen, daß das so verstandene Natur-Recht in grundsätzlich gleicher Weise wie die Vernunft so auch die Affekte, wie die Affekte so auch den Blödsinn oder das Gewitter legitimiert; daß die Affekte für den Aufbau

---

[299] So handeln auch die Blödsinnigen und die Wahnsinnigen summo naturali iure. Tr. 175. Wenn auch Hobbes von dem Natur-Recht sowohl Gottes als auch der Tiere spricht (Elements P. II, III 9; De Cive VIII 10, XV 5), so erweitert er damit *nachträglich* und metaphorisierend eine aus der Lage des Menschen gewonnene Forderung, indes für Spinoza das Natur-Recht des Menschen eine Spezialisierung des von Gott hergeleiteten, *primär* allem Seienden zugesprochenen Natur-Rechts ist.

[300] Daher wendet Spinoza gegen Hobbes ein: ratio pacem *omnino* suadet (Tr. adnot. 33); denn Hobbes rechtfertigt mit Rücksicht auf die konkrete Lage der Menschen im Natur-Zustand den Krieg als vernunftgemäß.

[301] Vgl. Lev. XXI, wo Hobbes zwischen iniquity (gegenüber dem Natur-Recht) und injury (gegenüber dem bürgerlichen Recht) unterscheidet; Spinoza Tr. 182 verwendet die beiden Ausdrücke konsequenterweise synonym.

des Staats wichtiger sind als der Blödsinn oder das Gewitter, ist zweifellos; aber dies liegt an den Affekten, nicht an dem sie weihenden »Recht«. Infolge der Zuspitzung des »vernünftigen Handelns« auf das ratione duci des Weisen, wird die spezifische »Vernunft«, die in der sozialen, durchschnittlichen Sphäre herrscht, von Spinoza nicht erfaßt; er sieht hier nur Affekte schrankenlos walten. Das Natur-Recht als vernünftiges Verhalten sich ihrer Haut wehrender armer | Teufel *und* das Natur-Recht als summum naturale ius, als die auch das Widersinnige bestimmende und damit weihende Macht des Unvergänglich-Ganzen, die höher ist als alle Vernunft der Menschen – darf man da nicht von einem *Gegensatz* zwischen Hobbes und Spinoza auch und gerade bezüglich ihrer Lehren vom Natur-Recht sprechen?[302]

Hobbes geht, wie wir gesehen haben, im Unterschied von Spinoza, vom Natur-Zustand aus und legitimiert durch die »richtige Vernunft« der in diesem Zustand lebenden Menschen das Natur-Recht. Dieses Natur-Recht ist nun ganz illusorisch, da es zum Krieg Aller gegen Alle führt, also zu einer Lage, in der die Erhaltung von Leben und Gesundheit

---

[302] Will man Spinozas Pathos recht verstehen, so muß man seinen Satz: pisces a natura determinati sunt ad natandum, magni ad minores comedendum, adeoque pisces summo naturali iure aqua potiuntur et magni minores comedunt (Tr. 175), mit seinem tatsächlichen Verhalten in Verbindung bringen. Colerus berichtet – und an der Wahrheit des Berichts zu zweifeln, liegt kein Grund vor –: »War er (Spinoza) zu Hause, so fiel er niemandem beschwerlich, sondern saß die meiste Zeit still auf seinem Zimmer. War er jedoch von seinen Untersuchungen ermüdet, so kam er herunter und sprach mit den Hausgenossen von allem, was vorging, auch wenn es Kleinigkeiten waren. Außerdem bestand sein Vergnügen darin, eine Pfeife Tabak zu rauchen; oder wenn es ihm um irgendeinen anderen Zeitvertreib zu tun war, so fing er einige Spinnen und ließ sie miteinander kämpfen; oder er fing einige Fliegen, warf sie in das Netz der Spinne und sah diesem Kampf mit großem Vergnügen, selbst mit Lachen, zu. Auch nahm er wohl sein Vergrößerungsglas zur Hand, betrachtete dadurch die kleinsten Mücken und Fliegen und stellte darüber seine Untersuchungen an.« (Zitiert nach Freudenthal Lebensgeschichte 61 f.) Wenn man in bezug auf dieses Verhalten Spinozas von »Grausamkeit« spricht (Schopenhauer), so sagt man gar nichts; aber auch wenn man von »wissenschaftlichem Interesse« spricht (Freudenthal), verfehlt man das Niveau der Freude, die Spinoza empfand: nicht die bloße lex naturae, sondern das summum naturale ius, das jedem Geschehen, das daher auch dem Sieg des Stärkeren zukommt, ist das Korrelat der Freude, des »Vergnügens« des *Zuschauers* Spinoza: die Handelnden sind die großen und die kleinen Fische, die Herrscher und die Untertanen, deren Macht und deren Kampf modi der ewigen Macht und Notwendigkeit Gottes sind.

unmöglich wird. Darum ist es ein Gebot der richtigen Vernunft: den Frieden zu suchen; und dies ist das fundamentale »Gesetz der Natur« zum Unterschied von dem Recht der Natur. Der Sinn dieser Unterscheidung[303] ist: das Recht der Natur | ist der Ausdruck für das vernunftgemäße Verhalten der Menschen im Natur-Zustand; die Gesetze der Natur sind der Ausdruck der Bedingungen, die der (von der Vernunft geforderten) Aufhebung des Natur-Zustands in den bürgerlichen Zustand zu Grunde liegen. Dabei ist zu beachten, daß dem Natur-Recht nicht äußerlich ein Gesetz ganz anderer Herkunft vorgesetzt wird, sondern *ein* Recht erzeugt sowohl das Natur-Recht als auch das Natur-Gesetz: das Recht auf Erhaltung von Leben und Gesundheit. Es ist die Logik dieses Rechts selbst, daß es zum Krieg Aller gegen Alle führt – denn man kann sich nicht selbst erhalten, wenn man seine Macht nicht vergrößert, womit der Konflikt mit Anderen notwendig wird – und daß es auf Grund dieser Möglichkeit, in der es sich selbst negiert, umschlägt in die Verpflichtung zum Frieden. Alle »Gesetze der Natur« enthalten daher nichts Anderes als Momente der Friedens-Gesinnung. Das wichtigste dieser Gesetze besagt: Verträge sind zu halten; auf der Geltung dieser natur-rechtlichen (in Hobbes' Terminologie: natur-gesetzlichen) Norm fußt der Staats-Vertrag. Wir orientieren uns an dem instruktiven Beispiel, das Hobbes verwendet. Er fragt sich: wenn ich aus Furcht für mein Leben einem Räuber verspreche, ihm am nächsten Tag tausend Goldstücke auszuhändigen und nichts zu tun, wodurch er gefaßt werden könnte – bin ich durch dieses Versprechen gebunden oder nicht? Er antwortet: ich bin gebunden, und zwar aus folgendem Grund: hielte ich nämlich mein Versprechen nicht, so würde daraus folgen, daß der Räuber unklug handelt, der einem Lösegeld versprechenden Gefangenen traut. Mit anderen Worten: die Chance, das Leben zu retten, wäre in Zukunft infolge des Vertrags-Bruchs geringer, die allgemeine Unsicherheit würde größer, das Leben gefährdeter, insofern mindestens jener Räuber in Zukunft sich nicht mehr zum Narren halten ließe, sondern in jedem Fall zum Mörder würde. Nun wird nach Analogie dieses Beispiels der Staats-Vertrag verstanden: auch der Staats-Vertrag ist erpreßt, ist aus der Furcht hervorgegangen, deshalb aber mitnichten ungültig. (De Cive II 16; Elements P. I, XV 13; Lev. XV.) Denn – so haben wir Hobbes zu

---

[303] Die formale Unterscheidung von Natur-Recht als subjektiver Befugnis und Natur-Gesetz als objektiver Verpflichtung (Lev. XVI) läßt den inneren Zusammenhang nicht genügend hervortreten.

verstehen – Furcht ist die Voraussicht zukünftigen Übels, zugleich die Vorsorge dafür, daß man nicht zu fürchten braucht (De Cive I 2 n); daher führt die Furcht zum Interesse am Frieden; der Staats-Vertrag aber ist die den Friedens-Zustand eröffnende Maßnahme.

230   Nun läßt Hobbes keinen Zweifel darüber, daß wir im Natur-Zustand nur zur Friedens-*Gesinnung*, nicht zur Betätigung| dieser Gesinnung verpflichtet sind. Verhielte man sich im Krieg Aller gegen Alle friedlich, so handelte man schlechthin wider die Vernunft; nicht Friede, sondern sicherer und vorzeitiger Tod wäre der Erfolg. Der Friede setzt daher außer der Friedens-Gesinnung die Sicherheit schaffende Zwangs-Gewalt des Staats voraus (De Cive III 27; V 1 ff.; Lev. XV). Aber die Friedens-Gesinnung, die Gesinnung von Treu und Glauben wartet von sich aus darauf, betätigt werden zu können; die Staats-Gewalt, welche die Einhaltung von Verträgen risikolos macht, tritt nicht äußerlich zu ihr hinzu, sondern ist die Erfüllung ihrer eigenen Intention. Friedens-Gesinnung und Staats-Gewalt tragen sich gegenseitig.[304]

Aus dem, was über den Gegensatz zwischen Hobbes und Spinoza ausgemacht ist, folgt, daß Spinoza gar nicht die Möglichkeit hat, in der Weise des Hobbes das Aufkeimen der Friedens-Gesinnung, der Ehrlichkeit, aus der Sorge der Menschen um die Erhaltung ihres Lebens, damit den Sinn des Staats-Vertrags zu verstehen. Auch er diskutiert den von Hobbes herangezogenen Fall des von einem Räuber erpreßten Versprechens; er entscheidet genau umgekehrt wie jener. Da das Recht des Menschen mit seiner Macht identisch ist, so bricht er mit höchstem Recht jedes Versprechen, sofern ihm der Wort-Bruch als nützlich erscheint; das Recht zum Vertrags-Bruch ist mit der Macht zum Vertrags-Bruch gegeben (Tr. 177 f.; Tr. pol. II 12). Spinoza geht in seiner Auseinandersetzung über das Natur-Recht der Verträge gar nicht auf den Nutzen prinzipieller Vertrags-Treue ein; er verneint nur eine Verpflichtung zur Vertrags-Treue abgesehen von ihrer Nützlichkeit. Einer solchen Vertrags-Treue redet natürlich auch Hobbes nicht das Wort; aber er bestreitet gerade dies, daß – alle Folgen wohl erwogen – prinzipiell der Vertrags-Bruch nützlicher sein könne als die Vertrags-Treue. Die größere Nützlichkeit prinzipieller Vertrags-Treue ist das innere Band zwischen dem Natur-Recht der Selbst-Erhaltung und dem bürgerlichen Zustand. Spinoza durchschneidet dieses Band; so ist er nur scheinbar realistischer

---

[304] Auf dieses gegenseitige Abhängigkeits-Verhältnis ist der auffällige Widerspruch des Hobbes Lev. XV (Molesworth p. 133) zurückzuführen.

als der in Wahrheit viel konkretere und nüchternere, dem gesunden Menschenverstand zugetane Engländer.

Ist einmal das Natur-Recht der Affekte und das Natur-Recht des Vertrags-Bruchs stabiliert, so ist die innere Verbindung von Menge und Staat fragwürdig. Freilich möchten auch die Unweisen | lieber in Sicher- 231 heit als in dauernder Furcht leben; aber die Sicherung des Lebens setzt voraus, daß die Menschen auf Gewalt und List verzichten, um in einträchtiger Gesinnung zusammenzuleben; dies können die Meisten nicht, da sie eben nicht weise, sondern affekt-beherrscht sind. Die Übel des unsicheren und barbarischen Lebens schrecken sie offenbar nicht genügend; offenbar benötigen sie eines noch handgreiflicheren Zwangs: der Drohung mit Strafen. Die Furcht vor einander genügt nicht, um die Menge zu friedlichem Verhalten zu bewegen; sie muß, wie eine Herde von Schafen in den Stall, von ihren Hirten, den schlauen und verschlagenen Politikern, durch Gewalt und Drohungen in den Staat getrieben werden. Immerhin ist die Furcht vor dem Elend des staatlosen Lebens groß genug, um das Interesse am Staat unter allen Umständen bei allen Menschen wachzuhalten (Tr. 177; Eth. IV 37 schol. 2; Tr. pol. VI 1 f.); aber sie ist nicht groß genug, um die Staats-*Gesinnung* zu erzeugen.

Eine überlegene Vernunft muß in das Spiel der Affekte Ordnung bringen. Was veranlaßt diese Kraft dazu, die Funktion des Regierens zu übernehmen? In der Regel der Affekt der Herrsch-Begierde. Das Zusammen-Spielen der dumpferen Affekte der Menge und der Herrsch-Begierde ihres Führers schafft den Frieden. Mag auch, wer aus Herrsch-Begierde herrscht, nicht weiser sein als die Menge, so ist er doch, sofern er über die Kraft zu herrschen verfügt, der Menge wesentlich überlegen. Er hat mehr Macht, folglich mehr Recht, als die Menge; durch List und Täuschung beherrscht er die Seelen der Untertanen und damit auch ihre Leiber. Die spezifische Vernunft des Regierens ist die Schlauheit. Der tüchtige Politiker versteht es, auf diejenigen Affekte der Menge zu wirken, durch welche sie am meisten zum Gehorsam veranlaßt wird. Er wird also nicht oder wenigstens nicht nur gefürchtet sein wollen; denn wenn die Untertanen ihren Herrscher nur oder vorzüglich fürchten, so werden sie sich über sein Unglück freuen, ihm alles Böse wünschen und nach Kräften antun; der kluge Herrscher wird also weniger durch Drohungen schrecken, als durch Verheißungen an sich fesseln. Der Herrscher muß ferner die Eitelkeit seiner Untertanen schonen; die Menschen können es nicht vertragen, Gleichgestellten zu dienen; der Herrscher tut daher gut daran, seine Untertanen davon zu überzeugen, daß er etwas vor der gemeinen Menschen-Natur voraus hat – sei es indem er von den Göttern abzustammen, sei es indem er von Gott besonders belehrt zu sein vor|gibt. Die Konsequenz: es sind Menschen denkbar, die allein nach dem Willen ihres Herrschers glauben, lieben, hassen, verachten; die ihren eigenen Nutzen wahrzunehmen glauben, während sie nur dem Nutzen ihres Herrschers dienen; die für ihre Knechtschaft als für ihr Heil kämpfen und es nicht für schimpflich, sondern für höchst rühmlich halten, für *eines* Menschen Überhebung Blut und Leben zu opfern (Tr. praef. 3; Tr. 59 ff., 188 ff., 193, 200 ff.; Tr. pol. I 2, 5; II 10 f.; V 6; VII 4).

Ein solches Regiment ist nur als Theokratie möglich; denn die Menschen sind nur dann ganz und gar zu Sklaven zu machen, wenn ihr Geist geknechtet, durch den Aberglauben gebunden ist. Aber da der Aberglaube tief in der menschlichen Natur begründet, also zu allen Zeiten und bei allen Völkern mehr oder minder lebendig ist, so kann die Theokratie ewigen Bestand haben. Die Theokratie ist also die dem imaginativ-affektiven Leben entsprechende Staats-Form; in der Theo-kratie schafft sich dieses Leben, das an seiner eigenen Maßlosigkeit im Krieg Aller gegen Alle zugrunde gehen müßte, eine gewisse Ordnung und Sicherheit. Voraussetzung dafür ist freilich, daß der jeweilige Aber-glaube, der die Grundlage des theokratischen Regiments ist, gegen jede Anzweiflung durch Verhinderung freien Denkens geschützt ist. Diese Voraussetzung ist nun aber offensichtlich unerfüllbar; denn Niemand kann auf die Urteilsfähigkeit, die er hat, verzichten. An den Untertanen, die sich durch den Machthaber nicht betrügen lassen, findet seine Macht ihre Schranke. Unausrottbar ist der Widerstand gegen die Vorherrschaft eines Einzelnen, unausrottbar der Verdacht, daß der Herrscher seine und seiner Familie Interessen zum Schaden aller Übrigen wahrnehme. Men-schen, die nicht ganz und gar Barbaren sind, lassen sich nicht so offensichtlich täuschen und aus Untertanen zu sich selbst unnützen Sklaven machen. Die Theokratie wird notwendig zur Gewalt-Herr-schaft; und Gewalt-Herrschaft hat niemand lange behauptet (Tr. praef. 3; Tr. 59, 191, 205, 207, 211, 225 f.; Tr. pol. II 11; VI 4).

Die Theokratie ist die charakteristische Möglichkeit der Lebens-Sicherung, die dem affektiven Leben zu Gebote steht; also kann nach dem Gesagten das affektive Leben sich selbst auf keine Weise sichern. Das affektive Leben hat also keine Konsistenz, kein beständiges Sein. Sofern es an Sein, an Macht geringer ist als das vernünftige Leben, hat es geringeres Recht als dieses. Das Natur-Recht des Menschen wird

zum Recht der Vernunft, weil ausschließ|lich die Vernunft das kon-
sistente Sein des Menschen begründet und ausmacht (Tr. pol. IV 4 f.; V
1; VIII 7). –

3. Natur-Recht und Vernunft-Recht

Um die Problematik und zugleich die eigentliche Voraussetzung dieser
Kritik an der Theokratie zu verstehen, werfen wir zunächst noch einen
Blick auf die Natur-Rechts-Lehre Spinozas zurück. Diese Lehre besagt:
nichts Seiendes ist kritisierbar; es gibt keine absolute Norm für das
Seiende, sondern nur Bestrebungen, die aus dem Seienden mit Notwendigkeit hervorgehen. So unkritisierbar wie das Seiende ist sein
Bestreben und sein Handeln. Nur der Mensch, dessen Sein ihn über das
imaginativ-affektive Leben hinauszwingt, kann und muß dieses Leben in
Bezug auf sich kritisieren, verwerfen; er handelte töricht, wenn er diese
Kritik anderen Menschen, die nicht zu dem höheren Leben der Vernunft
durch ihr Sein bestimmt sind, zumuten wollte; so töricht, wie wenn er
von einer Katze verlangte, sie sollte nach den Gesetzen der Löwen-Natur
leben. Insofern ist also alles Seiende gleichen Rechts. Nun ist aber jedes
Seiende in seinem bestimmten Sein Folge oder Element des Einen Seins;
daher werden die verschiedenen Seienden vergleichbar, nämlich mit
Rücksicht darauf, in welchem Grad sie das Eine Sein ausdrücken, in
welchem Grad sie seiend sind. Das gleiche Recht alles Seienden wird,
weil sich dieses Recht auf die Bedingtheit jedes einzelnen Seienden durch
das Eine Sein gründet, zum höheren Recht des in höherem Grad
Seienden. Dieses Recht als Recht des Stärkeren zu bezeichnen, hieße die
Intention Spinozas einem schweren Mißverständnis aussetzen. Wenngleich Spinoza sagen kann, daß der Weise der wahrhaft Starke ist, so
kann er doch nicht umhin, zuzugeben, daß *diese* Art Stärke und Macht
für den Aufbau des Staats von geringer Bedeutung ist; und zwar darum,
weil die Menge der von den Affekten geknechteten Menschen ihm
machtmäßig so sehr überlegen ist, daß er angesichts dieser Macht
resignieren muß. Wollte man aber die Macht in einem anderen, innerli-
cheren Sinn verstehen,[305] so beginge man eine schwere Erschleichung.

---

[305] Im Sinn der von der Zeit-Dauer unabhängigen Vollkommenheit (Eth. IV
praef.).

Im Sinn der Natur-Rechts-Lehre Spinozas muß also gesagt werden, daß die Menge, sofern sie größere Macht hat als der Weise – und sie hat größere Macht in dem für den Aufbau des Staats allein in Betracht kommenden Sinn von »Macht« –, größeres Recht als dieser hat. Nur wenn sich auf der Ebene des Einen Seienden, auf der Ebene quantitativer

234 Vergleichbarkeit die Macht des| Weisen als größere Macht erwiese, könnte von dem höheren Recht des Weisen gesprochen werden.

Um jede Zweideutigkeit von der Gleichung Macht = Recht fernzuhalten, grenzen wir die aus dieser Gleichung folgende Gleichung: je mehr Macht um so mehr Recht, von der eigentlichen Lehre vom Recht des Stärkeren ab. (Beiläufig sei nochmals daran erinnert, daß auch Hobbes nicht das Recht des Stärkeren behauptet, da es ja nach seiner Lehre gar keinen Stärkeren gibt.) Das Natur-Recht im Sinn Spinozas ist nicht auf Seiten des Stärkeren als einer Person, die in ihrer Lebens-Fülle angeschaut, gefürchtet und bewundert wird, sondern auf Seiten des größeren Macht-Quantums, ganz gleichgültig, ob dies in einer Person oder in einer Summe von Personen vorhanden ist (vgl. Tr. pol. II 13). Der Tyrann, der sich mit Gewalt und List in den Besitz der Herrschaft bringt, handelt nach Kallikles sowohl wie nach Spinoza mit dem höchsten Recht der Natur; der Sklavenhaufe, der sich zusammenrottet und den Tüchtigen und Starken knechtet, verfehlt sich am Recht der Natur im Sinn des Kallikles – nach Spinoza ist er, indem er siegt, im Recht. Die Natur-Rechts-Lehre Spinozas ist frei von jeder Rücksicht auf das Menschliche; sie ist ausschließlich am Kosmischen orientiert. Sie kann dadurch und nur dadurch zum Verständnis des menschlichen Rechts führen, daß sie dem Menschen kosmische Relevanz zuerkennt. Der Mensch ist nur ein Teilchen der Natur; aber dieses Teilchen der Natur, das der Mensch ist, muß im eminenten Sinn Natur, Macht sein.

Der Mensch als Mensch ist allen übrigen Tieren an List und Schlauheit, also an Macht, überlegen (Tr. pol. II 14). Er hat mehr Macht, also mehr Recht, als das Tier. Nun sind die Menschen darum, weil sie so schlau und listig sind, einander im höchsten Grad gefährlich; der Krieg Aller gegen Alle und die korrelative Notwendigkeit des Staats ist mit dem bestimmten Sein des Menschen, das auf der Ebene quantitativer Vergleichbarkeit in höherem Grad Sein ist als das Sein der Tiere, gegeben. Die Angewiesenheit des Menschen auf den Staat ist also bereits Zeichen größerer Mächtigkeit.

Die Macht jedes einzelnen Menschen im Natur-Zustand ist gegenüber der List und Schlauheit der anderen Menschen gleich Null. Die vereinigte Macht Zweier ist größer als die Macht eines jeden von ihnen; und entsprechend ist die vereinigte Macht Vieler größer als die Macht der vereinzelten Vielen. Das Recht der Gesellschaft gegenüber den Einzelnen ist identisch mit der Macht der vereinigten Vielen gegenüber den vereinzelten Vielen. (Tr. pol. II 13, | 15, 16.) So gibt es also Macht des Menschen als solche nur als Macht der Gesellschaft, des Staats: als die von dem Staat dem Einzelnen überlassene, übrig gelassene, vielmehr geschaffene Macht. Das Recht im engeren, im menschlichen Sinn ist das durch die menschliche Natur vorgezeichnete Macht-Verhältnis. Dieses Macht-Verhältnis aber ist die Vernunft des Staats, der vernünftige Staat. Denn der nicht von der Vernunft geleitete Staat hat keinen Bestand.

Das affektive Leben bedarf von sich aus der Leitung durch die Vernunft. Es ist nur, sofern es vernünftig ist. Daher ist der Staat keine Forderung, sondern eine immer, wenn auch in verschiedenen Graden, erfüllte Seins-Bedingung. Wo aber hat die Vernunft des Staats ihren Ort? Die Vielen, die von ihren Affekten geknechtet sind, verweist ihr Interesse auf das Zusammenleben mit Anderen. Aber nur ihr wohlverstandenes Interesse; sie selber vermögen ihr Interesse nicht wohl zu verstehen und nicht richtig wahrzunehmen; sie bedürfen des Zwangs, des Staats. Die Leitung übernehmen durch Zufall oder Begabung berufene Männer, die selber nur ihrem Nutzen, und zwar in der Regel nicht ihrem wahren Nutzen, folgen. Die Vernunft des Staats ist nicht in den regierenden und regierten Menschen, sondern in der Fähigkeit der Regierenden, zu regieren, und in der Fähigkeit der Regierten, regiert zu werden. Wenn vorzüglich die Vernunft des Staats in der Regierung ist, so ist sie nicht in den regierenden Personen als Personen, sondern eben in ihrer Funktion des Regierens. Die Vernunft des Staats ist in keiner Person. Sie ist auch nicht in der Person des Weisen. Zwar sucht und findet auch und gerade der Weise im Staat seinen wahren Nutzen. Aber er kann nicht *als* Weiser, d. h. allein nach der Vorschrift der Vernunft leben, wenn er durch die öffentlichen Geschäfte zerstreut wird (Tr. pol. I 5). So ist der Weise, der am stärksten am Staat interessiert ist, der den Nutzen des Staats am klarsten erkennt, eben als solcher von der Leitung des Staats, von der spezifischen Vernunft des Staats getrennt.[306]

_____

[306] Die Staats-Lehre Spinozas steht und fällt mit dem Satz, daß Verträge nicht binden; nicht auf den Vertrag, sondern auf die Macht Aller wird der Staat begründet; hingegen handelt der Weise immer mit Treue: er darf sich durch Perfidie auch nicht aus Todes-Gefahr retten. (Eth. IV 72 und schol.)

235

Welche Garantie gibt es nun für die Vernünftigkeit des Staats? Wer bringt in das ungeregelte Spiel der auseinanderstrebenden affektiven Kräfte die Harmonie? Die Notwendigkeit des Geschehens | selbst. Denn nur der vernünftige Staat hat Bestand; nur der vernünftige Staat ist auf die Dauer wirklich. Die Vernunft des Staats ist identisch mit der Harmonie des affektiven Lebens, die sich herausstellt im Vollzug des affektiven Lebens: sind doch die Mittel, mit denen die Menge zu leiten ist, nicht von den Philosophen, sondern von den Politikern im Vollzug ihrer Bemühung, der Schlechtigkeit der Menschen zuvorzukommen, ausgedacht worden, und sind doch die Politiker selbst von ihren Affekten beherrscht. –

4. Die konkrete Voraussetzung der Kritik an der Theokratie

Die Kritik an der Theokratie scheint gezeigt zu haben, daß das affektive Leben nicht imstande ist, sich selbst zu sichern. Indessen hat diese Kritik eine besondere Voraussetzung, die wir noch nicht besonders beachtet haben, weil wir zunächst das prinzipielle Verhältnis von Natur-Recht und Vernunft-Recht in sich selbst verstehen wollten. Diese Voraussetzung ist der Freiheits-Drang des Volks. Es zeigt sich nämlich, daß kein Reich so lange und so sicher bestanden hat wie das türkische, hingegen unter keinem Regime mehr Unruhen entstehen als unter dem demokratischen, das nach Spinozas Behauptung das natürlichste und vernünftigste ist. Das türkische Reich aber ist auf den Aberglauben, also auf die Unvernunft gegründet (Tr. pol. VI 4; Tr. praef. 3). Damit ein Volk eine solche Herrschaft nicht ertrage, damit es die Theokratie oder die theokratisch begründete Monarchie zu offener Gewaltherrschaft zwinge und so den Sturz dieses unvernünftigen Regimes herbeiführe – dazu ist *bereits vorausgesetzt*, daß das Volk nicht ganz und gar barbarisch ist, daß es sich über seinen wirklichen Nutzen nicht durch listig geförderte Illusionen täuschen läßt, daß es nicht gesonnen ist, Versklavung zu dulden. Vorausgesetzt ist also, daß das Volk mehr ist als jener durch das Natur-Recht wie alles andere Seiende geheiligte Pöbel, der schreckt, wenn er nicht fürchtet, der der List der Priester und Könige verfällt. Ist dem Volk erst einmal der Star gestochen, läßt es sich nicht mehr durch illusionäre Güter und Übel über die wirklichen, wenn auch nur zweitrangigen, Güter und Übel, die es wirklich angehen, betrügen – dann und nur dann erträgt es die Theokratie nicht mehr. Für das um seine Freiheit besorgte, über seine Freiheit wachende Volk hat Spinoza seine Staats-Lehre geschrieben; er reflektiert über die (freilich nicht von ihm, sondern von Politikern ausgedachten) Mittel zur Sicherung dieser Freiheit. (Tr. pol. VII 31; V 7.)[307] |

Nicht die Affekte schlechthin bewegen das Volk – wie leicht wären   *237* diese Affekte im Sinn der Theokratie zu beeinflussen! – sondern der Wille zur Freiheit, natürlich zur Freiheit seines affektiven Lebens, seines Strebens nach den zeitlichen Gütern. Während Spinoza zunächst durch das Auseinanderreißen von Weisen und Menge sich die Möglichkeit, die in der sozialen, durchschnittlichen Sphäre waltende Vernunft zu sehen, im tiefsten Gegensatz zu Hobbes verstellt, gewinnt er durch das Verständnis der natürlichen Freiheits-Liebe des Volks und durch die Sympathie mit ihr die Möglichkeit, Recht und Staat zu begründen. Erst durch die Verbindung mit dieser menschlichen Tatsache erhält das Natur-Recht Spinozas einen menschlichen, politisch fruchtbaren Sinn. Aber die Verbindung scheint nicht notwendig zu sein: zwischen dem Staat der freien Menge und dem durch Krieg erworbenen Gewalt-Regiment besteht kein Unterschied im Wesen. (Tr. pol. V 6.) Besteht aber nicht ein gradueller Unterschied von höchster Wichtigkeit? Ist nicht ein   * Volk, das seine Freiheit verteidigt, das für Haus und Herd kämpft, mächtiger als ein Heer von Söldnern, das sich für den Ruhm eines Fürsten schlägt, nur durch die Hoffnung auf Beute geleitet ist? In der Tat! (Tr. 198 ff.; Tr. pol. VII 22, VIII 9.) So, also erst unter Berücksichtigung des konkreten Macht-Charakters der »freien Menge«, erweist sich der Vernunft-Staat als mächtiger denn die (wie immer verbrämte) Gewalt-Herrschaft;[308] ohne diese Rücksicht müßte die Rede von dem höheren Recht des freien Staats den Begriff des Natur-Rechts zweideutig machen.

---

[307] »Die einzige Zukunftsidee, die dieses Volk (das niederländische) besaß«, sagt Balzac (in La recherche de l'absolu), »war eine Art | Ökonomie der Politik;   *237* seine revolutionäre Kraft entstand aus dem inneren Wunsch heraus, bei Tisch freie Ellenbogen und unter dem Schutz seiner »steedes« sein selbständiges Behagen zu haben.« (Deutsche Übersetzung unter dem Titel »Der Alchimist«, Verlag Rowohlt, p. 11.)

[308] Die geschichtliche Voraussetzung dieses Urteils ist der Abfall der Niederlande.

Zu einer derartigen Zweideutigkeit führt die Interpretation des Natur-Zustands als des Zustands vollkommener Freiheit und vollkommener Gleichheit (Tr. 181).[309] In dem Satz von dem Natur-|Recht der Affekte schwingt die Bedeutung nach, daß die nicht durch staatlichen, menschlichen Zwang beeinflußte und abgelenkte natürliche Richtung des Lebens, daß der Mensch, so wie er aus den Händen Gottes kommt, vollkommen ist. In diesem Sinn besagt Natur-Recht nicht Recht alles Seienden schlechthin, sondern Recht alles Natürlichen, Göttlichen, Freien im Gegensatz zum Gesetzlichen, von menschlicher Willkür Abhängigen. Und dieser Natur-Rechts-Begriff ergibt dann ein politisches Ziel, eine Direktive für den Aufbau von Recht und Staat: die Gesellschaft der Freien und Gleichen. Aber es braucht nun nicht mehr begründet zu werden, daß diese, bei Spinoza freilich vorhandene, Auffassung des Natur-Rechts seinen philosophischen Voraussetzungen widerstreitet: setzt sie doch voraus, daß eine (und zwar schuldhafte) Entfernung vom Natürlichen möglich ist. Für Spinoza aber ist die Theokratie, da sie auf dem Zusammenwirken von Affekten, also von natürlichen Kräften, beruht, wesentlich so natürlich wie die Demokratie. Nicht am Anfang, nicht vor dem Staat, sondern am Ende, im vernünftigen Staat werden Freiheit und Gleichheit wirklich: indem sich der vernünftige Staat als der am meisten natürliche, am meisten mächtige Staat erweist.

Mit der Natur-Rechts-Lehre ist die Bevorzugung des freien Staats zwar vereinbar, aber sie folgt aus ihm dann und nur dann, wenn die abstrakte Entgegensetzung von Menge und Weisen verlassen wird, genauer: wenn es sich als möglich zeigt, daß das Volk sich vom Aberglauben befreien kann. Andernfalls läßt sich das theokratisch begründete Regime nicht ad absurdum führen. Sehen wir ab von dem antinomistisch-naturalistischen Freiheits-Begriff, der durch Spinozas letzte Voraussetzungen zerstört ist, so ist weder, wie bereits gezeigt wurde, der demokratische, noch, wie nunmehr zu zeigen ist, der liberale Freiheits-Begriff eine unmittelbare Konsequenz des Natur-Rechts. Der Mensch – so lautet die hierhergehörige Begründung – kann auf Alles

_238_

---

[309] Damit steht im engsten Zusammenhang die Ableitung der Aristokratie und der Monarchie aus der Demokratie; das Hervorgehen der Aristokratie aus der Demokratie wird unter der nicht kritisierten Voraussetzung des Ausnahme-Rechts gegen die Fremden, zuletzt des Eigentums-Rechts, gerechtfertigt (Tr. pol. VIII 12).

verzichten, nur auf sein Mensch-Sein nicht: seine Freiheit, zu urteilen und zu denken, was er will, kann ihm nicht genommen werden (Tr. 187, 225 ff.; Tr. pol. IV 4). Die Menschen-Rechte sind unveräußerlich. Aber Spinoza muß doch zugeben, daß es Menschen geben kann, deren Denken und Fühlen durch kluge Maßnahmen der obersten Gewalt völlig reguliert wird; und nicht nur geben kann: die geschichtliche Erfahrung lehrt, daß sich vielmehr auf die innere Knechtung der durch den Aberglauben gebundenen Menge ein dauerhaftes und mächtiges Reich gründen läßt. Es muß ein gewisses Maß von innerer Freiheit *schon da| sein*, ehe die Menschen-Rechte überhaupt in Anspruch genommen, zu einer Macht werden können.

239

Erst dadurch also, daß Spinoza unter der Menge nicht mehr den affekt-geknechteten, ohne Rettung seinen abscheulichen, die Illusionen des Aberglaubens sich klug zunutze machenden Verführern verfallenen Pöbel, sondern ein nach Freiheit trachtendes, seinen wirklichen Nutzen mit gesunder Vernunft suchendes Volk versteht, erhält seine Natur-Rechts-Lehre politischen Sinn, wird die durch diese Lehre geforderte Identität des Natur-Rechts mit dem Vernunft-Recht beweisbar. Und so holt Spinoza den großen Vorsprung, den Hobbes zunächst durch sein positives Natur-Recht für das Verständnis des Staats vor ihm voraus hat, wieder ein. Darüber hinaus verfügt er, seiner eigenen Auffassung nach, über eine Einsicht, die Hobbes, zufolge der seine Staats-Lehre leitenden, alles Andere ausschließenden Rücksicht auf die Erhaltung des nackten Lebens, verschlossen bleiben mußte: er weiß, daß der wohlverstandene Nutzen des Volks ihm nicht schlechthin den Frieden gebietet, den freilich auch die Theokratie und die absolute Monarchie gewährleistet und der doch, so verstanden, der Friede der Wüste wäre – denn da, wo die Menschen keine Macht haben, droht ihnen keine Gefahr –, sondern nur den Frieden, in dem es für sich, und nicht für einen Anderen *lebt*.[310]

Es gibt kein von der Macht verschiedenes Recht; aber es gibt Grade der Macht und also Grade des Rechts. Menschliche Macht, menschliches Sein gibt es nur im Staat: auch der »mächtigste« Einzelne, der Weise, kann nur im Staat leben. Das Natur-Recht des Menschen, d. h. die Existenz-Bedingung des Menschen, ist der Staat. Der mächtigere

---

[310] Libera enim multitudo maiori spe, quam metu, subacta autem maiori metu, quam spe ducitur: quippe *illa vitam colere, haec autem mortem tantummodo vitare studet*; illa, inquam, sibi vivere studet, haec victoris esse cogitur, unde hanc servire, illam liberam esse dicimus. Tr. pol. V 6.

Staat hat das größere Recht; mächtiger aber ist der Staat der freien Menge als die Gewalt-Herrschaft. Der vernünftige Staat ist der in höherem Grad wirkliche. Wir brauchen hier keine Zweideutigkeit des Sinns von »wirklich« anzunehmen; auf der hier allein in Betracht kommenden Ebene der machtmäßigen, politischen Auseinandersetzung zeigt sich die größere Macht der freien Menge gegenüber den Söldnern der Tyrannen. Welche Gesinnung aber beseelt die Bürger des freien Staats? Sie denken an ihren privaten Nutzen. Tun sie dies wirklich, so lassen sie sich wenigstens nicht | zu sich selbst unnützen Sklaven machen. Aber die ausschließliche Sorge um den eigenen Vorteil führt zu Haß und Streit, sie läßt keine Friedens-Gesinnung aufkommen. Die Menschen müssen sich von der Ruhe und Ordnung mehr versprechen können als von Krieg und Aufruhr. Aber dies genügt nicht: es gäbe so nur Frei-Sein von Krieg, nicht wirklichen Frieden. Welche Macht stiftet zwischen den Menschen ein stärkeres, innerlicheres Band? Die Vernunft; aber die Vernunft hat wenig Einfluß bei den meisten Menschen. Nicht die Vernunft, nur die *Religion* lehrt die Menge, den Nächsten zu lieben. –

5. Pöbel und Volk, Aberglaube und Religion

Wie dem Weisen die Philosophie, dem Pöbel der Aberglaube, so entspricht dem Volk die Religion. Spinoza muß, weil er die Unüberbrückbarkeit der Kluft zwischen Weisen und Menge behauptet, der Religion in ihrem Unterschied vom Aberglauben eine Funktion und einen Sinn zusprechen. Er *muß* fragen: wie kann man die dem imaginativ-affektiven Leben verfallene Menge zu einem zwar nicht von der Vernunft geleiteten, wohl aber der Vernunft einigermaßen entsprechenden, sozial förderlichen, nicht nur einen beliebigen Staat – denn dies vermag auch der Aberglaube –, sondern einen freien Staat tragenden Verhalten bewegen? Wie kann das imaginativ-affektive Leben vor der Gefahr, dem Aberglauben zu verfallen, geschützt werden? Hobbes hingegen braucht, wenn man von den durch die Lage des Jahrhunderts bedingten Akkomodationen absieht, zufolge seines ganz anderen Ansatzes eine solche Möglichkeit nicht in Erwägung zu ziehen. Indem Spinoza im Einklang mit der »philosophischen« Tradition einen vollkommenen, mit den dem Menschen als solchem innewohnenden Kräften erreichbaren Zustand anerkennt, muß er zur Anerkennung der von eben dieser Tradition immer behaupteten Forderung nach einer besonderen Norm für die Menge der Menschen, die den vollkommenen Zustand nicht erreichen können, fortschreiten.[311]

Nun entspricht aber der Gegensatz zwischen Philosophie und Aberglauben dem fundamentalen, die ganze Anthropologie Spinozas konstituierenden Gegensatz, der zuletzt auf den ontischen Gegensatz des in sich selbst seienden Unvergänglich-Ganzen und des in einem | Anderen seienden Vergänglich-Teilhaften zurückgeht. Es gibt kein Mittleres zwischen diesen Gegensätzen. Es ist oben gezeigt worden, wie durch den Cartesischen Erkenntnis-Begriff, den Spinoza übernimmt, der Unterschied zwischen Einbildungskraft und Wahrnehmung – der die Voraussetzung für Maimunis Prophetologie und damit für seine ganze Religions-Auffassung ist – seine Wichtigkeit verliert: für Spinoza gibt es nur mehr den schroffen Gegensatz von Verstand und Einbildungskraft. Der Cartesische Erkenntnis-Begriff gibt jedoch Spinoza eine neue Möglichkeit für das Verständnis und die Rechtfertigung der Religion: die Idee Gottes ist »bekannter«, ursprünglicher als das Wissen von den Welt-Dingen. So gibt es eine ursprüngliche, allen Menschen gemeinsame Gottes-Erkenntnis. Sie ist die *eine* Grundlage von Philosophie und Religion.

Mit demselben Recht läßt sich aber auch sagen: das imaginativ-affektive Leben, das Leben der Menge, ist die *eine* Grundlage von Religion und Aberglauben. Die Religion steht mitten inne zwischen Philosophie und Aberglauben. Wie ist diese Zwischen-Stellung zu verstehen? Spinoza grenzt Philosophie und Religion in folgender Weise von einander ab: das Ziel der Philosophie ist die Wahrheit, das Ziel »des Glaubens oder der Theologie« sind Gehorsam und Frömmigkeit; das Fundament der Philosophie sind die Gemein-Begriffe, das Fundament des Glaubens ist die Schrift (Tr. 165). Das »fundamentale Dogma der Theologie« ist die Lehre, daß die Menschen allein durch Gehorsam, ohne Einsicht, selig werden können; dieses Dogma ist der Vernunft nicht zugänglich, nur durch Offenbarung bekannt; dennoch ist es uns mög-

241

---

[311] »Spinozas spekulative Deutung der Religion verlangt wegen ihrer aristokratischen Exklusivität zur Ergänzung eine Form der Religion, die auch dem gewöhnlichen Volke zugänglich ist. Es ist das gleiche Problem, das wir von den arabischen Aristotelikern her kennen. Auch die Lösung ist in einem allgemeinsten Sinne die gleiche . . .« Guttmann l. c. 56.

lich, dieses Dogma, nun es offenbart ist, mit moralischer Gewißheit zu begreifen; wir können insbesondere erkennen, ein wie großer Trost der Menge und ein wie erheblicher Nutzen dem Staat aus dem Glauben an dieses Dogma erwächst (Tr. 170–173). Spinoza verzichtet also ausdrücklich darauf, die Religion, wie er sie versteht, anerkennt, in der Schrift zu finden glaubt, mit seinen Prinzipien, welche die Möglichkeit von Offenbarung schlechthin ausschließen, zu vereinbaren. Die Interpretation muß versuchen, das von Spinoza Versäumte nachzuholen, zu zeigen, daß und wie aus seinen Prinzipien seine Lehre von der Religion zu verstehen ist.

Die Religion ist zunächst ein Postulat der Vernunft. Alle Menschen sind von Natur dem Aberglauben verfallen; nur die Wenigen, welche die Anstrengungen des übersteilen Wegs der Vernunft auf sich nehmen, werden von ihm frei. Da der Aberglaube ein Erzeugnis | des leidenden Lebens ist, seine Inhalte also von den vergänglich-teilhaften Erfahrungen vergänglich-teilhafter Einzelwesen, und nicht von den ewigen, allgemeinen, totalen Wahrheiten der Vernunft, abhängen, so gibt es notwendig sehr viele Formen des Aberglaubens nebeneinander, von denen eine jede den Anspruch auf ausschließliche Wahrheit erhebt. So ist der Aberglaube ein Herd dauernden Unfriedens. Wollte man, um diesem Übel zu entgehen, eine beliebige Form des Aberglaubens zur Staats-Religion erklären und alle anderen Meinungen gewaltsam unterdrükken, so würde man das Übel nur vergrößern. Der Aberglaube ist immer und überall eine Macht des Hasses und der Entzweiung. Die Religion hingegen ist gefordert als eine Macht der Liebe und des Friedens.

Die Handlungen, welche die Religion verlangt, sind dieselben, welche die Vernunft verlangt: Werke der Nächsten-Liebe.[312] Auf der Ebene der Werke, der Werke der Liebe und des Friedens, können und müssen sich der Freie und die Menge treffen und vereinigen. Diese Werke sind

---

[312] . . . verbum Dei . . . proprie significat legem illam divinam (de qua in 4. cap. egimus), hoc est, religionem toti humano generi universalem sive catholicam; qua de re vide Esaiae cap. 1. vers. 10 etc., ubi verum vivendi modum docet, qui scilicet non in ceremoniis, sed in caritate et vero animo consistit, eumque legem et verbum Dei promiscue vocat (Tr. 148). Die lex divina, über die Tr. c. IV. handelt, ist die Lebens-Norm des Philosophen. Über die Forderung der Offenbarung sagt Spinoza: obedientia erga Deum in solo amore proximi consistit (Tr. 154). Vgl. ferner Tr. 142: quamvis religio, prout ab apostolis praedicabatur, nempe simplicem Christi historiam narrando, sub rationem non cadat, eius tamen summam, quae potissimum documentis moralibus constat, ut tota Christi doctrina, potest unusquisque lumine naturali facile assequi.

das einzige Kennzeichen der Frömmigkeit. Die Frömmigkeit richtet sich nicht nach einem von ihr unabhängigen Heiligen; sondern umgekehrt: heilig heißt das, was die Frömmigkeit fördert. Die Mittel der Frömmigkeit sind bei verschiedenen Menschen verschieden: so kann das Verschiedenste unter verschiedenen Umständen heilig sein (Tr. 146 f.). Da sich aber bei der Menge der Menschen die Forderung, Gott zu gehorchen, als das vorzüglichste Mittel der Frömmigkeit erweist, so gibt es doch auch für die Religion eine bestimmtere Norm, einen Rahmen von fundamentalen Dogmen, die auf jeden Fall anerkannt werden müssen, weil ohne sie kein Gehorsam gegen Gott möglich ist.

Diese Begründung soll nun aber der Vernunft ganz und gar unzugänglich sein, was in Spinozas Mund nichts anderes heißt als, | daß sie   *243* wider-vernünftig ist. Wäre jedoch die Forderung des Gehorsams wirklich bloß positiv, in jeder Hinsicht bloß positiv, so wäre nicht einzusehen, wieso sie die Grundlage der fides catholica sive universalis sein kann, wieso »*Alle* gehorchen können«.[313] Eine solche allgemeine Möglichkeit muß in der menschlichen Natur begründet sein. Dem Leben Aller entspricht der Vorstellungs-Zusammenhang des Aberglaubens. Die Menschen beurteilen und erklären notwendig die Dinge zuerst nach der zufälligen Ordnung, in der die Dinge ihnen entgegentreten, insbesondere nach dem Nutzen, den die Dinge für sie haben. Die anthropozentrische, teleologische Betrachtungs-Art führt zu der Vorstellung von einem nach Zwecken handelnden, in der Weise eines Königs die Welt regierenden, sich vor allem um die Menschen kümmernden, sie belohnenden und bestrafenden Gott. Mit dieser Vorstellung wird die Forderung der Nächsten-Liebe derart verknüpft, daß diese Forderung als das einzige Gebot des unbedingten Gehorsam fordernden, über die Erfüllung seines Gebots wachenden Gottes angesehen wird. Diese Verknüpfung hat keine innere, sachliche Notwendigkeit, sondern nur die »moralische Gewißheit«, welche die zu guten Werken führenden Meinungen als fromm beglaubigt.

Wenngleich die Religion der Vernunft gemäßer ist als der Aberglaube, so hat sie doch keine Möglichkeit, mit den Mitteln der Vernunft ihre Überlegenheit gegenüber dem Aberglauben darzutun; denn sie ist in »bloßer Erfahrung« begründet. Wenn die Religion sich gegen den Aberglauben verteidigen will, so kann sie sich nicht auf die Notwendig-

---

[313] Omnes absolute obedire possunt. Tr. 174.

keit der Sache, auf das innere Recht der Liebe gegenüber dem Haß berufen, sondern nur auf den Willen Gottes.[314]

Die Religion stellt sich also dar als eine Kombination aus Elementen der Vernunft und des Aberglaubens: der Vernunft entstammt ihr Ziel, dem Aberglauben ihr Mittel. Dunkel bleibt die Verknüpfung. Um die Verknüpfung verständlich zu machen, erwägen wir zunächst den noch nicht beachteten Mangel der auf dem Boden des Aberglaubens möglichen Begründung der Nächsten-Liebe. Wir versuchen daraus, daß »alle Menschen von Natur dem Aberglauben unterworfen sind« (Tr. praef. 2), die allgemeine Möglichkeit der Religion zu verstehen, d. h. zu verstehen, wieso »Alle ge|horchen können«. Von der Neigung beherrscht, die ihnen begegnenden Dinge als Mittel anzusehen, müssen die Menschen auf einen Gott schließen, der die Natur lenkt und dessen vorzügliche Fürsorge ihnen gilt; um die Tatsachen, die gegen die Vorsehung sprechen (Erdbeben, Krankheiten u. dgl. m.), zu verstehen, müssen sie zu der Vorstellung von dem Zorn Gottes über ihre Sünden fortschreiten. Sind diese natürlichen, aus dem primären Nachdenken über die Welt hervorgehenden Vorstellungen nun nicht identisch mit den Grundlagen der Frömmigkeit? Diese Frage ist im Sinn Spinozas zu verneinen. Die Frömmigkeit verlangt z. B. den Glauben an den einzigen Gott, während die Betrachtung der Dinge als Mittel sowohl die monotheistische als auch die polytheistische Auffassung ermöglicht.[315] Jene verlangt nur Werke der Gerechtigkeit und Liebe – diese wesentlich kultische Handlungen. So sehr also daran festzuhalten ist, daß nach den Prinzipien Spinozas notwendigerweise auch die Propheten, als Männer, die sowohl selbst nicht Philosophen waren, als auch ausschließlich der unphilosophischen Menge predigten, von der teleologischen Auffassung beherrscht waren, daß die teleologische Auffassung die Grundlage ihrer Argumentation war (Tr. 74): aus dieser Auffassung allein ist ihre Predigt nicht zu verstehen. Denn woher hatten sie das Kriterium, das sie zwischen den für die Frömmigkeit notwendigen und förderlichen und den der Frömmigkeit abträglichen Vorstellungen mit untrüglicher Sicherheit unterscheiden lehrte? Vernunft und Schrift stimmen darin

---

[314] Amor enim Dei non obedientia, sed virtus est, quae homini, qui Deum recte novit, necessario inest. At obedientia voluntatem imperantis, non rei necessitatem et veritatem respicit. Tr. adnot. 34.

[315] ... ex mediis, quae sibi ipsi parare solent, concludere debuerunt, dari *aliquem vel aliquos* naturae rectores ... Eth. I. app.

überein, daß Gottes ewiges Wort den Herzen der Menschen eingeschrieben ist (Tr. 144). Wenn die Propheten dies lehren – müssen sie es
dann nicht erfahren haben? Die Stimme des ewigen Wortes Gottes in
ihrem Herzen zeigte ihnen die wahre Norm des Lebens, wiewohl nicht
mit begrifflicher Klarheit; wollten sie sie sich oder anderen begründen,
so mußten sie anknüpfen an die Daten der sinnlichen Erfahrung
(Tr. 62 ff.), die, zufolge der natürlichen Neigung der Menschen zu
teleologischer Betrachtung der Dinge, immer schon so interpretiert sind,
daß sie zum Glauben an einen gesetzgebenden und richtenden Gott
führen *können*. Ausschlaggebend für die Verwirklichung dieser Möglichkeit ist das ewige Wort Gottes im menschlichen Herzen; es wählt
unter den Vorurteilen diejenigen aus, welche der Frömmigkeit förderlich
sind. Die Lehre vom gesetz|gebenden und richtenden Gott, dem Gehor-   *245*
sam zu leisten sei, ist also keineswegs nur aus der Schrift *bekannt*; sie
muß nur durch die Schrift *verbürgt*, gesichert werden, da sie in sich
selbst, wie alle sach-unangemessenen Vorstellungen, keine Konsistenz
hat.

Von hier aus wird die allgemeine Möglichkeit der Religion verständlich. Die Propheten verfügten wesentlich über keine vollkommenere
Gottes-Erkenntnis als die Menge, sondern »sie hatten sehr vulgäre
Meinungen über Gott« (Tr. 23). Sie richteten sich nicht an gläubige und
geschulte Männer, sondern wesentlich an die Menge. Sie sprachen zu der
Menge von dem Wort Gottes, das den Herzen der Menschen eingeschrieben ist. Appellierten sie nicht in ihrer Predigt an das Wort Gottes
im Herzen ihrer Hörer?

Spinozas Auffassung der Religion ist unvereinbar mit seinen Prinzipien, sofern vorausgesetzt wird, daß das leidende (imaginativ-affektive)
Leben die Grund-Schicht des menschlichen Lebens ist, derart, daß nur
bei wenigen Menschen auf ihm und wider es die Vernunft sich erhebt.
Indessen muß, was leidet, sein, in sich selbst sein, wirken. Das Leiden ist
erst die Rückwirkung eines ursprünglich Wirkenden auf Einwirkungen
von außen. Das Sein des Menschen ist der Geist, der ewig und einer ist:
alle Menschen sind sich der Ewigkeit ihres Geistes bewußt (Eth. V. prop.
34. schol.). Da also der Funke des Geistes in jedem Menschen wirksam
ist, in den meisten Menschen freilich durch die Einwirkungen der
zufälligen Umgebung und die Rückwirkungen auf sie verschüttet, so lebt
die, wenn auch noch so sehr verdunkelte, Vorstellung vom geistigen,
geistlichen Leben in allen Herzen. Gott hat sein ewiges Wort den
menschlichen Herzen eingeschrieben. Dieses Wort verlangt Liebe und

Gerechtigkeit – nichts weiter. Es ist die wahre, allgemeine, natürliche Religion. (Tr. 144 ff.)

Ursprünglich also ist das ewige Wort Gottes, die eine und einzige Quelle der Gottes- und der Nächsten-Liebe. Nun können die Menschen, da sie andauernd dem Eindruck der sie umgebenden Welt ausgesetzt sind, es kaum vermeiden, daß sich ihre Gottes-Vorstellung verdunkelt: sie stellen sich Gott nach Art der körperlichen Dinge vor (Eth. II. prop. 47. schol.).[316] Aber auch diese verdun|kelte Vorstellung, die notwendig sehr wandelbar ist, kann noch genügen, um ein Leben im Sinn der Liebe und der Gerechtigkeit zu stützen. Das ewige Wort Gottes, das noch in dieser verdunkelten Vorstellung wirksam ist, lenkt auf diejenige sachunangemessene Gottes-Vorstellung hin, welche geeignet ist, ein Leben der Frömmigkeit zu ermöglichen. |

246

---

[316] Hiergegen scheint zu sprechen Tr. praef. 2: ex hac itaque superstitionis causa (sc. timore) clare sequitur, omnes homines natura superstitioni esse obnoxios, (quicquid dicant alii, qui putant, hoc inde oriri, quod omnes mortales confusam quandam numinis ideam habent). Selbst|verständlich ist die ursprüngliche, allen Menschen gemeinsame Gottes-Idee nicht der Grund, der kennzeichnende Grund des Aberglaubens und dennoch wesentlich *vor* dem Aberglauben.

246

F

Bibel-Auffassung, Bibel-Wissenschaft und Bibel-Kritik

1. Spinozas Uninteressiertheit an der Schrift und sein historisches Bewußtsein

An dem Recht der Wissenschaft hat Spinoza, der Schüler Maimunis, nie gezweifelt. Seine wissenschaftlichen Anstrengungen führten ihn, den Sohn des 17. Jahrhunderts, zu wesentlich anderen Ergebnissen als zu den Lehren Maimunis. Zunächst schien er die Möglichkeit zu haben, den Zusammenhang mit dem Judentum zu wahren, indem er, dem Beispiel Maimunis folgend, die Schrift auf das hin auslegte, was er für wahr hielt. Diese Möglichkeit wurde ihm verschlossen durch die Einsicht in den Eigen-Sinn und Eigen-Wert des Schrift-Worts gegenüber allen Künsteleien der Auslegung, durch die ihn bestimmenden humanistischen und reformatorischen Elemente des Zeit-Bewußtseins. Das Ergebnis mußte sein das Bewußtsein der *Distanz* zur Schrift. Mit der Einsicht in die formale und materiale »Vulgarität«, d.h. Unwissenschaftlichkeit der Schrift war gegeben das Bewußtsein der *Überlegenheit* des wissenschaftlichen Geistes gegenüber der Schrift. Die Überlegenheit mußte in einem Zeitalter, dessen Wissenschaft sich nicht als wesentlich abgeschlossen, sondern als fortschreitend verstand, als *Fortgeschrittenheit* begriffen werden.

Wird aber nicht die Wissenschaftlichkeit als solche durch die Schrift in Frage gestellt? Offenbart die Schrift nicht ein ganz anderes Lebens-Ziel, eine ganz andere Aufgabe als die Wissenschaft, nämlich den Gehorsam gegen Gottes offenbartes Gesetz? Aber der Geist, der überzeugt ist, das Ziel des Lebens klar zu erkennen und über die Wege zu ihm hin selbständig zu verfügen, ist *uninteressiert* an jeder autoritären Leitung und somit auch an der Schrift. Weil für ihn die Vollkommenheit des Menschen in der Freiheit, die Freiheit in der souveränen Selbst-Bestimmung besteht, verwirft er die von der Schrift geforderte Haltung als Unfreiheit; das der Schrift eigentümliche Ethos wird von ihm *verachtet*. Gleichgültig, unangewiesen, unbekümmert, seines Geistes sicher steht Spinoza der Schrift gegenüber. |

248   Das bedeutet nicht, daß er sie in Bausch und Bogen verwirft. Die bedeutendsten Wahrheiten findet er in der Schrift wieder; aber – und damit nimmt er den Schritt zur Schrift als zur Schrift zurück – nicht *nur* in der Schrift. Die Immanenz Gottes statuiert er, wie er sagt, mit Paulus, aber nicht nur mit Paulus, sondern wohl auch mit allen alten Philosophen und mit allen alten Hebräern (ep. 73). Das Äußerste, was er zum Lob der Schrift als der ganzen Schrift sagen kann, ist, daß sie bezüglich des Moralischen nichts anderes lehrt, als was das allen Menschen gemeinsame natürliche Licht von sich selbst aus lehrt. Die in der Schrift enthaltenen Wahrheiten sind als Wahrheiten *ewige* Wahrheiten. Ihr Verständnis wird nicht im geringsten dadurch gefördert, daß man weiß, in welchem Zeitalter, von welchen Männern, innerhalb welchen Volkes sie etwa zuerst entdeckt oder ausgesprochen worden sind.[317]

Das historische Bewußtsein Spinozas ist durch zwei voneinander unabhängige oder wenigstens auf nicht ganz geklärte Weise voneinander abhängige Tatsachen bestimmt: erstens durch die Konstitution der neuen Wissenschaft und zweitens durch die Reformation. Die Diskrepanz der mit diesen beiden Tatsachen gesetzten Standpunkte zeigt sich in der Gegensätzlichkeit des Sinns, in dem die Kategorie »alt« auf die Schrift von jedem dieser beiden Standpunkte aus angewandt wird: 1. »die Vorurteile eines alten Volkes« im Gegensatz zu den auf ver-

---

[317] Will man Spinozas Auffassung der Schrift als »unhistorisch« bezeichnen, so darf man nicht außer acht lassen, daß die »Unhistorizität« der Aufklärung überhaupt schon von ihr selbst, nicht erst von ihren Kritikern und Interpreten, historisch verstanden wurde. Spinoza kennzeichnet die in der Schrift niedergelegten »Vorurteile« als antiqui vulgi praeiudicia. Das Attribut »alt« ist hier zu verstehen im Sinn von: rückständig, roh, barbarisch; diese Kennzeichnung setzt historisches Sehen voraus. Die »Unhistorizität« der Aufklärung ist zunächst zu bestimmen als Verabsolutierung der Gegenwart, der *als* Gegenwart bewußten Gegenwart; dieses historische Bewußtsein ist Voraussetzung für die Verachtung der finsteren Vergangenheit, für das mangelnde Verständnis ihrer in ihrer Eigentümlichkeit, für das mangelnde Interesse an ihrer Eigentümlichkeit; wie denn auch umgekehrt die kritische Stellung zur Gegenwart, die Selbst-Kritik des Zeitalters Voraussetzung ist für das, was wir im engeren Sinn der Romantik als historisches Sehen bezeichnen. (Vgl. auch o. S. 91, 114 f., 163 ff.)

nünftiger Einsicht, auf methodischer Erfahrung beruhenden gegenwärtigen Meinungen; 2. »die alte Religion« im Gegensatz zu dem gegenwärtigen Verfall der Kirchen in nur äußerlichen Kultus, in Leichtgläubigkeit und Vorurteile, in gehässige | Anfeindung aller Anders-Denkenden. Den *249* beiden gegensätzlichen Bedeutungen von »alt« entsprechen die beiden Bedeutungen, die das Wort Aberglaube bei Spinoza hat. »Aberglaube« bedeutet Verschiedenes, je nachdem ob er als Gegensatz der Philosophie oder der Religion verstanden wird. Im ersten Fall ist »Aberglaube« das ursprüngliche Erzeugnis des imaginativ-affektiven Lebens, das der Eroberung geistiger Freiheit voraufliegt,[318] aus dem erst die Anstrengung der Vernunft herausführt; der so verstandene Aberglaube »lehrt die Menschen, Vernunft und Natur zu verachten« und nur das zu bewundern und zu verehren, was jedem von diesen widerstreitet (Tr. 83). Im zweiten Fall ist »Aberglaube« die durch priesterliches Macht-Streben hervorgerufene Verfalls-Form der ursprünglichen, alten und wahren Religion;[319] als solche zeigt er sich in der Veräußerlichung der Frömmigkeit, in der Einführung immer neuer Zeremonien und Mysterien (Tr. praef. 4; Tr. 83; 208). Was berechtigt nun von Spinoza aus dazu, über diese Verschiedenheit der Bedeutungen von »Aberglaube« – kurz gesagt: der positivistischen (epikureischen) und der reformatorischen – hinwegzusehen? Zunächst meint »Aberglaube« in jedem Fall dieselben bekämpfungswürdigen Tatsachen als Wirkungen des Aberglaubens. Vor allem aber ist das imaginativ-affektive Leben, damit der Aberglaube, nur in dem Sinn ursprünglich, daß die Herrschaft desselben der Herrschaft der Vernunft vorangeht; dem imaginativ-affektiven Leben selbst liegt die Vernunft, das Tätige, das wahrhafte Sein des Menschen zugrunde. So ist der Aberglaube, auch wenn er als Gegensatz der Philosophie, nicht der Religion, begriffen wird, als Verfall eines Ursprünglichen zu verstehen. Berücksichtigt man ferner, daß Spinoza die lex divina, die Lebens-Norm der Philosophen, mit der dem ganzen Menschen-Geschlecht gemeinsamen Religion gleichsetzt (Tr. 148), so ist in die Formel: Aberglaube ist der Verfall der ursprünglichen Religion, auch der philosophische Begriff des Aberglaubens einzusetzen. Die ursprüngliche Religion ist im einen

---

[318] Vgl. die Analyse der Vorurteile in Eth. I. app. auf Grund der Voraussetzung: omnes homines rerum causarum ignari *nascuntur*.

[319] ... unusquisque tam in religione, quam in reliquis sui nominis gloriam *incepit* quaerere, ..., ut religio in exitiabilem superstitionem *declinaret*, ... Tr. 208.

Fall die unverfälschte Offenbarung, im anderen Fall das unverfälschte innere Wort Gottes. Ob die Ursprünglichkeit in diesem oder in jenem Sinn verstanden wird: die Macht des »Fleisches«, die knechtische Gesinnung (das Streben der *Priester* nach Besitz und | Ehren, oder das maßlose Streben der *Menge* nach unsicheren Gütern und das in diesem Streben begründete Fürchten und Wünschen) führt den Verfall des Ursprünglichen, Reinen herbei. Daher stehen die kritischen Anstrengungen Spinozas im Dienst der *einen* Aufgabe: der Herstellung der Freiheit, der Wieder-Herstellung der ursprünglichen Freiheit.

Aber die Ursprünglichkeit des eigenen Seins, des Tätigen, des Geistes gegenüber dem imaginativ-affektiven Leben hat keinen zeitlichen, historischen Sinn; historisch ursprünglich ist im Sinn Spinozas das imaginativ-affektive Leben und die ihm zugeordnete Auffassung der Welt und Ordnung der Gesellschaft. Wie läßt sich mit dieser Ansicht, derzufolge das Alte grundsätzlich das Primitive, Rohe, Barbarische ist, die Rückwendung zur reinen Lehre der alten Religion vereinbaren? Nur dadurch, daß der Aberglaube identifiziert wird mit dem Heidentum. Aus dem heidnischen Aberglauben führen einerseits die biblische Religion des Geistes, andererseits die moderne, an der Mathematik orientierte Wissenschaft heraus. Aber der Aberglaube ist unausrottbar;[320] die Menge ist heute noch dem Aberglauben der Heiden verfallen; darum war es den von Machtgier und Ehrsucht getriebenen Priestern möglich, die ursprüngliche, alte Religion im Sinn des Aberglaubens zu verfälschen. Die Reformation hat die ursprüngliche Religion wieder hergestellt; nunmehr aber droht von der reformierten Geistlichkeit her die Gefahr, »daß sie alles wiederum in Knechtschaft stürzt«.[321] Um zur Abwendung dieser Gefahr nach seinen Kräften beizutragen, hat Spinoza den Traktat geschrieben, von dem Wunsch mehr als von der Hoffnung geleitet, daß er das Verschlechterte endlich einmal verbessert, daß er sein Zeitalter

---

[320] novi . . ., aeque impossibile esse vulgo superstitionem adimere ac metum . . . Tr. praef. 8.

[321] atque hoc praecipuum est, quod in hoc tractatu demonstrare constitui; ad quod apprime necesse fuit, praecipua circa religionem praeiudicia, hoc est, antiquae servitutis vestigia indicare, tum etiam praeiudicia circa summarum potestatum ius, quod multi procacissima quadam licentia magna ex parte arripere, et specie religionis multitudinis animum, gentilium superstitioni adhuc obnoxium, ab iisdem avertere student, quo omnia iterum in servitium ruant. Tr. praef. 3.

von allem Aberglauben frei sehe.[322] Indem er sich dies zur | Aufgabe   *251*
machte, mußte er eine Geschichts-Auffassung übernehmen, die seinen
eigenen Intentionen nicht gemäß ist.

»Antiqui vulgi praeiudicia« haben wir mit »Vorurteile eines alten
Volkes« übersetzt, um eine sprachliche Härte zu vermeiden; die Übersetzung ist ungenau. In dem Zusammenhang, in dem der Ausdruck
verwandt wurde, war die Übersetzung unmißverständlich, weil es dort
nur auf »Vorurteil« und »alt« ankam. Es ist kein Zufall, daß Spinoza
sagt: antiqui *vulgi* praeiudicia, und nicht etwa: antiquae *nationis* praeiudicia; es kommt nur auf die Vulgarität der in der Schrift niedergelegten
Vorurteile an, nicht auf ihre nationale Eigentümlichkeit; es kommt
darum auf nationale Eigentümlichkeiten nicht an, weil es nationale
Eigentümlichkeiten als letzte, als natürliche Tatsachen nicht gibt. Die
Natur erschafft nicht Nationen, sondern nur Individuen; die Individuen
werden nach Nationen unterschieden mit Rücksicht auf die Verschiedenheit der Sprache, der Gesetze und der Sitten; nur Gesetze und Sitten
können bewirken, daß eine jede Nation einen singularen Geist, eine
singulare Lebens-Bedingung und endlich singulare Vorurteile hat
(Tr. 203). Spinoza leugnet also nicht, daß es national bedingte Vorurteile
gibt, die durchaus berücksichtigt werden müssen, wenn die Schrift
verstanden werden soll; aber er behauptet eben damit, daß national
bedingt nur Vorurteile, nicht Wahrheiten oder die Entdeckungen von
Wahrheiten sind, und ferner, daß der nationale Geist nichts Natürliches,
Ursprüngliches, sondern nur das Produkt der Gesetze und Sitten ist. Die
Nationen sind zufällig, zufällige Produkte der singularen Gesetze, die
von bestimmten Gesetzgebern ausgedacht worden sind. Nichts Natio-
nales ist als Nationales natürlich, nichts Natürliches ist national, einer
Nation eigentümlich. Gäbe es natürliche Differenzen zwischen den
Nationen, natürliche Vorzüge einer Nation vor anderen, so hätte die
Natur verschiedene Arten von Menschen hervorgebracht – welche
Annahme offenbar absurd ist: es gibt nur eine Menschen-Natur. Die eine
Menschen-Natur ist unveränderlich, im ganzen Menschen-Geschlecht
immer identisch (Tr. 32 f.).

---

[322] jam autem felix profecto nostra esset aetas, si ipsam etiam ab omni
superstitione liberam videremus. Tr. 144. – . . . nos non eo scripsisse animo, ut
nova introduceremus, sed ut depravata corrigeremus, quae tandem aliquando
correcta videre speramus. Tr. 166.

Die Nation wird konstituiert durch ihre Gesetze; die Gesetze gehen zurück auf den Gesetzgeber; sie sind verschieden je nach der Klugheit und Wachsamkeit, mit der er den friedens-gefährlichen Trieben der Untertanen zuvorzukommen vermag. Nun ist die gesetzgeberische Aufgabe in verschiedener Weise zu lösen, je nachdem ob es sich um die Leitung einer rohen, barbarischen oder um die Leitung einer gebildeten Nation handelt: im ersten Fall ist die | absolute Monarchie, bzw. die als Theokratie verbrämte absolute Monarchie, im zweiten Fall ist die Demokratie die angemessene Verfassung. Also gibt es doch wenigstens hinsichtlich der Bildung oder der Barbarei, hinsichtlich dessen, was bewußter Anstrengung der Menschen erreichbar ist, wenn auch nicht hinsichtlich dessen, was die Natur mitgibt, Unterschiede zwischen den Nationen, die früher sind als die durch die Verschiedenheiten der Gesetze, der Fähigkeiten und Neigungen der Gesetzgeber bewirkten Unterschiede; es gibt zwar keine natürlichen Unterschiede zwischen den Nationen, wohl aber Unterschiede hinsichtlich der Kultur der menschlichen Natur. In welchem Sinn gibt es nun eine historische Entwicklung von der Barbarei zur Kultur, von dem Aberglauben zur Freiheit? Die Frage ist mit Rücksicht auf den Gegenstand des Traktats zu spezialisieren: wie versteht Spinoza die Entwicklung vom Judentum zum Christentum, von Moses zu Paulus?

Spinoza bildet die christliche Auffassung dieser Entwicklung im Sinn des Positivismus um. Das Mosaische Gesetz war bestimmt für die Epoche der Unmündigkeit; da aber die Zeit erfüllt ward, ist an Stelle des geschriebenen Gesetzes, wie Moses und die Propheten geweissagt haben, das Gesetz getreten, das den Herzen der Menschen eingeschrieben ist.[323] Spinoza versteht nun die Unmündigkeit der jüdischen Nation als Barbarei; er mißt den Zustand der jüdischen Nation zur Zeit der Mosaischen Gesetzgebung an einem durchaus profanen Maßstab; er vergleicht diesen Zustand nicht nur mit dem durch das Christentum geschaffenen Zustand, sondern auch und gerade etwa mit dem Zustand der Mazedonier zur Zeit Alexanders des Großen (Tr. 191). Die Israeliten, an den Aberglauben der Ägypter gewöhnt, roh und durch erbärmliche Knecht-

---

[323] Primis Judaeis religio tanquam lex scripto tradita est, nimirum quia tum temporis veluti infantes habebantur. Verum imposterum Moses (Deuter. cap. 30. vers. 6) et Jeremias (cap. 31. vers. 33) tempus futurum ipsis praedicant, quo Deus suam legem eorum cordibus inscribet. Tr. 144 f. Vgl. hierzu Galater 4, 1–3, sowie Colosser 2, 14.

schaft erschöpft, waren unfähig zu vernünftiger Gottes-Erkenntnis, unfähig auch dazu, die innere Notwendigkeit der Moral-Lehren zu verstehen. Als Moses ihnen nach ihrem Auszug aus Ägypten das Gesetz gab, verkündete er ihnen daher die Lehren der Moral in der Form von Gesetzen, deren Erfüllung er durch Festsetzung von Lohn und Strafe sicherstellte. Und zwar gab er klüglich mit Rücksicht auf die geringe Bildung und Fassungskraft seiner Nation sein Gesetz | als offenbart aus.   *253* Insbesondere erdachte er, um das zur Freiheit nicht reife Volk zu unbedingtem Gehorsam zu erziehen, das Zeremonial-Gesetz. Die »göttliche Gesetzgebung«, im Licht der Vernunft ein Nonsens, ist verständlich als feinstes arcanum monarchischer Politik. Aus welchen Gründen Moses nun auch diese Fiktion erdacht hat – sie sichert zugleich mit der Erfüllung des für den vernunft-geleiteten Menschen völlig entbehrlichen, ja widersinnigen Zeremonial-Gesetzes die Erfüllung des der Vernunft gemäßen Moral-Gesetzes (Tr. 24 ff., 48 ff., 55, 59 ff.). Es brauchte nur die Verbindung zwischen diesen beiden Gesetzen gelöst, die bloß zeitliche, weil bloß positive, Geltung des Zeremonial-Gesetzes erkannt zu werden, so hatte man das Moral-Gesetz als von Gott gegebenes Gesetz, dem Gehorsam zu leisten sei. Moses hat in der Idee des Deus legislator die dauernd gültige Grundlage der Frömmigkeit geschaffen.

Die Ablösung des Moral-Gesetzes als der universalen Norm der Frömmigkeit von dem partikularen Zeremonial-Gesetz wurde angebahnt von den Propheten, durchgeführt von den Aposteln. Das Mosaische Gesetz galt nur für die hebräische Nation, und zwar nur für ihren Staat (Tr. 62). Das Amt der Propheten aber war es nicht so sehr, die besonderen Gesetze ihres Vaterlandes, als das Moral-Gesetz, den Weg zum Heil zu lehren. Daher wurden die Propheten nicht nur zu ihrer eigenen Nation, sondern auch zu vielen anderen Nationen gesandt. Das heißt nicht, daß die hebräischen Propheten die Lehrer der Menschheit κατ᾽ ἐξοχήν wären; Propheten hat es unter allen Völkern gegeben; bei den Heiden hatten sie nur andere Namen: Auguren oder Wahrsager; auch die heidnischen Propheten waren Männer von rechtlicher und guter Gesinnung, wie die Geschichte Bileams beweist (Tr. 36 ff.). Die Propheten stehen nun, weil sie sich nicht nur an ihre Nation wenden, den Aposteln, die dazu berufen wurden, *allen* Nationen zu predigen (Tr. 140), näher als dem jüdischen Gesetzgeber Moses. Diese Stellung der Propheten zwischen dem Gesetz und den Aposteln zeigt sich auch darin, daß Moses sich für seine Lehren ausschließlich auf göttliche Offenbarung beruft und sich niemals regelrechter Argumente bedient, die Propheten doch wenigstens hin und wieder regelrecht argumentieren, während etwa die langen Deduktionen des Römer-Briefs ausschließlich an das natürliche Licht appellieren (Tr. 139). Die Propheten stehen mitten inne zwischen Moses und Paulus, die Prophetie zwischen reiner »Offenbarung« und dem lumen | naturale. Dies darf nicht so verstanden werden, als ob sich auf dem Weg von Moses zu Paulus die Wahrheit mühsam ans Licht gerungen hätte; von einer *Entwicklung* kann keine Rede sein. Paulus lehrt im wesentlichen nichts anderes, als was schon Salomo gelehrt hatte: der Glaube, von dem Paulus spricht, ist dasselbe wie der Verstand, den die Sprüche Salomos preisen; die Paulinische Prädestinations-Lehre hat für Spinoza denselben Sinn wie der Fatalismus des Prediger-Buchs. Salomo und Paulus sind Philosophen; ihnen ist die lex divina in ihrer Reinheit, frei von allem Bezug auf die Idee des Gehorsams, vertraut.[324] Was sie lehren, ist Weisheit, ist die ewige Wahrheit des Geistes, die also gleichermaßen in der Zeit des alten und in der Zeit des neuen Bundes erkannt wurde. Eine Entwicklung gibt es nur in dem peripherischen Bereich der Lehre der Frömmigkeit.

Was von Paulus gilt, gilt nicht ohne weiteres von den übrigen Aposteln: Paulus ist derjenige Apostel, welcher am meisten philosophiert hat (144). Spinoza orientiert sich bei der Untersuchung der Differenz zwischen Propheten und Aposteln fast ausschließlich an Paulus (cf. Tr. XI); seine vorhin angeführte Bestimmung dieser Differenz kann also nur mit Einschränkungen gelten. Er bemerkt beiläufig den Gegensatz zwischen Römer-Brief und Jacobus-Brief. Jacobus läßt die langen Auseinandersetzungen des Paulus über die Prädestination fort und faßt die ganze Lehre der Religion in Wenigem zusammen; er lehrt im Gegensatz zu Paulus, daß der Mensch auf Grund der Werke gerechtfertigt werde (143). Das heißt aber, wenn es auch Spinoza nicht expressis verbis sagt: die Differenz zwischen Römer-Brief und Jacobus-Brief deckt sich mit der Differenz zwischen Weisheit und Frömmigkeit. Also deckt sich die Differenz zwischen A. T. und N. T. nicht mit der Differenz zwischen Frömmigkeit und Weisheit; beide Testamente enthalten Lehren der Frömmigkeit und Lehren der Weisheit. Der Kern der Lehre der Frömmigkeit ist die vernünftige Moral; auch hinsichtlich ihrer sind die beiden Testamente nicht verschieden. Die Moral der Bergpredigt ist,

---

[324] In dem Kapitel über die lex divina (IV) sind alle biblischen Beleg-Stellen für die lex divina den Proverbien oder den Paulinischen Briefen (Römer und Korinther) entnommen.

sofern sie von der mosaischen abweicht, nur als Interpretation der einen und selben Moral mit Rücksicht auf die traurigen politischen Verhältnisse des Zeitalters zu verstehen, wie ja auch Jeremia unter ähnlichen Verhältnissen ähnlich gelehrt hat. Der | Unterschied zwischen A. T. und   *255* N. T. besteht nur in der Art der Begründung der in beiden Testamenten gleichen Lehre: die Propheten berufen sich auf den mit Moses geschlossenen Bund, die Apostel auf das Leiden Christi. Dabei hat die dem N. T. eigentümliche historische Begründung freilich den Vorzug, daß sie die Verbindlichkeit des Moral-Gesetzes für *alle* Völker begründet (Tr. 89 ff.; 142; 149; 171). In diesem sehr eingeschränkten Sinn also erkennt Spinoza eine Entwicklung vom Judentum zum Christentum an. –

2. Das Interesse an der Schrift und die Idee der Bibel-Wissenschaft als positiver Wissenschaft

Spinoza, von sich aus unbekümmert um die Schrift, ihrer gänzlich unbedürftig, sieht sich durch die Tatsache, daß in seinem Zeitalter unter Berufung auf die noch fast unerschütterte Autorität der Schrift die Freiheit des Philosophierens beeinträchtigt wird, auf die Schrift zurückverwiesen. Angesichts des Verfolgungs-Geistes der zeitgenössischen Geistlichkeit wird die Schrift gesehen als Dokument humaner, milder und versöhnlicher Gesinnung; als solches wird sie dankbar anerkannt; zumal, da die Kluft zwischen dem Philosophen und der Menge unüberbrückbar erscheint; mit Rücksicht auf die Menge bleibt die Autorität der Schrift in Geltung. Aber dies ist nicht der einzige und nicht der wichtigste Grund, aus dem sich Spinoza, der selber um die Schrift unbekümmert ist, mit der Schrift befaßt. Um die in dem Glauben an die Autorität der Schrift befangenen Männer zur Philosophie zu befreien, muß er das Vorurteil beseitigen, daß sich die Vernunft der in der Schrift niedergelegten Offenbarung unterwerfen müsse. Darum wird notwendig: die Prüfung der Schrift in Hinsicht auf Wahrheit. Voraussetzung dieser Prüfung ist die Feststellung dessen, was die Schrift eigentlich lehrt; erst danach ist es möglich, zu beurteilen, ob die Lehre der Schrift wahr ist (Tr. 167 f.). Die Erledigung der Tatsachen-Frage ist Voraussetzung für die Beantwortung der Rechts-Frage. So scheint die Bibel-Wissenschaft

Voraussetzung der Bibel-Kritik, der Kritik an der Offenbarungs-Religion zu sein. In Wahrheit besteht aber, wie die Analyse der Religions-Kritik Spinozas gezeigt hat, das umgekehrte Verhältnis. Die Tatsache bereits, daß Spinozas Bibel-Wissenschaft Grundlage der Offenbarungs-Kritik sein soll, beweist, daß in Wahrheit die Offenbarungs-Kritik Voraussetzung der Bibel-Wissenschaft ist. Aber es bedarf hierfür keines besonderen Beweises: Spinoza vollzieht die Grundlegung der Bibel-Wissenschaft als solcher erst nach der Vollendung der Religions-Kritik; in dem Kapitel »Über die Interpretation der Schrift« (c. VII) beruft er sich fast auf jeder Seite auf die Ergebnisse der vorangehenden, religions-kritischen Kapitel.

Spinoza hat seine Bibel-Wissenschaft als positive Wissenschaft, und zwar als induktive Wissenschaft verstanden; ihm hat die Bibel-Wissenschaft als »objektive«, von der Entscheidung über die Wahrheit der Schrift grundsätzlich absehende Wissenschaft vorgeschwebt. Er bestimmt die Methode der Schrift-Auslegung in grundsätzlicher Orientierung an der Methode der Natur-Wissenschaft.[325] Wie man, um die Natur zu erkennen, sich an die Natur selbst wenden muß, so ist die einzige Quelle alles Wissens von der Schrift die Schrift selbst. Ebensowenig wie die Natur übermittelt die Schrift die Definitionen der Dinge, von denen sie spricht; ebenso wie die Natur-Wissenschaft (interpretatio naturae) aus den Daten der Natur-Beschreibung (historia naturae) die Definitionen der natürlichen Dinge schließt, ebenso sind aus den verschiedenen Erzählungen der Schrift über jeden ihrer Gegenstände, als aus sicheren Daten, die Definitionen dieser Gegenstände, die Meinung der Schrift über sie, in strenger Folgerung zu schließen. Der Unterschied besteht nicht in der Methode, sondern im Ziel der Forschung; der Bibel-Wissenschaft ist es nicht, wie der Natur-Wissenschaft, um die Definition der Dinge selbst, sondern um die Definitionen der Meinungen, welche die Autoren der Schrift über die Dinge haben, zu tun. Die Grundlage des Schrift-Verständnisses ist die Kenntnis der Natur der hebräischen Sprache; der ganze Umfang der Bedeutungs-Möglichkeiten einer jeden in der Schrift vorkommenden Rede ist auf Grund der Kenntnis des gewöhnlichen Gebrauchs der hebräischen Sprache und nur auf Grund dieser Kenntnis, ohne Hineinmengung unserer die sachliche Wahrheit betreffenden Einsichten oder Überzeugungen, zu umstecken; sodann ist die Bedeutung jeder einzelnen Rede aus dem Kontext zu ermitteln. Die so

---

[325] Dem folgenden Referat liegt Tr. c. VII zugrunde.

verstandenen einzelnen Reden sind nach den Gegenständen, von denen sie handeln, zu ordnen. Finden sich dabei Reden eines Autors, die dem, was er meistens lehrt, widersprechen, so muß daraus geschlossen werden, daß entweder die widersprechende oder die gewöhnliche Rede metaphorisch zu verstehen ist. Aber zuerst muß gefragt werden, ob der Sprach-Gebrauch ein metaphorisches Verständnis der betreffenden Rede zuläßt. Zeigt der Sprach-Gebrauch eine solche Möglichkeit nicht, so bleiben die Reden unvereinbar, und das Urteil über die Meinung des Autors | ist zu suspendieren. Zur Ermittlung des Sinns der in der Schrift   257 enthaltenen Reden genügt nun nicht das Verständnis der Reden in ihrem Kontext; denn etwa um zu wissen, ob ein Ausspruch den Charakter eines Gesetzes oder einer Ermahnung hat, ob er Geltung für immer oder Geltung nur auf Zeit beansprucht, ist erforderlich die Kenntnis der Lebens-Umstände des Autors und der Umstände, denen der Ausspruch entstammt. Ferner muß man nach der Geschichte des Buches selbst fragen, um über die Echtheit der einzelnen Aussprüche Klarheit zu gewinnen; ebenso nach der Geschichte des Kanons als eines Ganzen. Erst auf Grund der so in ihren Aufgaben bestimmten Schrift-Beschreibung (historia Scripturae) ist die Schrift-Interpretation möglich und damit die Beantwortung der Frage: Was lehrt die Schrift? Ebenso wie die Natur-Interpretation, ausgehend von den durch die Natur-Beschreibung gesicherten und gesichteten Daten, zuerst die allgemeinsten und der ganzen Natur gemeinsamen Strukturen untersucht und von diesen stufenweise zu weniger Allgemeinem fortschreitet, so hat auch die Schrift-Interpretation auf Grund der durch die Schrift-Beschreibung bereitgestellten Daten zuerst zu fragen, was das Allgemeinste, und was die Basis und Grundlage der ganzen Schrift sei, um dann zu weniger Allgemeinem fortzuschreiten. Was ist nun aber jenes »Allgemeinste« der Schrift, von dessen Verständnis das Verständnis aller übrigen Teile der Schrift abhängt, das sich so zum Ganzen der Schrift verhält, wie die Phänomene der Bewegung und der Ruhe zum Ganzen der Natur? Das, was die Schrift *überall klar und deutlich* lehrt, so daß sein Sinn *unzweideutig* ist. Dieses ist aber zugleich das *Wichtigste* als das, was in immer gleichem Sinn von *allen* Propheten *allen* Menschen als am *meisten* nützliche Lehre empfohlen wird. Der Fortgang vom Allgemeinsten zum Besonderen gewinnt so den Sinn der Erschließung dessen, worauf es den Propheten nicht oder nicht schlechthin ankommt, von dem aus, worauf es ihnen schlechthin und in letzter Instanz ankommt. Sodann wird zuerst verlangt die Ermittlung der Gründe, aus denen das Besondere, das,

worüber nicht alle Propheten überall dasselbe lehren, die Differenzen
zwischen den Lehren der verschiedenen Propheten hervorgehen; dies ist,
wie die Dinge liegen, die Aufgabe zuerst der Lehre von der Prophetie und
der Lehre von der Interpretation der Wunder-Berichte.

Das Organ des Schrift-Verständnisses ist das natürliche Licht, das
seinem Wesen nach so hervorgeht, daß es das Dunkle aus | Klarem mit
richtigen Schlüssen deduziert. Als klar gilt der Schrift-Beschreibung die
aus dem Kontext leicht verständliche einzelne Rede; der Schrift-Interpretation die Gesamtheit der im Sinn der Schrift-Beschreibung klaren
Aussprüche, die in identischem Sinn in allen Büchern der Schrift vor-
kommen. Im Sinn der Schrift-Interpretation sind so unklar die Lehren,
hinsichtlich deren die einzelnen Bücher der Schrift divergieren; zur
prinzipiellen Aufklärung von Unklarheiten dieser Art ist erforderlich die
Lehre von der Prophetie und von den Wundern. Die bereits die Schrift-
Beschreibung beeinträchtigenden Unklarheiten sind zu einem Teil in den
Eigentümlichkeiten der hebräischen Sprache und Schrift begründet;
diese Eigentümlichkeiten sind folgende: 1. die hebräischen Konsonanten
werden oft an Stelle anderer Konsonanten derselben Klasse (z. B. ein
Guttural an Stelle eines anderen Gutturals) verwandt; 2. viele Partikeln
haben mehrfache, z. T. gegensätzliche Bedeutungen; 3. die Tempora des
Verbs werden nicht scharf unterschieden; 4. es fehlt die Vokalisation und
5. die Interpunktion. Die für die Schrift-Beschreibung bestehenden
Unklarheiten sind zum anderen Teil begründet in unserer Unkenntnis
der Schicksale aller Bücher der Schrift: von vielen Büchern wissen wir
nicht, wer sie geschrieben hat, bei welcher Gelegenheit und zu welcher
Zeit sie geschrieben worden sind, durch wessen Hände sie gegangen sind
usw. Alle diese Unklarheiten haben also natürliche Gründe; sie deuten in
keiner Weise darauf hin, daß etwa das natürliche Licht als solches für
das Schrift-Verständnis nicht ausreiche.

Diese Feststellungen Spinozas dienen unmittelbar keinem religions-
kritischen Zweck; sie sind notwendig für die Grundlegung der Bibel-
Wissenschaft. Der Vergleich mit der Lehre La Peyrères über die Unklar-
heit der Schrift ist hier am Platz. La Peyrère behauptet die Unklarheit der
Schrift, um zu verhindern, daß die Schrift zur Norm der Wissenschaft
gemacht werde (vgl. o. S. 49 ff.). Spinoza erreicht dieses auch ihm vor-
schwebende Ziel, indem er die Widersprüche zwischen den einzelnen
Propheten und die Vulgarität der Schrift aufdeckt; er braucht um dieses
Ziels willen nicht noch die Unklarheit der Schrift zu beweisen. Beide
Kritiker sehen sich gezwungen, ihre These mit Rücksicht darauf ein-

zuschränken, daß die Schrift als Norm der Frömmigkeit in Geltung bleiben kann; sie behaupten daher beide, daß die Schrift bezüglich dessen, was zur Frömmigkeit gehört, völlig klar lehrt. La Peyrère begründet diese Behauptung durch Rekurs auf den Willen Gottes, Spinoza gibt| einen in der Sache gelegenen Grund an. Er sagt: ob ein   *259* Autor leicht oder schwer zu verstehen ist, hängt davon ab, ob die Sachen, über die er spricht, leicht oder schwer begreiflich und glaublich sind; daher sind die Schrift-Stellen, an denen von Leicht-Begreiflichem und Glaublichem gesprochen wird, am meisten gegen Mißverständnisse geschützt; begreiflich aber sind vorzüglich die Moral-Lehren.

Die Bibel-Wissenschaft, die Spinoza fordert, soll das vorurteilslose Verständnis der Schrift ermöglichen. Vorurteils-loses Verständnis – das heißt: historisches Verständnis.[326] Die Schrift wird nicht verstanden, wenn der Interpret seine Einsichten oder Überzeugungen in die Schrift hineinträgt, wenn er die Schrift nicht so hinnimmt, wie sie sich darbietet. Die Analogie mit der Natur-Wissenschaft ist nicht zufällig. Natur-Wissenschaft und Bibel-Wissenschaft sind orientiert an der Aufgabe »objektiver« Erkenntnis. Spinozas entschiedene Kritik wendet sich gegen diejenige Auffassung der Natur, welche Menschliches – Zweck- und Wert-Kategorien – in die Natur hineinträgt, welche die Natur nicht in ihrem Anders-Sein gegenüber dem Menschen erkennt. In entsprechender Weise bestimmt er die Schrift-Auslegung hinsichtlich ihrer Aufgabe dahin, daß sie die Erkenntnis der Schrift in ihrem Anders-Sein gegenüber dem, was der Interpret denkt, glaubt, fühlt, zu leisten habe. Die so verstandene Forderung der Objektivität ist nicht gebunden an die Metaphysik Spinozas; daher ist zu erwarten, daß insbesondere die in jener Forderung begründete Bibel-Wissenschaft nicht an diese Metaphysik gebunden ist. –

---

[326] His enim omnibus (sc. casibus librorum Scripturae) ignoratis, minime scire possumus, quid auctor intenderit aut intendere potuerit; quum contra his probe cognitis nostras cogitationes ita determinamus, ut nullo praeiudicio praeoccupemur, ne scilicet auctori, vel ei, in cuius gratiam auctor scripsit, plus minusve iusto tribuamus, et ne de ullis aliis rebus cogitemus, quam de iis, quas auctor in mente habere potuerit, vel quas tempus et occasio exegerit. Tr. 95 f.

3. Religions-Kritik und Bibel-Wissenschaft

Wir sind davon ausgegangen, daß die Religions-Kritik Spinozas Voraussetzung seiner Bibel-Wissenschaft ist. Es ist nunmehr zu fragen, in
welchen Grenzen dies der Fall ist. Die Analyse der Religions-Kritik
impliziert die Antwort. Die Religions-Kritik war zu gliedern in metaphysische und positive Kritik. Nur die positive Kritik ist Voraussetzung
der Bibel-Wissenschaft als solcher. Verhielte es sich anders, so wäre nicht
zu verstehen, wie die bibel-|wissenschaftliche Leistung Spinozas von
Männern aufgenommen werden konnte, die weit davon entfernt waren,
Spinozisten zu sein. Das positive Prinzip der Bibel-Wissenschaft besagt:
nichts darf als Lehre der Schrift behauptet werden, was nicht durch
Rekurs auf den Wort-Sinn der Schrift als Lehre der Schrift auszuweisen
ist. Das bedeutet: für die Interpretation der Schrift gelten grundsätzlich
keine anderen Regeln als für die Interpretation jedes anderen Buchs. Alle
Versuche, die Schrift nach anderen Grundsätzen zu interpretieren als alle
anderen Dokumente, fußen auf der Voraussetzung, daß die Schrift
offenbart sei. Spinoza bemüht sich, diese Voraussetzung durch eine
Kritik zu erschüttern, deren Ergebnis sich in den Satz zusammenfassen
läßt: die Schrift ist ein menschliches Buch, von Menschen gedacht und
geschrieben, grundsätzlich von jedem Menschen zu verstehen und,
hinsichtlich seiner Entstehung, aus den Gesetzen der menschlichen
Natur zu erklären. Spinoza begründet dies Ergebnis zum Teil unter
Voraussetzung der Thesen seiner Metaphysik; aber es ist, wie einleuchtet, an diese Voraussetzung nicht gebunden. Wie selbstverständlich, wie begründungsunbedürftig es für Spinoza ist, zeigt eine Äußerung
wie diese: nisi forte aliquis intelligere vel potius somniare velit, prophetas corpus quidem humanum, mentem vero non humanam habuisse,
adeoque eorum sensationes et conscientiam alterius prorsus naturae,
quam nostrae sunt, fuisse (Tr. 2). Die Bibel-Wissenschaft Spinozas ist in
dem Sinn »voraussetzungs-los«, daß sie voraussetzungsloser ist als die
offenbarungs-gläubige Bibel-Wissenschaft; sie tritt an die Schrift heran
wie an jedes andere Buch; sie bürdet dem Gegner die Beweis-Last auf für
die mehr besagende Voraussetzung, daß die Schrift von allen anderen
Büchern der Welt grundsätzlich durch ihre über-menschliche Herkunft
unterschieden sei; dieser Beweis aber ist, ebenso wie der Beweis für
irgend ein anderes Wunder, dem positiven Geist niemals zu führen.
Die Schrift ist ein menschliches Buch – in diesem Satz sind alle

Voraussetzungen der Bibel-Wissenschaft Spinozas enthalten; denn der Sinn von »menschlich« ist hier konkret durch die in der Ethica explizierte Auffassung vom Menschen bestimmt. Die spätere Entwicklung der Bibel-Wissenschaft vollzieht sich auf Grund ausdrücklicher oder unausdrücklicher Kritik an dieser Auffassung; der erste, vielleicht wichtigste Schritt wird getan durch die Umwertung der Einbildungskraft; die Konsequenz dieser Umwertung für die Bibel-Wissenschaft hat Herder in seiner Schrift »Vom Geist der| ebräischen Poesie« gezogen. Herders Interpretation setzt das für Spinoza entscheidende Ergebnis seiner Bibel-Wissenschaft voraus, nämlich, daß die Schrift ein Werk der Einbildungskraft sei. –

4. Die philologisch-historische Kritik

Mit dem Satz: die Schrift ist ein menschliches Buch, ist gesetzt, daß, was nicht menschen-möglich ist, unmöglich ist: mit diesem Satz ist die Möglichkeit philologisch-historischer Kritik gesetzt. Die Untersuchung über die Verfasser und die Entstehungs-Zeit der biblischen Bücher dient innerhalb des Traktats unmittelbar nicht der Religions-Kritik: um die Bücher der Schrift recht zu verstehen, muß man wissen, wer sie geschrieben hat (Tr. 87); daß sie ihr mittelbar dient, ist darum gewiß, weil »die Autorität der biblischen Bücher abhängt von der Autorität der Propheten« (Tr. 171). An erster Stelle und bei weitem am ausführlichsten behandelt Spinoza die Frage nach dem Verfasser des Fünfbuchs. Fest steht das Negative: nicht Moses ist der Verfasser. Spinoza bedient sich zum Beweis sämtlicher Argumente La Peyrères und Hobbes'; er fügt zu ihnen, zum Teil im Anschluß an eine Andeutung Ibn Esras, noch mehrere Argumente gleicher Art hinzu. Am wichtigsten sind nach ihm die folgenden Argumente: 1. Der Verfasser des Fünfbuchs spricht über Moses nur in der dritten Person, während in dem Teil des Ganzen, der nach dem Bericht des Fünfbuchs von Moses selbst geschrieben ist, Moses in der ersten Person von sich redet; ferner spricht der Verfasser so über Moses, wie dieser über sich selbst nicht gesprochen haben kann (»der Mann Mose war sehr demütig« u. ä.); 2. er erzählt nicht nur Mosis Tod und Begräbnis, sowie die Trauer um ihn, sondern er vergleicht ihn auch mit allen späteren Propheten, woraus sich ergibt, daß der Erzähler viele Jahrhunderte später gelebt haben muß; 3. er benennt manche Orte mit den Namen, die sie erst lange nach Mosis Tod erhielten; 4. er führt die Geschichten bisweilen über Mosis Tod hinaus fort. Das Ergebnis: der Verfasser des Fünfbuchs hat viele Jahrhunderte nach Moses gelebt. Von Moses stammt 1. das »Buch der Kriege Gottes«, das Num 21, 14 zitiert wird, und in dem zweifellos die von Moses erzählte Geschichte des Krieges gegen Amaleq (cf. Ex 17, 14) und der Lagerstätten Israels (Num 33, 2) enthalten war; 2. das »Buch des Bundes« (cf. Ex 24, 3 ff.; Ex 20, 22; Ex 24, 3); das »Buch des Gesetzes Gottes«, das dann von Josua ergänzt wurde (Dt 31, 9 ff. und Jos 24, 25 f.), später aber verloren gegangen ist; 4. das »Lied Mosis« (Dt 32). |

262   Gründe gleicher Art sprechen dagegen, daß Josua das Buch Josua geschrieben hat; insbesondere ist in Jos 22, 10 ff. überhaupt nicht von Josua, sondern nur vom Volk als maßgebender Instanz die Rede; die Quelle des Josua-Buchs ist das Jos 10, 13 zitierte »Buch des Gerechten«. – Der Schluß des Richter-Buchs beweist, daß dieses Buch zur Zeit des Königtums von *einem* Mann (und nicht etwa von den vielen Richtern nacheinander) geschrieben worden ist. – Die Bücher Samuels sind, wie aus 1 Sam 9, 9 hervorgeht, viele Jahrhunderte nach Samuel geschrieben worden. Die Königs-Bücher sind ausgezogen aus den Chroniken der israelitischen und jüdischen Könige.

Die bisher genannten Bücher sind also nicht Quellen (»autographa«), sondern Darstellungen unter Benutzung von Quellen (»apographa«); sie bilden, wie die Verknüpfung der einzelnen Bücher und der Zweck des Ganzen zeigt, eine Einheit; sie sind als Ganzes das Werk *eines* Historikers, der die Absicht verfolgt, »die Worte und Befehle Mosis zu lehren und sie durch die geschichtlichen Ereignisse zu demonstrieren«. Triftige Gründe sprechen dafür, daß Esra dieser Historiker gewesen ist. Der Historiker schildert die Geschichte der Juden bis etwa zur Zeit Esras, und in diesem Zeitalter hat sich nach dem Zeugnis des Esra-Buchs niemand so sehr mit dem Gesetz Mosis befaßt wie Esra selbst. Auf Grund von Neh 8, 8 und im Hinblick auf die Eigentümlichkeiten des Deuteronomiums liegt die Vermutung nahe, daß Esra dieses Buch zuerst geschrieben (als »Buch des Gesetzes Gottes«) und es dann in das später geschriebene große Geschichts-Werk eingeordnet hat (Tr. c. VIII).

Das Geschichts-Werk des Esra ist nun aber einheitlich nur in dem Sinn, daß es von Esra unter einem einheitlichen Gesichtspunkt aus älteren Geschichts-Büchern zusammengestellt worden ist. Zum Teil sind diese Quellen-Schriften unverändert aufgenommen worden. So ist etwa die Hiskia-Geschichte im zweiten Buch der Könige nur mit sehr wenigen Abweichungen aus dem Buch Jesaias, das in der Chronik der Könige Judas enthalten war (cf. 2 Chr. 32, 32), abgeschrieben; die Abweichungen beweisen für Jeden, der nicht zu phantastischen Erklärungen greifen will, daß es verschiedene Lesarten der Erzählung Jesaias gab. Ebenso stammt 2 Reg 25 aus dem Buch Jeremias (c. 39. 40, 52); 2 Sam 7 findet sich in 1 Chr 17 wieder, Gen 36, 31 ff. (Genealogie der Idumäischen Könige) in 1 Chr 1. Ferner beweisen die mangelnde Ordnung, die häufigen Wiederholun|gen, vor allem die zahlreichen Widersprüche in   *263* der Zeitrechnung, daß das Geschichts-Werk aus heterogenen Quellen, deren Divergenzen nicht ausgeglichen wurden, zusammengestellt worden ist. Auf Grund der chronologischen Unstimmigkeiten ergibt sich: Gen 38 (die Geschichte von Juda und Tamar) stammt aus einer anderen Quelle als die Josephs-Geschichte, in die es eingefügt worden ist; die Jakobs- und Josephs-Geschichte ist aus mehreren Quellen-Schriften zusammengefügt, ebenso die ganze Geschichte der Richter- und Königs-Zeit. Esra hat seine Quellen, ohne sie zu ordnen und ihre Widersprüche auszugleichen, für sein Geschichts-Werk benutzt (Tr. IX).

In ähnlicher Weise wie das große biblische Geschichts-Werk werden die übrigen Bücher der Schrift geprüft. a) Die Chronik ist sehr spät, vielleicht erst in der Makkabäer-Zeit, geschrieben worden. b) Die Psalmen wurden in der Zeit des zweiten Tempels gesammelt und eingeteilt; denn nach dem Zeugnis Philos sind Ps 88 und 89 während der babylonischen Gefangenschaft entstanden. c) Ebenfalls in der Zeit des zweiten Tempels wurden gesammelt die Proverbien (cf. Prov. 25, 2). d) Die Bücher der Propheten sind allesamt fragmentarisch; zahlreiche Prophetien sind verlorengegangen, in die Bücher Jesaias und Jeremias sind Stücke aus verschiedenen historischen Werken aufgenommen worden. e) Über das Buch Hiob urteilt Spinoza, ähnlich wie Hobbes, daß die in ihm enthaltenen Reden nicht auf einen schwer leidenden, sondern auf einen in Muße nachdenkenden Urheber hinweisen; er hält ferner die Behauptung Ibn Esras, daß es aus einer anderen Sprache ins Hebräische übertragen worden sei, für eine sinnvolle Annahme, da es die Poesie der Heiden nachzuahmen scheine. f) Die Bücher Daniel, Esra, Esther und Nehemia sind von einem und demselben Historiker auf Grund der Chronologien der Fürsten und Priester des zweiten Tempels geschrieben worden; Esra oder Nehemia können die Verfasser nicht sein, da die genannten Bücher die Geschichte bis in viel spätere Zeit fortführen; als ihre Entstehungs-Zeit hat die Zeit der Makkabäer zu gelten.

Das Ergebnis: der Kanon der Bücher des A. T. ist nicht vor der Zeit der Makkabäer, und zwar ausschließlich auf Grund eines Beschlusses der Pharisäer, zusammengestellt worden. Der pharisäische Charakter des Kanons wird nicht nur indirekt durch die Tatsache, daß im Buch Daniel die pharisäische Lehre von der Auferstehung der Toten gelehrt wird, sondern auch durch eigene Äußerungen der Pharisäer im Thalmud *264* bezeugt. Die Autorität des Ka|nons hängt also ab von der Autorität der Pharisäer. Will man nicht von der unbeweisbaren Annahme ausgehen, daß die Versammlung der Pharisäer, die über die Kanonizität verschiedener Schriften entschieden hat, unfehlbar war, so muß man, wenn man die Autorität der Schrift beweisen will, die Autorität jedes einzelnen Buchs derselben aufzeigen (Tr. X).

Das bedeutet: auch wenn zugestanden würde, daß der Bibel eine ursprüngliche Offenbarung zugrunde liege, so bliebe immer noch zweifelhaft, ob der uns vorliegende Text mit der ursprünglichen Offenbarung identisch ist. In diesen Zusammenhang gehört die (Tr. IX und X passim begründete) Feststellung, daß der Text zahlreiche Verstümmelungen aufweist (z. B. in Gen 4, 8; 1 Sam 13, 11; 2 Sam 6, 2 und 13, 37); die Unsicherheit des Textes wird insbesondere erwiesen durch die Rand-Noten, die sich in den hebräischen Codices an verschiedenen Stellen finden und die zum großen Teil nichts anderes als zweifelhafte Lesarten sind.

Aber der Text ist nach Spinozas Behauptung nicht nur später Herkunft und nicht nur verstümmelt, sondern auch bewußt von den Pharisäern im Sinn ihrer Anschauungen und Interessen gefälscht. Spinoza deutet seinen dahingehenden Verdacht im Traktat nur an; gesprächsweise hat er ihn unverhüllt ausgesprochen.[327] Für einen entscheidenden Verdachts-Grund mußte er die von ihm im Traktat (128) hervorgehobene Tatsache halten, daß die Rabbinen die Proverbien und das Prediger-Buch, also, nach seinem Urteil, die einzigen wahrhaft philosophischen Teile des A. T., zu »verbergen« beabsichtigt hatten. |

---

[327] Gebhardt Inedita Spinozana 7–13.

Anhang

Die Grenzen der Übereinstimmung, die zwischen da Costa und *Servet* besteht, treten hervor in folgender Gegenüberstellung. *Da Costa:* . . . accidit . . . ut . . . accederem sententiae illorum, qui legis veteris praemium et poenam definiunt temporalem, et de altera vita et immortalitate animorum minime cogitant, eo praeter alia nixus fundamento, quod praedicta Lex Mosis omnino taceat super his, et nihil aliud proponat observantibus et transgressoribus, quam praemium, aut poenam temporalem. . . . Christiani . . ., qui ex speciali fide in lege Evangelii fundata, ubi expresse mentio fit de aeterno bono et supplicio, animae immortalitatem et credunt, et agnoscunt. (Gebhardt 108). – *Servet:* Populi Judaeorum mundana iustitia tunc erat, ut ad tempus in terra illa bene viveret favore divino. Nostra vero, ut aeternam vitam iam vivamus . . . Praemia, quae lex promittebat, erant eis omnia carnalia: nec ipsi solent, nisi carnalia, a Deo petere . . . Poenae et maledictiones legis, omnes erant carnales et mundanae Levit. 26 et Deut. 28 . . . De poena damnationis aeternae non erat ibi apertus sermo . . . At Christus, qui solus aeternam vitam intulit, solus aeternas damnatis fore poenas, aperte mundo declaravit, magnus undique magister. Nemo igitur intelligat, illos olim ideo dici carnales, quia futuram gloriam non sperarent, ut de solis Saduceis dicitur. Judaei eam hodie sperant ac etiam Mahometani, et nihilominus sunt maxime carnales. Carnales vocamus homines, qui spiritum regenerationis non assequuti carnales habent iustificationis ritus. (Christianismi Restitutio 1553 pp. 321–323).

Als Quelle da Costas kommt außer Servet insbesondere *Socinus* in Betracht. Socinus führt 7 Argumente zu Gunsten der ursprünglichen Sterblichkeit des Menschen an (im 1. Kapitel seiner Praelectiones Theologicae, das betitelt ist: Primus homo etiam ante lapsum natura mortalis fuit – Opp. I 537). Von diesen Argumenten finden sich das zweite, dritte und vierte bei da Costa wieder. |

268 *da Costa:* nicht spricht dafür (sc., daß Adam unsterblich geschaffen war) die Schwachheit von seiner Entstehung an, daß er Speise und Trank benötigte . . .
(Gebhardt 79, 12–15)[1].

. . . es folgt nicht (sc. aus Gen. 2,7), daß der Geist, der dem Körper Adams Leben gab, ohne die Seele Adams ein unsterblicher Geist wäre, vielmehr beweist die Stelle gerade, daß die Tiere denselben Lebensgeist haben wie der Mensch, . . . (76, 23–26).

Zweitens wird es (sc., daß die menschliche Seele sterblich ist) daraus bewiesen, daß Gott zum Menschen sagte: an dem Tage, da du davon issest, wirst du des Todes sterben. Folglich war der Mensch sterblich geschaffen und dem Tode unterworfen. Anderenfalls, wenn er seinem Wesen nach unsterblich wäre, . . . brauchte (er) nicht zu sterben. Anders wenn Gott ihm sagte: Staub bist du und zu Staub wirst du zurückkehren, womit er dem Menschen sein Ende offenbarte . . . (67,29–68, 4). |

Socin: Secundo. Quia jam escis utebatur et cibo, Gen. 1, 29. Ubi autem immortalitas est, ibi escis ciboque non est locus.

Tertio. Primus homo etiam ante peccatum corpus animale habuit, igitur et mortale . . . Adamus . . . non modo antequam peccaret, sed in ipsa creatione factus est in animam viventem, Gen. 2, 7.

Quarto. Primus homo, antequam peccaret, jam erat terrenus; nempe, quia e terra formatus fuerat . . . Peccatum igitur non mortalitatis naturalis, sed necessariae mortis causa fuit. Nec aliter intelligi debet comminatio illa, In quacumque die comederis ex ea, moriendo morieris etc. Gen. 2, 17 . . .
Zum 4. Argument vgl. noch aus Socinus' Summa Religionis Christianae (Opp. I 281):
Homo quia est ex terra factus, natura sua Gen. 2, 7, 1 Cor. 15, 47, mortalis Gen. 3, 19, 1 Cor. 15, 48 et corruptioni subiectus; et, ex accidente, quia divinum praeceptum violavit, morti aeternae

---

[1]   Wir zitieren hier nach der von Porges (Monatsschrift für Gesch. und Wiss. des Judent., 1923, p. 215) stammenden Verbesserung der Gebhardtschen Übersetzung; im übrigen richten wir uns bezüglich der portugiesischen Texte nach Gebhardts Übersetzung.

obnoxius est. Gen. 2, 17, 3, 19 ... |

In denselben Zusammenhang gehört auch das folgende Argument: 269

Auf das ... Argument, daß der Mensch nicht nach dem Ebenbilde Gottes gemacht wäre, wenn er nicht unsterblich wäre, entgegnen wir, daß es Narrheit wäre, wollte man, daß der Mensch das Ebenbild Gottes in allem und für alles wäre; weil Gott allmächtig ist, so ist deshalb der Mensch, sein Ebenbild, noch nicht allmächtig ... Der Mensch ist also Ebenbild und in gewissem Sinne Abbild Gottes, er ist ein Schatten seiner Weisheit, ist nicht die Weisheit selbst. Er herrscht über die Geschöpfe und ist beinahe Gott gleich, aber er herrscht nicht wie Gott. (75, 29 bis 76, 12.)

Dei imago et similitudo, ad quam conditus est homo, ne in ipsa quidem mente ac ratione, unde omnis iustitia in illum derivari poterat, praecipue consistit, sed in dominatu rerum omnium, praesertim inferiorum, sex illis diebus a Deo creatarum, ut satis patet ex loco ipso, ubi primus homo ad Dei imaginem et similitudinem factus fuisse narratur, Gen. 1, 26 (Opp. I 539).

Demus in omnibus rebus creatis aliquam esse similitudinem creatoris: Quid tum? Num propterea res creatas creatori prorsus similes esse oportet? Certe longe aliud est, aliquam similitudinem habere, et in omnibus esse similem ... Possunt ergo res creatae aliquam creatoris similitudinem retinere, nec tamen immortales esse. Homo autem cur potissimum ad Dei imaginem factus dicatur, ex eo loco, ubi id primum dictum fuit, liquido apparet, hoc est, quia dominium datum est illi in universa opera Dei. (Opp. II 258).

Das anti-trinitarische Argument: »es ist ein Widerspruch, Gott zu sein und gemacht, geschaffen oder gezeugt sein zu können«, das bei da Costa selbst freilich nicht *als* anti-trinitarisches Argument vorkommt (vgl. Gebhardt 76, 7–8), ist mir bei Servet nirgends begegnet. Eine gewisse Verwandtschaft mit ihm hat folgendes Argument des Socinus: Censeo, istud (sc. die Lehre, Christus sei aus Gottes Substanz erzeugt)

*270

merum esse humanum commentum, ... ipsi sanae rationi penitus repugnans, quae nullo modo patitur, ut Deus | animalium corruptibilium more ex sua ipsius substantia generet, utve unica illa numero Dei essentia vel dividatur, vel multiplicetur, vel unica numero et integra manens, pluribus fiat communis. (Opp. I 655).

Wie geläufig der von da Costa geführte Schrift-Beweis gegen die Unsterblichkeit dem 16. Jahrhundert war, lehrt die Vergleichung der Argumente da Costas mit den von Calvin in seiner Schrift »Psychopannychia, qua refellitur quorundam imperitorum error, qui animas post mortem usque ad ultimum iudicium dormire putant« (in: Calvini Opuscula 1563) bekämpften Argumenten. Calvin sagt von den Gegnern: locum Salomonis (sc. Eccl. 3, 18–21) in nos, quasi fortissimum arietem, impellunt (p. 66); damit vergleiche man die häufige Verwendung dieser Stelle bei da Costa (65, 21–23; 66, 22–25; 73, 13–19; 73, 26–31; 76, 32 f.). Laut Calvins Darstellung stützen sich die Gegner der Unsterblichkeits-Lehre ferner insbesondere auf folgende, später bei da Costa im selben Zusammenhang wiederkehrenden Schrift-Stellen:

Ps 78, 39	(da Costa 69, 20 ff.	– Calvin 92)
Ps 88, 11 f.	(da Costa 68, 27 ff.	– Calvin 97)
Ps 115, 17 f.	(da Costa 69, 4–6	– Calvin 97)
Ps 146, 2–4	(da Costa 77, 22 ff.	– Calvin 91 u. 107)
Hiob 7, 7–9	(da Costa 69, 25 ff.	– Calvin 112)
Hiob 34, 14 f.	(da Costa 78, 2 ff.	– Calvin 114)

Vgl. ferner zu der Argumentation da Costas (79, 12 ff.): »Und selbst angenommen, daß Adam unsterblich geschaffen war ... unter der Bedingung, das Gebot zu halten, das ihm auferlegt war: in der Stunde, da er es übertrat, verlor er die Unsterblichkeit«.[2] – Calvin: Obiiciunt ... animam, tametsi immortalitate donata esset, in peccatum tamen prolapsam: qua ruina, immortalitatem suam obruerit ac perdiderit. Haec constituta erat poena peccato, ... (p. 55). |

---

[2]   Nach Porges.

I. Klassische Autoren.

1. Thukydides.

Im 5. Buch seines Geschichtswerks (§ 103) läßt er die Gesandten der Athener zu den Meliern sprechen: ... μὴ βούλεσθε ... ... ὁμοιωθῆναι τοῖς πολλοῖς, οἷς παρὸν ἀνθρωπείως ἔτι σῴζεσθαι, ἐπειδὰν πιεζομένους αὐτοὺς ἐπιλίπωσιν αἱ *φανεραὶ* ἐλπίδες, ἐπὶ τὰς *ἀφανεῖς* καθίστανται, μαντικήν τε καὶ χρησμοὺς καὶ ὅσα τοιαῦτα μετ' ἐλπίδων λυμαίνεται. – Die Stelle kommt als Quelle nicht unmittelbar für Tr. theol.-pol. (praef.), wohl aber für Hobbes, der überhaupt (zum Unterschied von Spinoza) in seiner Religions-Analyse den Begriff der »unsichtbaren Mächte« an zentraler Stelle verwendet und der als Übersetzer des Thukydides diesen Autor ohne Zweifel gut kannte, in Betracht.

2. Cicero.

Tr. 32 f. (Bruder III 12–14.) Omnia, quae honeste cupimus, ad *haec tria potissimum* referuntur, nempe *res per* primas suas *causas intelligere; passiones domare* sive

De off. II 5, 18–6, 20. Etenim virtus omnis *tribus in rebus fere* vertitur, quarum una est in *perspiciendo* quid in quaque re verum sincerumque sit, quid consenta-

---

3   Die hier zusammengestellten Quellen-Nachweisungen konnten im Rahmen der vorliegenden Untersuchung nicht ausgewertet werden; wir veröffentlichen sie als Material, das vielleicht für weitere Nachforschungen von Nutzen ist, und als Ergänzung der insbesondere von Joël und Leopold gelieferten Nachweisungen. Es bedarf kaum besonderer Hervorhebung, daß diese Sammlung aus sehr wenig gleichwertigen Teilen besteht und daß sie nach allen Seiten hin ergänzungsbedürftig ist.

virtutis habitum acquirere, et denique secure et sano corpore vi|vere . . . media, quae ad secure vivendum et corpus conservandum inserviunt, in rebus externis praecipue sita sunt; atque ideo dona *fortunae* vocantur, . . . Attamen ad secure vivendum et *iniurias aliorum hominum, . . ., evitandum humana directio et vigilantia multum iuvare potest.* Ad quod nullum certius medium ratio et experientia docuit, quam societatem certis legibus formare . . . et omnium vires ad unum quasi corpus, nempe societatis, redigere.

neum cuique, quid consequens, ex quo quaeque gignantur, *quae cu|jusque rei causa sit,* alterum *cohibere motus animi turbatos,* quos *Graeci* πάϑη nominant, appetitionesque, quas illi ὁρμάς, oboedientes efficere rationi, tertium iis, quibuscum congregemur, uti moderate et scienter, quorum studiis ea, quae natura desiderat, expleta cumulataque habeamus, per eosdemque, si quid importetur nobis incommodi, propulsemus *ulciscamurque eos, qui nocere nobis conati sint,* . . . Magnam vim esse in *fortuna* in utramque partem, vel secundas ad res vel adversas quis ignorat? . . . Haec igitur ipsa fortuna caeteros casus rariores habet, . . . ab inanimis procellas, . . . At vero interitus exercituum, . . . civium expulsiones, calamitates, fugae, rursusque secundae res, honores, imperia, victoriae, *quamquam fortuita sunt, tamen sine hominum opibus et studiis in neutram partem effici possunt.*

Hierzu ist zu vergleichen die (S. 149 f. behandelte) Übereinstimmung Spinozas mit Maimuni, der dieselbe Dreiteilung im Zusammenhang seiner Unterscheidung zwischen göttlichem und menschlichem Gesetz vorbringt.

3. Curtius Rufus.

Tr. 188 (Bruder XVII 9).
. . . quamvis non perinde animis ac linguis imperari possit, . . . |

Histor. Alex. VIII 5 (17).
Jovis filium non dici tantum se, sed etiam credi volebat (sc. Alexander), tamquam perinde animis imperare posset ac linguis, . . . |

4. *Tacitus.*

Tr. 191 (Bruder XVII 25).
ad hunc modum Monarchae *ad sui imperii securitatem* alia excogitaverunt, quae omnia missa facio, . . . ea tantum, uti dixi, notabo et perpendam, quae in hunc finem olim divina revelatio *Mosen* docuit.

Histor. V. 4.
Moyses quo sibi in posterum gentem firmaret, novos ritus *contrariosque* ceteris mortalibus indidit. profana illic omnia quae apud nos sacra, rursum concessa apud illos quae nobis incesta.

Tr. 201 (Bruder XVII 80).
Amor ergo Hebraeorum erga patriam non simplex amor, sed pietas erat, quae simul et odium in reliquas nationes ita quotidiano cultu fovebantur et alebantur, ut in naturam verti debuerint: quotidianus enim cultus non tantum diversus omnino erat (quo fiebat, ut omnino singulares, et a reliquis prorsus essent separati), sed etiam absolute *contrarius.*

l. c. V 12.
providerant conditores (sc. templi Hierosolymitani) *ex diversitate morum crebra bella.*

Tr. 42 (Bruder III 53).
se ab omnibus nationibus ita separaverunt, ut omnium odium in se converterint, idque non tantum ritibus externis, ritibus caeterarum nationum *contrariis,* sed etiam signo circumcisionis, quod religiosissime servant.

l. c. V 5.
circumcidere genitalia instituerunt, ut *diversitate* noscantur.

Tr. 202 (Bruder XVII 87).
ad eosdem non tantum in patrio solo retinendum, sed ad bella etiam civilia vitandum . . . haec apprime conducebant; nempe quod . . . et quod charitas et amor erga concivem summa aesti|mabatur pietas, qui non parum foveba-

l. c. V 5.
auctae Judaeorum res, et quia apud ipsos fides obstinata, misericordia in promptu, sed adversus omnes alios hostile odium. |

tur communi odio, quo reliquas
nationes, et hae eos contra, habe-
bant.

Vgl. ferner mit Tr. 33 (III 14/15) und 61 (V 27) Histor. V 3: adsen-
sere atque omnium ignari fortuitum iter incipiunt. – Spinoza stützt sich
also in seiner Beurteilung des jüdischen Zeremonial-Gesetzes auf Tacitus, obwohl er den Gesichtspunkt des Tacitus kennt und verwirft:

Tr. praef. 1 (Bruder § 3).
Si quid porro insolitum magna
cum admiratione vident, id pro-
digium esse credunt, quod Deorum aut summi Numinis iram indicat, quodque adeo hostiis, et votis non piare, *nefas* habent homines superstitioni obnoxii, et religioni adversi. ...

Histor. V 13 (Schilderung der Be-
lagerung Jerusalems).
Evenerant prodigia, quae neque
hostiis neque votis piare *fas* habet
gens (sc. Judaeorum) superstitioni
obnoxia, religionibus adversa.

Zur Vorrede des Tr. und überhaupt zu Spinozas Religions-Kritik vgl.
auch Histor. I 86: Prodigia insuper terrebant ..., insolitos animalium
partus, et plura alia rudibus saeculis etiam in pace observata, quae nunc
tantum in metu audiuntur.

Zu Tr. pol. VI 7 (Reges filios etiam plus timent, quam amant, ...)
vgl. Histor. I 21: suspectum semper invisumque dominantibus qui pro-
ximus destinaretur, sowie in den Annalen die Berichte über das Verhalten des Tiberius zu Drusus und Germanicus.

II. Jüdische Autoren.

1. Bachja.

Zu Spinozas Interpretation des Zeremonial-Gesetzes vgl. Choboth
hal'wawoth III 3 (ed. Stern p. 139):

‏...התורה כללה ענינים לא יוכל השכל לבאר אופני חיובם והם המצות השמעיות‏
‏וכללים משרשי השכליות וזה היה בעבור שהיה העם שנתנה להם התורה בעת‏
‏ההיא בענין גובר התאוות הבהמיות עליהן ונחלשו מדעתם והכרתם מהבין הרבה‏
‏מן השכליות ונתנה בהם התורה בזה מנהג אחד, ושבו השכליות והשמעיות‏
‏אצלם שוים בהארה עליהם ומי ששכלו והכרתו חזקים יתעורר אליהם ויקבלם על‏
‏עצמו לשני הפנים. |‏

2. Maimuni.

Tr. 6 (Bruder I 21).

(Interpretation von Num 12, 6–8). Si aliquis vestri propheta Dei erit, in visione ei revelabor (id est per *figuras et hieroglyphica*; nam de prophetia Mosis ait, esse visionem sine hieroglyphicis); in somnis loquor ipsi (id est non verbis *realibus et vera* voce). Verum Mosi non sic (revelor); ore ad os loquor ipsi et visione, sed non aenigmatibus, et imaginem Dei adspicit, hoc est me adspiciens, *ut socius, non vero perterritus* mecum loquitur; ut habetur in Exodo cap. 33, v. 11. Quare non dubitandum est, reliquos prophetas vocem veram non audivisse, quod magis adhuc confirmatur ex Deuter. cap. 34. v. 10., ubi dicitur: . . .

. . . פנים אל פנים

Tr. 3 (Bruder I 10).

(Ex 25, 22) ostendit, Deum usum fuisse voce aliqua vera, quandoquidem Moses, *quandocunque volebat*, Deum ad loquendum sibi paratum inveniebat. Et haec sola, qua scilicet lex prolata fuit, vera fuit vox, . . . |

Jesode hathorah VII 6.

ומה הפרש יש בין נבואת משה לשאר
כל הנביאים. שכל הנביאים בחלום או
במראה, ומשה רבינו מתנבא והוא ע ר
ועומד ...כל הנביאים על ידי מלאך,
לפיכך רואים מה שהם רואים במשל
וחידה. משה רבינו לא על ידי
מלאך⁴ שנאמר פה אל פה אדבר
בו. ונאמר ודבר ה″ אל משה פנים אל
פנים, ונאמר ותמונת ה″ יביט, כלומר
שאין שם משל, אלא רואה הדבר על
בוריו ...כל הנביאים יראים ונבהלים
ומתמוגגין, ומשה רבינו אינו כן, הוא
שהכתוב אומר כאשר ידבר איש אל
רעהו,⁵ כלומר כמו שאין אדם
נבהל לשמוע דברי חבירו, כך
היה כח בדעתו של משה רבינו להבין
דברי הנבואה, והוא עומד על עומדו
שלם. כל הנביאים אין מתנבאים בכל
עת שירצו, משה רבינו אינו כן, אלא
כל זמן שיחפוץ רוח הקדש
לובשתו ונבואה שורה עליו...|

---

⁴ In diesem Punkt weicht Spinoza, der christlichen Behauptung (Galater 3,19 und Apostel-Gesch. 7, 38) folgend, von Maimuni ab: veterem legem per angelum, non vero a Deo immediate traditam fuisse (Tr. 7; Bruder I 24).

⁵ Ex 33, 11.

276   Tr. 15 (Bruder I 47).[6]

... quoniam imaginatio vaga est et inconstans, *ideo* prophetia prophetis non diu haerebat, nec etiam frequens, sed admodum rara erat, ...

Moreh II 36.

וכבר ידעת כי כל כח גופני יחלש
וילאה ויפסיד עת ויבריא עת אחרת
וזה הכח המדמה כח גופני בלא ספק
ולזה תמצא הנביאים תתבטל נבואתם
בעת האבל או בעת הכעס וכיוצא
בהם ...וכן עוד תמצא קצת הנביאים
נבאו מדת זמן אחת ואחר כן נפסקה
הנבואה מהם ולא התמידה להם...

Tr. 58 f. (Bruder V 16) – hierzu vgl. Moreh III 32, woselbst Maimuni lehrt, Gott habe nur darum, weil die Menschen immer zum Gewohnten neigen, die Opfer in der Mosaischen Gesetzgebung beibehalten, dabei allerdings verlangt, daß die Opfer nicht mehr, wie bisher, den Geschöpfen, sondern ihm selbst dargebracht würden.

Tr. 155 (Bruder XIII 11).

notandum, in Scriptura nullum nomen praeter Jehova reperiri, quod Dei absolutam essentiam sine relatione ad res creatas indicet. Atque ideo Hebraei hoc solum nomen Dei esse proprium contendunt, reliqua autem appellativa esse.

Moreh I 61.

כל שמותיו יתעלה הנמצאים בספרים
כולם נגזרים מן הפעולות וזה מה שאין
העלם בו אלא שם אחד והוא יו״ד ה״א
וא״ו ה״א שהוא שם מיוחד לו יתעלה
ולזה נקרא שם המפורש ענינו שהוא
יורה על עצמו יתעלה הוראה מבוארת
אין השתתפות בה... והשמירה
מלקרוא אותו להיותו מורה על עצמו
יתעלה מאשר לא ישתתף אחד מן
הברואים בהוראה ההיא...

Vgl. ferner zu Tr. 154 und 157 (Bruder XIII 9 und 22): Deus Mosi cupienti ipsum videre et noscere, nulla alia attributa revelat, quam quae divinam justitiam et caritatem explicant – die Moreh I 54 gegebene Interpretation von Ex 33, 12–34, 7. |

---

6   Joël (l. c. 30) zitiert Moreh II 37 als Quelle. Dagegen bemerkt Gebhardt (Anm. zur deutschen Übersetzung von Tr. 15): »Joël führt mit Unrecht More Nebuchim II 37 als Quelle dieser Stelle an. Die Erklärung der Prophetie bloß aus dem Vorstellungsvermögen ist spinozistisch.« Die Angabe Joëls ist offenbar durch einen Druckfehler entstellt; es muß »36« statt »37« heißen. Die Übereinstimmung zwischen Spinoza und Maimuni ist darum möglich, weil es sich hier für Maimuni nicht um die Prophetie überhaupt, sondern um das ausschließlich in der Einbildungskraft begründete *Versagen* der Prophetie handelt.

Tr. adnot. I. (Bruder I 1 n).

nomen **נבואה** (prophetia) . . . omne prophetandi genus comprehendere.

Moreh II 32.

כל מגיד בנעלם [בעולם] מצד הקסם ומצד המשער או מצד מחשבה צודקת הוא גם כן יקרא נביא.

3. Alpakhar.

Die Äußerung, über die Spinoza Tr. 167 (Bruder XV 4 ff.) referiert, heißt wörtlich folgendermaßen (Igroth le Rambam, Amsterdam 1712, p. 24 a):

ובידוע שאינו דומה ענין הקדמות לגשמות כלל כי בענין הגשמות יבואו כמה כתובים מכחישים זה את זה כתוב אחד אומר ויראו את אלהי ישראל ובתוב אחד אומר כי לא יראני האדם וכתוב אחד אומר ועשו לי מקדש ושכנתי וכתוב אחד אומר הנה השמים ושמי השמים לא יכלכלוך וכיוצא בזה אמרו רז"ל דברה תורה כלשון בני אדם . . . אבל לענין מעשה בראשית כל הכתובים זה לזה מעידים . . . ואינו כדאי מופת חכמת יונית לעקור את הכל שנאמר ובא האות והמופת וגו'."

Die Vergleichung ergibt, daß Spinoza in sein Referat über Alpakhars Ansicht die (nach Spinozas Meinung) notwendige Konsequenz, bzw. Voraussetzung dieser Ansicht einbezogen hat, ohne dies ausdrücklich hervorzuheben.

4. Albo.

Tr. 55 (Bruder V 2).

Quum autem ceremoniae, eae saltem, quae habentur in vetere testamento . . . (Hebraeorum) imperio ita accomodatae fuerint, ut maxima ex parte ab universa societate, non autem ab unoquoque exerceri potuerint, certum est, eas . . . solam corporis temporaneam felicitatem et imperii tranquillitatem respicere, proptereaque non nisi stante eorum imperio ullius usus esse potuisse. |

Iqq. IV. 40.

כאשר עיינו ביעודים הגשמיים שנזכרו בתורה אחד לאחד נמצא שאי אפשר שיבואו במקום ההוא יעודים רוחניים, כי היעודים שנזכרו בתורה נמצאו כולם כוללים לכלל האומה . . . והוא מבואר כי היעודים הכוללים לכלל האומה לא יתכן שיהיו נפשיות שאף אם תהיה האומה בכללה צדקת וראויה לחיי העוה"ב אי אפשר שנאמר שהרשע אשר בה יזכה לחיי העוה"ב למען חמשים הצדיקים אשר בקרבה . . . וע"כ הוא מבואר שהיעודים הכוללים לאומה בכללה ראוי שיהיו גשמיים בהכרח וזהו כאשר המדינה או האומה רובה צדיקים תמלט המדינה או האומה ההיא מן הגלות או מן הרעב . . . |

Albo behauptet ebenso wie Spinoza den Zusammenhang zwischen der »Diesseitigkeit« des Mosaischen Gesetzes und seiner »Sozialität«; freilich in ganz verschiedener Absicht.

5. Menasseh ben Israel.

Zu Tr. 65 (Bruder V 47)[7] ist folgende Stelle aus Menassehs Dissertatio de fragilitate humana ex lapsu Adami deque divino in bono opere auxilio. Ex Sacris Scripturis et veterum Hebraeorum libris (Amstelodami 1642) zu berücksichtigen: . . .non constituit tantum supernaturalia (sc. Deus in lege sua): sed et ea quae natura sponte dictat, ut sunt non furaberis . . . et similia. Eoque Deus augmentavit leges, ut praemium acciperet, non qui propter naturam, sed propter Dei voluntatem istas observasset (p. 85). Menasseh beruft sich hierfür auf des Laniado Cheli hemda.

6. Bibel-Kommentatoren.

Tr. 8 (Bruder I 26) erklärt רוח in Ez. 2, 2: spiritus seu vis; Qimchi: רוח שחזקה אותי.

Tr. 8 (Bruder I 27) erklärt רוח in Jud. 8,3: spiritus sive impetus; Qimchi: רוח הכעס.

Tr. 9 (Bruder I 29): . . .res aliqua ad Deum refertur, et Dei dicitur esse . . . ad rem in superlativo gradu exprimendum, ut הררי אל montes Dei, hoc est, montes altissimi; תרדמת ה״ somnus Dei, id est, profundissimus. Zu Ps 36, 7 ((הררי אל)) bemerkt Raschi: ההרים הגבוהים וכן מנהג הלשון כשרוצה להגדיל; Qimchi: אל לשון תוקף הדבר סומך אותו אל האל.

Zu 1 Sam 26, 12 (תרדמת ה״) Qimchi: הסמיכות הוא לאחד משני פנים או פירושו תרדמה גדולה כי הדבר שרוצה להגדילו סומך אותו לאל יתברך כמו מאפליה שלהבת יה כהררי אל עיר גדולה לאלהים ותהי לחרדת אלהים. או פירושו להודיע כי התרדמה היתה סבה מאת האל . . .

Zu Ps 80, 11 (ארזי אל cedri Dei, ad exprimendam earum insolitam magnitudinem) Qimchi: הארזים הגבוהים מאד לפיכך קראם ארזי אל כי כל דבר שרוצה להגדילו סומך אותו לאל.

---

7   Vgl. oben S. 130 Anm.

Tr. 10 (Bruder I 33) interpretiert ‏"רוח ה‎" in der Gideon- und Simson-
Erzählung des Richter-Buchs als: animus audacissimus et ad
quaevis paratus; Raschi zu Jud 6, 34: ‏רוח גבורה‎; Qimchi zu Jud
13, 25: ‏הגבורה והכח‎. |

Zur Interpretation von ‏"רוח ה‎" in Jes 11, 2 vgl. Qimchi z. St.:   279

hoc est, ut ipse propheta . . . parti-   ‏אמר בתחילה רוח ה" ואחר כן‎
culatim *postea id explicando* de-   ‏פירש רוח חכמה ובינה רוח עצה‎
clarat, virtus sapientiae, consilii,   ‏וגבורה…‎
fortitudinis etc.

Tr. 10 f. (Bruder I 33): ‏רוח־אלהים רעה‎ Dei spiritus malus, id est, me-
lancholia profundissima; . . . Dei melancholiam *naturalem me-*
lancholiam . . .

‏ואמנם מה היה הרוח הזה, הנה המפרשים‎ :Abrabanel zu 1 Sam 16, 14
‏לא אמרו בו דבר… וחכמי הנוצרים חלקו בזה…מהם אמרו שהיה חולי‎
‏טבעי שחוריי… והיותר מתישב אצלי הוא ששאול אחרי סרה ממנו‎
‏רוח ה"… סבבוהו בלהות ומחשבות רעות… ומתוך זה נשרף דמו ונתהוה‎
‏בו חולי המילא"נקולייא… ויהיה אם כן אמרו מאת השם, פירושו‎
‏מסבת היות האל ית" נפרר ממנו, לא שיהיה האל ית" הוא הפועל לחולי‎
‏ההוא בעצם.‎

Tr. 13 (Bruder I 39) interpretiert Jes 48, 16: a principio (hoc est, quum
primum ad vos veni; . . . (ut ipse cap. 7. testatus est); Qimchi:
‏ואדוני אבי ז"ל פירש לא מראש כאשר נבאתי נבואת סנחריב בגלוי‎
‏דברתי‎
‏…‎

Tr. 15 (Bruder II 1): homines rustici, et extra omnem disciplinam . . .
dono prophetico fuerunt praeditae. Im Sinn dieser gegen Maimuni
gerichteten Behauptung bemerkt Abrabanel zu Amos 1, 1, ausdrücklich gegen Maimuni (Moreh II 32) polemisierend: ‏אין תנאי‎
‏הכרחי בהם (בנביאים .sc) למוד החכמות המחקריות והתפלסופתם…‎
‏ולכן היה שעמוס בהיותו בנוקדים אשר בעיר תקוע עם היותו בלתי מלומד‎
‏בחכמה חלה בו הנבואה.‎

Tr. 16 (Bruder II 4 f.): . . . ille quidem (sc. Abraham) Deo credebat, nec
signum petiit, non ut Deo fidem haberet, sed ut sciret id a Deo ei
promitti. Idem etiam clarius ex Gideone constat; . . . Vide Judicum
cap. 6 v. 17. – Abrabanel zu Jud 6 vers. fin.:   ‏וגדעון היה שואל‎
‏האות לראות אם רצון האל יתברך להושיע את ישראל בידו, לא לנסות‎
‏יכלתו כי אם לדעת רצונו…‎

Tr. 17 (Bruder II 7) – zur Erklärung von Ezech. 14, 9 zieht auch Qimchi 1 Reg 22, 20 ff. heran.

Tr. 22　(Bruder II 29): Licet nobis affirmare, eum (sc. Salomonem) rationem inter peripheriam et circuli diametrum ignoravisse, et | cum vulgo operariorum putavisse eam esse, ut 3 ad 1. – Gerschuni und Abrabanel bemerken zu 1 Reg 7, 23 (im Anschluß an eine thalmudische Äußerung), das hier angegebene Zahlenverhältnis sei על דרך קירוב zu verstehen.

Tr. 57 (Bruder V 10). Zu Jes 58, 8 (Videmus itaque prophetam ... etiam post mortem promittere) sagt Qimchi: ...תהיה הצלחתך זה יהיה בעולם הזה ובעולם הבא.
In einer Anmerkung sagt Spinoza zu יאספך: Hebraismus, quo tempus mortis significatur. Aggregari ad populos suos mori significat. Vgl. Qimchi z. St.: כבוד ה" יאספך: אל מקום הכבוד אשר נפשות הצדיקים צרורות שם בצרור החיים.

Tr. 76　(Bruder VI 46): Dei iussu mare viam Judaeis aperuit (vide Exod. c. 14. v. 21.), nempe Euro, qui fortissime integra nocte flavit. – Raschbam zu Ex 14, 21: כדרך ארץ עשה הקב"ה שהרוח מיבש ומקריח את הנהרות.

Tr. 76 (Bruder VI 47): ut Elisa puerum, qui mortuus credebatur, excitaret, aliquoties puero incumbere debuit, donec prius incaluerit et tandem oculos aperuerit. – Qimchi zu 2 Reg 4, 34: וישם פיו על פיו ...ואפשר ג"כ להנשים על הנער לחממו בחום הטבעי היוצא מפיו ומעיניו כי רוב הנסים נעשים עם מעט תחבולה מדרך העולם.

Tr. 78 f. (Bruder VI 57): In Scriptura enim multa ut realia narrantur et quae etiam realia esse credebantur, quae tamen non nisi repraesentationes resque imaginariae fuerunt; ut ... quod Elias ad coelum igneo curru et igneis equis ascenderit. – Qimchi zu 2 Reg 2, 11: ראה דמיון רכב אש וסוסי אש.

Tr. 80 (Bruder VI 62): quum ex consensu Cyri Hierosolymam petierunt, nulla similia miracula iis contigisse constat. – Qimchi zu Jes 48, 21: אם נבואה זו על השבי מגלות בבל כמו שהוא בנראה הוא תימה איך לא נכתב בספר עזרא כשספר בצאתם מהגלות שנעשו עמהם נסים אלו שבקע צור בעבורם במדבר.

Tr. 110 f. (Bruder VIII 34 ff.). Die hier behandelte Frage nach den Verfassern der Bücher Josua, Samuel usw. wird von Abrabanel in der Einleitung zu seinem Kommentar zu den früheren Propheten ✳ aufgeworfen. Gegen die thalmudische Behauptung, Josua sei der Verfasser des Josua-Buchs, spricht ihm – außer der Tatsache, daß in diesem Buch Josuas Tod erzählt wird – vor allem der in diesem Buch häufig (u. a. 15, 63 und 16, 10) | vorkommende Ausdruck »bis *281* zu dem heutigen Tag«:   וכח מאמר עד היום הזה יורה בהכרח שנכתב

זמן רב אחרי שקרו הדברים.

Vgl. VIII 36: modus etiam loquendi in hunc usque diem ostendit, scriptorem rem antiquam narrare. Um nachzuweisen, daß Samuel nicht der Verfasser der nach ihm benannten Bücher ist, beruft sich Abrabanel, ebenso wie Spinoza im gleichen Zusammenhang (VIII 40), auf 1 Sam 9, 9; er bemerkt zu diesem Vers:

וזה הפסוק מורה בהכרח שלא כתבו שמואל כי שאול בימיו היה, ואיך יאמר

עליו לפנים בישראל כי לנביא היום יקרא הרואה? אבל יורה זה בחיוב מבואר

שנכתב זמן רב אחרי מות שמואל ששנו המנהגים.

Die Grenze der Übereinstimmung zwischen Spinoza und Abrabanel tritt hervor in dem Ergebnis, zu dem Abrabanels Kritik ge- ✳ langt: ומפני זה כלו חשבתי אני שיהושע לא כתב ספרו, אבל שמואל הנביא

כתבו וכתב ג״כ ספר שופטים, ולזה לא תמצא שנאמר ביהושע שכתבו,

כמו שהעידה התורה על משה רבינו עליו השלום באומר' ויכתוב משה את

התורה הזאת ואמר ויהי ככלות משה לכתוב את דברי התורה הזאת על

ספר עד תומם ...

Tr. 121 ff. (Bruder IX 32 ff.). Qimchi zu 1 Reg 17, 14:   ... דעתינו בכתיב

וקרי כי בגלות נשתבשו הנסחאות והיו מוצאין בנסחא אחת כן ובנסחא

אחרת כן ולא עמדו על בירורם וכתבו האחת מבפנים והאחרת מבחוץ.

III. Aus der modernen politischen und religions-kritischen Literatur.

1. Macchiavelli.   ✳

Tr. 178 und 182 f. (Bruder XVI 16 ff. und 44 ff.), sowie Tr. pol. III 14 ————————— Discorsi III 40 und 42; Principe XVIII. (utilitate sublata pactum simul tollitur).

Tr. 180 (Bruder XVI 34), sowie Tr. pol. V 6 _____ Discorsi II 2.
(Gegensatz von Republik und Alleinherrschaft.)

Tr. 187 und 189 (Bruder XVII 3 und 17) _____ Discorsi III 6 in
princ. (Die Bürger sind dem Herrscher gefährlicher als die auswär-
tigen Feinde.)

Tr. 190 f. (Bruder XVII 20 ff.) _____ Discorsi I 11 ff.
(Die politische Funktion der »Offenbarung«.)

Tr. 212 (Bruder XVIII 29) _____ Discorsi I 26.
(Ein neuer Fürst muß alles neu einrichten.) |

282   Tr 212 (Bruder XVIII 30)   Discorsi I 16.
populus regiae authoritati assue-   Un popolo uso a vivere sotto un
tus ... si unum e medio tollat,   principe, se per qualche accidente
necesse ipsi erit ... alium loco   diventa libero, con difficultà man-
prioris eligere, qui non sponte, sed   tiene la libertà. ... uno popolo, il
necessario tyrannus erit.   quale sendo uso a vivere sotto i
                                         governi d'altri, ... ritorna presto
                                         sotto un giogo, il quale il più delle
                                         volte è più grave che quello che
                                         per poco innanzi si aveva levato
                                         d'in sul collo ...

Tr. 213 (Bruder XVIII 35) (At forsan aliquis exemplo populi Romani
objiciet ...) richtet sich gegen Discorsi I 4 und 6, woselbst gelehrt
wird, daß die Aufstände des römischen Volks in der Frühzeit Roms
zur Freiheit und Macht der Republik führten. Spinoza sagt hier
vom römischen Volk, es sei ex seditiosis et flagitiosis hominibus
conflatus. Die Stelle ist wichtig, weil sie zeigt, daß und warum die
Römer ihren von Macchiavelli behaupteten Ruhm als klassischen
Staatsvolks zeitweilig verlieren: der Wille zur Sicherheit gelangt zur
Herrschaft. Einen früheren und bedeutenderen Beleg für diese
Veränderung in der Beurteilung Roms liefert Hobbes De Cive Ep.
ded. (in princ.). – Vgl. Tr. pol. V 2 (grundsätzliche Verwerfung von
Aufstand und Krieg), aber auch VI 4 (es ist kein Einwand gegen die
Demokratie, daß unter ihr die meisten Aufstände entstehen).

Tr. pol. I 5 _____ Discorsi I 3 in princ.
(Voraussetzung der Politik ist, daß alle Menschen schlecht sind.)

Tr. pol. III 9 und VI 4 _____ Discorsi I 45, sowie Principe XVII und XIX.
(Die Regierenden müssen sich im Interesse ihrer Herrschaft vor Gewalttaten hüten.)

Tr. pol. V 4 _____ Discorsi I 16.   *
(Ein unfreies Volk lebt wie ein Tier.)

Tr. pol. VI 35 _____ Discorsi II 24.
(Eroberte Städte sind entweder zu Bundesgenossen zu machen | oder zu zerstören, auf keinen Fall aber durch Besatzungen zu   *283* halten.)

Tr. pol. VII 20 _____ Principe XXI.
(Der König ist im Interesse seiner Sicherheit und Ruhe gezwungen, Kriege zu führen, nämlich um die ihm sonst gefährlichen Adligen zu beschäftigen. Vgl. Meinecke, Staatsräson 241 f.)

Tr. pol. VII 27, sowie Tr. theol.-pol. 180 _____ Discorsi I 58.
(»Die Menge ist weiser und beständiger als ein Fürst.«) Sowohl Macchiavelli als auch Spinoza zitieren Livius XXIV 25 (plebs aut humiliter servit aut superbe dominatur) als Beleg für die bekämpfte Meinung; die Argumentation stimmt vollständig überein: die Fehler, die von den Schriftstellern der Menge vorgeworfen werden, haften *allen* Menschen an; und: ein Volk kann viel schwerer zu einer schlechten oder unsinnigen Handlung überredet werden als ein Fürst; beide Autoren beginnen mit einer captatio benevolentiae:
Macchiavelli: Jo non so se io mi prenderò una provincia dura, e piena di tanta difficultà, che mi convenga o abbandonarla con vergogna, o seguirla con carico . . . – Spinoza: haec, quae scripsimus, risu forsan excipientur . . .

Tr. pol. VIII 9 _____ Discorsi I 35 und III 24.
(Notwendigkeit, die Dauer des Oberbefehls zu begrenzen. Discorsi III 24: La prolungazione degl'imperii fece serva Roma. Spinoza: Cuius rei funestissima exempla Roma dedit.)

Tr. pol. VIII 12 _____ Discorsi I 6.
(Wie die Aristokratie aus der Demokratie entsteht: durch Zustrom von Fremden.)

* Tr. pol. IX 13 _____ Discorsi II 23.

(Nach Kriegs-Recht eroberte Städte sind entweder durch Wohltaten zu verpflichten, oder durch Kolonisten zu besetzen – in diesem Fall muß die eingeborene Bevölkerung anderswohin verpflanzt werden –, oder ganz zu zerstören.)

Tr. pol. X 1 _____ Discorsi I 34, 35 und 40.

(Vorzüge und Mängel der Diktatur.)

Tr. pol. X 3 _____ Discorsi I 48.

(Wie der römische Senat die Wirksamkeit der Volks-Tribunen lahmzulegen verstand.) |

284   *2. Clapmarius.*[8]

Tr. praef. 3 (Bruder praef. 9 f.) (türkische Despotie und Religion); Tr. pol. VI 4 und VII 23 _____ De arc. VI 20: Turcae etiam habent occulta sua consilii imperii ac dominationis, ut sunt violenta gubernatio, magno metu maximisque superstitionibus induere plebem, consilia agitare non tam pacis, quam belli, nunquam a bello cessare ... Caeterum totae et singulae fere leges Alcorani nihil continent, quam arcana consilia dominationis conservandae augendaeve.

Tr. 60 (Bruder V 22 ff.) _____ De arc. II 2: plebs mavult decipi quam cogi. II 9: Religione infatuare plebem.

Tr. pol. I 2 und 5 _____ De arc. I 1: Nam ut eos qui libertatis amantes sunt, vel imperii avidi, in officio contineas aperta ac regia via frustra es. Quippe apud quos nullus locus est rationis, nullus aut legum, aut philosophicorum praeceptorum usus.

Tr. pol. VI 6 _____ De arc. II 23: Quemadmodum etiam nimiae divitiae principibus merito suspectae sint, ut de Aruntio notat prudens scriptor, quem Tiberius »ut divitem suspectabat«, et Annal. 11 »caveri vim atque opes principibus offensas« ... De arc. III 12: ne quis summam rei gestae ad se trahat: militiae auspicia et gloriam propriam esse summi principis.

---

[8] Vgl. Carl Gebhardt, Spinoza gegen Clapmarius (Chronicon Spinozanum III 344–347). Des Clapmarius Buch De arcanis rerum publicarum, dem die oben zitierten Stellen entnommen sind, befand sich in Spinozas Bibliothek.

Tr. pol.VIII 9 (hoc apprime necesse est, ut nullus in Patriciorum numerum recipiatur, nisi qui artem militarem recte noverit. Subdi-
tos autem extra militiam esse, ut quidam volunt, inscitia sane
est).
De arc. II 6: In republica igitur optimatum, arma habere oportet
(sc. optimates), et nisi habeant, puniri: plebs vero impune armis
carebit.
De arc. II 7: In aristocratia certe eos, qui primas tenent in Republica sedes armis exerceri oportet, indicta gravi poena, ne id
faciant: plebeis vero impune ab armis abstinere licet.

Tr. pol. VIII 9 (Caeterum ... dux ... ex solis Patriciis eligendus, qui
annum ad summum imperium habeat, nec continuari in | imperio,   *285*
nec postea eligi possit; ...). – De arc. II 11: in qua (sc. Aristocratia) nemini diu summum Imperium, ac praesertim bellicum,
destinandum est ... Quo magis cavendum est, ne quis eundem
magistratum bis gerat.

Tr. pol. VIII 16 _____ De arc. II 3: poena dicenda est patriciis ac
divitibus, nisi ad comitia veniant:plebi vero et pauperibus poena
remittenda est. Qua speciosa fallacia fascinata plebs, operis do-
mestici sui suorum sustentandorum causa occupata, facile ema-
nebit.

Tr. pol. VIII 39 (ne duo sanguine propinqui simul in subselliis locum
occupent) – De arc. II 12: arcanum illud ... ne duo ex una familia,   *
vivo utroque, non solum magistratus essent, sed ne quidem uno
tempore in Senatu, ...

3. Petrus Cunaeus.

Petrus Cunaeus spricht sich über den Zweck, den er mit seinem Buch
De Republica Hebraeorum libri tres (ed. noviss. Lugd. Batav. 1632)
verfolgt, in der Ep. ded. folgendermaßen aus. Inspiciendam ... offero
rempublicam, qua nulla unquam in terris sanctior, nec bonis exemplis
ditior fuit ... ipsum Deum immortalem, autorem fundatoremque
habet, ...

Zu Tr. 202 (Bruder XVII 85) vgl. Cunaeus l. c. I 2: ... Mosis jussa
secutus summus dux Josua est. Universam enim regionem in
duodecim partes divisit, atque habitandam totidem tribubus dedit.

Mox singularium tribuum familias numeravit, et pro capitum multitudine certum cuique modum agri, atque proprios fines dedit. Ita provisum est, uti eadem aequalitate omnes continerentur. Quae esse prima cura bonis reipublicae moderatoribus solet ... praeclaram legem quandam Moses tulit, qua effectum est, ne paucorum opulentia quandoque caeteros opprimeret, neu mutatis studiis cives ad novas artes peregrinasque ab innoxio labore se converterent. Ea fuit lex agraria, quae vetuit ne quis venditione aut ullo contractu plenum dominium fundi sui transferret in alium. Nam et iis, qui egestate compulsi agrum vendidissent, redimendi jus quovis tempore concessit, et ni redemtus esset, restitui eum gratis in Jubilaei celebritate jussit.

Der Zusammenhang, in dem die Religions-Kritik Spinozas mit den ökonomischen Tendenzen seiner Epoche steht, wird sichtbar, | wenn man Tr. 207 (Bruder XVIII 2): talis (sc. Hebraeorum) imperii forma iis forsan tantum utilis esse posset, qui sibi solis absque externo commercio vivere, seseque intra suos limites claudere et a reliquo orbe segregari velint; at minime iis, quibus necesse est cum aliis commercium habere.[9] – mit folgender Äußerung des Cunaeus (l. c. I 4) vergleicht: »Nos neque terram habitamus, quae mari vicina est, neque negotiationibus gaudemus, neque earum causa nobis consuetudo cum aliis gentibus est. sed sunt urbes quidem nostrae procul a mari sitae: ipsi autem nos regionem bonam incolentes, hanc cum labore exercemus.« (Joseph. contra Apion.) Enimvero, cum diversas gentes ita negotiatio sociaverit, ut quod genitum est usquam, id apud omnes natum esse videatur; soli Judaei intra terrae suae fines, iis contenti opibus, quas illic natura producebat, vitam procul commerciis agitavere. Non enim maria transibant, neque exteros visebant, et ab his non visebantur ... Ac mihi quidem sane Flavius etiam gloriari de Judaeorum obscuritate videtur, cum in mediterraneis locis eos agere, et nullum aditum esse ad eos mercatoribus peregrinantibusque ait. Ita enim diutissime incorruptos mores servavere, nihilque rerum ad copiam et luxum pertinentium illatum est, quibus perire potentissimi populi solent.

---

[9]   Vgl. auch Tr. 62 (Bruder V 33 f.) und Tr. 186 (XVI 67).

4. *Hobbes.*

Tr. 3–6 (Bruder I 9 ff.) _____ Leviathan XXXVI: Erklärung von »Prophetie« (dabei u. a. benutzt Ex 7, 1); Nachweis aus der Schrift, daß Prophetie stattfindet durch Vision oder durch Traum; die Sonderstellung der Mosaischen Prophetie (Num 12, 6–8; Ex 33, 11; Act 7, 35) in Zusammenhang gebracht mit der politischen Stellung Mosis – cf. Tr. 193 (XVII 37) und Tr. 1 (I 1) (vicem Dei agere).

Tr. 7 ff. (Bruder I 26 ff.) _____ Leviathan XXXIV: Erklärung von »Geist« (dabei u. a. benutzt Gen 1, 2; Ex 31, 3; Jud 6, 34; 13, 25; 14, 6 und 19; 1 Sam 11, 6; Jes 11, 2; Ez 2, 2; Hiob 27, 3); eigentliche Bedeutung: feiner, unsichtbarer Körper; übertragene Bedeutung: Disposition oder Neigung des Geistes, hervorragende Fähigkeit, ungewöhnliche Krankheit des Geistes. |

Tr. 148 (Bruder XII 18–22) _____ Leviathan XXXVI: Erklärung von »Wort Gottes«; eigentliche Bedeutung: was Gott zu den Propheten gesagt hat; übertragene Bedeutung: Weisheit, Macht, Beschluß Gottes, fatum; ferner: Worte der Billigkeit und Vernunft, auch wenn sie nicht von einem Propheten vorgebracht sind, der Ausspruch der recta ratio, der in die Herzen der Menschen eingeschrieben ist.   *287*

Tr. 193 (Bruder XVII 36 ff.) _____ Leviathan XL: Staats-Verfassung der Hebräer; die Autorität Mosis beruhte auf einem Vertrag; der Priester war Moses unterstellt, Moses unbeschränkt souverän. (Über die nachmosaische Zeit urteilen Hobbes und Spinoza ganz verschieden.)

Tr. 228 (Bruder XX 20 ff.) _____ Leviathan XXIX, sowie De Cive XII: seditiosae opiniones. Cf. Tr. 220 (Bruder XIX 35): . . .seditiosam opinionem (veniam verbo duriori precor) . . .   ✻

Tr. pol. V 2 (Homines enim civiles non nascuntur, sed fiunt.) _____ De Cive I 2: Polemik gegen den Begriff des Menschen als ζῷον πολιτικόν; der Mensch ist nicht durch die Natur, sondern durch die Erziehung gesellschaftsfähig.

5. La Peyrère.

Auf eine Übereinstimmung zwischen Spinoza und La Peyrère in der Behandlung biblischer Wunder-Berichte weist hin Jacob Thomasius in seinem Programma v. J. 1671; er meint die grundsätzliche Übereinstimmung in der Erklärung des Josua- und Hiskia-Wunders, sowie der Sintflut.

Tr. 22 (Bruder II 27) _____ Syst. theol. IV 5: Accipiendum ergo ita est miraculum hoc: ut cum Sol ipse revera occumberet; neque cessaret interea celestis et naturalis rerum ordo: fulgor Solis, sine Sole ipso, et miraculo maximo, superesset in Atmosphaera, vel regione vaporum illa, quae civitati Gabaonicae, coeli et aëris medio, incubabat . . .

Tr. 23 (Bruder II 31) _____ Syst. theol. IV 7: Diluvium Noacicum non fuisse effusum super universum terrarum orbem, sed super terram Judaeorum. |

288 Zu Tr. 81 (Bruder VI 67): eam (sc. naturam) fixum atque immutabilem ordinem servare, . . . Philosophus praeterea in suo Eccl. cap. I vers. 10. clarissime docet, nihil novi in natura contingere; . . . vgl. Syst. theol. III 5: Aeternitatem quinetiam Mundi conjecere . . . per aeternum tenorem illum, et perseverantem constantiam, qua Mundus permanet, et qua semper sui similis est. Quocirca et immutabilem dixere illum: quia talis semper fuerit, et talis semper futurus sit, qualis nunc est. Quo refer Ecclesiastae illud capite 1 . . . (sc. v. 10).

Marginalien im Handexemplar von Leo Strauss

Die hier veröffentlichten Marginalien enthalten sämtliche Eintragungen aus dem Handexemplar von Leo Strauss. Nicht aufgenommen wurden lediglich Korrekturen, die erkennbar im Hinblick auf eine spätere Neupublikation festgehalten worden waren. Sie sind im Text unserer Ausgabe selbst berücksichtigt und in den *Editorischen Hinweisen* vermerkt. Die nachstehend mitgeteilten Notate waren dagegen allem Anschein nach nicht zur Veröffentlichung bestimmt. Sie fanden auch keinen Niederschlag in der amerikanischen Übersetzung des Buches von 1965. Strauss trug sie in seiner schwer zu entziffernden Handschrift – anfangs in Tinte, danach fast durchweg mit Bleistift – für sich selbst in die Erstausgabe seines Erstlingswerkes ein. Das erklärt die starke Verkürzung und extreme Verdichtung der Bemerkungen, die sich über einen Zeitraum von wenigstens zwei Jahrzehnten erstrecken. Einen Anhaltspunkt dafür bietet der Aufsatz *Algernon Sidney's Discourses Concerning Government: Textbook of Revolution* von Caroline Robbins aus dem William and Mary Quarterly vom Juli 1947, auf den sich Strauss am Rand von S. 237 bezieht.

Die Wiedergabe der Marginalien folgt in allen Einzelheiten dem Wortlaut des Handexemplars. Das gilt auch für offenkundige Versehen wie Sergio statt Giorgio del Vecchio (Seite 281) oder abweichende Schreibweisen wie de Caillère (Seite 125) für François de Callières, dessen Buch *Des bons mots et des bons contes, de leur usage, de la raillerie des anciens, de la raillerie et des railleurs de notre tems* 1692 in Paris anonym erschienen war. Auf die Erläuterung der Notate und die Identifizierung der Referenzen wurde verzichtet. Die Edition beschränkt sich darauf, die Marginalien selbst vollständig zu dokumentieren und der zukünftigen Forschung zur Verfügung zu stellen. Der interessierte Leser, der den Hinweisen im einzelnen nachgehen will, wird herausfinden können, welche Ausgabe der *Phänomenologie* oder der *Lettres écrites de la montagne* Strauss zugrunde legt. Er mag sogar das Rätsel lösen, welche Edition durch das Kürzel *p. m.* (penes me – in meinem Besitz) bezeichnet wird.

Bei den Seitenzahlen handelt es sich um die der Erstausgabe. Sie sind am Rand der vorliegenden Edition fortlaufend angegeben. Sternchen markieren dort die Stellen, die die Marginalien zum Gegenstand haben. Wenn sich die Eintragung ohne nähere Kennzeichnung am Fuß der Seite findet, ist das Sternchen der entsprechenden Seitenzahl am Rand des Textes vorangestellt.

[Seite 8]
cf. ND I 31, 86

[Seite 17]
*u. vgl. Fouquet, Conseils de la sagesse und Recueil des Maximes de Salomon

[Seite 22]
* ... so führt es, da selbst hinsichtlich des Begriffes von Gott keine Übereinstimmung in der ganzen Menschheit herrscht, zum *Atheismus* (cf. Berkeley, Alciphron, Dial. I § 8, wo der Weg vom positiven Christentum zu latitudinarischem Christentum, zu Deismus und schliesslich Atheismus auf Grund des Satzes, dass die Wahrheit »of a stable, permanent, and uniform nature, not various and changeable, like modes or fashions, and things depending on fancy« sei, dargestellt wird).

[Seite 32]
cf. Tr. theol. pol. V 29, s. VII 33.
– s. RMM, Sefer Schofetim.
cf. H. de'ot I-III on *anger* (כַּעַס)

[Seite 34]
*cf. Sorbièr's Biographie von Hugo Grotius (ed. G. Cohen in Mélanges Salverda de Grave, Groningen 1933), who apparently calls the Socinians »disciples of Paul and of *Lucian*«.

[Seite 56 ohne Zuordnung]
vgl. Guillaume Postel (1510–1581).

[Seite 87]
§ 34 [Ergänzung zu Tr. praef. 8]

[Seite 87]
= Verteidigung der Philosophie und des Philosophen [Strauss' Gleich-heitszeichen bezieht sich auf alle drei Punkte aus Spinozas Brief an Oldenburg, die am Rand zusammenfassend markiert sind.]

[Seite 97 ohne Zuordnung, auf eingelegtem Zettel:]
»Les arguments contre la création se réduisent à montrer qu'il nous est impossible de la concevoir, c'est-à-dire d'en concevoir la manière, mais non pas qu'elle soit impossible en soi; car, pour que la création fût impossible, il faudrait d'abord prouver qu'il est impossible qu'il y ait un Dieu; mais, bien loin de prouver cette impossibilité, on est obligé de reconnaître qu'il est impossible qu'il n'existe pas. Cet argument, qu'il faut qu'il y ait hors de nous un être infini, éternel, immense, tout puissant, libre, intelligent, et les ténèbres qui accompagnent cette lu-mière, ne servent qu'à montrer que cette lumière existe; car de cela même qu'un être infini nous est démontré, il nous est démontré aussi qu'il doit être impossible à un être fini de le comprendre.« Voltaire, Traité de métaphysique ch. 2 (Beuchot 37, p. 290 s.)

[Seite 98]
es sei denn, dass die Schrift Spekulation erlaubt oder gebietet – was sie in den Proverbien z. B. tut (vgl. Tr. IV)

[Seite 98]
vgl. u. S. 254
cf. M. Weber, Relsoz. I 122
Es liegt aber viel näher, an die jüdisch-philos. Tradition zu denken: cf. Moreh, RLbG' Mischle-Komm., Falqera, Sepher ha-ma'aloth.

[Seite 99]
cf. Tr. VII 21 sq.

[Seite 114 ohne Zuordnung]
cf. Rousseau p. m. 427 Abs. 2. *Emile* II 55 u. – 59 o.

[Seite 114]
vgl. Edelstein, *Asclepius* 145 fr. 1.

[Seite 116]
Rousseau *Lettres écrites de la Montagne* 169 u.

[Seite 125]
*vgl. Shaftesbury, Characteristicks III 251. de Caillère, Des bons-mots
... de la raillerie des anciens ... et de notre tems, Paris 1692

[Seite 126]
*cf. the letter to Boxel in the Dutch original: Sp. kann B. nicht ohne
Lachen Gott empfehlen. Philipp van Limborch berichtet, dass Sp. bei
einem Gastmahl spöttisch gelächelt habe, als man das Tischgebet sprach
(Freudenthal-Gebhardt, *Spinoza*, I, 191). Beachte die Benutzung von
Terenz – s. Leopold, Ad Spinozae Opera Posthuma, Haag 1902.

[Seite 130]
*von Selden, De jure natur. et gent., lib. VII, c. 10, ebenso zitiert wie von
Sp. cf. H. deoth I 4 Ende (Definition von סְכָם) s. 5 Anfang (Definition
von חָסִיד). Cf. Moreh III 53–54. Moreh Weiss III 102n. 8 Peraqim VI,
Wolff p. 9. H. Shemittah we jobel XIII 13. H. Melakhim I 7. H. Berakot
X 11.
cf. Mischnath R. Elieser (ed. Enelow) VI, p. 121. [Hierzu spätere
Anmerkung von Strauss am Fuß des Randes:] אלא מחכמיהם ist Zusatz
RMM. (Ginzberg)
RMM, H. Isure Biah c. 14.
Menasse b. Israel, Conciliator qu. 2 in Deut.
RMM an Hasdai ha-Levi p. 5 f.
Resp. 124 (Freimann)
Cohen in Akademie-Festschrift 65 ff.
Magazin für die Wiss. d. Judentums III 206–215.

[Seite 139]
*Nein. Denn Ibn Ruschd erkennt doch auch die شَرِيعَةٌ an und die
Allegorese und lehrt die Weltewigkeit.

[Seite 147]
cf. I 34

[Seite 151]
IV 13

[Seite 161 ohne Zuordnung]
Guttmann, Religion und Wissenschaft im m.a.lichen und im modernen
Denken, S. 47: »Statt mit einer in sich abgeschlossenen wissenschaftlichen Tradition hat sich die Religion nunmehr (sc. in der Neuzeit) mit
dieser in lebendiger Entfaltung begriffenen Wissenschaft auseinanderzusetzen.«

[Seite 165]
*vgl. Hegel, Phänomenologie 458 Abs. 2.

[Seite 172]
Bremond, *Newman* 285

[Seite 175]
cf. III 50.

[Seite 179]
Rousseau *Lettres Montagne* 160 f.

[Seite 185]
cf. Hamann p. m. p. 124

[Seite 187]
*cf. Amos 4,7, Josephus, Antiqu. I 155 ff (= 1. VII. 1) in Thackeray's
Übersetzung.
cf. Wolfson *Proceedings Jewish Academy* 1941, p. 109.
Bremond, *Newman* 282.
cf. *Physics* II 8: the rare deviations are ἁμαρτήματα

[Seite 189]
VI 38 Bruder

[Seite 196]
cf. Bergson, *Deux sources.* 257 f.

[Seite 196]
vgl. Kant, *KR.* 620 ff.

[Seite 197]
*Does RMM ever make that distinction explicitly?

[Seite 197]
Ab. bar Chiyya, Hegyon ha-nephesch (Freimann) p. 22 b – 23 a.

[Seite 199]
*vgl. o. 8, 28 f., 34, 41.

[Seite 199]
*zur Genesis dieser Kritik vgl. Plutarch De superstitione (c. 8, 10) und
De stoic. repugn. 38, 2; Non posse suav. vivi sec. Epic. 22, 2–3.

[Seite 205]
*vgl. Bacon Essays und Nov. Org.: Wunder richten sich nur an Poly-
theisten, nicht an Atheisten.

[Seite 212]
*».. . leur *vanité* (sc. des Juifs) seroit plus flattée que leurs Peres se
fussent desaltérez dans le désert par le secours de la Divinité, que par un
moyen *simplement* produit par le cours ordinaire des choses.« d'Argens,
La Philosophie du bon-sens, London 1737, 52 f.

[Seite 215]
*cf. Bergson, *Deux sources* 160 f.

[Seite 222]
*Das hat im wesentlichen Stahl, *Gesch. d. Rechtsphilos.*², 176 Anm.
gesehen.

[Seite 228]
Eth. IV 35 schol. etc.

[Seite 237]
cf. Robbins on Algernon Sidney, p. 284 f.

[Seite 270 ohne Zuordnung]
Betr. Quellen von da Costas *Traditions*-Kritik vgl. Baer (Korrespondenzblatt 1929, p. 36.)

[Seite 278]
cf. RLbG ad Hi 6, 3–4.

[Seite 280]
cf. fol. 189 a; 190 b – d.

[Seite 281]
*vgl. auch Ab. ad Josua 10, 13, wo er RLbG' Einsicht betr. des
סֵפֶר הַיָּשָׁר zunichte macht.

[Seite 281]
*Adolfo Ravà, ›Sp. e Mach.‹ (Studi filosofico-giuridici dedicati a Sergio
del Vecchio, 1931)

[Seite 282]
Dunin: III 9 – Disc. III 6
        IV 4 – Disc. I 45
        V 3 (Hannibal) – Disc. III 21
        V 3 (Sünden d. Fürsten) – Disc. III 29.

[Seite 283]
*= Principe c. 3, 5 (Menzel, Beiträge zur Gesch. d. Staatslehre 340)

[Seite 285]
= usw., De bello Gallico VII 33, 3.

[Seite 287]
Unsinn – Sp. entschuldigt sich für die Härte d. Ausdrucks, in seiner
Anwendung auf diesen *Fall*, nicht für die *sprachliche* Härte –

Cohens Analyse der Bibel-Wissenschaft Spinozas[1]

(1924)

I

Es ist bezeichnend für Cohens Stil, daß er die Kritik eines Gedankens in die Kritik des vielleicht zufälligen Ausdrucks für den Gedanken kleidet. Dies ist die Art unserer intensiven, eindringlichen, die Worte schwer und ernst nehmenden *traditionellen* Auslegungskunst. So stößt er sich bereits an dem Titel: »Theologisch-politischer Traktat«: Es fehle dabei »der Hinweis auf die Philosophie, die bei der Theologie, wie bei der Politik, mitwirken dürfte«. Wir werden, in *historisch-kritischer* Weise auslegend, feststellen, daß dieser Hinweis im 17. Jahrhundert entbehrlich war. Andererseits hatte es Cohen selber nötig, seinem theologischen Hauptwerk die Aufschrift »Die Religion der *Vernunft* aus den Quellen des Judentums« zu geben, da man sich in unserem Jahrhundert unter einer »Religion aus den Quellen des Judentums« möglicherweise etwas ganz anderes vorstellen würde.

In der Kritik am Titel ist die Kritik am Buche in nuce enthalten. Die Philosophie fehlt, und ohne das philosophische Band muß die Zusammenstellung von Theologie und Politik willkürlich erscheinen. So erweckt bereits die Prüfung des Titels den Verdacht, daß das Buch unsachliche Voraussetzungen haben könnte. Eine vielleicht aus der theologischen Wissenschaft der Apologetik herstammende Methode der Geschichtsschreibung kommt hier zur Anwendung: Wenn eine Stelle bei

*

---

[1] »Spinoza über Staat und Religion, Judentum und Christentum.« 1915 (Jahrbuch für jüd. Geschichte und Literatur 18, 56–150; jetzt wieder abgedruckt im 3. Bande der gesammelten Jüdischen Schriften Hermann Cohens, die als eine Publikation der »Akademie für die Wissenschaft des Judentums« im Verlag von Schwetschke, Berlin soeben erschienen ist).

einem nicht inspirierten Autor dem Ausleger unverständlich ist oder wenn sie ihm anstößig vorkommt, so hat dieser nach dem Leben des Autors zu fragen. In dessen dunklen Ecken wird er die Erklärung für die dunkle Stelle finden. Solcher dunklen Ecken finden sich im Leben Spinozas diese beiden: Erstens hat er es über sich gebracht, für seine politische Schriftstellerei im Dienste der Staatsmacht ein Jahrgeld von dieser zu beziehen – dies ist die »Politik« – und zweitens läßt ihn seine feindselige Gesinnung gegen das jüdische Volk als zu dem »ausgeprägten Typus, den der Denunziant in der Geschichte der Judenverfolgungen bildet«, gehörig erscheinen – dies ist die »Theologie«. Cohen deutet die furchtbaren Vorwürfe, für die er sich übrigens auf einen unverfänglichen nichtjüdischen Darsteller berufen kann – auf eine »unparteiische Seite« – nur an, allerdings so, daß kein Mißverständnis möglich ist. Jedenfalls zeigt sich hier in überraschender Weise das Leben als die Vermittlung zwischen Gedanken, die »nur in sehr losem Zusammenhang stehen«. Wie vollkommen auch immer die Aufklärung sein mag, die diese lebensgemäße und lebensgerechte Erklärung verschafft – wir wollen versuchen, ohne sie auszukommen. Da es sich an dieser Stelle nicht um die Methodik der Auslegung überhaupt handelt, genüge es, dieser die persönlichen Verhältnisse stark berücksichtigenden Auslegungsart die historisch-kritische gegenüberzustellen, deren Prinzip für unseren Zusammenhang sehr schön durch Mommsens Wort ausgedrückt wird: es sei unerlaubt, sich auf »egoistische« Motive zu beziehen, wo die »pflichtmäßigen« zur Erklärung ausreichen.

Cohen glaubt also, die erwähnten peinlichen Tatsachen aus dem Leben Spinozas zur Erklärung der »unnatürlichen« Verbindung von Literarkritik mit der »publizistischen Aufgabe« einer Staatsschrift für den holländischen Staatsmann Jan de Witt heranziehen zu müssen. Betrachten wir nun aber den Traktat als ein aus »pflichtmäßigen« Motiven entsprungenes Werk, – es werde in ihm gezeigt, so sagt der Titel, »daß die Freiheit des Philosophierens nicht nur unbeschadet der *Frömmigkeit* und des *Friedens im Staate* zugestanden, sondern daß sie nur zugleich mit dem Frieden im Staate und der Frömmigkeit selbst aufgehoben werden könne« – so ergibt sich sofort die Notwendigkeit der Verbindung des politischen Problems mit dem philologischen. Die Freiheit der Forschung sollte gegenüber den öffentlichen Gewalten gesichert werden – der öffentlichen Gewalten waren aber zwei: die weltliche und die geistliche. *Eine so tiefe Wurzel wie den Zusammenhang, aus dem sich die Trennung der beiden Gewalten ergibt, hat die*

Verbindung der verschieden gearteten Probleme im Traktat. Denn: dem Staate gegenüber genügte, da es sich um eine liberale Regierung handelte, die rationale Konstruktion; die kirchlichen Ansprüche aber gründeten sich weniger auf die Vernunft als auf die Schrift. Es mußte also nicht nur nachgewiesen werden, daß die Vernunft eine solche Vormundschaft der Kirche nicht anerkennt, es mußte auch gezeigt werden, daß sich die Kirche nicht auf die Schrift berufen könne. Dieser Nachweis setzte aber die erfolgreiche Bestreitung des Rechtes der kirchlichen Schriftauslegung voraus. Es mußte, da es in der Schrift vermutlich Anhaltspunkte für die kirchlichen Ansprüche gibt, gezeigt werden, daß die Schrift nach ihrem eigenen, tieferen Sinne keine die freie Forschung bindende Autorität sein könne.

Spinoza mußte sich also, sofern er nicht die geschichtliche Wirklichkeit seiner Zeit übersehen wollte, bei dem Versuch, die Freiheit der Forschung zu sichern, zugleich mit Kirche und Staat auseinandersetzen. Um der Auseinandersetzung mit der Kirche willen mußte er die Stützen der kirchlichen Argumentation, die Autorität der Schrift und die kirchliche Schriftauslegung, umstoßen. So »natürlich« ist die allgemeine Disposition des Traktates, wenn man von dessen sachlicher Tendenz ausgeht. Ihre »isolierte Sachlichkeit« haben so freilich die beiden Probleme: das staats-theoretische und das bibelkritische »eingebüßt«. Aber »eingebüßt«? Kann man von einer sachlichen Isoliertheit der politischen und der kirchlich-theologischen Probleme im 17. Jahrhundert sprechen?

»Die Bibelkritik wäre in der Tat nicht in dieses Buch gekommen, wenn sie nicht durch ein anderes Moment im Leben Spinozas vorbereitet wäre.« Dieses andere Moment ist der von der Amsterdamer Synagoge über Spinoza verhängte Große Bann, bezw. die »Protestschrift« Spinozas »gegen den über ihn verhängten Bann«. Zugegeben: Spinoza hätte die aus der »Protestschrift« hervorgegangenen Teile des Traktates nicht geschrieben, wenn er die »Protestschrift« nicht geschrieben hätte; er hätte diese nicht geschrieben, wenn er nicht gebannt worden wäre; er wäre nicht gebannt worden, wenn – ja, wenn? Wenn er nicht dasjenige gesagt und getan hätte, was er *in* der »Protestschrift« rechtfertigt. Aber das heißt idem per idem erklären: Spinoza hätte die Bibelkritik nicht geschrieben, wenn er nicht bibelkritische Ansichten gehabt hätte. Ob der Traktat seinem *Dasein* nach zum Teil eine Reaktion auf den Bann ist oder ob Spinoza die Ergebnisse seiner Forschung auch unabhängig von irgend welchem Rechtfertigungs- oder Rachebedürfnis auszusprechen vorhatte, das ist für die Erklärung des *Inhalts* nebensächlich; denn dieser Inhalt liegt *vor* dem Bann: Wegen »verabscheuungswürdiger Lästerungen Gottes und Mosis« wurde er gebannt. Ist es nötig, Hermann Cohen den Gedanken, mit dem die Kritik der reinen Vernunft beginnt, entgegenzuhalten? Daß Spinozas Bibelkritik mit dem Banne anfängt, daran kann man zweifeln – gesetzt aber, sie begänne mit dem Banne, so entspränge sie darum doch nicht eben allein aus ihm. Das Wesentliche, den Inhalt, hätte sein eigener Denkzusammenhang – durch den sinnlichen Eindruck des Banns bloß veranlaßt – aus sich selbst hergegeben. »So sehen wir, daß das angeblich psychologische Interesse einen kritischen Unterschleif macht, der *verhängnisvoll und typisch* ist«, also beschließt – Hermann Cohen seine Darlegung des erwähnten Gedankens auf Seite 97 f. der 3. Auflage seines berühmten Werkes: »Kants Theorie der Erfahrung«.

Berufung auf Tatsachen aus der Lebensgeschichte eines Denkers ist sinnvoll, wenn sie beglaubigte Tatsachen von symbolischem Werte für das Werk des betreffenden Lebens heranzieht. Was hat man aber von Erklärungen zu halten, die bloß vermutete, für das zu erklärende Werk gleichgültige Tatsachen heranziehen, in der Art der folgenden: Spinoza »hat den Druck der Schrift offenbar deshalb unterlassen, weil er in einem größeren Umfang und in einer weiteren Perspektive den Schlag gegen die Gegner führen wollte. Vielleicht mag ihm auch der Gedanke eine zweideutige Genugtuung bereitet haben, daß er seinen Kampf gegen das Judentum und dessen biblische Quelle zugleich im Geiste seiner Politik führe«? Wollte man diese Vermutung ablehnen, so würde die Cohensche Erklärung der Verbindung von Theologie und Politik im Traktate nicht einmal im äußerlichsten Sinne zureichen. Denn wenn Spinoza einerseits eine Agitationsschrift für Jan de Witt, andererseits ein Pamphlet gegen das Judentum schreiben wollte, so hatte er es noch nicht nötig, beide Pläne mittels *eines* Buches auszuführen. Also stützt sich Cohens Erklärung, abgesehen von ihrer Unsachlichkeit, auf eine pure Vermutung.

*   Also: *Die Verbindung von Staatstheorie und Bibelkritik ist in dem historischen Zusammenhang, in dem Spinoza steht, hinreichend motiviert.*[2]

---

[2]   Es liegt hier nahe, auf die Behandlung bibelkritischer Fragen in Hobbes' staatsphilosophischer Schrift »Leviathan« zu verweisen.

So viel über das Problem des Titels. Auch dem Inhaltsverzeichnis widmet Cohen eine sorgfältige Prüfung, und hierbei stellt er fest: »nahezu zwei Drittel des ganzen Buches handeln von der biblischen Theologie«. (Kapitel 1 bis 11.) Außerdem ist der Gegenstand der Kapitel 17 und 18: Staat und Geschichte der Hebräer. »Der Traktat hat 20 Kapitel.« Ein weiterer Beweis für die argen Ränke Spinozas. Cohen würde sich auf diese statistischen Angaben nicht einlassen, wenn er ihnen nicht einige Beweiskraft für die Behauptung zutraute, daß Spinoza »seinen ganzen Groll über den Bann aufbewahrt hat, um ihn in dieser staatsphilosophischen Schrift auf Grund einer philologischen Bibelforschung zu ergießen«.

Immerhin wird zugegeben, daß die »philologische Bibelforschung« eine Voraussetzung für das »Austoben des alten Grolles« ist. Es besteht also eine gewisse Loslösbarkeit des schlimmen Zweckes von dem Mittel, gegen das Cohen an sich nichts einzuwenden haben dürfte. Das Mittel wird in den Dienst des Gedankens, »daß die von Mose gestiftete *Religion* des Judentums vielmehr nur die Errichtung und Erhaltung des *jüdischen Staates* bezweckte«, gestellt. Und dieser Gedanke ist für Cohen satanisch, während er es durchaus nicht für satanisch, sondern für göttlich gehalten hätte, wenn einer sagte, die Religion des Judentums bezwecke nur die Errichtung und Erhaltung des *sozialistischen Staates.* Doch das gehört nicht hierher, es soll nur ein Hinweis auf Cohens eigentliche Tendenz in seiner Kritik am Traktate sein. Das Sakrileg Spinozas besteht nach Cohen also, kurz gesagt, in der Politisierung der jüdischen Religion (in dem oben angegebenen Sinne). Das Motiv für diese ist der Wille zur »Vernichtung des jüdischen Religionsbegriffs«, und dieser Wille ist, mindestens zum Teil, bestimmt durch den aufbewahrten Groll über den Bann. – Hier empfiehlt es sich auch einmal für uns, die »unparteiische Seite« heranzuziehen. Sie belehrt uns: »Die Trennung der geistlichen und weltlichen Gewalten im hebräischen Staate war das stehende Argument für die Anmaßung der calvinistischen Orthodoxie. Ihr zu entgegnen, bestreitet Spinoza, daß diese Trennung die Meinung des mosaischen Gesetzes gewesen, und sucht nachzuweisen, daß aus der priesterlichen Unabhängigkeit und selbst aus der Institution der Prophetie das größte Unheil für den Staat die unausbleibliche Folge gewesen sei. *In diesem Punkte ist Spinozas Auseinandersetzung mit dem Judentum mit dem innersten Zwecke des Traktates völlig eins.*« Also auch hier gibt es für die sachliche Prüfung keinen Grund, nach Motiven außer den »pflichtmäßigen« zu suchen. Spinoza will die aus dem Nebeneinander der beiden Gewalten entspringenden Beeinträchtigungen des staatlichen Lebens bekämpfen; die Verteidiger dieses Nebeneinander stützen sich auf die Geschichte der hebräischen Nation; es muß also ad hominem gezeigt werden, daß dieses Nebeneinander nicht heilsam gewesen ist, daß die biblischen Vorbilder der geistlichen Gewalt entweder nicht »geistlich« oder nicht vorbildlich gewesen sind. Die Pathetik des Rachedurstes braucht zur Erklärung dieses durchaus klaren Zusammenhangs, der sich selber trägt, nicht in Anspruch genommen zu werden.

Wir haben oben gesehen, daß Spinoza gewissermaßen die Neutralität des Philosophen gegenüber Staat und Kirche durchsetzen will. Wie reimt sich damit zusammen, daß er nun für den Staat gegen die Kirche Partei ergreift? Muß man da notwendig an die zweihundert Gulden denken? Die Parteinahme hat ihren sachlichen Grund darin, daß Spinoza den religiösen Verbänden aus prinzipiellen Gründen den Charakter der »geistlichen *Gewalt*« absprechen muß, während er aus nicht weniger prinzipiellen Gründen den Gewaltcharakter des staatlichen Verbandes betonen muß. Wie es auch mit dem sachlichen Recht dieser Bestreitung stehe – für unsere Kritik genügt es, daß Cohen gegen diese Bestreitung nach seinem ganzen Standpunkt nichts einwenden kann.

Nicht an Spinoza liegt es also, wenn seine Darstellung des Inhalts der Bibel unter unwissenschaftlichen, nicht mit der Herausstellung dieses Inhalts um des Inhalts selber willen identischen Zwecken leiden sollte. Wenn die Orthodoxie ihre politischen Ansprüche durch Berufung auf die Autorität der Schrift kugelfest machen konnte, so war es den Liberalen nicht zu verdenken, wenn sie sich desselben Mittels bedienten. Spinoza betrachtet die Bibel ja gar nicht als Erster in politischer Hinsicht, diese Richtung der Betrachtung ist seinem Zeitalter selbstverständlich: er dreht nur den Spieß mit erstaunlicher Energie um. Es gehört zu der geistigen Lage, von der Spinoza ausgeht, daß »biblische Analogien im politischen Raisonnement die stärkste Beweiskraft hatten«. Daß sich der Calviner nun auf die Bibel und nicht auf das Neue Testament stützte, hat seinen wohl bekannten Grund darin, daß es in der Bibel »geistliche Gewalten« gibt, die für die konkreten politischen Entscheidungen manches bedeuten, während das Neue Testament Gott und Kaiser trennt und dem Christen anbefiehlt, der weltlichen Obrigkeit untertan zu sein. Daher mußte sich auch der Gegner der Calvinischen Orthodoxie, wenn er diese entscheidend treffen wollte, an die Bibel halten und deren »geistliche Gewalten« ihres religiösen Schimmers berauben.

Also: *Die politisierende Auslegung der Bibel ist in dem historischen Zusammenhang, in dem Spinoza steht, hinreichend motiviert.*
Ein weiteres Moment der geistigen Lage des 17. Jahrhunderts ist die protestantische Orientierung der Religion am Glauben und an der Schrift. Wort Gottes, Offenbarung, allgemeine Religion, göttliches Gesetz und Glaube – das ist in der Tat für den Protestanten von damals wenn nicht identisch, so doch gleichwertig. Für Spinoza war nach seinem ganzen Standpunkt die Überordnung der autonomen Erkenntnis über die Autorität der Schrift von vorne herein selbstverständlich. Er mußte nun aber auch, ad hominem argumentierend, zeigen, daß die Schrift nicht die wesentlichen, zum Teil auch von der Kirche selbst gelehrten Erkenntnisse, die man der Vernunft verdankt, enthalte, ja daß die Schrift ihrem eigenen Sinne nach gar nicht Erkenntnisse vermitteln wolle. Erkenntnis ist bei Spinoza immer (mittelbar oder unmittelbar) Erkenntnis Gottes. Bei dem ontischen Primat Gottes vor den geschaffenen Dingen würde eine Delegierung der Erkenntnis Gottes an die Schrift und der Erkenntnis der geschaffenen Dinge an die autonome Vernunft doch wieder zu einer autoritären Bindung der Vernunft führen. Daher ist es eine Lebensfrage für die Vernunft, ihren Vorrang gegenüber der Schrift, womöglich die Irrelevanz der Schrift in Hinsicht auf wissenschaftliche Geltung nachzuweisen. Nur falls Gott keinen Seins-Charakter hätte, etwa eine Idee oder ein Ideal wäre, und also eine wahrhafte Erkenntnis der seienden Dinge auch ohne Rekurs auf Gott möglich wäre – ein Gedanke, um dessentwillen man im Zeitalter Spinozas ganz ohne Frage, und vielleicht ohne daß Spinoza dagegen protestiert hätte, verbrannt worden wäre – nur in diesem Falle könnte sich die Vernunft den Nachweis ersparen, daß der Glaube und die Schrift als Norm des Glaubens keine wesentliche Erkenntnisbedeutung haben. Damit ist nicht ausgeschlossen, daß im Glauben, bzw. in der Schrift Erkenntnismomente mitwirken. Spinoza mußte »diesen Unbegriff von Religion hervorbringen dadurch, daß er die Gotteserkenntnis gänzlich vom Glauben ausschließt« – nämlich, damit nicht der orthodoxe Unbegriff von Wissenschaft durchdringe; nicht, um das Ansehen der Schrift und des Judentums zu schädigen.

Was sagt nun Cohen? »Es ist die erste Konsequenz, welche sich aus dieser unnatürlichen Verbindung der Probleme (sc. der von Politik und Philologie) ergibt: daß Spinoza den Begriff der Religion nicht aus dem Gesichtspunkte seiner Ethik zu bestimmen sucht, sondern daß er ihn aus der Schrift herleitet, und daher mit dem Inhalt der Schrift, den das sogenannte ›Wort Gottes‹ bildet, schlechterdings gleichsetzt. Es bildet sich so bei ihm eine Identität der Begriffe; Wort Gottes, Offenbarung, allgemeine Religion, göttliches Gesetz und Glaube.« Diese Identität bildet sich, wie wir gesehen haben, nicht erst bei Spinoza. Sie erscheint ebensowenig »unnatürlich« wie die Verbindung von Politik und Philologie, wenn man sich die Frage vorlegt, zu wessen Aufklärung (und nicht: für wessen Bezahlung und zu wessen Denunziation) Spinoza den Traktat geschrieben habe. Mag es sich hier um unvernünftige Identifikationen und Verbindungen handeln – sie waren im 17. Jahrhundert so »natürlich« wie im 19. Jahrhundert die Verbindung und Identifikation von Prophetie und Sozialismus.

Also: *die Identifikation von Religion und Schrift, und damit die Leugnung des Erkenntniswertes der Religion ist in dem historischen Zusammenhang, in dem Spinoza steht, hinreichend motiviert.*

An dieser Stelle mag eine prinzipielle Bemerkung Platz finden.

Wir sind hier vom Interesse des Judentums bestimmt. Dieses wird in der gewichtigsten Weise von der Frage betroffen, welchem Bilde von der biblischen Welt die verpflichtende Kraft der Wahrheit zukomme. Darum interessiert uns Spinoza, der durch seine Kritik mehr als irgend ein Anderer zur Beseitigung des traditionellen Bildes beigetragen hat. Nun ist zwar die kritische Argumentation als solche in gewissen Grenzen unabhängig von den philosophischen oder politischen oder selbstischen Motiven, die den Autor zu ihr veranlaßten. Aber die tiefere Bedeutung dieser Kritik hängt ganz ab von deren Ansatz, von dem Zusammenhang der Motive, der sie belebt. Ist dieser Zusammenhang wertlos, so ist sie ein rein philologisches Unternehmen. Cohen behauptete dies: Spinoza baue »auf eine schriftstellerische Wirkung hin, und zwar auf eine aktuelle, seine Gedanken« aus. Er überbot diese Behauptung noch, indem er die Unwahrhaftigkeit der ganzen Kritik durch den Hinweis auf Spinozas Haß gegen das Judentum plausibel zu machen suchte. Er kommt zu dem Ergebnis: »Zeit und Reihenfolge der biblischen Schriften mochte ein solcher Mann beleuchten können. Diese Verdienste sind hinreichend begreiflich. Aber es stände schlimm um die Bibelkritik, wenn sie in solcher *Philologie* sich erschöpfte; wenn sie daher in ihrem *Verständnis* der Bibel, ihrem Verständnis der Propheten, wirklich und innerlich auf den Schultern Spinozas stände.« Nicht wenig hängt von der Haltbarkeit von Behauptungen ab, die zu einem solchen Urteil führen müssen. Wir haben die zweite entkräften und der ersten ihre Schärfe nehmen können, indem wir zeigten: daß die »unnatürliche« Verbindung

von Politik und Philologie, die politisierende Tendenz in der Bibelauslegung, die Leugnung des Erkenntnischarakters der Religion in dem
geschichtlichen Zusammenhang, in dem Spinoza steht, aus dem Streben
nach Befreiung der Wissenschaft und des Staates von kirchlicher Bevormundung notwendig hervorgingen. *Spinoza war aus legitimen Motiven
zur Bibelkritik gezwungen, gleichviel ob er von Haß gegen das Judentum
erfüllt war oder nicht.*

II

Der aktuelle, geschichtlich bedingte Zweck des Traktates, so legitim er
auch sein mag, ist eine Fehlerquelle für die reine Erfassung des Inhaltes
der Bibel. Zwar ist das Streben nach Befreiung der Wissenschaft und des
Staates von kirchlicher Bevormundung in dieser Hinsicht nicht gefährlicher als die Schriftauslegung zur Stützung kirchlicher Machtansprü-
che. Immerhin ist durch diese Konfrontierung die Unsachlichkeit der
Bibelforschung Spinozas nur entschuldigt, nicht aufgehoben. Spinoza
muß ad hominem argumentieren; dadurch läuft er Gefahr, von dem
tieferen Zusammenhang philosophischer Motive, den die Ethica ausmacht, fortgezogen zu werden, mit diesem Zusammenhang in Widerspruch zu geraten. Der Nachweis eines solchen Widerspruchs gäbe dem
Vorwurf der Unsachlichkeit ein verstärktes Gewicht. Würden wir unsererseits *einen* Versuch eines derartigen Nachweises als unzulänglich
erweisen, so hätten wir damit noch nicht die Sachlichkeit des Traktates,
d.h. hier: seinen inneren Zusammenhang und Einklang mit dem philosophischen System der Ethica, gesichert: wären doch vielleicht andere
Widersprüche nachweisbar! Die positive Aufgabe einer Herleitung der
Grundlagen der Spinozischen Bibelwissenschaft aus dem System der
Ethica kann jedoch an dieser Stelle nur gestellt werden. Mit ihrer Lösung
wäre die Aktualität des Traktates von dem schwersten Verdachte befreit.

Indem es sich nunmehr also für Cohen um den Nachweis eines
Widerspruchs zwischen philosophischen Thesen handelt, ist die in
dem bisher besprochenen Teil der Analyse eingenommene Ebene verlassen: wir atmen wieder die reine Luft philosophischer Argumentation.

Cohen hatte Spinoza den Vorwurf gemacht, daß er »den Begriff der
Religion nicht aus dem Gesichtspunkte seiner Ethik zu bestimmen sucht,
sondern daß er ihn aus der Schrift herleitet«. Er sah darin die Kon-

sequenz der publizistisch-denunziatorischen Tendenz. Wir haben gesehen, daß Spinoza ad hominem argumentiert. Es scheint also wenig daran zu liegen, ob diese Argumentation zu einem »vollkommenen Widerspruch« »für den Spinoza der Ethik« führt. Der Widerspruch ließe sich so aus der in dem Zeitalter der Aufklärung nicht seltenen äußerlichen Akkomodation an kirchliche Lehren erklären. Aber der Widerspruch bliebe bestehen und gäbe dem Verdacht neue Nahrung. Wir werden also näher zusehen müssen.

Auf den Widerspruch zwischen dem Willensbegriff der Ethica und demjenigen, welcher Voraussetzung der religionsphilosophischen, bzw. theologischen Lehren des Traktates ist, bezieht sich *Cohens erster philosophischer Einwand.*

»Der Glaube ist nach Spinoza der Gehorsam gegen Gott. Also nicht ein theoretisches Verhältnis zu Gott vollzieht und bedeutet der Glaube, sondern lediglich ein praktisches.« Warum bestreitet Spinoza den theoretischen Charakter des Glaubens? Er tut dies erstens um der Wahrung der Autonomie der Vernunft willen – er tut es aber auch zweitens, um die Bindung der Seligkeit an den Glauben an alle in der Bibel überlieferten Ansichten und Ereignisse aufzuheben. Cohen substituiert nun aber dem protestantischen *Schriftglauben* – der nicht ohne ein jüdisches Analogon sein dürfte, wie z.B. die Begründung des Bannspruchs gegen Spinoza zeigt –, gegen dessen theoretischen Wert sich Spinoza wendet, seinen (sit venia verbo) Maimonideisch-Kantischen *Vernunftglauben,* dessen Norm nicht das in der *Schrift* als Schrift über Gott Gesagte, sondern der *Begriff* Gottes ist, und er wundert sich, daß Spinoza *trotzdem* die Erkenntnis Gottes vom Glauben ausschließt. Den »Glauben«, den Cohen den Erörterungen des Traktates substituiert, kennt Spinoza nicht, sondern zuerst und vor allem den Glauben an die Schrift als Norm der Wahrheit und Kennzeichen frommer Gesinnung, der damals eine Wirklichkeit ersten Ranges war. Die in Cohenschen Worten zitierte These Spinozas besagt also nichts anderes als: Der Glaube an die »Wahrheit« aller Schriftstellen hat keine Bedeutung für die Erkenntnis. Nun substruiert Spinoza allerdings *seinen* Glaubensbegriff dem orthodoxen. Der Glaube ist nicht Glaube an einen Inhalt um dieses Inhalts willen, sondern er kann, sofern der Glaube selig macht, nur Ausdruck derjenigen Gesinnung sein, deren Lohn oder die selber »Seligkeit« heißt. Diese Gesinnung ist der Gehorsam gegen das göttliche Gebot der Liebe zum Nächsten. Spinoza untersucht die Bibel, und er findet, nur in dem von ihm verstandenen Sinne sei der Glaube in der Schrift geboten, nicht aber als Glaube an die in der Schrift berichteten Meinungen und Taten.

Cohen fährt hier das »Scharfgeschütz der Ethik« auf: »Wie ist denn nun aber die menschliche Handlung möglich, wenn sie nicht durch die Vernunft, die bei Spinoza ohnehin gleichbedeutend ist mit dem Willen, geleitet wird?« Weil die Normen sittlichen Handelns jedem Menschen, auch dem nicht von der Vernunft geleiteten, eingeschrieben sind, und weil sie zudem jeder aus der Schrift aufnehmen kann. »Durch die Schrift also soll der Wille bewegbar werden, wenn er von der Vernunft unbewegbar bleibt!« In der Tat: diejenigen, deren Willen nicht durch die Vernunft bewegbar sind, werden nur durch den Gehorsam zum sittlichen Handeln veranlaßt. Der Wille des Unweisen ist identisch mit seiner gehorsamen Vernunft, wie der Wille des Weisen identisch ist mit seiner autonomen Vernunft. In jedem Fall: Intellectus et voluntas unum et idem sunt. Von einem Widerspruch der Lehre vom nur-praktischen Charakter des Glaubens mit der Lehre der Ethica kann also keine Rede sein. Der tiefere Grund des Mißverständnisses ist, daß Cohen die hier wie auch sonst im System Spinozas anerkannte *Rangordnung* übersieht, der gemäß der Gehorsam gegen Gott eine in sich berechtigte niedrigere Form des menschlichen Verhaltens zu Gott ist, dessen höchste Stufe der amor Dei intellectualis ist. Cohen stellt statt dessen einen »unausgleichbaren *Gegensatz* zwischen Religion und Philosophie« im Traktat fest.

Die Wahrheit kann nur von der autonomen, theoretischen Vernunft erfaßt werden. Das Heil der Seele darf aber nicht von der Erkenntnis abhängig gemacht werden, da es sonst den meisten Menschen unerreichbar wäre. Die Wahrheit läßt sich nur wissen, nicht glauben. Man hat sie nur, wenn man sie versteht – wenn man sie nicht versteht, hat man nur Worte. Unverstandene, bloß geglaubte Wahrheiten können das Heil der Seele gefährden (z. B. kann die unverstandene Prädestinationslehre zur laxesten Moral Veranlassung geben) – und innerlich aufgenommene, das Herz des Menschen formende Unwahrheiten können zum Heil der Seele beitragen (z. B. der Glaube an die Existenz von Engeln). Wir verstehen also Spinozas These, die Cohen so ausdrückt: Spinoza »stellt die Religion überhaupt außerhalb des Gebietes der Wahrheit«. Er zitiert voll Empörung: »Dogmen von dieser Art könnten in Ansehung des einen fromm und in Ansehung des anderen gottlos sein; denn sie sind eben bloß nach den Werken zu beurteilen.« Cohen: »Daß diese Theorie sich selbst in Widersprüche auflösen muß, kann nicht bezweifelt werden.« Wir werden sehen.

Spinoza stellt – um eine dem Durcheinander der religiösen Lehrmeinungen des Jahrhunderts entrückte Instanz zu schaffen – eine Reihe solcher Dogmen auf, die die logische Voraussetzung des Gehorsams gegen Gott und der Liebe zum Nächsten sind. Es kommt dabei nicht auf Wahrheit, auf Geltung für die höchste Stufe des Menschengeistes, die autonome philosophierende Vernunft, an. Gibt es doch für diese die Kategorie des Gehorsams gegen Gott nicht! Cohen nimmt daran, daß die Einzigkeit Gottes in diesem Zusammenhang erwähnt wird, besonderen Anstoß. »Und die Einzigkeit Gottes soll nicht auf Erkenntnis beruhen? Der Kenner der jüdischen Religionsphilosophie geht mit keinem Worte darauf ein, daß die Einzigkeit nur ein Problem der Erkenntnis ist . . .« Daß die Einzigkeit in legitimer und endgültiger Weise nur dem Denken zugänglich ist – Spinoza hatte es nicht nötig, davon viel Aufhebens zu machen. Aber sie ist nicht jedermanns Denken zugänglich, und jedermann muß, wenn er ein anständiges Leben führen will, – so meint wenigstens Spinoza – an diese Einzigkeit glauben. »Denn Verehrung, Bewunderung und Liebe werden allein infolge des Hervorragens eines über die anderen entstehen.« – In ähnlicher Weise bespricht Cohen noch ein weiteres Dogma Spinozas. Er verkennt auch bei diesem den – sagen wir: sozialpädagogischen – Charakter der Dogmatik Spinozas, die übrigens nichts anderes als die vielleicht bewußteste, jedenfalls aufrichtigste und selbstloseste Form der pia fraus ist. Cohen hält sie für eine »Philosophie der Religion«.

Cohen: Wenn die Erkenntnis, und nicht die Religion »auch zur Praxis den Weg« zeigte, »dann könnte die Schrift nicht ihre Identität mit dem Glauben erlangen. Die Schrift aber soll nach ihrem ›eigentlichen‹ Inhalte als das ›Wort Gottes‹ hier beglaubigt werden. Wir wissen, daß dies das Hauptthema des Traktates ist.« Wir wissen, daß diese Darstellung eine Umkehrung des Gedankenganges Spinozas ist: er geht von der geschichtlich tatsächlichen »Identität« von Glauben und Schrift aus. Diese Identität weist auf die Möglichkeit einer sittlichen Praxis, die nicht auf die Erkenntnis begründet ist, hin.

Schwerwiegender ist *Cohens zweiter philosophischer Einwand*, der sich nicht mehr gegen einen Widerspruch zwischen den einzelnen Thesen Spinozas, sondern unmittelbar gegen das Zentrum des Systems richtet: Der ethische Idealismus werde durch die völlige Einbeziehung des Sittlichen in die Eine Natur vereitelt. Da es sich für uns hier nur um die Bibelwissenschaft handelt, begnügen wir uns mit der Erwähnung dieses fundamentalen philosophischen Gegensatzes. Nur dies eine bemerken wir: Cohen bezeichnet Spinoza als »Sophisten«, und zwar mit Rücksicht auf die völlige Aufhebung der der Vernunft angehörigen Wertgegensätze in der Einen Natur: »denn die Natur wird nicht durch die Gesetze der menschlichen Vernunft begrenzt«. Spinoza drückt diesen Gedanken auch noch anders aus: Unser Wissen sei Stückwerk. Es ist der große Gedanke von Hiob 38. Wir begreifen, daß Cohen sich von ihm abgestoßen fühlt, er, der fragt: »Wie kann die Natur, wie kann Gott diesen Unterschied unter den Menschen (sc. den von Natur dazu Bestimmten, nach der Vernunft zu leben, und den von ihr nicht dazu Bestimmten) verantworten?« Und dabei stellt er Spinoza zu den »Mystikern«, die »von der Transzendenz Gottes nicht befriedigt werden«!

Mit großer Abneigung betrachtet Cohen die Staatslehre Spinozas. Wir unterscheiden in ihr zwei Momente: 1. Die Begründung des Staates auf den Egoismus und die Klugheit, auf »ewige Wahrheiten«, wie Spinoza ernsthaft und Cohen ironisch sagt. Cohen hätte für sie gewiß ebenso leicht wie für den Satz, daß der Lohn der Tugend die Tugend selbst ist, die Quelle in den Pirkej Aboth angeben können: »Wäre nicht die Furcht vor der Obrigkeit, so verschlänge einer den anderen lebendig.« 2. Die Forderung der Überordnung der Staatsgewalt über die Kirche auf Grund der tatsächlichen Lage des 17. Jahrhunderts. Der zweite Punkt ist für unseren Zusammenhang wesentlicher. Ich zitiere die Hauptstelle aus Spinoza: »Weil aber die Menschen in Religionssachen gewöhnlich am meisten irren und weil sie miteinander wetteifern, je nach ihrer verschiedenen Geistesart vielerlei zu erfinden, wie es ja die Erfahrung übergenug bestätigt, so würde sicherlich das Recht des Staates von dem verschiedenen Urteil und Affekt des Einzelnen abhängig gemacht, wenn niemand rechtlich verpflichtet wäre, der höchsten Gewalt zu gehorchen in Dingen, die er selbst der Religion zurechnet.« Wir beachten, daß hinter diesem Urteil die geschichtliche Wirklichkeit der sektenreichen Niederlande des 17. Jahrhunderts steht und daß es sich jedenfalls in erster Linie auf diese, nicht auf irgendwelche jüdischen Dinge bezieht. Die Geistlichkeit konnte sich für ihre etwaige Rebellion gegen die weltliche Obrigkeit aus den nichtsnutzigsten Gründen und mit dem wirksamsten Schein auf die hebräischen Propheten berufen – aus dieser Situation ist das Urteil Spinozas, die Propheten hätten »die Menschen mehr aufgereizt als gebessert«, »selbst frommen Königen waren sie oft unerträglich« – dieses durchaus ad hominem zu verstehende Urteil – nicht ganz unverständlich. Jedenfalls brauchen wir hinter ihm nicht das satanische Bewußtsein des Gegensatzes zum ethischen Idealismus und noch viel weniger einen indirekten Beweis für den ethischen Idealismus der Propheten zu wittern.

Wir halten fest: *Das Moralprinzip des Traktates widerspricht nicht demjenigen der Ethica. Da sich die prinzipielle Notwendigkeit und das sachliche Recht der argumentatio ad hominem in der für den Traktat wichtigen, außergewöhnlichen Erweiterung ihrer Anwendung aus dem für die Ethica fundamentalen Prinzip der Rangordnung ergibt, so ist damit auch das allgemeine Vorgehen Spinozas im Traktat systematisch zu rechtfertigen.*

III

Wir haben uns darum bemüht, zu zeigen, daß der Zweck und die Disposition des Traktates sich ohne Zwang aus der allgemeinen geistigen Lage des 17. Jahrhunderts verstehen lassen; man hat *hierbei* nicht nötig, auf die jüdischen Beziehungen Spinozas ein besonderes Gewicht zu legen, wenn man von der mehr technischen Frage der Kenntnis von Sprache und Schrifttum absieht. Zum mindesten dürfte klar geworden sein, daß das sachliche Verständnis des Zweckes und der Disposition des Traktates durchaus ohne Berücksichtigung der von Cohen hervorgehobenen »persönlichen« Motive möglich ist. Nun wäre es denkbar, daß sich die allgemeine Stimmung Spinozas mehr in der *Durchführung der Untersuchung* zeigte, daß sie die bibelwissenschaftliche Forschung auf solche Tatsachen hin dirigierte, deren Aufdeckung einem Angriff auf das Judentum gleichkäme. Wir wenden uns daher jetzt den Einwänden Cohens gegen die bibelwissenschaftlichen Thesen Spinozas zu. Vor allem fragen wir, wie das religionsvergleichende Ergebnis der Untersuchungen des Traktates: der Vorrang des Christentums gegenüber dem Judentum, mit Rücksicht auf den mehrfach erwähnten Vorwurf Cohens zu beurteilen sei.

Das erste Kapitel des Traktates handelt von der Prophetie, das zweite von den Propheten. »Dennoch heißt es schon bei der Prophetie: ›Prophet aber ist derjenige‹. Da diese Schrift den Anfang der neueren Bibelwissenschaft bilden soll, so ist dieser Anfang noch sehr primitiv. Denn wir dürften wohl erwarten, daß für den Begriff der Prophetie begonnen werden müßte mit der Unterscheidung zwischen den literarischen Urkunden und der Prophetie in Orakelform. Hier wird aber die Prophetie definiert als eine ›gewisse Erkenntnis, die von Gott dem Menschen offenbart‹ sei.« Mit dem gleichen Rechte »dürften wir« die kopernikanische Wendung bei Thales, die Infinitesimalanalysis bei Pythagoras »erwarten«. Spinoza mußte von der Bestimmung des Erkenntniswertes der prophetischen Erkenntnis ausgehen, kam es ihm doch darauf an, die vollkommene Selbständigkeit der Vernunfterkenntnis gegenüber der geoffenbarten zu sichern. Erst auf Grund dieser Bestimmung konnte der Vorrang der Vernunft vor der Schrift in Hinsicht auf wissenschaftlichen Wert, konnte die Messung des an der Schrift Gelehrten an einem von der Schrift unabhängigen Maßstab, konnte die Notwendigkeit der psychologischen Erklärung der Abweichungen von diesem Maßstab, konnte die unbefangene Würdigung solcher Unterscheidungen, wie der von vorliterarischer und literarischer Prophetie, durchgeführt werden.

Spinoza charakterisiert die Prophetie gemäß seiner »exegetischen Grundregel«: die Schrift ist allein aus der Schrift zu erklären, auf Grund der Schrift. Zudem bliebe ihm, wie er nicht ohne Ironie feststellt, nichts anderes übrig, »da wir heute, so viel ich weiß, keine Propheten haben«. Es ist also trotz seiner bibelwissenschaftlichen Primitivität kritischer als beispielsweise die heutige amerikanische Religionspsychologie. Auf Grund der Schrift unterscheidet er nun Offenbarungen durch Worte, durch Gesichte, durch Worte und Gesichte zugleich. Worte und Gesichte können 1. wirklich oder 2. »imaginär« (bloß vorgestellt) sein. Cohen wendet ein: »Der literarische Gesichtspunkt ist hiermit gar nicht eingestellt; denn wie könnte eine Offenbarung, eine Mitteilung überhaupt anders erfolgen als durch Worte, in welche sich ja auch die Gesichte oder Gestalten unverzüglich übersetzen müssen? Diese Bestimmung kann nicht unbefangen getroffen sein; sie muß auf eine Unterscheidung abzielen.« Diese Unterscheidung aber, auf die Cohen abzielt, ist die von biblischer Prophetie und Prophetie Christi.

Hängt die angeführte Bestimmung wirklich von der Liebe zum Christentum, bzw. von dem Haß gegen das Judentum ab? Nein. Denn wenn sich auch eine Vision in Worte »unverzüglich übersetzen« müßte – das »Muß« wäre sehr zu bestreiten, allerdings müssen sich die Visionen der Propheten irgendwie in Worte übersetzt haben, wiewohl nicht unbedingt »unverzüglich«, sofern wir von ihnen wissen – so ist sie doch klar und deutlich von einer Audition, zumal einer Wortaudition, unterschieden. Auch ohne böse Absicht wird man zu dieser oder einer sachlich verwandten Unterscheidung kommen, wenn man an die Verschiedenheit der Offenbarung etwa in Am. 7, 1 und 4; Hos. 1; Jes. 6 denkt.

Cohen: »Die Propheten haben *eine wirkliche Stimme* gehört, und dabei macht auch Mose keine Ausnahme.« Dies soll die Auffassung Spinozas sein. Bei diesem lesen wir: »Darum kann es keinem Zweifel unterliegen, daß die übrigen Propheten *keine wirkliche Stimme* gehört haben«, während allerdings Mose eine solche gehört hat. – Cohen: »Aus 2. B. M. Kapitel 25, Vers 22, den er hebräisch anführt, will er beweisen, ›daß Gott sich einer wirklichen Stimme bedient hat‹. *Ebenso bei Samuel 1 Kapitel 3.*« Zu dieser Stelle sagt Spinoza: »Weil wir aber einen Unterschied zwischen der Prophetie des Moses und derjenigen der übrigen Propheten machen müssen, *so müssen wir notwendig die von Samuel gehörte Stimme für imaginär erklären*, wie man es auch schon daraus entnehmen kann, daß sie der Stimme des Eli gleichkam . . .« Es ist allerdings zuzugeben, daß von der Ungenauigkeit in der Wiedergabe der Gedanken Spinozas in diesem Zusammenhang nichts abhängt. Denn es genügt für Cohen, daß Spinoza meint: Die Schrift lehrt an zahlreichen Stellen deutlich die Körperlichkeit Gottes, und daß er diese Meinung noch verdeutlicht durch die andere, das Bilderverbot involviere nicht das Gebot, an die Unkörperlichkeit Gottes zu glauben. In diesem Punkte berührt sich Spinoza mit dem großen Gegner des von Cohen hoch verehrten RMbM [Rabbi Mose ben Maimon], dem RAbD [Rabbi Abraham ben David], der dem RMbM entgegenhält: Größere und bessere Männer als er seien der Ansicht von der Körperlichkeit Gottes gefolgt, gemäß dem in der Schrift Gelehrten. Diese Äußerung beweist, daß die von Spinoza aus der Bibel herausgelesene Ansicht auch ohne böse Absicht aus ihr herausgelesen werden kann.

Wir kommen jetzt zum Hauptpunkt. Spinoza lehrt: Moses hat mit Gott von Angesicht zu Angesicht, also wie Körper zu Körper gesprochen, hingegen Christus mit Gott wie Geist zu Geiste. Offenbar ergibt sich diese These nicht unmittelbar aus der bibelwissenschaftlichen Methode Spinozas, welche auf der »exegetischen Grundregel« fußt. Diese Methode würde durch die etwaige Unsachlichkeit der religionsvergleichenden These Spinozas ebensowenig widerlegt, wie das Kausalgesetz durch ein verunglücktes Experiment. Man hätte gemäß der Methode das Neue Testament genau so zu untersuchen wie die Bibel, und wenn in ihm tatsächlich nicht davon die Rede ist, daß Christus Gott gesehen oder gehört hat – nun, so werden wir uns damit abfinden müssen. Darin läge ja durchaus keine Herabsetzung des Judentums, denn das Judentum ist mit den primitiveren Stufen der Bibel durchaus nicht identisch, vielmehr kommen für es ebenso sehr die »wichtigen und zugleich interessanten Aufklärungen« des Thalmuds und der Theologen in Betracht. Zudem ist die Spiritualität der Vorstellungen des Neuen Testamentes nur durch die spiritualisierende Tendenz der Prophetie ermöglicht worden. Läßt sich aber die fragliche These Spinozas gegenüber dem Neuen Testament nicht aufrecht erhalten – nun, so hat sich Spinoza durch »seine Pietät für Christi Leben« (Cohen) zu einem Irrtum verleiten lassen. Diese »Pietät« wäre vielleicht genauer dahin zu bestimmen, daß Spinoza aus Erwägungen philosophischer Art dem Christentum den Vorrang vor dem Judentum zuerkannte, worin er ja ebenfalls irren konnte. Jedenfalls war ein solches Urteil von seinem Standpunkt aus nicht so unbegründet, wie man meinen könnte, wenn man an die von jüdischer Seite gern hervorgehobene Absurdität der christlichen Dogmen denkt. Diese Dogmen zählte Spinoza gar nicht zum Christentum. Er hielt sich an die schlichte Lehre der Evangelien, nach der die Erfüllung des Gebotes, Gott zu gehorchen und den Nächsten zu lieben (nicht die Erfüllung »an sich indifferenter« Zeremonien) das Kennzeichen wahrer Frömmigkeit sei, er hielt sich an die tiefere Bekämpfung des Gesetzes durch Paulus. Die kirchliche Entwicklung der protestantischen Sekten deutete auf eine Christlichkeit hin, in der die Dogmen und Zeremonien des Christentums ihre wesentliche Bedeutung verloren. Eine Entwicklung des Judentums in einer das Gesetz aufhebenden Richtung gab es damals nicht. Lehnte nun Spinoza das Gesetz als Kern der Religion ab, hielt er es für religiös möglich, das Gesetz zu übertreten, so stellte er sich außerhalb des geschichtlich allein vorhandenen Judentums. Appellation an die Schrift war nicht möglich, denn die Schrift enthält das Gesetz und fordert seine Befolgung – eine Appellation, die für den Christen gegenüber Kirche und Dogma jederzeit möglich – ob berechtigt, bleibe dahingestellt – war, da er das Neue Testament, insonderheit die Paulinischen Briefe hatte. Spinozas Bevorzugung des Christentums hält absolut stand, wenn man erstens das Gesetz als religiös irrelevant auffaßt, und wenn man zweitens zugibt, daß das Judentum nicht ohne Gesetz denkbar ist – wobei ich unter »Gesetz« verstehe, was man hergebrachterweise darunter versteht, nicht irgendwelche soziale Maßnahmen zur Hebung des gemeinen Wohles, nicht irgendwelche persönliche Liebhabereien für religiöse Form. Es ist in diesem Zusammenhang nicht unpassend, darauf zu verweisen, daß Spinoza, als er sich durch sein gesetzesübertreterisches und gesetzesleugnerisches Verhalten den Bann zugezogen und also die Identität von Judentum und Gesetz am eigenen Leibe gespürt hatte, für das Verständnis der philosophischen Rechtfertigungen und Sublimierungen des Zeremonialgesetzes gewiß nicht disponiert war. Auch muß man – um Cohen zu zitieren – »bedenken, daß ihm die Lehre Zwinglis bekannt gewesen sein wird und daß er sich im Kreise seiner Rhynsburger mit der Illusion schmeichelte, die dogmatische Auffassung der Trinität sei allgemein überwunden«. Handelt es sich aber um eine »Illusion«, so liegt – wie der gerechtere Mendelssohn sage würde – ein Irren seines Verstandes, nicht eine Bosheit seines Herzens vor.

Also: *Spinozas Bevorzugung des Christentums ist in sachlichen Erwägungen motiviert* – ob diese sachlichen Erwägungen stichhaltig sind, ist eine Frage für sich – wir brauchen daher nicht auf Spinozas Stimmungen zurückzugreifen, um diese Bevorzugung zu verstehen.

Die philologische Konsequenz dieser Stellung zum Christentum ist, daß Spinoza Bibel und Neues Testament »als einheitliche Schrift« betrachtet. Durch sie wird aber der bibelwissenschaftlichen Entscheidung nicht vorgegriffen; denn diese zerlegt den Einheitlichkeit prätendierenden Kanon in seine faktischen Schichten, und es bleibt dabei nebensächlich, ob man von der Gleichartigkeit oder Andersartigkeit, von der Einheitlichkeit oder Divergenz der beiden Dokumente *ausgeht*. Hierbei hängt – nach der »exegetischen Grundregel« – alles vom *Ergebnis* der Untersuchung ab. Das Ergebnis Spinozas ist – kurz gesagt –: Einheitlichkeit der prophetisch-christlich-paulinischen Linie im Kampf gegen die äußerlichen Werke, wobei diese Linie eine Steigerung darstellt. Divergenz der beiden Dokumente, insofern der Kern der Bibel das Gesetz, der Kern des Neuen Testamentes die Forderung des aus der frommen Gesinnung fließenden liebevollen Verhaltens zum Nächsten ist.

Was nun die Bibel als solche, ohne Rücksicht auf das Neue Testament betrifft, so betont die Bibelwissenschaft Spinozas gerade diejenigen Motive, die zum Teil bereits von der Tradition, vor allem aber vom Liberalismus gerne bedeckt werden. Es sind in der Hauptsache folgende:

1. *das Primitiv-Numinose gegenüber dem Rationalen*, Vergeistigten, Gemilderten: Die Leidenschaften, der Eifer, die Körperlichkeit Gottes. Cohen: »Da ›an keiner Stelle Mose lehrt, Gott sei frei von Leidenschaften oder Gemütsbewegungen, so dürfen wir daraus offenbar schließen, daß Mose das selbst geglaubt hat, oder wenigstens hat lehren wollen, so sehr dieser Ausspruch nach unserer Ansicht der Vernunft widerstreitet‹. So wird die Schrift gegen den Sinn des Monotheismus ausgelegt.« Welches Monotheismus? Vgl. das oben zitierte Wort des RAbD.

2. *das Kultische gegenüber dem Humanitären*: Der Sabbath wird als sittlich indifferentes Zeremonialinstitut, nicht als sozialethisches Institut angesehen.

3. *das Naiv-Egoistische gegenüber dem Moralischen*: Die Hoffnung des Frommen auf zeitlichen Lohn, der Segen Gottes als zeitliches Wohlergehen.

4. *das Nationale gegenüber dem Menschheitlichen*: Der biblische Gott ist der Gott des hebräischen Volkes, Gottes Feinde sind die Feinde des hebräischen Volkes, das hebräische Volk ist ein Volk wie jedes andere. In diesem: »wie jedes andere« liegt zwar eine Einschränkung des Nationalismus, aber, wie einleuchtet, in einer der Tradition und dem Liberalismus diametral entgegengesetzten Richtung. Cohen sieht einen Widerspruch darin, daß sich Spinoza zum Beweis für den religiösen Partikularismus des Judentums auf die partikularistischen Stellen, daß er sich andererseits zur Bestreitung der Auserwähltheit des hebräischen Volkes auf die universalistischen Stellen, d.h. auf solche, die von der Liebe Gottes zu allen Völkern sprechen, beruft. Der Widerspruch fällt aber auf die Bibel zurück. Cohen erkennt ihn selber an, wenn er sagt, daß im »Grunde« der biblischen Religion »der nationale politische Partikularismus umschlagen muß in einen Universalismus der Menschheit«. Vermutlich hätte Spinoza den Widerspruch in der gleichen Weise wie Cohen aufgehoben, wenn ihm dazu die logischen Mittel der Hegelischen Dialektik zur Verfügung gestanden hätten. Leider setzt aber das Hegelische System das Spinozische voraus. – Was den religiösen Nationalismus betrifft, so hätte sich Spinoza allerdings besser nicht auf 2. Chr. 32, 19 berufen – diese Stelle beweist, was sie beweisen soll, schlecht, wie Cohen mit Recht bemerkt – sondern etwa auf Dt. 4, 19-20; Ri. 11, 24; Jer. 2, 11. – Es ist keineswegs selbstverständlich, daß im Abrahams-Segen ונברכו als Passiv zu verstehen ist.

5. *das Politische gegenüber dem Religiösen*: Die Religionsgeschichte ist eine Funktion der politischen Geschichte. Hier allerdings in dem engeren Sinne verstanden: Die Religion ist ein Mittel für politische Zwecke. Cohen sieht einen Widerspruch darin, daß Spinoza, wiewohl er die Ankündigungen des Untergangs des hebräischen Volkes als »direkte Prophezeiungen nimmt«, und als erfüllte Prophezeiungen, dennoch das den Ankündigungen widerstreitende Weiterleben des Volkes in der Zerstreuung zu begründen versucht. Der Widerspruch hebt sich auf, wenn man an Spinozas Ansicht denkt, daß mit dem durch politische Fehler des Volkes herbeigeführten Untergang des hebräischen Staates

das Weiterleben des Volkes politisch sinnlos, damit überhaupt sinnlos geworden ist – denn die wahre Religion ist nicht national – und nur noch in der Absonderung der Juden und dem Haß der Völker seinen Grund hat.

Diese Ergebnisse der Bibelwissenschaft Spinozas sind die Veranlassung für Cohens aggressive Abwehr. In einzelnen Punkten weist sie mit Glück Übertreibungen Spinozas zurück, die nicht durch dessen Methode gefordert sind und von denen es daher dahingestellt bleiben mag, ob sie in sachlichen Irrtümern oder in bösen Absichten begründet sind. Hält man sich an die wesentlichen Ergebnisse, so kann man sagen, daß man auch ohne böse Absicht auf sie hätte kommen müssen. Mag Spinoza in diesen Ergebnissen ein vernichtendes Urteil über das Judentum gesehen haben, mag er sie selbst in der Absicht der Vernichtung gefunden und dargestellt haben, mag selbst wahr sein, daß nur ein durch eine »menschlich unbegreifliche« Entfremdung geschärfter Geist zu ihnen kommen konnte, – sie haben ihre von solchen persönlichen Voraussetzungen unabhängige Wahrheit.

Also: *Die wesentlichen Ergebnisse der Bibelwissenschaft Spinozas sind hinreichend in der faktischen Beschaffenheit des Gegenstandes dieser Wissenschaft motiviert.*

IV

Wir haben uns gegen Cohens Berufung auf die jüdischen Beziehungen Spinozas wehren müssen, da Cohen in diesen Beziehungen, wie die Dinge liegen, eine Belastung für die Sachlichkeit der Spinozischen Bibelwissenschaft sah. Es mußte gezeigt werden, daß der *Zweck*, die allgemeine *Disposition* der Probleme, das *Ergebnis* der Untersuchungen des Traktates sich ohne jede Rücksicht auf Spinozas empirische Beziehungen zum Judentum verstehen lassen. Insofern ist der Traktat ein christlich-europäisches, kein jüdisches Ereignis.

Anders aber steht es mit der *Methode* des Traktates. Nicht als ob diese in ihrer endgültigen, positiven Form uneuropäisch wäre, nur ihre Entstehung, die sich vorzüglich in der Polemik gegen diejenige des RMbM vollzieht, weist tiefer auf jüdische Zusammenhänge hin. Hier scheint der Kampf gegen die »Pharisäer« mehr als ein versteckter Angriff auf die Lehren des Christentums zu sein. Nun braucht man selbst hierin keine innerjüdische Auseinandersetzung zu sehen: vielleicht ist die Bibelauslegung des RMbM für Spinoza die ihm nach seinem Bildungsgang naheliegendste oder die folgerichtigste Form der allen Kirchen gemeinsamen Art der Bibelauslegung. Jedenfalls wollen wir hier auf den Gegensatz RMbM – Spinoza auch nur insoweit eingehen, als er ein Spezialfall des Gegensatzes *traditionell-kirchlich-kritisch-wissenschaftliche* Bibelauslegung ist. Nur um des allgemeinen Gegensatzes willen hat die Methode Spinozas Bedeutung für das christliche Europa gewonnen. Es ist außerdem bereits darauf hingewiesen worden, daß die Bekämpfung der kirchlichen Form der Schriftauslegung ein notwendiges Moment der Bekämpfung der kirchlichen Ansprüche gegenüber Wissenschaft und Staat war. Wir bleiben also bei der Betrachtung der Methode des Traktates auf der Linie unserer Entgegnungen auf Cohens Angriff, werden aber durch sie selbst auf eine tiefere Fragestellung geführt werden.

Der innere Fortschritt einer lebendigen Religion vollzieht sich, falls diese auf heiligen Schriften fußt, nicht anders als durch umdeutende Auslegung der heiligen Schriften. So werden die sinnlichen Vorstellungen vom Göttlichen vergeistigt, die harten Züge gemildert, wie allen bekannt ist. Insbesondere teilt sich in dieser Weise der Religion der Fortschritt der erkennenden Vernunft mit. In den ersten Jahrhunderten der neueren Zeit kam aber, im Protestantismus, im Gegensatz zu dieser Auslegungsweise, die die Religion gewissermaßen in gerader Richtung fortbildete, aus ganz bestimmten, religiös bedingten Voraussetzungen, die Idee einer Rückwendung zu jener der Tradition letztlich zugrunde liegenden Schicht, der »reinen Lehre«, auf. Von dieser Lage geht Spinoza aus. Er bildet nun, durch die humanistischen Elemente des Zeitbewußtseins wesentlich gefördert, die Bibelauslegung zu einer reinen, d. h. nicht mehr von vornherein im Dienste der Religion stehenden Wissenschaft aus. Dem widerspricht nicht, daß die Erzeugung dieser Wissenschaft durch den Zweck der Bekämpfung kirchlicher Ansprüche veranlaßt oder doch mitbestimmt wurde. Die Wissenschaft selbst ist, ihrem Sinne nach, von diesem Motiv ablösbar, wenngleich es zunächst die Richtung der Forschung bestimmt.

Spinoza fand also die traditions-feindliche Rückwendung auf die Schrift bereits vor. Es ist zu fragen: Wie fand er von seinen jüdischen Grundlagen aus den Weg zu ihr? Warum weigert er sich, die Schrift so auszulegen, daß sie mit seiner religiösen, vernünftigen Überzeugung übereinstimmt – sich so in den Rahmen des Judentums einzufügen, er, »auf dessen Abkunft, dessen Geist, dessen Gelehrsamkeit die Juden die größten Hoffnungen gesetzt hatten«? Warum legt er in diesem so gar nicht selbstverständlichen Sinne »ehrlich« aus? Was hätte für ihn näher liegen sollen als die Treue gegenüber der Gemeinschaft, der seine Väter Leben, Heimat, Habe ohne Bedenken geopfert hatten? Was trieb ihn dazu, »die schöne Welt zu zerstören«?

Diese Frage soll hier nur gestellt sein. Cohen gegenüber kann Folgendes geltend gemacht werden: Gleichgültig, *warum* Spinoza »ehrlich« war, aus welchen religiösen, sittlichen oder selbstischen Antrieben – genug, er war es, und das auf Grund dieser »Ehrlichkeit« gefundene Bild der Bibel, sofern es nur wahr ist, trägt und stützt sich selber, und stürzt sein Gegenteil, da, nach dem Satze aus der Ethica, die Wahrheit Norm ihrer selbst ist *und* des Falschen.

Die Not, aus der das Unternehmen Spinozas hervorgehen mußte: der Kampf für die Selbständigkeit der Wissenschaft und des Staates gegenüber der Kirche, ist dem Zeitalter Cohens nicht mehr sehr fühlbar gewesen: sie war durch die Arbeit der vorhergegangenen Jahrhunderte behoben. Cohen ist nun unter seinen Zeitgenossen derjenige, der den tiefsten inneren Zusammenhang mit dem Geist des großen Zeitalters der Aufklärung hat. Dennoch übersieht er bei der Besprechung der Kritik Spinozas am Auslegungsgrundsatz des RMbM den entscheidenden Satz: »Wenn Maimonides durch die Vernunft von der Ewigkeit der Welt überzeugt gewesen wäre, *so hätte er kein Bedenken getragen, die Schrift zu drehen und zu deuten,* bis sie endlich *dem Scheine nach* dasselbe lehren würde.« Die Ehrlichkeit und Aufrichtigkeit, die Cohen gern und oft der Aufklärung nachrühmt, wendet sich hier gegen die traditionelle Methode der umdeutenden Fortbildung der biblischen Lehren. Was Cohen im vorliegenden Falle daran verhindert, gerecht zu sein, ist weniger ein traditionalistisches als ein apologetisches Interesse. Sein Interesse an der Herausstellung dessen, was in der Bibel eigentlich geschrieben steht, wird durch die Rücksicht auf die christlichen Angriffe gegen das Judentum – durch ein Interesse des »Lebens« also – geschwächt.[3] Bei Spinoza fehlt dies apologetische Interesse – begreiflicherweise. Mag darin ein menschlicher Mangel liegen – die Sachlichkeit der bibelwissenschaftlichen Untersuchung kann durch die skep-

---

[3] »Wenn Spinoza dagegen mit der lieblosesten Härte nicht nur seinen Stamm verächtlich macht – in denselben Tagen, in denen Rembrandt in seiner Gasse wohnt und die Idealität des Judentypus verewigt – sondern auch den einzigen Gott verstümmelt, dessen Bekenntnis der Grund war, der ihn selbst mit seinem Vater Portugal und der Inquisition entfliehen hieß, so meldet sich keine Stimme

tische Kälte des Abtrünnigen nicht mehr gefährdet werden als durch die apologetische Liebe des Getreuen.

Auf die Frage, welches die Stimmung Spinozas gegenüber dem Judentum gewesen ist, gehen wir nicht ein. Ihre Lösung trüge nichts Entscheidendes zum sachlichen Verständnis des Traktates bei. Was die »menschliche« Beurteilung der Kälte und Fremdheit Spinozas gegenüber dem Judentum betrifft, so würde sie die Beurteilung des Verhaltens der Juden zu ihm – nicht diejenige des Bannes, denn gegen den kann natürlich nichts eingewandt werden, wohl aber der privaten Stimmungsäußerungen, die vermutlich nicht so unkritisierbar waren wie der Bann – voraussetzen. Auf dieses schwierige Geschäft wollen wir uns nicht einlassen.

Ein Verständnis des Zweckes, der Disposition, der Ergebnisse und der Methode des Traktates aus »pflichtmäßigen« Motiven Spinozas war möglich, indem wir von dem jüdischen Interesse durchaus absahen. Es bleibt denkbar, daß auch aus der sachlichsten, haßfreiesten Gesinnung hervorgegangene Bibelkritik nicht im Interesse des Judentums liegt. Denn da die Methode Spinozas ja nur im Zusammenhang mit seiner Entfremdung gegenüber dem Judentum und seinem Eintritt in den christlich-europäischen Zusammenhang von ihm angewandt und durch die Anwendung gerechtfertigt wurde, so ist nicht schon von vorneherein ihre Bedeutung für das Judentum festgestellt. Ad hominem können wir auf die größere »Ehrlichkeit« dieser Methode hinweisen, gegenüber Cohen, der grundsätzliche Bedenken gegen das Recht der Wissenschaft nicht kannte. Von unserem Standpunkte aus muß aber ernstlich gefragt werden, wie sich diese »Ehrlichkeit« zu etwaigen höheren Notwendigkeiten des Judentums verhalte, ob sie ein Recht zur Zerstörung der schönen Welt der Tradition gebe. Was hat der Kampf für die Autonomie der Wissenschaft und des Staates mit dem Interesse des Judentums zu schaffen? Welches Interesse kann das Judentum daran haben, zu wissen, wie seine Frühzeit *wirklich* gewesen ist? Es muß daher in einer weiteren Untersuchung gefragt werden, wie sich das Interesse des Judentums zur Bibelwissenschaft Spinozas verhalte. Wir präzisieren die Aufgabe, indem

---

gegen diesen *menschlich unbegreiflichen Verrat*. So gibt es dafür nur die eine höchlichst willkommene Erklärung, daß endlich einmal ein Jude von Bedeutung seine Verstocktheit aufgegeben habe . . .« »Die Kernsprüche, in denen Spinoza seines Rachehasses gegen die Juden sich entlud, finden sich noch heute fast wörtlich in den Tageszeitungen jener politischen Richtungen.«

wir fragen: *Welche jüdischen Antriebe leben in der Bibelwissenschaft Spinozas?*

Von dieser Frage aus ist ein grundsätzliches Urteil über Cohens Analyse der Bibelwissenschaft Spinozas möglich: Cohen hat recht, wenn er, wiewohl nicht ausdrücklich, als oberste Instanz für die Beurteilung dieser Wissenschaft das Interesse des Judentums aufrichtet – er hat unrecht, wenn er dieses Interesse des Judentums nicht durch die innere Notwendigkeit unseres Volksgeistes, sondern durch die äußerliche Rücksicht auf die Zwecke theologisch-politischer Apologetik bestimmt. Er hat Recht, wenn er Spinozas Denken über das Judentum und sein Verhalten gegenüber dem Judentum an jüdischen Maßen zu messen sucht – aber wäre es nicht für die Selbst-Erkenntnis des jüdischen Geistes förderlicher, zu fragen, welche Motive *des* Judentums zu Spinozas Denken und Verhalten *hinsichtlich* des Judentums führen, seine Auseinandersetzung *mit* dem Judentum als eine *jüdische* Auseinandersetzung zu begreifen? Wie dem auch sei – auch die engere Fragestellung zeugt für den vorbildlichen Ernst Hermann Cohens, welcher sich nicht mit dem Bilde von dem »Trunkenbolde Gottes« bescheidet, das die deutsche Romantik gezeichnet und die jüdische Romantik kopiert hat.

Marginalien im Handexemplar von Leo Strauss

Seite 363
Weiteres Bsp.: die Betrachtungen der »Gesellsch. für Eth. Kultur«
kritisiert Cohen *so*: »Und doch mahnte das griech. Wort deutlich genug
an Sokrates und Platon, an die method. Entdecker der Ethik, an die
Begründer d. Sittlichkeit« Jüd. Schr. III, p. 110. (Die eth. Kultur bezog
sich auf die schlichte Evidenz des Sittlichen.)

Seite 366
Cohen selber sagt so etwas in dem im Korrespondenzblatt veröffentlichten Halberstädter Vortrag.

Seite 372
»Die kulturgeschichtl. Bedeutung d. Protestantismus besteht in d. Ab-
lösung d. Rel. v. d. Wiss., d. Wiss. v. d. Rel.« (Jüd. Schr. III 114).

Zur Bibelwissenschaft Spinozas und seiner Vorläufer

(1926)

Der vorliegende Aufsatz soll in programmatischer Kürze – wie sie dem Zweck des Korrespondenz-Blatts entspricht – über die Fragestellung orientieren, von der sich die Untersuchung, die ich im Auftrag der Akademie für die Wissenschaft des Judentums durchführe, leiten läßt. Gegenstand der Untersuchung ist die Bibelwissenschaft Spinozas und einiger seiner Vorläufer, die, unter ähnlichen Voraussetzungen wie er selbst, an der Begründung der Disziplin gearbeitet haben (Uriël da Costa, Isaac de La Peyrère, Thomas Hobbes). Die Bibelwissenschaft Spinozas ist seit dem Jahre 1867, in dem die Abhandlung Carl Siegfrieds über »Spinoza als Kritiker und Ausleger des Alten Testaments« erschien, nicht mehr Thema hinreichender oder gar ertragreicher monographischer Behandlung gewesen. Bereits die zahlreichen Veränderungen in der Auffassung und Beurteilung Spinozas, zu denen die inzwischen veröffentlichten Untersuchungen zu der Lebensgeschichte Spinozas, der Entwicklungsgeschichte seiner Lehre, der Geistesgeschichte seines Jahrhunderts und der allgemeinen Geschichte der Bibelwissenschaft Veranlassung geben, rechtfertigen den Versuch einer neuen Darstellung. Die Anregung zu meiner Arbeit verdanke ich dem kritischen Studium von Hermann Cohens Aufsatz »Spinoza über Staat und Religion, Judentum und Christentum« (wieder abgedruckt im 3. Band seiner »Jüdischen Schriften«), der hinsichtlich der Radikalität des Fragens und der Eindringlichkeit des Zur-Rede-Stellens schlechthin vorbildlich ist und in eben dieser Hinsicht in der neueren Spinoza-Literatur seinesgleichen nicht hat. Freilich hat Cohen, der selbst von dem Geist des großen Zeitalters der Aufklärung wie nur wenige seiner Zeitgenossen erfüllt war, und diesen Geist an zahlreichen und wichtigen Stellen seiner Schriften voll Eifers bezeugte, in seiner Kritik an Spinoza – beirrt, wie es

scheint, durch seine Einsicht in den tieferen Gegensatz – das eigentliche
Anliegen Spinozas, das eben mit dem Anliegen der Aufklärung wesentlich identisch ist, und das eigentliche Angriffsziel Spinozas, verkannt.
Nicht gegen den »Monotheismus des Judentums«, nicht gegen die
»soziale Ethik der Propheten« wendet sich Spinoza, sondern gegen die
Offenbarungs-Religion in allen ihren Formen. So muß denn, im Sinn der
durch Cohen vollzogenen Radikalisierung des Fragens, die Analyse des
theologisch-politischen Traktats, als einer radikalen Kritik der Offenbarungs-Religion, nochmals unternommen werden.

I

Die Bibelwissenschaft Spinozas ist zuvörderst eine wissenschafts-geschichtliche Tatsache. Unbestrittenermaßen gebührt Spinoza das Verdienst, die Konstitution der Bibelwissenschaft als einer »vorausset-
zungslosen« Wissenschaft vollzogen zu haben. In den einschlägigen
Kapiteln des Tractatus theologico-politicus bestimmt er die fundamentalen Forschungsziele und Forschungswege der neuen Disziplin;
daselbst stößt er zu fundamentalen, in der weiteren Entwicklung der
Disziplin nie wieder angefochtenen Resultaten vor. Die Bibelwissenschaft ordnet sich ein dem Ganzen der hermeneutischen Disziplinen.
Was nun aber die Einsicht in die Erfordernisse der Hermeneutik überhaupt angeht, so steht die Leistung des Traktats weit, sehr weit zurück
hinter dem, was etwa Erasmus von Rotterdam als notwendig begriff.
Die wissenschafts-geschichtliche Leistung des Traktats erschöpft sich
also in der Konstitution einer Einzelwissenschaft. Mit dieser Feststellung
verfehlt man nun offenbar den eigentlichen Sinn der Leistung Spinozas.
Denn offenbar hat die Konstitution der Bibelwissenschaft eine tiefere
Bedeutung als die Konstitution beispielsweise der Einzelwissenschaften,
die sich die Erforschung der ägyptischen oder der assyrischen Denk-
mäler zur Aufgabe machen. Nun – diese tiefere Bedeutung des Traktats
besteht gerade nicht in seiner wissenschafts-geschichtlichen Leistung.
Einmal vorausgesetzt, die Bibel sei ihrer Herkunft nach prinzipiell ein
literarisches Dokument wie jedes andere, so ist sie wie jedes andere
literarische Dokument wissenschaftlich zu behandeln, so ordnet sie sich
von vornherein den Gegenständen der Geisteswissenschaften mit deren
prinzipiell einheitlicher Methodik ein, so haftet der Konstitution der
Bibelwissenschaft keine prinzipielle Schwierigkeit mehr an. Die Begründung dieser Voraussetzung, die Kritik an der entgegengesetzten, offen-

barungs-religiösen Voraussetzung, die Kritik an der Offenbarungsreligion überhaupt liegt also der Konstitution der Bibelwissenschaft vorauf. Zufolge dieser Bedingtheit gewinnt die Bibelwissenschaft Spinozas ein größeres Interesse, als es einer bloß wissenschafts-geschichtlichen Tatsache zukäme: sie ist ein wichtiges Moment in jener universalen Bewegung, die man Religionskritik der Aufklärung nennt. Ist diese Kritik, ist Spinozas Kritik an der Offenbarungsreligion nun aber selbst etwas anderes als wissenschaftliche, als theoretische Kritik? Nach der Auffassung Spinozas ist sie *nichts* anderes. Diese Auffassung muß ernst genommen und sehr erwogen werden; aber sie darf uns nicht binden. Mit immanenter Analyse kann man sich vielleicht begnügen, wenn es sich um die Interpretation der Ethica handelt; aber da, wo der Lebens- und Denkzusammenhang Spinozas über sich selbst hinausgreift, wo er die Kritik eines anderen Zusammenhangs unternimmt, steht er unter einer anderen Norm als der ihm selbst immanenten; durch das Unternehmen der Kritik stellt er sich unter das Gericht der Frage: ob er den kritisierten Zusammenhang trifft oder verfehlt. Erst indem diese Frage gestellt wird, treten die charakteristischen Voraussetzungen der Kritik hervor. Zugleich damit wird Spinozas Gesamtauffassung seiner Kritik, nämlich, daß sie theoretische Kritik sei, sein könne, in Frage gestellt.

Die Religionskritik ist die Voraussetzung der Bibelwissenschaft Spinozas; die Religionskritik ihrerseits ist die Konsequenz des in der Ethica entwickelten Systems. Streng genommen, ist die Religionskritik gar nicht von dem System unterschieden; denn die Wahrheit ist die Norm ihrer selbst und des Falschen. Durch den positiven Aufbau des Systems ist die Religion widerlegt, ist bewiesen, daß die Behauptungen der Religion Irrtümer sind. So sind die letzten Voraussetzungen der Religionskritik Spinozas identisch mit den Definitionen und Axiomen der Ethica (oder äquivalenten Sätzen). Wenn sich Spinoza nun – wiewohl es nicht seine Gewohnheit ist, die Irrtümer anderer aufzudecken – um die ausführliche Widerlegung der Religion bemüht, so liegt dies daran, daß die Behauptungen der Religion Vorurteile sind, die dem Verständnis seiner Beweise hinderlich sein können; die Behauptungen der Religion sind notwendige, in der menschlichen Natur begründete, aus den Köpfen und aus den Herzen der meisten Menschen nicht auszurottende Irrtümer. Denn mit den Irrtümern der Religion – des Aberglaubens, wie Spinoza zu sagen pflegt – und ebenso mit den Wahrheiten der Philosophie ist es nicht so bestellt, daß der Mensch an ihnen vorbeileben könnte; vielmehr zwingt ihn sein ursprüngliches und einziges Streben:

das Streben, in seinem Sein zu beharren, entweder zu diesen Wahrheiten oder zu jenen Irrtümern. Das Selbsterhaltungsstreben treibt ursprünglich die Leidenschaften hervor, in die es sich verrennt, in denen es sich selbst aufhebt: die Leidenschaften gefährden unser Sein; aus der Situation, in der das Selbsterhaltungsstreben sich in das Streben nach sinnlichem Glück, nach zeitlichen Gütern verloren hat, stammt die Religion; hingegen erfüllt sich das radikal verstandene Selbsterhaltungsstreben in der Theorie. Theorie und Religion sind die beiden einander entgegengesetzten Möglichkeiten des Menschen, die sich so steil gegenüberstehen wie Tüchtigkeit und Ohnmacht, wie Freiheit und Knechtschaft, wie geistliche und fleischliche Gesinnung.

Ein anderes ist die Religion der Menge, der Aberglaube, die offizielle Lehre der Theologen – ein anderes die reine, nicht durch böswillige Auslegung verfälschte Lehre der Propheten, der Psalmen, der Proverbien, des Evangeliums und der Paulinischen Briefe. Auf diese Lehre der »*alten* Religion«, deren sich die Priester bemächtigt, und die sie aus Habsucht und Eitelkeit entstellt haben, beruft sich Spinoza zur Bekämpfung des »Aberglaubens«, der die zeitgenössischen Kirchen völlig beherrscht. Spinoza bekämpft nach seiner eigenen Auffassung also nicht die Religion, sondern den Aberglauben – der Aberglaube aber ist nichts anderes als die positive, die Offenbarungsreligion in ihren mannigfaltigen Formen –; nicht die Schrift, sondern die offenbarungs-religiöse Auffassung und Verwendung der Schrift; er sieht seine Religionskritik als immanente Kritik an.

Die Position Spinozas und die mit ihr gegebene Religionskritik setzt sich in der Lebensgeschichte Spinozas und im Buchzusammenhang des Traktats durch vermittelst der Kritik an der Position Maimunis. Nun ist aber der Position Maimunis die Kritik an einer »naiveren« Position immanent, an eben der Position, die Spinoza als Aberglauben perhorresziert, und über die Maimuni nicht viel milder urteilt als jener. Auf Grund der kritischen Auflösung der Position Maimunis stößt Spinoza auf die von Maimuni »überwundene«, »naive« Position, die Gegenstand einer von der Kritik an Maimuni scharf zu trennenden Kritik wird. Die »naive« Position tritt Spinoza eigenständig entgegen in der Calvinischen Orthodoxie seiner Zeit. Die Religionskritik Spinozas vollzieht sich demnach in zwei Etappen: erstens als Kritik an der Position Maimunis, zweitens als Kritik an der Position der Calvinischen (oder einer ihr entsprechenden jüdischen) Orthodoxie.

Die Kritik an der Position Maimunis ist wissenschaftliche Kritik an wissenschaftlichen Behauptungen, und als solche der Position Maimunis immanent; denn Maimuni beruft sich zur Begründung seiner Lehre nicht so sehr auf die Schrift als auf die Vernunft; geradezu erschließt er sich erst durch Auslegung der Schrift auf die von der Vernunft ohne Rücksicht auf die Schrift erkannte sachliche Wahrheit hin den wahren Sinn der Schrift. Die Vernunft wird auf diese Weise nur scheinbar selbständig gegenüber der Schrift; zwar wird der Einspruch gegen Ergebnisse der vernünftigen Forschung, der sich auf einzelne, wenn auch noch so zahlreiche Schriftstellen beruft, unmöglich gemacht; aber die in Maimunis Schriftauslegung wirksame Voraussetzung: daß die Schrift wahr, weil offenbart, sei, dirigiert die theologische Spekulation auf einen bestimmten Gottesbegriff hin. Die Tatsache der Offenbarung ist Voraussetzung. Diese Voraussetzung bekämpft Spinoza erstens durch philologisch-historische Kritik am Kanon und an der Überlieferung: so bestreitet er den Offenbarungscharakter der Schrift, die Tatsächlichkeit der Offenbarung; zweitens durch philosophische Kritik an dem Gottesbegriff der Offenbarungsreligion: so widerlegt er die Möglichkeit der Offenbarung; er weist nach, daß es Gottes Wesen widerstreitet, ein Gesetz zu offenbaren. Aber gerade dieser radikalere Teil der Kritik ist nicht immanent. Mag es sich immer für Spinozas Bewußtsein so verhalten, daß sich seine Position auf dem Wege immanenter Weiterbildung, auf dem Wege strengen Folgerns aus der Position Maimunis herleitet; mag er immer glauben, aus (nach seiner Behauptung) allgemein zugestandenen Theologemen in strenger Folgerung Ergebnisse zu gewinnen, durch welche die offenbarungs-religiöse Position aufgehoben wird: dieser Glaube hat keinen Grund in den Tatsachen. Spinozas Kritik der Möglichkeit der Offenbarung folgt aus dem Satz: In Gott sind Verstand und Wille eines und dasselbe; mit diesem Satz ist die Leugnung der Schöpfung, der Gesetzgebung und des Wunders gegeben. Der Satz begegnet auch bei Maimuni; und so hat man eine wesentliche Übereinstimmung zwischen Maimuni und Spinoza feststellen zu dürfen geglaubt. Nicht eben zum Ruhme Maimunis. Indessen zeigt sich bei näherem Zusehen, daß es nicht derselbe Satz ist, den Maimuni aufstellt, und den Spinoza seiner Religionskritik zu Grunde legt. Nicht die Theologie Maimunis also ist der Boden für Spinozas Kritik an der Offenbarungsreligion. Sucht man diesen Boden, so muß man auf diejenigen Voraussetzungen des erwähnten Identitätssatzes zurückgehen, mittels deren Spinoza die Position Maimunis, den Glauben an einen in Freiheit schaffenden und begnadenden Gott untergräbt; diese Voraus-

setzungen sind in der Ethica entwickelt. Die ausführliche Auseinandersetzung im Traktat verweist jedoch auf eine andere, unmittelbarere
Voraussetzung, die überdies den Vorzug hat, von Maimuni selbst anerkannt zu sein. Wir meinen die Maimuni und Spinoza gemeinsame
Auffassung der *Theorie*: die Theorie ist als Voraussetzung und Element
der Gotteserkenntnis und damit der beatitudo das höchste, jedes andere
Interesse aufsaugende oder entwertende Interesse des Menschen. Ausgehend von dem Charakter der Theorie als solcher, macht Spinoza die
Spannung zwischen der Theorie und der Schrift (genauer: der Thorah)
offenbar: die Thorah wendet sich an eine Gruppe von Menschen, an eine
besondere Gruppe von Menschen, indes die Theorie prinzipiell Sache
jedes Menschen als einzelnen ist. Maimuni vermeidet diese Folgerung
mittels seiner Lehre vom *göttlichen Gesetz*. Danach besteht die Funktion
des göttlichen Gesetzes darin, daß es mittels *einer* Gesetzesordnung die
den heterogenen Lebenszielen der wenigen Weisen und der vielen Unweisen dienenden Mittel bestimmt. Die Thorah bezweckt die höchste
Vollkommenheit der wenigen, die Theorie, und zugleich die soziale
Organisation und die diesem sekundären Zweck dienende Sittigung der
vielen. Der Zweck der Offenbarung, sofern er nicht schlechthin mit der
Theorie identisch ist, ist also die soziale Organisation der Menge. Für
Maimuni verhält sich die Sorge um die Menge zur Theorie nicht nur wie
Mittel zu Zweck – in dem Sinn, daß die soziale Organisation, die äußere
Sicherheit des Lebens conditio sine qua non für das theoretische Leben
sei –, sondern es liegt ihm wesentlich daran, daß die fundamentalen
Wahrheiten als solche von der Menge *anerkannt* werden; und zwar,
ohne daß er es auf die sozialorganisatorische Funktion dieser Wahr-
heiten abgesehen hätte. Die Anerkennung *einer* Wahrheit soll alle
Menschen – die Weisen und die Unweisen – vereinigen. Das Interesse an
der Anerkennung der Wahrheit durch alle Menschen, das mit dem
Interesse an der Wahrheit selbst nicht gegeben ist –, diese heterogenen
Interessen werden erst dadurch vereinigt, daß die Theorie mit der
Offenbarung, und daher die Anerkennung der Unwahrheit mit dem
Götzendienst gleichgesetzt wird –, bewegt Spinoza nicht. Die Menge ist
für ihn *Gegenstand* des theoretischen Interesses: er erfreut sich an der
Betrachtung der von ihren Leidenschaften geknechteten Menge. Diese
Haltung gegenüber der Menge ist die letzte Voraussetzung der Staats-
lehre Spinozas; sein Interesse an der sozialen Organisation der Menge
zeigt sich in letzter Analyse als Konsequenz seines Interesses an der
Theorie. Die Radikalisierung des theoretischen Interesses erweist sich so

als wesentliches Moment des Gegensatzes zwischen Spinoza und Maimuni, als wesentliche Voraussetzung der Religionskritik Spinozas. Diese
Voraussetzung ist der Position Maimunis immanent. Daran ändert der
offenbare Zusammenhang nichts, in dem bei Spinoza die schrankenlose
Herrschaft der Theorie mit der Leugnung wie der göttlichen so der
menschlichen Freiheit, mit der Überzeugung, daß alle menschlichen
Affekte und Handlungen ein Produkt der einen, immer und überall
identischen Natur seien, steht; denn der Supremat der Theorie wird von
Maimuni, unter der Voraussetzung ganz anderer gegenständlicher Überzeugungen, anerkannt. Die Kritik Spinozas bestätigt in diesem Punkt
nur, was innerhalb der Offenbarungsreligion selbst gegen den Versuch,
unter Voraussetzung der Offenbarungsreligion die Theorie als das höchste menschliche Interesse auszuzeichnen, eingewandt worden ist; so ist
sie wahrhaft immanente Kritik.

Das radikal begriffene Interesse an der Theorie verlangt, daß alles,
was ist, zum Gegenstand der Theorie werde, daß man allem, was ist, in
theoretischer Haltung gegenüberstehe; so muß Spinoza an der Sonderstellung, die bei Maimuni die Schrift einnimmt, Anstoß nehmen. Auch
die Schrift wird Gegenstand des theoretischen Interesses, jedes andere
Interesse an der Schrift wird prinzipiell entwertet. Dies hat entscheidende Folgen für die Schriftauslegung; die Schrift darf nicht als wahr
vorausgesetzt werden, erst auf Grund unbefangener Prüfung der Schrift
darf man über die Wahrheit der Schrift urteilen. Nun kann Maimuni
zwar nicht aus der Schrift, d. h. aus dem Wortsinn der Schrift, die
Wahrheit der Schrift erweisen; denn Voraussetzung für sein Schrift-
verständnis ist seine Überzeugung von der Wahrheit der Schrift; aber
diese Überzeugung wird verbürgt durch die Überlieferung über die
Offenbartheit der Schrift. Wir sehen hier ab von der philologisch-
historischen Kritik, mit der sich Spinoza gegen diese Überzeugung
wendet. Von grundsätzlicher Bedeutung ist der Umstand, daß Spinoza in
der Art und Weise, in der Maimuni, auf Grund seiner Überzeugung von
der Wahrheit der Schrift, die Schriftauslegung betreibt, die elementaren
Erfordernisse der theoretischen Haltung vermißt. Er staunt über die
Bedenkenlosigkeit, mit der jener die offenbarsten Gegeninstanzen negiert oder verfälscht, über die Zügellosigkeit, mit der er die Schrift seinen
Meinungen anpaßt. –

Ebenso wie Spinozas Lehre vom göttlichen Gesetz, so schließt auch
seine Lehre von der *Prophetie* den Nachweis einer fundamentalen
inneren Schwierigkeit der Position Maimunis in sich. Auch hier ist der

Anschluß an die entsprechende Lehre Maimunis offenbar und längst (von M. Joël) festgestellt worden. Maimunis Prophetologie entstammt der Schwierigkeit, in die der Glaube an die Wahrheit der Schrift angesichts der handgreiflichen Unwahrheit zahlreicher Schriftstellen gerät; z. B. sind Veränderungen der Himmelsbewegungen, wie das Josua-Wunder, nach der Physik des Aristoteles unmöglich. Die sich hier darbietende Unterscheidung von wörtlichem, uneigentlichem, bildlichem Sinn und eigentlichem, wahrem Sinn der Schrift zwingt dazu, den Akt des prophetischen Erfassens in der Weise vorstellig zu machen, daß von ihm her die innere Wahrheit und zugleich der bildliche Ausdruck der prophetischen Rede verständlich wird. So lehrt denn Maimuni, die Prophetie sei eine Emanation aus Gott, die sich vermittelst des tätigen Verstandes zuerst über den Verstand und sodann über die Einbildungskraft des Propheten ausbreite. Im prophetischen Akt wirkten Verstand und Einbildungskraft zusammen; und zwar sei jedes der beiden Vermögen in sich selbst über das gewöhnliche Maß hinaus gesteigert. Der entscheidende Einwand Spinozas besagt, daß, bei der – auch von Maimuni anerkannten – Gegensätzlichkeit von Verstand und Einbildungskraft, eine ungewöhnliche Steigerung der Einbildungskraft eine ungewöhnliche Herabminderung der Fähigkeit zu reinem Verstehen nach sich ziehen muß. Dieser Einwand zielt auf eine innere Schwierigkeit der Prophetologie Maimunis. Daß die Kritik in diesem Fall Maimuni nicht trifft, liegt daran, daß Spinoza eine ganz andere Auffassung und Bewertung der »Einbildungskraft« mitbringt, daß er so die Pointe der Prophetologie Maimunis verkennt. Hiervon abgesehen, ist *die* Tatsache von grundsätzlicher Bedeutung, daß für die Auseinandersetzungen des Traktats die theologischen (der philosophischen Lehre von Gott und seinen Attributen entnommenen) Argumente sehr wenig bedeuten: in Maimunis Prophetologie spricht der für ihn – im Verhältnis zu Spinoza – charakteristische Gottesbegriff nur insofern mit, als nach dieser Lehre Gott die Aktualisierung der prophetischen Potenz nach seinem Gutdünken hemmen kann; und von diesem charakteristischen Vorbehalt ist in Spinozas ganzer Kritik nirgends die Rede.

Die nähere Prüfung des Mißverständnisses Spinozas in seiner Kritik an Maimunis Prophetologie läßt eine tiefere Voraussetzung hervortreten, welche zwar die Radikalisierung des theoretischen Interesses begünstigt, aber nicht aus diesem Interesse selbst herzuleiten ist. Nach Maimunis Lehre ist das Zusammenwirken der Einbildungskraft mit dem Verstand im prophetischen Erfassen der theoretischen Dignität der

Prophetie darum nicht abträglich, weil dabei nicht die Einbildungskraft den Verstand beeinflußt, und also hemmt und stört, sondern umgekehrt vom Verstand her die Einbildungskraft beherrscht, bezwungen, in seinen Dienst gestellt wird. Diese Pointe der Prophetologie Maimunis wird, wie gesagt, von Spinoza nicht erkannt. Übrigens müßte er auf Grund seiner Auffassung der Einbildungskraft die von Maimuni supponierte Möglichkeit leugnen. Daß in diesem Gegensatz zwischen Maimuni und Spinoza der Gegensatz ihrer Auffassungen von Wahrheit und Erkenntnis – der Aristotelischen und der Cartesischen – eine entscheidende Rolle spielt, versteht sich von selbst. Darin und dahinter aber zeigt sich ein für die Kritik an der Offenbarung charakteristischeres Moment: nach Maimuni ist die allein mittels des Verstandes operierende Theorie prinzipiell *übertreffbar*. Und zwar in zwiefacher Hinsicht. Erstens ist die philosophische Erkenntnis als solche von der prophetischen Erkenntnis übertreffbar und tatsächlich übertroffen; und zweitens liegt eine wesentlich unübertreffbare, wesentlich vollkommene philosophische Erkenntnis in der Lehre des Aristoteles geschichtlich vor. So bewegt sich alle theoretische Forschung in einem durch *Autoritäten* beherrschten und begrenzten Horizont. Maimunis Versuch, Theorie und Schrift in eins zu setzen, setzt die Überzeugung voraus, daß die Theorie zu wesentlicher Abgeschlossenheit und Vollkommenheit in der Forschung des Aristoteles gelangt sei. Denn wenn die Schrift erst durch ihre Auslegung auf die sachliche Wahrheit hin erschlossen werden soll, so muß die Wahrheit, und zwar vollkommen, verfügbar sein. Nur mit einer vollkommenen und abgeschlossenen Theorie ist die Offenbarung in eins zu setzen; es ist unmöglich, diesen Versuch gegenüber der mit einem unendlichen Fortschritt, also mit wesentlicher Unabgeschlossenheit und Unvollkommenheit in jedem konkreten Stadium rechnenden »neuen Wissenschaft« zu unternehmen. Der Typus von Theorie, den Maimuni vor Augen hat, versagt sich der Gleichsetzung mit der Offenbarung weniger als der Spinoza gegenwärtige Typus. Der Sturz der Autorität des Aristoteles durch die neue Physik diskreditierte Maimunis Schriftauslegung ihrem *Inhalt* nach; die Befreiung der Wissenschaft von jeder autoritären Bindung, die Heraufkunft der positiven, mit einem unbegrenzten Horizont künftiger Aufgaben und Entdeckungen rechnenden Wissenschaft machte das Auslegungs*prinzip* Maimunis unmöglich.

An diesem Punkt verlangt die Frage, die an Spinozas Maimuni-Kritik, die demgemäß an Maimuni selbst zu stellen ist, eine Verschärfung. Wir waren von der fundamentalen Übereinstimmung ausgegan-

gen, die zwischen den beiden Philosophen in der Auffassung und
Bewertung der Theorie besteht; von hier aus zeigte sich Spinozas Kritik
als innere Kritik an der Position Maimunis: sie urgiert den Gegensatz
zwischen Theorie und Schrift; die *Vereinbarkeit* von Theorie und Schrift
wird von ihr bestritten. Radikaler als die Frage nach der Vereinbarkeit
von Theorie und Schrift ist aber die Frage nach dem Nebeneinander von
Theorie und Schrift, ist die Frage: was, unter Voraussetzung des Su-
premats der Theorie, das *Interesse* an Offenbarung überhaupt bedeutet.
Schärfer: ist das Interesse an der Theorie das höchste, jedes andere
Interesse aufsaugende oder entwertende Interesse des Menschen, und
reicht der Verstand, das natürliche Organ der Theorie, zur vollkommenen Theorie aus – was soll dann die Offenbarung? Die Frage geht nicht
auf den *Glauben* an die Offenbarung, der für sich theologische, heils-
ökonomische und historische Gründe in Hülle und Fülle anführen
können mag, sondern darauf, ob es für den Theoretiker prinzipiell
möglich ist, an der Offenbarung vorbeizuleben. Wird diese Möglichkeit
eingeräumt, so ist der Offenbarungsglaube ein Bestandteil der intellektuellen Überzeugungen des Theoretikers, aus dem sich übrigens die
wichtigsten Konsequenzen für den Inhalt seiner Theorie, vor allem doch
ein spezifischer Gottesbegriff, ergeben mögen, ja, ergeben müssen: für
sein Leben, für sein höchstes und ausschließliches Interesse, für den
Vollzug seiner Theorie bedeutet die Offenbarung nichts; er *bedarf* der
Offenbarung nicht. Diese Möglichkeit also muß eingeräumt werden,
wenn die Unübertreffbarkeit, ja, wenn nur die Zulänglichkeit der
eigenen Überlegung des Theoretikers zur vollkommenen Theorie behauptet wird.

Nun läßt sich als typisch nachweisen, daß die im Zusammenhang der
Offenbarungsreligion auftretende Theorie bei dem Versuch, die eigene,
auch inhaltlich durch die offenbarungs-religiöse Tradition bestimmte
Theorie gegenüber der ungläubigen Theorie der Philosophen zu sichern,
prinzipiell das Recht der allein auf sich selbst gestellten menschlichen
Überlegung in Zweifel zieht. Dies gilt denn auch für Maimuni. Seine
spekulative Praxis deutet auf folgende Gesamtansicht des Verhältnisses
von Vernunft und Offenbarung: die Wahrheiten der Offenbarung sind
identisch mit den Wahrheiten der Vernunft, d. h., sie sind der menschlichen Vernunft einsichtig; damit ist nicht gesagt, daß die ungeleitete,
sich selbst überlassene menschliche Vernunft von sich aus alle fundamentalen Wahrheiten hätte aufdecken können. Aristoteles, *der* Philosoph, hat doch wesentlich nur die sublunarische Welt in ihrer Wahrheit

erkannt. Es ist kein Zufall, daß die entscheidende Korrektur, die Maimuni an der Aristotelisch-Neuplatonischen Theologie vornimmt: die Behauptung der Weltschöpfung, eine Korrektur dieser Theologie im Sinn der Schrift ist. Gewiß, Maimuni begründet das Schöpfungsdogma; er erweist, daß die Weltschöpfung plausibler ist als die Weltewigkeit. Aber er ist sich bewußt, daß zu einer vollkommenen Lösung dieser Frage menschliches Können nicht zureicht. Die ungeleitete menschliche Vernunft bewegt sich in bezug auf eine fundamentale Frage, von deren Entscheidung Sein oder Nichtsein der Offenbarungsreligion abhängt, prinzipiell in der Gefahr des Irrtums. So fordert Maimuni angesichts dieser Grenze menschlicher Überlegung Vorsicht und Verdacht gegenüber der menschlichen Überlegung, so verweist er auf die durch Prophetie begründete Tradition. Als charakteristische Voraussetzung der Religionskritik Spinozas erfassen wir also die Überzeugung von der Suffizienz der menschlichen Überlegung zur vollkommenen Theorie. Man kann einwenden, daß die entgegengesetzte Überzeugung, das Mißtrauen gegen die menschliche Überlegung, für den »Rationalisten« Maimuni wahrlich nicht charakteristisch sei. Dieser Einwand zieht seine Kraft aus der Vergleichung der Position Maimunis mit den anderen innerhalb der Offenbarungsreligion möglichen und wirklichen Positionen. Aber diese Betrachtungsweise ist unangemessen, wenn nach der charakteristischen Differenz zwischen Spinoza, als dem Leugner der Offenbarungsreligion, und Maimuni, als dem Anhänger der Offenbarungsreligion, gefragt wird. Nur durch Anzweiflung oder durch Einschränkung des Rechts der souveränen menschlichen Überlegung ist die Notwendigkeit der Offenbarung zu legitimieren.

Dafür, daß in der Antithese: Suffizienzglaube – Insuffizienzglaube, der Kern des Gegensatzes zwischen Spinoza und der Offenbarungsreligion (und insofern auch des Gegensatzes zwischen Spinoza und Maimuni) erfaßt wird, sprechen folgende Erwägungen. Alle gegenständlichen Einwendungen gegen die Lehren der Offenbarungsreligion setzen die Überzeugung voraus, daß die nur sich selbst folgende menschliche Überlegung fähig und berechtigt sei, über die Offenbarung zu richten; die Begründung dieser Überzeugung muß also der Kritik an den Lehren der Offenbarung vorausgehen; zum mindesten muß der Zweifel an der Suffizienz der menschlichen Überlegung vorher behoben werden. Ferner: wenn durch philosophische Kritik der Glaube an einen Gott, der ein Gesetz offenbart habe, oder wenn durch historische Kritik der Glaube an die Offenbartheit des Mosaischen Gesetzes zerstörbar oder gar zerstört sein sollte, so wäre damit noch keineswegs das Interesse an Offenbarung, das in der Überzeugung oder der Einsicht begründet ist, daß das menschliche Leben in sich selbst sei es völlig direktionslos ist, sei es zulänglicher Direktion ermangelt, zerstörbar oder zerstört. Daher liegt es dem Kritiker, der den Glauben an die dem menschlichen Interesse an Offenbarung entgegenkommende oder dieses Interesse allererst weckende übermenschliche Offenbarung erschüttert hat, der sich daher die Aufgabe stellen muß, die angebliche Offenbarung eines Gottes als Menschenwerk zu verstehen, aus den Gesetzen der menschlichen Natur herzuleiten, nahe, die Analyse der Offenbarungsreligion mit der Tatsache beginnen zu lassen, die von der Offenbarungsreligion selbst her als menschliches Korrelat der übermenschlichen Offenbarung erscheint: von der Unzulänglichkeit des Menschen zur Leitung des Lebens. So verstehen wir, daß Spinoza dem theologisch-politischen Traktat, dessen grundlegender Teil der Kritik an der Offenbarungsreligion gewidmet ist, in der Vorrede eine Kritik des Interesses an Offenbarung, eine Kritik der offenbarungs-religiösen Insuffizienz-Erfahrung vorausschickt.

Zusammenfassend charakterisieren wir Spinozas Kritik an Maimuni folgendermaßen: Spinoza bestreitet vom Boden der Theorie aus die Vereinbarkeit von Theorie und Schrift; die Trennung der »Philosophie« von der »Theologie«, der Theorie von der Schrift ist das Ziel, dem seine Kritik zusteuert; dabei treten teils innere Schwierigkeiten, teils geschichtliche Bedingtheiten der Position Maimunis hervor; als oberste Möglichkeitsbedingung für die Vereinbarung von Theorie und Schrift zeigt sich der Glaube an die Angewiesenheit der menschlichen Vernunft auf übermenschliche Leitung in Hinsicht auf die vollkommene Theorie; die Kritik an dem Insuffizienzglauben muß daher die zentrale Aufgabe der Kritik Spinozas an der Offenbarungsreligion sein.

Die Kritik an der Position Calvins. Nicht Maimuni, nicht der gerade noch, kaum noch wirksame, nur gelegentlich hervortretende Zweifel an der Suffizienz des Menschen ist Gegenstand der Kritik Spinozas, sondern die kräftige Leugnung der Suffizienz des Menschen, die Behauptung der radikalen Verderbtheit der menschlichen Natur. Nicht gegen Maimuni richtet sich Spinozas eigentlicher Angriff, sondern gegen den Protestantismus, genauer: gegen den kontraremonstrantischen Calvinismus. Wir konfrontieren die letzten Voraussetzungen Spinozas mit den letzten Voraussetzungen Calvins, um auf diese Weise das, worum es in Spinozas Kritik an der Offenbarungsreligion eigentlich geht, klar, wo möglich klarer, als es Spinoza selbst gelungen ist, zu erfassen.

Calvin beginnt seine Theologie mit einer Auseinandersetzung darüber, was Gotterkennen sei; besteht doch auch für ihn das letzte Ziel der vita beata in der Gotteserkenntnis. Dabei wird der Inhalt der Gotteserkenntnis, fürs erste: Gott der Schöpfer, Erhalter und Lenker der Welt, der allmächtige Herr, gerechte Richter und barmherzige Vater der Menschen, die biblische Gottesvorstellung also, gar nicht zur Diskussion gestellt, sondern als wahr vorausgesetzt. Die Kenntnis des so verstandenen Gottes ist dem Menschenherzen eingepflanzt, und außerdem leuchtet sie dem Menschen aus dem Weltgebäude und dessen beständiger Leitung entgegen. Wenn nun die Menschen diese Gottesvorstellung kritisieren, so ist dies ein Zeichen dafür, daß die natürliche Gotteserkenntnis leicht verdunkelt werden kann, daß die menschliche Erkenntnis nicht zureicht, um den wahren Gott zu erkennen. Der Mensch bedarf demnach einer besseren Stütze als des natürlichen Lichts: des Wortes Gottes, als des Zeugnisses Gottes über sich selbst, das in der Heiligen Schrift Alten und Neuen Testaments dargeboten wird. Von der Autorität der Heiligen Schrift überzeugt den Menschen das innere Zeugnis des Heiligen Geistes. Der nämliche Geist, der durch den Mund der Propheten gesprochen hat, besiegelt, in uns wirkend, die Wahrheit der Schrift. Die lebendige Einheit von Schrift und Geist überzeugt uns von der Wahrheit jener, von Spinoza bekämpften, Gottesvorstellung.

Ohne die Möglichkeit einer Verständigung, oder, was dasselbe heißt, ohne die Möglichkeit einer echten Kritik scheinen sich die Positionen Calvins und Spinozas gegenüberzustehen. Spinoza beruft sich für seine Theologie auf das natürliche Licht mit derselben Unnachgiebigkeit, mit der sich Calvin für seine Theologie auf die durch das innere Zeugnis des Heiligen Geistes verbürgte und erschlossene Schrift beruft. Diese Positionen sind nicht Verteidigungsstellungen, die kraft eines fundamentalen Zirkels unangreifbar, aber eben darum zum Angriff untüchtig wären; sondern der leidenschaftliche Glaube an das Recht und die Wahrheit seiner Sache zwingt jeden der beiden Gegner, wie es gar nicht anders sein kann, zum Angriff: der gegnerischen Position wird *jedes* Recht bestritten. Noch beruhigt man sich nicht bei der säuberlichen Scheidung von Religion und Theorie; sondern auf der einen Ebene der einen, ewigen Wahrheit kämpfen Offenbarungsreligion und Aufklärung den Kampf auf Leben und Tod. Orientieren wir uns über die Angriffswaffen der beiden Gegner.

Spinoza beruft sich für seine Lehre auf sein eigenes Urteil; mit

Verachtung spricht er von denen, die es für fromm halten, der Vernunft und dem eigenen Urteil nicht zu trauen: das sei reine Torheit, nicht Frömmigkeit. Er kann sich die Skepsis der Gegner gar nicht anders erklären als daraus, daß diese Angst haben, Religion und Glauben ließen sich nicht verteidigen, wenn die Menschen sich nicht mit Fleiß in völliger Unwissenheit hielten und die Vernunft gänzlich verabschiedeten. In jedem Fall beruhigt er sich bei dem, was ihm der Verstand zeigt, ohne jeden Verdacht, daß er sich dabei getäuscht habe. Mag immer im System Spinozas dieses Vertrauen sich in tieferen Voraussetzungen rechtfertigen: im Zusammenhang der Religionskritik liegt allen konkreten Einwendungen das Vertrauen zu der eigenen Überlegung, der hochherzige Glaube an den Menschen und seine allerhöchste Kraft: die Vernunft, als oberste Bedingung vorauf.

Gegen dieses Vertrauen, gegen die Bereitschaft, sich bei den menschlichen Fähigkeiten zu beruhigen, wendet sich die radikale Kritik Calvins. Das typische Hindernis für die Selbsterkenntnis des Menschen sieht er in dessen natürlicher Neigung, sich selbst zu schmeicheln, in seiner mehr als blinden Eigenliebe. Aus dieser natürlichen Neigung stammt die Überzeugung des größten Teils der Menschen: hominem sibi abunde sufficere ad bene beateque vivendum. Die Menschen neigen dazu, sich bei ihren Gaben zu beruhigen, in sich selbst auszuruhen, mit sich zufrieden zu sein; mit sich zufrieden sein kann aber nur der Mensch, der sich selbst nicht kennt, dessen Gewissen nicht geschärft genug ist, der nicht, durch den Hinblick auf Gottes Majestät in seinem Gewissen erschüttert, in äußerster Verwirrung am Boden liegt. Die Unfähigkeit und Unbereitschaft zu radikaler Erschütterung des Gewissens erkennt Calvin auf dem Grunde des Selbstvertrauens, des Glaubens an die Suffizienz des Menschen, der die Voraussetzung für die Uninteressiertheit an Offenbarung ist.

Diese Kritik schmeckt nach theologischer Polemik; sie vergröbert die Meinung des Gegners, wenn sie so wiedergibt: hominem sibi *abunde* sufficere etc.; wenn sie den Zustand, in dem die Philosophen das Lebensziel weniger erlauchter Geister sehen, von fast allen Menschen tatsächlich erreicht sein läßt; wenn sie die – zum mindesten nach ihrer eigenen Auffassung – sehr wenig vulgäre Absicht der Philosophen auf eine sehr vulgäre Neigung reduziert. Auf diesen Charakter der Kritik muß mit einigem Nachdruck hingewiesen werden: ebenso wie Calvin den Glauben an die Suffizienz des Menschen auf die vulgäre Selbstzufriedenheit, auf die fleischliche Eigenliebe, so führt Spinoza den

Glauben an die Insuffizienz des Menschen auf die vulgäre Unfähigkeit zum Planen, auf die fleischliche Maßlosigkeit im Begehren zurück; wie Calvin voll Hohns auf die pudenda varietas der Philosophien, so verweist Spinoza auf die große Mannigfaltigkeit und Unbeständigkeit des »Aberglaubens«. Man kann diese Kritik nicht als bloße Beschimpfung des Gegners abtun; zum mindesten ist sie als Zeichen dafür, wie wenig der Kritiker daran interessiert ist, die gegnerische Position zu *verstehen*, sehr ernst zu nehmen. Gibt es echte Kritik auf dieser Stufe der Auseinandersetzung, auf der man, die Selbstauffassung des Gegners als Beschönigung fleischlicher Gesinnung mißachtend, diejenigen fundamentalen, menschlichen Tatsachen auf dem Grunde der bekämpften Haltung wittert, welche durch die eigene Auffassung vom Menschen gefordert werden? Gibt es echte Kritik, solange der Glaube an das Recht der eigenen Sache durch keine Einsicht in deren Bedingtheit eingeschränkt ist, solange der Kritiker sich auf ein Absolutes – auf die Offenbarung oder auf die allen Menschen gemeinsame Vernunft – berufen kann? Und ist andererseits unter den Voraussetzungen des historischen Bewußtseins radikale Kritik, gleich der Kritik Calvins oder Spinozas, die der gegnerischen Position jedes Recht abstreitet, möglich? – In unserem Zusammenhang genügt der Nachweis, daß jedenfalls Spinozas Kritik an der Offenbarungsreligion äußerliche Bestreitung, nicht echte Kritik ist. Spinoza bringt das Interesse an Offenbarung mit der Furcht, der Furcht vor Gefahren, in Verbindung. Nun wird überall in der offenbarungs-religiösen Literatur zwischen Gottesfurcht und profaner Furcht unterschieden. Unbekümmert um diese Unterscheidung, die einem Protest gleichkommt, deduziert Spinoza die Offenbarungsreligion aus der profanen Furcht. Allzu nahe liegt die Frage, ob er die Gottesfurcht, ob er die mit ihr gegebene Erschütterung des Gewissens überhaupt gekannt habe; allzu deutlich zeigt seine Auffassung des Gesetzes, daß er Menschen, die nicht aus Furcht vor Strafe fürchten, die nicht aus knechtischer Gesinnung gehorchen, nicht versteht. Nichts ist weniger berechtigt, als daß Spinoza sich in diesem Zusammenhang auf Paulus' Kritik an der Gesetzlichkeit beruft: in Paulus lehnt sich das tiefste Sündenbewußtsein gegen die Gesetzlichkeit auf, während Spinozas Verwerfung des Gesetzes auf der Verwerfung des Gehorsams als solchen, zuletzt auf dem Fehlen jedes Sündenbewußtseins beruht. Spinoza ist eben ein homo liber, ein homo fortis, dem radikale Erschütterungen des Gewissens, letzte Verzweiflungen unbekannt sind. Er hat die charakteristischen Erfahrungen, die mit dem Interesse an Offenbarung in

Verbindung stehen, entweder nicht gekannt oder in sich abgetötet; jedenfalls hat er sie nicht kritisiert.

Die Unzulänglichkeit der Kritik ergibt sich aus dem Charakter der Kritik. Spinoza will mit theoretischen Mitteln die Religion kritisieren. Da und insofern die Religion, wie er selbst sie gesehen hat, in Gehorsam und Glauben, in Mißtrauen und Verdacht gegen menschliches Können und vorzüglich gegen die Theorie begründet ist, ist seine Kritik wesentlich transzendent; sie stammt nicht aus dem Gehorsam und aus dem Glauben. Jeder kritischen Argumentation, jeder anderen Voraussetzung Spinozas liegt die Überzeugung voraus, daß man in theoretischer Haltung, außerhalb des Vollzugs von Gehorsam und Glauben, über die Wahrheiten der Religion urteilen könne. Im Zusammenhang der Religionskritik und der mit ihr gegebenen kritischen Frage wird der Wille und die Bereitschaft zu theoretischer Kritik, zur Theorie überhaupt problematisch; nach dem Warum der Theorie, als nach dem Warum des Ungehorsams und des Unglaubens, wird gefragt. Dieses Warum liegt vor aller Theorie; es ist nicht eine theoretische Einsicht oder Überzeugung, sondern ein Motiv.

Die Frage: wie ist Religionskritik überhaupt möglich? zwingt dazu, zwischen Theorie und Motiv zu unterscheiden. Auf diese Unterscheidung verweist auch die innere Gliederung von Spinozas Religionskritik. Spinoza bedarf, worauf er selbst ausdrücklich hingewiesen hat, verschiedener Methoden je für die Kritik an der Offenbarung und für die Kritik am Wunder; die Kritik an der Offenbarung ist ein »theologisches«, die Kritik am Wunder ist ein »philosophisches« Problem; das aber heißt: die Religionskritik gliedert sich in theoretische Kritik an theoretischen Behauptungen der Religion und in der Religion immanente (sich auf die Schrift berufende) Kritik an der Voraussetzung der Religion, die das Recht der Theorie selbst in Zweifel zieht. Nur unter Zugrundelegung der Unterscheidung zwischen Motiv und Theorie läßt sich die geschichtliche Tatsache verstehen, daß der Religionskritik der Aufklärung, obwohl sie dem eigentlichen Wollen der Offenbarungsreligion in fast vollständiger Blindheit gegenüberstand, ein beträchtlicher und dauernder Erfolg beschieden war.

Erst die Reflexion auf die Möglichkeitsbedingungen der Religionskritik führt zu der in Rede stehenden Unterscheidung, die dem Denken Spinozas fremd ist. Zugegeben, daß die Beziehungslosigkeit zwischen dem Motiv der Religionskritik und den Motiven der Offenbarungsreligion selbst der Religionskritik das entscheidende Gewicht nimmt, so sind doch die verschiedenen, zur Religionskritik zwingenden Motive hinsichtlich ihres Ranges und ihrer Kraft, insbesondere hinsichtlich ihres Verhältnisses zur Theorie und zur theoretisch begründeten Religionskritik, verschieden. Zum Zweck der prinzipiellen Disposition der durch Spinozas Religionskritik aufgegebenen Fragen empfiehlt sich die Orientierung an dem Typus der Epikureischen Religionskritik. Dieser nicht erst durch eine idealisierende Abstraktion gewonnene, sondern geschichtlich tatsächliche und geschichtlich wirksame Typus erweist sich als extremer Fall der Religionskritik, vorzüglich deshalb, weil hier der Primat des Motivs offenbar, bewußt und ausdrücklich ist. Die Theorie der Epikureer dient wesentlich dem Zweck, die Menschen von der Götterfurcht und der Todesfurcht zu befreien. Das Epikureische Motiv ist das Interesse an der Leichtigkeit und Schreckenlosigkeit des Lebens; dieses Interesse lehnt sich gegen die Furcht vor den Göttern und vor dem Tode auf; es will zu seinem Ziel gelangen durch die Erkenntnis der wirklichen Ursachen. Dieses Unternehmen ist dann und nur dann aussichtsreich, wenn das wahre Sein der Götter und des Kosmos so ist, daß die Erkenntnis desselben nicht zu neuer, gar größerer Sorge und Unruhe führt. Insofern setzt auch die Epikureische Religionskritik eine primäre theoretische Konzeption voraus. Die Fixierung dieses Typus der Religionskritik und der mit ihm zusammenhängenden Religionsanalyse ist Voraussetzung für das Verständnis der Religionskritik und damit auch der Bibelwissenschaft des siebzehnten Jahrhunderts. Dies darf nicht so verstanden werden, als ob der Einfluß des Epikureischen Motivs sich ebenso weit erstreckte wie der Einfluß der Epikureischen Religionsanalyse. Was Spinoza selbst angeht, so ist er nicht schlechthin durch jenes Motiv, sondern durch die Epikureische Religionsauffassung und -erklärung: die Religion eine Ausgeburt von Angst und Traum, wesentlich bestimmt.

Die Motive der Religionskritik und nächst ihnen die religionsanalytischen Doktrinen sind insofern die letzten Voraussetzungen der Bibelwissenschaft, als die Bibel jedenfalls primär als religiöses Dokument angesehen wird. Die Weise, in der sich die primären religionskritischen Bestrebungen bibelwissenschaftlich konkretisieren, ist durch das allgemeine Verhältnis von Religionskritik und Bibelwissenschaft noch nicht bestimmt. Diesen Konkretisierungsprozeß verfolgen wir bei einem Vorläufer Spinozas, der unter ähnlichen Voraussetzungen wie dieser mit dem Mittel der Bibelwissenschaft den Kampf gegen die Religion aufgenommen hat: bei Uriël *da Costa*. Da Costa hat mit

Spinoza eine besondere Voraussetzung gemein, insofern er jüdischer, und zwar marranischer, Abkunft ist.

II[1]

Die Kritik der Marranen am Christentum erscheint als selbstverständlich, falls man voraussetzt, daß ihre Zugehörigkeit zum Christentum in nichts anderem begründet war als in dem Zwang seitens der Kirche und der sich eben damals konsolidierenden iberischen Monarchien. Indessen verhinderte der Umstand, daß die Vorfahren einstmals gewaltsam zum Christentum gebracht worden waren, die Späteren nicht, gläubige Christen zu sein. Was konnte nun einen gläubigen Christen, den Sohn eines gläubigen Christen, zur Kritik am Christentum veranlassen? Jedenfalls eher eine innerchristliche Schwierigkeit, als die Einwürfe von Juden, auch von jüdischen Ahnen. So rezipiert da Costa erst dann jüdische Argumente gegen das Christentum, als er bereits infolge der Erfahrung, daß die Kirchenwerke zum Heil nicht genügen, an der Kirche irre geworden ist. Steht diese Kritik, die ihn zum Judentum führt, in Zusammenhang mit seinem Marranentum? Da Costa selbst gibt auf diese Frage keine Antwort. Er erwähnt seine marranische Abkunft, und er schildert seinen Weg vom Christentum zum Judentum, ohne einen Zusammenhang zwischen den beiden Tatsachen anzudeuten. Ein solcher Zusammenhang besteht aber ohne allen Zweifel. Das Leben der Marranen innerhalb der christlichen Kirche und der christlichen Gesellschaft entbehrt der Selbstverständlichkeit; so sind sie zur Kritik am Christentum disponiert. Führt nun gar die Kritik eines Marranen am Christentum ihn zum Judentum, so liegt es nahe, in der kritischen Haltung des Juden gegenüber dem Christentum die charakteristische Bedingung für seine Kritik zu sehen. Die Marranen von der Art da Costas – unzuverlässige und in sich selbst unsichere Christen – werden durch die Tradition ihrer Familien auf das Judentum verwiesen, von dessen Inhalten sie sehr wenig oder gar nichts wissen. Ihre Kritik ist nicht jüdische, sondern höchstens in der kritischen Haltung des Juden gegenüber dem Christentum begründete, des spezifisch jüdischen Inhalts entleerte oder fast entleerte Kritik.

So hat sich da Costa selbst freilich nicht gesehen. Er verweist auf

---

[1]   Im folgenden ist benutzt: Die Schriften des Uriel da Costa. Mit Einleitung, Übertragung und Regesten herausgegeben von Carl Gebhardt 1922.

Zweifel an der Wahrheit des Christentums und auf triftige Gründe für die Wahrheit des Judentums. Diese Gründe erinnern an die um mehr als ein Jahrhundert ältere Auseinandersetzung zwischen spanischem Judentum und Christentum: das Alte Testament ist rationaler als das Neue Testament; ferner ist das Alte Testament glaubwürdiger als das Neue, da das Alte Testament bei den Juden und Christen in unbestrittener Geltung ist, das Neue Testament hingegen nur bei den Christen. (106 – cf. Cusari I 10; Albo Iqq. I 11 und 24.) Hierher gehört auch die Anknüpfung an die Idee der Noachidischen Gebote. Diese besonderen Argumente hätten da Costa dem Christentum nicht abwendig gemacht, vielmehr: er wäre zu diesen Argumenten gar nicht gekommen ohne die vorhergehende, radikalere Kritik an den katholischen Kirchenwerken. Dieser Kritik liegt die marranische Bereitschaft zur Kritik am Christentum als allgemeine Bedingung vorauf. Aber treibt diese *Bedingung* aller marranischen Kritik die Kritik da Costas hervor? Ist sie deren zureichender Grund, deren inneres *Motiv*? Wenn wir diese Frage verneinen, so befinden wir uns im Einklang mit da Costa selbst, der in seiner Selbstbiographie seines Marranentums wohl als eines Umstands seines Lebens, aber nicht als eines Movens seiner geistigen Entscheidung Erwähnung tut. Um das Motiv seiner Kritik zu ermitteln, folgen wir seinem eigenen Bericht.

Als Sohn eines guten Katholiken geboren, wächst da Costa im katholischen Zusammenhang auf. Aus Furcht vor der ewigen Verdammnis strebt er nach pünktlicher Befolgung aller kirchlichen Vorschriften. Herangewachsen, erfährt er die Unmöglichkeit, mittels der Beichte Sündenvergebung zu erlangen, und, darüber hinaus, die Unmöglichkeit vollständiger Erfüllung der kirchlichen Anforderungen überhaupt. So verzweifelt er an seinem Heil; in aller Furchtbarkeit steht ihm die ewige Verdammnis vor Augen. Da Costas Sein und Wesen verrät sich in der Art und Weise, wie er auf diese Situation reagiert: er zieht die Wahrheit dessen in Zweifel, was man über ein anderes Leben zu lehren pflegte (106). Die Angst vor der ewigen Verdammnis also treibt den da Costa zur Leugnung der Unsterblichkeit der Seele. Ist mit dem Tode alles aus, so gibt es keine Schrecken der Hölle. Das *Epikureische* Motiv ist nicht zu verkennen. Wie sehr es da Costa bestimmte, zeigen mehrere seiner Äußerungen. »Am meisten in diesem Leben beschwerte und quälte« ihn: die Vorstellung von einem ewigen Gut und einem ewigen Übel. Diese Vorstellung ist quälend, weil sie etwas Unsicheres meint. Das ewige Gut ist ein »gewagter Gewinn« (101). Der Epikureische Wille zum sichern Glück verbietet sich ein solches Wagen; er verbietet sich vorzüglich, nämlich wegen des ursprünglichen Vorzugs der Freude vor dem Schmerz, das Glauben an eine ewige Verdammnis. Die Religion wird bekämpft als eine Quelle »schwerster Schrecken und Ängste« (120). Da Costa wirft ihr vor, sie beleidige Gott, indem sie ihn »gleichsam als grausamsten Henker und schrecklichen Folterknecht den Augen der Menschen darbietet« (121). Nun kann er allerdings die Epikureische Theologie nicht übernehmen; denn ihm, dem Erben jahrtausendealter religiöser Traditionen, ist die Verbindung von Gott und Welt allzu lebendig: auch ihm ist Gott der autor naturae (110). Sein Kampf richtet sich daher nicht gegen die Vorstellung von einem wirkenden Gott, sondern allein gegen die Vorstellung von ewiger Verdammnis und Unsterblichkeit der Seele. Durch diese Begrenzung seines Funktionsbereichs wird das Epikureische Motiv selbst nicht verändert. Übrigens setzt sich da Costa für die Rettung Epikurs ausdrücklich ein, Epikurs, den er allerdings nicht aus seinen Schriften, sondern nur aus dem Urteil einiger wahrheitsliebender Männer und aus seiner Lehre kenne (108 f.). Da Costa steht in der Epikureischen Bewegung seines Jahrhunderts, für die er durch seine Natur bestimmt war und gegen die die Einrichtungen der Religionen keinen unbedingten Schutz mehr boten.[2]

Die Not, in die der Zwanzigjährige geraten ist, veranlaßt ihn also, die Voraussetzung eben dieser Not, die katholischen Vorstellungen vom jenseitigen Leben, mittels eigener Überlegung zu prüfen. Von dem Verlangen beherrscht, nachdem er auf Grund seiner rationalen Prüfung der katholischen Dogmen den Halt in der katholischen Kirche verloren, irgendwo einen Halt zu finden, beginnt er – hierbei wird die auf das Judentum verweisende Familientradition den Weg gewiesen haben – mit der Lektüre der Thorah und der Propheten. Er findet hier geringere Schwierigkeiten für die Vernunft als in der Lehre des neuen Bundes. Er kommt also auf dem Weg eigener Überlegung dazu, dem Moses mehr zu glauben, als dem N. T., und *darum* die Pflicht des Gehorsams gegen das Mosaische Gesetz anzuerkennen.

Alsbald nach dem Eintritt in die Sephardische Gemeinde zu Amsterdam bemerkt er, daß die Gemeinde sich nicht nach dem Wortlaut des Mosaischen Gesetzes richtet. Er gerät in Konflikt mit der Gemeinde. Dies konnte nicht anders geschehen: War doch der konkrete Zusammen-

---

[2]   Sein Kritiker da Silva nennt ihn – mit tieferem Recht, als er selbst weiß – »Wiedererwecker der schändlichen und schon längst begrabenen Sekte Epikurs«. Gebhardt 174.

hang des Judentums, aus dem sowohl seine wie seiner Vorfahren Kritik am Christentum hervorgegangen war, und den diese Kritik nun aber keineswegs wiedergab, aus dem Gesichtskreis der Marranen geschwunden. In dieser Kritik – die in seinem Fall ihre tiefste, persönliche Wurzel in dem Epikureischen Motiv hat – wurzelt seine Rückkehr zum Judentum, in ihr ist sein »Judentum« beschlossen. Daher zeigt sich ihm bei der ersten Berührung mit dem konkreten Judentum die Notwendigkeit, die bisher nur am Christentum geübte Kritik auf das Judentum auszudehnen. Und zwar argumentiert er erstens vom Gesetze Moses aus gegen das Gesetz der jüdischen Tradition (»Thesen gegen die Tradition« 1–32), und zweitens sowohl von der Vernunft als auch von der Schrift aus gegen das auch vom Judentum vertretene Unsterblichkeitsdogma (»Über die Sterblichkeit der Seele des Menschen« 33–101). Der Konflikt mit der Gemeinde macht der Kritik die Bahn völlig frei: Es wird nunmehr der positiven Religion das natürliche Gesetz, das Noachidische Gesetz, antithetisch entgegengestellt, es werden der Wert der Zeremonien, die Auserwähltheit des jüdischen Volkes, die Göttlichkeit des Mosaischen Gesetzes, die Wunder, das Recht der geistlichen Gerichtsbarkeit geleugnet. Die Kritik des Marranen mündet in die gemeineuropäische religions-kritische Bewegung des Jahrhunderts, die wie seine eigene Religionskritik getragen war von dem Entsetzen über die Folgen der ira theologorum. Wie er denn von sich selber sagen darf: Circa religionem passus sum in vita incredibilia. Dies Motiv ist identisch mit dem Epikureischen. Nicht sein inneres Wesen, nur die Intensität seiner Wirkung ist aus den religiösen Wirren und Kämpfen des Jahrhunderts zu verstehen.

Hierbei darf nicht übersehen werden, daß die Epikureer dieses Zeitalters bereits dadurch, daß sie kämpfen, offenbar nicht mehr im Sinn Epikurs leben. Epikur war kein Kämpfer; er sah sich durch nichts dazu veranlaßt, sein Leben und sein Glück zu wagen; seiner letzten Intention getreu, fügte er sich dem herrschenden Kult, erkannte er ihn an. Wenn ihm Lukrez nachrühmt, er habe als erster gewagt, der Religion entgegenzutreten (obsistere contra), so beschreibt er damit mehr seine eigene als seines Meisters Haltung. Die aktivere und männlichere Haltung, die den mit Epikur in der primären Intention übereinstimmenden Männern der Aufklärung zum Unterschied von Epikur selbst eignet und die diesen mit Lukrez gemeinsam ist, zeigt sich auch darin, daß die Religion von ihnen – ebenso wie von Lukrez – nicht nur als Quelle der größten Schrecken und Ängste, sondern auch als Urheberin der schwersten Verbrechen bekämpft wird (Gebhardt 120 f.). Die Religion ist nicht nur schädlich, sondern auch böse. So fühlt sich da Costa nicht nur als Kämpfer schlechthin, sondern als Kämpfer für Wahrheit und Freiheit gegen Lüge und Knechtschaft; die Ehre verbietet es, diesem Kampf auszuweichen, was zwar nützlich, aber schändlich wäre (115 ff.).

Aber da Costa beruft sich für seine Religionskritik, für seine Kritik des Ewigkeitsgedankens nicht nur auf die Gewagtheit und Furchtbarkeit (oder auch Bosheit) dieses Gedankens, sondern ebensosehr auf Vernunft und Schrift. Er stellt es selber so dar, als ob er allererst infolge der Unterwerfung unter die Schrift zur Leugnung der Unsterblichkeit gekommen wäre: Post caeptum opus (sc. Studium der Bibel) *accidit* etiam … ut … accederem sententiae illorum, qui legis veteris praemium et poenam definiunt temporalem, et de altera vita et immortalitate animorum minime cogitant, … (108). Dem widerspricht aber, daß da Costa zu allererst an den herkömmlichen Lehren von einem anderen Leben Anstoß nahm. Da Costa möchte seinen Weg von der unvernünftigsten Religion bis hin zum unverhüllten Epikureertum als allein durch Vernunft und Schrift bestimmt erscheinen lassen. Gegenüber dem Epikureischen Motiv ist da Costas Bibel-Radikalismus sowohl wie sein Rationalismus sekundär; allerdings stellen diese beiden Tendenzen eine, übrigens einheitliche, aus jenem Motiv nicht einfach herleitbare Instanz der Religionskritik dar.

Da Costa sieht sich also nicht nur durch das Epikureische Motiv, sondern auch durch Zweifel an der Vernünftigkeit und Schriftgemäßheit der Dogmen zur Religionskritik veranlaßt. Nun hat dieser Zweifel offenbar einen ganz anderen Charakter als jenes Motiv. Wenn diese wahrhaft heterogenen Anstrengungen sich dennoch in der nämlichen Leistung begegnen, so handelt es sich dabei nicht um ein äußerliches Zusammentreffen, sondern um eine innere Harmonie, deren Analyse weit über die Grenzen dieser Untersuchung hinausführen würde. Hier darf die Feststellung genügen, daß – wie unbestrittenermaßen in der Philosophie Epikurs – auch bei da Costa das »praktische« Motiv primär ist. So werden ihm die jenen Zweifel begründenden Einsichten zu Mitteln. Diese Einsichten verdankt er der *Physiologie* des Michael *Servet*.[3]

Servet hatte es unternommen, die Lehren der Schrift von seinen

---

[3]   Auf die Beziehung zwischen da Costa und Servet hat mich Professor Julius Guttmann aufmerksam gemacht.

physiologischen Einsichten her – er ist der Entdecker des kleinen Blutkreislaufs – zu erhellen. Dieser Lehrbestand ist Teil eines theologischen Systems, dessen ursprüngliche Motive nicht sehr durchsichtig sind. Soviel scheint allerdings wahrscheinlich zu sein, daß die Leugnung der Unsterblichkeit der Seele – sofern von einer Leugnung bei Servet überhaupt die Rede sein darf[4] – nur Konsequenz, und nicht sehr betonte Konsequenz, ist, nicht aber dem Interesse Servets unmittelbar entquillt: Es kommt Servet nicht darauf an, sich von der Furcht vor ewiger Verdammnis durch Leugnung der Hölle zu befreien. Die Lehre Servets, die sich da Costa zu eigen macht, besagt, daß die Seele (der Lebensgeist) sich erzeugt durch die Verbindung der dem Herzen von der Lunge aus zugeführten, eingeatmeten Luft mit dem dem Herzen von der Leber aus zugeführten, feinsten, dünnsten Blut. Der Lebensgeist strebt, je feiner er wird, um so mehr in die Höhe, dem Gehirn zu, woselbst er zum seelischen Geist (spiritus animalis) verarbeitet wird. In Atem, Blut, Lebensgeist und Seele wirkt also eine und dieselbe Kraft.[5] Ebenso wie die

---

[4]   Tollin: Das Lehrsystem Michael Servet's genetisch dargestellt, Gütersloh 1878, vor allem III, 283 ff.

[5]   *Servet*: Christianismi Restitutio 1553 p. 169: In his omnibus est unius spiritus et lucis Dei energia. – p. 170: Hinc dicitur anima esse in sanguine, et anima ipsa sanguis, ... ut docet ipse Deus genes. 9. Levit. 17 et Deut. 12. – p. 178: Ecce totam animae rationem, et quare anima omnis carnis in sanguine sit, et anima ipsa sanguis sit, ut ait Deus. Nam afflante Deo, inspirata per os et nares, in cor et cerebrum ipsius Adae, et natorum eius, illa caelestis spiritus aura, sive idealis scintilla, et spiritali illi sanguineae materiae intus essentialiter iuncta, facta est in eius visceribus anima. Gen. 2, Esa. 57, Ezech. 37 et Zacha. 12. – p. 179: ... Idipsum probat litera Geneseos. Nam non simpliciter dicitur halitus ille Dei esse anima: sed inspirato illo halitu facta est intus anima vivens: – p. 216: Nisi haec vis, ac eliciendae et producendae animae virtus elementis inesset, non dixisset Deus, Producant terra et aqua animalia. – *Da Costa* 65: »Die menschliche Seele also, sagen wir, ist und heißt der Lebensgeist, mit dem der Mensch lebt, welcher Lebensgeist im Blute ist, ... Demgemäß ist die Seele des Viehs sein geisterfülltes Blut, wie das Gesetz besagt, und darin besteht und wohnt eben die Seele.« – 76: Gen. 2,7 beweist, »daß die Tiere denselben Lebensgeist haben wie der Mensch, denn bei ihrer Schöpfung sagte Gott: *die Erde bringe hervor lebendige Wesen*, und nachher bei der Schöpfung des Menschen, der schon mit dem Lebensgeist beseelt war, den er ihnen einblies: *es wurde der Mensch ein lebendiges Wesen*, so daß er dasselbe Wort an der einen Stelle wie an der anderen gebraucht, ...« – 77: »Wenn Adam lebendig gewesen wäre, als Gott ihm den Lebensgeist eingab, dann könnten wir sagen, dieser Geist wäre etwas vom tierischen Geist Geschiedenes und Getrenntes, da ja Adam schon lebte. Adam aber bewegte sich nicht, bevor der Lebensgeist in ihn

Seelen der Tiere pflanzen sich die Seelen der Menschen durch Zeugung fort.[6] Hieraus folgt dann mit Notwendigkeit die Behauptung, daß die Seele sterblich ist. So lehrt auch die Schrift: Grab und Hölle sind ihr dasselbe. Zahlreiche Stellen sprechen von der Kürze und Nichtigkeit, vor allem aber von der radikalen Hoffnungslosigkeit des menschlichen Lebens. Servet schränkt diesen Satz ein durch die These: Christi Höllenfahrt habe die (sich in eben diesen Stellen aussprechende) Verzweiflung unmöglich gemacht; durch Christus seien die Seelen unsterblich geworden.[7] Da Costa gelangt, indem er von dieser Einschränkung absieht, in Verfolgung seiner Absicht: zur Befreiung des Menschen von den schwersten Schrecken und Ängsten die Lehre von der ewigen Verdammnis und darum von der Unsterblichkeit der Seele zu entwurzeln, zu einer dieser Absicht sehr wenig gemäßen Auffassung des menschlichen Lebens. Ob und inwieweit ihn selbst die Stimmung, die in den von ihm

---

eingeht; folglich war der Lebensgeist, der in Adam einging, die tierische Seele, und eben diese tierische Seele war die vernunftbegabte Seele, und alles ist das gleiche, derart, daß in dem Augenblick, da in den Menschen die tierische Seele einging, in ihm auch Vernunft und Überlegung ist, was man eben vernunftbegabte Seele nennt.« – Auf Dt. 12,23 und Levit. 17,14 beruft sich übrigens auch Descartes für seine Lehre von den Tierseelen; s. Gouhier: La pensée réligieuse de Descartes 1924 p. 225.

[6]   *Servet* 179: Ex semine manifeste eliciuntur animantium aliorum animae, ac etiam humanae, accedenti ipsi homini divinae mentis halitu, ... – 260: Si constat brutorum animas elici ex semine, et nobis esse cum eis plurima communia, constabit quoque nostras ex semine quodammodo elici. – *Da Costa* 65: »Es ist sonnenklar, daß der Mensch durch natürliche Zeugung die Seele eines anderen Menschen erzeugt, auf die gleiche Weise, wie ein Tier die Seele eines anderen ihm ähnlichen Tieres erzeugt, ...« – 66: »... die göttliche Ordnung und Einrichtung, die kraft göttlichen Wortes mittels des Samens in jedes einzelne der Geschöpfe alle setzt: sie zeugen ihresgleichen und so erhalten sich ihre Arten und vermehren sich.«

[7]   *Servet* 235 f.: Qui ante mortem Christi mortui sunt, ad infernum ducti sunt, quasi a Deo oblivioni traditi, exceptis paucis, quos futuri Christi fides fovebat. Hinc sepulcrum vulgo dicebatur terra perditionis et oblivionis, psal. 88. Idem sacris literis erat sepulcri et inferni nomen, ut simul ad sepulcrum, et infernum iretur ... Ut corpus peccato animam traxit, ditionique subiecit: ita cum corporis sepulcro subicitur anima tenebris, morti et inferno. – *Da Costa* 68 f. zitiert Ps. 88, 11–13 und bemerkt: »Damit wird bestritten, daß die Toten Gott preisen und dazu auferstehen können, denn dort an ihrem Aufenthaltsort gibt es kein Leben, noch gibt es Geist in der Gruft, dem Lande der Verderbnis, dem Lande der Finsternis und des Vergessens, und bloß die Lebenden können Gott preisen ...«

angeführten Schriftstellen zum Ausdruck kommt, erfaßt hat, läßt sich freilich nicht sagen.

In der Argumentation da Costas gegen die Unsterblichkeit wirken die Berufung auf die Vernunft und die Berufung auf die Schrift zusammen. In Wahrheit sind zunächst beide Instanzen identisch. Erst allmählich heben sie sich voneinander ab, um sich am Ende feindlich gegenüberzutreten. In diesem Vorgang gibt sich, gleichsam als sein Gesetz, eine das Denken da Costas beherrschende, eben damals noch mächtige, wenig später absterbende Neigung zu erkennen, die sich mittels der Kategorie Renaissance historisch fixieren läßt.

Dem Streben der Renaissance nach Wiedergeburt des Lebens aus seinen Ursprüngen ist die Überzeugung immanent, daß der ihr gegenwärtige Zustand als Verderbnis eines ursprünglichen, vollkommenen Zustandes anzusehen sei. Für sie gilt die Formel: die Wahrheit am Anfang. Dieser Glaube, den die Offenbarungsreligion durch ihre Vorstellung von einer in der Vorzeit geschehenen, das wahre Ziel und die wahre Norm des Lebens erstmalig, vollkommen und – zum mindesten für den gegenwärtigen Weltstand – endgültig erschließenden Offenbarung genährt hatte, gelangt innerhalb der Offenbarungsreligion und bezüglich ihrer zu radikalster Geltung in der Reformation: allem Späteren, als verfälschender Zutat, als Erdichtung, Lüge und Menschenwerk wird die ursprüngliche Offenbarung in ihrer Reinheit entgegengestellt; Herrschsucht und Habsucht der Priester haben die reine Lehre verderbt und besudelt. Daher ist eine der schwersten Verdächtigungen in der Polemik dieses Zeitalters der Vorwurf der Neuerung. Dieser dominierenden Neigung bemächtigt sich in da Costa das Epikureische Motiv.

Hinwendung zum Wahren heißt für ihn also: Rückwendung zum Ursprünglichen. So geht er zuerst auf das Alte Testament gegenüber dem Neuen Testament, dann auf die Thorah gegenüber der jüdischen Tradition, dann auf die Thorah gegenüber den übrigen Teilen der Schrift,[8] endlich auf die Noachidischen Gebote gegenüber der Thora zurück. Das Noachidische Gesetz ist die lex primaria, die von Anfang an war und

---

[8]   Der Bericht im ersten Buch Samuel über Sauls Totenbeschwörung ist »vollkommen *entgegengesetzt* der Lehre, die sich aus *dem Gesetz* ergibt«, also »notwendigerweise *falsch*«, von den Pharisäern stammend, d. i. *unecht.* »Wir haben das Gesetz als Führer und Hauptgrundlage und mittels des Gesetzes müssen wir urteilen und das Falsche vom Wahren scheiden.« (81 f.)

immer sein wird; allen Menschen eingeboren und gemeinsam; der Born aller Gesetze und die Quelle alles Rechts; jede Abweichung, jede Hinzufügung bereits, ist eine Verderbnis. Das natürliche, ursprüngliche Gesetz gebietet die gegenseitige Liebe; die positiven Religionen führen zu gegenseitigem Haß. Der durch die Religionen hervorgerufene Zustand ist wider die menschliche Natur; er ist begründet in Bosheit, in der Sucht nach Ehren und Gewinn, in dem Streben, die Menschen in Furcht zu halten (107 und 118 ff.). Die Rückwendung zum Ursprünglichen gelangt zu ihrem Ziel, indem in der Vernunft die ursprüngliche Offenbarung erkannt wird: Gott offenbart sich in dem Gesetz der Natur; an ihm ist jede spätere Offenbarung zu messen; sofern die Schrift der Vernunft widerspricht, ist sie menschliche Erfindung (110).

Indem die Vernunft über die Wahrheit des in der Schrift Gelehrten entscheidet, entscheidet sie zugleich über dessen Echtheit. Die Gleichung: Wahr-Echt bestimmt also die Bibelkritik des da Costa. Die Unsterblichkeitslehre ist unwahr, weil dem Gesetz widersprechend; so werden die Schriftstellen, die nach der Ansicht des Kritikers wirklich von Unsterblichkeit reden – es handelt sich um Daniel 12,2 und 12,13 –, als pharisäische Erfindung ausgeschieden. *Die Kritik am Dogma leitet die Kritik des Bibeltextes, die Kritik hinsichtlich der Wahrheit leitet die Kritik hinsichtlich der Echtheit*; aber sie bindet diese doch nicht schlechthin. Da Costa bedient sich zum wenigsten subsidiär des Rückgangs auf die Sadduzäer, die das Buch Daniel nicht anerkannt hätten. Die Echtheit des Buches fällt mit deren alleiniger Bezeugtheit durch die pharisäische Tradition. Diese These wird dann ohne Begründung im einzelnen auf die ganze Schrift ausgedehnt (85 und 95). Das Typische an diesem Vorgehen ist, daß, zur kritischen Prüfung des Kanons in seiner überlieferten Gestalt, auf solche Zeugnisse aus der Entstehungszeit des Kanons zurückgegriffen wird, die, von der Tradition selber berichtet, für die Tradition autoritativen Charakter tragen.

Das Testament Spinozas

(1932)

Die Stadien, welche Europa und mithin das Judentum in der Beurteilung Spinozas durchlaufen hat, können summarisch folgendermaßen charakterisiert werden: auf die Verdammung (den Bannspruch der Amsterdamer Gemeinde) folgte die Rettung (Mendelssohn), auf diese die Heiligsprechung (Heine, Heß) und auf diese endlich die Neutralität (Joël, Freudenthal). Es versteht sich, daß es in jeder dieser Epochen Männer gegeben hat, die nicht wie ihre Epoche dachten. Namentlich sei an Hermann Cohen erinnert, der – im Jahr 1910 – es auszusprechen den Mut fand, daß Spinoza »mit allem Rechte aus der Gemeinde Israels ausgestoßen werden (mußte)«.

Die Neutralität gegenüber Spinoza setzte ein, als man sich zugestehen konnte, daß die entscheidend mit Hilfe der Metaphysik Spinozas zum Siege geführte »moderne Weltanschauung« von dieser Metaphysik nicht oder nicht ganz gedeckt wird. Aber auch in diesem Stadium blieb es im allgemeinen dabei und wurde noch unterstrichen, daß unter den drei großen westlichen Philosophen des 17. Jahrhunderts – Descartes, Hobbes und Spinoza – Spinoza der wichtigste, *weil* der fortgeschrittenste sei: er allein hatte gewisse Konsequenzen aus der Grundlegung der modernen Philosophie gezogen, die im 19. Jahrhundert erst ganz offenbar geworden waren und nunmehr das allgemeine Bewußtsein bestimmten.

Inzwischen ist es so weit gekommen, daß der Zweifel an der »modernen Weltanschauung« das allgemeine Bewußtsein bestimmt. Wie immer es mit dem Recht dieses Zweifels steht – jedenfalls hat er zur Folge, daß die »moderne Weltanschauung« nicht mehr selbstverständlich ist, daß also ein in ihr Fortgeschrittener nicht schon um dieser Fortgeschrittenheit willen für sonderlicher Verehrung wert gehalten wird. Rüttelt der Zweifel an den Grundlagen der »modernen Weltanschauung«, so verlegt sich das Interesse notwendig von deren Klassiker auf die Männer zurück, die dieser »Weltanschauung« den Grund gelegt haben – also auf Descartes und Hobbes. Die Verehrung Spinozas, wenn sie mehr sein soll als Bewunderung seiner Begabung oder seines Charakters und als Anerkennung seiner geschichtlichen Wirksamkeit, wenn sie ihm als einem *Lehrer* gelten soll, muß wenigstens solange außer Kraft gesetzt werden, bis über das Recht der Grundlegung der modernen Philosophie entschieden ist.

Wir fangen also an, über den »Radikalismus« Spinozas anders zu denken als das abgelaufene Jahrhundert. Es stellt sich nunmehr heraus, daß die kühnen Neuerungen Spinozas doch nur Folgerungen, nicht aber Grundlegungen waren. Die Tatsache gewinnt nunmehr an Gewicht, daß Spinoza in der Geschichte der zentralen Wissenschaften – d. h. in der Geschichte der Naturwissenschaft einerseits, des Naturrechts andererseits – eine, verglichen mit der Bedeutung Descartes', Hobbes' und Leibnizens, nur sekundäre Bedeutung hat. Und die Tatsache, daß Spinoza erst gegen Ende des 18. Jahrhunderts zu allgemeinerer Anerkennung gelangt ist, verstehen wir nunmehr auch daraus, daß er erst in dem Augenblick rezipiert werden konnte, als die »querelle des anciens et des modernes« innerhalb der Philosophie in der Hauptsache zugunsten der Modernen entschieden war und es darauf ankam, zum Zweck der Korrektur des modernen Gedankens gewisse im ersten Anlauf über den Haufen gerannte Positionen der vor-modernen Welt wiederherzustellen; denn Spinoza, auf der Grundlegung der modernen Philosophie durch Descartes und Hobbes fußend, hatte in die von ihm schon vorgefundene moderne Welt das Lebensideal der vor-modernen (antik-mittelalterlichen) Tradition, das Ideal der (theoretischen) Gotteserkenntnis, herübergerettet.

Die (jeweilige) Stellung des Judentums zu Spinoza deckt sich mit der (jeweiligen) Stellung Europas zu Spinoza. Sie deckt sich mit ihr indessen nicht ganz. Spinoza hatte innerhalb des Judentums des abgelaufenen Jahrhunderts eine eigentümliche Funktion. Als es galt, die Sprengung der jüdischen Tradition und den Eintritt der Juden in das moderne Europa zu rechtfertigen, da bot sich vielleicht keine bessere, gewiß keine bequemere Auskunft dar als die Berufung auf Spinoza: wer war geeigneter, die Rechtfertigung des modernen Judentums vor dem Forum der jüdischen Tradition einerseits, vor dem Forum des modernen Europa andererseits zu übernehmen, als Spinoza, der, wie man fast allgemein anerkannte, ein Klassiker dieses Europa war, und der, wie man wenigstens zu behaupten nicht müde wurde, seine Gedanken im Geist des Judentums und mit Mitteln des Judentums gedacht hatte? Es liegt auf der Hand, daß man in einem Zeitpunkt, in dem das moderne Europa von Grund auf erschüttert ist, sich nicht mehr vor *diesem* Europa um des Judentums willen und vor dem Judentum um *dieses* Europa willen rechtfertigen *kann*, gesetzt, daß man es noch will.

Die Erschütterung des modernen Europa hatte zur Folge eine Besinnung des Judentums auf sich selbst. Diese Besinnung führte nicht – nicht immer und nicht ohne weiteres – eine Veränderung in der Beurteilung Spinozas herbei: Spinoza blieb auch jetzt noch eine Autorität. Zwar bedurfte man seiner nicht mehr oder schien man doch seiner nicht mehr zu bedürfen zur Selbstbehauptung gegenüber der jüdischen Tradition und gegenüber dem modernen Europa; aber man hielt sich für gebunden, bei dem Auszug aus dem neuen Ägypten die Gebeine des Mannes mitzunehmen, der in diesem Lande zu königsgleicher Stellung aufgestiegen war, und sie in das Pantheon der jüdischen Nation zu überführen, die in ihm einen ihrer größten Söhne verehren müsse. Man handelte ohne Zweifel in gutem Glauben; aber war es recht, daß man gar nicht nach dem letzten Willen des also Geehrten fragte?

Aber was geht uns der letzte Wille Spinozas an, wenn darunter sein ausdrücklicher Wille verstanden wird? Auch Spinoza war an die geschichtlichen Bedingungen, unter denen er lebte und dachte, gebunden; in seinem Zeitalter *mußte* er in Konflikt mit dem Judentum geraten, in einen Konflikt, in dem beide Gegner im Recht waren: die jüdische Gemeinde, welche die Existenzbedingung des Judentums in der Zerstreuung oder, wie andere sagen, die jüdische »Form« retten mußte, und Spinoza, der den Gehalt dieser »Form«, das »unterirdische Judentum«, aus seiner Erstarrung zu lösen und damit die Wiedergeburt der jüdischen Nation in die Wege zu leiten berufen war. Man bedurfte mehrerer Jahrhunderte, bis man Spinozas Kritik am Gesetz geschmeidig genug gemacht hatte, um das Gesetz anerkennen zu können, ohne an seine Offenbartheit zu glauben. Am Ende dieser Entwicklung steht ein Geschlecht, freien Geistes genug, um Spinozas Kritik am Gesetz aufnehmen zu können, und noch freier als er, insofern es über die rohe Alternative: göttlich oder menschlich?, offenbart oder von Menschen erdacht? hinaus ist. Der recht verstandene Spinoza steht nicht nur nicht außerhalb des Judentums – er gehört ihm vielmehr als einer seiner größten Lehrer an.

Wer Spinozas Kritik am Gesetz kennt, der weiß, daß diese Kritik ohne die Grundlegung der modernen Philosophie nicht möglich gewesen wäre. Zwar beruft sich Spinoza, um die Autorität der Bibel zu erschüttern, auch auf gewisse Schwierigkeiten des Bibeltextes; aber damit er aus diesen Schwierigkeiten, die längst vor ihm bekannt waren, die Konsequenz ziehen konnte: also hat Moses die Thora nicht geschrieben, und die weitere Konsequenz: also ist die Thora nicht offenbart; also hat die Thora keine Verbindlichkeit, dazu mußte er die philosophische Kritik am Gesetz voraussetzen, die, wenigstens so wie sie bei ihm vorliegt, an die Grundlegung der modernen Philosophie gebunden ist. Ist nun aber diese Grundlegung zweifelhaft geworden, so ist damit auch Spinozas Kritik am Gesetz zweifelhaft geworden; und damit also auch, ob er als ein Lehrer des Judentums angesehen werden darf.

Aber muß denn ein großer Mann, den man verehren will, notwendig ein großer Lehrer sein? Sollte es nicht beispielsweise auch große und darum verehrungswürdige Irrlehrer geben? Und wenn dieser große Irrlehrer – hinsichtlich dessen es zudem ja noch gar nicht feststeht, *daß* er ein Irrlehrer war – ein Jude ist: hat die jüdische Nation dann nicht das Recht und die Pflicht, sich seiner stolz und dankbar zu erinnern?

Spinoza war Jude. Die Tatsache ist beglaubigt, daß er als Jude geboren und erzogen worden ist. Aber sollen wir die Namen anderer, Spinoza am Ende ebenbürtiger Männer nennen, die ebenfalls als Juden geboren und erzogen worden sind, und deren stolz und dankbar als Jude zu gedenken sich schwerlich ein Jude untersteht? Wir brauchen diese Namen nicht zu nennen und können doch den Satz für bewiesen halten, daß die jüdische Herkunft und Erziehung eines großen Mannes, für sich genommen, kein Recht dazu gibt, seine Größe für das Judentum in Anspruch zu nehmen. Sieht man also von der Tatsache ab, daß Spinoza als Jude geboren und erzogen worden ist, aus der sich vielleicht nicht allzu viel schließen läßt, und begnügt man sich außerdem nicht mit unbestimmten Vermutungen über die jüdische Geistesart Spinozas, will man also klar und deutlich wissen, wo denn bei Spinoza das Judentum steckt, d. h. welche maßgebenden Gedanken Spinozas eigentümlich jüdisches Gepräge tragen, so wird man sich mit dem ihnen gebührenden Vertrauen an die Gelehrten wenden, welche die jüdischen Quellen der Lehre Spinozas zu ermitteln versucht haben. Die kritische Betrachtung dessen, was bei diesen Bemühungen herausgekommen ist, führt zu dem Ergebnis: Spinoza steht ohne Zweifel in der stärksten *literarischen* Abhängigkeit von jüdischen Autoren; er hat ursprünglich die philosophische Tradition nur durch die Vermittlung der jüdischen Philosophie des Mittelalters kennengelernt. Aber was er von dieser Philosophie gelernt hat, das sind Einsichten oder Meinungen, die er ebenso gut aus der nichtjüdischen (islamischen und christlichen) Philosophie des Mittelalters hätte aufnehmen können; es ist das Gemeingut der europäisch-mediterranen Tradition. Und selbst wenn sich einmal herausstellen sollte, daß eine *zentrale* Lehre Spinozas sich so, wie sie sich bei ihm findet, nur bei dem oder jenem jüdischen Philosophen oder Theologen der Vergangenheit findet, dann bliebe immer noch zu *beweisen*, daß diese Lehre wirklich eigentümlich jüdisch ist und daß sie nicht ebensogut auch von einem Griechen oder Muslim oder Christen hätte erdacht werden können.

Spinoza übernimmt als »guter Europäer«, der er ist, aus der jüdischen Tradition das gemein-europäische Gedankengut, das sie ihm zuführte – nicht *mehr*. Damit glauben wir die Frage beantwortet zu haben: ob es dem Juden als Juden zustehe, Spinoza zu verehren. Nicht dem Judentum gehört Spinoza an, sondern der kleinen Schar überlegener Geister, die Nietzsche als die »guten Europäer« bezeichnet hat. Dieser Gemeinschaft gehören *alle* Philosophen des 17. Jahrhunderts an; aber Spinoza doch in einer besonderen Weise: Spinoza ist nicht Jude geblieben, während Descartes, Hobbes und Leibniz Christen geblieben sind. Es geschieht also nicht in Spinozas Sinn, daß er in das Pantheon der jüdischen Nation aufgenommen wird. Unter diesen Umständen scheint es uns ein elementares Gebot der jüdischen Selbstachtung zu sein, daß wir Juden endlich wieder darauf verzichten, Spinoza für uns in Anspruch zu nehmen. Damit liefern wir ihn ja keineswegs unseren Feinden aus, sondern belassen wir ihn jener fernen und fremden Gemeinschaft von »Neutralen«, als die man mit keinem geringen Recht die Gemeinschaft der »guten Europäer« bezeichnen darf. Dies zu tun, gebietet außerdem die Achtung, die wir Spinoza auch dann schulden, wenn wir ihm keine Verehrung schulden: die Achtung vor Spinoza verlangt, daß wir seinen letzten Willen ernstnehmen; und sein letzter Wille war die auf dem Bruch mit dem Judentum beruhende Neutralität gegenüber der jüdischen Nation.

Aber hat Spinoza denn ein Testament hinterlassen, aus dem dieser sein Wille unzweideutig hervorgeht? Ist denn in seinem Testament überhaupt von der jüdischen Nation die Rede? Man braucht dieses Testament nicht in schwer zugänglichen Archiven zu suchen; man findet es gegen Ende des 3. Kapitels des theologisch-politischen Traktats.

Spinoza sagt: »Wenn die Grundlagen der jüdischen Religion die

Gemüter der Juden nicht weibisch machten, so würde ich unbedingt glauben, daß sie (die Juden) irgendwann einmal bei gegebener Gelegenheit, da die menschlichen Angelegenheiten ja wandelbar sind, ihr Reich wiederum errichten werden, und daß Gott sie von neuem erwählen wird.« Wenn wir absehen von der Bemerkung über die erneute göttliche Erwählung der Juden, die im Munde Spinozas nicht mehr als eine leere Redensart ist, so bleibt als seine Meinung, als sein »politisches Testament« die neutrale Erwägung der Möglichkeitsbedingung für die Wiederherstellung des jüdischen Staates übrig. Diese Möglichkeitsbedingung ist, daß die jüdische Religion ihre Macht über die Gemüter der Juden verliert; denn nach Spinoza führt diese Religion zur Verweichlichung der Gesinnung. Daß sich in weichlicher Gesinnung kein Staat errichten läßt, bedarf keines Beweises. Aber äußerst fragwürdig, ja eigentlich unverständlich ist Spinozas Behauptung: die jüdische Religion verweichliche die Gemüter. Hat Spinoza denn ganz vergessen, daß diese Religion den Opfern der Inquisition die Kraft zum Ertragen der äußersten Leiden gegeben hat? Nein – Spinoza hat diese Tatsache nicht vergessen, wir wissen das aus seinen Briefen ganz genau; er war nur der Meinung, daß die Stärke im Ertragen von Leiden nicht diejenige Stärke ist, deren man zur Errichtung und Erhaltung eines Staates bedarf, nämlich nicht die Stärke des Befehlens, ohne welche keine Gesellschaft bestehen kann. Und wie sein Lehrer Machiavelli das Christentum für den Verfall der Römertugend verantwortlich macht, so macht Spinoza das Judentum für die Unmöglichkeit einer Wiederherstellung des jüdischen Staates verantwortlich.

Es wäre bedenklich, aus der angeführten Äußerung Spinozas zu folgern: Spinoza sei also der Vater des politischen Zionismus. Es wäre nicht so sehr darum bedenklich, weil es, wie jedermann weiß, auch einen orthodoxen bzw. konservativen politischen Zionismus gibt, als darum, weil Spinoza die Wiederherstellung des jüdischen Staates gar nicht – wie auf Grund verwandter Voraussetzungen sein Zeitgenosse Isaac de la Peyrère – wünscht oder fordert, sondern nur diskutiert: er stellt es gleichsam von der Höhe seiner philosophischen Neutralität herab den Juden anheim, sich von ihrer Religion frei zu machen und sich so die Möglichkeit zu verschaffen, ihren Staat wieder aufzurichten.

Die Bedenklichkeit dieses Rates – hier ist die Stelle, an der man daran erinnern muß, daß Spinoza sich die Ehrenrettung Bileams angelegen sein läßt! – wird klar, wenn man den Zusammenhang berücksichtigt, in dem Spinoza ihn vorbringt. Dieser Zusammenhang ist die Bestreitung der

Lehre von der Auserwähltheit der jüdischen Nation, genauer die Bestreitung des Beweises für die Auserwähltheit, den man in der Tatsache
findet, daß sich die jüdische Nation, und keine andere, trotz des
Verlustes ihres Staates, über die ganze Erde hin zerstreut, erhalten hat.
Diese Tatsache ist nach Spinoza kein Wunder, sondern die natürliche
Folge vor allem – der Riten, welche die jüdische Nation von den übrigen
Völkern abgesondert haben, und sie dadurch bisher erhalten haben und
für immer erhalten werden. Mit anderen Worten: die jüdische Nation
verdankt ihre bisherige und zukünftige Erhaltung ihrem Gesetz, also
ihrer Religion; und diese Religion soll sie preisgeben, um ihren Staat zu
errichten, den sie nach dem Gesagten doch jedenfalls nicht um ihrer
Erhaltung willen braucht? Der Widerspruch ist nur scheinbar; er läßt
sich als scheinbar erweisen, auch wenn man ganz davon absieht, daß
Spinoza wohl noch aus einem anderen Grund als dem Interesse an der
Erhaltung der Nation den Juden die Errichtung ihres Staates hat empfehlen oder wünschen können. Spinoza unterscheidet offensichtlich
zwischen den »Riten« (den »Formen«, wie sie heute oft genannt werden)
und den »Grundlagen der Religion«: diese sind seinem Rat zufolge zu
verwerfen, jene aber beizubehalten. Die Grundlagen der Religion – das
ist jener *Geist* des Gesetzes, der die politische Wiederherstellung unmöglich macht. Von diesem Geiste befreit, wird das Gesetz nicht nur die
politische Wiederherstellung nicht beeinträchtigen, sondern den Bestand
der nunmehr wieder politisch werdenden Nation weiter verbürgen. Das
Gesetz als nationales Erhaltungsmittel oder als nationale Lebensform –
wer kennt diese Ansicht vom Judentum nicht! Und ist ihr Spinoza nicht
erstaunlich nahegekommen, so nahe, wie es in dem »unhistorischen«
17. Jahrhundert nur irgend möglich war? Nur mit dem Unterschied
freilich, daß er noch in dem Geist des Gesetzes ein Hemmnis für die
Politisierung der jüdischen Nation erblickt hat; nur mit dem weiteren
Unterschied freilich, den man ebenfalls nicht ganz übersehen sollte, daß
er diese Ansicht nicht als Jude, sondern als Neutraler geäußert, und nicht
einmal geäußert, sondern nur so eben hingeworfen hat.

Diese Bewandtnis also hätte es mit Spinozas Testament? Nicht so,
nicht mit verdeckten Worten und mit mattem Herzen laßt uns von
Spinoza Abschied nehmen, wenn wir denn von ihm als einem solchen,
der einen »menschlich unbegreiflichen Verrat« (Cohen) an unserer
Nation auf dem Gewissen hat, Abschied nehmen *müssen*. Einen Augenblick lang wenigstens wollen wir von den populären Prinzipien absehen,
kraft deren man Spinoza, sei es zu verdammen, sei es heiligzusprechen

sich veranlaßt gesehen hat. Genug, daß niemand ihn popularisieren, in kleine Münze umwandeln, daß niemand ihn »kleinkriegen« kann. Und dann fragen wir noch, ob wir ihm Verehrung schulden? Spinoza wird verehrt werden, solange es Menschen gibt, welche die Inschrift seines Siegelrings (»caute«) zu würdigen wissen, oder, um es deutsch zu sagen, solange es Menschen gibt, die wissen, was damit gemeint ist, wenn man sagt: *Unabhängigkeit.*

Anhang

Drei frühe Schriften

In der Zeit vom 29. Juli bis 1. August 1924 veranstaltete das Kartell Jüdischer Verbindungen (K. J. V.) ein Sommerlager in Forchtenberg. Leo Strauss hielt als Präsidiumsmitglied des K. J. V. das Eröffnungsreferat der Tagung zum Thema: »Das jüdische Kulturproblem in unserem Erziehungsprogramm«. In einem Bericht, den Der Jüdische Student. Zeitschrift des Kartells Jüdischer Verbindungen in der Oktober-November-Ausgabe 1924 veröffentlichte (*Das Camp in Forchtenberg*, 21. Jg., Heft 8/9, p. 196–200), wird der Tenor seines Referats folgendermaßen wiedergegeben: »Leo Strauss ging bei seiner Untersuchung von dem Verhältnis von politischem Zionismus und jüdischer Tradition aus. Die jüdische Tradition sei unpolitisch eingestellt, d. h. sie wehre sich gegen jede aktive Gestaltung des Schicksals des jüdischen Volkes. Dieser unpolitische Charakter sei nicht nur ein Produkt der Land- und Staatslosigkeit, also ein Produkt der Galuth, sondern bereits innerhalb der vorexilischen Welt, insbesondere in der Prophetie vorbereitet. Die Voraussetzung dieser Haltung sei der Glaube, dass Gott allein imstande sei, die Geschichte des Volkes zu lenken, während Politik dieses aus eigener Kraft erreichen wolle. Die Kluft zwischen Politik und Tradition sei demnach unüberbrückbar. Der Versuch des Kulturzionismus, ein Kompromiss zu finden durch die sogenannte Säkularisierung der Tradition, d. h. ihre Übernahme ohne religiöse Voraussetzung sei eine innere Unmöglichkeit. Er vergreife sich am Sinne der Tradition, die ihres natürlichen Mittelpunkts beraubt wird, anderseits drücke er die lebendige Realpolitik zu einer doktrinären Geistespolitik herab. Der Kulturzionismus stelle den Versuch dar, der durch das Wegfallen der religiösen Komponente des Fundaments beraubten Existenz des jüdischen Volkes eine innere Rechtfertigung zu geben durch seine Kultur, ein Begriff, der aus anderen Voraussetzungen genommen und für die jüdische Tradition nicht anwendbar sei. Demgegenüber gehe der politische Zionismus von der Tatsache der Existenz einer Gruppe zusammengehörender Individuen aus. Die entscheidende Triebkraft sei für ihn allein die Würde. Diese verbiete es dem Individuum, sich aus der Gruppe, der es durch Abstammung und Geschichte verbunden sei, zu lösen, abgesehen davon, dass es gar nicht möglich sei. Der politische Zionismus bedeute den Weg zur Selbständigkeit und Selbstverantwortlichkeit. Dadurch sei die Brücke zur jüdischen Tradition, die eine derartige Haltung innerlich ablehnen müsse, unmöglich. Von dieser Feststellung aus, warf Strauss die Frage auf, ob überhaupt und wie weit die Möglichkeit einer Aneignung der Werte des traditionellen Judentums ohne Rückkehr zur Tradition möglich sei. Denn geistige Menschen würde ein nur auf das nationale Ehrgefühl begründeter Zionismus nicht befriedigen, wenn seine tieferen Sphären zu ihm ganz beziehungslos bleiben sollten. Ohne hier endgültige Formulierungen finden zu können, beantwortete er die Frage in mehr negativem Sinne« (p. 197/198). In dem Bericht heißt es außerdem, daß das Sommerlager, dessen Teilnehmerzahl auf »etwa 80« beziffert wird, mit einer Herzl-Gedenkfeier schloß, »bei der Leo Strauss einige Gedenkworte sprach« (p. 199).

Unter der Überschrift *Zionismus und Religion* druckte Der Jüdische Student im Februar 1925 einen Artikel von Hans Weinberg »im Ruder-V. J. St. Berlin«, der sich auf die Forchtenberger Rede von Leo Strauss bezog und Strauss u. a. vorwarf, er habe sich, »und zwar gefühlsmäßig«, für die Orthodoxie entschieden (22. Jg., Heft 1/2, p. 8–15). Auf Weinbergs Kritik antwortet Strauss' *Bemerkung zu der Weinbergschen Kritik*, die in der gleichen Ausgabe von Der Jüdische Student (p. 15–18) erschien.

Bemerkung zu der Weinbergschen Kritik

(1925)

Was ich im Kamp vortrug, war das sehr vorläufige Ergebnis einer langjährigen Beschäftigung mit dem Problem »Zionismus«. Da ich nie Gelegenheit zu einer wirklichen Auseinandersetzung in der zionistischen Öffentlichkeit, sei es innerhalb, sei es außerhalb des Kartells, hatte, war nicht zu erwarten, daß ich sogleich den Kontakt mit den in Forchtenberg versammelten Bundesbrüdern bekam. Ich möchte betonen, daß dies nicht an dem angeblich »philosophischen« Charakter meiner Auffassung lag, sondern lediglich daran, daß ich mich bemühte, die Dinge zu sehen, wie sie sind, unvoreingenommen durch die vulgären zionistischen »Ideologien«, welche sich durch leichtfertige Anwendung europäischer Kategorien auf jüdische, d. h. nichteuropäische Dinge – im Zusammenhang damit: durch eine faselige Pathetik – auszeichnen. Was als »abstrakt« erschien, war in Wahrheit die strenge Fassung eines in uns wirklichen Tatbestandes.

Um meine Absicht möglichst verständlich zu machen, will ich von ihrer praktisch-politischen Auswirkung ausgehen. Ich glaube, daß die Parteigruppierung des deutschen Judentums der geistigen Lage unserer Generation nicht mehr entspricht. An die Stelle der Koalition Zionismus-Orthodoxie wird die Koalition Zionismus-Liberalismus treten müssen. Der Feind steht heute rechts! Je mehr es sich für uns darum handeln wird, konkrete »Kultur«-Arbeit zu leisten, desto deutlicher wird werden, daß der Zionismus, den ich als den primär politischen bezeichnen möchte, liberal ist, d. h., daß er die schlechthinnige Unterwerfung unter das Gesetz ablehnt, statt dessen die jeweilige Rezeption traditionellen Inhalts von der eigenen Überlegung abhängig macht. Darauf aber kommt es in dem gegenwärtigen Zeitpunkt an. Man sage nicht, ich verabsolutiere eine Situation, die lediglich in »kultureller« Hinsicht bestehe: Man braucht nur den Namen »Misrachi« auszusprechen, um auch dem Unwissendsten deutlich zu machen, welche höchst praktischen, finanzpolitischen Dinge von der »kulturellen« Entscheidung unmittelbar abhängen.

Diese Auffassung ist, wie ich zu meiner Freude feststellen darf, keineswegs meine private Meschuggaath. Ich weiß, daß sie von politischen Führern, z. B. Blumenfeld und Landsberg, geteilt wird. Vor allem aber hat mir meine Keilerfahrung, zuletzt wieder in Köln, gezeigt, daß es nicht schwer ist, den Kontakt selbst mit extrem liberalen Juden herzustellen, sofern wir nur ehrlich von der wirklichen Lage des deutschen Judentums ausgehen und nicht von irgendwelchen »abstrakten«, unwahren Nationalismen aus.

Ich bin im Kamp ausgegangen von der durch die Neu-Orthodoxie Ernst Simons vorgezeichneten Fragestellung. Es handelt sich hierbei gar nicht darum, ob man die einzelnen Vertreter dieser Neu-Orthodoxie sonderlich ernst nimmt. Ich verstehe die Skepsis der meisten Bundesbrüder durchaus und bin heute geneigt, sie zu teilen. Es kommt auf die Forderung der Rezeption der Tradition an, welche Forderung man mit der bekannten »Rückkehr«-Ideologie begründet. Dabei wird der Ausdruck: »Jüdische Legitimität« verwandt. Ich nehme ihn auf, weil er dazu zwingt, die Auseinandersetzung mit der Tradition ernst zu nehmen, und weil er das bequeme Weitertrotten unmöglich macht.

Nun wendet sich in allen KIVern ein »Ich weiß nicht was« gegen diese Forderung. Und dieses »Ich weiß nicht was« ist je nach Sein und Wesen der einzelnen verschieden, es ist, vom Kartellstandpunkt aus gesehen, »Privatsache!« Ich habe nun versucht, festzustellen, ob dieser in uns allen lebenden bejahten Distanz zur Tradition nicht eine gewisse Kartell-Objektivität zukomme. Ich fragte mich daher danach, was denn eigentlich das Minimum sei, das wir bei jedem Bundesbruder voraussetzen. Ich sagte – und dies wird von keinem bestritten – Politischer Zionismus. Ich legte mir jetzt die Frage vor, ob nicht bereits dieses »unverzichtbare« Minimum die Distanz zur Tradition begründe. Die Frage mußte bejaht werden, da die Tradition ihrem Sinne nach Politik ausschließt – »Politik« verstanden als ein Wollen, das getragen ist von dem Bewußtsein der Verantwortung für die Existenz und die Würde des Volkes, wobei man die Existenz als von rein »natürlichen«, menschlichen oder außer-menschlichen Voraussetzungen abhängig sieht. Auf die Belege, die ich zum Beweise aus dem Schrifttum der Tradition, sowie aus der zeitgenössischen orthodoxen Literatur anführte, gehe ich der Kürze wegen nicht näher ein.

Politik also im Gegensatz zur Tradition. Nun fragt es sich, ob dieser Gegensatz nicht eine innerliche Überwindung zuläßt. Ich prüfte unter diesem Gesichtspunkt die beiden einzigen Versuche, die in dieser Richtung gemacht sind. Nämlich *erstens* den Versuch, über die »politischen« Elemente der biblischen Welt (Richter und Könige in Wellhausenscher Auffassung) zu dieser Synthese von Politik und Religion zu gelangen; *zweitens* der Versuch des *Kultur-Zionismus*, durch Depravation der Religion, sei es zur altruistischen Ethik (Achad Haam), sei es zu einem »Gemeinschafts«-Sozialismus (früher Buber), kurz zu einem lediglich zwischen-menschlichen Phänomen – durch Depravation der Realpolitik Herzlscher Prägung zu einer »Geist«-Politik den Gegensatz zu überbrücken. Ich glaube, nachgewiesen zu haben, daß diese Versuche das für uns Notwendige *nicht* leisten. Ich beendete mein Referat mit der Erklärung, daß ich keinen Weg wüßte, der aus dieser Krisis herausführte; indem ich mich aber zugleich grundsätzlich gegen jeden Versuch wandte, der Krisis durch billige Verkürzungen oder durch noch billigere Hoffnungen (im Stile von: »In Palästina wird diese Synthese sich schon organisch vollziehen«) ihren Ernst zu rauben. –

Mein Kritiker behauptet, ich habe gesagt: »Der Dualismus (von Nationalismus und Religion) liege darin, daß Nationalismus politisch ist, Religion aber unpolitisch.« Ich habe nicht Religion oder Nationalismus, sondern Religion oder politischen Zionismus konfrontiert. Dabei handelt es sich nicht um einen »logischen Antagonismus«, noch weniger – sofern wir nicht Backfische sind – um einen »gefühls«-mäßigen, sondern einfach um einen realen. Ich muß es etwaigen Philosophen überlassen, zu bestimmen, wie sich diese Realität zu Logik, bzw. Gefühl – um in Weinbergscher Terminologie zu sprechen – verhalte.

Zu bestreiten, daß »Handwerk, Ölmalerei, Bienenzucht auch unpolitisch« sind und dennoch in keinem Gegensatz zur Politik stehen, fällt mir nicht ein – so wenig, wie ich bestreite, daß, weil »Krumm« keine Farbe, also speziell nicht schwarz ist, es schwarze krumme Hunde (Dackel) gibt. Um nun auch meinerseits mit der »Logik« zu kommen: Man lernt von dieser Disziplin, daß es mehrere Arten von Verneinung gibt. Es kann »Unpolitisch« bedeuten: Auf einer anderen Ebene liegend wie die Politik, und es kann bedeuten: Die Politik ausschließend. Natürlich hatte ich nur die zweite Bedeutung gemeint, als ich von dem unpolitischen Charakter der jüdischen Tradition sprach.

Ich weiß nicht, wie Weinberg dazu kommt, mir Entscheidung für die Orthodoxie und zwar unerhörterweise »aus ehrlicher Begeisterung«

nachzusagen. Ich glaube, daß die Bundesbrüder, die mein Forchtenberger Referat gehört haben, mir recht geben werden, wenn ich finde, daß man von »Begeisterung« darin nichts finden kann. Wie es mit meiner »Entscheidung für die Orthodoxie« steht, darüber wird z. B. diese Antikritik keinen Zweifel mehr übriglassen. Wenn man mir aber zum Vorwurf macht, daß ich einsehe, es gibt in der jüdischen Tradition für uns Wesentliches und Verpflichtendes, so macht man mir zum Vorwurf, daß ich kein vollkommenes Roß bin.

Ich wende mich jetzt zu den positiven Aufstellungen Weinbergs. Es wird ihn nicht überraschen, wenn ich seine Folgerung: Unmöglichkeit der Rezeption des Gesetzes für uns, annehme, bzw. als meine eigene anerkenne – mit dem nötigen Korn Salz, wie sichs versteht. Seine Begründung indessen kann ich mir nicht zu eigen machen und zwar aus dem einfachen Grunde, weil Weinberg über eine Weltanschauung verfügt. Diese Weltanschauung ist von den Gassen, bestenfalls aus den Broschüren Europas aufgenommen, und ich sehe nicht ein, wie man sie für Zionisten verpflichtend begründen will. Wir Zionisten dürfen, wenn wir ex cathedra, d. h. als Zionisten sprechen, uns nur auf solche Dinge berufen, die in der Situation des Judentums, in unserem Falle des deutschen Judentums, begründet sind. Begründet ist darin der Wille zum Judenstaat, zur jüdischen Außenpolitik. »Freiheit« und »Individualismus« sind recht, d. h. zionistisch verstanden: »Privatsache«. Nicht privat, sondern vom objektiven zionistischen Charakter ist die Tatsache, daß die jüdische Tradition im 19. Jahrhundert zerstört worden ist, durch die sogenannte Assimilation, die nach ihrem legitimen Sinne nichts anderes ist als Kritik der Tradition. In *diesem* Sinne sind wir demnach »Assimilanten«, »Liberale« oder welchen Ausdruck sonst man bevorzugt. Und wenn *hierin* so etwas wie »*Individualismus*« liegt, dann sind wir in Gottes Namen auch »Individualisten«. Aber nicht, weil Individualismus und Freiheit so schön, ach so schön wären.

Weinbergs Misrachi-Kritik wird wohl jeder von uns unterschreiben. Hingegen sehe ich in der »organisch« interpretierten Orthodoxie die größte Gefahr. Diese Neu-Orthodoxie ist eine Verweichlichung des in seiner »Starrheit« großen traditionellen Zusammenhanges.

Schließlich, ich habe nicht gesagt: »Nationalismus« könne den Mann nicht ausfüllen, sondern das politische Wollen könne dies nicht. Das ist, wie ich glaube, etwas präziser.

»Die Zukunft einer Illusion«

(1928)

Die folgenden Bemerkungen wollen verstanden werden als Aufforderung, die zionistische Ideologie nach einer Seite hin auszuführen, nach der sie gewöhnlich nicht ausgeführt wird. Sie folgen dem vor einem Jahr erschienenen Buch Sigmund *Freuds* »Die Zukunft einer Illusion«. Sie tun dies nicht, um sich mit der Autorität eines Mannes von europäischem Ruf zu decken – auf dem Feld, auf dem sie sich bewegen, gibt es keine Autoritäten –; auch nicht, weil das, was sie besagen, nicht ohne Freud hätte gewußt werden können; sondern, weil die in Deutschland nicht eben gewöhnliche Klarheit und Einfachheit der Freudschen Redeweise geeignet ist, das Herumreden um die eigentlichen Fragen zu verhindern. Diese Klarheit und Einfachheit ist allerdings auch eine große Gefahr; sie täuscht die an andere Redeweisen gewöhnten Leser über den Gehalt der Freudschen Darlegungen, ihren Gehalt durchaus auch an Fragwürdigkeit, hinweg. Wie leicht ist es jedem Leser der hier anzuzeigenden Schrift, der auch nur die an den deutschen Universitäten übliche Art, die Frage der Religion abzuhandeln, kennt, diese Schrift als oberflächlich abzutun. Wer sich mit solcher Kritik begnügt, hat nichts von der Freud leitenden Frage verstanden.

Der politische Zionismus hat sich immer wieder gekennzeichnet als den Willen, die Existenz des jüdischen Volkes, das jüdische Volk zu normalisieren; er hat sich mit dieser Selbstbezeichnung einem schweren Mißverständnis ausgesetzt, dem Mißverständnis nämlich, als ob der Wille zur Normalität das *erste* Wort des politischen Zionismus sei; die wirksamste Kritik am politischen Zionismus fußt auf diesem Mißverständnis. In Wahrheit hat der zionistische Normalisierungswille, die zionistische Galuthverneinung zu ihrer Voraussetzung die Überzeugung, daß »die Kraft der Religion gebrochen« ist (Klatzkin, Krisis und Entscheidung 57). Weil der Bruch mit der Religion von vielen einzelnen

Juden entschlossen vollzogen worden ist, *erst darum* können diese
Einzelnen für ihr Volk die Frage stellen, wie das Volk nunmehr leben
soll. Nicht, daß sie vor dem Götzen Normalität auf dem Bauch lägen,
sondern umgekehrt: sie sehen keinen Grund mehr für die Nichtnormali-
tät. Und dies ist entscheidend: das jüdische Volk kann im Zeitalter des
Atheismus seine Existenz nicht mehr auf Gott, sondern allein auf sich
selbst, auf seine Arbeit, auf sein Land und auf seinen Staat gründen; es
muß auch als Volk mit den Traditionen brechen, mit denen so viele
Einzelne schon längst gebrochen haben; besser die redliche Enge und
Kargheit der Zivilisation als eine Weite und Fülle, die für den Atheisten
nur durch eine Lüge zu erkaufen wäre.

Der Kultur-Zionismus hat das zweifelhafte Verdienst, zwischen dem
politischen Zionismus und der Tradition vermittelt zu haben, indem er
die jüdische Religion von vornherein als Hervorbringung des jüdischen
Volksgeistes verstand. Populär ist folgende Vorstellung: die Propheten
haben die vollkommenste Moral verkündet, sie haben *die* Forderung
gestellt; diese Moral, dieses Pathos ist das eigentlich Jüdische; nichts
hindert, daß nach dem Absterben der traditionellen »Formen« sich der
selbe Geist in Erez-Israel neue »Formen« schafft. Die Propheten berufen
sich aber nicht auf den jüdischen Volksgeist, sondern auf Gott, der ihnen
das gesagt habe, was sie dem Volk sagen. Selbstverständlich sind die
Angaben, welche die Propheten über die Quelle ihrer Worte machen,
nicht verbindlich; der Atheist hat das gute Recht, sogar die verdammte
Pflicht, das »Sprechen Gottes« als Gebild des Herzens der »Hörenden«,
vielleicht als Hervorbringung des jüdischen Volksgeistes auszulegen.
Aber er muß sich darüber klar sein, daß die Worte, die er so auslegt,
nicht im Sinn dieser Auslegung gemeint sind; er muß sich, wenn anders
er nicht im Trüben fischen will, klarmachen, daß er mit seiner Auslegung
den ursprünglichen Sinn des Gesetzes und der Propheten leugnet; er muß
diese Leugnung ausdrücklich, unzweideutig vollziehen. Hat er aber
einmal begriffen, *was* er leugnet, hat er nämlich begriffen, daß er Gott
leugnet, dann ist ihm der Geschmack an der vom Kultur-Zionismus
propagierten Kultur für alle Zeit vergangen; dann hat er begriffen, eine
wie dürftige Abstraktion die »prophetische Ethik« ist, die nach der
Leugnung Gottes übrigbleibt. Verglichen mit der ungeheuren Kluft, die
zwischen Glauben und Unglauben gähnt, ist die Differenz zwischen dem
Geist des radikalen Sozialismus, den manche in der Bibel zu finden
glauben, und dem Geist des radikalen Antisozialismus bloß die Differenz zwischen zwei Nuancen des Unglaubens. Der politische Zionismus,

der in der Auseinandersetzung mit der nichtjüdischen und nichtzionisti-
schen Umwelt dem Geist des Hinkens auf beiden Seiten, dem Geist
insbesondere des »verstehenden« Hinkens, das sich »Lebensfrömmig-
keit« nennt, immer mit Energie entgegengetreten ist, muß klar und
scharf auf die erschlichenen Titel des Kultur-Zionismus verzichten.

Der Kultur-Zionismus hatte einen leichten Stand angesichts der
Unzulänglichkeit des Herzlschen Zionismus, die sich am deutlichsten in
»Altneuland« aussprach. Es lag etwas Überzeugendes in der Erwägung:
wer das jüdische Volk bejaht, bejaht notwendig seinen Geist, bejaht also
notwendig die Kultur, in der sich sein Geist offenbart hat. Von der
Bejahung der nationalen Kultur sind manche zur Bejahung der nationalen Tradition des Gesetzes fortgeschritten; unter diesen gewiß einige, die
sich nicht hinreichend klargemacht haben, daß dieses Gesetz göttliches
Gesetz zu sein beansprucht. Die Gläubigen haben diesen Weg ihrerseits
geebnet. Wie oft konnten wir hören, daß das Judentum nicht Glauben,
sondern Tun, nämlich Erfüllung des Gesetzes verlangt. Aber was der
Gläubige fordern darf, das kann der Ungläubige noch lange nicht tun;
denn was ihm der Gläubige als aus dem Tun erwachsendes Hören und
Glauben rühmt, das ist für den Ungläubigen Hineinschlittern in den
Glauben, Betäubung des Gewissens, Selbstbetrug. Niemand kann um
seines Volkes willen an Gott glauben; niemand kann aus nationalen
Gründen das Gesetz erfüllen. Schlimm genug, daß über die Gedanken-
losigkeit, die diesen Weg geht, noch heute Worte verloren werden
müssen. Kann man aber bei der Bejahung der nationalen Kultur stehen-
bleiben? Der Kultur-Zionismus führt an die Frage heran, die mit dem
Gesetz und durch das Gesetz gestellt ist, und damit kapituliert er:
entweder vor dem entschlossenen Glauben oder vor dem entschlossenen
Unglauben.

Der politische Zionismus, der sich radikal begründen will, muß sich
als ungläubig begründen. Die Auseinandersetzung zwischen dem politischen Zionismus und seinen radikalen Gegnern ist nur als Kampf
zwischen Unglauben und Glauben zu führen. Dieser Kampf ist alt, »das
ewige und *einzige* Thema aller Welt- und Menschengeschichte«. Dieser
Kampf, der in der Epoche der Kultur- und Erlebnis-Philosophie fast
eingeschlafen war, wird in Freuds erwähnter Schrift wieder aufgenommen. Sehen wir zu, was Freud will und was er erreicht.

Das Äußerste, was Freud erreichen könnte, wäre die Widerlegung
der religiösen Vorstellungen. Widerlegung ist zunächst denkbar: hat
doch, dem Bericht des ersten Königsbuch zufolge, Elia dem Volk

experimentell bewiesen, daß Baal keine Macht hat gegenüber Jahve. »Als Sankt Bonifazius den von den Sachsen als heilig verehrten Baum umhieb, erwarteten die Umstehenden ein fürchterliches Ereignis als Folge des Frevels. Es trat nicht ein und die Sachsen nahmen die Taufe an« (65). Shaw hat gelegentlich folgendes Experiment gemacht: er legte eine Uhr vor sich auf den Tisch und sagte: wenn Gott existiert und wenn er den Atheismus mißbilligt, dann möge er binnen fünf Minuten in das Haus, in dem ich mich befinde, einen Blitz schleudern; es schlug kein Blitz ein. Das Experiment hat wenig Beweiskraft; es könnte ja sein, daß Gott existierte und Humor genug hätte, die Menschen auf ihre Weise selig werden zu lassen, über »Gotteslästerung« anders zu denken als Pfaffen und Staatsanwälte. Wenn Gottes Gedanken nicht der Menschen Gedanken und der Menschen Wege nicht Gottes Wege sind, dann sind Gottes Gedanken und Wege nicht experimentell kontrollierbar; und nicht nur dies: dann ist jeder Versuch, die Leugnung der Existenz Gottes mit wissenschaftlichen Mitteln direkt zu begründen, grundsätzlich verfehlt.

Die Einsicht in diese Unmöglichkeit ist Voraussetzung für Freuds Kritik: »Über den Realitätswert der meisten von ihnen (der religiösen Lehren) kann man nicht urteilen. So wie sie unbeweisbar sind, sind sie auch unwiderlegbar« (50). Der Bereich der wissenschaftlichen Erkenntnis ist so begrenzt, daß die Wissenschaft die Religion nicht widerlegen kann. Heißt das aber, daß die Wissenschaft nicht Richterin der Religion ist und sein kann? Keineswegs. Die Religionskritik kann zwar nicht die religiösen Lehren, wohl aber die Begründungen dieser Lehren erschüttern.

Welche Möglichkeiten der Begründung stehen der Religion zur Verfügung? Bis vor wenigen Jahrhunderten war es die Ansicht aller Physiker, daß die Physik die Existenz Gottes beweisen könne und beweise. Durch die Entwicklung der letzten Jahrhunderte ist jedoch diesem Gottesbeweis wie den anderen Gottesbeweisen der Boden entzogen worden. Die Behauptung, daß Gott existiert, kann unwiderlegt bleiben: auf ihren wissenschaftlichen Wert hin beurteilt, ist sie nicht mehr als eine Hypothese unter vielen.

Die zweite Möglichkeit der Begründung ist die Berufung auf Schrift und Tradition. Auch diese Möglichkeit ist zur Unmöglichkeit geworden. Es spricht nicht im mindesten für die Wahrheit einer Lehre, daß sie sich in der Schrift vorfindet oder daß sie von der Tradition aufrechterhalten wird. Das klassische Beispiel sind die Wunder. Daß es Wunder gibt, kann

darum nicht aus der Schrift bewiesen werden, weil jede Garantie dafür
fehlt, daß die Verfasser der Wunderberichte oder deren Gewährsmänner
hinreichend genau beobachtet und hinreichend streng analysiert haben.
»Wir wissen ungefähr, zu welchen Zeiten die religiösen Lehren geschaffen worden sind und von was für Menschen« (52). Die religiösen
Vorstellungen entstammen einem Zeitalter mit geringer wissenschaftlicher Kultur (41, 53); der wissenschaftliche Geist ist sich bewußt, daß
sein Denken disziplinierter ist als das Denken der vorwissenschaftlichen
Menschheit.

Als letzte Möglichkeit, die religiösen Lehren zu begründen, bleibt die
eigene, gegenwärtige Erfahrung der Gläubigen. Diese Begründungsweise
entspricht dem heute herrschenden Geist, dem positiven Geist, am
meisten; daher denn auch nur die Auseinandersetzung mit ihr wichtig
und notwendig ist. Die positive Begründung der Religion schließt
grundsätzlich jede auswärtige oder mittelbare Begründung, sei es durch
die Physik, sei es durch Schrift und Tradition, aus; sie beruft sich allein
auf das, was der Gläubige sieht, was er erfährt. Der Ungläubige scheint
daher nichts weiter tun zu können, als gestehen: ich sehe und erfahre
nichts von dem, was du, Gläubiger, zu sehen und zu erfahren behauptest;
ich muß also versuchen, mich auf Grund meiner Erfahrungen zurecht-
zufinden; du kannst nicht von mir verlangen, daß ich mich auf das
verlasse, was du zu sehen und zu erfahren behauptest: »Wenn der Eine
aus einem ihn tief ergreifenden ekstatischen Zustand die unerschütter-
liche Überzeugung von der realen Wahrheit der religiösen Lehren gewonnen hat, was bedeutet das dem Anderen?« (44). Die Schwierigkeit
wird dadurch aber noch größer. Wenn der Ungläubige versichert, daß er
nichts von dem sieht oder erfährt, was der Gläubige zu sehen oder zu
erfahren behauptet, gesteht er damit nicht zu, daß ihm ein Organ fehlt,
daß er blind ist? Den Vorwurf kann er dem Gläubigen nicht zurück-
geben: denn der Gläubige sieht alles, was der Ungläubige sieht, und er
sieht mehr als dieser. Spricht aber nicht in aller Welt die Vermutung eher
für den Sehenden als für den Blinden, für den Mehr-Sehenden eher als
für den Weniger-Sehenden? Die Emphase der Berufung auf die Erfahrung wird dadurch gedämpft, daß es auch Hexen-, Geister- und Teufels-
Erfahrung gibt. Nun könnte man, an die Teufelserfahrung des Iwan
Karamasoff erinnernd, sagen, daß diese Erfahrung Iwans unendlich viel
wichtiger sei, ihm unendlich viel *Tieferes* sage als alles, was ihm die
bewunderungswürdigsten Wissenschaften zu sagen vermöchten; es
dürfte sich gegen diese Einschätzung der inneren Welt nicht viel ein-

wenden lassen. Aber Wichtigkeit und Tiefe sind schlechte Kriterien, wenn es sich um die *Wahrheit* handelt. Die wichtigsten und tiefsten Behauptungen der Religion werden kraftlos, wenn Gott nicht existiert. Die Gläubigen versichern, die Existenz Gottes erfahren zu haben, Gott begegnet zu sein; die Ungläubigen versichern nicht nur, daß sie keine derartigen Erfahrungen gehabt haben, sie zweifeln überdies die Erfahrung der Gläubigen an. Welche Möglichkeiten hat der Ungläubige, um Erfahrungen zu kontrollieren, die er selbst nicht hat? Die Erfahrungen der Gläubigen schlagen sich nieder in Aussagen; diese Aussagen sind als solche feststellbar; die verschiedenen Aussagen sind vergleichbar; die vergleichende Betrachtung der Aussagen, die in verschiedenen Zeitaltern seitens der Gläubigen gemacht worden sind, lehrt, daß es eine Geschichte des Glaubens gibt, daß der Glaube sich in einer wesentlichen Hinsicht gewandelt hat; »allmählich verschiebt sich innerhalb dieser Leistungen (sc. der religiösen Vorstellungen) der Akzent.« Der Akzent rückt von der Natur auf den Menschen; »das Moralische (wird) ihre eigentliche Domäne« (26 f.). Die Macht Gottes über die Natur zeigte sich früheren Geschlechtern in den Wundern; die Veränderung in der Stellung zu den Wundern ist symptomatisch für die Veränderung, die im Zentrum des Glaubens vor sich gegangen ist. Von gläubiger Seite ist bemerkt worden, daß bereits in der Schrift der Akzent nicht auf der Wunder-*Tatsache*, sondern auf der Wunder-*Erwartung* liegt: Gottvertrauen bekundet nicht, wer das eingetretene Wunder konstatiert oder auf die Berichte Anderer hin glaubt, sondern, wer das künftige Wunder gläubig erwartet. Diese Bemerkung ist nur halb richtig; sie vernachlässigt, daß es im Sinn der Schrift durchaus auch darauf ankommt, daß das Wunder eingetreten ist; und von diesem Auch-darauf-ankommen bis zum Gleichgültigwerden ist ein weiter Weg. Man übertreibt nicht, wenn man sagt, daß unter den Gläubigen unseres Zeitalters wenig Neigung besteht, die biblischen Wunder als Wirklichkeiten anzuerkennen. Was bedeutet dieser Widerstand? Die Macht Gottes über die Natur ist unglaubwürdig geworden; die Gottesbehauptung gilt nur mehr für die innere Welt, für die Welt des Herzens. Wenn dem so ist, so muß gesagt werden, daß an den Gott der Schrift, den Gott, der Himmel und Erde geschaffen hat, der nicht nur der Menschen Herzen wie Wasserbäche lenkt, sondern auch mit Schöpferfreiheit das natürliche Geschehen leitet, nicht mehr geglaubt wird. Was ist aber von einem Gottesglauben zu halten, der sich so gewandelt hat? »Wenn es sich um Fragen der Religion handelt, machen sich die Menschen aller möglichen Unaufrichtigkeiten und intellektuellen Unarten schuldig. Philosophen überdehnen die Bedeutung von Worten, bis diese kaum etwas von ihrem ursprünglichen Sinn übrig behalten, sie heißen irgendeine verschwommene Abstraktion, die sie sich geschaffen haben, ›Gott‹, und sind nun auch Deisten, Gottesgläubige, vor aller Welt, können sich selbst rühmen, einen höheren, reineren Gottesbegriff erkannt zu haben, obwohl ihr Gott nur mehr ein wesenloser Schatten ist und nicht mehr die machtvolle Persönlichkeit der religiösen Lehre« (51 f.).

Freud bemerkt ausdrücklich (59), daß seine Religionskritik unabhängig ist von der Psychoanalyse, der von ihm begründeten Wissenschaft. Die psycho-analytische Erklärung der Religion ist in der Tat überhaupt erst dann als Aufgabe verständlich, wenn die Religion unglaubwürdig geworden ist; dann aber wird es notwendig, die Religion zu erklären, zu fragen, aus welchen Gründen die Menschen darauf kamen, sich einen Gott zu erdichten, sich an einen Gott zu hängen. Die übrigens auf dem Boden des Atheismus durchaus bestreitbare Freudsche Erklärung der Religion braucht uns hier nicht zu beschäftigen; wichtig ist für uns die Tendenz, von der diese Erklärung geleitet ist. Freud geht aus von der Tatsache des menschlichen Elends, der Hilflosigkeit des Menschen gegenüber den Gefahren, mit denen ihn das sogenannte »Schicksal«, d. h. die unbezwungene Natur und die anderen Menschen, bedrohen; nicht nur seine Existenz, sondern zuvor sein Selbstgefühl sind aufs schwerste bedroht; er ist elend, er fühlt sich elend. Die Religion nun ist »geboren aus dem Bedürfnis, die menschliche Hilflosigkeit erträglich zu machen« (27). Scharf verwahrt sich Freud dagegen, daß das »Gefühl der menschlichen Kleinheit und Ohnmacht vor dem Ganzen der Welt« als religiös angesprochen werde: »nicht dieses Gefühl macht das Wesen der Religiosität aus ...; sondern erst der nächste Schritt, die Reaktion darauf, die gegen dies Gefühl eine Abhilfe sucht« (52). Die Religion ist eine Illusion. Damit ist zunächst noch nicht gesagt, daß die religiösen Lehren Irrtümer sind: es gibt auch Illusionen, die sich bewahrheiten. Aber die Tatsache, daß den Behauptungen der Religion zufolge die Lage des Menschen so ist, wie er sie sich wünschen müßte, macht diese Behauptungen verdächtig: »Wir sagen uns, es wäre ja sehr schön, wenn es einen Gott gäbe als Weltenschöpfer und gütige Vorsehung, eine sittliche Weltordnung und ein jenseitiges Leben, aber es ist doch sehr auffällig, daß dies alles so ist, wie wir es uns wünschen müssen« (53). *Daß* die Religion Trost und Hilfe spendet, wird zum entscheidenden Einwand gegen sie. Gar sehr bedürfen wir des Trostes: Grund genug, um vor Illusionen, die uns über unsere wirkliche Lage hinwegtäuschen, auf der Hut zu sein. Diese Kritik schätzt man erst dann richtig ein, wenn man sich vergegenwärtigt, wie die Religionskritik früherer Jahrhunderte beschaffen war. Die frühere Kritik war von der Überzeugung getragen, hochgetragen, daß nach der Niederwerfung der Religion das Zeitalter des Glücks, der Himmel auf Erden beginnen werde; jedenfalls *versprach* sie sich etwas von dem Untergang der Religion. Freud verspricht nichts; es sei denn die Einsicht in die wirkliche Lage des Menschen.

So ist also der Stand des Kampfs zwischen Glauben und Unglauben. Schon lange ist entschieden, daß kein Aufstieg von der Welt zu Gott möglich ist ohne Voraussetzung des Glaubens; nunmehr ist auch entschieden, daß die Aufklärung über die Lage des Menschen, über das Elend des Menschen nicht zu Gott führt, wenn Gott nicht schon vorausgesetzt wird. Schon lange ist entschieden, daß die Furchtbarkeit des Glaubens kein Einwand gegen den Glauben ist; nunmehr ist auch der Unglaube zu der Einsicht herangereift, daß die vielleicht verzweifelte Lage, in welche der Mensch durch den Unglauben gerät, in keiner Weise den Glauben begründet. Viel ist gewonnen, wenn die Trostlosigkeit, Hoffnungslosigkeit, Hilflosigkeit des Menschen, wenn »das Elend des Menschen ohne Gott«, wenn die Unruhe, Friedlosigkeit, Schalheit und Flachheit des Lebens ohne Gott kein Einwand gegen den Unglauben mehr ist; wenn es nicht mehr als ausgeschlossen erscheint, daß Wahrheit und Tiefe Gegensätze sind, daß nur die Illusion Tiefe hat.

Von hier aus ist die Frage zu stellen, die durch Freuds Kritik offen gelassen wird. Ist es – wie Freud voraussetzt – der Sinn des Glaubens, Trost und Hilfe zu spenden, dem Leben Sinn, Frieden, Tiefe zu geben? Verhält es sich in Wahrheit nicht so, daß *die* Gefahr, aus welcher der Gläubige gerettet zu werden hofft, jenseits aller der Gefahren ist, von denen der Ungläubige wissen kann, daß also der Glaube ebenso sehr und eher noch Verzweiflung als Trost und Hilfe bringt? Glaubt der Gläubige etwa, weil ihm als Ungläubigen das Leben ohne Gott trostlos, hoffnungslos, schal und flach erscheint, oder ist es nicht vielmehr so, daß, weil er glaubt, er die Trostlosigkeit, Hoffnungslosigkeit, Schalheit und Flachheit des Lebens ohne Gott erkennt? Mit anderen Worten: ist das von Freud gesehene und aufgezeigte Elend des Menschen dasselbe »Elend«, das der Gläubige als *das* Elend kennt? So fragen, heißt einsehen, daß die eigentliche Frage erst *nach* Freuds Kritik beginnt. Aber auch für die eigentliche Frage bleibt angesichts der neuerlichen, gewiß nicht zufälligen Preisgabe oder – was dasselbe ist – Umdeutung der

Schöpfungs- und Wunderbehauptung, des Glaubens an die Macht Gottes über die Natur die Kritik Freuds von höchster Bedeutung.

Zur Ideologie des politischen Zionismus (In Erwiderung auf drei Aufsätze Max Josephs)

(1929)

Das Mißverständnis Josephs ist wenn nicht vollständig, so jedenfalls grundsätzlich. Ich *soll* gesagt haben: »Freud habe in einfachen und klaren Worten die Religion als eine real unbegründete und für die Zukunft unhaltbare Illusion nachgewiesen.« Ich *habe* gesagt: »Die in Deutschland nicht eben gewöhnliche Klarheit und Einfachheit der Freudschen Redeweise ist geeignet . . ., das Herumreden um die eigentlichen Fragen zu verhindern. Diese Klarheit und Einfachheit ist allerdings auch eine große Gefahr; sie täuscht die an andere Redeweisen gewöhnten Leser über den Gehalt der Freudschen Darlegungen, *ihren Gehalt durchaus auch an Fragwürdigkeit*, hinweg.« Nach Formulierung der gegen Freuds Antwort zu erhebenden Gegenfrage sage ich: »So fragen, heißt einsehen, daß die eigentliche Frage erst *nach* Freuds Kritik beginnt.« Freilich nimmt die positive Darlegung des Freudschen Gedankens fast den ganzen Raum meines kurzen Artikels ein. Und dies mit dem größten Recht: Ich wollte, soweit es an mir lag, verhindern, daß – wie es z. B. in der Zeitschrift »Der Morgen« durch einen Mann, der meines Wissens Zionist ist, schon geschehen war – die Freudsche Schrift auch unsererseits mit ein paar idealistischen oder vielleicht auch psycho-analytischen Redensarten totgeschlagen wird. Aus diesem Grund habe ich mir Mühe gegeben, die zentrale Überlegung Freuds herauszuarbeiten, ihre moralische Voraussetzung aufzuzeigen, ihre geschichtliche Stellung und Tragweite anzudeuten und auf die Grenze ihrer Kraft hinzuweisen – dies alles so gedrängt, wie es der Ort, an dem ich sprach, verlangte; mich übrigens überhaupt nicht kümmernd um die unmittelbare Absicht Freuds, die soziale Ungefährlichkeit oder gar Förderlichkeit des Atheismus darzutun. Diese Absicht Freuds interessierte mich ganz und gar nicht; und schon hieraus allein hätte Joseph schließen können, daß es mir nicht um Propaganda für den Atheismus oder um den Rat zur Propaganda für den Atheismus zu tun war.

Propaganda für den Atheismus ist nicht nötig. Die Bedingungen, unter denen wir leben, sind durchschnittlich wirksamer als jedes gesprochene oder geschriebene Wort. Man braucht nicht von der Großstadt zu sprechen; auch nicht von dem, was uns alle Kenner von der neuerlichen Entwicklung innerhalb des Ostjudentums erzählen; als Beispiel genüge hier das hessische Landjudentum, das (zusammen mit dem süddeutschen) im vorigen Jahrhundert als *die* Reserve für den konservativen Teil des deutschen Judentums galt. Dieses Landjudentum blieb von der liberalen Reform-Bewegung fast ganz unberührt. Und heute? Der Verfall ist jedem greifbar, der sich nur die Jungen und die Älteren nach- und nebeneinander ansieht. Das Tempo des Verfalls mag in den verschiedenen Distrikten verschieden sein: die Tatsache selbst ist unbestreitbar. Man kann einwenden: die relativ rückständigen Teile des deutschen Judentums müssen den »Vorsprung«, den das Stadtjudentum vor ihnen hat, einholen; sie müssen den unvermeidlichen Umstellungsprozeß durchmachen; dann wird bei ihnen derselbe Rückschlag eintreten, den wir an dem Stadtjudentum, das von der Rückkehrbewegung unvergleichlich stärker erfaßt ist als das Landjudentum, beobachten können. Aber wo ist denn diese berufene Bewegung eigentlich zu beobachten? An einer ganz kleinen Intellektuellen-Schicht, die in einem Teil des liberalen Bürgertums eine sozusagen bildungsmäßige Resonanz findet, so, daß die Bücher dieser Intellektuellen gelesen, ihre Vorträge besucht, ihre Formulierungen bewundert, aufgegriffen und abgegriffen werden. Ich kann in der Tatsache, daß eine Reihe von Familien an Stelle von Weihnachtsbäumen Chanukkah-Leuchter benutzen, nichts anderes sehen, als dies, daß die hemmungslose, keine Grenzen der Vernunft und der Scham kennende Unterwerfung unter die Bräuche der nichtjüdischen Umwelt in ihrer Verächtlichkeit nunmehr durchschaut ist, oder, anders gesagt, daß der soziale Aufstieg des deutschen Judentums im Lauf der letzten Jahrzehnte erhebliche Fortschritte gemacht hat. Alle die Tatsachen, die angeblich eine religiöse Erneuerung bezeugen, haben mit »religiöser Bewegung« wenig oder gar nichts, mit sozialer und nationaler Bewegung viel oder alles zu tun.

Wer Propaganda für etwas macht, muß sich von der Propaganda etwas versprechen. Aber was soll sich der Atheist eigentlich von der Propaganda für den Atheismus versprechen? Bestärkung in der eigenen Ansicht dadurch, daß möglichst viele andere seine Ansicht teilen? Beförderung des gemeinen Wohls? Verbreitung einer Heilslehre? Nein – Propaganda für den Atheismus brauchen wir nicht und wollen wir nicht.

Den Atheismus fordern wir nicht; wir erkennen ihn als tatsächlich und als mächtig. Wie immer man seine Zukunftsaussichten beurteilt – und ich glaube, daß sie sehr groß sind, daß das kommende Jahrhundert in dem selben Sinn und Grad atheistisch sein wird, in dem das zwölfte Jahrhundert offenbarungsgläubig war – jedenfalls gibt es gegenwärtig innerhalb des deutschen Judentums eine beträchtliche Minderheit, die nicht mehr von sich sagen kann, daß sie (in einem ernsten Sinn des Wortes) jüdischen *Glaubens* ist. Diese ungläubigen Juden finden sich vor als Juden und sehen sich durch ihre Situation als Juden zu Überlegungen veranlaßt, die unter bestimmten Bedingungen zum Zionismus führen. Der Zionismus dieser Leute ist in keiner Weise durch traditionell-jüdische Antriebe bedingt; er ist vielmehr durch einen Zusammenhang bedingt, der von jedem Klarsehenden nur als atheistisch angesprochen werden kann. Zionisten geworden, sehen sie sich sofort der jüdischen Tradition gegenüber, die ihre Ansprüche geltend macht, auch und gerade *politische* Ansprüche geltend macht. Auf diese Ansprüche kann sich der ungläubige Zionist schlechterdings nicht einlassen; denn er leugnet die Voraussetzung, auf Grund deren diese Ansprüche erhoben werden. Klar und scharf treten sich die auf dem Glauben fußende gläubige Politik und die auf dem Unglauben fußende ungläubige Politik gegenüber. Auf dem Felde der Politik haben sie ihren Kampf auszufechten.

Gegen diese Ansicht wird zweierlei eingewandt: 1. der politische Zionismus ist »weltanschaulich« neutral; 2. die Religion ist politisch neutral.

1. Ist nicht der politische Zionismus eine neutrale Bewegung, die alle Juden, gläubige oder ungläubige, wenn sie nur nationalen Willens sind, vereinigen kann? Muß er nicht alle Juden vereinigen? Ist nicht auch der ursprünglich ungläubige Zionismus auf die der Tradition ergebenen Massen angewiesen, muß er nicht die traditionelle Messiashoffnung aufnehmen, wenn er sein Ziel erreichen will? Jedes Mal, wenn der Zionist auf diese Fragen stößt, muß er mit der größten Beschämung die ideologische Inferiorität des Zionismus gegenüber dem Marxismus

feststellen. Auch der Marxismus kennt ja ein Bündnis zwischen heterogenen Gruppen, die ein gewisses Ziel gemeinsam haben, insbesondere das Bündnis zwischen Arbeitern und Kleinbauern; auch der Marxismus benutzt ja eine relativ zu ihm rückständige Bewegung, den bürgerlichen Nationalismus, im Interesse seines Ziels. Dabei behält aber er selbst das Heft in der Hand; er duldet keinen Augenblick, daß die Taktik, die durch die klare Einsicht in das Ziel ermöglicht ist, die führende Einsicht verdunkelt. Wie erbärmlich steht es demgegenüber bei uns. Ich will nicht von den weichlichen Rücksichten aus Pietät und Sentimentalität reden, über die mancherlei zu sagen wäre; Beschränkung auf das Hauptsächlichste tut not. Wenn bei uns, in unserem engen Kreis, der einmal den Ehrgeiz hatte, die Führer des politischen (nach Blumenfelds Bezeichnung post-assimilatorischen) Zionismus zu erziehen, versucht wird, Klarheit über *unsere* Voraussetzung, über *unser* Ziel zu schaffen, so ertönt der Jammerruf: der so verstandene Zionismus ist nicht »zugkräftig«. Vor lauter Zugkräftigkeit werden wir bald nicht mehr wissen, was wir wollen; wir werden uns unsere Ziele und Wege von unseren Gegnern, denen wir wahrlich schon genug Konzessionen gemacht haben, endgültig vorschreiben lassen. Mit diesen Gegnern haben wir ein gewisses, vorläufiges Ziel gemeinsam; wir müssen uns daher mit ihnen zur Erreichung dieses Ziels verbinden; aber dieses Bündnis führt in einen Sumpf; es *ist* ein Sumpf, wenn es nicht in voller Klarheit über das Trennende, über das uns Eigentümliche, über das, was wir zuletzt und eigentlich wollen, geschlossen wird. Und das, was wir zuletzt und eigentlich wollen, läßt sich nicht klarmachen, wenn nicht davon ausgegangen wird, daß wir Juden ohne Glauben sind.

2. Gegen einen kraft- und willenlosen Glauben, der sich damit begnügt, die Leute zu »erheben«, das Leben zu »verklären«, ist jedes Wort zu viel. Wenn für Joseph die bedingungslose »Normalisierung« der jüdischen Existenz eine selbstverständliche Forderung ist, dann brauchen wir uns mit ihm nicht auseinanderzusetzen. Aber es gibt unter den Gläubigen Andere, Jüngere, Radikalere, die der Meinung sind: der jüdische Glaube hat *Konsequenzen*, Konsequenzen auch und gerade für die Politik; und zwar Konsequenzen *gegen* die Politik, die auf bedingungslose »Normalisierung« gerichtet ist. Sie berufen sich auf den Kampf Samuels gegen Saul, überhaupt auf den Kampf unserer Propheten gegen unsere Könige. Wir wollen ihnen glauben, daß sie im Geist der jüdischen Tradition den Kampf gegen den politischen Zionismus führen; wir begreifen ganz, daß ein Glaube voll Kraft und Willen nicht

darauf verzichten kann, in das politische Leben einzugreifen; *wir ziehen nur die so Denkenden als ernstliche Gegner in Betracht.* Gerade darum behaupten wir, daß der politische Zionismus sich radikal nur als ungläubig begründen, daß er nur in voller Klarheit über den Unglauben als seine Voraussetzung den andernfalls überlegenen Angriffen seitens der radikalen Gläubigen standhalten kann.

Der politische Zionismus ist die Organisation des Unglaubens im Judentum; er ist der Versuch, das jüdische Volk auf dem Boden des Unglaubens zu organisieren. So ordnet sich sein Kampf dem alten Kampf zwischen Glauben und Unglauben, der »das ewige und einzige Thema aller Welt- und Menschengeschichte« ist, ein und unter.

Darin, daß ich dieses Wort Goethes (aus den »Noten und Abhandlungen zu besserem Verständnis des West-Östlichen Divans« – Weimarer Ausgabe VII, 157) anführe, sieht Joseph »billigen Spott«. Offenbar ist er darauf gefaßt, daß man die Behauptung, der Glaube und sein Gegenteil seien wichtig, für verspottenswürdig hält; und selbstverständlich ist ihm der Spott eines Ungläubigen »billiger Spott«. Ohne diese Voreingenommenheiten hätte er sehen *müssen,* daß ich das erwähnte Wort Goethes, wenn auch in einem anderen Sinn, als es von diesem gemeint war, im Ernst anführte. Ich glaube überhaupt, die Frage ernster genommen zu haben als Joseph. Ich wenigstens würde mich nie auf die Neutralität des politischen Zionismus berufen, um, koste es was es wolle, den wichtigsten Kampf zu vermeiden. Überhaupt verstehe ich nicht, wie jemand, der doch das Erbe des Propheten Elia zu verwalten hat, Neutralität anempfehlen kann. Neutralität (»Religion als Privatsache«) mag für den machiavellistischen politischen Zionismus eines Nordau, der nicht davor zurückschreckte, die traditionelle Messias-Hoffnung als »dynamogen« zu gebrauchen, als taktische Maxime erlaubt sein – dem Gläubigen ist sie verwehrt. –

Eigentlich richtet sich nur der erste Aufsatz Josephs, und auch dieser nur, soweit er die Möglichkeit zionistischer Politik auf dem Boden des Unglaubens zum Gegenstand hat, gegen mich; alles übrige richtet sich gegen Freud. Ich habe keine Lust, mich in die Katzbalgerei zwischen »Materialismus« und »Spiritualismus«, zwischen »Naturalismus« und »Idealismus« einzumischen; denn heute ist dieser einstmals wichtige Streit wirklich nichts mehr als eine Katzbalgerei. Hätte ich aber zwischen Josephs »Idealismus« und Freuds »Naturalismus« zu wählen, so zöge ich ohne Bedenken den letzteren vor. Denn die Beherrschung der Natur durch den Menschen und die vernünftige Regelung des menschlichen Zusammenlebens, diese beiden einzigen Ziele des zivilisatorischen Geistes, sind Ziele, deren Wichtigkeit und Dringlichkeit von Jedem jeden Augenblick verstanden werden kann; schließlich will kein Mensch hungern, frieren oder mir nichts dir nichts totgeschlagen werden. Aber warum in aller Welt das Leben »verklärt«, die Leute »erhoben« werden sollen, das kann ich nicht einsehen; und ich glaube, daß niemand, der Zores hat – und die meisten Menschen haben doch wohl ihre Zores – solche ausschweifenden Bedürfnisse hat. Oder sollten »Erhebung« und »Verklärung« gerade darum nötig sein, *weil* wir Zores haben? Sollen so vielleicht die Zores aus der Welt geschafft werden? Sollen so sich vielleicht die Zores, die gründlichen Schwierigkeiten des Lebens, seine Trost- und Ausweglosigkeiten, z.B. die, daß es keine Garantien für die Zukunft der Menschheit gibt, daß der Menschheit der ewige Tod droht, aus der Welt gelogen werden? Das, was die Menschheit über die Nützlichkeiten der Zivilisation hinaus kennt und liebt, ist bei den kaltschnäuzigsten Naturalisten immer noch besser aufgehoben als bei denen, die das Wichtigere unter den Titeln »Verklärung« und »Erhebung« anpreisen. Wenn die Wahl nur wäre zwischen Joseph und Freud, so wählte ich Freud.

Aber vor diese Wahl sind wir keineswegs gestellt; wir brauchen wie nicht die idealistische, so auch nicht die naturalistische Metaphysik. Vor aller Metaphysik liegt »das fruchtbare Bathos der Erfahrung«, der Erfahrung des menschlichen Lebens, aus dem aller Gehalt und alles Recht jeder je dagewesenen Metaphysik stammt. Daß diese Erfahrung fragmentarisch ist, daß sie die Rätsel des Lebens nicht löst, sondern nur stellt, dies ist kein Einwand gegen sie, sondern ihr eigentlicher Vorzug vor der Metaphysik, welche jene Rätsel ebenfalls nicht löst, sondern sie vertuscht, indem sie den Horizont abdunkelt. Wie immer es aber mit der Metaphysik überhaupt steht – *die* Metaphysik, die Joseph vorträgt, den Gottes-Beweis aus der Ordnung und Schönheit der Natur- und Menschenwelt, die dürfte seit der »Kritik der reinen Vernunft« aus dem philosophischen Bewußtsein der Menschheit, wenn auch nicht aus den Handbüchern der katholischen Dogmatik u.ä., verschwunden sein.

Nur auf dem Felde der Erfahrung ist der Kampf zwischen Glauben und Unglauben auszufechten. Und einen Erfahrungsbeweis zu führen, bemüht sich tatsächlich auch Joseph. Er glaubt beweisen zu können, daß das Leben ohne den »Glauben an einen Sinn des Lebens« sinnlos ist. Darüber ließe sich vielleicht reden; strittig ist aber, ob das Leben ohne den Glauben an Gott, Schöpfer Himmels und der Erden, sinnlos ist. Eine

Analogie aus der Geschichte des Glaubens kann hier nützlich sein. In Moses Mendelssohns »Phädon oder über die Unsterblichkeit der Seele« heißt es: »Der Mensch, der Hoffnung zur Unsterblichkeit beraubt, ist das elendeste Tier auf Erden, das zu seinem Unglücke über seinen Zustand nachdenken den Tod fürchten, und verzweifeln muß.« Was Mendelssohn sagt, ist so oder wenig anders Jahrhunderte hindurch gesagt und geglaubt worden; wer die Unsterblichkeit der Seele leugnete, wurde gemieden wie die Pest. Noch im Jahr 1876 nennt Dostojewski (»Selbstmord und Unsterblichkeit«, in »Literarische Schriften«, 319 ff.) »die Notwendigkeit des Glaubens an die Unsterblichkeit der Seele« »die älteste und höchste Idee des Menschen«; er glaubt, aus der von ihm angeführten Beichte eines Selbstmörders beweisen zu können, »daß das Leben des Menschen ohne Glauben an seine Seele und ihre Unsterblichkeit unnatürlich, undenkbar und unerträglich ist«; er behauptet, »daß die Liebe zur Menschheit sogar vollkommen undenkbar, unverständlich und *unmöglich ist, ohne den Glauben an die Unsterblichkeit der Menschenseele«.* Und heute? Heute kann und muß Franz Rosenzweig, der freieste und stärkste Geist unter den in deutscher Sprache schreibenden gläubigen Juden, sagen: »Dieses Ziel des menschlichen Daseins in der Heimkehr zu Gott liegt so weit über alle Unsterblichkeitsmythologie hinaus, daß ihren irdisch-allzu-irdischen Wunschgebilden ganz von selbst der Atem ausgeht ... Die überirdische Erfüllung ist bedingt durch die Versagung des Wunsches, den unser armes irdisches Herz freilich wünschen muß.« (Einleitung zu Hermann Cohens Jüdischen Schriften LVII.) Der Unsterblichkeitsglaube ist untergegangen, und die Menschen haben mit diesem Glauben nicht die Fähigkeit, ernst und verantwortlich zu leben, verloren; sie haben sich ohne diesen Glauben, mit dem Glauben an den ewigen Tod, einzurichten verstanden. Aber nur einzurichten? Hat nicht eine seit langem herangereifte Gesinnung diesen Glauben an den ewigen Tod geradezu gefordert? Den Blick für die durch ihn eröffnete Möglichkeit erschlossen? Und wer sagt, daß es mit dem Gottes-Glauben nicht dieselbe Bewandtnis hat oder haben wird? Gewiß – der Gottes-Glaube ist älter als der Unsterblichkeitsglaube; er wurzelt tiefer im menschlichen Herzen. Eben darum hat er den Unsterblichkeitsglauben überlebt; eben darum aber ist auch er nicht ewig. Ob ohne den Gottes-Glauben ernst und verantwortlich, wie unbehütet auch immer, gelebt werden kann, darüber kann zuletzt nur die Erfahrung einer Menschheit entscheiden, die von sich aus den Unglauben fordert, zum Unglauben fähig ist, den Blick für seine Möglichkeiten frei hat; nicht aber die Deklamation derer, die auch in ihren kühnsten Zweifeln immer noch die Möglichkeit des Glaubens haben. Aber jedesmal, wenn eine Flamme verlischt, glauben die, welche das Licht nur *dieser* Flamme kennen, daß nun die Sonne untergehe.

Editorische Hinweise

Vorwort zur amerikanischen Ausgabe

Das englische Original erschien unter der Überschrift *Preface to the English Translation* in Leo Strauss: *Spinoza's Critique of Religion*. New York, Schocken Books, 1965, p. 1–31 und 271–273 (Notes to Preface). Strauss hat es in einer stilistisch leicht überarbeiteten Fassung unter dem Titel *Preface to Spinoza's Critique of Religion* wiederveröffentlicht in *Liberalism Ancient and Modern*. New York, Basic Books, 1968, p. 224–259. Die Übersetzung folgt dem Text in der letztgültigen Fassung des Autors, mit Ausnahme des Eröffnungssatzes, der in *Liberalism Ancient and Modern*, dem veränderten Publikationsort angepaßt, lautet: »The study on Spinoza's *Theologico-political Treatise* to which this was a preface was written during the years 1925–1928 in Germany.« Außerdem wurde die Datierung aus der Erstveröffentlichung (The University of Chicago / August, 1962 / L. S.) beibehalten. Der wichtigste Unterschied der zweiten gegenüber der ersten Fassung betrifft die Einteilung des Textes. Während er zunächst in 42 Absätze gegliedert war, hat sich Strauss später für 54 Absätze entschieden. Außerdem kam Anmerkung 66 neu hinzu, da die englische Übersetzung von Strauss' Aufsatz *Anmerkungen zu Carl Schmitt, Der Begriff des Politischen*, auf die sich Strauss im letzten Absatz ohne Angabe des Titels bezieht, im Anhang von *Spinoza's Critique of Religion* enthalten war. Strauss hat verschiedene Passagen aus der Einleitung zu *Philosophie und Gesetz* wörtlich ins Englische übertragen und in das Vorwort zur amerikanischen Ausgabe aufgenommen. Siehe dazu das Vorwort des Herausgebers, Fußnote 9, im vorliegenden Band. Die Seitenzählung am Rand bezieht sich auf *Liberalism Ancient and Modern*, das seit 1968 in mehreren Neuauflagen erschienen ist, zuletzt bei der University of Chicago Press 1995.

Die Religionskritik Spinozas als Grundlage seiner Bibelwissenschaft
Untersuchungen zu Spinozas Theologisch-politischem Traktat

Erstveröffentlichung: Berlin, Akademie-Verlag, 1930. XIII-288 Seiten. Veröffentlichungen der Akademie für die Wissenschaft des Judentums. Philosophische Sektion. Zweiter Band.

Zur Textgestaltung: Für die Feststellung des Textes wurde durchweg die Erstausgabe zugrunde gelegt. Die Korrekturen aus Strauss' Handexemplar sind berücksichtigt und in den Texteingriffen im einzelnen nachgewiesen. Die zahlreichen Zitate wurden anhand der von Strauss benutzten Quellen kontrolliert, soweit diese zugänglich waren. Texteingriffe, die sich auf das Handexemplar (H) oder auf die Quelle (Q) stützen, sind entsprechend gekennzeichnet. Die hebräischen und arabischen Stellen hat Rémi Brague auf ihre Richtigkeit überprüft. Eigentümlichkeiten der Zitierweise und der Orthographie blieben unangetastet, wenn sie konsistent auftreten. Das gilt auch für solche Fälle, in denen Strauss später eine andere Schreibweise gebrauchte (z. B. Macchiavelli statt Machiavelli). Die Querverweise innerhalb des Spinoza-Buches sind unverändert beibehalten. Sie beziehen sich auf die Paginierung der Erstausgabe, die am Rand unserer Edition fortlaufend mitgeteilt wird.

Die amerikanische Ausgabe von 1965 erwies sich für die Korrektur der Zitate und Belege als nicht hilfreich, da sie die alten Versehen zum weitaus geringeren Teil beseitigt und Dutzende neuer Fehler enthält. Die Übersetzung, die E. M. Sinclair besorgte, gibt den deutschen Text nur in einer groben Annäherung wieder. Strauss hat offenkundig die Eröffnungssätze der Einleitung neu formuliert: »In our time scholars generally study the Bible in the manner in which they study any other book. As is generally admitted, Spinoza more than any other man laid the foundation for this kind of Biblical study. In the seventh chapter of his *Theologico-political Tractate* . . .« Ebenso offenkundig hat er indes die Übersetzung des Buches nicht selbst überwacht – vermutlich in der Erwartung, daß sorgfältige Leser stets auf das Original zurückgehen werden.

Texteingriffe und Errata: Die Sperrungen des Originals sind als Kursivsetzungen wiedergegeben. Stillschweigend ergänzt wurden die Genitiv-Apostrophe bei Descartes, Hobbes etc.; suverän ist durch souverän ersetzt. S. 69, Z. 1: sent. sel. → Sent. sel. / S. 70, Z. 5: satzmässig → satzmäßig / S. 73, Z. 25: manifestumst → manifestum est (Q) / S. 73, Z. 27: *crescentes que* → *crescentesque* (Q) / S. 88, Z. 13: blosser → bloßer / S. 89, Anm. Z. 14: Blut → Blute (Q) / S. 89, Anm. Z. 17: die Erde bringe hervor lebendige Wesen → Kursivsetzung (Q) / S. 89, Anm. Z. 19: es wurde der Mensch ein lebendiges Wesen → Kursivsetzung (Q) / S. 89, Anm. Z. 26: derart, daß → derart daß (Q) / S. 89, Anm. Z. 30: Descartes 1924 → Descartes, 1924 / S. 90, Anm. Z. 2: oblitioni → oblivioni (Q) / S. 90, Anm. Z. 6: sublicitur → subicitur (H) / S. 91, Anm. Z. 5: iudicarias → iudiciarias (H+Q) / S. 91, Anm. Z. 8: illo → illi (H+Q) / S. 98, Anm. Z. 16: ouvrage → Ouvrage (Q) / S. 103, Anm. Z. 15: mortalitatem → immortalitatem (H) / S. 103, Anm. Z. 19: peccatrici → peccattici (Q) / S. 104, Anm. Z. 13: numquam → nunquam (Q) / S. 104, Anm. Z. 24: appetitibus → appetitionibus (Q) / S. 109, Anm. Z. 19: Naturgesetzte → Naturgesetze (H) / S. 110, Anm. Z. 6: Constet → Constat (Q) / S. 110, Anm. Z. 8: quicumque → quicunque (Q) / S. 114, Anm. Z. 8: profanis → prophanis (Q) / S. 115, Anm. Z. 2: oblata → oblatas (Q) / S. 117, Anm. Z. 4: sie → si (H+Q) / S. 117, Anm. Z. 10: Altertum → Alterum (H+Q) / S. 118, Anm. Z. 17: patrabem → patrabam (Q) / S. 121, Z. 25 welcher nur → welcher er nur / S. 123, Z. 9: religion → Religion (Q) / S. 124, Z. 1: restiturus → restituturus (Q) / S. 124, Z. 19: expressum → expressim (Q) / S. 124, Z. 21/22: vetrum → vestrum (Q) / S. 125, Anm. Z. 9: et promissionis → promissionis (Q) / S. 128, Anm. Z. 8: Commonwelth → Commonwealth (Q) / S. 128, Anm. Z. 19: philosophiae non → philosophiae utilitas non (Q) /S. 128, Anm. Z. 20: quae → quas (Q) / S. 131, Anm. Z. 7: motuum → mutuum (Q) / S. 131, Anm. Z. 14: Geometriae → Geometricae (Q) / S. 132, Anm. Z. 26: thereof → whereof (Q) / S. 134, Anm. Z. 5: Medidationes → Meditationes / S. 142, Z. 12: *per se* → ipsa *per se* (Q) / S. 142, Z. 16: tanta → tantae (Q) / S. 151, Z. 25: bedient → bedienen / S. 158, Anm. Z. 13: Alpakar → Alpakhar / S. 159, Z. 6: Alpakar → Alpakhar / S. 168, Anm. Z. 1: reclamat → reclamet (Q) / S. 169, Anm. Z. 10: coelestis → caelestis (Q) / S. 174, Z. 20: das → daß (H) / S. 174, Z. 27: als welche → welche / S. 175, Z. 15: als welche → welche / S. 175, Anm. Z. 10: ψενδονύμῳ → ψευδονύμῳ (H) / S. 176, Anm. Z. 6: quod eiusdem → quod ex eiusdem (Q) / S. 180, Z. 8: ihn → Spinoza (H) / S. 180, Anm. Z. 6: extendit → extendat (Q) / S. 180, Anm. Z. 6: superat → superet (Q) / S. 180, Anm. Z. 9: satis → satius (Q) / S. 182, Anm. Z. 6: quum → cum (Q) / S. 183, Anm. Z. 3: quum → cum

(Q) / S. 183, Anm. Z. 8: teneatur → tenetur (Q) / S. 184, Anm. Z. 2:
Essay → Enquiry (H) / S. 185, Z. 26: Lehren → Lehrer (H) / S. 188, Anm.
Z. 3: Exclesiam → Ecclesiam (Q) / S. 188, Anm. Z. 6: coelum → caelum
(Q) / S. 199, Z. 35: theologischen → teleologischen (H) / S. 200, Z. 33:
schlechthinig → schlechthinnig / S. 202, Z. 30: Atribute → Attribute /
S. 217, Anm. Z. 5: *Hebrais* → *Hebraeis* (Q) / S. 220, Z. 10: ver-
schiedenen Mittel → verschiedene Mittel / S. 220, Z. 29: Reflektion →
Reflexion (H) / S. 231, Anm. Z. 10: das Volk → ihr Volk (Q) / S. 231,
Anm. Z. 14: oder wie → oder, wie (Q) / S. 237, Z. 34: schlechthinig →
schlechthinnig / S. 238, Anm. Z. 22: prophetis Groningae → prophetis,
Groningae / S. 256, Anm. Z. 3: Et → Est (Q) / S. 260, Z. 1: widerliebt →
wiederliebt / S. 264, Z. 34/35: Tranzendenz → Transzendenz / S. 266,
Anm. Z. 14: p. 29 → p. 30 / S. 269, Z. 14: Erkentnisse → Erkenntnisse /
S. 278, Anm. Z. 3: (IV 576 f.) → (IV 593 f.) / S. 281, Anm. Z. 4: (V
1223–1227) → (V 1236–1240) / S. 283, Anm. Z. 4: infoelicius →
infelicius / S. 290, Z. 9 u. 13: des staatlos lebenden → der staatlos
lebenden (H) / S. 291, Anm. Z. 1: men → man (Q) / S. 314, Anm. Z. 6:
im Sinn vom → im Sinn von / S. 333, Z. 20: Saducaeis → Saduceis (Q) /
S. 338, 2. Sp., Z. 8: congremur → congregamur (Q) / S. 338, 2. Sp., Z.
12: urbis → nobis (Q) / S. 338, 2. Sp., Z. 15: *sunt* → *sint* (Q) / S. 345, Z.
33: Id → Idem (Q) / S. 348, Z. 15, 2. Sp.: uso vivere → uso a vivere
(Q) / S. 352, Z. 15: Hebracorum → Hebraeorum / S. 352, Z. 18:
segregare → segregari (Q).

Cohens Analyse der Bibel-Wissenschaft Spinozas

Erstveröffentlichung: Der Jude. Eine Monatsschrift. Berlin 1924, 8. Jg.,
Heft 5/6, p. 295–314.
Texteingriffe und Errata: Die Sperrungen des Originals sind als Kursivsetzungen wiedergegeben, die Fußnoten fortlaufend von 1 bis 3
numeriert. Unzweideutige Druckfehler (Muss, letzlich etc.) sind nicht
aufgeführt, sondern stillschweigend korrigiert. S. 365, Z. 34: ja, wann →
ja, wenn / S. 374, Z. 37: sich uns → sich für uns / S. 381, Z. 37: hebt sich
→ hebt sich auf.

Zur Bibelwissenschaft Spinozas und seiner Vorläufer

Erstveröffentlichung: Korrespondenzblatt des Vereins zur Gründung und Erhaltung einer Akademie für die Wissenschaft des Judentums. Berlin 1926, 7. Jg., p. 1–22.
Texteingriffe und Errata: Die Sperrungen des Originals sind als Kursivsetzungen wiedergegeben, die Fußnoten fortlaufend von 1 bis 8 numeriert. Durchgängig ersetzt wurden Ae und Ue durch Ä und Ü. S. 390, Z. 14: Tractats → Tractatus / S. 403, Z. 12: von Menschen → vom Menschen / S. 409, Z. 12: »über die Sterblichkeit → «Über die Sterblichkeit / S. 411, Anm. Z. 8: narcs → nares / Z. 19/20 u. 21/22 Kursivsetzungen hinzugefügt (Q) / S. 412, Anm. Z. 19: oblitioni → oblivioni (Q) / S. 412, Anm. Z. 21: literaris → literis (Q) / S. 412, Anm. Z. 23: sublicitur → subicitur [bei Servet: subiicitur].

Das Testament Spinozas

Erstveröffentlichung: Bayerische Israelitische Gemeindezeitung. München, 8. Jg., Nr. 21, 1. November 1932, p. 322, 324–326.
Texteingriffe und Errata: Die Sperrungen des Originals sind als Kursivsetzungen wiedergegeben. Der Abdruck erfolgt, von der Korrektur zweier offenkundiger Druckfehler abgesehen (bliebt, Natio), unverändert.

Bemerkung zu der Weinbergschen Kritik

Erstveröffentlichung: Der Jüdische Student. Zeitschrift des Kartells Jüdischer Verbindungen. Berlin 1925, 22. Jg. Heft 1/2 (Februar), p. 15–18.
Texteingriffe und Errata: Die Sperrungen des Originals sind als Kursivsetzungen wiedergegeben. Durchgängig ersetzt wurden Oe und Ue durch Ö und Ü. S. 429, Z. 21: unpolitisch. → unpolitisch.«

»Die Zukunft einer Illusion«

Erstveröffentlichung: Der Jüdische Student. Zeitschrift des Kartells Jüdischer Verbindungen. Berlin 1928, 25. Jg., Heft 4 (August), p. 16–22.

Texteingriffe und Errata: Die Sperrungen des Originals sind als Kursivsetzungen wiedergegeben. Durchgängig ersetzt wurden Ae und Ue durch Ä und Ü. Außerdem ist die Interpunktion am Ende der Freud-Zitate vereinheitlicht, z.B. S. 437, Z. 37: müssen.« (53.) → müssen« (53). S. 437, Z. 3: übrigbehalten → übrig behalten (Q) / S. 437, Z. 29: dieses Gefühl → dies Gefühl (Q).

Zur Ideologie des politischen Zionismus
(In Erwiderung auf drei Aufsätze Max Josephs)

Erstveröffentlichung: Der Jüdische Student. Zeitschrift des Kartells Jüdischer Verbindungen. Berlin 1929, 26. Jg., Heft 5 (Mai), p. 22–27.

Texteingriffe und Errata: Die Sperrungen des Originals sind als Kursivsetzungen wiedergegeben. Durchgängig ersetzt wurden Ae, Oe und Ue durch Ä, Ö und Ü. S. 444, Z. 39: Kraft und Willens → Kraft und Willen / S. 445, Z. 26: macchiavellistischen → machiavellistischen.

Namenverzeichnis